아라크네의 국제정치학

네트워크 세계정치이론의 도전

아라크네의 국제정치학
네트워크 세계정치이론의 도전

| 김상배 지음 |

International Relations of Arachne:
Challenge of the Network Theory
of World Politics

한울
아카데미

이 저서는 2010년도 정부재원(교육과학기술부 인문사회연구역량강화사업비)으로
한국연구재단의 지원을 받아 연구되었음(NRF-2010-330-B00042)

차례

제2부 네트워크 세계정치이론의 도전

제3부 네트워크 세계정치이론의 적용

프롤로그

아라크네의 도전

이 책은 21세기 세계정치의 변화를 이론적으로 탐구한 작업이다. 사실 국제정치학계에서 세계정치의 변환에 대한 논의는 어제오늘에 시작된 것이 아니다. 1970~1980년대 이래로 지난 수십 년 동안 다양한 용어와 개념을 빌려서 이론적 논의들이 진행되었다. 이 책에서 벌인 시도도 이러한 국제정치학적 고민의 연속선상에 있다. 그렇지만 이 책의 시도는 네트워크를 화두로 내걸었다는 점에서 새롭다. 네트워크는 오늘날 세계정치의 변환을 잡아내는 핵심어이다. 그러나 네트워크라는 개념은 매우 포괄적이고 다의적이기까지 하다. 태생적으로 학술 개념이기보다는 일상용어이기 때문이다. 사실 이러한 네트워크의 개념을 국제정치학의 시각에서 분석하는 것이 이 책의 가장 큰 과제 중 하나이다. 이 책의 본문에서 본격적으로 네트워크에 대한 분석을 펼치기에 앞서, 21세기 세계정치의 변환 과정에서 네트워크가 의미하는 바를 은유적으로나마 잠시 돌아보고자 한다.

1. 신화 속 아라크네의 도전

이 책에서 주목하는 네트워크의 은유는 그리스 신화에 나오는 아라크네라는 '거미 여인'의 이야기에서 착안했다. 로마의 시인 오비디우스Ovidius의 『변신이 야기Metamorphoses』에 나오는 아라크네는 직물 짜기로 유명한 리디아의 젊은 여인이다(오비디우스, 2005). 그 솜씨가 너무도 뛰어나서 직물의 여신으로 알려진 아테나(로마 신화의 미네르바)에게서 직접 배웠느냐는 찬사를 들을 정도였다. 그러나 아라크네는 이러한 말에 화내며 자신의 솜씨는 스스로 터득한 것일 뿐만 아니라 아테나보다도 뛰어나다고 뽐냈다. 아라크네의 호언장담을 전해 들은 아테나는 늙은 여인의 모습으로 변장하고 찾아와서 신을 모독하지 말고 용서를 구하라고 경고했다. 그러나 아라크네는 그 충고를 받아들이기는커녕 오히려 아테나에게 대결을 청했다. 이에 본색을 드러낸 아테나와 아라크네는 직물 짜기의 경합을 벌이게 되었다.

아테나는 도시 아테네의 수호신 자리를 놓고 바다의 신인 포세이돈과 쟁투를 벌이던 장면을 자신이 짠 직물 위에 수놓았다. 삼지창을 땅에 꽂아 바닷물을 샘솟게 한 포세이돈에 대항해 자신의 상징인 올리브 나무를 선사함으로써 아테네 시민들의 마음을 얻은 이야기를 담았다. 직물의 가장자리에는 신들에 대한 불경과 교만으로 벌을 받는 인간들을 수놓았다. 이에 비해 아라크네는 자신의 직물에 최고신 제우스를 비롯한 그리스 신들의 불륜 행적을 수놓아 신들을 조롱했다. 주로 신들이 동물로 둔갑해 인간의 아내와 딸들을 취하거나 희롱하는 내용을 담았다. 특히 제우스가 황소로 변해서 젊은 여인인 에우로페를 등에 업고 바다를 건너 납치하는 장면을 담아 제우스의 딸인 아테나를 자극했다(〈그림 가〉의 왼쪽 그림 참조).

아라크네가 직물을 짠 솜씨만은 나무랄 데가 없이 훌륭해 경합을 벌였던 아테나조차도 탄복했다. 그러나 신을 모독하는 내용을 수놓은 아라크네의 오만은 아테나의 노여움을 샀다. 아테나는 아라크네가 짠 직물을 찢고 베틀을

루벤스, 〈에우로페의 납치〉   루벤스, 〈아테나와 아라크네〉

부수었으며, 아라크네의 이마를 북으로 내리쳐서 자신이 저지른 일에 죄책감을 품게 했다(〈그림 가〉의 오른쪽 그림 참조). 치욕을 못 이긴 아라크네는 스스로 목을 매었다. 이러한 아라크네를 불쌍히 여긴 아테나는 약초 즙을 뿌려서 아라크네에게 다시 생명을 불어넣었다. 그렇지만 인간으로 다시 태어난 것은 아니었다. 아라크네는 거미가 되어 평생 실을 짜며 거미줄에 매달려 있는 신세가 되었다.

아라크네의 이야기에는 신에게 도전하는 인간의 무모함과 어리석은 자만심을 꾸짖는 교훈이 담겨 있다. 그렇지만 그리스 신화에 나오는 여인들이 주로 미모를 뽐내거나 잘못된 품행으로 말미암아 벌을 받은 것과는 달리, 아라크네는 자신의 솜씨를 뽐내서 신의 노여움을 샀다는 점에서 특이하다. 단순한 외모나 윤리의 문제가 아니라 실력과 용기로 신에게 도전한 것이다. 그리스 신화에서 아테나는 지혜와 기능의 여신이다. 이러한 아테나에게 아라크네는 감히 도전장을 던졌다. 신으로부터 배운 것이 아닌 인간 스스로 터득한 기능에 대한 자부심, 그리고 기성 권위에 도전하는 용기를 보여주었다. 아테나와 아라크네의 경합에서 누가 이겼는지는 분명하지 않다. 사실 그것은 승패가 중요한 경합이 아니었다. 아테나가 아라크네를 벌한 이유는 아라크네가 경합에 패배해서가 아니라 신에게 불경하고 자신의 권위에 도전했기 때문이었다. 만약에 솜씨가 뛰어난 아라크네가 겸손하기까지 했다면 어떤 일이 벌어졌을까?

　신화 속 이야기들이 모두 그렇듯이 아라크네의 이야기에도 다양한 해석의 여지가 있다. 물론 국제정치학의 시각에서도 음미해볼 여지가 있다. 예를 들어 캐스린 크로거Kathryn S. Kroger는 아테나와 아라크네가 경합을 벌인 이야기가 당시 지중해 지역의 직물 산업을 둘러싼 도시국가 간의 무역 경쟁을 반영한다고 해석한다(Kroger, 2002: 72). 아라크네가 기술적 측면에서 앞선 도시국가를 상징한다면, 아테나는 물리적 힘과 권위에서 우위를 점하던 도시국가를 대변한다는 것이다. 일찌감치 로버트 그레이브스Robert Graves도 이러한 경제적·정치적 경쟁의 가능성에 대한 해석을 제시한 바 있다(Graves, 1955). 그레이브스에 의하면, 이 신화는 당시 지중해의 패권국이던 아테네와 크레타에 기원을 두는 리디아-카리아(트로이 남쪽의 나라)의 라이벌 관계를 보여준다는 것이다. 크레타 섬의 밀레투스가 한때 직물 산업의 중심지였고 염색된 옷감의 수출항이었는데, 이렇게 성장하던 세력이 아테네에 도전했다고 해석할 수 있다. 게다가 크레타 지역의 사람들이 거미를 자신들의 문양으로 사용했다는 설은 이러한 해석에 신빙성을 더한다.

2. 17세기 아라크네의 도전

아테나와 아라크네의 경합 이야기는 서양의 여러 작품에 재현되어 등장했는데, 근대 초기 서양의 화가들이 그린 그림의 소재가 되기도 했다. 〈그림 가〉의 오른쪽에 있는, 네덜란드의 거장 페테르 파울 루벤스Peter Paul Rubens, 1577~1640가 그린 아테나와 아라크네의 그림도 그중 하나이다. 그러나 아라크네를 소재로 한 그림 중에서 가장 널리 알려진 것은 스페인의 화가인 디에고 벨라스케스Diego Velázquez, 1599~1660가 그린 〈실 잣는 여인들The Spinners〉, 일명 〈아라크네의 설화The Fable of Arachne〉이다(〈그림 나〉 참조). 현재 스페인 마드리드의 프

〈그림 나〉 벨라스케스, 〈실 잣는 여인들〉 또는 〈아라크네의 설화〉

라도 미술관에 소장되어 있는 이 그림은 원래 1657년경에 164cm × 250cm의 캔버스(〈그림 나〉의 흰색 실선 안쪽)에 그린 유화였는데, 1700년대 중후반에 확장되어 222cm × 289cm의 크기가 되었다고 한다. 특히 약 20cm 가량씩 확장된 좌단과 우단에 비해서 상단이 60cm 가량이나 확장되었다.

이 그림을 누가 언제 왜 확장했는지에 대해서는 정확히 알려진 바가 없다. 대중적으로는 1734년 스페인 왕궁의 화재로 훼손된 후 수정되는 과정에서 확장되었다고 알려졌다. 그러나 최근의 연구들은 이 그림이 1734년 화재 당시 왕궁에 걸려 있지 않았다고 주장한다. 실제로 1980년에 시작되어 1986년에 끝난 로시오 다비야Rocio Davila의 복원 작업 과정에서 이 그림에는 화재로 말미암아 훼손당한 흔적이 없음이 밝혀졌다. 다만 방사선 촬영 기법을 통해서 원래 그림은 1600년대 후반에 완성되었지만, 그 후 1700년대 중후반에 좌우단과 상단이 확장되었다는 사실을 밝혀냈다. 따라서 이 그림은 화가 벨라스케스 자신이 직접 그린 부분(〈그림 나〉의 흰색 점선 안쪽), 벨라스케스가 1660년에 사망한이후 제3자가 추가로 그려 넣은 부분(확장된 부분), 이렇게 두 부분으로 구성된것이 확실해졌다(Gabriela, 1985).

페르난도 마리아스Fernando Marías에 의하면, 이렇게 확장된 부분은 제3자가자의적으로 그린 것이 아니라, 그림을 그릴 당시 또는 그 후에 벨라스케스 자신이 품었던 구상이 후대의 확장 작업에 반영된 것이라고 한다(Marías, 2003). 이에 비해 프라도 미술관의 주장은 1700년대 중후반에 이 그림이 화재 이후새로 지어진 스페인 왕궁에 전시되는 과정에서 단지 전시 벽면의 크기에 맞추고자 확장되었다는 것이다. 확장 작업은 당시 유사한 작업을 많이 담당했던화가인 가르시아 드 미란다Garcia de Miranda가 했을 것으로 추정된다. 그 무렵벨라스케스의 다른 그림들도 비슷한 이유로 확장되었다는 사실이 이러한 주장을 뒷받침한다. 이러한 이유로 현재 프라도 미술관에는 확장된 부분을 뒤로가리고 원래 크기인 164cm × 250cm의 그림이 전시되어 있다.[1]

이렇게 확장 작업과 관련된 논란이 있는데도 이 그림은 확장되면서 전경과 후경을 대비하는 그림의 중층 구도가 선명해졌다. 누가 그려 넣었건 간에그림이 담은 메시지를 해석할 여지가 더욱 풍부해진 것이다. 특히 확장 작업을 통해 화면 후경에 천장이 그려지면서 이 그림 속 이야기의 핵심인, 전경과후경을 대비하는 해석의 여지를 크게 늘려놓았다. 새로 확장된 그림에서는 마치 후경에 따로 작은 방이 있어서 또 다른 광경이 펼쳐지는 듯하다. 이 그림 속에는 그리스 신화의 아테나와 아라크네 이야기에 17세기 중반의 현실이 대비되면서 절묘하게 복합되는 것으로 해석된다. 신화와 현실 사이에는 경계가 없으며, 다만 두 세계가 원근법 구도 안에 처리되어 중첩된다. 벨라스케스의 그림들은 이러한 종류의 복합성으로 말미암아 다양한 해석을 낳는 것으로 유명

---

1 프라도 미술관의 스페인 바로크 회화 담당 큐레이터와의 이메일 통역 인터뷰.

16

하다.[2] 마찬가지로 이 그림도 화면 후경의 벽과 방에서 전경의 실 잣는 여인들에 이르기까지 여러 장면이 겹쳐져서 중층적 해석의 여지를 안고 있다.

먼저 원근법으로 처리된 화면의 후경부터 살펴보자. 그림의 후경은 그리스 신화 속 아테나가 아라크네를 벌하는 장면이 소재이다. 뒷벽에는 신화 속 아라크네가 직물에 수놓았던, 제우스가 에우로페를 납치하는 광경의 태피스트리Tapestry가 걸려 있다. 그리고 그 앞에는 당대 귀족 부인의 행색을 한 여인 세 명이 아테나와 아라크네의 경합을 바라보고 있다. 한편 전경에는 물레를 돌리며 실을 잣는 두 여인이 있고, 이들을 돕는 세 여인이 양털을 더 가져오거나 찌꺼기를 골라내고 있다. 원래 이 그림은 산타 이사벨 왕립 태피스트리 공장의 일상을 그린 것이라고 알려졌었다. 언뜻 보면 신화 이야기가 그려진 태피스트리가 걸린 작업장에서 일하는 여인들을 그린 풍속화처럼 보인다. 그러나 자세히 살펴보면 벨라스케스는 이 그림에서 신화 속 이야기와 현실의 이야기를 복합해 무언가 전달하고자 했다. 전경의 의미를 파악하려면 후경을 참조해야 하고, 후경의 내용을 알려면 전경을 보아야 한다(볼프, 2007: 67~68; 정은경, 2012: 178~181).

후경의 방은 전경의 작업장보다 두 계단 높게 설정되어 구별되는데, 전경의 작업장에 딸린 공간이라고 하기에는 너무 밝고 화려할 뿐만 아니라 인물들의 모습도 전경의 여인들과는 다른 세계에 속하는 것처럼 보인다. 후경의 벽에는 태피스트리가 걸려 있는데, 거기에는 베첼리오 티치아노Vecellio Tiziano, 1488?~1576가 그린 〈에우로페의 납치The Abduction of Europe〉를 루벤스가 모사해서 그린 그림이 '그림 속의 그림'으로 담겨 있다(〈그림 가〉의 왼쪽 그림 참조).[3]

---

2 다양한 해석의 여지를 지닌 벨라스케스의 그림 중에서도 복합성을 보여주는 대표작은 1656년에 완성한 〈시녀들(The Maids of Honour)〉이라는 그림이다. 이 그림은 살바도르 달리(Salvador Dali)나 파블로 피카소(Pablo Piccaso) 등과 같은 화가가 모사해 다시 그림으로써 더욱 유명해졌다(정은경, 2012).

3 흥미롭게도 벨라스케스가 그린 〈아라크네의 설화〉와 이 '그림 속의 그림'인 루벤스의

그 바로 앞에는 아테나가 아라크네를 벌하는 모습이 그려져 있는데, 이들이 서 있는 공간은 나머지 화려한 복장을 한 여인 세 명이 있는 공간보다 약간 아래로 꺼져 있다. 마치 아테나와 아라크네는 신화의 한 장면을 공연하는 배우 같고 세 여인은 이 장면을 구경하는 관객처럼 보인다. 여기서 벨라스케스는 의도적으로 원근법을 이용해 다섯 여인의 존재에 대한 해석의 여지를 남겨두는 동시에, 신화와 현실의 경계를 허물었다.

후경에서 묘사된 신화의 세계는 전경의 현실로 투영된다. 전경의 왼쪽에 흰 수건을 머리와 목에 두른 늙은 여인은 변장한 아테나를 상징하는데, 걷어 올린 치마 사이로 드러난 매끈한 다리는 여신의 영원한 아름다움을 암시한다. 전경의 오른쪽에서 오른손으로 실 뭉치를 쥐고 왼손으로 실 한 오라기를 잡은 채 팔을 내뻗은 젊은 여인은 아라크네를 상징한다. 이들이 취한 자세는 직물 짜기 경합을 벌임을 보여준다. 아테나가 뻗은 다리만큼 아라크네는 왼쪽 다리를 접었으며, 아테나가 접은 팔 만큼 아라크네가 왼쪽 팔을 뻗었다.[4] 과거의 경합에서는 후경에서처럼 아테나가 아라크네를 벌했지만, 현실에서는 이들이 새로운 경합을 벌이는 모습이다. 그런데 왼쪽의 늙은 여인(아테나)에 비해서 오른쪽의 젊은 여인(아라크네)이 훨씬 더 밝게 그려진 것으로 보아 벨라스케스가 예견한 승부의 결과를 짐작케 한다.

이 그림에서 벨라스케스가 다른 두 세계를 중첩하고자 원용한 기본 소재는 아테나와 아라크네의 경합이지만, 보는 이에 따라서 그림의 복합성은 다르게 해석될 수 있다. 17세기 중반의 시점에서 화려한 궁정과 고달픈 현실, 영웅적 삶과 평범한 일상, 창조적인 것과 모방적인 것, 이상적 예술과 대중적 예술

〈에우로페의 납치〉는 스페인 마드리드에 있는 프라도 미술관의 같은 전시실(15a)에 걸려 있다.

4 벨라스케스는 미켈란젤로(Michelangelo)가 그린 바티칸 시스티나 예배당 천장화에 있는 남자 나체상의 구도를 참고해서 이렇게 늙은 여인과 젊은 여인의 양자 간에 균형을 이루는 자세를 그렸다고 한다(볼프, 2007: 68).

등을 대비한 것으로 해석되기도 한다. 실제로 벨라스케스가 이렇게 중층적인 그림을 통해서 무엇을 말하려 했느냐 하는 문제는 오랫동안 서양 미술사 연구의 관심사였다. 개인사적으로 벨라스케스는 뛰어난 솜씨로 아테나 여신에게 도전했던 아라크네에 빗대어 티치아노의 그림을 모방한 당대의 대가 루벤스를 조롱하는 동시에 자신의 고귀한 예술적 창조성을 과시했던 것으로 해석된다(Georgievska-Shine, 2010). 루벤스의 그림이 아테나가 아라크네를 내려치는 장면을 소재로 해서 통상적인 해석을 따랐다면(〈그림 가〉의 오른쪽 그림 참조), 벨라스케스의 그림은 아라크네가 벌이는 새로운 창조의 도전으로 신화 속 이야기를 재해석한다(〈그림 나〉 참조). 국제정치학의 시각에서 보아도 벨라스케스가 이 그림에 담은 아라크네의 도전은 17세기 중반이라는 근대 초기 유럽의 상황에서 스페인이 벌이던 국가적 도전과 무관치 않아 보인다.

3. 21세기 아라크네(들)의 도전

이상에서 아테나에게 도전하는 아라크네의 이야기를 다소 길게 소개한 것은 아라크네의 도전이 21세기 세계정치의 변환을 탐구하는 이 책의 시도에 은유적으로 던지는 의미가 크기 때문이다. 이러한 맥락에서 이 책은 벨라스케스의 작업처럼 아라크네의 신화를 현실의 세계에 겹쳐놓는 그림을 그리고자 한다. 그러나 이 책에서 신화 속 이야기에 대비하려는 현실은 17세기 중반의 어느 태피스트리 공장이 아니라 21세기 초엽의 동아시아와 한반도의 세계정치 공간이다. 다시 말해 벨라스케스의 그림이 아라크네의 도전에 빗대어 근대 세상의 현실을 담아내고자 했다면, 이 책에서 그리려는 또 하나의 그림은 아라크네의 새로운 도전으로 비유되는 탈근대 세상의 단면이다.

여러모로 아테나의 이미지는 기존의 근대 국제정치를 떠올리게 한다. 그리스 신화에서 아테나는 지혜와 기능의 여신인 동시에 전쟁의 여신이다. 언제

〈그림 다〉 전쟁의 여신 아테나와 거미 여인 아라크네

나 투구와 갑옷을 입고, 손에는 창과 방패를 든 무장한 여전사의 모습을 하고 있다(〈그림 다〉 참조). 공격적 전쟁을 관장하는 신인 아레스와 달리 방어적 전쟁을 관장하는 아테나는 총명하고 순결하며 인간 세계의 영웅들을 수호하는 이성적 여신이다. 아테나는 누구와도 결혼하지 않은 처녀였는데, 대장장이 신인 헤파이스토스가 아테나에게 각별한 연정을 품었던 것으로 유명하다. 특히 헤파이스토스는 아테나가 제우스의 머리에서 태어날 때 양날 도끼로 그 머리를 갈라서 도왔다고 한다. 이런 점에서 아테나는 전쟁과 지혜, 무기의 만남을 상징한다. 이 책에서 아테나의 이미지에 군사력을 기반으로 작동한 근대 국제정치를 비유한 것은 바로 이러한 이유에서이다.

이에 비해 아라크네는 근대 국제정치에 대한 새로운 도전에 비유할 수 있을 것 같다. 이러한 비유를 시도하는 연상의 계기는 네트워크이다. 신화의 이야기로 다시 돌아가면, 아라크네는 신들과 족보가 닿는 것도 아니고 그렇다고 명문가의 딸도 아니었다. 아라크네가 믿었던 것은 오직 거미처럼 씨줄과 날줄을 엮어서 직물을 짜는 솜씨였다. 뛰어난 기능을 기반으로 삼아 직물을 짜던 아라크네였기에 아테나가 벌을 주면서도 다른 미물이 아닌, 꽁무니에서 실을 뽑아 네트워크를 치는 거미로 만들었다(〈그림 다〉 참조). 이 책에서 거미 여인 아라크네를 통해 21세기 세계정치의 이야기에 원용하고자 한 것은 바로 이러한 '네트워크 치기'의 이미지이다. 이러한 아라크네의 이미지가 국민국가라는 거대한 '조직'의 권위에 대한 초국적 네트워크 행위자들의 도전을 떠올리게 하기 때문이다. 이런 점에서 이 책이 아라크네의 비유를 통해서 담고자 하는 메시지는 근대 국제정치의 발상을 넘어서려는 탈근대 세계정치의 문제 제기로 통한다.

21세기 아라크네가 도전장을 내민 영역은 '아테나의 국제정치학'이 풀지 못하는 세계정치 현실의 변환 그 자체이다. 최근 우리 주위에서는 기존 국제 정치의 발상으로는 시원스럽게 설명되지 않는 문제들이 늘어나고 있다. 특히 근대국민국가 행위자들이 벌이는 부국강병의 게임에 주목하는 아테나의 국제 정치학만으로는 초국적 네트워크의 도전으로 대변되는 새로운 변화를 제대로 이해할 수 없다. 다시 말해 국가 단위의 군사 안보와 국민경제의 문제에만 시 각을 고정해서는 21세기 세계정치의 복합적 모습을 제대로 볼 수 없다. 예를 들어 지구화와 정보화의 환경을 바탕으로 국가의 경계를 넘나들면서 활동하는, 다국적기업이나 지구 시민 단체 등과 같이 태생적으로 초국적 네트워크를 지향하는 행위자들의 부상을 제대로 읽어낼 수 없다. 더구나 국가 행위자와 비국가 행위자들이 경합하면서 만들어내는 새로운 권력정치의 메커니즘도 읽어내기 쉽지 않다. 21세기 권력정치는 군사력이나 경제력을 놓고 국가 행위자들이 벌이는 아테나의 관심사를 넘어서 전개되는 양상을 보이기 때문이다.

그렇다고 기존의 국가 행위자가 세계정치의 장에서 무력하게 물러나는 것은 물론 아니다. 새로운 행위자들의 활동을 규제하려는 국가의 견제도 만만치 않다. 사실 네트워크 세계정치의 새로운 도전에도 근대 국제정치는 여전히 그 위력을 잃지 않고 있다. 그렇지만 21세기 아테나도 새로운 네트워크의 게임에 적용될 수밖에 없는 것이 현실이다. 사실 생각을 돌이켜보면, 신화의 이야기에서도 아테나는 직물 짜기(네트워크 치기)를 관장하는 여신이었다. 오늘날 국가 행위자들은 부국강병 일변도의 단순 전략이 아니라 다양한 방식의 복합 전략을 추구한다. 국가 행위자들끼리 네트워크를 형성하는 국제기구나 다양한 형태의 정부 간 네트워크 현상도 더욱 두드러진다. 게다가 국제 네트워크의 형성이라는 차원을 넘어서 국민국가 자체가 그 경계의 안과 밖에서 점점 더 네트워크 형태로 변화를 겪고 있다. 유럽 지역을 중심으로 시작되어 동아시아 지역에서도 그 가능성이 타진되는 지역 통합의 움직임은 이러한 국가의 네트워크화 현상을 극명하게 보여준다. 이렇듯 전통 영역에서 벌어지는 변화를 이해하는 데에도 기존의 근대 국제정치적 발상만으로는 부족하다.

그런데 여기서 하나 더 명심해야 할 것은 21세기 네트워크 치기를 시도하는 아라크네의 도전은 신화 속 이야기처럼 혼자서 외롭게 벌이는 게임은 아니라는 점이다. 사실 신화 속에서 아라크네가 단기필마單騎匹馬로 아테나 여신의 힘에 대항한다는 것은 역부족일 수밖에 없었다. 그렇지만 오늘날 아테나의 국제정치에 도전장을 던지는 아라크네의 세계정치는 여럿이 힘을 합치는 양상으로 나타난다. 이 책에서 홀로 거미줄을 치는 거미의 이야기에다 여럿이 힘을 합쳐 집을 짓는 꿀벌들의 이야기를 덧붙여 소개한 것은 바로 이러한 이유에서이다. 이렇게 여러 아라크네가 끼리끼리 모여서 힘을 합하는 현상의 이면에는 정보혁명의 영향으로 확산된 디지털 네트워크의 발달을 빼놓을 수 없다. 예전의 아날로그 시대에는 미미하게 여기저기에 분산되어 있었을 소수자였지만, 이제는 디지털 네트워크의 메커니즘에 기대어 기성의 권위에 도전할 새로운 계기를 마련하고 있다.

21세기의 새로운 상황에서 아테나와 아라크네(들)이 벌이는 네트워크 치기의 경합에서는 누가 승자가 될까? 그리스 신화 속처럼 아테나가 권위를 내세워 상대를 제압할 것인가, 아니면 이번에는 여기저기 분산되어 있던 아라크네들이 힘을 합쳐서 오랫동안 숨겨왔던 발군의 실력을 발휘할 것인가? 본문에서 자세히 다루겠지만, 이 책이 그리고자 하는 21세기의 경합에서는 아직 그 승부가 뚜렷하게 드러나지 않았다. 비유컨대 새롭게 짜이는 직물에는 아테나의 이야기뿐만 아니라 아라크네(들)의 이야기도 함께 담겨 있다. 아테나도 그 권위를 좀 더 누그러뜨리지 않을 수 없고, 아라크네(들)도 좀 더 겸손할 수밖에 없는 것이 현재 상황이다. 이 책의 제목을 네트워크를 상징하는 '아라크네'라는 말에다가 네트워크와 친화적인 세계정치학이라는 말 대신 아테나를 연상케 하는 '국제정치학'이라는 말을 일부러 조합해 '아라크네의 국제정치학'이라

고 붙인 이유는 바로 여기에 있다.[5]

　이 대목에서 이 책의 제목에 담긴 고민을 좀 더 털어놓아야 할 것 같다. 사실 이 책의 제목으로 가장 크게 끌린 것은 망제정치網際政治, internetwork politics였다.[6] 국민국가라는 노드node 행위자 간의 정치, 즉 국제정치國際政治, international politics를 넘어서 다양한 형태로 네트워크화하는 행위자들, 즉 '네트워크 간의 정치'라는 의미로서 망제정치가 부상한다는 것이 이 책의 핵심 주제이기 때문이다. 사실 이 책에서 담고자 한 21세기의 모습은 근대 국제정치가 사라져버리는 것도 아니고 탈근대 세계정치가 완전히 득세하는 것도 아닌, 그 중간에서 서로 변환을 겪으면서 구성되는 복합적 망제정치의 모습이다. 그러나 망제정치라는 말이 대중에게뿐만 아니라 국내 학계에서도 여전히 생경하게 들릴 것을 우려해 끝내는 제목에 담지 않았다.

　그 대신 국제정치와 세계정치라는 근대와 탈근대를 연상시키는 용어를 병치하는 방법으로 이 책의 주제를 전달하고자 했다. 국제정치가 국가 행위자들이 벌이는 부국강병의 정치를 의미한다면, 세계정치는 국가뿐만 아니라 비국가 행위자들도 참여해서 벌이는 복합적 권력정치를 의미한다. 이러한 점에서 국제정치와 세계정치라는 말은 우리가 19세기에 겪었던 근대와 21세기에 당면하는 탈근대를 극명하게 대변하는 용어이다. 이 책에서 말하고자 한 것은 바로 이러한 국제정치와 세계정치 사이에 발생하는 망제정치의 숨은 이야기

5　'국제(國際)'라는 표현은 영국의 제레미 벤담(Jeremy Bentham)이 1789년에 처음으로 사용한 'international'이라는 용어를 19세기 후반에 번역한 것이다. 국제는 국민국가 간의 정치를 핵심으로 하는 근대 국제정치를 상징하는 표현이라고 할 수 있다. 한편 불교의 시간 개념인 '세'와 공간 개념인 '계'를 합성한 '세계(世界)'로 번역되는 'world'라는 말은 20세기에 들어와서 사용되기 시작해서 특히 근대 국제정치의 자기모순으로 나타나는 새로운 정치를 표현하고자 본격적으로 사용되고 있다(하영선, 2012: 24).

6　'망제정치'라는 용어는 2005년의 어느 봄날에 하영선 선생님과 대화하던 도중에 처음으로 힌트를 얻었는데, 글로는 김상배(2005)에서부터 사용하기 시작했다.

이다. '아라크네의 국제정치학: 네트워크 세계정치이론의 도전'이라는 이 책의
제목은 이러한 고민을 바탕으로 해서 붙여졌다.

이 책은 지난 10여 년 동안 다양한 경로를 통해서 필자가 발표한 글을 다듬고
부족한 부분은 새로 써서 보완한 결과물이다. 작은 단위의 연구로 평가하는
현재 국내 학계의 현실로 말미암아 개별적 작업으로 이루어졌지만, 현재 이 책
의 구성과 같은 큰 밑그림을 바탕에 깔고 블록을 하나하나 놓는 방식으로 쌓
아서 지금의 모습에 이르렀다. 사실 이 책은 2010년 9월에 출판한 『정보혁명
과 권력변환: 네트워크 정치학의 시각』(한울)의 후속작이다. 원래는 하나의 작
업으로 구상해 추진했으나, 정보 네트워크의 맥락에서 보는 21세기 권력론 일
반에 대한 부분을 먼저 출판하고, 그 후 국제정치학의 연구 주제에 해당하는
부분을 발전시켜서 따로 출판하게 되었다. 그 과정에서 이 책의 핵심 주제인
네트워크 권력, 네트워크 국가, 네트워크 질서 등이 국제정치학의 시각에 맞게
더욱 다듬어졌다.
　이 책의 작업을 마무리하는 과정에서 '동아시아 네트워크 세계정치'라는
주제로 진행된 '2010-12년도 한국사회기반연구사업Social Science Korea: SSK'의
지원은 큰 도움이 되었다. 특히 동아시아와 한국의 시각에서 한동안 진행했던
네트워크 세계정치와 관련된 이론적·경험적 작업들을 전체적으로 조율하면
서 재구성하고 재집필하는 계기가 마련되었다. 이러한 과정에서 집합적으로,
또는 개인적으로 진행한 작업들의 과정과 결과는 세 곳의 웹사이트, '네트워크
세계정치'(http://networkpolitics.ne.kr), '국제정치포털: 변환의 세계정치'(http://
www.worldpolitics.ne.kr), '(김상배 교수의 홈페이지) 정보혁명과 네트워크 세계
정치'(http://www.sangkim.net)에 담았다.
　이 책을 집필한 가장 큰 목적은 향후 세계정치의 변환과 네트워크 세계정
치에 대한 논의와 토론의 전개를 위한 플랫폼을 마련하는 데에 있다. 이러한
시도를 하게 된 가장 큰 이유는, 지난 10여 년 동안 네트워크를 화두로 한 권력

정치와 세계정치의 연구를 진행하면서 네트워크 세계정치와 관련된 일종의 가이드라인이 필요하다는 생각에서였다. 도대체 정보혁명과 네트워크에 대한 논의가 어떻게 세계정치의 연구 분야로 들어오게 되는지에 대한 구성적 얼개와 경로를 보여줄 필요가 있다는 생각이었다. 이 책에서 던지는 화두를 통해서 21세기 세계정치의 변화를 이론적이고 경험적인 시각에서 탐구하려는 향후의 시도에 밑돌이 마련되기를 기대해본다.

이 책이 나오기까지 많은 분의 도움을 얻었다. 특히 지난 10여 년 동안 정보세계정치연구회의 월례 세미나에 참여하신 선생님들의 토론은 이 책의 작업에 많은 영감을 주었다. 특히 만청晩靑 하영선 선생님께서는 이 책의 근간이 되는 사고의 기본 구조를 세우고 그 내용을 채우는 데 큰 가르침을 주셨다. 임혁백, 조현석, 류석진 세 분 선생님의 든든한 후원이 없이는 이 책의 작업이 가능하지 않았을 것이다. 또한 인생과 학문의 선배이거나 동료로서 많은 격려를 주신 손열, 전재성, 이승주 세 분 교수께 깊이 감사드린다.

이 책의 작업이 진행되는 동안 SSK 프로젝트의 조교를 맡아 번거로운 이 책의 교정 작업을 꼼꼼히 맡아준 송태은, 최인호 두 사람에게 고마움을 표하고 싶다. 표지에 실은 벨라스케스의 그림과 관련된 자료 조사와 이메일 인터뷰는 최화니가 성심껏 도와주었다. 2013년 1학기 대학원 세미나에 참가해 이 책의 초고를 같이 읽고 유익한 토론을 해준 곽민경, 김병구, 양경진, 유성, 윤정현, 최은실, 황예은, 그리고 이 책의 출판 작업을 맡아주신 도서출판 한울의 관계자 선생님들께도 감사의 마음을 전한다. 가족들의 성원과 격려가 없었다면 이 책의 작업을 끝맺기 어려웠을 것이다. 특히 2013년 1월 프라도 미술관을 방문한 당시 길벗이 되어준 아내가 고맙다.

2014년 1월 25일
김상배

국제정치이론을 넘어서

1. 네트워크 세계정치의 현실

오늘날의 세계를 보면 국가를 대표하는 외교관들이 협상 테이블에 앉거나 군인들이 군함과 대포, 대량살상무기를 동원해 전쟁을 벌이던 시절의 국제정치에 대한 인식만으로 풀리지 않는 문제들이 부쩍 늘어난 것 같다. 우리가 국제정치학 교과서에서 배우는 현실주의 국제정치이론의 주장처럼 국민국가들이 벌이는 자원 권력의 경쟁, 그리고 그 결과로서 파생되는 무정부 질서anarchy라는 가정에 입각해서는 디는 오늘날의 세계정치를 제대로 볼 수 없다. 최근 한반도 주변에서 벌어지는 세계정치의 양상을 보더라도 발상을 바꾸지 않으면 이해되지 않는 현상이 많다. 이들은 모두 20세기 초엽에 그 진용을 갖춘 현대 국제정치학의 렌즈만으로는 또렷이 파악되지 않는다는 공통점이 있다.

무엇보다도 세계정치가 벌어지는 영역의 성격이 복잡해졌다. 21세기 세계정치 문제는 군사, 경제, 외교 등 어느 한두 영역에만 관련된 것이 아니라 기술, 정보, 지식, 커뮤니케이션, 문화, 환경, 에너지, 자원, 여성, 인권 등 여러 영역에 걸쳐서 관련되는 복합적 성격을 띤다. 이렇게 복합적 양상으로 나타나는 세계정치는 군사력과 경제력으로 대변되는 물질적 자원 권력의 정치를 넘어서는 양상을 보인다. 군사력과 경제력이 행사되는 데에도 지식 자원의 중요성이 커졌다. 게다가 권력정치가 작동하는 방식도 행위자가 보유한 자원의 차원을 넘어서 행위자들이 구성하는 관계와 네트워크 속에서 이해해야 하는 경우가 늘어나고 있다. 21세기 세계정치에서 강제와 제재의 메커니즘만이 아닌 설득과 동의의 메커니즘의 중요성이 강조되는 것도 이러한 이유에서이다.

이러한 변화를 배경으로 해서 국가의 경계를 넘어서는 초국적 네트워크 활동이 늘어나고 있다. 9·11 테러 이후 초국적 테러 네트워크의 활동이 새롭게 조명되고 있으며, 최근에는 사이버공간에서 발생하는 테러에 대한 관심도 높아졌다. 초국적으로 활동하는 금융 네트워크나 다국적기업들의 영향력도 커졌다. 1990년대 말의 동아시아 경제 위기나 2000년대 말의 미국발 금융 위기를 통해서 우리는 이미 금융 문제가 국가의 경계 안에 갇혀 있지 않음을 보았다. 마이크로소프트나 구글, 애플과 같은 IT_{Information Technology} 기업들의 영향력은 웬만한 개발도상국 정부를 능가한다. 또한 글로벌 시민사회의 인권 네트워크나 개인과 집단의 차원에서 발견되는 이민 네트워크, 그리고 다양한 형태의 국제 문화 교류 네트워크 등도 모두 초국적으로 활동하는 비국가 행위자들의 네트워크를 보여주는 사례들이다.

이렇게 초국적으로 활동하는 비국가 행위자들의 등장에 직면해 기존 국가 행위자들이 세계정치의 전면에서 그냥 물러나는 것은 아니다. 국내 차원에서 다양한 정책 수단을 동원해 개입할 뿐만 아니라, 국제적으로도 정부 간 네트워크의 형식을 빌려 다각도로 대응하는 노력을 펼치고 있다. 예를 들어 마이크로소프트, 구글, 애플 등의 초국적 활동은 각국 차원의 법제도나 정부 정책과 갈등하고 있다. 초국적으로 발생하는 테러(또는 사이버 테러)를 방지하고자 각국 정부의 공조 네트워크도 가동되었다. 세계 금융 위기를 타개하려고 열린 G20 각료회의와 정상회의도 정부 간 네트워크가 활성화된 사례이다. 이 밖에도 민간 행위자들의 교류 차원으로만 이해되던 문화 분야도 국가 차원에서 진행되는 문화 외교 또는 공공 외교의 대상으로 이해되기 시작한 지 오래이다.

이렇듯 21세기 세계정치에서는 국가 및 비국가 행위자들이 다양하고 다층적인 네트워크를 형성하면서 경합하는 모습이 나타난다. 이러한 모습은 포괄적으로는 네트워크 세계정치world politics of networks, 구체적으로 '네트워크 간에 벌어지는 정치'라는 의미로 망제정치網際政治, internetwork politics라고 부를 수 있다. 이러한 네트워크 세계정치의 현상은 기존의 국제정치이론이 설정하던 이론적 가정의 범위를 넘어서 발생한다. 예를 들어 앞서 언급한 세계정치의 양상을 현실주의 국제정치이론이 상정하듯이, 고립된 노드node로서 국민국가를 기본 단위로 설정한 무정부 질서의 가정 안에 가둘 수는 없다. 최근의 변화는 국가 행위자들이 다양한 초국적 과제에 대응해 그 영토적 경계의 안과 밖에서 네트워크화하는 모습을 보이기 때문이다. 이러한 사정을 고려하면 적어도 현 단계에서 떠올려볼 수 있는 세계질서의 상은 무정부 질서보다는 좀 더 복합적 모습임이 분명하다.

이 책은 네트워크의 부상으로 파악되는 21세기 세계정치의 변환을 이론적으로 탐구했다. 1970~1980년대부터 국제정치학계에서는 '변화'를 어떻게 볼 것인가를 놓고 오랫동안 이론적 논의를 진행해왔다.[1] 그런데도 기존의 국제정치이론은 최근 벌어지는 세계정치의 변화를 포착해 이론화하는 데에는 매우 더디게 반응한다는 것이 이 책의 인식이다. 변화의 현실은 네트워크 시대가 도래했다고 소란스러운데, 국제정치이론은 여전히 노드 차원의 발상에 머물

---

1 1970~1980년대부터 진행된 '변화'에 대한 국제정치이론 분야의 논의는 일일이 거론하기 어려울 정도로 매우 많다. 보기에 따라서는 최근 진행되는 국제정치이론의 논의는 대부분이 '변화'를 주제로 한다. 그중에서도 1980년대에 진행된 '변화'에 대한 초기 논의 중에서 학계의 연구 어젠다를 설정한 의미가 있는 대표적 논의로는 Buzan and Jones eds.(1981), Czempiel and Rosenau eds.(1989), Rosenau and Czempiel eds.(1992) 등을 들 수 있다.

고 있다. 이러한 이론적 경직성은 현대 국제정치이론의 3대 축이라고 할 수 있는 현실주의·자유주의·구성주의 국제정치이론 모두에서 발견되는 특징이다.

2. 기존 국제정치이론의 한계

네트워크 세계정치의 부상이 보여주는 현란함에 비해서 세계정치의 현실을 연구하는 학문으로서 기존 국제정치학은 새로운 변환을 담아낼 언어의 빈곤에 시달리고 있다. 사실 기존의 국제정치학은 글자 그대로 '국國, nation 사이際, inter의 정치政治, politics', 즉 국제정치國際政治, inter-national politics를 주로 탐구했다. 실제로 기존의 국제정치 연구는 주요 행위자로서 국민국가 간의 양자 또는 다자 관계를 탐구하는 데에 주안점을 두어왔다. 네트워크 이론의 용어를 빌려서 표현하면, 근대 국제정치는 국민국가를 노드로 하는 '노드 간의 정치inter-nodal politics'였다고 할 수 있다. 이렇게 변화된 현실을 설명하지 못하는 이론의 빈곤이 발생한 것은 이들 이론이 공통적으로 근대국민국가라는 노드 행위자에 기반을 둔 이론이기 때문이라는 것이 이 책의 인식이다.

논의를 간결하게 전개하고자 다소 도식적일 수 있음을 감수하고 각 이론 진영의 구도를 대비해서 그려보면 〈표 1〉과 같다. 가로축은 각 이론이 주안점을 두는 국제정치의 권력 메커니즘이 물질적 권력의 발상에 머무느냐, 아니면 탈脫물질적 권력의 발상까지도 포함하느냐를 기준으로 나누었다. 세로축은 각 이론이 설정하는 분석 단위가 행위자 차원 노드의 발상을 기반으로 두느냐, 아니면 개별 행위자 차원을 넘어서는 네트워크의 발상을 갖느냐를 기준으로 나누었다. 이러한 기준에 따라서 주류 국제정치이론의 세 가지 흐름을 대표하는 현실주의·자유주의·구성주의 국제정치이론의 입장을 살펴보았다.

현실주의 국제정치이론은 전형적으로 노드의 발상에 기반을 둔 이론이라고 할 수 있다. 다시 말해 현실주의는 부국강병富國强兵을 위한 수단으로서 군

<표 1> 기존 국제정치이론의 구도

	물질적 권력의 발상	탈(脫)물질적 권력의 발상
네트워크의 발상	④ 월러스틴의 세계체제론	⑤ 네트워크 세계정치이론
	③ 탈국제정치의 시도들	웬트의 구성주의
노드의 발상	① 모겐소와 월츠의 현실주의	② 코헤인과 나이의 자유주의

자료: 김상배(2008a: 42)를 수정.

사력과 경제력과 같은 물질적 권력을 추구하는 국민국가 간의 관계를 주로 탐구한다(Morgenthau, 1948). 즉, 현실주의 국제정치이론의 전통은 국제정치의 지배적 행위자로서 국가가 이익의 극대화를 추구하고자 상호 경쟁하는 무정부 질서의 국제정치상을 상정한다. 이러한 연속선상에서 보면, 국민국가 간의 세력균형 Balance of Power: BoP이 현실주의의 주요 관심사라고 할 수 있다. BoP란 언뜻 보기에는 행위자 간의 '관계'를 탐구하는 것 같지만, 기본적으로는 행위자 차원으로 환원되는 노드의 속성이나 보유 자원 기반의 발상에서 시작하는 개념이다.

고전적 현실주의를 비판하고 나선 케네스 월츠 Konnoth Waltz의 신현실주의 국제정치이론도 노드 간의 물질적 권력의 분포에 따라 형성되는 '구조 structure'를 탐구한다는 점에서 기본적으로 BoP의 발상에 머문다(Waltz, 1979). 월츠의 신현실주의가 '구조적 현실주의 structural realism'라 불리는 것은 사실이지만, 구조 자체가 아닌 행위자에 존재론적 우선성을 준다는 점에서 기본적으로 노드형

이론이다. 한편 현실주의 시각에서 국제정치경제를 연구한 로버트 길핀Robert Gilpin도 국제체제에서 벌어지는 경쟁과 변화를 논하지만 기본적으로 물질적 권력의 기준에서 본 국가 행위자들의 능력에 주목한다는 점에서 노드의 발상에 머물렀다고 평가해야 할 것이다(Gilpin, 1981, 1987). 이러한 현실주의 국제정치이론의 입장은 대체로 〈표 1〉의 ① 영역에 속하는 것으로 판단할 수 있다.

자유주의 국제정치이론은 현실주의보다 상대적으로 유연한 발상을 보이는 것이 사실이다. 자유주의 국제정치이론의 전통은 국제정치에서 국가 외에도 비국가 행위자에 주목하고, 이들이 다원적 목표를 추구하는 가운데 협력함으로써 창출되는 협력과 제도 형성의 국제정치 이미지를 상정한다. 특히 월츠와 함께 주류 국제정치이론의 다른 한 축을 이루는 로버트 코헤인Robert Keohane과 조지프 나이Joseph Nye의 복합 상호 의존complex interdependence에 대한 논의는 네트워크 세계정치이론의 관점에서 보면 나름대로 선구적인 시도이다(Keohane and Nye, 1977). 그러나 이들의 복합 상호 의존의 논의는 제2장에서 지적한 바처럼 국가 행위자와 비국가 행위자, 그리고 상위 정치high politics로 간주해온 군사 안보 이슈와 하위 정치low politics로 간주해온 기타 이슈 사이를 조합 또는 혼합하는 차원의 복합을 논한다. 이런 점에서 이 책에서 논하는 '복합 네트워크'보다 평면적일 뿐만 아니라 복합을 논하지만 여전히 노드의 발상에 머문다고 볼 수 있다.

실제로 이후 진행된 코헤인과 나이의 작업을 살펴보면, 국제정치의 주요 행위자로서 국민국가를 여전히 논의의 중심으로 삼는 노드의 시각을 취한다고 평가된다. 다만 나이의 소프트 파워soft power 또는 스마트 파워smart power에 대한 논의는 여전히 국가 행위자의 능력에 초점을 맞추면서도, 노드의 속성이나 노드가 보유하는 물질적 자원이 아닌 관계적 맥락에서 우러나오는 권력에 관심을 둔다는 점에서 탈脫노드적 발상의 실마리를 보인다(Nye, 2004). 또한 자유주의 국제정치이론에서 진행된 제도institution에 대한 논의, 특히 코헤인의 후기 작업들은 국가 및 비국가 행위자들의 상호 의존 네트워크가 강화되면서 국제 레짐 또는 국제제도가 중요해지고 나름대로 자율성을 갖게 되는 차원을 탐구한다는 점에서 탈노드적 면모를 보여주지만, 여전히 국가 중심의 발상에 머무는 것이 사실이다(Keohane, 1984, 2002). 이러한 자유주의 국제정치이론의 입장은 대체로 〈표 1〉의 ② 영역으로 요약할 수 있다.

이상의 현실주의나 자유주의 국제정치이론에 대비해서 볼 때 구성주의 국제정치이론은 어떻게 이해할 수 있을까? 엄밀하게 말하면, 구성주의 국제정치이론은 주류 국제정치이론이 상정하는 실증주의적 입장에 대한 비판에서 시작한 포스트모더니즘, 페미니즘, 규범 이론, 비판 이론 등으로 구성된 이론 진영으로 넓게 파악해야 할 것이다. 그러나 여기서는 구성주의 국제정치이론 진영 중에서도 알렉산더 웬트Alexander Wendt로 대변되는 구성주의 진영에 주목했다(Wendt, 1999). 웬트는 사회 이론의 시각에서 신현실주의에 대한 비판을 제기하면서 관념idea 변수가 이익interest 변수를 구성하는 국제정치의 한 단면을 밝혀낸다. 그러나 웬트의 이론이 상정하는 국제정치의 기본 단위는 여전히 노드로서의 국민국가를 염두에 둔다. 이렇게 여전히 국가 중심의 노드 발상에 머문다는 점에서 기본적으로 자유주의와 비슷한 〈표 1〉의 ② 영역에 속하는 것으로 보아야 할 것 같다.

웬트가 이러한 경향을 보이는 것은 국가 행위자라는 노드에 시각을 고정한 신현실주의가 몰沒사회 이론으로서 지닌 문제점을 이론적 공격의 대상으로 삼다보니까 생겨난 당연한 귀결인지도 모르겠다. 웬트의 유명한 문구인 '무정부 질서란 국가들이 만드는 것anarchy is what states make of it'을 연상하면 될 것이다(Wendt, 1992). 이러한 한계에도 구성주의 국제정치이론이 현실주의 국제정치이론이나 자유주의 국제정치이론보다 딜노드적 이론으로 발전할 잠재력을 더 많이 지니는 것은 사실이다. 웬트의 이론이 지니는 잠재력은 행위자 간의 간주관적inter-subjective 상호작용을 통해서, 즉 노드 간 '링크link'의 양상을 통해 노드의 정체성이 구성되는 과정을 설명한다는 점에서 발견된다. 이러한 점에서 웬트의 이론은 엄밀히 말해 〈표 1〉의 ② 영역과 ③ 영역의 경계에 있다고 할 수 있다(Guzzini and Leander eds., 2006).

이상의 논의를 통해서 보면, 기존의 주류 국제정치이론 진영을 이루는 현실주의·자유주의·구성주의 국제정치이론은 약간의 편차는 있지만, 대체로 여전히 노드의 시각에 머무르는 한계를 안고 있다. 노드에 고착된 기존의 시각을 넘어서려는 시도들이 간간이 엿보이지만, 여전히 부분적이거나 암묵적 차원에서만 네트워크의 시각을 채택할 뿐이다. 따라서 노드의 물질적 권력을 기반으로 두는 평면적 BoP의 발상을 넘어서지 못한다. 간혹 소프트 파워의 메커니즘이나 국제정치에서 관념 변수의 역할을 논하는 경우에도 여전히 노드로서의 국가 행위자에 주목하므로 그들 간의 평면적 관계에 시야가 고정될 수밖에 없다. 이러한 연속선상에서 이 책은 〈표 1〉에서 ① 영역, ② 영역 등에 여전히 머무는 기존 주류 국제정치이론의 논의에 네트워크의 발상을 불어넣는 시도를 벌이고자 한다.

3. 탈국제정치이론의 시도들

최근의 현황을 보면 기존 주류 국제정치이론의 한계를 넘어서려는 시도들이 없었던 것은 아니다. 〈표 1〉의 ③ 영역에 속하는 시도라고 볼 수 있다. 통칭해서 '탈脫국제정치post-international politics'의 이론으로 부를 수 있는 이러한 시도들은 국가 중심의 시각에서 세계정치를 보는 전통적인 현실주의 국제정치이론과 신현실주의 국제정치이론의 불충분성과 왜곡에 대한 불만에서 시작한다. 사실 탈국제정치라는 용어는 뒤에서 서술할 제임스 로즈노James N. Rosenau가 처음으로 사용했다(Rosenau, 1990). 그러나 이 책에서는 탈국제정치라는 용어를 로즈노의 이론을 넘어서 좀 더 넓은 의미로 사용했다. 탈국제정치이론의 시각은, 비록 주권국가나 그들의 '국제' 관계가 여전히 중요한 것으로 남아 있고 앞으로도 그럴 것이 예상되지만, 전통 이론에서 주어진 것으로 간주하는 국가 중심의 세계에 대한 전제는 영원할 수 없으며, 그 효력을 잃게 될 것이라고 본다(Ferguson and Mansbach, 2007: 531). 탈국제정치이론의 시도로 분류할 수 있는 작업 중에서 몇 가지 작업을 간략히 언급해보자.

넓게 보아 현실주의로 분류되는 국제정치이론 진영 내에서도 노드의 시각을 넘어서는 네트워크 발상으로 지구화 시대 국가의 역할과 형태의 변환 가능성을 탐구한 선구적 작업이 있다. 전쟁과 안보 연구에서 존 아퀼라John Arquilla 와 데이비드 론펠트David Ronfeldt의 네트워크와 네트전netwar에 대한 논의는 기본적으로 전략 연구의 성격을 띠지만, 이론적 차원에서도 네트워크 연구에 기여하는 바가 크다(Arquilla and Ronfeldt eds., 2001). 현실주의 전통에서도 영국의 국제정치학자인 수전 스트레인지Susan Strange의 '구조적 권력structural power' 개념이나 국민국가의 쇠퇴에 대한 논의는 국민국가라는 노드의 물질적 권력론을 넘어서는 이론적 시도의 실마리를 보여주었다(Strange, 1988, 1996). 그 외에도 배리 부잔Barry Buzan, 찰스 존스Charles Jones, 리처드 리틀Richard Little 등과 같이 이른바 '구조적 현실주의'로 구분되는 학자들도 국제체제의 역사적 맥락에서 그 심층구조를 탐구해 '국제'를 넘어서는 실마리들을 보여주었다(Buzan, Little and Jones, 1993; Buzan and Little, 2000).

이러한 연속선상에서 이른바 영국학파의 주축을 이루는 헤들리 불Hedley Bull의 국제사회에 대한 논의도 이해할 수가 있다(Bull, 1977). 불은 '무정부적 사회anarchical society'라는 개념을 통해 국가가 국제법을 준수하고 국제제도를 수립하며 국제협력을 증신하는 데에 사국의 국가이익을 자리매김할 수 있다고 주장했다. 불이 제시한, 세계정치에서 일종의 분산된 권위의 질서로서 나타나는 '신중세주의neomedievalism'의 개념은 30여 년 전의 구상인데도 현재의 맥락에서 적실성을 갖는 예측으로 평가된다(Bull, 1977: 264~276). 무정부적 사회나 신중세주의에 대한 불의 논의는 그 후 영국학파 학자들을 통해 다양한 형태로 발전해왔다. 예를 들자면 영국학파의 '무정부적 사회'를 재조명한 논의(Hurrell, 2007), 지구화 시대의 국제사회 변환에 대한 논의(Linklater and Suganami, 2006),

국제사회에서 세계사회로의 이행에 대한 논의(Buzan, 2004) 등이 있다. 이 논의들은 국가 중심 가정과 이를 넘어서는 발상들이 복합되는 변화의 현주소를 반영한다.

한편 자유주의적 성향을 띠는 연구, 특히 비국가 행위자들이 세계정치에서 담당하는 역할에 대한 연구들은 태생적으로 국가 중심성을 넘어서는 논의를 펼쳐왔다(Milner and Moravcsik eds., 2009). 자유주의 시각의 연구들에서는 오래전부터 네트워크라는 용어 자체를 사용했다. 예를 들어 마거릿 켁Margaret Keck과 캐스린 시킨크Kathryn Sikkink의 초국적 옹호 네트워크에 대한 연구가 있다(Keck and Sikkink. 1998). 그리고 다양한 글로벌 사회운동에 대한 네트워크 시각의 연구도 있다(Diani and McAdam eds., 2003; Khagram, Riker and Sikkink eds., 2002). 그 외에도 앤-마리 슬로터Anne-Marie Slaughter는 국가가 그 내부에서도 단일한 행위자가 아니라 지적하고 행정부, 입법부, 사법부 등의 정부 간 네트워크 연구를 수행했다(Slaughter, 2004). 또한 정책 지식 네트워크(Stone and Maxwell eds., 2005), 초국적 생산 네트워크(Borrus, Ernst and Haggard eds., 2000), 신용평가기관과 금융 네트워크(Sinclair, 2005) 등에 대한 연구들을 들 수 있다. 그러나 이들 연구에서 네트워크란 이 책에서 사용하는 복합적인 전략과 원리와 질서를 품는 의미의 네트워크라기보다는 단지 초국적 네트워크를 활용하는 비국가 행위자라는 의미로 사용되었다는 점을 유의해야 한다.

기존의 국제정치학 분야에서도 복합적 양상으로 드러나는 탈국제정치를 조금 더 명시적인 이론적 언어로 탐구하려 시도한 예외적 작업들이 없었던 것은 아니다. 그중에서도 대표격은 기존의 주류 이론 진영 내에서 노드 차원의 이론화를 넘어서는 시도를 펼친 것으로 평가되는 로즈노의 작업이다(Rosenau, 1990, 1997, 2003). 로즈노는 일찌감치 국내정치와 국제정치의 연계linkages에 대한 이론적 지평을 연 바 있으며(Rosenau, 1969), 글로벌 거버넌스global governance에 대한 이론적 논의 또한 선구적으로 펼쳤다(Rosenau and Czempiel eds., 1992; Rosenau, 1995). 사실 탈국제주의post-internationalism라는 용어는 로즈노가 국민국가의 직접적 관여가 없이 펼쳐지는 세계정치의 경향을 표현하고자 만들었다. 후기의 작업들은 소란turbulence이나, 분화分化, fragmentation와 통합統合, integration의 합성어로서 분합分合, fragmegration이라는 개념이 사용된다. 이러한 논의를 통해 로즈노는 다양한 행위자가 구성하는 '다중심의 세계multi-centric world'와 여전히 국가 행위자가 주도하는 '국가 중심의 세계state-centric world'를 중첩해서 보여주려 했다.

 이 밖에도 구성주의 또는 포스트모더니즘 전통에서 이루어진 국제정치이론의 연구들을 보면 국제정치이론의 경계를 넘어서는 탈노드, 즉 탈국제정치의 이론적 시도가 상당히 많이 발견된다. 예를 들어 피터 하스Peter Haas나 이매뉴얼 애들러Emanuel Adler 등의 인식 공동체epistemic community에 대한 연구는 행위자 차원의 분석을 넘어 각 행위자가 구성하는 공동체 차원의 네트워크에서 논의를 시작한다는 점에서 네트워크 시각과 맥을 같이한다(Haas ed., 1992; Adler, 2005). 유사한 맥락에서 국가 중심의 시각을 넘어서는 구성주의의 관점에서 국제법이나 세계정치의 구성 원리, 비공식적 규칙을 탐구한 프리드리히 크라토크빌Friedrich Kratochwil, 니콜라스 오누프Nicholas Onuf, 존 러기John Ruggie에도 주목할 필요가 있다(Kratochwil, 1989; Kubálková, Onuf and Kowert, 1998; Ruggie, 1998). 프랑스의 사회학자인 피에르 부르디외Pierre Bourdieu의 개념을 원용한 이브 드잘레이Yves Dezaley와 브라이언트 가스Briant G. Garth의 국제 지식 네트워크 연구도 초국가적 차원에서 형성되는 엘리트들의 지식과 관념의 네트워크를 연구했다는 점에서 네트워크 세계정지 연구의 선구석 시노 중 하나로 평가할 수 있다(Dezaley and Garth, 1996, 2002; 김상배, 2008c).

 그런데 이러한 구성주의 시각의 인식 공동제나 구성 원리, 또는 지식 네트워크에 대한 연구는 인식론적 측면에서 탈노드를 지향하는 네트워크의 시각보다도 좀 더 나아가서 일종의 '초超노드적' 또는 탈구조주의적post-structuralist 시각을 바탕에 깔고 있다. 따라서 몇몇 포스트 모더니스트나 비판 이론가 중에서 객관적 실재가 저기 어디에 있느냐의 문제와 관련해, 인식론적으로 극단적인 상대주의로 흐르는 경향도 있다. 이러한 구성주의 국제정치이론의 초노드적이고 탈구조적인 성격은 구성주의가 바탕에 깔고 있는 권력관과 맥을 같이한다. 구성주의 권력의 개념은 간주관적 네트워크의 메커니즘을 매개로 해서 상대방의 정체성과 신념 체계 및 가치관 등의 형성에 작용하는 '구성적 권력'이다. 이 책에서 시도하는 네트워크 세계정치이론과 비교해보았을 때 이들의 논의는 행위자와 구조, 그리고 이 양자가 복합되는 과정을 분석적으로 밝히려고 한다기보다는, 하나의 순환적 고리 안으로 융합해본다는 점에서 차이가 있다.

한편 마르크스주의·국제정치이론은 기존의 주류 이론보다 일찍부터 탈국제정치이론적 성향을 보여주었다. 특히 〈표 1〉의 ④ 영역에 분류한 이매뉴얼 월러스틴Immanuel Wallerstein의 세계체제론은 근대 자본주의 체제라는 체제 수준의 분석 단위를 설정하고 그 구조 내에서 작동하는 개별 국가의 역할을 설명한다는 점에서 탈노드적 이론의 성격을 강하게 띤다(Wallerstein, 1980, 1995). 그러나 세계체제론의 체제나 구조의 개념을 이 책에서 논하는 네트워크의 개념과 동일한 것으로 볼 수는 없다. 세계체제론이 탈노드적인 것은 사실이지만, 체제 내의 노드 간 관계를 중심과 주변이라는 '위계적 아키텍처'로 그리기 때문이다. 이런 점에서 세계체제론의 체제 수준의 발상은 여전히 단순계simple system의 차원에 머물며, 복잡계complex system에 기반을 둔 본격적인 네트워크 발상에는 이르지 못한다고 볼 수 있다. 더군다나 국제정치의 작동 메커니즘에 대한 세계체제론의 발상은 물질적 자원으로서 이해되는 자본이라는 물질적 권력에 대한 논의에 머무는 한계를 지닌다.

이에 비해 같은 마르크스주의 전통에서도 신그람시주의 성향을 띠는 연구들은 물질적 권력과 탈물질적 권력, 그리고 노드와 네트워크를 모두 아우르는 이론화의 가능성을 보여주었다(Gill, 1993, 2003). 특히 로버트 콕스Robert Cox는 이익-제도-관념의 동태적 분석틀을 통해서 국가 노드의 안과 밖에서 작동하는 사회 세력 형성과 세계질서 변화의 구성적 메커니즘을 탐구했다는 점에서 네트워크 세계정치이론에 주는 시사점이 크다(Cox, 1981, 1987). 콕스는 권력의 세 가지 범주인 물질적 능력material capabilities, 관념ideas, 제도institutions 등이 상호 작동하는 과정 속에서 형성되는 역사적 구조를 사회 세력social forces, 국가형태forms of state, 세계질서world orders라는 세 가지 분석 수준에서 파악한다. 콕스의 분석틀이 주는 유용성은 물질적 능력의 변화가 새로운 사회 세력을 형성하고, 국가 형태의 변화를 초래하며, 세계질서의 구도를 바꾸는 세계정치 변화의 구성적 메커니즘을 보여준다는 데에 있다. 다시 말해 콕스는 물질적 능력과 관념, 제도의 상호작용 속에서 세계정치의 객관적objective, 주관적subjective, 제도적institutional 측면이 접합되면서 세계정치의 패권 구조와 이에 대한 대항 구조가 상호작용하는 동학을 탐구한다.

그 밖에 네오마르크스주의 진영의 국가론도 주로 국내적 차원을 염두에 두지만, 국가 노드의 네트워크화에 대한 중요한 논의를 제공한다(Poulantzas, 1978; Jessop, 2003). 이들의 국가 변환에 대한 논의는 제6장에서 다룰 네트워크 국가론에 주는 시사점이 크다. 그러나 단위 변환의 논의를 체제 변환의 맥락에서 이해하는 국제정치이론의 기본 관심사로 연결되지는 않는다. 오히려 넓은 의미의 마르크스주의 진영에 속하면서, 조금 더 본격적으로 체제 차원에서 네트워크 발상을 도입하는 연구로는 마이클 하트Michael Hardt와 안토니오 네그리Antonio Negri의 '제국empire'과 '다중multitude'에 대한 연구를 들 수 있다(Hardt and Negri, 2000, 2004). 특히 하트와 네그리는 명시적으로 '네트워크 권력'이나 '네트워크 국가' 등의 개념을 제시한다. 한편 저스틴 로젠버그Justin Rosenberg는 21세기 제국에 대한 논의를 글로벌 시민사회 논의로 연결한다(Rosenberg, 1994). 이 21세기 제국론자들의 논의는 〈표 1〉의 ⑤ 영역에 근접해 있다.

4. 네트워크 세계정치이론의 실마리들

앞에서 살펴본 탈국제정치이론의 시도들에도 불구하고, 네트워크 세계정치 현실의 변화 속도에 비하면, 〈표 1〉의 ⑤ 영역을 본격적으로 탐구하는 이론적 노력은 여전히 미흡한 것이 사실이다. 사실 국제정치학은 사회과학 분야에서 복잡계 내지는 네트워크 이론의 물결에 가장 늦게 올라탄 분과이다. 지난 수십 년간 국제정치이론 분야의 연구가 보여준 방대한 이론적 관심에 대비해보면, 네트워크와 세계정치에 대한 국제정치이론의 연구 현황은 매우 빈약하다. 사실 네트워크의 사회적·경제적·문화적 영향에 대해서 자연과학이나 사회학이나 경제학, 언론정보학 등이 보여주는 왕성한 학적 관심과 비교해볼 때, 국제정치이론에서 발견되는 침묵은 다소 우려스럽기까지 하다.

물론 기존의 국제정치학 분야에서도 세계정치 변환의 복합적 양상을 이론적으로 탐구하려 한 예외적 작업들이 없었던 것은 아니다. 예를 들어 복잡계 이론complexity theory을 국제정치학에 도입하려는 선구적 시도라는 관점에서 볼 때, 로버트 저비스Robert Jervis의 연구도 눈에 띈다(Jervis, 1997). 국제 레짐이나 정보 국가information state의 '자기조직화autopoiesis' 메커니즘 분석에 복잡계 이론의 시각을 도입한 샌드라 브라만Sandra Braman의 연구도 주목할 만하다(Braman ed., 2004; Braman, 2006). 비록 국제정치학자는 아니지만 존 어리John Urry는 복잡계 이론의 논의를 글로벌 문제에 적용하는 실마리를 보여주는 이론적 자원을 제공했다(Urry, 2003). 좀 더 본격적으로 국제정치학의 시각에서 복잡계 이론의 다양한 개념을 세계정치의 쟁점에 적용한 연구로는 닐 해리슨Neil E. Harrison의 편집본을 참조할 수 있다(Harrison ed., 2006). 한편 글로벌 사회운동의 관점에서 복잡계 이론을 적용하려고 모색한 그레임 체스터Graeme Chesters와 이안 웰시Ian Welsh의 연구에도 주목할 필요가 있다(Chesters and Welsh eds., 2006).

그러던 것이 지난 4~5년간은 '네트워크 패러다임'의 부상을 예견케 할 정도로 네트워크의 이론과 개념 및 그 적용에 대한 해외 학계의 연구가 새로운 바람을 일으키고 있어 고무적이다(민병원, 2006a, 2009). 넓은 의미의 현실주의 시각으로 분류할 수 있는 지브 마오즈Zeev Maoz의 연구는 주로 국가 행위자들이 형성하는 네트워크, 마오즈의 표현으로는 '네트워크화된 국제정치networked international politics'에 주목한다. 마오즈의 연구는 계량적인 사회 연결망 분석Social Network Analysis: SNA의 방법을 원용해서 지난 200여 년간의 역사 속에서 드러나는 국제체제의 네트워크 '구조'를 밝히려 했다. 이러한 과정에서 국제 네트워크는 국가들이 경쟁하거나 협력하면서 상호 관계를 맺거나 끊는 동맹과 같은 형태로 나타나는데, 이러한 네트워크 현상은 무정부 질서에서 자구책을 마련하려는 국가들의 선택 결과로서 생겨난다. 이러한 점에서 마오즈의 연구는 기본적으로 국가 단위를 고정된 노드로 보고, 이들 간의 네트워크 관계와 구조를 파악하며, 이것이 국제정치에 미치는 영향을 탐구하는 현실주의 시각을 취한다(Maoz, 2010).

사실 소셜 네트워크 이론을 국제정치학에 도입하려는 시도가 탐구한 핵심 주제 중 하나는 국가들이 형성하는 네트워크 구조가 국가 행위자들에 미치는 영향이었다. 예를 들어 에밀리 해프너-버튼Emilie M. Hafner-Burton과 알렉산더 몽고메리Alexander H. Montgomery의 연구는 정부 간 기구intergovernmental organizations: IGOs라는 구조 변수가 국가 간 갈등과 평화에 미치는 영향을 분석했다. 이들의 연구는 1885년부터 1992년까지의 경험적 데이터를 기반에 둔 SNA를 원용했다. 그 연구의 결론은 정부 간 기구에서 동일한 그룹에 속한 국가들은 상대적으로 서로 덜 싸운다는 것이다. 경제발전이나 정치체제의 유형만큼이나 국제기구 멤버십이 개별 국가 간의 갈등 조절에 영향을 미치는 중요한 변수라고 주장한다(Hafner-Burton and Montgomery, 2006).

이에 비해 최근 진행된 연구들은 현실주의뿐만 아니라 자유주의까지도 포괄하는 방향으로 시각을 넓힐 뿐만 아니라, 기존의 네트워크 이론에도 관심을 늘리는 추세이다. 네트워크 분석의 원용을 단순히 개별 사례의 분석을 위한 도구로 사용하는 차원을 넘어서, 21세기 국제정치 연구의 새로운 패러다임으로서의 가능성까지도 묻고 있다(Hafner-Burton, Kahler and Montgomery, 2009). 이러한 맥락에서 마일즈 칼러Miles Kahler의 작업은 '네트워크화된 정치networked politics'라는 주제를 명시적으로 내걸고 이루어진 본격적 시론試論이라고 할 수 있다. "행위능력agency, 권력power, 거버넌스governance"라는 부제가 보여주다시 피, 칼러의 작업은 주로 새로운 조직 양식으로서 네트워크를 이해하던 기존 국제정치학의 시각을 넘어서 새로운 권력과 거버넌스의 메커니즘을 이해하는 데까지 네트워크에 대한 이해의 경계를 넓혔다. 그런데 칼러의 작업은 네트워크에 대한 이론적 논의를 주로 SNA의 기법이나 개념들을 활용한 네트워크-구조의 분석에 치중해서 세계정치의 변환에 대한 논의(예를 들어 행위자-네트워크 이론)를 담아내지 못하는 아쉬움이 있다(Kahler ed., 2009).

세계체제론에서 SNA라는 방법을 원용하는 전통은 상대적으로 다른 이론 진영보다 오래되었다. 이는 태생적으로 세계체제라는 구조 변수에 주목하는 세계체제론의 특징에서 비롯된다. 1970년대 말부터 진행된 세계체제론의 SNA 원용 작업의 특징은 세계체제의 구조를 보여주는 초국적 관계 데이터를 다루었다. 이를 통해 중심과 주변, 반주변의 경계를 그려내고, 이러한 중심-주변-반주변을 구별하는 범주의 타당성을 판단하며, 이들 지역을 가로질러서 발생하는 '불평등 교환unequal exchange'의 형태를 탐구했다. 이들 연구는 무역량과 같은 경제 데이터와 비경제적 데이터(조약 체결, 군사 개입, 외교 교류 등)를 엮어서 보았다(Snyder and Kick, 1979; Breiger, 1981; Nemeth and Smith, 1985; Smith and White, 1992; Van Rossem, 1996; Kick and Davis, 2001; Mahutga, 2006; Lloyd, Mahutga and Leeuw, 2009). 그런데 이들 연구는 주로 구조분석에 치중하므로 네트워크 내에서 상이한 위치를 차지하는 행위자의 역할이 갖는 자율성과 다양성을 살펴보는 데에는 소홀했다.

한편 지금까지 살펴본 계량적 접근과는 달리 역사사회학의 시각을 취하는 이론 진영은 소셜 네트워크 이론의 시각을 취하면서도 질적인 접근 방법을 취했다(Gould, 2003). 주로 찰스 틸리Charles Tilly의 영향을 받은 다니엘 넥슨Daniel

Nexon이나 스테이시 고다드Stacie E. Goddard의 이른바 '관계적 제도주의relational institutionalism'가 여기에 해당한다. 이들이 주목하는 네트워크는 행위자들의 상호작용 과정에서 형성되는 '관계적 구도relational configuration'로서의 구조이다. 신현실주의가 논하는 거시적 구조의 개념에 대비해서 볼 때 일종의 '중범위meso 구조'라고 할 수 있겠다. 중범위에서 파악된 구조의 개념은 거시적 구조의 내용을 반영하면서도 행위자의 선택과 상호작용하는 구조의 변화를 탄력성 있게 담아내는 데에 유용하다. 이러한 중범위 구조의 아키텍처와 작동 방식을 좀 더 구체적으로 분석하고자 네트워크상에서 발견되는 중심성centrality이나 중개brokerage 등과 같은 개념들을 원용한다(Nexon and Wright, 2007; Nexon, 2009; Goddard, 2009).

주로 미국 학계를 중심으로 진행된 이러한 논의들의 공통된 특징은, 네트워크 이론이라고 부를 수 있는 논의의 일부분만을 선택적으로 원용하는 데에 그친다는 점이다. 예를 들어 최근 활발하게 제기되는 미국 국제정치학의 네트워크에 대한 논의들은 네트워크 이론 전반에 대한 균형 잡힌 접근을 취하기보다는, 이 글에서 소셜 네트워크 이론이라고 부르는 이론 진영에 주로 착안한다. 이 책의 제1장에서 소개하듯이, 네트워크 세계정치이론의 시도는 좁은 의미의 소셜 네트워크 이론에 대한 고정된 시각을 넘어서, 좀 더 넓은 의미에서 본 네트워크 이론을 복합적으로 원용할 필요가 있다. 21세기 세계정치의 변환에 대한 논의를 지향하는 이 책의 시각에 비추어볼 때, 미국 국제정치학계의 네트워크 이론 원용 작업은 다소 아쉽게 느껴진다.

5. 동아시아 네트워크 세계정치이론?

이러한 변환의 문제의식을 품고 보면, 이 책에 담긴 논의와 관련된 국내 국제정치학계의 고민이 해외 학계보다도 오히려 더 깊다. 사실 일찍부터 〈표 1〉의

③ 영역에 속하는 탈국제정치이론의 시도들은 국내에서 뿌리내려왔다. 예를 들어 이 책에서 '네트워크 세계정치'와 짝으로 이해하는 '복합세계정치'에 대한 기원은 지금으로부터 어언 20년의 세월을 거슬러 올라간다(하영선 엮음, 1993). 복합세계정치론은 근대 국제정치가 변환되는 와중에 출현하는 탈근대 세계정치의 복합적 동학을 행위자와 문제 영역, 권력 게임의 복합이라는 시각에서 파악했다. 그 이후에도 좀 더 역사적 맥락에 투영됨과 동시에 좀 더 다양한 주제를 다루면서 분석적 이론의 색채를 가미하는 방향으로 발전했다(하영선 엮음, 2006, 2010, 2011; 하영선·남궁곤 엮음, 2007; 하영선·조동호 엮음, 2010; 하영선, 2011). 그러나 대체로 이들 연구는 주로 행위자 기반의 복합 전략 연구에 머물고 구조(특히 네트워크의 발상)에 대한 논의가 없다는 아쉬움이 지적되었다(하영선·김상배 엮음, 2012).

그러나 네트워크의 타이틀을 내걸고 수행된 몇몇 연구는 〈표 1〉의 ⑤ 영역으로 나아가는 가능성을 보여주었다. 예를 들어 복잡계 이론의 시각에서 국제정치의 현상들을 쉽게 풀어낸 민병원의 작업도 네트워크 시대를 맞이하는 세계정치 연구의 방향을 제시했다(민병원, 2005). 좀 더 구체적으로는 '네트워크 지식국가'에 대한 이론적·경험적 연구는 세계정치의 변환을 경험적·이론적으로 천착함으로써 네트워크 세계정치 연구의 새로운 개념적 좌표를 설정하는 의미가 있다(하영선·김상배 엮음, 2006). 또한 국가 행위자의 변환에 대한 논의를 넘어서 지식을 매개로 한 비국가 행위자들의 네트워크에 대한 관심도 증대되었다(서울대학교 국제문제연구소 엮음, 2008). 그러나 이들 시도가 남긴 아쉬움도 있었다. 네트워크의 개념을 주로 은유의 차원에서 원용하는 소득이 있었다면, 분석 이론으로서 네트워크 세계정치이론을 개발하고 적용하려는 노력은 상대적으로 미흡했다. 현재 국내 학계의 연구는 은유의 차원에서 네트워크의 시각을 차용하는 단계를 넘어서 좀 더 본격적으로 전략과 행위자 및 구조의 차원에서 본 분석의 시각을 가미하려는 시도(부분적으로 SNA의 시도)를 벌이는 단계로 넘어가고 있다(김상배 외, 2008; 하영선·김상배 엮음, 2010; 김상배 엮음, 2011).

　이러한 성과에도 기존의 국내외 국제정치이론 연구 일반은 여전히 네트워크 세계정치의 부상에 대해서 매우 더디게 반응하고 있음을 지적하지 않을 수 없다. 이러한 맥락에서 21세기 세계정치의 변환을 제대로 포착하려면 노드 차원을 넘어서는 다양한 네트워크 행위자 간의 권력 메커니즘을 읽어내는 새로운 이론적 발상이 시급하게 필요하다. 이는 〈표 1〉에서 보는 바와 같이 물질적 권력에 기반을 둔 평면적 세력균형BoP의 발상을 넘어서 탈물질적 권력까지도 포괄하는 복합 네트워크 간의 '세력망勢力網, Network of Power: NoP'의 발상이다. 이러한 NoP의 발상은 종전에 전제하던 노드형 행위자의 존재나 이들이 구성하는 국제질서에 대한 이미지의 수정을 요구한다. 이러한 맥락에서 이 책은 〈표 1〉에서 ① 영역, ② 영역, ③ 영역, ④ 영역에 여전히 머무는 기존의 논의를 ⑤ 영역으로 끌어올리는 시도를 벌이고자 한다.

　이러한 네트워크 세계정치이론의 시도를 벌이는 과정에서 이 책은 동아시아 이론 모색이라는 문제의식을 바탕에 깔고 있다. 앞서 언급한 네트워크 세계정치이론의 시도는 보편 이론의 개발이라는 차원에서 어느 정도 기여할 것으로 판단된다. 국내 학계는 물론이고 해외 학계에도 이러한 문제의식을 제기하고 본격적으로 진행한 연구가 많지 않기 때문이다. 그러나 이 책에서 제기된 문제의식이 좀 더 '현실적' 논의의 형태로 발전하려면 앞으로 우리의 현실과 이론적 관심사를 반영하는 특수 이론으로 치환하는 작업이 필요하다. 혹시라도 보편 이론이라는 명목 아래 우리의 상황과는 거리가 있는 경험적 현실에서 추상된 이론을 한국의 현실에 무조건 적용할 수는 없기 때문이다. 실제로 강대국 차원에서는 '객관적 현실'로서 인식되는 네트워크 세계정치일지라도 한국이 감지하는 '주관적 현실'로서의 네트워크 세계정치와는 편차를 보일 가능성이 있다. 마찬가지로 우리의 현실에서 볼 때에는 중심적 문제이지만 보편 이론의 틀 안에서는 상대적으로 주변화되거나 경시될 가능성도 있다(전재성·박건영, 2002).

실제로 기존 국제정치이론을 이론화하는 과정을 보면 동아시아의 고유한 경험이 서양 학계가 개발한 보편 이론에 반영된 것은 극히 일부분에 지나지 않는다. 오히려 서양 학계의 이론을 보편 이론으로 동아시아의 현실에 적용할 수 있다는 주장이 득세해왔다. 이러한 주장의 저변에는 19세기 중후반의 국제정치사에서 서양의 현실이 동아시아에 침투했던 기억이 있다(전재성, 2011, 2012). 이러한 맥락에서 볼 때, 최근 글로벌 학계에서 시도하는 '동아시아 국제정치이론'의 모색은 여전히 서양의 보편 이론으로 동아시아의 현실을 설명하려는 경향이 강하다. 예를 들어 존 아이켄베리G. John Ikenberry와 마이클 매스탠두노Michael Mastanduno 등의 작업은 미국 국제정치이론의 인식론을 동아시아의 존재론에 적용한 대표적 사례인데, 미국 주류 학계에서 주장하는 설명 이론의 시각에서 동아시아 국제정치를 현상적으로 고찰한 경향이 강하다(Ikenberry and Mastanduno eds., 2003). 이러한 문제의식을 바탕으로 2000년대 중후반부터 동아시아 또는 비서구 지역의 현실을 반영하는 국제정치이론을 개발하려는 노력이 진행되고 있다(Ray 2004; Acharya and Buzan, 2007; Katzenstein ed., 2010; Tickner and Blaney eds., 2012).

국내 학계에서도 동아시아의 현실을 담는 인식론의 필요성에 대해서는 오래전부터 문제 제기가 이루어져 왔다(노재봉, 1982; 하영선, 1986; 박상섭·하영선, 1995). 2000년대 초중반에 이루어진 우철구, 박건영 등의 작업은 이러한 문제의식을 실천하려는 국내 학계의 노력을 보여주지만, 보편 이론으로서 현대 국제정치이론을 한국의 시각으로 소개하는 데에 머무는 한계가 있었다(우철구·박건영 엮음, 2004). 한국의 시각에서 보는 보편적 인식론 개발의 문제의식과 노력이 없었던 것은 아니다. 그러나 이들 연구는 본격적으로 동아시아 국제정치를 이론화했다기보다는 독자적인 이론적 문제의식을 바탕으로 보편 국제정치의 현상을 이해하는 새로운 분석틀을 제공하거나, 또는 국내외 학계에 밝혀지지 않았던 동아시아의 특수 현실을 새로운 시각으로 복원하는 성과에 머물고 있다(이용희, 1962, 1994; 박상섭, 1996; 김용구, 1997). 최근 동아시아의 특수

현실을 품는 이론적 노력이 좀 더 구체적으로 진행되는 것이 사실이지만, 여전히 보편 이론적 설득력을 높여야 하는 과제를 안고 있다(하영선·남궁곤 엮음, 2007; 손열 엮음, 2007; 하영선 엮음, 2008; 장인성, 1998; 신욱희, 1998; 김상배 외, 2008; 전재성, 2011).

이러한 국내외 학계의 상황을 고려할 때, 네트워크 세계정치이론을 모색하는 이 책의 궁극적 목적은 보편 이론을 개발하는 작업에만 그치지 않고, 여기서 더 나아가 동아시아 세계정치의 존재론적 현실을 구체적으로 염두에 둔 '동아시아 네트워크 세계정치이론'을 모색하는 데에 두어져야 할 것이다. 이러한 관점에서 보면, 이 책의 작업이 추구하는 바는 동아시아의 현실을 바탕으로 한 특수 이론이자 동시에 보편 이론으로서의 잠재력을 지닌 이론화 작업이다. 다시 말해 미국 국제정치학계의 인식론으로 동아시아 세계정치의 현실을 담아내는 것이 아니라 동아시아의 인식론으로 동아시아의 존재론을 인식하는 시도라고 할 수 있을 것이다. 이러한 문제의식이 우리에게 호소력을 갖는 것은 독자적 인식론과 존재론을 바탕으로 하지 않고서는 동아시아의 실천론도 펼칠 수 없을 것이기 때문이다.

사실 이 책에서 사용하는 '망제정치'라는 용어는 앞에서 언급한 고민을 반영한다. 다시 말해 근대 국제정치와 탈근대 세계정치가 복합적으로 나타나는 동아시아의 현실을 좀 더 염두에 두었다. 실제로 동아시아 세계정치의 현실은 글로벌 사례에 비해서 새로운 네트워크 행위자가 득세하는 경우라기보다는 전통적 국가 행위자들과 새로운 네트워크 행위자들이 경합하는 네트워크 간의 경합이 목도되는 지역이다. 또한 이들이 벌이는 권력 게임을 보더라도, 전통적 자원 권력의 게임이 새롭게 무상하는 네트워크 권력 게임에 대해서 어진히 목소리를 높이는 지역이기도 하다. 그 결과 동아시아에서 등장하는 네트워크 세계정치의 질서도 하나의 모양으로 파악되는 네트워크가 아니라 과거와 현재와 미래의 네트워크들이 서로 얽히면서 만들어내는 망중망網中網의 질서를 내보인다. 따라서 제7장에서 자세히 제시하듯이 동아시아 지역질서의 현실을 보면 여전히 국가와 권력을 핵심어로 하는 현실주의 시각을 그냥 버리기보다는 오히려 보완해 원용할 필요가 있다. 이러한 맥락에서 볼 때 관건이 되는 것은 근대 국제정치와 탈근대 세계정치가 복합적으로 나타나는 현실을 이해하고자 기존 국제정치이론과 새로운 세계정치이론을 얼마만큼 복합해 이론을 구성할 것이냐 하는 문제이다.

그렇지만 네트워크 세계정치이론을 개발하고 이를 동아시아의 맥락에서 발전시키는 이론적 작업이 너무 고유한 존재론적 고민에만 기반을 두거나, 아니면 특수한 실천론적 의도만을 반영하는 것이 되어서는 안 된다. 이것이 바로 동아시아의 현실에 기반을 둔 '실천 이론'을 넘어서 국외 학계의 이론적 논의와도 소통할 수 있는 '분석 이론'의 개발이 필요한 이유이다. 글로벌 학계와 소통하는 궁극적 관건은 동아시아 이론의 시각에서 서양 이론을 인식론, 존재론, 규범론적 측면에서 다양하게 비판만 하는 차원을 넘어서, 동아시아 망제정치이론이 현실을 설명할 수 있는 새로운 분석 이론을 제시할 수 있는가에 있다. 이러한 맥락에서 이 책은 기존 국제정치이론이 분석의 대상으로 삼는 21세기 세계정치의 동일한 주제에 대한 대안적 분석을 내놓는 데에 궁극적 목적이 있다. 이러한 분석 이론의 개발은 동아시아의 특수 문제의식을 보편 이론으로 연결하는 시도와 밀접히 연결된다. 즉, 동아시아의 현실도 분석하고 더 나아가 글로벌 현실의 분석에도 기여할 수 있는, 다시 말해 특수와 보편을 모두 다 아우르는 '인식론'으로서의 네트워크 세계정치이론을 의미한다. 이러한 맥락에서 볼 때, 네트워크 시각에서 새로이 개발된 이론에 무엇보다도 필요한 것은 보편 이론과 특수 이론의 요구를 동시에 담아내려는 복합 발상이자 메타 이론meta-theory으로서의 균형감이다.

6. 이 책의 구성

이 책에서 시도한 네트워크 세계정치이론의 탐구 작업은 크게 국제정치학의 시각에서 본 네트워크의 이론과 개념의 원용, 네트워크 세계정치이론의 골격 제시, 네트워크 세계정치이론의 경험적 적용이라는 세 부분으로 나누어 진행되었다. 국제정치학 분야에 상대적으로 덜 알려진 네트워크라는 틀을 원용해 기존의 이론적 논제를 새로이 설정하고 이를 경험적 사례를 통해서 검증하려는 노력을 벌였다.

제1부 "네트워크의 국제정치학적 원용"에서는 이 책에서 원용하고자 하는 기존 네트워크 이론들의 의미와 한계를 비판적으로 검토하고, 이들 이론이 제시하는 네트워크의 개념을 국제정치학의 분야에 적용하려는 시도를 펼쳤다. 이러한 시도를 통해서 기존 국제정치이론의 단순 프레임을 넘어서는 새로운 복합 프레임을 마련하고, 이를 이 책에서 제시하는 이론적·경험적 논의의 플랫폼으로 삼고자 했다.

제1장 「네트워크 이론의 원용」에서는 자연과학과 사회과학 분야에서 주목받는 네트워크 이론의 성과를 원용했다. 특히 기존의 네트워크 이론을 네트워크 조직 이론, 소셜 네트워크 이론, 행위자-네트워크 이론의 세 갈래로 파악했다. 이렇게 네트워크 이론의 갈래를 셋으로 나누어 이해한 것은 국제정치학의 시각에서 논하는 네트워크가 단일 개념으로 정의되는 성질의 것이 아니라, 인식론이나 방법론의 관점에서 볼 때에 적어도 행위자와 구조, 과정의 세 가지 차원에서 이해해야 하는 개념이기 때문이었다. 따라서 21세기 세계정치의 변환을 제대로 이해하려면 이 세 가지 네트워크 이론이 제시하는 네트워크의 개념 중에서 어느 하나만을 배타적으로 선택할 것이 아니라 이들을 모두 복합적으로 원용해야 한다. 이러한 복합적 원용이 필요한 것은 무엇보다도 최근 벌어지는 네트워크 세계정치의 현실 자체가 복합적이기 때문이다.

제2장 「네트워크의 국제정치학적 이해」에서는 제1장에서 제시한 세 가지

갈래의 네트워크 이론을 국제정치학의 분야로 연결하려는 시도를 펼쳤다. 이들 이론의 성과를 복합적으로 원용해 이해한 네트워크의 개념은 일반적으로 말하는 단순한 의미의 네트워크가 아니라, 이른바 '복합 네트워크'이다. 여기서 복합 네트워크라 함은 크게 세 가지의 의미로 나누어 이해해야 한다. 첫째는 여러 요소가 조합되어 네트워크를 이룬다는 '혼합'의 의미이며, 둘째는 어느 네트워크가 그 자체 안에 '복합'이라고 부를 수 있는 고유한 구성 원리를 지닌다는 뜻이다. 더 나아가 복합 네트워크는 여러 종류의 구성 원리를 가진 네트워크들이 공존하는 과정을 의미한다. 이러한 맥락에서 네트워크 세계정치의 연구는 기존 행위자들을 통한 새로운 외교 전략의 모색, 새로운 구성 원리를 갖는 행위자와 조직의 부상, 그리고 좀 더 넓은 의미에서 새로운 세계질서의 창발 등 세 가지 주제를 포괄하는 방향으로 이루어져야 한다.

제3장 「네트워크 세계정치의 분석틀」은 제1~2장에서 벌인 네트워크에 대한 논의와 제2부에서 벌인 세계정치의 변환에 대한 논의를 잇는 가교의 역할을 담당한다. 특히 제3장은 복합 네트워크에 대한 논의를 국제정치학 분야의 고유한 연구 질문과 연결하는 작업을 시도하며 다음 세 가지 질문에 초점을 맞추었다. 첫째, 지구화와 정보화의 시대를 맞이한 21세기 세계정치에서 권력정치의 메커니즘은 어떠한 변환을 겪고 있는가? 둘째, 초국적 네트워크의 활성화에 직면해 근대 국제정치의 주요 행위자로서 국가는 어떠한 변환을 겪고 있는가? 끝으로, 새로운 행위자들이 벌이는 새로운 권력정치의 결과로서 출현하는 세계질서의 모습을 어떻게 개념화할 것인가? 이러한 질문들에 답하는 방도로서 기존의 주류 국제정치이론으로서 현실주의가 상정하는 이론적 플랫폼에 시비를 걸었다.

사실 근대 국제정치는 주요 행위자로서 국민국가라는 노드 간에 벌어지는 정치, 즉 '국제'를 탐구한다는 전제에서 출발한다. 그런데 21세기 세계정치는 이러한 기존 국제정치이론의 전제를 넘어서 전개되는 것이 아닐까? 노드 행위자들의 복합적 네트워킹을 보아야 하는 동시에 이들 간의 평면적 관계(링크)와 그 합会이라는 맥락을 넘어서 이들이 구성하는 네트워크 전체의 보이지 않는 구조를 보아야 하는 것이 아닐까? 게다가 이들 행위자가 벌이는 게임도 전통적 자원 권력의 추구를 넘어서는 복잡한 양상을 드러내는 동시에 노드 행위자 자체도 그 내부와 외부에서 네트워크화되는 상황에서 이러한 이론적 의심은 더욱 힘을 얻는 것이 아닐까? 제3장에서 전체적 구도를 소개한 네트워크 세계정치이론의 도전은 바로 이러한 질문들을 바탕에 깔고 있다.

그러나 여기서 한 가지 유의할 점은 네트워크 세계정치이론의 논의가 기존 현실주의 국제정치이론의 논제를 완전히 부정하는 것은 아니라는 사실이다. 이 책의 논의는 여전히 '권력'과 '국가', 그리고 그 연속선상에서 이해되는 '질서'라는 현실주의의 단골 개념을 논한다. 이런 점에서 이 책은 현실주의 시각에서 보는 네트워크 세계정치이론을 추구한다고 볼 수 있다. 이러한 취지에서 현실주의 국제정치이론의 세 가지 가정, 즉 권력 추구 가정, 국가 중심 가정, 무정부 질서 가정을 폐기하기보다는 오히려 수정하고 보완해 새로운 논의를 펼치는 플랫폼으로 삼았다. 제3장에서 소개하고 제2부에서 자세히 살펴본 이른바 '네트워크 세계정치이론의 세 가지 가정', 즉 네트워크 권력, 네트워크 국가, 네트워크 질서의 가정은 이러한 문제의식을 바탕으로 설정되었다.

제2부 "네트워크 세계정치이론의 도전"에 실린 다섯 개의 장은 제1부에서 제안된 네트워크 세계정치이론의 뼈대를 좀 더 자세히 설명하고 그 논제들을 발전시키려는 이론적 시도들을 담았다. 변환론, 권력론, 국가론, 질서론, 전략론 등의 다섯 가지 논제로 크게 나누어지는 각 장의 구성은 기존의 유사 개념에 대한 검토를 바탕으로 해서 네트워크 세계정치이론에서 새로이 제시하는 개념을 소개하고 이를 바탕으로 이론을 개발하는 삼단 구성이다.

제4장 「정보혁명과 세계정치 변환론」에서는 네트워크 세계정치의 이론 구성에서 21세기 세계정치의 저변에서 발생하는 물적·지적 조건의 변화가 의미하는 바를 짚어보았다. 오늘날 인터넷과 휴대폰, 소셜 미디어 등으로 대변되는 정보혁명을 언급하지 않고 세계정치의 변환을 논할 수는 없다. 우리 삶

의 물적·지적 조건이 향상된 만큼, 그 위에서 이루어지는 세계정치의 목표나 행위자들의 모습과 행태도 크게 달라질 수밖에 없기 때문이다. 그러나 아쉽게도 기존 국제정치이론의 이론화에서는 이러한 변수에 대한 논의가 제대로 다루어지지 않았던 것이 사실이다. 이러한 맥락에서 정보혁명이라는 변수를 구성적 변수로 보고, 이에 대한 논의를 좀 더 적극적으로 네트워크 세계정치의 이론화 과정에 포함할 것을 제안했다.

제5~7장에서는 네트워크 세계정치이론이 제시한 세 가지 가정을 차례로 살펴보았다. 제5장「권력 변환과 네트워크 권력론」에서는 군사력과 경제력 위주의 발상을 넘어서 발생하는 권력 메커니즘의 변환을 네트워크 권력의 개념을 통해서 살펴보았다. 여기서 비판의 대상으로 삼은 기존의 권력 변환에 대한 논의는 자원 권력의 관점에서 선 지식 권력론이나 행위자 기반의 권력론으로서 소프트 파워 또는 스마트 파워에 대한 논의이다. 네트워크 시각에서 본 권력론은 자원·행위자 차원과 더불어 관계적 맥락과 구조적 차원을 복합적으로 고려해야 한다고 주장한다. 이러한 과정에서 제시한 것이 집합 권력, 위치 권력, 설계 권력의 세 차원에서 개념화된 네트워크 권력의 개념이다.

제6장「국가 변환과 네트워크 국가론」에서는 초국적 네트워크의 형태로 활동하는 비국가 행위자들의 도전에 직면해 기존의 국가 행위자가 기능이나 형태라는 면에서 겪는 변환을 네트워크 국가의 개념을 통해 파악했다. 지식국가의 부상이라는 개념을 빌려서 진행되어온 기존의 국민국가의 변환에 대한 논의를 검토하고, 그 연속선상에서 새로운 21세기 국가의 개념으로서 네트워크 국가의 이론을 제시했다. 네트워크 국가는 국가 및 비국가 행위자의 집합체인 동시에 정부 간에 구성하는 국제적 네트워크, 지역 통합의 차원에서 진행되는 초국적 정부 협력체, 더 나아가서는 국제기구의 변화나 글로벌 거버넌스의 모색이라는 맥락에서 이해되는 복합적 개념이다. 이러한 분석틀을 활용해 유럽이나 미국의 사례를 중심으로 진행되는 일반적 사례뿐만 아니라 동아시아와 한국에서 발견되는 네트워크 국가의 사례도 다루었다.

제7장 「질서 변환과 네트워크 질서론」에서는 주요 단위로서의 네트워크 국가의 부상으로 말미암아 발생하는 세계정치의 변화를 체제(또는 질서)의 차원에서 탐구했다. 주요 관심사는 국민국가의 단순 국제질서에서 네트워크 국가의 복합 세계질서로 변화되는 과정을 어떠한 논리를 통해서 설명할 것이냐 하는 문제였다. 이러한 과정에서 주요 탐구 대상이 된 것은 행위자와 구조의 동시적 변환이라는 주제였다. 다시 말해 네트워크 시대를 맞이해 발생하는 국가 주권의 변환과 이러한 변화에 짝을 맞추어 나타나는 체제 차원의 변화를 네트워크 이론의 자원을 활용해 가늠해보았다. 이러한 과정에서 그려지는 21세기 세계질서의 모습은 기존 무정부 질서의 모습이라기보다는 위계질서와 무정부 질서의 중간 질서로서의 네트워크 질서 또는 망중망網重網 질서의 모습으로 그려진다. 이러한 현상은 동아시아 질서의 복합적 변환 과정에서 더욱 극명하게 드러나는 것으로 파악된다.

제8장 「중견국의 네트워크 전략론」에서는 분석 이론 차원에서 제시된 앞의 장들과는 달리, 실천 이론의 관점에서 네트워크 국가가 추구할 전략에 대한 이론적 논의를 펼쳤다. 특히 제1장에서 소개한 네트워크 이론의 성과를 원용해 중견국의 네트워크 외교 전략의 방향을 제시했다. 예를 들어 소셜 네트워크 이론은 중견국이라는 개념을 기존 '속성론'의 발상을 넘어, 네트워크 구조에서 차지하는 위상이라는 맥락에서 이해하는 이론적 자원을 제공한다. 네트워크 조직 이론은 중견국의 네트워크 전략이 협소하게 정의된 국가이익의 개념을 넘어서 좀 더 포괄적인 국가이익의 정의를 바탕으로 추구되어야 한다는 당위성을 제공한다. 한편 행위자-네트워크 이론의 논의는 특정한 조건 아래에서 중견국이 담당하는 역할에 대한 구체적 내용을 가늠하는 논의를 제공한다. 특히 행위자-네트워크 이론에서 흔히 활용되는 네트워킹의 네 단계에 대한 논의는 다소 난삽할 수도 있는 네트워크 전략의 면면들을 체계적으로 이해하는 데에 큰 도움을 준다.

제3부 "네트워크 세계정치이론의 적용"에서는 이 책의 앞부분에서 제시된

개념과 이론을 21세기 세계정치 변환의 사례들에 적용했다. 우리 주위에서 벌어지는 변화를 좀 더 잘 이해하려는 목적과 함께 아직 개발 단계에 있는 네트워크 세계정치이론의 논리를 갈고 닦는 기회를 마련하는 것이 목적이었다. 이 책에서 엄선한 다섯 가지 사례는 글로벌 패권 경쟁, 외교 분야의 변환, 사이버 안보의 문제, 글로벌 문화 산업의 변환, 사이버공간의 지식질서 등이다.

제9장 「글로벌 패권 경쟁과 표준 경쟁」에서는 네트워크 권력론의 시각에서 미국과 일본, 그리고 미국과 중국이 벌인 글로벌 패권 경쟁을 살펴보았다. 특히 컴퓨터 산업과 인터넷 서비스 분야에서 벌어진 표준 경쟁의 사례에 주목했다. 네트워크 세계정치이론의 시각에서 본 표준 경쟁의 개념은 민간기업들이 시장에서 벌이는 기술 표준 경쟁의 의미를 넘어선다. 표준 경쟁은 정책과 제도의 표준을 둘러싼 경쟁을 포함할 뿐만 아니라 정보산업의 미래에 대한 기술 비전이나 인터넷 시대의 이념과 정체성과 관련된 좀 더 넓은 의미의 표준 경쟁을 의미한다. 이러한 시각에서 볼 때 1990년대에 벌어진 미국과 일본의 컴퓨터 산업 표준 경쟁은 미국의 글로벌 스탠더드가 독자 표준을 추구한 일본의 시도를 좌절시키는 과정이었다. 마찬가지로 2000년대 들어 중국이 미국을 상대로 벌이는 글로벌 패권 경쟁도 기술과 제도 및 이념의 표준을 놓고 벌이는 3차원 표준 경쟁으로 이해할 수 있다.

제10장 「외교 변환과 디지털 공공 외교」에서는 정보혁명의 진전 과정에서 나타나는 외교 분야의 변화를 과정, 영역, 주체의 복합적 변환이라는 시각에서 분석했다. 이러한 외교 변환의 가장 극명한 사례로서 주목한 것은 공공 외교이다. 공공 외교는 네트워크 세계정치이론에서 논하는 권력 변환과 국가 변환의 대표적 사례이다. 2000년대 후반 글로벌 패권국으로서 미국은 공공 외교의 전략을 적극적으로 추진하고 있으며, 그 과정에서 다양한 인터넷 미디어와 소셜 미디어를 활용하고 있다. 디지털 공공 외교의 출현으로 개념화할 수 있는 이러한 변화는 미디어가 단순히 외교를 추진하는 과정에서 사용하는 도구에만 그치는 것이 아니라 외교의 영역과 주체도 변화시키는 구성적 변수임

을 보여준다. 중견국인 한국의 시각에서 볼 때, 디지털 외교와 공공 외교의 부상은 새로운 가능성을 제공하는 기회인 동시에 강대국인 미국이 새롭게 부과하는, 세계정치라는 게임의 규칙이다.

제11장 「사이버 안보의 비대칭 망제정치」는 네트워크 국가론의 시각에서 사이버 안보 분야에 나타나는 네트워크 행위자의 도전과 국가 행위자의 대응을 살펴보았다. 사이버 테러와 공격은 초국적 행위자들이 국가 행위자들을 위협하는 전형적인 탈근대 안보의 문제이다. 게다가 인터넷이라는 구조적 환경이 비대칭적 위협의 빌미를 제공한다는 점에서 그야말로 네트워크 안보의 문제이기도 하다. 그러나 최근 해커나 테러 집단의 전유물로만 여겨졌던 이 분야에 국가 행위자들이 사이버 공격의 주체로서 나서는 양상이 벌어지고 있다. 이러한 변화에 직면해 각국은 일국 차원에서뿐만 아니라 국제적 협력의 네트워크를 가동하고, 더 나아가서는 사이버 안보 분야에서 글로벌 거버넌스의 메커니즘을 마련하려는 노력을 기울이고 있다. 이러한 점에서 사이버 안보는 비대칭 망제정치가 발생하는 대표적인 분야이다.

제12장 「글로벌 문화 산업과 디지털 한류」에서는 최근 주목받는 한국의 대중문화, 즉 한류의 성공을 글로벌 문화 산업의 구조 변환이라는 맥락에서 살펴보았다. 한류는 21세기 세계정치에서 국가 행위자가 아닌 민간 행위자들의 역할이 크게 중대되었음을 보여주는 대표적 사례이다. 최근 K-팝의 성공을 주도한 한류 엔터테인먼트 기획사들은 정부의 큰 도움을 받지 않고도 아시아 시장과 세계 시장을 효과적으로 공략해왔다. 또한 인터넷이나 소셜 미디어를 활용하는 국내외 한류 팬들도 빼놓을 수 없는 행위자로서 자리매김했다. 사실 한류의 성공은 발신지로서 한류 기업들의 현지 차별화된 네트워크 전략과 수신자로서 현지 팬클럽의 소셜 네트워크가 접목되면서 형성된 양방향 네트워크의 덕을 크게 보았다. 물론 한류의 네트워크가 원활히 작동하려면 국가가 지원자와 조정자 역할을 할 필요가 있다. 문화 산업이나 문화 외교 분야에서 네트워크 지식국가의 역할을 기대하는 것은 바로 이러한 맥락이다.

제13장 「사이버공간의 글로벌 지식질서」에서는 네트워크 질서론의 시각에서 최근 본격적 세계정치의 공간으로 자리매김하는 사이버공간의 질서 형성 문제를 다루었다. 새로운 세계정치의 공간으로서 사이버공간은 기존에 국민국가를 중심으로 부국강병의 게임이 벌어지던 오프라인의 국제정치 공간과는 그 성격이 사뭇 다르다. 무엇보다도 사이버공간은 지식력을 잣대로 파악되는 지식질서의 공간이다. 또한 사이버공간은 국가 외에도 다양한 비국가 행위자가 활동하는 공간이다. 현재 사이버공간의 글로벌 지식질서 형성 과정에서는 지식 패권과 지식 주권, 글로벌 거버넌스와 국제 레짐, 초국적 공론장과 사이버 민족주의 등으로 개념화되는 세력들이 경합하는 복합적 양상이 나타나고 있다. 그러나 노드 기반의 발상에 머무는 기존의 국제정치이론은 사이버공간의 세계정치적 의미를 파악하는 데에 매우 둔감하다. 이러한 문제의식을 바탕으로 사이버공간에서 창발하는 글로벌 지식질서의 구조와 동학을 탐구하고 그 안에 담겨 있는 복합 네트워크 질서의 성격을 밝혀보았다.

결론 「네트워크 세계정치이론을 찾아서」에서는 이 책에서 펼친 네트워크 세계정치이론에 대한 주장을 종합·요약하고 그 의미를 지적하는 동시에 향후 연구의 방향을 제시했다. 이 책에서 펼친 논의는 보편 이론으로서의 네트워크 세계정치이론을 넘어 동아시아 이론으로서 네트워크 세계정치이론의 가능성을 탐구했다는 데에 의미가 있다. 이는 지난 10여 년 동안 국내에서 진행되어 온 연구의 연속선상에서 이해해야 하는 것으로서, 앞으로 네트워크 권력, 네트워크 국가, 네트워크 질서의 세 가지 가정이 글로벌 차원뿐만 아니라 동아시아 차원에서도 응용될 수 있음을 의미한다. 이러한 이론 작업의 정교화와 함께 결론이 강조하는 또 하나 중요한 과제는 이 책의 이론을 뒷받침하는 풍부한 경험 연구의 필요성이다. 궁극적으로 네트워크 세계정치이론이 벌이는 도전의 관건은 기존의 국제정치이론과 대비해 얼마만큼 새로운 논의를 펼칠 수 있느냐에 달려 있다고 강조했다.

제1부
네트워크의 국제정치학적 원용

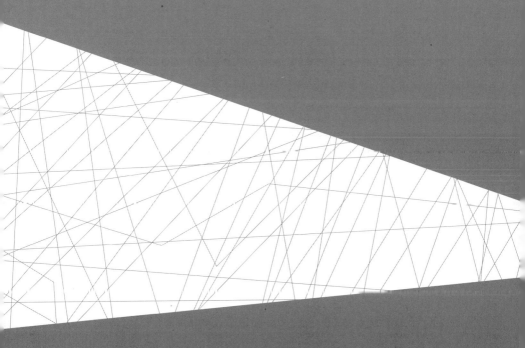

제1장

네트워크 이론의 원용

1. 네트워크 개념의 다양성

네트워크는 'network'에서 기원하는 외래어인데, 영어의 'network'는 '동물을 잡거나 물건을 담고자 실이나 철사 등을 그물 모양으로 엮은 직물'을 뜻하는 옛 색슨어의 '*net*'와 '행위를 하는 것 또는 그러한 행위의 결과로 발생하는 구조나 사물'을 뜻하는 '*werk*'(work)의 합성어이다(Galloway, 2010: 283). 'net'는 우리말로는 '그물'이나 '망網' 또는 '그물망'이라고 번역할 수 있고, 'work'는 이를 만드는 행위, 즉 '짜기'라고 할 수 있다. 따라서 네트워크는 '그물을 짜는 행위와 그 결과물'을 뜻한다. 일상용어에서는 군이 번역하기보다는 네트워크라는 외래어가 널리 동용된다. 그런네 어감상으로 '네트워크'는 그물 싸기를 통해 나온 결과물의 의미가 크므로, 그물 짜기의 행위 자체를 표현하고자 할 때에는 '네트워킹networking'이라고 음차해서 사용한다.

네트워크의 가장 기초적 정의는 "상호 연결되어 있는 노드node들의 집합"이다(Castells, 2004). 네트워크는 노드, 링크link, 흐름flow의 세 가지 기본 요소로 구성된다. 노드란 다른 점과 구별되는 어느 한 점을 의미한다. 노드를 상호 연결하는 것을 링크 또는 관계tie라고 하고, 이 링크들이 교차하는 지점에서 노드가 형성된다. 이렇게 노드와 링크들이 모여서 네트워크 전체를 형성한다. 이러한 네트워크가 작동하려면 노드 사이에서 링크를 타고 물질적 또는 비非물질적인 것들이 흘러야 하는데flow, 이들 모든 노드와 링크가 서로 연결되어 교류하면서 네트워크를 형성하려면 나름의 규칙 또는 패턴이 있어야 한다. 더나아가 이러한 규칙은 일종의 구조로서 노드들의 행위와 노드 간의 흐름에 영향을 미친다.

사실 이렇게 보면 인간 만사 모든 것이 네트워크가 아닌 것이 없다. 실제로 노드와 링크의 내용을 무엇으로 보느냐에 따라서 우리 주위에는 다양한 종류의 네트워크가 존재한다. 우리가 흔히 말하는 삼연三緣, 즉 인연, 학연, 혈연의 네트워크에서부터 교통망, 방송망, 통신망이나 상품의 판매망과 종교의 포교망 등에 이르기까지 모두 네트워크의 형태를 띠고 움직인다. 최근 네트워크 논의에서 중심에 선 것은 단연 인터넷과 월드와이드웹이며, 이를 바탕으로 이루어지는 비즈니스 네트워크와 소셜 네트워크이다. 이 밖에도 지구화 시대를 맞이해 전염병 전파의 네트워크나 테러리스트들의 네트워크 또는 글로벌 금융 네트워크 등에 대한 관심도 커지고 있다. 국제정치의 영역에서 관찰되는 정치·군사 동맹이나 국제무역 또는 국제기구의 멤버십, 다양한 의미에서 이해된 사람과 문화의 교류 등도 모두 네트워크라는 용어를 빌려 이해할 수 있는 현상이다.

그렇다면 이 책에서 논하고자 하는 네트워크란 정확히 무엇을 의미하며, 국제정치학의 시각에서 볼 때 의미 있는 네트워크로는 어떠한 종류가 있는가? 앞서 언급한 바와 같은 일상적 의미로 네트워크를 이해하는 데에는 문제가 없는 반면에, 개념어로서 네트워크를 사용하는 데에는 문제가 발생한다. 네트워크라는 말이 워낙 포괄적으로 사용되어서 다의적으로 해석될 여지가 많기 때문이다. 게다가 네트워크라는 말은 어느 단일한 실체가 아닌 여러 가지 중첩된 존재를 지칭하는 경우도 많아서 개념적 혼란이 발생한다. 실제로 네트워크는 그 개념적 외연과 내포가 명확하지 않은 대표적 용어이다. 간혹 모든 것을 다 네트워크로 설명하려는 '개념적 확장conceptual stretching'이 발생하기도 하고, 그래서 네트워크로 아무것도 설명할 수 없는 상황이 발생하기도 한다.

지난 10여 년 동안 다양한 그룹의 학자들이 네트워크의 개념을 탐구하고 네트워크 이론이라는 분야를 세우고자 노력해왔다(Newman et al., 2006: 1). 그런데도 현재 사회학이나 물리학, 역사학(주로 과학사) 등에서 논의되는 네트워크 이론은 그 인식론이나 방법론의 기준으로 보았을 때 매우 다양하다. 네트워크 개념과 이론이 다양할 뿐만 아니라 이들 연구가 주안점으로 삼는 네트워크의 층위가 조금씩 다르다. 이러한 문제는 네트워크라는 것이 하나의 고정된 실체로서 파악되는 종류의 개념이 아니라는 특징 때문에 발생한다. 사실 어느 시점과 각도에서 관찰하느냐가 네트워크의 개념을 이해하는 변수가 된다. 다시 말해 분석적 층위를 어디에 고정하느냐에 따라서 네트워크라는 존재는 유동적으로 이해될 수 있다. 따라서 이 책에서 21세기 세계정치학의 시각에서 논하고자 하는 네트워크는 하나가 아니라 복합적 틀로 볼 수밖에 없다.

이 장에서는 이렇게 다양한 각도에서 이루어진 네트워크에 대한 이론적 시도들을 세 가지 진영으로 나누어 이해하고자 한다. 첫째, 네트워크를 하나의 행위자actor로서 보는 이론 진영이다. 경제학과 사회학 분야의 조직 이론에서 원용하는 네트워크 조직 이론network organization theory이다. 둘째, 네트워크를 하나의 구조structure로 보는 이론 진영이다. 최근 사회학과 물리학 분야를 중심으로 많이 알려진 소셜 네트워크 이론social network theory이다. 셋째, 네트워크를 하나의 동태적 과정process으로 보는 이론 진영이다. 과학기술 사회학 분야에서 주로 원용되는 행위자-네트워크 이론Actor-Network Theory: ANT이 그 대표적 사례이다. 이러한 구분은 인식론적으로 행위자와 구조 및 과정의 구분을 따르는 것이기도 하고, 네트워크 논의가 국제정치학과 인연을 맺게 된 연구사의 변천과도 어느 정도 일치한다.

네트워크의 시각에서 21세기 세계정치의 변화를 이해하려면 이상의 세 가지 이론 진영의 논의들을 복합적으로 원용해야 한다. 다시 말해 네트워크 조직 이론이냐, 소셜 네트워크 이론이냐, 아니면 행위자-네트워크 이론이냐를 묻고 그중에서 어느 하나만을 배타적으로 선택하는 것이 아니라 이들을 복합해서 문제를 보아야 한다. 이러한 복합적 접근을 펼치는 것은 무엇보다도 어느 한 가지 이론만으로 풀어내기에는 최근 세계정치에서 벌어지는 네트워크 현상이라는 것 자체가 너무나도 복합적이기 때문이다. 이러한 문제의식을 품고 이 장에서는 세 가지 네트워크 이론 진영의 주요 논지와 이들을 국제정치학에 원용하는 작업의 의미와 한계를 살펴보고자 한다.

2. 네트워크 조직 이론의 원용

1) 행위자로서 네트워크의 분석

20세기 후반 들어 지구화가 본격화되면서 근대국민국가의 쇠퇴나 소멸 또는 변환에 대한 논의가 활발해졌다. 정보화의 확산에 따른 새로운 물질적 환경의 출현도 이러한 논의가 가속화되는 데에 큰 몫을 했다. 좀 더 넓은 의미에서 보면 국제정치 분야의 이러한 논의는 사회 전반에서 전통적 위계 조직hierarchy을 넘어서는 새로운 조직 형태 또는 거버넌스governance 양식의 부상과 맥을 같이 한다. 이러한 논의에서 말하는 네트워크란 단순히 사회생활의 널리 퍼진 일반적 관계로서의 네트워크를 의미하지 않는다. 여기서 네트워크는 위계 조직이나 시장과는 구별되는 모습의 구체적 조직 형태이다. 이러한 새로운 조직 형태에 대한 논의는 국제정치학의 분야에서 '네트워크 국가' 또는 '네트워크 지식 국가'의 출현이라는 형태로 나타난 바 있다(Castells, 1996; 하영선·김상배 엮음, 2006; Holton, 2008).

새로운 조직 형태로서 네트워크의 출현은 경제학이나 사회학에서도 주요 주제이다. 이렇게 출현하는 네트워크는 사회형태론social morphology의 시각에서 파악된 새로운 행위자이다. 지구화와 정보화는 위계 조직이나 시장과 대비되는 독특한 사회조직의 형태로서 네트워크가 등장하는 데에 중요한 조건을 제공했다. 이러한 논의를 통칭해 네트워크 조직 이론이라고 부를 수 있을 것 같다. 네트워크 조직 이론은 집합적 목적을 달성하는 데에는 네트워크 형태를 띠는 조직이 다른 어떠한 형태의 조직보다 훨씬 더 성공적이라고 본다. 이러한 시각에서 파악된 조직으로서의 네트워크는 대부분 의도적으로 구성되므로, 구성원이나 기타 구성 요소들이 만들어내는 '네트워크'의 범위나 경계도 자연 발생적인 상호작용으로 형성되는 일반적 '네트워크'보다 명확한 경우가 많다.

가장 널리 알려진 네트워크 조직 이론의 접근은 신제도주의 경제학 분야의 조직 이론으로 알려진 올리버 윌리엄슨Oliver Williamson이 주장한 거래 비용 이론transaction cost theory이다. 윌리엄슨의 이론에서 가장 이상적 조직 형태는 이기적 개인들의 합리적 선택을 통해서 교환이 이루어지는 시장이다. 그러나 현실에서는 불완전한 정보로 말미암아 개인의 합리성은 제한된다. 게다가 합의에 대한 감시가 부재한 상황에서 기회주의마저도 발견된다. 따라서 이러한 상황에서 발생하는 거래 비용을 줄이려고 기업이나 위계 조직과 같은 조직 형태가 등장한다. 이렇게 이해하면 기업이나 위계 조직은 '시장 실패'의 결과이다. 이러한 거래 비용 이론은 원래 위계 조직으로서 기업의 출현을 설명하고자 고안된 이론이었으나, 조직 간의 위계적 관계를 설명하는 데까지 확장되어 응용되었다(Williamson, 1975, 1985).

윌리엄슨의 거래 비용 이론에서 상대적으로 소홀히 다루어진 조직 형태는 네트워크이다. 많은 논자가 네트워크는 이러한 거래 비용 이론의 논의에 추가될 수 있는 제3의 조직 형태라고 지적했다. 예를 들어 월터 파월Walter W. Powell의 논의는 그중 하나이다(Powell, 1990). 파월은 시장이 너무 단기적이고 기회주의적이라면, 위계 조직은 너무 경직되고 유연성이 떨어진다고 주장한다. 이들이 실패하는 지점에서 새로운 조직 형태로서 네트워크에 기회가 주어진다. 네트워크는 시장의 역동적 유연성을 지녔지만, 덜 기회주의적이어서 시간이 지남에 따라서 상호성과 신뢰 및 정보 흐름의 개선을 꾀할 수 있다. 게다가 위계 조직과는 달리 네트워크는 덜 집중화되고 덜 관료적이다. 이러한 파월의 논의와 동일한 맥락에서 그레이엄 톰슨Grahame F. Thompson도 관료적 위계 조직보다는 좀 더 비공식적이고, 시장의 가격 메커니즘보다는 좀 더 조율되는 관계에 기반을 두는 제3의 조직 형태로서 네트워크에 주목했다(Thompson, 2003).

2) 카스텔의 네트워크 사회론

네트워크 조직 이론의 관점을 취하는 논의 중 대표적인 것은 아마도 마누엘 카스텔Manuel Castells의 '네트워크 사회론'일 것이다. 네트워크 사회의 도래에 대한 카스텔의 이론은 논란의 여지가 없는 것은 아니지만, 학계에 매우 광범위한 영향을 미쳤을 뿐만 아니라 후속 논의를 위한 이론적 플랫폼을 제공한 것이 사실이다. 특히 카스텔의 작업은 그 이론적 난해성이나 경험적 취약성에도 지구화와 정보화의 시대를 맞이한 네트워크 연구의 방향을 제시하는 데에 그 어느 학자보다도 많은 기여를 했다고 평가된다(Stalder, 2006; Holton, 2008). 정보화 시대를 다룬 카스텔의 삼부작인 *The Information Age: Economy, Society, and Culture*는 경제적·기술적·정치적·문화적 테마를 연결하는 방대한 시도로서 학계의 주목을 받았다(Castells, 1996, 1997, 1998).

카스텔의 이론에서 네트워크는 단순히 상호 연결되어 있는 행위자의 집합이 아니다. 이렇게 일반적 의미로만 이해한다면 거창하게 새로운 사회형태론을 논할 필요조차 없을 것이다. 카스텔은 네트워크가 자체의 고유한 논리를 지니며 장차 미래의 핵심적 조직 형태로 부상할 것이라고 본다. 이러한 네트워크의 고유한 논리는 사회의 구석구석으로 침투해 모든 사회 영역에 영향을

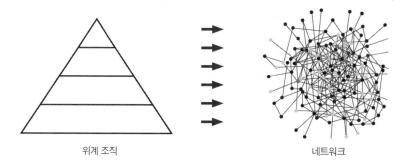

〈그림 1-1〉 위계 조직에서 네트워크로

위계 조직 　　　　　　　　　　　　　　네트워크

미치는 것으로 그려진다. 이러한 주장에 대해서는 여러 가지 반론이 있는데도 사회조직의 새로운 형태로서 네트워크가 부상한다는 사실 그 자체는 의문시되지 않는다. 〈그림 1-1〉에서 보는 바와 같이, 기존의 위계 조직을 대체하는 지배적 조직 형태로서 네트워크의 부상은 이미 대세라고 할 수 있다. 카스텔의 네트워크 사회론은 이러한 네트워크를 단편적으로 제시하는 차원을 넘어서 총체적 사회 이론의 수준으로 발전시켰다(Stalder, 2006: 168).

사실 카스텔의 이론에서 네트워크는 자본주의의 지구적 확장과 정보 통신 기술의 발달, 그리고 그 연속선상에서 이해된 정보 경제의 부상이라는 기술 경제 변수의 영향을 받아서 출현하는 새로운 구성 원리를 의미한다. 새로운 구성 원리의 출현은 주로 위계 조직의 모습을 취하던 기존의 기업 조직이 유연한 문제 해결 방식의 도입으로 대변되는 '네트워크 기업'으로 변환되는 양상으로 나타난다. 기업 조직의 변환뿐만 아니라 기업 간의 전략적 동맹이나 라이선싱 방식, 하청 생산의 모델도 변화한다(Castells, 1996: 157~164). 이러한 네트워크의 구성 원리는 경제 영역뿐만 아니라 정치사회의 영역으로도 확산된다. 지구화와 정보화는 기존의 국민국가 행위자들에게 초국가적인 동시에 국가 하위적인 제도적 틀을 모색하게 함으로써 근대 이래로 형성된 국가의 경계를 새롭게 정의하게 한다. 이러한 와중에 국가의 경계를 넘나들며 글로벌 차원에서 활동 영역을 넓혀가는 사회운동의 네트워크도 활성화된다. 전반적으로 새로운 구성 원리로서 네트워크의 확산은 경제와 정치 및 사회 권력의 구조를 재조정하는 계기를 마련한다(Carnoy and Castells, 2001).

이렇게 경제나 기업뿐만 아니라 국가와 정치로 네트워크의 구성 원리가 확장되는 변화의 이면에는 기존의 물리적 공간을 분절하는 동시에 재통합하는 이른바 '흐름의 공간space of flows'의 부상이 자리 잡고 있다. 정보 통신 기술의 발달로 확산된 글로벌 커뮤니케이션 네트워크는 기본적으로 이러한 흐름의 공간을 가능케 한 산파역이다. 이렇게 생성된 흐름의 공간은 단순히 자본의 흐름만이 원활하게 이루어지는 공간에 그치는 것이 아니라 기술, 정보, 지식, 이미지, 소리, 상징 등에 이르기까지 다양한 무형의 존재가 국가의 경계를 넘어서 자유롭게 유통되는 공간이다. 그러나 카스텔의 논의에서 이러한 공간은 역시 사회적 공간이라는 특징을 가진다. 카스텔에 의하면 흐름의 공간의 구조와 작동 방식은 기술 경제적 변화의 주된 원천인 지구 자본주의의 지배 메커니즘을 반영할 뿐만 아니라 네트워크 사회에서 발견되는 조직 간의 사회적 상호작용과 불평등성을 지니고 있다(Castells, 1996).

3) '정보주의'와 네트워크의 친화성

이상의 논의에서 특히 주목할 점은 새로운 조직 형태 또는 구성 원리로서의 네트워크가 구체적으로 어떠한 맥락에서 출현하는가 하는 문제이다. 카스텔은 이러한 질문에 대한 답을 정보 통신 기술의 발달에서 찾는다. 카스텔에 의하면, 네트워크 조직의 확산을 가능케 한 변화의 핵심에는 1950~1960년대에 기원을 두는 마이크로 전자공학 혁명과 그에 뒤이은 새로운 기술 패러다임의 출현이 있다. 이러한 변화는 1970년대에 이르러 미국에서 먼저 현실화되고, 그 이후에는 전 세계로 급속하게 전파되면서 정보화 시대의 도래를 선도했다. 이러한 과정에서 개발되고 확산된 정보 통신 기술의 성과를 활용해 구축된 디지털 네트워크, 그중에서도 가장 대표적 사례로서 인터넷은 사회 전반에 네트워크의 구성 원리가 스며들면서 사회적 상호작용과 좀 더 근본적으로는 사회 조직의 형태가 질적으로 변화하는 계기를 마련했다(Castells, 2001).

카스텔에 의하면, 오늘날의 네트워크에 대한 논의가 예전의 그것과 크게 다른 점이 있다면 바로 이러한 정보 통신 기술 변수에 있다고 한다. 카스텔은 이를 '정보주의informationalism'라는 용어로 부른다. 정보주의는 새로운 기술의 발달을 통해서 인간의 정보처리 능력이 확대되는 물질적 기반의 변동을 의미한다. 정보주의의 확산으로 말미암아 사회조직에서 아무리 복잡한 조정의 문제가 발생하더라도 이를 해결할 수 있는 조건이 갖추어졌다. 사실 유연성, 확장 가능성, 생존 가능성 등을 특징으로 하는 오늘날의 네트워크라는 것의 원형이 예전에도 없었던 것은 아니다. 다만 역사적으로 부재했던 것은 이들 네트워크를 효과적으로 조정하는 기술적 메커니즘이었다고 보아야 할 것이다. 이러한 기술적 메커니즘의 빈자리를 메우고자 등장한 것이 바로 군대, 관료제, 대공장 등과 같은 거대한 조직의 사회적 메커니즘이었다. 그러나 오늘날에 이르러 이러한 사회적 메커니즘의 비용을 치르지 않고도 조직의 문제를 조정할 수 있는 강력한 조직화의 도구가 출현했다는 것이 카스텔의 주장이다(Castells, 2004).

실제로 정보주의의 확산, 즉 새로운 정보 통신 기술의 도입은 위계 조직과 네트워크 간에 존재하던 긴장 관계에 근본적인 변화를 불렀다. 양적 측면에서 볼 때 정보 통신 기술은 더 많은 커뮤니케이션의 흐름이 더 짧은 시간 안에 더 넌 거리에 걸쳐서 이루어질 가능성을 높여놓았다. 질적 측면에서도 정보 통신 기술의 발달은 조직 관리와 비용 부담 사이에 존재하던 전통적 긴장 관계를 해소했다. 풍부한 커뮤니케이션의 요구를 만족하면서도 저비용의 유연한 조정 메커니즘을 마련한 것이다. 그 결과 위계 조직의 주된 장점이었던, 공식적이고 엄격한 통제와 조정은 역으로 고비용을 부르는 단점으로 인식되기 시작했다. 이에 비해 정보 통신 기술은 통합된 관리 양식을 도입하지 않으면서도 저비용의 조정을 가능케 하는 조건을 제공했다. 이로 말미암아 네트워크의 구성 원리가 지닌 유연성을 유지하면서도 동시에 위계 조직과 같은 규모의 조직을 운영할 수 있는 메커니즘이 등장하게 된 것이다(김상배, 2010a).

카스텔은 이러한 주장을 펼치면서 물질적 메커니즘으로서 정보주의의 발달과 새로운 구성 원리로서 네트워크의 사이에 친화성이 있음을 강조한다. 정보주의와 네트워크는 동일한 현상의 양면인데, 전자가 기술적 측면에 초점을 맞춘다면, 다른 하나는 형태론적 측면에 중점을 둔다는 것이다. 다시 말해 정보 통신 기술의 발달을 바탕으로 해서 네트워크의 구성 원리는 경제적 재구조화와 제도적 거버넌스의 개선, 그리고 새로운 사회운동을 구축하는 데에 지배적 위치를 점할 수 있게 되었다. 그러나 그 이면을 들여다보면 사회 각 영역에서 제기되는 조정의 수요가 새로운 기술의 발달을 가속화했던 것도 사실이다. 카스텔에 의하면, 역사적으로 볼 때 이러한 두 가지 동학은 원래는 독립적이었지만 시간이 지남에 따라 서로 영향을 미치면서 네트워크 사회를 건설하는 양대 산맥을 이루었다고 한다.

여기서 흥미로운 점은 카스텔의 논의에서 이들 양자의 관계에 대한 분석적 설명이 없다는 사실이다. 네트워크 사회론의 관점에서 보면, 정보주의와 네트워크의 친화성은 '인과적 필연성'에 따라서 발생한 것이 아니고, 오히려 '역사적 계기'의 문제로 그려진다. 사실 네트워크는 정보주의보다 더 오랜 역사를 지녔으며, 첨단 정보 통신 기술이 새로운 조직 형태로서의 네트워크의 부상을 일방적으로 결정한 것은 아니라고 한다. 그렇다고 정보주의와 네트워크의 만남이 단순한 우연의 일치로 묘사되는 것은 아니다. 실제로 20세기 중후반에 걸쳐서 네트워크로 대변되는 구성 원리는 수많은 경제적·정치적·사회적 어젠다를 제시했다. 예를 들어 초창기 정보 통신 기술의 혁신가 대다수는 1960년대에 이른바 해커 문화의 '네트워크 발상'에서 많은 영감을 얻어서 그 가치를 구현하는 방식으로 기술의 개발과 전파를 주도했다. 이러한 관점에서 보면, 정보주의와 네트워크의 관계는 '원인과 결과의 관계'라기보다는 일종의 '양陽의 피드백 관계'로서 이해해야 한다(Stalder, 2006: 186).

4) 네트워크 사회론의 한계

네트워크 사회론의 주장에 대해서는 많은 지적과 비판이 제기된 바 있다. 그중에서도 가장 흔히 접하는 것은 카스텔의 네트워크 개념이 너무 광범위하고 추상적이라는 지적이다. 사실 카스텔의 논의를 보면, 모든 것을 다 '네트워크'로 보려 한다든지, 또는 '네트워크'로 '네트워크'를 설명한다는 비판을 면하기 어렵다는 인상을 갖게 한다. 예를 들어 카스텔의 논지에 의하면, 어느 사회운동 네트워크가 성공을 거둔 이유가 바로 '네트워크'이기 때문이라는 순환 논리에 빠지기 쉽다. 이러한 방식으로 설명하면 '네트워크'는 의미 없는 설명 변수가 되기에 십상이다. 이러한 지적들은 일면 타당한데, 여러 논자가 지적하듯이, 카스텔의 네트워크 사회론은 '네트워크'가 지니는 개념적 범위와 경계에 대한 엄밀한 정의와 분석을 수행하기보다는 오히려 '직관적 묘사'에 치중하는 경향을 지니기 때문이다(Thompson, 2003; Holton, 2008).

카스텔의 논의에서 네트워크를 분석 이론의 차원으로 개발하려는 노력은 상대적으로 찾아보기 어렵다. 예를 들어 카스텔은 후술하는 바와 같은 소셜 네트워크 이론가들의 개념을 명시적으로 사용하지는 않는다. 또한 카스텔의 작업은 사회 연결망 분석이나 컴퓨터 시뮬레이션의 방법을 취하는 것도 아니다. 오히려 경험적이고 절충적인 성격의 질적 방법을 채택해서 분석적이라기보다는 은유적으로 비치기도 한다. 그러나 이러한 문제는 카스텔 이론의 단점이라기보다는 특성이라고 이해해야 할 것이다. 특히 카스텔이 시도한 것은 소셜 네트워크 이론에서 논하는 일반적 의미의 네트워크에 대한 분석이 아니라, 질적 차원에서 이해한 사회 전반의 새로운 변화를 일으키는 구성 원리의 부상을 포착하려는 작업이었으므로 더욱 그러하다(Stalder, 2006: 184~185).

오히려 카스텔의 이론에서 분석적 시도가 이루어지지 못했다고 비판하려면 다른 부분을 겨냥해야 할 것이다. 앞서 지적한 바와 같이, 카스텔은 정보주의와 네트워크의 친화성을 역사적 맥락에서 서술할 뿐, 이들의 상관관계를 구체적으로 분석하지는 않는다. 정보 통신 기술의 발달과 사회적으로 증대되는 복잡성의 사이에서 효과적 조정의 메커니즘을 창출하는 문제는 오늘날에만 제기된 것이 아니다. 기존 학계에서는 다양한 방식으로 정보 통신 기술의 조정 메커니즘과 그 조정의 대상이 되는 조직 형태 사이의 상관관계에 대한 연구가 오랫동안 진행되어왔다(김상배, 2010a). 이러한 맥락에서 보면 정보주의와 네트워크의 친화성에 대한 탐구는 카스텔이 시작한 네트워크 사회의 논의를 분석 이론의 지평으로 옮겨놓을 것이다. 그런데도 카스텔의 논의는 왜 새로운 구성 원리를 대변하는 네트워크가 특정 이슈를 중심으로는 창발하고 다른 이슈에서는 그렇지 못한지, 그리고 그러한 네트워크가 어느 특정한 방식으로는 발현되는데 다른 방식으로는 왜 그렇지 않은지에 대한 분석을 내놓지 못한다.

이러한 문제점이 발생하는 이유는 카스텔의 이론 구성이 경제, 정치, 문화, 기술 등을 모두 포괄하는 총체적 사회 이론을 지향하기 때문이다. 카스텔이 펼치는 대부분의 논의는 글로벌한 차원에서 발생하는 네트워크의 전반적 특징을 잡아내는 거시적 수준에서 이루어진다. 물론 네트워크 사회의 도래에 대해서 카스텔이 주장하는 바가 학계에서 수행되는 관련 연구에 중요한 플랫폼을 제공한 것은 사실이다. 그렇지만 네트워크의 구성 원리가 인류 사회의 모든 영역에 일종의 '표준'으로서 전파된다는 카스텔의 주장은 좀 더 구체적인 이론적·경험적 분석을 바탕으로 해야만 설득력을 얻을 수 있을 것이다.

3. 소셜 네트워크 이론의 원용

1) 구조로서 네트워크의 분석

최근 네트워크에 대한 관심이 국제정치학 분야에서도 증대되면서 연구의 초점이 네트워크를 은유적 차원에서 원용하는 데에서 더 나아가 좀 더 분석적인 시도로 변하고 있다. 새롭게 관심을 끄는 접근법은 네트워크를 일종의 '구조'로 보고 그 특징을 밝히거나, 이러한 네트워크 구조의 효과를 분석하는 작업이다. 이렇게 구조로서 파악된 네트워크의 개념은 '서로 연결된 노드들의 집합' 정도로 매우 일반론적 차원에서 이해된다. 여기서 네트워크란 앞서 살펴본 네트워크 조직 이론의 경우와는 달리, 반드시 행위자들이 의도적으로 조직한 것이 아니라 경우에 따라서는 자연 발생적 상호작용을 통해서 형성되는 것까지도 포함한다. 그러나 이렇게 형성된 네트워크는 행위자들의 행동에 영향을 미친다. 이러한 의미에서 네트워크는 일종의 '구조'이다. 최근 국제정치에서도 행위자들이 구성하는 다양한 네트워크의 구조에 대한 분석적 접근이 이루어지고 있다(Hafner-Burton, Kahler and Montgomery, 2009).

이렇게 네트워크를 구조로 보는 접근은 사회학 분야에서 활발히 이루어져 왔는데, 그 주류를 형성하는 것은 소셜 네트워크 이론이다. 소셜 네트워크 이론가들은 개인 단위에 초점을 두는 사회학 진영과 구별하고자 사회구조주의자social structuralist라고 불리기도 한다. 소셜 네트워크 이론은 상호작용하는 노드의 관계에 관심을 갖는데, 여기서 노드는 개인일 수도 있고 개별적 조직, 다양한 종류의 집단·국가·도시, 공유된 특성을 가진 지역일 수도 있다. 여기서 '네트워크'는 하나 또는 그 이상의 노드들이 구성하며, 하나 또는 그 이상의 링크가 연결한다. 그런데 이러한 노드와 링크가 일정한 패턴의 구조를 생성한다는 것이 소셜 네트워크 이론가들이 착안하는 부문이다(Wellman and Berkowitz, 1988).

소셜 네트워크 이론의 주요 관심사는, 고부姑婦 간의 갈등이 아들이자 남편인 제3자에게 미치는 영향처럼, 나와 개별적으로 관계가 있는 타자들의 관계가 일종의 구조로서 나에게 미치는 영향을 탐구하는 데에 있다. 이와 관련해 톰슨은 소셜 네트워크 이론의 특징을 다섯 가지로 요약한다. 첫째, 행위자와 그들의 행동은 독립적이고 독자적이라기보다는 상호 의존적이다. 둘째, 네트워크를 구성하는 관계의 구도는 구조로서 인식되는데, 이러한 네트워크 구조는 행위자들의 행위보다 인식론적으로 우선된다. 셋째, 행위자 간의 관계, 즉 링크는 물질적 또는 비非물질적 자원의 흐름이 발생하는 통로이다. 넷째, 네트워크 구조의 환경은 행위자의 행동에 대해서 기회 요인이거나 제약 요인으로 작용한다. 끝으로, 소셜 네트워크의 구조는 행위자 간의 관계에서 지속적인 패턴을 만들어낸다(Thompson, 2003: 55~56).

이러한 소셜 네트워크 이론의 구조 분석은 최근 물리학이나 네트워크 신과학 등에서 이루어진 방법론상의 발전에 큰 덕을 보고 있다. 물리학과 신과학의 주요 관심사는 자연계 생물의 네트워크나 기술과 통신의 네트워크, 인간 네트워크 등의 아키텍처와 작동 방식을 밝히는 것이다. 특히 이들 연구는 네트워크 구조의 정태적 묘사에만 그치던 기존 연구에 네트워크의 진화론적 접근으로 대변되는 동태적 시각이나 척도 무관 네트워크scale-free networks와 같은 구조적 시각을 도입하는 성과를 보였다. 앞서 언급했듯이, 이렇게 파악되는 구조로서의 네트워크는 반드시 행위자들이 의식적으로 디자인한 결과가 아니라는 특징을 지닌다(Barabási, 2002; Urry, 2003; 뷰캐넌, 2003; 와츠, 2004; 글래드웰, 2004; Newman, Barabasi and Watts, 2006; Galloway and Thacker, 2007; 김용학, 2007; Spinuzzi, 2008).

2) 국제정치에서 네트워크 구조

소셜 네트워크 이론에서 말하는 구조는 주류 국제정치이론에서 널리 사용되는 구조의 개념과는 다르다(Waltz, 1979). 국제정치이론의 주류를 이루어온 신현실주의의 구조 개념은 행위자 간의 물질적 능력의 분포에 기반을 두는 거시적macroscopic 구조를 논한다. 이에 비해 소셜 네트워크 이론에서 말하는 구조는 행위자 간의 관계에서 발견되는 지속적 패턴을 의미한다. 신현실주의의 거시적 구조 개념보다 중범위 시각mesoscopic에서 파악된 구조라고 할 수 있다.

이러한 중범위 구조의 개념은 거시적 구조의 내용을 반영하면서도 행위자의 선택과 구조의 변화를 탄력성 있게 담아내는 데에 유용하다. 다시 말해 소셜 네트워크 이론의 구조 개념은 행위자들의 지속적 상호작용을 통해서 생성되는 관계적 구도, 즉 네트워크 그 자체라는 맥락에서 이해된다. 이러한 구조의 개념을 국제정치 분야에 도입하면, 신현실주의처럼 구조의 개념을 단위 수준으로 환원하지 않고도 행위자 간의 동태적 상호작용이 만들어내는 규칙적 패턴 그 자체의 수준에서 국제정치의 구조를 개념화할 수 있다. 구조의 개념을 행위자의 내적 속성으로 환원하는, 상대적으로 고정된 실체로 인식하는 차원을 넘어서 행위자 사이에 존재하거나 이를 가로지르는 사회적 관계의 맥락에서 이해할 수 있다.

최근의 국제정치 연구에서도 신현실주의의 정태적 구조 개념을 넘어 이러한 동태적 구조의 개념에 입각한 네트워크 분석이 등장한다(Nexon and Wright, 2007; Nexon, 2009; Maoz, 2010). 국제정치학에서 진행된 다른 구조적 접근처럼 소셜 네트워크 이론의 구조 분석은 '네트워크 효과'에 대한 관심으로부터 생겼다. 그러나 소셜 네트워크 이론은 이러한 네트워크 효과가 선험적으로 전제되는 것이 아니라 경험적으로 분석되어야만 한다고 주장한다. 네트워크 분석은 허브hubs, 군집cliques, 구조적 공백structural hole, 중개자broker, 위치 권력positional power 등으로 개념화되는 네트워크상 관계의 패턴을 찾아내고 이러한 관계들이 낳는 효과를 분석하려고 시도한다. 이러한 관계의 패턴 또는 '구조적 속성'은 개별 행위자들이 지닌 속성에 못지않게 중요하기 때문이다. 이러한 맥락에서 볼 때 소셜 네트워크 이론은 국제정치학에서 거론되는 다양한 분석 수준, 즉 개별 단위나 양자와 다자, 체제 수준에 이르기까지 다층적 분석 수준에서 구조 분석을 수행할 수 있는 이론적 자원을 제공한다(Hafner-Burton, Kahler and Montgomery, 2009: 561).

소셜 네트워크 이론이 갖춘 또 다른 중요한 특징은 네트워크 구조 분석에서 거시적 구조의 개념에서는 잡히지 않는 중범위 구조의 실체를 포착하는 방법론적 기법인 사회 연결망 분석, 즉 SNA를 수행한다는 점이다. SNA에서는 개별 행위자의 속성보다는 상호 의존하는 행위자들의 관계가 강조된다. SNA 는 광범위한 데이터의 수집과 정교한 통계적 기법을 사용해 소시오그램을 그 림으로써 네트워크상에서 발생하는 패턴화된 관계, 즉 구조의 실체를 밝히려 는 시도를 펼쳐왔다. 국제정치학의 시각에서 볼 때, SNA의 도입은 세계정치의 구조를 가시적으로 보여주는 효과가 있다. 실제로 최근 SNA의 방법론적 발전 으로 말미암아 국제정치의 영역에서도 다양한 네트워크 구조의 실체가 밝혀 지고 있다. 예를 들어 무기 이전의 네트워크, 국제무역 네트워크, 유학생의 교 류 네트워크 등과 같은 '흐름 분석flow analysis'이나 국가 간 동맹의 패턴, 자유무 역협정FTA의 네트워크, 각종 산업의 생산 네트워크, 국제기구의 가입망 등과 같은 '관계 분석relation analysis'에 대한 연구가 진행되었다. 그리고 〈그림 1-2〉는 2000년 국제체제의 무기 이전 네트워크에 대해서 사회 연결망 분석을 수행한 사례이다.[1]

SNA의 적용이 국제정치 연구에 주는 의미는 관계적 데이터의 처리나 소 시오그램의 도입에만 그치지 않는다. SNA는 다양한 분석 수준을 가로지르는 관계의 변환을 모델링하는 기법과 방법들을 통합함으로써 이들 분석 수준을 오르내리는 분석을 가능하게 만들었다. SNA는 여러 분석 수준을 단순히 집합 시키는 데서 그치는 것이 아니라, 어느 한 분석 수준에서 다른 분석 수준으로 전환되는 동태적 과정을 담아낼 수 있게 했다. 이렇게 함으로써 SNA는 행위자 들의 상호작용 과정에서 생성되는 분석 수준을 새로이 설정할 뿐만 아니라, 기 존에는 중요하게 여기던 분석 수준을 우회하기도 하며, 경우에 따라서는 네트

---

[1] 이렇게 세계정치의 구조를 사회 연결망 분석을 통해서 파악하려는 시도는, 각국의 군사 비 지출이나 국내총생산(GDP) 또는 연구 개발(R&D) 투자 등을 지표로 해서 국제정치 의 구조를 이해하던 기존 신현실주의 국제정치이론의 '분포 분석(distribution analysis)' 과 대비된다.

〈그림 1-2〉 국제체제의 무기 이전 네트워크 (2000년)

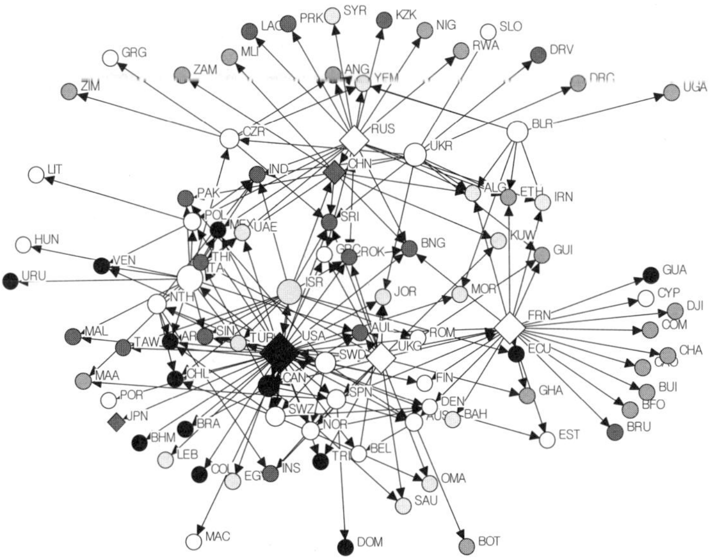

자료: 김형민(2010: 341).

워크상의 단위들의 부분집합을 완전히 다른 방식으로 묶어내기도 한다. 요컨
대 SNA는 행위자의 속성과 관계 및 구조를 하나의 패키지 안에 결합함으로써
국제정치이론의 큰 숙제 중 하나인 행위자와 구조의 연계 문제를 해결하는 실
마리를 제공하는 것으로 평가된다(Maoz, 2010: 10).

3) 행위자와 구조의 연계

이상에서 살펴본 소셜 네트워크 이론의 구조 분석은 네트워크상에서 특정한
'위치'를 차지한 행위자의 역할을 이해하는 데에 유용하다. 소셜 네트워크 이
론에 의하면, 동일한 내적 속성을 지닌 행위자라 할지라도 주위의 네트워크 구
조가 어떻게 짜이느냐에 따라서 각기 상이한 역할을 부여받는다. 다시 말해

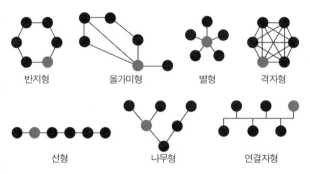

〈그림 1-3〉 네트워크 지형도

반지형　　　올가미형　　　별형　　　격자형

선형　　　나무형　　　연결자형

주: 회색 노드의 색깔은 필자가 변경.
자료: 위키피디아(http://en.wikipedia.org/wiki/Network_topology)에서 응용.

네트워크상에서 어떠한 구조적 위치를 차지하느냐에 따라서 특정 행위자가 선택할 수 있는 전략의 범위가 상당한 정도로 규정된다. 이러한 상황이 발생하는 것은 네트워크상에서 다른 행위자들과 맺는 관계와 그것이 만들어내는 패턴이라는 노드 행위자의 외적 요인으로부터 어느 행위자가 활용할 수 있는 자원과 정보, 그리고 좀 더 넓게는 행위자가 발휘하는 권력의 상당 부분이 영향을 받기 때문이다(Goddard, 2009; Hafner-Burton and Montgomery, 2006).

　　네트워크상의 '위치'가 갖는 전략적 의미를 좀 더 쉽게 살펴보고자 컴퓨터 네트워크 연구에서 제시하는 네트워크 지형도network topology의 사례를 원용해보자. 〈그림 1-3〉에서 보는 바와 같이, 검은 색으로 표시된 주위의 다섯 노드가 서로 링크를 맺는 방식이 변함에 따라서, 그리하여 네트워크의 전체 구도가 변함에 따라서, 회색으로 표시된 노드는 그 내적 속성 자체는 전혀 변하지 않더라도 일곱 가지 상이한 역할을 담당할 것이 예상된다. 〈그림 1-3〉에서 여섯 행위자가 형성하는 구조의 패턴은 최근 동아시아에서 미국, 중국, 일본, 러시아와 남북한이 벌이는 네트워크 게임의 양상을 연상시킨다는 점에서 흥미롭다. 만약에 회색 노드를 한국에 비유한다면, 이른바 6자회담의 테이블에 앉는 각국의 구도가 어떻게 짜이느냐에 따라서 한국이 발휘할 수 있는 외교 전략의 범위와 내용이 달라질 수 있을 것이기 때문이다.

이렇게 소셜 네트워크 이론에서 제기되는 구조적 '위치'에 대한 논의는 행위자 차원에 주로 고착되었던 국제정치의 이론적 발상을 넘어서게 할 뿐만 아니라 국제정치이론의 오랜 숙제였던 행위자와 구조를 동시에 담아내는 이론의 개발에 실마리를 제시한다. 사실 국제정치이론 대다수는 구조를 행위자에 대한 대립항으로서 설정한다. 다시 말해 구조는 행위자를 제약하면서 체제의 연속성을 유지한다. 이에 반해 행위자는 구조의 제약 아래에서 행동하기도 하지만 간혹 구조를 변화시키기도 한다. 이러한 관점에서 보면, 소셜 네트워크 이론에서 행위자의 행동을 네트워크상의 '위치'라는 맥락에서 보는 것은 다소 모호하게 비칠 수 있다. '위치'의 맥락에서 파악된 행위자의 행동은 구조의 반영도 아니고 구조에 대한 부정도 아니기 때문이다(Goddard, 2009: 257).

그러나 소셜 네트워크와 '위치'에 대한 논의는 행위자를 구조와 대립적 관계로 설정하지 않는다. 오히려 네트워크 구조 안에서 능동적 역할을 하는 존재로서 행위자를 본다. 그러나 행위자는 자체적으로 구조 변화의 행위능력을 갖추게 되는 것은 아니다. 그들의 행위능력은 네트워크 구조 내에 배태되어 있다. 네트워크 구조는 물질적이고 상징적인 자원을 함유한다. 행위자의 행위능력이 유의미해지는 것은 이러한 자원들을 적절히 활용할 경우이다. 네트워크상에서 형성되는 구도가 행위자들에게 '관계적 차원'에서 파생되는 권력 자원들을 제공하는 동시에 행위자들은 이들 자원을 활용해 네트워크의 구조를 변경하는 계기를 마련한다(Grewal, 2008). 이러한 맥락에서 보면 국제정치이론이 탐구해야 하는 논제는 행위자가 얼마나 구조의 제약을 받느냐, 아니면 행위자가 어떻게 구조를 변화시키느냐가 아니다. 오히려 어떠한 조건에서 네트워크의 구조가 어떠한 행위자의 능력을 가능하게 하느냐 묻는 것이다(Goddard, 2009: 258).

4) 구조적 공백에 대한 이론적 논의

이상에서 살펴본 행위자와 구조의 연계에 대한 논의는 '구조적 공백structural hole'에 대한 이론적 논의를 통해서 좀 더 구체적으로 이해할 수 있다. 네트워크 상에서 노드 행위자들의 밀집도나 상호작용의 패턴 등에서 나타나는 차이는 각기 다른 유형의 네트워크들을 생성한다. 가장 기본적 형태의 네트워크 유형 은 노드들이 연결되는 정도, 특히 링크의 유무로 구별되는 것이 일반적이다. 네트워크상의 노드들이 다른 노드들과 직접 연결되는 경우가 많으면 많을수 록 상대적으로 밀집되고 통합된 형태의 네트워크가 생성될 것이다. 이에 비해 네트워크상의 노드들이 직접 연결되지 않고 간접적으로 연결되는 경우가 많 으면 많을수록 상대적으로 느슨하고 분절된 형태의 네트워크가 생성될 것이 다. 이러한 맥락에서 보면, 〈그림 1-4〉에서 묘사하는 바와 같은 두 가지 유형 의 네트워크, 다시 말해 노드와 링크가 상대적으로 통합된 형태의 네트워크와 노드와 링크의 구성이 상대적으로 분절된 형태의 네트워크로 크게 나누어볼 수 있다(Burt, 2001, 2005).

〈그림 1-4〉의 왼쪽에 있는 통합 네트워크는 행위자 간의 링크가 빽빽하게 형성된 경우이다. 이러한 네트워크에서는 행위자 간에 빈번한 상호작용이 발 생하는데, 이는 일상적이고 지속적이며 중복적일 뿐만 아니라 경우에 따라서 는 제도화되어 있기도 하다. 대부분 통합 네트워크는 문화적으로 동질적이어 서 행위자들의 상호작용은 유사한 관념이나 합의된 규칙, 공유된 이해 등을 기 반으로 이루어진다. 따라서 이러한 네트워크에서는 균열이나 공백이 적거나 없으므로 중개의 역할이라는 것이 따로 필요 없는 경우가 많다. 이러한 통합 네트워크가 지니는 장점은 일반적으로 '사회적 자본social capital'이라는 개념으 로 잘 알려졌다(Putnam, 1993).

이에 비해 〈그림 1-4〉의 오른쪽에 있는 분절 네트워크는 네트워크상에서 행위자 간의 링크가 성기게 형성된 경우이다. 이러한 네트워크에서는 대부분

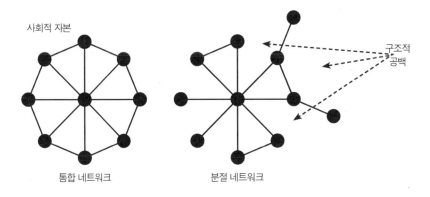

〈그림 1-4〉 통합 네트워크와 분절 네트워크

사회적 자본

구조적
공백

통합 네트워크   분절 네트워크

행위자가 소수 행위자를 경유해서만 서로 간접적으로 연결되어 있다. 어떤 관계들은 밀접하고 공식적이며 제도화되어 있기도 하지만 어떤 관계들은 소원하고 비공식적이고 비규칙적이다. 이러한 분절 네트워크는 문화적으로 서로 이질적이어서 서로 분화되고 구별되며 더 나아가 불협화음을 낳거나 관계의 단절을 일으키기도 한다. 이러한 네트워크에서 행위자들은 서로 상이한 관념과 상징을 바탕으로 해서 활동하므로 네트워크상의 상호작용을 조율하는 규칙과 규범은 서로 마찰한다(Burt, 2005).

미국의 사회학자이자 경영학자인 로널드 버트Ronald S. Burt는 이러한 분절 네트워크에서 발견되는 균열을 '구조적 공백'의 개념으로 잡아낸다. 구조적 공백이란 네트워크싱에서 전략적 목적으로 한두 개의 링크를 추가로 연결함으로써 채워질 수 있는 공백을 의미한다. 이러한 구조적 공백 개념의 기저에는 중개 과정을 통해서 정보의 확산에 참여하고 더 나아가 네트워크의 흐름을 통제하려는 의도가 깔려 있다. 만약에 당신이 서로 연결되어 있지 않은 두 사람을 전략적으로 연결해줄 수 있다면, 당신이 그들의 커뮤니케이션을 통제할 가능성이 높아질 것이기 때문이다. 이러한 연결과 중개의 행위는 공백을 메우는 자가 정보의 이득과 사회적 자본을 향상할 것을 예상케 한다(Burt, 1992).

5) 강한 고리의 약점, 약한 고리의 강점

사실 이러한 구조적 공백을 전략적으로 활용하는 것에 대한 논의는 1970년대 사회학에서 출현한 네트워크의 개념들과 일맥상통하는 바가 크다. 〈표 1-1〉에서 보는 바와 같이, 네트워크를 전략적으로 활용하는 논의와 관련된 일반적 통념은 노드 간의 연결 고리가 너무 약하면 전략적으로 활용할 여지가 많지 않다거나(① 영역의 약한 고리의 단점), 역으로 노드 간의 연결 고리가 강할수록 전략적으로 활용할 여지가 많다는 것이다(④ 영역의 강한 고리의 장점). 이러한 논의들은 〈그림 1-4〉에서 살펴본 통합 네트워크의 논의와 동일한 맥락에서 이해될 수 있는데, 네트워크상에서 행위자들이 될 수 있는 한 링크를 빽빽하게 맺는 것이 그 네트워크상의 관계를 사회적 자본으로 활용하는 데에 도움이 된다는 것이다(Coleman, 1990; Chai and Rhee, 2009).

이에 비해 마크 그라노베터Mark S. Granovetter의 논의는 일반적 통념을 넘어서 '약한 고리의 장점'(① 영역)에 초점을 맞춘다는 점에서 새롭다(Granovetter, 1973). 그라노베터의 논의는 강한 고리의 네트워크가 사회적 자본이라는 기회를 제공하기보다는 동시에 제약이 될 수도 있으며, 오히려 네트워크상에서 새로운 기회는 약한 고리의 통로를 얻을 수 있다고 강조했다. 예를 들어 만약에 새롭게 사업을 벌이려는 사람이 있다고 할 때, 이 사람은 빈번하고 지속적인 상호작용을 하는 같은 집단의 사람들보다는 가끔 소식을 주고받는 다른 집단의 사람으로부터 새로운 사업과 관련된 훨씬 유용한 정보를 얻을 수 있다는 것이다.

이러한 논의의 연속선상에서 볼 때, ③ 영역에 묘사된 버트의 구조적 공백에 대한 논의는 그라노베터가 제시한 개념과 짝을 이루는, 동전의 다른 면이라고 할 수 있다. 다시 말해 약한 고리의 장점을 논한 그라노베터와는 달리 버트는 그 반대 방향으로부터 '강한 고리의 약점'을 지적한다. 버트에 의하면, 강한 고리의 네트워크, 즉 통합 네트워크가 지닌 문제점은 행위자 간의 연결 고리가

	단점	장점
약한 고리	① 일반적 인식	② 그라노베터의 논의
강한 고리	③ 버트의 논의	④ 사회적 자본론

지나치게 밀집되고 중복적이어서 전체적으로 비효율적이라는 것이다. 이에 비해 행위자들이 느슨한 상호작용을 하면서 약한 고리를 구성하는 분절 네트워크가 오히려 더 효율적일 수 있다고 주장한다. 게다가 이러한 약한 고리들의 존재는 네트워크상의 자원을 활용하려는 중개의 역할을 논할 여지를 낳는다는 점에서 관심을 끈다는 것이다.

버트는 이렇게 구조적 공백을 메우는 중개의 역할을 경영학의 시각에서 재구성해 적용한다. 버트에 의하면, 구조적 공백은 개별 기업들에 그 공백을 메움으로써 경쟁력을 창출할 기회를 제공한다. 여기서 한 가지 유의할 것은 두 집단 간에 이러한 구조적 공백이 있다는 사실을 거기에 속한 사람들이 전혀 모르는 것은 아니라는 사실이다. 다만 사람들은 자기 자신들의 활동에만 관심이 집중되어 있으므로 다른 집단 사람들의 활동에 대해서 주의를 기울이지 않는 것뿐이다. 이러한 맥락에서 이러한 공백은 '구조적 차원'에서 발생한다. 이러한 구조적 공백은 마치 전기회로의 절연체와도 같이 양 집단이 각기 상이한 정보 흐름의 회로를 구성케 한다. 따라서 구조적 공백은 사람이나 집단 간의 정보의 흐름을 중개하는 데에서 경쟁력을 모색하려는 사람에게 기회를 제공한다는 것이다.[2]

---

2 분절 네트워크상에서 발견되는 구조적 공백을 어떻게 메울 것이냐는 전략의 문제는 경영학이나 사회학뿐만 아니라 이 책에서 시도하는 국제정치학의 시각에서 보아도 매우 중요한 연구 주제이다. 이와 관련해서는 특히 Gargiulo and Benassi(2000), Burt(2005: 제3장, 2010: 제11장) 등을 참조하기 바란다.

6) 문화적 공백과 착취혈의 개념

여기서 주목할 것은 분절 네트워크에서 이루어지는 행위자들의 상호작용과 중개가 단순히 객관적인 '정보의 교환'에만 그치는 것이 아니라 문화적 차원에서 발생하는 '의미의 교환'과도 관련된다는 사실이다. 사실 기존의 소셜-네트워크 이론은 행위자들의 정체성이나 그 행위자들이 배태된 문화적 맥락에 대한 관심이 상대적으로 적었다. 버트의 구조적 공백 개념도 네트워크 구조와 정보의 흐름을 설명하는 데에는 진일보한 것이기는 하지만, 관행과 담론 및 의미 등과 같은 문화 변수에 따로 주의를 기울이지는 않았다.[3] 그러나 네트워크상에서 발생하는 흐름을 논할 경우 적어도 행위자들이 배태되고 정체성을 형성하는 문화적 맥락을 고려하지 않을 수 없다. 정보의 흐름이라는 관점에서만 파악된 중개의 전략이 많은 경우에 실패를 맛보는 이유는 바로 이러한 문화 변수를 염두에 두지 않았기 때문일 수도 있다.

이러한 맥락에서 구조적 공백과 대비되는 의미에서 제시되는 '문화적 공백cultural hole'이라는 개념을 이해할 필요가 있다. 버트의 구조적 공백이 주로 정보의 흐름을 잇는 것을 의미한다면, 문화적 공백은 '의미의 흐름'을 연결하는 것과 관련된다. 버트가 제기한 핵심은 구조적 공백을 메움으로써 정보의 이득과 사회적 자본을 제공하는 전략적 중개에 있다. 이에 비해 문화적 공백의 개념은 구조적 공백의 이면에 존재하는 관행과 담론 및 의미의 공백에 주목한다. 아무리 충분히 정보의 흐름이 이루어지더라도 해소될 수 없는 문화적 형태의 단절이 발생할 수 있다는 것이다. 이렇게 보면 네트워크상에서 발견되는 공백은 같은 종류의 행위자들의 상호작용에서 발생하는 공백보다 좀 더 근본적인 차원에서 아예 '서로 비교하는 것조차도 불가능한incommensurable', 행위

---

3 소셜-네트워크 이론에서 예외적으로 문화 변수에 관심을 보인 연구로는 White(2008)을 참조하기 바란다.

자들의 상징적 상호작용으로부터 발생하는 공백일 수도 있다. 따라서 문화적 공백의 개념에 의거하면 전략적 중개를 논하더라도 네트워크상에서 단순히 정보의 흐름을 중개하는 차원을 넘어서 새로운 형태의 의미와 담론 및 내용의 흐름을 중개할 필요성에 관심을 두게 된다(Pachucki and Breiger, 2010).

앞의 구조적 공백과 문화적 공백이 네트워크의 사회적 또는 문화적 메커니즘에 대한 논의였다면, 네트워크가 지니는 물리적 특성과 관련된 또 다른 종류의 공백에 대한 논의인 '착취혈exploit'의 개념에도 주목할 필요가 있다. 아무리 잘 설계된 시스템이라도 기술적으로 복잡하다 보면 그 부산물인 버그bugs를 완전히 없앨 수는 없다. 그런데 이러한 빈틈은 해커들이 외부에서 침투해 시스템의 변경이나 훼손을 시도하는 목표가 된다. 이러한 프로그램상의 빈틈을 착취혈이라고 한다. 이러한 빈틈이 시스템 전체에 영향을 미치는 아킬레스건이 되는 이유는 바로 네트워크라는 구조적 특성에서 비롯된다. 몇 개의 빈틈이 있더라도 네트워크가 다운되지는 않지만, 그 빈틈이 치명적 공격을 받게 된다면 그것이 전체 네트워크에 미치는 영향도 통제하기 쉽지 않다. 특히 해커들의 공격은 하드웨어의 어느 한 부분을 파괴하려고 노리는 것이 아니라 소프트웨어 프로그램 간의 '호환성'을 교란하고자 노리기 때문이다. 컴퓨터 바이러스나 각종 악성 코드들은 바로 이러한 호환성의 빈틈으로 침투해 시스템의 정상적 기능을 착취exploit하는 대표적 사례들이다(Galloway, 2004; Galloway and Thacker, 2007).

착취혈의 개념은 버트가 제시한 구조적 공백의 개념과 좋은 대비를 이룬다. 구조적 공백은 네트워크를 원활히 작동하게 하려고 네트워크상의 공백을 메우는 중개의 긍정적 역할을 논하는 개념이다. 이에 비해 착취혈은 이전에는 제대로 작동하던 네트워크에 오작동을 초래할 가능성이 높은 부정적 의미의 공백을 논하는 개념이다. 공백의 의미가 반대인 셈이다. 또한 구조적 공백의 개념에서는 모든 노드가 관련되지만 어느 누구도 인식하지 못하는 공백을 메우려는 행위자의 전략이 관건이다. 기업 경쟁력의 제고나 사회적 자본의 활용

등이 구조적 공백 이론의 논제인 이유이다. 이에 비해 착취혈의 개념은 기본적으로 시스템 차원에서 접근하는 빈틈에 대한 논의이다. 다시 말해 착취혈은 시스템 전체를 다운되게 하는 '구조적 블랙홀structural black hole'이 될 수 있다는 전제에서 이해된다. 따라서 착취혈의 논의에서는 긍정적 의미의 중개가 논의되기보다는 해커들의 공격, 즉 일종의 '부정적 중개'로부터 시스템을 방어하는 것이 관건이 된다.

7) 중개자에 대한 이론적 논의

이상에서 살펴본 구조적 공백 개념의 기저에는 사람이나 집단 간의 정보(또는 의미)의 흐름(또는 단절)을 중개하는 중개자의 역할에 대한 관심이 깔려 있다. 중개자의 역할은 행위자의 속성이나 기질에서 나오는 것일 뿐만 아니라, 그보다 더 중요하게는 네트워크상의 구조적 조건 또는 특성에서 부여된다. 따라서 이렇게 중개자에게 기회를 부여하는 네트워크의 구조적 조건을 이해하려면 네트워크상의 공백이 만들어내는 다층적 동학을 제대로 이해하는 것이 중요하다. 중개자로 개념화되는 행위자는 네트워크상에서 중요한 위치를 차지하고, 행위자 간에 오고가는 정보의 원활한 흐름을 방해하는 관계의 단절, 즉 구조적 공백을 메우는 역할을 담당하기 때문이다. 이렇게 구조적 공백을 메우는 행위를 통해서 중개자는 한층 더 네트워크의 전체 구도에서 중심의 위치를 장악하게 되고, 아울러 다양한 상호작용을 통제하는 중요한 노드, 좀 더 구체적으로 말하면 '허브hub'로서 자신의 역할을 다시 강화하게 된다.

이렇게 '허브'의 위치를 차지한 중개자는 다른 행위자들보다 더 많은 정보와 능력을 보유하고, 이를 바탕으로 대안적 전략을 제시하는 기회를 얻게 됨으로써 이른바 '위치 권력positional power'을 발휘할 가능성이 높아진다(장덕진, 2009). 소셜 네트워크 이론에서는 이러한 '허브'의 위치를 '중심성centrality'이라는 개념으로 파악한다. 여기서 중심성을 장악한다는 의미는 공간적으로 네트워크의 정중앙에 위치한다는 것이 아니라 기능적으로 중심적 역할을 담당한다는 뜻이다. 이렇게 중심성을 이해하면 무조건 네트워크의 중앙에 위치한다고 해서만 권력이 보장되는 것은 아니고, 그 중심 노드에 어떠한 노드들이 연결되었는지, 그 노드들이 중심 노드와 어떠한 관계(링크)를 형성하는지 등이 중요하다.

이러한 중심성에 대한 논의 중에서는 '연결 중심성degree centrality', '근접 중심성closeness centrality', '매개 중심성betweenness centrality'의 세 가지로 구분하는 린턴 프리먼Linton C. Freeman의 연구가 주는 시사점이 크다(Freeman, 1977, 1979). 여기서 연결 중심성이란 네트워크에서 다른 노드들과 연결된 링크의 숫자를 될 수 있는 한 많이 늘림으로써 발휘하게 되는 중심성이다. 어떠한 형태로건 관계를 맺어서 끊어진 링크가 없어야 다른 노드들에 대한 영향력을 행사할 수 있는 조건이 마련된다는 점에서 연결 중심성은 중심성 논의의 기초에 해당한다. 이러한 시각에서 볼 때, 연결 중심성이 높은 노드는 네트워크상의 노드들과 가장 많이 직접 소통함으로써 영향력을 발휘한다.

둘째, 근접 중심성이란 네트워크상에서 노드와 노드 간의 거리를 될 수 있는 한 가깝게 함으로써 발휘하게 되는 중심성이다. 근접 중심성이 높은 노드는 최소 단계(링크)를 거쳐서 가장 많은 노드와 소통하는 위치에 있는 노드이다. 이러한 근접 중심성은 최소한의 매개 노드에게만 의존해 최대한의 다른 노드들과 소통할 수 있는 독립 능력을 반영한다. 앞의 연결 중심성이 관계 맺기의 숫자를 의미한다면, 근접 중심성은 관계 맺기의 거리나 강도를 측정하기 위한 개념이다. 이렇게 보면 주위에 많은 노드를 모아서 근접 중심성이 높은 위치를 차지하는 노드가 위치 권력을 발휘할 가능성이 크다.

끝으로, 매개 중심성은 위치 권력의 개념 일반보다는 좀 더 구체적으로 중개 권력과 관련되는 개념이다. 매개 중심성이란 네트워크상에서 어느 노드가 다른 노드들의 사이에 놓일 수 있는 정도를 의미한다. 매개 중심성이 높은 노드는 자신을 통하지 않으면 소통이 단절될 노드들을 연결하는 역할을 한다.

이러한 매개 중심성은 노드 간의 커뮤니케이션을 통제할 수 있는 능력을 반영하는데, 이러한 능력은 노드와 노드, 그리고 좀 더 넓게는 노드군群과 노드군 사이에 다리를 놓는 과정에서 파생되는 중개 권력으로 통한다. 이러한 중개 권력은 주변 노드 사이에서 이루어지는 상호작용의 내용이 무엇이냐, 또는 그 중개자가 담당하는 역할이 무엇이냐에 따라서 그 권력의 종류가 다양하게 개념화될 수 있다.

중심성을 추구하는 중개자는 중개 목적이 무엇이고 어떠한 기능을 담당하느냐에 따라서 몇 가지로 나누어볼 수 있다. 이에 대해서는 제5장에서 자세히 언급할 것이므로 여기서는 간략히 그 유형에 대해서만 언급하겠다. 가장 먼저 떠올릴 수 있는 것은 네트워크상에서 단절된 부분을 메우는 '연결자connector'이다. 연결자가 동일한 종류의 네트워크들을 연결하는 기능을 한다면 상이한 종류의 네트워크들을 상호 작동할 수 있게 하는 중개자의 사례도 많다. 예를 들어 서로 다른 종류의 정보 흐름에 '호환성'을 제공하는 '변환자transformer'를 들 수 있다. 또한 단순한 정보의 흐름을 잇는 역할에서 더 나아가 시간과 장소의 제약으로 말미암아 상호 소통이 단절되었던 '의미의 흐름'까지도 연결하는 '전달자messenger'도 중개자의 일종이다. 이 밖에도 의미의 흐름을 단순히 중개하는 차원을 넘어서 서로 호환되지 않는 내용을 번역하는 중개자, 다시 말해 '번역자translator'도 생각해볼 수 있다.

반복건대 이러한 중개자들의 역할은 행위자 자체의 속성으로부터 발생하는 것이 아니라 네트워크가 지니는 구조적 특성과의 상호작용 속에서 부여된다. 다시 말해 네트워크의 구조적 조건이 중개자로 개념화되는 행위자들이 선택하는 전략의 성격에 영향을 미친다. 따라서 중개자의 전략은 네트워크가 지닌 구조적 특성을 반영해 추구될 때 성공의 가능성이 높을 것이 예견된다. 특히 강대국이 아닌 중견국의 전략인 경우에 더욱더 그러할 것이다. 그렇지만 여기서 한 가지 주의할 점은, 네트워크의 '위치' 변수가 모든 행위자가 똑같은 종류의 중개자로서 행동하도록 결정하는 것만은 아니라는 사실이다. 어떠한 구조적 조건 아래에서건 행위자들이 취하는 자율성의 영역이 있을 것이기 때문이다. 다음 절에서는 이렇게 행위자가 발휘하는 자율성의 영역을 행위자-네트워크 이론의 시각에서 탐구한다.

8) 소셜 네트워크 이론의 평가

오늘날의 세계정치가 안은 문제는 모두가 단순히 국가 행위자 차원이나 그들이 형성하는 단편적 양자 관계와 그 합이라는 맥락에서는 풀기 어려운 난제라는 공통점이 있다. 이들 현상은 일견 국가 및 비국가 행위자들이나 그들의 상호 관계라는 맥락에서 관찰되지만, 문제의 원인과 해법을 찾으려면 이들을 둘러싼 보이지 않는 구조, 또는 간접적으로 형성되는 관계를 살펴보아야 하는 성격의 것들이다. 쉽게 말해 단순히 노드나 링크가 아닌 네트워크의 구조를 보아야 하는 문제들이다. 최근 지구화와 정보화가 진전되고 다양한 국가 간 또는 초국적 활동이 활성화되면서 21세기 세계정치를 이해하는 데에도 이러한 네트워크의 구조를 보아야 할 필요성은 더욱 절실해졌다.

이상에서 살펴본 소셜 네트워크 이론은 무엇보다도 이렇게 세계정치의 보이지 않는 구조를 가시적으로 그려낸다는 데에 그 유용성이 있다. 특히 광범위한 데이터의 수집과 정교한 통계적 기법을 사용해 소시오그램을 그리는 사회 연결망 분석, 즉 SNA는 네트워크상에서 발생하는 패턴화된 관계를 보여주는 데에 매우 유용하다. 물론 SNA는 데이터의 사용성이라는 제약 요인으로 말미암아 현실의 네트워크 전체보다는 그 일부분만을 그려내는 데에 만족해야 하는 경우가 많다. 그럼에도 SNA는 다른 어떠한 연구 방법보다도 복잡한 현실의 단면을 극적으로 보여주는 데에 성공했다고 평가된다. 게다가 국제정치학이라는 분야가 기본적으로 '관계'를 탐구하는 학문이므로 추상적으로만 상상하던 보이지 않는 관계의 패턴을 직접 보여주는 기법의 힘은 더욱 강력하게 느껴질 수밖에 없다(Maoz, 2010: 17).

그러나 SNA가 지닌 한계도 만만치 않다. 무엇보다도 SNA의 한계는 경험주의적 접근을 취한다는 데에서 발견된다. 예를 들어 SNA에서는 가용한 데이터의 범위가 실제 분석의 범위를 결정하게 되는데, 사회현상의 종류에 따라서는(특히 국제정치 현상과 관련해서는) 적절한 데이터를 구하기가 어려운 경우가 많아서 분석 결과가 제한될 수밖에 없다. 이렇게 SNA가 수집 가능한 데이터들을 기반에 두고 행위자들이 형성하는 관계의 패턴을 그려내는 기법이라는 사실은 또 다른 비판의 논점이 된다. 사회과학에서 오랜 역사를 가진 이른바 '구조주의'의 시각에서 볼 때 SNA의 경험적 분석을 통해서 밝혀낼 수 있는 '구조'라는 것은 피상적일 수밖에 없을 것이기 때문이다. 실제로 SNA는 관계적 패턴이라는 표피적 현상의 이면에 면면히 존재하는 '깊이 있는 사회구조'에 대해서는 질문을 던질 엄두도 내지 못하고 있다(Thompson, 2003: 55~56).

이러한 맥락에서 보면 SNA에서 제기되는 분석의 결과가 좀 더 체계적인 이론적 설명으로 발전할 수 있는지에 대해서는 여전히 의문이 제기된다. SNA를 통해서 밝혀낸 상호작용의 패턴이 이러이러하다는 것을 단순히 보여주는 차원을 넘어서 그러한 현상이 왜 발생했는지에 대한 설명을 제시하기에는 SNA가 설정하는 이론적 깊이가 얄팍한 것이 사실이다. 다시 말해 SNA의 분석 결과에 대해서 흔히 제기되는 '그래서 어떻다는 것이냐So what?'라는 질문에 대응해 좀 더 이론적 설명을 펼쳐내기에는 기존의 SNA가 던지는 질문 그 자체가 너무나도 평면적이다. 사실 네트워크 이론을 국제정치학적으로 원용하는 작업의 궁극적 취지는 오늘날의 세계정치에서 관찰되는 네트워크가 어떻게 형성되고 어떻게 변화할 것인지를 동태적으로 설명하는 데에 있다. 그렇기에 국제정치에서 나타나는 네트워크를 한두 개 더 찾아내는 작업의 수준을 넘어서 다층적으로 작동하는 네트워크 간의 상관관계를 입체적으로 탐구하려는 노력이 필요한 것이다(Thompson, 2003: 64~65).

바로 이 대목은 소셜 네트워크 이론(또는 좀 더 구체적으로 SNA)이 국제정치 연구에 주는 가능성과 한계가 갈리는 부분이다. 사실 앞서 행위자-구조의 연계와 관련된 논제를 통해서 살펴보았듯이, 소셜 네트워크 이론은 오랫동안 국제정치학에서 이론과 경험 연구의 난제로 지적되었던 문제들을 해결하는 데에 실마리를 제공한다. 바로 이러한 사실은 소셜 네트워크 이론이 국제정치 연구에 기여하는 바가 단순한 방법론적 힌트를 주는 차원을 넘어설 가능성이 있음을 보여준다. 다만 그 가능성은 소셜 네트워크 이론가들이 한편으로는 구조의 속성으로부터 행위자의 역할을 추출하고, 다른 한편으로는 행위자의 전략으로부터 구조의 패턴을 형성하는, 네트워크의 동태적 과정에 대한 분석을 펼칠 경우에만 실현될 수 있을 것이다. 그러나 이러한 이론적 문제의식을 발전시키기에는 기존의 소셜 네트워크 이론 진영의 작업은 다소 정태적 차원에 머문다. 아마도 이러한 숙제는 다음 절에서 살펴볼 행위자-네트워크 이론으로 넘겨야 할지도 모르겠다.

4. 행위자-네트워크 이론의 원용

1) 과정으로서 네트워크의 분석

이상에서 살펴본 두 가지 네트워크 이론, 즉 '행위자로서 네트워크'를 탐구하는 네트워크 조직 이론이나 '구조로서 네트워크'를 분석하는 소셜 네트워크 이론에서 제시된 논의들이 결여한 것은 실제로 네드워크가 형성되이기는 동태적 '과정'에 대한 논의이다. 네트워크로 조직 형태가 변환됨을 밝혀내고 네트워크 구조와의 연관 속에서 행위자의 역할을 탐구하는 작업만으로는 다양한 행위자가 다층적 네트워크를 구성하는 21세기 세계정치의 동학을 밝혀내기가 어렵다. 다시 말해 국가(또는 비국가) 행위자들이 구체적으로 네트워킹의 전략을 구사할 경우 무엇을 어떻게 할 것인가를 제시하려면 앞서 살펴본 바와 같은, '행위자'나 '구조로서 네트워크를 보는 접근법을 넘어서는 이론적 논의가 필요하다. 이러한 문제의식은 최근 국내외적으로 제기되는 '네트워크 외교 전략'에 대한 논의와도 일맥상통한다.

이러한 맥락으로 이 책에서는 행위자-네트워크 이론ANT의 성과를 네트워크가 형성되는 동태적 과정을 분석하는 데에 원용했다. ANT는 1980년대 초반부터 주로 과학기술 사회학 분야를 중심으로 프랑스의 두 사회과학자인 브루노 라투르Bruno Latour, 미셸 칼롱Michel Callon을 중심으로 시작되어, 이들의 영국 커넥션이자 공저자인 존 로John Law의 지원을 받아서 발전해왔다. ANT는 비록 과학적 실험과 기술적 지식의 사회적 성격을 분석하는 논의로서 출발했지만, 이론의 발전 과정에서 공간과 장소 및 시간, 표상의 과정, 시장 교환의 형태, 정치권력의 메커니즘, 경영전략 등에 이르기까지 연구 주제를 급속히 확장해왔다. 그러나 이러한 과정에서 30여 년에 걸친 연구의 축적과 함께 연구의 변형도 발생했으므로 동일한 ANT 진영 내에서도 분석적 태도나 이론 전개의 스타일 등과 같은 구체적 부분에서는 많은 다양성이 발견된다(Latour, 1987, 1993, 2005; Law and Mol eds., 2002; Law and Hassard eds., 1999; Harman, 2009; 홍성욱 엮음, 2010; 김환석, 2011).

ANT를 국제정치학적으로 원용하는 작업에 앞서 유의할 점은 ANT가 방법론적으로나 인식론적으로 앞서 살펴본 네트워크 조직 이론이나 소셜 네트워크 이론과는 질적으로 다르다는 사실이다. ANT는 '이론'이라는 명칭을 달기는 했지만 실증주의 인식론과 방법론에 입각한 '설명의 이론'을 추구하지는 않으며, 따라서 사회과학의 다른 이론들처럼 잘 짜인 이론 체계를 구비하는 것도 아니다. 오히려 ANT는 가치와 사실, 주관성과 객관성 등과 같은 이분법이나 환원주의를 거부하는 탈근대 이론의 전통에 입각해 있다. 또한 ANT는 기존의 사회과학에서 흔히 사용되는 거시와 미시의 구분도 받아들이지 않는다. 그 결과 하나의 미시적 행위자나 대상도 무한히 복잡한 네트워크일 수 있으며 거시적으로 구조화된 네트워크도 하나의 블랙박스와도 같은 행위자로 응축될 수 있다는 입장을 견지한다. 다분히 인류학적 연구를 연상시키는 ANT에 대해 최고의 '이론적 설명'은 가장 정확한 '서술'이며 이러한 서술은 설명보다 더 어려울 수 있다는 것이다(홍성욱 엮음, 2010).

이러한 인식론적 특성을 바탕으로 ANT에서는 어떻게 인간 행위자와 비인간 행위자non-human actor들이 동원되고 배열되며, 더 나아가 이들 요소가 하나로 유지되면서 이종異種적 네트워크를 어떻게 구성해가는지를 탐구한다. 특히 ANT의 논의는 인간 행위자와 주변의 물질적 환경은 서로 분리된 것이 아니라고 강변한다. 다시 말해 행위자가 네트워크를 건설할 때에 인간과 비인간, 사회와 자연, 더 나아가 네트워크의 '안'과 '밖'을 구분하는 이분법을 넘어서야 한다는 것이다. 이러한 시각에서 보면 행위능력agency과 구조structure, 또는 행위자actor와 네트워크network 간의 구별은 의미가 없으며, 오히려 이들의 결합체로서 '행위자-네트워크actor-network'가 탐구 대상이 된다.

ANT가 주요 연구 기반인 과학기술 분야에서도 어느 행위자가 네트워크를 쳐나가는 과정에는 인간 행위자만 관여하는 것이 아니라 비인간 변수, 즉 다른 수많은 물체와도 상호작용한다. 예를 들어 과학기술이란 시험관, 시약, 유기체, 과학기술자의 숙련된 손, 현미경, 컴퓨터와 같은 이종적 요소들이 중첩되면서 형성된 네트워크의 최종 결과물로서 이해된다. 현대 과학기술의 집약체로 불리는 자동차, TV, 컴퓨터 등도 지난 세월에 만들어졌던 수많은 인간 및 비인간 변수의 네트워크이다. 이러한 네트워킹의 과정에서 ANT에서 '유동적인mobile' 것들을 다시 배열하고 새로운 구도를 짜서 '고정하는immutable', 이른바 '불변의 가동물immutable mobiles'의 역할을 강조한다. '불변의 가동물'이란 시도, 사진, 그림, 텍스트, 이미지 등과 같은 실체일 수도 있으며, 경우에 따라서는 신박, 의류, 포단, 실험 기구 등과 같은 이질적 인공물들의 결합체로 나다나기도 한다(Kendall, 2004).

이렇게 형성되는 인간과 비인간 변수의 결합체로서 네트워크는 평상시에는 하나의 행위자처럼 보인다. 이렇게 이종적 네트워크가 하나의 행위자로 축약되는 것을 ANT에서는 '결절結節, punctualization'이라고 부른다. 여기서 하나의 행위자로 인식된 네트워크는 일종의 '블랙박스'가 된다. 블랙박스가 닫혀 있을 수록, 즉 사람들이 그 안에 축약된 네트워크에 무관심할수록 더 많은 사람이 손쉽게 그 블랙박스를 사용할 수 있게 된다. 그러나 그것이 고장 나는 순간 블랙박스가 열리면서 그 안에 숨어 있는 네트워크가 드러난다. 예를 들어 고속도로를 달리던 자동차의 엔진이 갑자기 정지하면 운전자는 그 자동차를 더는 하나의 블랙박스로 보지 않는 것과 같은 이치이다. 고장 나는 순간 사람들은 엔진의 뚜껑을 열고 그 안에 숱한 부품과 이종적 네트워크가 들어 있음을 알게 된다. 그 순간 이전에는 하나로 결합해 있던 행위자는 다시 원래의 네트워크로 해체된다(홍성욱 엮음, 2010).

2) 비인간 행위자의 행위능력

ANT에서 논하는 행위자는 개인, 그룹, 조직처럼 사회과학에서 통상적으로 사용하는 '사회적 존재'로서의 행위자 개념과는 다르다. 노드처럼 개체론의 시각에서 파악되는 행위자는 아니고, 오히려 행위자와 구조, 또는 인간 행위자(사회적 행위자)와 비인간 행위자(물리적 환경)가 상호작용하면서 구성하는, 행위자인 동시에 네트워크인 존재이다. 이러한 네트워크로서의 행위자는 '자기조직화'의 메커니즘을 갖는 일종의 '메타 행위자meta-actor이다. 이러한 시각에서 볼 때, '사회적인 것the social'이란 바로 '인간-비인간의 집합체collective', 즉 이질적 요소들로 구성된 정형화된 '행위자이자 동시에 네트워크인 존재'를 의미한다(Latour, 2005).

그런데 이러한 ANT의 주장과 관련해서 논란을 일으키는 것은 인간 행위자뿐만 아니라 문서나 기계장치와 같은 물질적 요소에도 행위능력agency을 부여한다는 발상이다. ANT에 의하면, 인간이 다른 인간의 행위에 영향을 미치는 것처럼 비인간도 인간의 행위에 영향을 미칠 수 있다는 의미에서 행위능력을 가지는 것으로 설정된다. 따라서 물질적 환경이라는 변수도 통상적으로 이해하는 것처럼 수동적 존재가 아니라 능동적 존재로 그려진다. 이렇게 인간과 비인간 행위자를 차별하지 않는 것을 ANT에서는 '일반화된 대칭성generalized symmetry'이라고 개념화하는데, ANT의 가장 큰 특징 중 하나라고 보아도 무방하다.

이렇게 구성되는 이종적 네트워크는 고정된 실체가 있다기보다는 사회적 궤적이며 완성된 결과라기보다는 끝없는 과정이다. 어느 행위자-네트워크의 능력은 숱한 인간 및 비인간 행위자와의 상호작용에서 비롯된 '관계적 효과'로서 이해된다. 다시 말해 인간 행위자 간의 관계뿐만 아니라 인간들이 어떠한 도구와 기술을 활용하느냐, 즉 사물과 어떻게 '동맹alliance'을 맺느냐가 중요하다는 것이다. 예를 들어 맨주먹으로 싸우는 병사와 말을 타고 무장한 기사가 구별되는 부분은 바로 그들이 동맹을 맺는 비인간 행위자의 존재 여부이다. 만약에 벌거벗겨놓는다면 노숙자나 나폴레옹이나 모두 다 똑같다는 말도 비슷한 맥락에서 이해할 수 있다. '벌거벗은' 나폴레옹을 '위대한' 나폴레옹으로 만드는 것은 나폴레옹의 주위에 형성해놓은 인간 및 비인간 행위자들과의 동맹 때문이다(홍성욱 엮음, 2010).

반복건대 이러한 인간과 사물의 동맹 관계에서 사물, 즉 비인간 행위자는 단순히 수동적 존재는 아니다. 나름대로의 속성으로 말미암아 인간 행위자의 네트워크 짜기에 영향을 미치기도 한다. 예를 들어 실험실에서 사용되는 실험 도구나 전쟁에서 사용되는 무기의 성격에 따라서 과학자나 군인들의 선택은 영향을 받게 된다. 어떠한 도구나 시설을 사용하느냐에 따라서 실험 방법은 달라지고, 재래식 무기냐 핵무기냐에 따라서 전략과 전술은 다를 수밖에 없다. 최근에 많이 거론되는 SNSSocial Network Service의 경우에도 정부가 홍보를 위해서 활용하는 시도보다 네티즌들이 자신들만의 인터넷 커뮤니티를 꾸려나가는 행위에 좀 더 친화적 경향이 나타나는 것도 동일한 맥락에서 이해할 수 있다.

사실 ANT와 국제정치학을 연계해서 볼 때, 21세기 세계정치에서 비인간 행위자에 해당하는 대표적인 것은 바로 정보 통신 기술로 대변되는 변수이다. 여태까지 국제정치 연구에서는 이러한 비인간 변수의 행위능력에 대한 적극적 논의를 펼치지 못했다. 사실 이른바 '상부구조'를 연구하는 학문으로서의 국제정치학은 '토대'에 해당하는 비인간 행위자라는 변수에 대해서 상대적으로 관심이 덜했다. 예를 들어 과학기술과 같은 '물질적 변수'를 블랙박스에 가두어놓고 국제정치학을 연구하거나, 아니면 이들 변수에 단순히 도구론적 시각에서만 접근했다. 군사 무기나 산업 능력을 국민국가의 국가이성을 보조하는 단순한 도구로 보는 현실주의 국제정치이론의 기술관이 대표적 사례이다.

그러나 최근 지구화와 정보화로 대변되는 세계정치의 물질적 환경의 변화는 정보 통신 기술로 대변되는 비인간 변수를 무시하고서는 제대로 연구를 수행할 수 없는 상황을 만들어냈다. 특히 앞서 네트워크 조직 이론에서 언급한 글로벌 커뮤니케이션 네트워크의 확산은 아날로그 시대의 국제정치와는 다른 새로운 세계정치의 양상을 창출하고 있다. 그야말로 비인간 요소들의 네트워크와 '소셜 네트워크'로서의 세계정치가 전례 없이 밀접한 상호작용을 하고 있다. 그런데 여기서 주목할 점은 정보 통신 기술이 만들어내는 비인간 네트워크가 단순한 도구가 아니라 인간 행위자들의 사회 네트워크에 영향을 미치는 행위능력을 가진다는 사실이다. 앞서 네트워크 조직 이론에 지적했던 '정보주의'와 '네트워크' 간에 형성되는 친화성의 문제와도 맥이 닿는 대목이다.

3) '번역'의 권력정치

이러한 논의의 연속선상에서 제기되는 질문은 인간 및 비인간 행위자들이 '어떻게' 네트워크를 구성하느냐 하는 문제이다. ANT에서는 이렇게 행위자들이 네트워크를 치는 과정을 '번역translation'이라고 한다. '번역'은 인간 행위자가 인간뿐만 아니라 비인간 행위자를 포함하는 다양한 요소를 동원하고 배열해 하나로 유지하면서 네트워크를 쳐나가는 과정이다. 다시 말해 번역이란 프로젝트 자체와 행위자들의 이해관계, 그리고 이들이 추구하는 목표와 주변 환경 등을 엮어서 '관계'를 설정하는 과정이다. 이들 요소는 만약에 그냥 방치한다면 서로 분리되어 있을 것인데, 인간 행위자의 적극적 '번역'의 과정을 거쳐서 동맹을 맺고 네트워크를 형성해 힘을 얻게 된다.

정치학의 시각에서 볼 때 이러한 '번역'의 과정은 바로 권력 획득의 과정이다. ANT 이론가들 스스로도 ANT를 '권력 행사의 역학에 관한 이론'으로 묘사한다(Law, 1992). 행위자들이 네트워킹을 하는 '번역'의 과정은 절대로 평등한 과정이 아니다. 인간 행위자와 비인간 행위자는 존재론적으로는 차별되지 않지만 이들이 네트워크를 형성해 구체적으로 현실에 투영되는 과정은 전혀 평등하지 않다. '존재론ontology'의 관점에서는 인간 및 비인간 행위자를 포함한 모든 행위자는 동등equal할지라도, 이들이 네트워크를 쳐나가는 구체적 양상을 의미하는 '양태론modology'의 관점에서는 반드시 동등하지 않다는 ANT의 주장이 부각되는 것은 바로 이 대목이다(Latour, 1993).

따라서 ANT의 분석에서 이러한 '번역'의 과정을 이해하는 것은 중요한 의미를 가진다. 우선 이러한 과정에 대한 이해는 기존의 권력자가 어떠한 방식으로 지배의 메커니즘을 구성해가느냐를 분석하는 데에 유용하다. (국제)정치학의 분야에서 일차적으로 ANT의 '번역'에 대한 논의가 지배 세력의 통치 전략이나 국민국가 차원에서 추진되는 외교 전략에 대한 논의에 적용되는 것은 바로 이러한 이유에서다. 성공적인 '번역'을 통해서 더 많은 행위자를 모으고 더 오래가는 네트워크를 선설하는 사가 너 많은 권력을 행사하게 된다. 그런데 역설적이게도 '번역' 과정에 대한 분석을 통해서 권력이 어떻게 만들어지는가를 이해하면 그것을 어떻게 민주적으로 변화시킬 것인기를 꾀하는 데에도 도움이 된다. 지배자의 권력은 하늘에서 떨어진 것이 아니라 네트워킹을 통해서 성공적으로 '번역'된 것이기 때문이다.

이렇듯 네트워크를 쳐나가는 '번역'의 과정은 권력의 과정인 동시에 질서를 만드는 과정이다. '번역'의 과정을 통해서 어느 행위자는 다른 행위자들이 이미 맺었던 기존의 관계를 끊고 자신이 구성하는 관계 안으로 들어오라고 유도해서 통합하며, 이들이 다시 떨어져나가지 않도록 통제하면서 네트워크를 만들려고 시도한다. 이러한 '번역'의 과정을 성공적으로 수행한 소수 행위자는 네트워크에 동원된 다수 행위자를 대변하는 권리를 갖게 되며, 이전보다 더 큰 권력을 획득하게 된다. 이렇게 해서 형성된 이종적 네트워크는 대외적으로는 하나의 행위자처럼 보이는 효과, 즉 하나의 안정된 질서인 것처럼 보이는 효과를 발휘한다(홍성욱 엮음, 2010: 25).

이상의 논의를 국제정치이론의 분야에 적용하면 ANT의 '번역'은 국제정치학의 권력정치와 다르지 않다. 넓은 의미에서 보면 국제정치란 다름 아니라 행위자로서 '국가'가 여타 비국가 행위자나 비인간 환경과의 관계 속에서 네트워크 구축의 경쟁을 벌이는 과정으로 묘사할 수 있기 때문이다. 근대 국제정치의 형성 과정에서 국민국가가 지배적 행위자로 등장할 수 있게 된 이유도 바로 이러한 시각에서 설명할 수 있다. 다시 말해 서구의 중세에서 근대로 이행하는 시기에 국가 행위자가 여타 비국가 행위자보다 성공적으로 '번역'을 수행함으로써 지배적 행위자-네트워크로 부상했다고 해석할 수 있다. 이러한 맥락에서 보면 근대 국제정치에서 지고의 관념으로 이해되는 '주권sovereignty'의 원칙이라는 것도 일종의 '번역의 양식modality of translation'이라고 할 수 있다. 다시 말해 국민국가가 성공적인 '번역'을 행한 후에 블랙박스를 친 결과가 바로 국가 주권의 관념으로 질서화된 것이라 할 수 있다(Latour, 1993).

기존의 주류 국제정치이론은 이러한 블랙박스의 뚜껑을 지키는 문지기의 역할을 톡톡히 담당해왔다. 그리고 이렇게 그려진 국제정치의 모습은 오랜 기간 '안정적' 질서로서 인식되어왔다. 그렇다면 최근 지구화와 정보화, 그리고 여기서 더 나아가 탈근대의 시대를 맞이해 국가 행위자에 대해서 가해지는 비국가 행위자들의 도전을 어떻게 볼 것인가? 새로운 도전은 근대 국제정치의 블랙박스를 열고 그 안에 있는 네트워크의 뼈대를 드러내게 할 것인가? 아니면 여전히 국가 행위자가 '변환'의 과정을 거치면서 행위자-네트워크의 지배적 위치를 계속 점하게 될 것인가? 이 장에서는 이러한 질문에 대한 답을 구하려 시도하지 않겠지만, 한 가지 짚고 넘어갈 것은 지난 수백 년 동안 당연시되던 근대 국제정치의 블랙박스가 서서히 열리기 시작했다는 사실이다. 적어도 근대국민국가 체제의 고장 조짐이 드러나면서 새로운 패턴의 세계정치가 그 모습을 서서히 드러내고 있다.

4) '번역'의 네 단계 전략

이러한 '번역'의 과정에서 어떤 행위자는 성공적으로 네트워크를 치고, 어떤 행위자는 그렇게 하지 못하는 이유는 무엇일까? 성공적 네트워크를 형성하는 과정에 대한 일반론적 지침을 세우는 것은 가능할까? 이러한 질문에 대해서 가장 많이, 그리고 자주 인용되는 분석틀은 프랑스의 이론가인 칼롱이 제시하는 해법이다. 칼롱은 가리비 조개의 양식과 관련된 연구자들의 노력을 다룬 사례 연구에서 인간 행위자들과 비인간 행위자들 사이의 이종적 네트워크가 건설되는 과정을 잘 보여주었다. 다소 도식적이고 상식적인 것으로 보이기까지 하는 간결한 단계론을 통해서 ANT의 핵심 원리와 '번역'의 계기들을 설명하는 데에 성공했다는 평가를 받는다. 칼롱이 제시하는 '번역'의 과정은 ① 문제 제기problematization, ② 관심 끌기interessement, ③ 등록하기enrollment, ④ 동원하기mobilization 등으로 이어지는 네 단계를 통해 드러난다(Callon, 1986a, 1986b).

첫째, 문제 제기는 어느 행위자가 네트워크상에 존재하는 다른 행위자들을 확인하고 정의함으로써 네트워크의 전체적 상황을 파악하는 것을 의미한다. 여기서 다른 행위자들을 확인하고 정의한다는 의미는 '번역'의 게임에서 이해 당사자가 되는 행위자들이 누구인지, 그리고 이들의 관계 구도가 어떻게 설정되었는지를 파악하고, 이를 바탕으로 이들의 이해관계를 네트워크 전체의 맥락에서 파악하도록 만든다는 뜻이다. 이러한 문제 제기에는 비인간 행위자의 확인과 정의도 포함된다. 어느 행위자가 기존의 네트워크를 교란하고 다

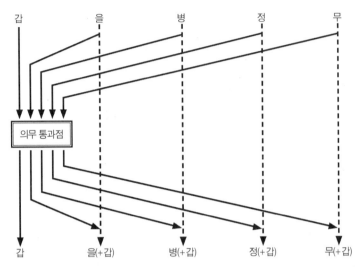

〈그림 1-5〉 의무 통과점

자료: Callon(1986a)에서 응용.

른 행위자들을 자신의 네트워크로 끌어들이려면 이러한 문제 제기의 과정을 통해서 남들이 자신에게 의존할 수밖에 없게 하는 것이 중요하다. 〈그림 1-5〉에서 보는 바와 같이, 이렇게 네트워크상에서 다른 행위자들이 반드시 거치게 함으로써 자신에게 끌어들이는 지점을 '의무 통과점Obligatory Passage Point: OPP' 이라고 한다(Callon, 1986a).

둘째, 관심 끌기는 다른 행위자들을 기존의 네트워크에서 분리하고 이들의 관심을 끌면서 새로운 협상을 진행하는 것을 의미한다. 관심을 끈다는 의미로 칼롱이 사용한 용어, 다시 말해 '*intersessement*to be interested'의 원래 말뜻이 '사이inter'에 '놓인다rest'라는 의미인 것을 떠올리면, '끼어들기'라고 번역하는 것이 좀 더 정확할 것 같다. 즉, 기존의 관계에 끼어들어 관심을 끌어서 질서를 해체deconstruction한다는 의미이다. 예를 들어 '갑'이라는 행위자가 '을'이라는 행위자의 관심을 끌려면 '을'이 '병'이나 '정' 또는 '무'라는 제3의 행위자들과 맺은 관계를 끊거나 약화함으로써 가능하다. 이러한 끼어들기의 과정에서

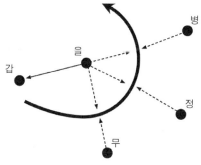

자료: Callon(1986a)에서 응용.

'을'은 재정의(문제 제기)되며, 이렇게 맺어진 '갑'과 '을'의 관계는 '을'을 정의하려는 다른 행위자들을 배제한다. 칼롱은 이러한 구도를, 〈그림 1-6〉에서 보는 바와 같이 '관심 끌기(또는 끼어들기)의 삼각형'으로 개념화했다(Callon, 1986a). 이러한 관계의 재조정은 여러 가지 방식으로 발생하는데, 기존의 관계가 견고할 경우에는 강제적으로 이루어지지만 그렇지 않을 경우에는 간단한 권유를 통해서 이루어질 수도 있다.

셋째, 등록하기는 새로운 관계를 맺게 된 다른 행위자들에게 조금 더 적극적 의미에서 새로운 역할을 부여하는 것을 의미한다. 칼롱이 사용한 용어, 즉 'enrollment'의 말뜻 자체가 '역할role'을 '부여한다en-'는 의미임을 떠올리면 쉽게 이해할 수 있다. 기존의 관계를 끊고 새로운 관계를 맺는 관심 끌기가 아무리 효과적으로 이루어지더라도 그것이 곧바로 '번역'의 성공을 의미하지는 않는다. 기존의 관계를 '해체'한 이후에는 새로운 관계를 '건설construction'하는 것이 필요하기 때문이다. 그렇다고 등록하기가 미리 정해진 어떠한 역할을 부여하는 것은 아니다. 오히려 '역할'의 부여는 행위자의 정체성이 결정되고 검증되는 다각적 협상의 결과이다. 등록하기는 관심 끌기의 과정과 밀접한 연관을 가지는 동시에, 장차 행위자들에게 부여될 일군의 역할을 암시하면서 진행된다. 따라서 만약에 관심 끌기가 성공적이었다면 등록하기를 달성하기도 쉬워진다. 등록하기에는 행위자들이 등록되는 여러 가지 방법, 즉 물리적 폭력, 물질적 거래와 보상, 설득과 회유 및 공감 등이 활용된다.

끝으로, 동원하기는 새로이 역할을 부여받은 행위자들을 자신의 네트워크로 편입하는 것이다. 이는 단순히 관계를 맺고 숫자를 늘리는 차원을 넘어서 네트워킹의 일반적 보편성을 획득하는 문제이다. '번역'의 과정이 성공적으로 이루어지면 이를 수행한 소수 행위자는 네트워크에 동원된, 다수 행위자를 대신해 권리를 행사하는 힘을 얻게 된다. 칼롱에 의하면 동원하기는 정치학자들이 '대변'이라고 말하고 철학자들이 '귀납induction'이라고 말하는 것과 유사한 맥락에 있다(Callon, 1986a). 사실 '번역'한다는 것은 다른 이들이 말하려는 것이나 원하는 것을 대변하는 것을 의미한다. 왜 그들이 그러한 방식으로 생각하고 행동하는지를 그들의 언어가 아닌 자신의 고유한 언어로 표현하는 것이다. 따라서 만약 그 '번역'의 과정이 성공적이었다면 그 마지막 단계에서는 오직 한 가지 목소리, 즉 대변인의 목소리만이 들리게 될 것이다. 이러한 의미에서 동원하기는 '일반 이익'을 대변하기라는 명목을 내세운 '특수 이익'의 관철이라는 권력 과정을 의미한다.

5) 번역의 동학과 국제정치학적 적용

그러나 이렇게 '번역'된 네트워크는 결코 고정적이거나 최종적인 것이 아니다. 이러한 네트워크가 함축하는 의견 일치와 동맹에는 언제라도 이의가 제기될 수 있다. 칼롱에 의하면 이러한 경우 '번역'은 '반역'에 직면한다고 한다(Callon, 1986a). 기존의 질서에 대한 '반역'이 성공하는 경우 이른바 '치환displacement'이 발생하게 되는데, 이는 앞서 살펴본 문제 제기 단계에서 행위자들에게 강요되었던 의무 통과점의 이동을 의미한다. 이러한 의무 통과점의 이동이란 흔히 논쟁의 형태로 나타나는데, 이는 대변인의 대표성이 의문시되고 토론되고 협상되고 거절되는 과정을 거쳐서 새로운 대변인이 이전 대변인의 대표성을 부인하는 데까지 이른다. 이렇듯 '번역'의 과정은 지속적으로 경합하면서 기존 질서가 유지하는 '평형'의 변경을 일으킨다. 이러한 점에서 보면 '번역'에서 '반역'까지는 '한 발 차이'이다. 앞서 살펴본 '번역'의 마지막 단계에서 이루어지는 것이 바로 이러한 '한 발 차이'를 창출하는 '하이 터치high touch'의 전략이다.

칼롱이 제시한 '번역'의 네 단계를 이해하는 데에 유의할 점은 이러한 단계들이 실제 상황에서는 중복되어 나타날 수 있다는 사실이다. 이상의 네 단계는 서로 분리되었거나 순차적으로 진행되는 것은 아니고 서로 복합적으로 진행된다. 게다가 이렇게 네 단계로 구분하는 것 그 자체가 보편화된 것도 아니다. 사실 새로운 네트워크를 구성하는 '번역'의 과정에 대한 논의는 ANT의 이론가들에게서 비슷하게 나타나지만, 그것을 구성하는 다양한 단계 또는 계기에 대해서는 논자에 따라서 조금씩 다른 방식으로 정의되는 경우도 있다. 그런데도 이 책에서 칼롱의 네 단계 '번역'에 대한 구분에 주목한 것은 다소 단순하고 도식적으로 보이는 칼롱의 논의가 학계에서 가장 성공적으로 '번역'된 사례이기 때문이다.

여러 분야의 작업에서 행위자가 네트워크를 치면서 '번역'을 하는 과정을 칼롱이 제시한 바와 같이 네 단계로 나누어 분석적으로 살펴보는 접근법은 매우 유용하다. 비록 과학기술 사회학에서 주로 시작되었지만, 이러한 '번역'의 단계에 대한 논의는 사회과학 분야 전반에 걸쳐 광범위하게 적용할 수 있으며, 특히 정보 통신 기술 시스템 연구나 표준 경쟁 연구 등에 원용된다(Walsham, 1997; Kendall, 2004; Lee and Oh, 2006; Kien, 2009; Passoth and Rowland, 2010; Barry, 2013).

이러한 '번역'의 단계론을 국제정치학의 분야로 끌어들여서 한국이 추진하는 네트워크 전략의 사례에 적용하는 것은 매우 유용할 것으로 판단된다. 다만 이 책에서는 칼롱이 제시한 용어를 외교 전략 분야의 특성을 반영해서 〈그림 1-7〉에서 보는 바와 같이, ① 프레임 짜기, ② 맺고 끊기, ③ 내 편 모으기, ④ 표준 세우기 등으로 개작해 원용할 것을 제안한다. 과학기술 사회학 분야

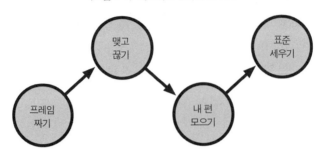

〈그림 1-7〉 네트워크 전략의 네 단계

에서 시도한 앞의 번역어들을 따르지 않고 군이 새로이 의역한 것은 네 단계 '번역'의 과정 안에서 핵심적인 것이 제5장에서 자세히 후술하는 바처럼 네트워크 권력의 표준 정치이기 때문이다. 이와 관련된 구체적인 경험적 사례 탐구는 제8장에서 진행될 것이다.

6) 행위자-네트워크 이론의 평가

ANT의 설명에 의하면, 행위자-네트워크는 인간 및 비인간 행위자의 집합체인데, 이러한 집합체는 네트워크상에서 하나의 노드 행위자인 동시에 그 자체가 네트워크로 인식되는 존재이다. 여기서 노드와 노드 또는 행위자와 행위자가 링크(네트워크)를 형성하는 과정은 예측할 수 없다. 행위자들의 관계를 규정하는 '구조'라는 것이 없으므로 행위자들이 네트워크를 형성하는 과정에서 유일하게 작용하는 제약 요인은 행위자 간에 작동하는 상대적이고 관계적인 메커니즘뿐이다. 이러한 이유로 말미암아 행위자-네트워크 이론에서 논하는 네트워크란 정치적일 뿐만 아니라 수사적 색채를 강하게 떤다는 지적을 받아왔다. 다시 말해 네트워킹이 행위자 간에 형성되는 상대적 힘의 관계를 반영한다는 점에서 정치적이고, 그 과정이 너무 자명하고 상식적이므로 수사적이라는 것이다. 사실 앞서 언급한 '번역'의 전략에 대한 논의는 무언가 일반론적 처방을 기대하는 사람들에게는 다소 막연하게 들리는 것이 사실이다.

또한 ANT에서 말하는 네트워크, 즉 행위자-네트워크는 그 개념적 외연과 내포가 애매모호한 것이 특징이다. 사실 이 부분은 ANT의 장점인 동시에 단점으로 통한다. 특히 네트워크를 개념적으로 이해하는 데에 '구조'라는 요소가 필수적이라고 보는 이론가들에게 ANT의 네트워크는 분석 가능한 내부 구조를 결여한 단자單子, monads 또는 아메바 같은 원생생물로 비춰진다(Engeström, 1996). 이러한 맥락에서 클레이 스피누치Clay Spinuzzi는 ANT가 행위소actant나 행위자-네트워크와 같은 모호한 개념으로 경도되지 말고 각 행위자의 네트워킹을 매개하는 수직적이거나 수평적 형태의 구조적 요인들, 즉 "역사적으로 축적된 영속성, 상호작용의 동학, 또는 국지적 활동 체계에서 발견되는 내적 모순" 등을 분석할 것을 제안했다(Spinuzzi, 2008: 5~6). 사실 ANT에 대한 이러한 비판이 타당하게 들리는 것은 네트워크라는 것이 마냥 '과정'일 수만은 없고 어느 순간에는 행위자 간 상호작용의 결과물로서의 '구조'가 생성되고 이렇게 생성된 구조는 행위자들을 제약하고 촉진하는 요소로 작동하기 때문이다.

이러한 이유로 말미암아 최근 들어 ANT의 이론가들은 행위자-네트워크보다는 좀 더 명확한 개념인 질 들뢰즈Gilles Deleuze와 펠릭스 가타리Felix Guattari의 리좀rhizome에 관심을 기울이는 것으로 알려졌다(Spinuzzi, 2008: 7). 리좀이란 박하나무와 같은 뿌리줄기 식물을 가리키는 식물 용어인데, 중심이 없이 사방으로 뻗어나가는 뿌리와도 같은 상태를 은유한다. 리좀은 비단선적non-leaner이고 이질적이며 다층적인 특성을 지닌다. 특히 리좀에서 어느 지점은 다른 지점에 연결될 수 있고 연결되어야 한다. 다양하고 이질적인 행위와 물질로 구성되는 리좀은 부서지거나 흐트러질 수 있지만 이내 새로운 관계가 생성되어 복구된다. ANT의 행위자-네트워크와 유사한 맥락에서 이해할 수 있는 리좀 개념은 일종의 하이퍼텍스트와 같은 아키텍처를 가진다(Deleuze and Guattari, 1987).

ANT의 네트워크 개념이 분석 가능한 내적 구조에 대한 관념이 없다는 비판을 뒷받침하는 것 중 하나는 ANT에서는 비인간 행위자와 인간 행위자의 상관관계에 대한 분석이 없다는 점이다. 예를 들어 정보 통신 기술이 만들어내는 비인간 변수가 단순한 도구가 아니라 인간 행위자들의 네트워크에 영향을 미치는 행위능력을 가진다면 정보 통신 기술이 지니는 행위능력의 내용은 무엇인가? 다시 말해 비인간 행위자로서 정보 통신 기술은 인간 행위자들이 네트워크를 치는 과정에 어떠한 영향을 미치는가? 정보 통신 기술의 속성과 네트워크의 성격 간에는 어떠한 상관관계가 있는가? 이러한 질문에 대해서 ANT의 이론가들은 명시적 대답을 구하지 않는다. 오히려 그들이 주로 관심을 갖는 논제는 인간 및 비인간 행위자들이 '어떻게' 네트워크를 구성하느냐 하는 문제이다. 인간 및 비인간 행위자들이 구성하는 네트워크를 '서술'하는 차원을 넘어서 '분석'하려면 양자 간의 상관관계에 대한 이론적 논의가 필요하다.

이상에서 언급한 '내적 구조'나 '상관관계'에 대한 분석적 논의가 필요한 것은, 이른바 네트워크 현상이 지니는 효과성을 비교·평가하는 데에 유용하기 때문이다. 사실 네트워크의 효과성에 대한 논의는 반례적反例的, counter-factual일 수밖에 없다. 다시 말해 네트워크가 효과가 있다는 것은 이전에 존재했던 다른 형태의 조직, 예를 들어 위계 조직의 효과와 비교하거나 네트워크가 없는 상태와 대비해서 논할 수밖에 없다. 그런데 이러한 비교·평가를 하는 과정에서 행위자와 네트워크, 또는 네트워크와 주변 조건과의 상관성이나 친화성에 대한 논의가 필요하다. 예를 들어 네트워크 자체의 본질이나 구조가 효과성에 기여한다든지, 또는 네트워크는 특정한 이슈나 관념에 대해 고유한 친화성이 있다는 식의 논의가 필요하다(Sikkink, 2009: 235~237). 그러나 ANT에서는 네트워크 과정에 대한 서술은 있지만 분석이 없다. 따라서 특수 사례만 있고 일반 이론이 없다.

5. 행위자-구조-과정으로서 네트워크

이상에서 살펴본 바와 같이, 네트워크를 보는 이론적 시각에 따라서 각기 다르게 네트워크의 개념을 이해할 수 있다. 우선 네트워크 조직 이론의 시각을 따르면, 노드들이 구성하는 네트워크 전체를 하나의 행위자로 이해할 수 있다. 여기서 네트워크는 특정한 경계를 갖는 노드와 링크의 집합을 의미하며, 네트워크 그 자체가 분석의 단위이자 행위의 단위이다. 이는 네트워크를 노드라는 단위 차원보다는 한 차원 위에서 노드와 노드, 그리고 그들 사이에 형성되는 링크 전체를 모아서 하나의 행위자로 보는 시각이다.

둘째, 소셜 네트워크 이론의 시각을 따르면, 네트워크는 그 구성 요소인 노드들의 행위를 촉진하고 제약하는 하나의 구조로 이해할 수 있다. 네트워크의 구도 또는 아키텍처가 어떻게 짜이느냐에 따라서 그 안에서 행위를 하는 단위로서의 노드들의 활동 조건이 달라진다. 네트워크는 노드들의 활동 결과이기도 하지만 일단 형성된 네트워크는 노드의 활동에 영향을 미치는 구조적 환경이다.

끝으로, 행위자-네트워크 이론의 시각을 따르면, 네트워크는 노드들의 네트워킹 과정, 즉 지속적 상호작용을 통해서 노드와 노드가 관계 맺기를 하는 동태적 과정이다. 이렇게 이해된 네트워크란 노드와 노드의 집합이 보여주는 행위의 양상인 동시에 일종의 거버넌스 양식이다. 이렇게 이해된 네트워크는 그 실제가 고정된 존재리기보다는 '자기조직화'의 메커니즘을 밟아가는 일종의 '메타 행위자'(ANT의 용어를 빌리면 행위자-네트워크)라고 할 수 있다.

결국 네트워크의 개념을 제대로 이해하려면 행위자-구조-과정의 복합적 시각을 취해야 한다는 것이 이 책의 인식이다. 실제로 네트워크는 미시적 수준에서는 노드들이 서로 연결되는 '과정'인 동시에 이러한 과정을 통해서 생성되는 '구조'이며, 좀 더 거시적 수준에서 보면 노드들로 구성되는 네트워크 그 자체가 하나의 '행위자'로 인식될 수 있다. 사실 이렇게 생성되는 네트워크에서 노드와 구조, 과정을 구별한다는 것은 쉽지 않다. 이러한 인식의 구도에서 네트워크란 '실체 개념'이라기보다는 일종의 '메타 개념'일 수밖에 없으며, 이를 잡아내고자 한다면 기존의 실증주의 과학철학이 취하는 '단순 인식론'을 넘어서는 '복합 인식론'이 필요하다.

이렇게 행위자-구조-과정의 복합 인식론으로 이해한 네트워크의 개념이 국제정치학의 이론적 논의에 주는 의미와 유용성은 무엇일까? 사실 기존의 국제정치이론에서 네트워크 시각은 주로 앞서 언급한 네트워크 이론의 한 갈래인 네트워크 조직 이론의 전통에 기반을 두고 이루어져 왔다. 네트워크를 기존의 위계 조직인 국가에 도전하는 새로운 조직의 한 양식으로 보는 관점이었다. 여기에 구조와 과정에 초점을 두는 소셜 네트워크 이론과 행위자-네트워크 이론의 도입은 새로운 전기를 마련할 것으로 기대된다. 이렇게 '행위자'이자 '과정'인 동시에 '구조'로 이해된 네트워크의 개념은 노드의 발상에 머무는 기존의 국제정치이론, 특히 현실주의에 대한 인식론적 비판을 가하고 네트워크 세계정치이론을 모색하는 중요한 기초가 된다. 사실 기존의 주류 국제정치이론은 국제정치에서의 노드, 즉 국가 행위자에 분석적 우선성을 주는 인식론을 전개해왔다. 이에 비해 세계체제론의 논의는 구조에 우선성을 두었다.

이러한 상황에서 네트워크의 시각을 원용한다는 것이 주는 가장 큰 의미는 '행위자-구조agent-structure'의 동시적 변화를 포착하는 새로운 인식론을 개발할 여지가 있다는 점이다. 다시 말해 네트워크의 시각으로 보면 행위자와 이를 둘러싸는 구조를 따로 떼어서 보는 것이 아니라, 행위자가 구성해가는 동시에 역으로 행위자를 제약하는 존재로서 구조를 보아야 한다는 이론적 숙제를 풀 수 있다. 이는 국제정치이론의 역사에서 현실주의 국제정치이론과 세계체제론의 접근방식을 결합하고자 했던 (초기 알렉산더 웬트의) 구성주의 국제정치이론의 문제 제기와 일맥상통하는 바가 크다(Wendt, 1987, 1992). 네트워크의 개념을 통해서 행위자와 구조의 양자를 정태적으로 분리된 실체들이 아니라 동태적 과정의 맥락에서 이해할 수 있기 때문이다. 또한 방법론적으로도 사회 연결망 분석, 즉 SNA을 활용해 세계정치의 '구조'를 가시적으로 그려내고 그러한 구조 내에서 행위자가 차지하는 '위치'에 대한 논의를 구체적으로 펼칠 수 있다. 행위자인 동시에 구조이고 구조인 동시에 과정이다. 네트워크의 개념적 특성이 바로 네트워크가 행위자와 구조의 차원에서 동시에 작동하는 이중성을 잡아내는 데에 유용한 개념인 이유이다.

제**2**장
네트워크의 국제정치학적 이해

1. 복합으로 보는 네트워크

국제정치학의 시각에서 21세기 세계정치의 변환을 분석하는 데에 길잡이로 삼으려면 네트워크의 개념을 어떻게 설정해야 할까? 다시 강조컨대 이 책에서 주목하는 네트워크는 노드들의 집합체라는 일반적 의미에서 파악된 네트워크가 아니다. 이 책이 주목하는 것은 앞서 제1장에서 제시한 바와 같이, 기존의 단순 인식론이 아니라 새로운 복합 인식론의 시각에서 파악한 특수한 의미의 네트워크이다. 이렇게 파악된 네트워크에서는 단순히 노드와 노드가 링크로 연결된다는 차원을 넘어서, 노드와 링크의 집합이 만들어내는 아키텍처와 작동 방식이 종전의 일반적 네트워크의 그것과는 다른 방식으로 나타난다. 보통 명사로서의 '네트워크network'라기보다는 고유명사로서 '네트워크Network'라고나 할까?

이 책에서는 이러한 새로운 네트워크의 특징을 '복합'이라는 서술어를 붙여서 이해한다. 다시 말해 종전의 일반적 네트워크를 '단순 네트워크'라고 한다면, 새로운 네트워크는 '복합 네트워크'이다. 이 대목에서 발생하는 어려움은 복합이라는 말이 새로운 네트워크의 특징을 '설명하는 변수'이기도 하지만, 동시에 '설명되어야 하는 대상'이라는 사실이다. 게다가 복합이라는 말은 네트워크라는 말처럼 태생적으로 학술 개념이라기보다는 우리가 흔히 사용하는 일상용어여서 그 의미가 포괄적이고 다의적이기까지 하다. 그렇다면 새로운 네트워크를 기존의 네트워크와 구별하고자 사용한 '복합'이라는 개념을 어떻게 이해할 것인가?

복합複合, complexity은 그리 쉬운 말은 아니다. 쉽게 보면 단순單純, simplicity의 반대말로 이해할 수 있지만, 일상어에서 흔히 사용되는 복잡複雜, complicatedness과 헷갈릴 수 있다. 복합에서 복複, 겹칠 복은 옷 衤=衣을 겹쳐서 夏 입는 일, 또는 사물이 겹쳐지는 일을 의미한다. 그런데 이렇게 겹쳐지는 일이 단순히 뒤섞이는 잡雜이 아니라 나름대로의 질서가 있는 합合이 된다는 것이 복합 개념의 핵심이다. 다시 말해 복複이 잡雜이 아니라 합合이 되는 고유한 공식, 즉 일종의 '무질서 속의 질서'가 있다는 말이다. 그렇다면 복複이 합合이 되는 고유한 공식의 내용은 무엇일까? 이러한 질문에 답하는 과정에 복합의 개념과 더 나아가 복합 네트워크의 내용을 이해하는 실마리가 들어 있다.

이 책은 '복'이 '합'이 되는 공식의 내용을 탐구하는 일환으로서 제1장에서 살펴본 네트워크의 개념, 즉 행위자, 구조, 과정으로서 네트워크를 보는 시각을 원용하고자 한다. 사실 일상적 용례로 볼 때 복합이라는 말이 방법과 전략의 뉘앙스를 가진다면, 네트워크라는 말은 주체와 구조의 뉘앙스를 가진다. 이러한 복합과 네트워크를 결합해서 보면 양자의 개념을 더욱 명료하게 밝히는 효과가 있다. 복합과 네트워크의 결합 개념을 통해서 행위자들의 복합적 행동(네트워킹의 과정)뿐만 아니라 그러한 행동에 영향을 미치는 복합적 구조, 그리고 더 나아가 행위자와 구조가 상호 구성되는 원리의 내용을 좀 더 쉽게 파악할 수 있다. 다시 말해 복합과 네트워크의 개념적 만남을 통해서, 한편으로는 행위자들의 상호작용을 통해서 형성되는 네트워크라는 관계 구조의 복합적 성격을 이해하는 실마리를 마련하고, 다른 한편으로는 이러한 네트워크의 관계 구조 아래에서 추진되는 행위자들의 네트워킹 전략의 복합적 성격을 좀 더 분석적으로 살펴볼 수 있는 계기가 마련된다. 이러한 시각에서 볼 때, 복합과 '복합 네트워크'는 아래와 같은 세 가지 의미로 파악된다.

첫째, '과정'으로서 네트워크를 보는 시각을 원용하면, 복합이란 행위자가 자신의 주위에 단순하지 않은 방식을 통해서 네트워크를 쳐나가는 '과정'으로 볼 수 있다. 다시 말해 복합 네트워크(네트워킹)라 함은 어느 행위자가 다양한 방법을 동원해 주위의 인간 행위자뿐만 아니라 비인간 행위자라는 변수들을 끌어모아서 네트워킹을 추구해가는 일종의 '집합의 전략'이다. 사실 일대일의 양자 관계나 상대적으로 단순한 다자 관계가 아니라면 우리 주위에서 형성되는 네트워크는 그 속성상 복합의 모습을 띠는 것이 대부분이다. 현대 사회가 복잡다단해지면서 이러한 종류의 복합 네트워크가 더 많이 발견된다. 21세기 세계정치에서도 이러한 복합 네트워킹 전략의 용례를 찾기는 어렵지 않다. 개인, 기업, 조직, 국가와 같은 행위자를 노드라고 본다면 이들 노드가 서로 부단히 관계 맺기를 하는 네트워킹의 과정이 발생한다.

둘째, '행위자'로서 네트워크를 보는 시각을 원용하면, 복합이란 새롭게 부상하는 행위자들이 네트워크를 형성하는 '구성 원리'를 의미한다. 다시 말해 복합 네트워크란 기존의 위계 조직과 같은 단순 원리를 따르는 행위자(또는 단순 네트워크형 행위자)가 아니라 그 아키텍처와 작동 방식이라는 면에서 '복합 원리'를 따르는 새로운 복합 네트워크형 행위자의 부상을 의미한다. 여기서 '복합 원리'란 '단순'이 아닌 복잡한 그 무엇을 의미하는 것이 아니라 그 나름대로의 독특한 내용을 가진다. 후술하겠지만 최근의 네트워크 이론은 이러한 구성 원리로서 복합의 내용을 일반 이론적으로 밝히려는 시도를 펼치고 있다. 이러한 시각은 위계 조직으로부터 네트워크 조직으로의 변환을 다루는 사회과학적 논의에서 흔히 발견된다. 서론에서 언급한 바와 같이, 근대국민국가의 국제질서와 탈근대 초국적 행위자들이 구성하는 세계질서가 중첩되는 망제정치의 질서도 사례이다. 최근 지구화와 정보화의 시대를 맞이해 활성화되는 다양한 초국적 네트워크 행위자들에 대한 논의는 새로운 행위자로서 복합 네트워크 논의의 핵심을 이룬다.

끝으로, '구조'로서 네트워크를 보는 시각을 원용하면, 복합이란 단순한 방식이 아니라 복합적 방식으로 형성된 네트워크 구조(또는 질서)의 의미로 통한다. 다시 말해 복합 네트워크란 서로 구별되는 특징을 지닌 네트워크 구조(또는 질서)가 복수로 공존하는 상태를 의미한다. 네트워크 구조가 복합적으로 공존한다고 해서 이것이 무질서를 의미하는 것은 아니며, 앞서 언급한 복합의 구성 원리에 입각해서 나름대로의 질서를 이루는 상태이다. 동시에 이러한 네트워크 구조(또는 질서)의 공존은 정적 상태가 아니라 동적 과정을 통해서 진화해가는 상태이다. 다양한 유형의 네트워크로 이해할 수 있는 구조(질서)들이 공존하는 사례는 21세기 세계정치의 다양한 분야에서 발견된다. 이 책의 제7장에서 살펴보듯이, 전근대 천하질서와 근대의 국제질서, 그리고 탈근대적인 성격의 새로운 질서가 복합된 모습으로 그려지는 동아시아 질서가 대표적 사례이다.

요컨대 우리가 21세기 세계정치를 탐구하는 데에 사용하는 복합 네트워크는 세 가지 의미를 가진다. 첫째, 과정으로서의 네트워크 개념을 원용해서 보는 복합 네트워크(좀 더 정확하게는 복합 네트워킹)란 행위자들이 추구하는 새로운 외교 전략을 의미한다. 둘째, 행위자로서의 네트워크 개념을 원용해서 보는 복합 네트워크란 새로운 행위자의 성격을 규정하는 구성 원리이다. 셋째, 구조로서의 네트워크 개념을 원용해서 보는 복합 네트워크란 복수의 네트워크 환경이 서로 중첩되는 새로운 세계질서의 출현을 의미한다. 여기서 유의할 점은 이러한 세 가지 층위의 복합 네트워크 개념은 서로 분리된 것이 아니라 연결되어 있다는 사실이다. 이러한 점에서 복합이란 과정과 행위자, 그리고 구조의 어느 한 분석 층위에서 이루어지는 수평적 복합의 의미와 함께 이들 세 층위를 가로지르면서 서로 아우르는 수직적 복합의 의미도 지닌 개념이다.

2. 새로운 외교 전략으로서 네트워크

1) 복합의 개념 ①: 집합

가장 쉽게 생각할 수 있는 복합의 사전적 용례는 "두 가지 이상이 또는 두 가지 이상을 하나로 합침"이다. 일반적 의미로 무엇인가를 섞어서 '하나'가 아니라 '여럿'을 만든다는 뜻으로 이해하면 무리가 없을 것이다. 이렇게 이해된 복합은 우리의 일상용어에서 조합, 배합, 혼합, 집합 등과 혼용되는데, 이 글에서는 이를 통칭해 집합集合, collection이라 칭하고자 한다. 이렇게 이해된 복합은 〈그림 2-1〉에서 보는 바와 같이 주로 물리적 차원에서 다양한 요소를 섞는 행위 또는 방법과 관련된 개념이다.

좀 더 쉽게 이해하고자 집합으로서 복합의 개념을 요리에 비유해보자. 사실 사람이 하는 요리라는 것은 대부분 다양한 재료와 행위와 방법을 섞는 복합 요리이다. 예를 들어 복합 요리란 한 가지가 아니라 해물, 고기, 야채 등과 같은 다양한 식재료를 섞어서 만든 요리이다. 좀 더 의미를 확장하면 복합 요리란 주방장 혼자가 아니라 보조 요리사, 주방 급사, 웨이터 등과 같은 여러 사람이 참여해서 만들어진다. 또한 복합 요리란 한 가지 요리 기구나 요리 방식이 아닌 솥, 냄비, 프라이팬 등과 같은 다양한 기구를 활용해 지지고 볶고 삶는 등의 여러 가지 방식을 적용해 만들어진 요리라고 이해할 수도 있다. 그야말로 요리는 다양한 재료와 행위와 방법의 집합체이다.

그렇지만 아무리 복합 요리라고 하더라도 인간이 상상할 수 있는 모든 것을 다 섞어서 만들지는 못한다. 따라서 식재료의 성격이나 요리사의 취향, 그리고 주방 여건 등에 따라서 복합 요리에도 취사선택을 하는 '전략'이 필요하다. 다시 말해 계절에 따라 상이한 식재료의 성격에 맞추어 요리의 메뉴가 결정되고 요리사의 솜씨나 요리를 먹는 사람의 취향, 요리가 만들어진 역사적·사회적 배경에 따라서 그때그때 다른 요리들이 만들어진다. 요컨대 복합 요리

를 만드는 것은 아무것이나 무턱대고 섞는 것이 아니라 요리의 목적에 맞추어 그에 적합한 조합(또는 집합)을 만들어내는 과정이다.

이렇게 집합으로서 복합을 구현하는 전략의 개념을 이해하는 데에는 제1 장에서 제시한, '과정'으로서의 네트워크 개념이 도움을 준다. 요리처럼 네트 워크도 다양한 노드가 분절된 것이 아니라 서로 링크를 맺으며 '네트워크'를 이루는 과정으로 이해할 수 있기 때문이다. 사실 네트워크란 다양한 구성 요 소(다시 말해 노드와 링크들)를 집합해 구성하는 것이다. 네트워크의 특징은 여 러 가지 요소가 뭉뚱그려져 융합 또는 통합되는 것이 아니라 각 요소가 자체 의 성격을 유지하며 분산적으로 존재하면서도 전체적으로는 함께 모여서 기 능한다는 점에 있다. 과정이라는 관점에서 이해된 네트워크는 네트워킹을 추 구하는 행위자들의 전략의 산물이다. 제1장에서 소개한 행위자-네트워크 이 론ANT은 행위자들이 이러한 네트워크를 구축해가는 전략의 과정(ANT의 용어 로는 '번역')을 잘 보여준다.

이러한 방식으로 이해된 복합으로서 네트워크의 성격을 잘 보여주는 것이 바로 집합성集合性, collectivity의 개념이다. 집합성이란 '모듈의 형태로 존재하는 여러 요소가 모여서 구성'되는 네트워크의 성격을 뜻한다. 이러한 시각에서 네 트워크의 개념적 외연을 가장 쉽고도 간결하게 표현한 학자는 마누엘 카스텔 이다. 카스텔은 네트워크의 속성을 위계 조직에 대비해 세 가지로 요약했다. 첫째, 각 구성 요소의 밀접한 상호 의존을 특징으로 하는 위계 조직의 작동 방 식과는 달리, 상호 독립적이고 자율적인 노드들로 구성된 네트워크는 상대적 으로 유연하게flexible 작동한다. 둘째, 그 형태와 규모가 일정하게 정형화된 위 계 조직의 아키텍처와는 달리, 네트워크에서는 그 형태와 규모의 조절이 상대적으로 용이scalable하다. 끝으로, 어느 한 구성 요소의 제거가 체계 전체의 작동을 멈추게 할 수도 있는 위계 조직과는 달리, 네트워크에서는 어느 노드와 링크의 한 부분이 잘려나가더라도 재생할 수 있어서survivable 네트워크의 체계 전체가 붕괴되는 일은 없다(Castells ed., 2004: 4~6).

　이렇게 집합성을 띠는 네트워크의 개념을 비유적으로 이해하면, 네트워크는 아메바나 레고 블록Lego bloc 또는 도마뱀의 꼬리를 연상케 한다. 실제로 네트워크의 작동 방식은 마치 원생동물인 아메바가 움직이는 것과도 같은 유연한 모습을 띤다. 또한 네트워크의 아키텍처는 쌓고 허물고 덧붙이고 빼면서 그 모양을 쉽게 바꿀 수 있는 모듈형의 장난감인 레고 블록과도 같다. 게다가 네트워크에서는 어느 일부분이 붕괴하더라도 마치 도마뱀의 꼬리처럼 손상된 노드와 링크를 복구하면 그만이다. 요컨대 네트워크는 다양한 구성 요소가 자유롭게 모이고 흩어지면서 주위의 변화에 유동적으로 대처하는 능력을 갖춘 집합체이다.

2) 집합의 전략으로 보는 복합 네트워크

이러한 집합성의 연속선상에서 이해한 복합 네트워크란 무엇인가? 먼저 복합 네트워크라는 말에서 '집합으로서 복합'이라는 서술어를 강조하면, '복합' 네트워크란 한 가지 종류의 네트워크가 아니라 이런 네트워크 저런 네트워크가 섞인 네트워크이다. 다시 말해 성격이 다른 두 가지 종류 이상의 노드 집합이 네트워크를 구성한다는 말이다. 네트워크 이론의 용어를 빌려 설명하면, 이는 한 가지 종류의 노드의 집합이 구성하는 네트워크인 '1-형식 네트워크one-mode network', 즉 단순 네트워크가 아니다. 복합 네트워크는 두 가지 종류의 노드의 집합이 구성하는 '2-형식 네트워크two-mode network' 또는 그 이상의 '다多형식 네트워크multi-mode network'이다(〈그림 2-2〉 참조).[1]

　이러한 관점을 적용해보면, 국가들이 노드로 구성하는 국제 네트워크는

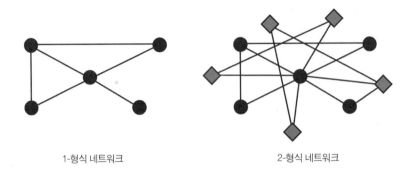

<그림 2-2> 1-형식 네트워크와 2-형식 네트워크

1-형식 네트워크   2-형식 네트워크

1-형식 네트워크이고, 여기에 기업들이 노드로 구성하는 경제 네트워크가 겹쳐지는 국제정치경제 네트워크는 2-형식 네트워크이다. 개념상으로는 시민사회 행위자들이 노드인 네트워크가 겹치는 3-형식 네트워크도 가능하다. 기존의 국제정치가 국가들이 1-형식 네트워크를 구성하는 단순 국제정치로 이해할 수 있었다면, 21세기 세계정치는 2-형식 이상의 네트워크를 고려해야 하는 복합세계정치로 파악해야 한다. 이러한 의미에서 복합 네트워크는 네트워크를 구성하는 노드들의 종류가 복합된 상태이다.

한편 복합 네트워크라는 말에서 '과정으로서 네트워크'에 강조점을 두고 보면, 복합 '네트워크'란 분산적으로 존재하는 다양한 노드와 링크를 엮어서 무언가 유연한 구성체를 만들어가는 좀 더 능동적인 행위와 전략으로 이해할 수 있다. 이 경우에는 '복합 네트워킹'이라는 말이 더 적합할 것이다. 네트워킹이라는 말은 노드 간에 맺어지는 링크의 성격이 한 가지 방식이 아닌 다양하

---

1 1-형식 네트워크는 주로 '관계형 네트워크(relational network)'로 나타난다. 이는 두 노드 간에 그어지는 링크의 유무와 방향 및 굵기로 표현되는데, 친구들의 네트워크, 국가 간의 동맹과 무역 등이 그 사례이다. 이에 비해 2-형식 네트워크는 주로 '가입형 네트워크(affiliation network)'로 나타난다. 이는 사건이나 조직 및 집단에 대한 관여와 가입 여부 등으로 표현되는데, 전문 협회나 사회단체, 국제기구 등이 그 사례이다.

고 복합적인 방식으로 이루어진다고 이해할 수 있다.

예를 들어 오늘날 세계정치에서는 국가 간의 관계가 외교·안보나 정치·경제 분야에서 이루어지는 전쟁이나 평화, 또는 돈과 상품의 흐름뿐만 아니라 기술, 정보, 지식, 문화, 커뮤니케이션, 환경, 에너지, 자원, 여성, 인권 등과 같은 다양한 종류의 흐름이 엮어서 이루어진다. 그야말로 국가들이 관계를 맺는 링크, 즉 문제 영역의 성격이 복합적이다. 문제 영역이 복합화되는 만큼 이에 관여하는 행위자들의 복합 현상이 동반해 발생하는 것은 당연하다. 다시 말해 앞서 설명한 바와 같이, 21세기 세계정치에서는 국가 행위자 외에도 다양한 비국가 행위자가 중요한 역할을 담당한다. 요컨대 21세기 세계정치의 특성은 문제 영역과 행위자가 모두 얽혀서 복합 네트워크의 집합적 방식으로 작동한다는 데에 있다(하영선·김상배 엮음, 2012).

3) 복합 네트워크의 외교 전략

사정이 이러하다 보니 세계정치의 변화에 대응하는 행위자들의 전략적 행위도 복합적 양상으로 나타날 수밖에 없다. 예를 들어 21세기 세계정치의 행위자들이 벌이는 권력정치의 양상도 예전과는 달리 매우 복합적으로 나타난다. 갈등과 협력이 벌어지는 양상을 보면, 이른바 하드 파워hard power와 소프트 파워soft power로 대변되는 다양한 권력 자원을 복합적으로 활용하는 모습이 발견된다(Nye, 2004). 이러한 권력 자원을 운영하는 방식도 밀고 당김이 동시에 추진되는 스마트 파워smart power의 메커니즘을 따른다(Nye, 2008a). 더 나아가 점점 더 구조적이고 탈구조적인 방식으로 작동하는 복합 권력을 추구하는 양상도 나타난다. 게다가 기존의 오프라인 공간에 겹쳐서 인터넷과 소셜 미디어 등을 매개로 한 온라인 공간이 세계정치의 전면으로 등장하는 공간의 복합도 발생한다. 이러한 권력정치의 과정에서 '집합성'이 높으면 높을수록 복합 네트워크의 전략은 더욱 많은 힘을 발휘하게 된다.

이 책의 제3부에서 살펴본 경험적 사례들을 보더라도 문제 영역, 행위자, 권력 게임, 활용 공간 등이 복합되는 양상이 나타난다. 이러한 복합세계정치의 부상에 대응하는 복합 외교의 방향도 다양한 분야에 걸쳐서 다양한 행위자가 참여해 다양한 권력 자원과 활동 공간들을 복합적으로 활용하는 쪽으로 간다. 집합의 전략이라는 관점에서 보면, 복합 외교를 수행하는 데에는 특별히 정해진 공식이 있는 것은 아니다. 여기서 중요한 것은 외교를 추진하는 주체나 방법 및 대상 등과 관련해 단순외교의 발상을 넘어서는 새로운 복합 외교의 발상을 갖는 것이다. 다시 말해 집합의 관점에서 이해한 복합 외교는 구체적인 사례들의 해법을 실제로 고민하는 과정에서 외교의 담당자가 체감하고 스스로 터득해야 하는 '메타 개념meta concept'의 성격이 강하다.

2000년대 말부터 미국 오바마 행정부가 추구해온 외교 전략은 복합세계정치의 환경에 대응하는 복합 외교 전략의 대표적 사례로 거론된다. 특히 2000년대 초중반에 추진되었던 부시 행정부의 외교 전략이 안고 있던 문제점들을 치유하고자 오바마 행정부가 제기한 외교 전략은 국가 행위자들이 벌이는 전통적인 군사와 경제의 게임을 넘어서는 복합의 발상을 바탕에 깔고 있었다. 오바마 행정부가 동원한 소프트 파워와 스마트외교, 다자외교와 균형력power of balancing 등의 개념은 이러한 복합 외교의 면모를 여실히 보여주었다. 복합 외교를 향한 미국의 행보는 미국이라는 어느 한 나라의 외교 전략이라는 차원을 넘어서 세계 여러 나라에 새로운 표준을 제기하는 힘을 발휘했다.

이러한 관점에서 볼 때 제8장에서 자세히 살펴볼 바와 같이, 최근 한국이 추구하려는 외교 전략은 21세기 세계정치의 추세를 따라가려는 중견국 복합 외교 전략의 사례를 보여준다. 2010년 말에 이르러 외교통상부에서 화두로 제시한 이른바 '총력·복합 외교'(이하 복합 외교)는 이러한 노력의 실마리를 보여주는 사례이다. 예를 들어 모든 정부 부처와 기업과 시민사회를 비롯한 민간부문이 함께 참여하는 총력외교, 정치, 군사, 경제에서 나아가 자원, 에너지, 기후변화, 과학기술 등을 아우르는 '복합 외교', 트위터, 페이스북, 유튜브 등과 같은 SNSSocial Network Service를 활용해 주요국 정부와 민간과의 소통을 강화하는 디지털 네트워크 외교, 군사력과 경제력 등 하드 파워뿐만 아니라 문화, 가치, 국가 이미지 등 소프트 파워를 중시하는 중견국 외교 등이 한국 외교가 추구할 전략 과제로서 표방되었다. 이러한 행보는 한국 외교가 과거 냉전 시대에 채택했던 단순외교의 발상에서 벗어나서 좀 더 복합적 발상을 추구한다는 점에서 그 의미가 크다.

4) 전략론으로서 복합세계정치론의 평가

복합 네트워크의 외교 전략에 대한 비판의 목소리도 있다. 가장 일반적인 비판은 복합 전략의 핵심을 이루는 '복합'의 개념에 구체적 내용이 담겨 있지 않다는 것이다. 서로 복합적으로 얽힌 문제들을 풀어가려면 예전과 같이 국가 행위자들이 중심이 되는 단순 국제정치와 이에 대응하는 단순외교의 발상을 넘어서야 한다는 문제 제기에는 누구나 공감한다. 그러나 '복합'의 개념 안에 다양한 행위자가 함께 참여해 여러 가지 방식을 선택적으로 활용해야 한다는 것 이상의 그 무엇이 있느냐는 지적이다. 다시 말해 막연히 '복합'이 필요하고 또 중요하다고 주장하는 차원을 넘어서 외교 전략의 쟁점이나 추진 주체, 그리고 동원하는 권력 자원이나 활용 공간 등의 변수가 언제 어떻게 얼마만큼의 비율로 복합되는지에 대한 일종의 가이드라인이 있어야 한다는 말이다. 21세기 세계정치의 영역과 주제와 수단이 복합되니 이에 대응하는 전략도 복합적이어야 한다는 포괄적 논리를 넘어서는 조금 더 구체적인 개념의 제시가 필요하다.

　이러한 비판이 제기되는 이유는 최근 거론된 복합 네트워크의 외교 전략에 대한 논의가 다분히 일국의 전략을 모색하는 노드node, 다시 말해 행위자차원의 발상에 주로 머물기 때문이다. 이러한 행위자 기반의 복합 발상은 〈표 2-1〉에서 그려본 바와 같이 강대국 외교에 편승하는, 과거 개도국의 단순외교

〈표 2-1〉 복합 네트워크의 발상

	단순 메커니즘	복합 메커니즘
노드 전략의 발상	①	②
네트워크 구조의 발상	③	④

전략(① 영역)을 넘어서 중견국이 추구할 복합 외교 전략의 필요성(② 영역)을 강조한다는 점에서 나름대로 의미가 있다. 그러나 이는 여전히 행위자 차원에서 이것저것을 엮는 전략(네트워킹)의 구사를 논할 뿐이다. 이러한 행위자 차원의 발상이 지니는 문제점 중 하나는 전략이 실제로 투영되는 구조로서의 네트워크에 대한 입체적 고려가 부족하다는 데서 발견된다. 따라서 이러한 행위자 차원의 발상을 고수하다 보면 행위자의 전략과 구조가 상호작용하면서 전개되는 세계정치의 입체적 구도와 외교 전략의 동태적 과정에 대한 면밀한 분석을 소홀히 할 수밖에 없다.

이러한 비판적 지적을 고려할 때, 복합 네트워크의 외교 전략론, 또는 좀 더 넓은 의미에서 '복합세계정치론'의 의미와 한계를 좀 더 냉정하게 평가할 필요가 있다. 서론에서 소개한 '복합세계정치론'은 근대 국제정치의 기본 구성 원리와 행동 규칙이 단순에서 복합으로 바뀌는 과정을 적절히 짚어낸 성과를 보였다(하영선 엮음, 1993, 2006, 2008, 2010, 2011). 예를 들어 '늑대거미'와 '다보탑'의 비유는 행위자와 무대의 차원에서 벌어지는 '복합'의 내용을 밝히려는 시도이다(하영선·김상배 엮음, 2006). 글로벌-동아시아-남북한-국내-사이버공간 차원의 5중 그물망을 복합적으로 엮는 전략을 추구해야 한다는 지적도 21세기 대외 환경이 복합적으로 구성되어 있다는 문제 제기로서 큰 의미가 있다(하영선·남궁곤 엮음, 2012). 그리고 이러한 문제 제기를 바탕으로 17~18세기의 명明에서 청淸으로의 동아시아 질서 교체기나 19세기 전통 천하질서에서 근대 국제질서로의 변환기에 요구되었던 '복합 전략'의 역사적 원형을 추적하는 작업이 이루어진 바 있다(하영선, 2011).

이 대목에서 주목할 점은 복합세계정치론의 인식 체계에서 해당 시기의 국제질서(또는 세계질서)라는 체제 변수는 행위자들의 활동이 발생하는 일종의 '상황context'이라는 사실이다. 즉, 복합 전략의 대외적 변수들은 주로 복합적 성격을 갖는 '환경'의 변화로서 개념화된다. 이러한 시각에서 보면 시대적 요구로서 제기되는 복합 전략 추구의 실제 내용은 변화하는 대외 환경을 정확히 읽어내는 안목을 키우는 문제로 귀결된다. 다시 말해 행위자 차원에서 시대 환경의 변화를 제대로 읽는 지적 능력을 배양하고 이를 새로운 외교 전략으로 연결하는 발상을 갖추는 것이 복합 전략의 핵심이다. 2010년대 들어 복합세계 정치론에서 새로이 제기된, 행위자와 환경의 '공진화co-evolution'의 개념은 이전의 논의보다 좀 더 동태적 시각에서 바로 행위자와 환경(또는 상황)의 관계에 주목한다는 점에서 그 의미가 크다(하영선·조동호 엮음, 2010).

5) 복합환경론에서 복합구조론으로

이렇게 복합세계정치론에서 상정하는 대외 환경에 대한 논의는 제5장에서 상세히 검토하는, 조지프 나이의 상황 지성contextual intelligence에 대한 논의와 매우 유사하다(Nye, 2008a). 나이가 스마트 파워의 개념을 바탕으로 논하는 상황 지성이란 자신의 주위에서 전개되는 상황을 이해하고 복합적으로 대응하는 리더십의 지적 능력이다. 이러한 나이의 논의에서 주위 상황은 '구조'라기보다는 그저 '환경'으로 취급된다. 따라서 나이의 논의에서는 행위자와 구조(상황이나 환경) 간에 나타나는 복합적 상관관계에 대한 분석적 논의가 없다. 나이의 논의가 기본적으로 행위자 기반의 개념화를 바탕으로 한 실천 전략의 개발을 추구하므로 나타나는 당연한 귀결이다. 이는 나이의 논의가 분석적 지침을 결여하고 단지 포괄적 방향만을 제시한다는 비판을 받는 원인이 된다. 복합세계정 치론의 구도가 나이의 상황 지성에 대한 논의와 유사한 만큼, 나이의 논의에 대해서 학계에서 쏟아진 비판으로부터 복합세계정치론도 자유로울 수 없음은 물론이다.

전략론으로서 복합세계정치론에 대한 비판적 문제 제기의 핵심은 실천 전략론의 차원을 넘어서는 분석 이론의 개발이 필요하다는 데에 있다. 여기서 분석 이론의 과제라 함은 대외적 변수들을 단지 '환경'으로만 취급하는 것이 아니라 '구조'로서 적극적으로 개념화하는 문제이다. 예를 들어 행위자 차원에서 본 '복합환경론'을 넘어서 좀 더 적극적인 의미의 '복합구조론'을 개발하는 문제라고 부를 수 있겠다. 새로운 복합구조론은 대외 환경의 '복합'에 관철된 관계적 구도relational configuration, 즉 구조로서 네트워크의 구성 원리를 분석하고, 나아가서는 행위자의 전략과 구조적 요인이 상호작용하는 동학을 탐구해야 한다. 이를 바탕으로 복합적 세계정치의 구조가 행위자들에게 어떠한 활동의 조건들을 제공하고, 이러한 구조적 조건 아래에서 행위자들은 어떠한 전략을 펼치는지, 그리고 이러한 과정에서 행위자의 상호작용이 어떻게 구조를 구성하는지 등을 밝혀야 한다.

물론 이전에도 구조로서의 네트워크에 대한 발상이 없었던 것은 아니다. 세계체제의 구조를 탐구했던 세계체제론이 대표적 사례일 것이다(Wallerstein, 1980, 1995). 그러나 세계체제론에서 논하는 구조는 중심과 주변, 반주변으로 나누어지는 상대적으로 단순한 네트워크의 개념(〈표 2-1〉의 ③ 영역)을 바탕으로 한다. 기존의 다자외교도 이와 동일한 맥락에서 이해할 수 있을 것이다. 그러나 다자외교의 경우도 역시 다소 평면적인 구도에서 국가 행위자라는 노드 간의 링크를 늘려가는 단순 네트워크의 발상에서 크게 벗어나지 못했다. 이러한 맥락에서 볼 때, 이 글에서 강조하는 것은 복합적 구조로서 네트워크의 발상이다(④ 영역). 복합세계정치와 복합 외교의 내용을 좀 더 구체적으로 분석하기 위해서 필요한 것은, 이러한 복합적인 네트워크 구조가 행위자들에게 어떠한 활동의 조건들을 제공하는지, 또한 이러한 구조적 조건 아래에서 행위자들은 어떠한 전략을 펼치는지를 밝히는 것이다.

지난 냉전 시대 이래로 단순외교의 발상과 행태에 갇혀 있던 한국 외교의 문제점을 염두에 두면 이 절에서 살펴본 복합 네트워크 외교 전략으로의 발상

전환만으로도 앞으로 외교 전략의 방향을 재설정하는 데에 큰 의미가 있다. 그럼에도 21세기 한국 외교의 실천 전략을 좀 더 구체적으로 모색하고 복합 네트워크 외교 전략의 개념을 앞으로 한국 외교의 가이드라인으로 삼으려면 좀 더 가시적인 논의가 필요하다. 다시 말해 단순히 여러 가지 요소를 복합적으로 활용해 외교를 추진하는 차원을 넘어설 필요가 있다. 궁극적으로는 이들 외교의 각 차원이 실제로 얽히는 복합의 공식, 즉 복합 네트워크의 구성 원리를 이해하는 것이 필요하다.

3. 새로운 구성 원리로서 네트워크

1) 복합의 개념 ②: 혼종

복합이란 물리적으로 섞이는 것뿐만 아니라 화학적 차원에서 성격 변화가 발생하는 현상도 의미한다. 이렇게 보면 복합은 단순에 대한 반대, 즉 '비非단순'의 상대화된 개념을 넘어서 그 자체가 고유한 성격과 내용을 갖는 개념이다. 〈그림 2-3〉에서 보는 바와 같이, 복합은 집합의 과정을 거치면서 새로운 성격을 지닌 종種, 즉 혼종混種, hybrid의 출현을 의미한다. 이는 다양한 요소가 섞이는 일반적 의미의 복합이 아니라 특정한 성격을 지니는 섞임만을 복합이라고 부르는, 좁은 의미에서 이해된 개념이다. 앞 절에서 살펴본 집합으로서 복합이 보통명사로서 복합complex이었다면, 혼종으로서 복합은 일종의 고유명사로서 복합Complex이라고 할 수 있다.

혼종이라는 관점에서 이해된 복합 개념을 요리에 비유하자면, 복합 요리란 여러 가지 장르의 요리가 섞인 차원을 넘어서는 새로운 요리의 장르(또는 요리법)가 출현하는 것을 의미한다. 다시 말해 여기서 말하는 복합 요리는 몇 가지 요리가 섞인 2차적 산물로서 그 무엇이 아니라 특정한 방식으로 복합된

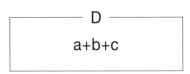

요리 그 자체가 독자적 이름을 갖는 것을 의미한다. 비유컨대 다양한 식재료를 사용한 다양한 국적의 요리가 제공되는 뷔페가 아니라, 한식이나 일식, 양식과 어깨를 견주는 '퓨전 요리'라는 것이 새로운 요리의 장르로 등장한 것을 떠올릴 수 있다. 이러한 점에서 혼종으로서 복합 요리에는 나름대로의 요리법, 즉 '구성 원리'라는 것이 있어야만 한다.

2) 혼종의 원리로 보는 복합 네트워크

이렇게 혼종의 원리로서 복합을 이해하면, 복합 네트워크란 여러 네트워크가 섞인 상태나 여러 가지 성격의 관계 맺기를 하는 복합 네트워킹의 개념을 넘어선다. 혼종의 원리로서 복합 네트워크는 고유한 성격을 가지는 네트워크, 즉 복합 원리에 의거해서 구성되고 작동하는 네트워크이다. 다시 말해 복합 네트워크는 노드와 노드가 링크로 단순 연결되는 차원(단순 네트워크)을 넘어서, 그렇게 연결된 노드와 링크의 집합이 만들어내는 네트워크의 아키텍처와 작동 방식이 그 나름대로의 고유한 구성 원리(혼종으로서 복합의 원리)를 가진다는 것이다. 여기서 고유한 구성 원리란 기본적으로 행위자로서 네트워크의 구성 원리를 의미한다. 그러나 넓은 의미에서 보면 노드 행위자들이 구성하는 네트워크 전체 구조에도 적용해 이러한 혼종의 구성 원리를 발견할 수 있다. 네트워크 자체가 행위자와 구조가 엄격히 개념적으로 구분되지 않는 존재이기 때문이다. 요컨대 혼종의 관점에서 이해된 복합 네트워크의 부상은 새로운 구성 원리를 바탕으로 한 네트워크 행위자가 부상하거나, 새로운 구성 원리를 보여주는 네트워크 구조가 창발한다는 두 가지 의미로 이해할 수 있다(Spinuzzi, 2008: 5~6).

그렇다면 복합 네트워크의 고유한 구성 원리, 즉 복합 원리의 내용은 무엇인가? 위계 조직의 형태와는 달리 네트워크는 대체로 수평적 구성 원리를 따르는 것으로 알려졌다. 그런데 네트워크의 개념을 좀 더 넓게 보면, 현재 관찰되는 네트워크의 아키텍처가 반드시 수평적이고 분산적인 형태로만 나타나는 것은 아니라는 사실을 발견하게 된다. 이러한 복합 원리란 앞 절에서 언급한 바와 같이, 분산적 방식으로 집합된 네트워크 내의 구성 요소들이 무질서하지 않은 패턴으로 작동하게 조율하는 구성 원리를 의미한다. 분산된 형태로 존재하는 하드웨어들을 모아서 구동하는 소프트웨어 프로그램을 떠올리면 이러한 구성 원리의 존재를 이해하기 쉬울 것 같다. 기존의 네트워크 이론(좀 더 넓은 의미에서 복잡계 이론)은 복잡한 세상에서 '의미 있는 단순성'을 밝혀내는 차원에서 이러한 네트워크의 존재론적 구성 원리를 탐구해왔다(Urry, 2003). 이러한 논의의 연속선상에서 볼 때, 복합 네트워크는 수평과 수직의 메커니즘이 일정한 방식으로 복합되는 구성 원리를 바탕으로 나타나는 네트워크이다.

이렇게 수평과 수직이 복합되는 구성 원리를 가장 잘 보여주는 것이 좁은 세상 네트워크small world network의 개념이다. 좁은 세상이란 말 그대로 수많은 노드가 불과 서너 다리만 건너면 서로 연결될 수 있을 정도의 관계를 유지하는 세상을 일컫는다. 보통 희곡 작가 존 구아레John Guare의 희곡 제목에서 유추해 '여섯 단계의 분리'라는 상징적 문구로 일반인들에게 알려졌다. 실제로 실험을 통해서도 이러한 좁은 세상의 형태를 띠는 네트워크의 구조가 드러난 바 있는데, 스탠리 밀그램Stanley Milgram은 미국 사회에서 전혀 모르는 사람들이라도 대략 5.5단계만 거치면 서로에게 도달할 수 있다는 사실을 입증한 바 있다(Milgram, 1974). 한편 미국보다 사회적 밀도가 높은 한국의 경우는 단 4.6단계 만에 연결되는 좁은 세상인 것으로 드러났다(김용학·하재경, 2009: 65).

그렇다면 엄청난 숫자의 노드와 링크로 구성된 네트워크가 단지 몇 단계만 거치면 어디든지 모두 연결되는 좁은 세상의 특징을 보이는 이유는 무엇인가? 네트워크 이론의 용어를 사용해 설명하면, 그 이유는 다름 아니라 네트워크의 아키텍처가 멱함수power law의 분포를 따르는 척도 무관 네트워크scale-free network의 형태라는 데에 있다. 이러한 척도 무관 네트워크의 의미를 쉬운 말로 풀어보면, 네트워크상에 존재하는 노드들은 그 척도, 즉 규모가 모두 같지 않고 특정 노드들이 좀 더 큰 규모를 보이거나 어떤 노드들은 좀 더 작은 규모를 보인다는 것이다. 그리고 이러한 척도 무관 네트워크의 전체 구성이 지니는 특징은 규모가 작은 노드의 숫자는 거의 대부분인 반면에 규모가 큰 노드는 상대적으로 그 숫자가 적다는 것이다. 이것이 바로 자연현상과 사회현상에서 발견되는 네트워크들을 척도, 즉 규모scale가 일정하게 정해지지 않은free 네트워크network인 척도 무관 네트워크라고 부르는 이유이다(민병원, 2005).

실제로 네트워크의 형성과 작동의 원리를 보면, 어느 특정한 노드가 여타의 노드보다 좀 더 많은 역할을 담당하게 되는 현상이 발생한다. 이러한 맥락에서 네트워크상에서 좀 더 중심적인 역할을 담당하게 되는 노드, 즉 허브hub 노드가 출현하게 된다. 이러한 과정에서 주변적 역할을 담당하는 스포크spoke 노드들이 생겨남은 물론이다. 이러한 맥락에서 보면 네트워크의 아키텍처와 작동 방식은 구성 노드들이 균등한 역할을 담당하는 형태가 아니라 어떠한 형태로건 좀 더 중요한 역할, 즉 허브의 역할을 하는 노드가 생성되는 불균등한 형태를 보이게 된다. 실제로 자연계와 인간 사회에서 발견되는 네트워크들을 보면 구성 노드들이 모두 동일한 규모가 아닌 상이한 규모를 가지는 허브형의 구조를 지닌다.

3) 복합 네트워크의 중심성

이러한 시각에서 보면 복합 네트워크는 기본적으로 분산적(또는 수평적) 집합을 전제로 하지만, 그 원활한 작동을 위해서는 통합적(또는 수직적) 원리가 필요한 혼종의 출현을 의미한다. 이러한 복합 네트워크의 혼종으로서 성격을 단적으로 보여주는 개념이 바로 '중심성centrality'이다. 복합 네트워크에서 탈집중의 특성을 보여준 것이 '집합성'의 개념이었다면, 집중의 특성을 보여주는 것은 중심성의 개념이다. 집합성이 주로 복합 네트워크의 개념적 외연에 대한 논의라면, 중심성은 주로 복합 네트워크의 개념적 내포에 대한 논의이다. 다시 말해 집합성이 주로 전략에 대한 논의라면, 중심성은 주로 원리에 대한 논의이다. 이 절에서 다루려는 중심성의 개념에 대해서는 앞서 제1장에서 소셜 네트워크 이론의 논의를 소개하면서 다룬 바 있다. 여기서는 복합 네트워크의 개념적 이해를 돕는 차원에서 간략하게 언급하고자 한다.

복합 네트워크에서 중심성은 '네트워크상의 노드 중에서 상대적으로 중심적 역할을 담당하는 노드, 즉 허브hub의 존재'와 역할을 통해서 복합 구성 원리의 내용을 밝히려는 개념이다. 이러한 중심성에 대한 논의는 아무리 유연한 개념적 외연을 가지는 복합 네트워크라 할지라도 그 개념적 내포는 균질하지 않다는 사실을 반영한다. 그렇다면 개념적으로 외연이 정해져 있지 않고 그 내부 구조도 복합적으로 나타나는 네트워크에서 '중심'이란 어디를 말하는 것인가? 여기서 중심성을 장악한다는 의미는 공간적으로 네트워크의 정중앙에 위치한다는 것이 아니라 기능적으로 중심적 역할을 한다는 뜻으로 이해해야 할 것이다. 이렇게 중심성을 이해하면 무조건 네트워크의 중앙에 위치한다고 해서만 중요한 역할을 담당하는 것은 아니고, 그 중심 노드에 어떠한 노드들이 연결되었는지, 그 노드들이 중심 노드와 어떠한 관계(즉 링크)를 형성하는지 등에 따라서 다양한 역할을 생각해볼 수 있다.

제1장에서 살펴본 비와 같이, 린턴 프리먼은 이러한 중심성의 논의를 세 가지로 구분한다(Freeman, 1977, 1979). 첫째, 연결 중심성은 어느 특정 노드와 다른 모든 노드 간에 형성되는 '링크의 숫자'와 관련되는데, 이는 어느 노드가 얼마나 직접적으로 다른 노드들에 접근할 수 있는지 보여준다. 다른 노드들과 가장 많은 링크를 갖는 노드가 허브의 권력을 발휘할 가능성이 크다. 둘째, 근

접 중심성은 어느 노드와 다른 모든 노드 간에 형성되는 '경로의 길이(또는 단계)'를 의미하는데, 이는 어느 노드가 다른 노드들에 정보를 전달하는 데에 얼마만큼 시간이 걸리는지를 보여준다. 다른 노드들에 가장 짧은 시간에, 또는 가장 적은 단계를 거쳐서 도달할 수 있는 거리에 위치한 노드가 허브의 권력을 발휘할 가능성이 크다. 끝으로, 매개 중심성은 어느 특정 노드를 통해서 전달되는 네트워크상의 '최단 경로의 숫자'와 관련되는데, 이는 연결성을 유지하려고 어느 특정 노드에 의존하는 정도를 보여준다. 노드들의 상호작용이 어느 특정 노드를 거쳐서 이루어지는 경우가 많을수록 그 노드는 허브의 권력을 발휘할 가능성이 크다.

소셜 네트워크 이론은 이러한 중심성의 개념을 가지고 어느 특정 네트워크가 지니는 속성을 이해하려는 시도를 벌인다. 사회 연결망 분석SNA의 기법은 이러한 중심성의 개념을 계량적으로 이해하는 것을 도와준다. 그 외에도 기존의 이론들은 네트워크의 내적 구조의 내용(구성 원리)을 밝히고자 다양한 작업을 펼쳐왔다. 예를 들어 앞서 설명한 바와 같이, 네트워크는 불균등한 규모의 노드들로 구성되는 좁은 세상의 네트워크 또는 허브형 네트워크의 아키텍처를 지닌다. 다시 말해 복합 네트워크의 내부는 균질적인 노드와 링크로 구성된 것이 아니라 허브의 역할을 하는 노드가 있으면 스포크spoke의 역할을 하는 노드가 있고, 강하고 가까운 링크가 있으면 약하고 먼 링크가 있는 척도무관 네트워크의 구조를 따른다는 것이다. 제1장에서 살펴본 바처럼 네트워크 이론에서 말하는 '여섯 단계의 분리', '구조적 공백structural hole', '약한 고리weak ties', '착취혈exploit' 등의 개념은 바로 이러한 네트워크의 성격을 정성적으로 파악하려는 개념들이다(Burt, 1992; Barabási, 2002; Galloway and Thacker, 2007; 뷰캐넌, 2003; 와츠, 2004).

4) 새로운 구성 원리의 사례

이상에서 살펴본 구성 원리를 내포하는 복합 네트워크의 가장 쉽고도 대표적인 사례는 지구적으로 구축된 컴퓨터 통신망인 인터넷이다. '네트워크들의 네트워크a network of networks'라는 인터넷의 별명이 이러한 특징을 잘 반영한다. 실제로 인터넷은 다양한 물리적 네트워크가 축차적으로 진화하면서 결합된 집합체이다. 다양하고 이질적인 배경의 물리적 네트워크들이지만 일정한 프로토콜과 표준을 준수함으로써 거대한 '네트워크들의 네트워크'를 형성할 수 있었다. 다시 말해 인터넷이라는 네트워크는 탈집중적으로 퍼진 하드웨어의 요소가 논리적으로 일관된 구성 원리를 지닌 소프트웨어의 요소를 통해서 조율되는 혼종의 네트워크이다.

정보혁명을 바탕으로 출현한 복합 네트워크로서 인터넷에 대해서는 제4장에서 상세히 다룰 것이다. 여하튼 기술과 표준의 결합체로서 출현한 인터넷은 정보와 지식, 커뮤니케이션을 교류하는 소셜 네트워크의 인프라를 제공한다. 이러한 소셜 네트워크를 통해서 사람과 사람들을 연결하는 다층적인 복합 네트워크가 영토적 공간을 넘어서 확산된다. 다양한 형태의 인터넷 커뮤니티와 소셜 네트워크가 그 사례들이다. 최근 주목받는 트위터, 페이스북, 유튜브 등과 같은 소셜 미디어의 확산은 이러한 복합 네트워크 현상을 강화하고 있다. 넓게 보아 웹 2.0이라고 불리는 기술의 진화는 복합 네트워크로서 인터넷의 특징을 좀 더 두드러지게 한다. 21세기 세계정치에서도 사이버공간에서뿐만 아니라 오프라인 공간에서도 이러한 복합 네트워크들이 발견된다(김상배, 2010a).

예를 들어 제11장에서 다루는 사이버 안보의 사례는 새로운 구성 원리를 따르는 복합 네트워크의 부상을 잘 보여준다. 전통적 안보의 문제와는 달리 사이버 테러는 국가 행위자 간의 게임이 아니라 체계적으로 조직되지 않은 네트워크 형태의 행위자들이 벌이는 게임이다. 최근 인터넷의 확산으로 말미암아 네트워킹에 드는 비용이 급속히 하락함에 따라 복합 네트워크의 메커니즘에 의지하는 비국가 행위자들이 예전에는 상상할 수도 없던 힘을 발휘하고 있다. 게다가 사이버 테러나 공격은 인간 행위자와 컴퓨터라는 매개체가 복합적으로 관여하는 비선형적 방식으로 진행되므로 누가 범인인지 밝혀내기도 어렵다. 사실 그 배경이 되는 인터넷 자체의 구조적 속성인 이른바 착취혈의 존재가 이러한 네트워크 행위자들의 힘이 먹혀들어가는 빌미를 제공한다. 이 밖에도 지구화와 정보화의 환경을 배경으로 부상한 복합 네트워크는 초국적 세계 금융 네트워크와 다양한 형태의 초국적 사회운동이나 문화 네트워크, 엘리트 차원에서 구성되는 지식 네트워크 등의 사례에서도 발견된다.

이렇게 새로운 구성 원리를 따르는 복합 네트워크의 부상은 앞서 언급한 네트워킹의 전략 또는 '집합의 전략'이라는 차원을 넘어서, 행위자 차원에서 새로운 변환 전략의 발상을 요구한다. 제1장에서 살펴본 네트워크 조직 이론의 시각에서 볼 때, 고유한 구성 원리를 갖는 복합 네트워크 환경의 출현에 대응해 행위자 자체가 존재론적으로 형태를 변환하거나 내적 구조를 개혁할 필요성이 생긴다. 이러한 논의는 기존에 위계 조직의 형태를 띠었던 국제정치의 행위자가 새로운 복합 네트워크 형태의 조직을 닮아간다는 '네트워크 국가'에 대한 논의와 연결된다(하영선·김상배 엮음, 2006). 새로운 혼종의 구성 원리를 지니는 국가 행위자(네트워크 국가)가 복합세계정치의 전면에 등장하는 사례는 이 책에서 다루는 디지털 외교에서 보이는 정부의 역할, 국가의 사이버공간 재진입, 초국적 시민사회 네트워크에 대한 국가의 견제 등의 논의에서 찾아볼 수 있다.

새로운 구성 원리를 갖는 복합 네트워크는 그 수평의 원리와 수직의 원리가 복합되는 정도나 방식에 따라서 상이한 유형들이 나타날 수 있다. 달리 말하면 네트워크상에서 노드들이 차지하는 위상과 담당하는 역할, 즉 중심성에 따라서 다양한 종류의 네트워크를 상정할 수 있다. 이러한 복합 네트워크의 유형에 대한 논의는 우리 주위에서 발견되는 네트워크의 전략이나 네트워크의 환경이 획일적 형태가 아니라 다양하게 나타나므로 중요하다. 이는 행위자와 구조의 상호작용을 탐구하는 문제인 동시에, 행위자와 구조가 각기 그리고 공히 지니는 새로운 복합의 구성 원리를 면밀히 천착하는 문제이다. 여기서 복합의 구성 원리는 행위자의 원리인 동시에 구조의 원리, 더 나아가 양자를 포괄하는 원리를 의미한다. 이러한 복합 네트워크의 유형에 대한 분석적 논의는 다음 절에서 자세히 다루었다.

4. 새로운 세계질서로서 네트워크

1) 복합의 개념 ③: 공존·공진

가장 넓은 의미에서 복합은 물리적 집합이나 화학적 혼종의 의미를 넘어선다. 복합은 현재 존재하는 모든 것이 어우러진 질서, 즉 모든 것을 포괄하는 구도를 뜻한다. 이러한 복합은 〈그림 2-4〉에서 보는 바와 같은 일종의 메타meta-개념인데, 중층, 중첩, 공존, 병존並存 등의 의미와도 유사하다. 앞의 두 절에서 다룬 복합의 개념이 물리학적 또는 화학적 배경을 갖는 개념이라면, 이 절에서 주목하는 복합은 생물학적 논의를 바탕에 깔고 있다. 이렇게 이해된 복합 질서는 다양한 생물이 생태계를 이루어 함께 모여 사는 공존의 복합 질서인 동시에 '함께 살면서 함께 변한다'는 의미에서 공진共進, co-evolution의 복합 질서이다. 여기서 유의할 점은 공진의 의미 안에는 현 상태에 대한 실증적 서술뿐만 아니라 변화의 방향에 대한 규범적 의미가 담겨 있다는 사실이다(하영선·조동호 엮음, 2010).

공존과 공진이라는 관점에서 이해된 복합의 개념을 요리에 비유하자면, 복합 요리는 다양한 재료와 방식으로 만들어진 요리를 패키지로 만들어서 전체 요리의 '코스'를 제공하는 의미를 가진다. 다시 말해 하나하나 요리의 복합

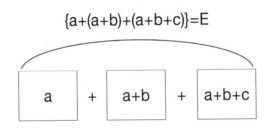

〈그림 2-4〉 공존·공진으로서 복합

$$\{a+(a+b)+(a+b+c)\}=E$$

을 논하는 차원을 넘어서 여러 가지 요리를, 즉 그것이 단순 요리이건 복합 요리건 간에 전체적으로 어우러져서 하나의 세트를 만드는 개념이다. 예를 들어 만약에 복합 요리의 코스가 있다면, 주요리로는 '퓨전 요리'를 먹더라도 전체 요리로는 일식이 있고, 중식의 수프도 있고, 반찬으로 김치도 있고, 디저트로 케이크와 커피도 있는 식탁 차리기로서의 복합이라고나 할까? 여기에 덧붙여 '맛있는 요리', '보기 좋은 요리', '배부른 요리' 등과 같이 복합 코스 요리의 철학과 가치를 부여하는 것도 생각해볼 수 있다.

2) 공존·공진의 질서로 보는 복합 네트워크

이러한 의미에서 복합을 이해하면 복합 네트워크란 상이한 유형의 네트워크들이 둘 이상 공존 또는 공진하면서 질서를 이루는 상태를 의미한다. 여기서 공존·공진과 짝을 이루는 '질서order'의 개념에 대해서 살펴볼 필요가 있다. 사실 복합이나 네트워크라는 말처럼 질서라는 말도 우리가 일상적으로 너무 많이 사용하는 용어 중 하나이어서 간혹 여러 가지 오해를 낳기도 한다. 도대체 질서라는 것은 구체적으로 어떠한 상태를 의미하며, 이는 어떻게 형성되어 어떠한 메커니즘을 통해서 작동하고 변화하는가? 이와 관련해 이 책은 영국의 국제정치학자인 헤들리 불이 최소한으로 규정한 질서 개념을 논의의 출발점으로 삼고자 한다(Bull, 1977).

간단히 정리하면, 불이 말하는 질서의 개념은 세 가지 측면에서 이해할 수 있다. 첫째, 불이 말하는 질서란 무질서disorder에 대비되는 뜻으로 사용하는 최소한의 의미이다. 즉, 아무런 규칙이 없이 쌓인 책 더미와는 달리 나름대로 규칙을 가지고 책꽂이에 꽂힌 책의 배열과도 같은 의미이다. 둘째, 불이 말하는 질서, 즉 일정한 규칙을 갖는 배열은 반드시 정의롭고 규범적인 상태를 전제로 하는 개념은 아니다. 질서란 단지 실증적으로 가능한 상태 그 자체를 의미할 뿐이다. 다시 말해 책꽂이의 책이 가장 바람직한 방법으로 꽂혀 있지 않더라도 일정한 패턴을 가지고만 있다면 이는 질서를 가지는 것이 된다. 끝으로, 이러한 질서는 법과 제도 같은 법률상de jure 차원에 이르지는 않았더라도, 일정한 규칙을 기반으로 둔 사실상de facto의 메커니즘을 통해 구성되고 작동한다.

이러한 개념 인식을 바탕으로 할 때 세계정치에서 질서란 '현존하는 정치구조'를 의미하는 것으로 이해할 수 있다. 여기서 '정치'라는 말을 사용한 이유는 질서의 형성이라는 것이 미리 그 정답이 정해진 종류의 게임이 아니라 행위자들의 관계 속에서 스스로 만들어간다는 뜻을 담고 싶기 때문이다. 그런데 국제정치학의 시각에서 볼 때 흥미로운 점은 이렇게 이해된 질서의 형성과 작동은 이에 참여하는 행위자들의 이해관계를 중립적으로 반영하기보다는 대부분 특정한 형태의 권력을 매개로 한다는 사실이다. 세계정치의 상호작용이 일어나는 방식의 일정한 패턴, 즉 질서는 그러한 형성과 작동 과정에 참여하는 행위자들의 행위를 규정하는 '권력 구조'로서 작동하기 마련이다.

질서에 대한 이러한 시각을 원용하고시 볼 때, 복합 네트워크란 단순 네트워크와 다양한 형태의 복합 네트워크까지도 포함하는 네트워크 여러 개가 겹쳐진 질서(패턴)이다. 이를 망중망網重網, a network of networks의 질서라고 부를 수도 있겠다. 망중망이란 말 그대로 '중첩된 네트워크들'이다. 망들 위에 중첩된 망이라는 수직적 층위의 의미로 이해해 '메타 질서'의 형태를 띠는 '메타 네트워크meta-network'라고 할 수도 있겠고, 여러 가지 다른 형태를 띠는 유형의 네트워크들이 수평적으로 병존하면서 겹치는 상태로서의 '망제網際, inter-network 상태'라고 할 수도 있겠다. 요컨대 망중망이라는 말은 전일적 형태의 네트워크가 아니라 아무리 모든 것이 연결된 네트워크라고 하더라도 몇 가지의 하위 네트워크라는 것을 판별해낼 수 있고 이러한 네트워크들이 서로 연결되고 중첩된 상태를 지칭한다.

이렇게 복합 네트워크를 여러 가지 행위자-구조로서의 네트워크들이 공존·공진하는 질서로 볼 경우 관건이 되는 것은 그 질서 전체가 갖게 되는 '정체성identity'이다. 여기서 정체성이란, 앞서 언급한 집합성이나 중심성과 대비해 복합 네트워크를 규정하는 세 번째 속성이다. 다시 말해 집합성과 중심성이 복합 네트워크의 수평과 수직의 성격을 규정하는 양대 축이라면, 정체성은 복합 네트워크라는 전체 판의 테두리를 규정하고 그 복합 네트워크가 지향하는 목적론이나 존재 근거 또는 가치관 등을 제시하는 것을 의미한다. 정체성은 복합 네트워크 성립의 전제가 되는 프로그램 또는 게임의 규칙을 정하는 문제이기도 하다. 그렇다면 이러한 복합 네트워크 질서의 정체성, 즉 망중망질서의 성격을 어떻게 파악할 것인가?

3) 복합 네트워크의 유형론

복합 네트워크의 정체성을 파악하는 데에 도움을 주는 네트워크 이론의 성과는 주로 네트워크의 유형에 대한 논의를 중심으로 이루어져 왔다. 왜냐하면 복합 네트워크의 질서를 그 하위에 공존·공진하는 이질적인 행위자-구조(네트워크)들의 복합 질서로 파악한다면, 그 구성 단위가 되는 다양한 네트워크의 유형을 개념적으로 구별할 필요가 있기 때문이다. 기존의 네트워크 유형에 대한 논의는 주로 경제학이나 사회학을 중심으로 진행되었다. 그러나 이들 논의는 지나치게 단순한 감이 있다. 예를 들어 기존의 네트워크 논의는 통상적으로 수직적 질서로서의 '위계'와 수평적 질서로서의 '시장'의 중간 지대에 속하는 수직-수평의 복합 질서를 모두 통틀어 '네트워크'라는 범주로 구분해 이해

	단허브형 아키텍처	다허브형 아키텍처	탈허브형 아키텍처
형태			
집중의 작동 방식	① 위계 조직 모델	③ 주권국가 모델	⑤ 인터넷 모델
탈집중의 작동 방식	② 제국 모델	④ 경쟁 시장 모델	⑥ 장터 모델

자료: 김상배(2010a:126)의 수정·보완.

한다. 그러나 복합 네트워크의 특성을 가시적으로 보여주려면 네트워크 그 자체의 유형을 좀 더 세분화해볼 필요가 있다.

기존의 네트워크 유형에 대한 논의들은 네트워크를 구성하는 노드가 무엇이냐, 노드들이 어떠한 성격을 갖느냐, 노드들을 연결하는 링크의 강도와 내용, 상호작용의 양과 빈도, 그리고 그 전체적 구도는 어떠한가 등에 따라서 다양한 방식의 유형론을 펼친다. 예를 들어 집중적인지 분산적인지, 수직적인지 수평적인지, 경계가 있는지 없는지, 범위가 제한적인지 아닌지, 개방적인지 폐쇄적인지, 포용적인지 배제적인지, 응집적인지 확장적인지, 일방적인지 쌍방향적인지 등에 따라서 네트워크의 유형을 구분한다(Barney, 2004: 26~27). 그런데 이러한 기존의 논의들을 그대로 원용하기에는 다소 난삽한 점이 있다. 따라서 이 책에서는 복합 네트워크의 구성 원리에서 나타나는 차이를 보여주는 최소한의 유형 구분의 잣대를 원용하고자 한다.

이 책이 주목하는 네트워크의 유형 구분의 기준은 〈표 2-2〉에서 보는 바와 같은 두 가지이다. 가로축은 네트워크의 아키텍처가 어떻게 짜였는가를 중심으로 단허브형, 다허브형, 탈허브형 네트워크의 세 가지 형태로 나눌 수 있다. 세로축은 네트워크의 작동 방식이 어떠하냐에 따라서 집중 네트워크와 탈집중 네트워크의 두 가지 형태로 구분할 수 있다. 이렇게 해서 도출되는 상이한 유형의 네트워크들은 이론적 차원에서 본 일종의 '인자형genotype'인데, 실제 현실에서 나타나는 '표현형phenotype'은 이들 인자형이 다양한 방식으로 복합되어 나타나는 형태가 될 것이다. 〈표 2-2〉에서 제시한 바와 같은 유형 구분을 바탕으로 해서 네트워크들이 구성된 원리나 작동하는 방식을 이해하면, 동일한 노드들이 구성하는 네트워크라도 상이한 정체성을 갖는 여섯 가지 상이한 유형의 네트워크들로 분별할 수 있다.

① 영역은 단허브형 아키텍처와 집중의 작동 방식을 지니는 위계 조직 모델 또는 독재 모델이다. 이는 단순 네트워크 모델이라고 할 수 있는데, 이러한 ① 영역의 유형을 제외하면, 나머지 다섯 영역의 유형은 모두 아키텍처와 작동 방식이 단순 네트워크의 그것과는 다른, 복합 네트워크의 각기 다른 사례이다. 이러한 다섯 유형은 앞 절에서 설명한 복합의 고유한 구성 원리를 갖는 네트워크, 즉 혼종으로서 네트워크의 사례들이라고 할 수 있다. 다만 그 수평적 원리와 수직적 원리가 섞이는 정도와 방식이 다르게 나타날 뿐이다.

② 영역은 단허브형 아키텍처와 탈집중의 작동 방식을 지닌 복합 네트워크이다. 이는 21세기 제국 모델 또는 성군聖君 모델이라고 이름 붙일 수 있다. 이 유형은 네트워크상의 모든 노드가 중심의 허브로 통하는 방사형(즉, 수직적이라고 인식할 수 있는) 아키텍처를 갖지만, 그 네트워크가 작동하는 과정에서 모든 노드의 이해관계가 반영되는 독특한 '복합성'을 가진다. 마이클 하트와 안토니오 네그리가 말하는 '외부에 경계를 갖지 않는' 질서로서의 '21세기 제국'에 대한 이미지는 바로 이 영역에 있는 복합 네트워크의 특성과 일맥상통한다(Hardt and Negri, 2000).

③ 영역은 다허브형 아키텍처와 집중의 작동 방식을 지닌 복합 네트워크이다. 근대 국제정치에서 나타나는 주권국가 모델이 여기에 해당한다고 볼 수

있다. 상대적으로 비슷한 규모를 갖는 노드군들의 상위에 또 다른 권위체가 없다는 점에서 다허브형의 아키텍처로 개념화할 수 있지만, 이들 행위자를 관통하는 주권의 원칙이 존재한다는 점에서 탈집중적으로 작동한다고 볼 수는 없다. 특히 역사적으로 이러한 국가 모델은 패권 국가의 존재를 전제로 해서 질서가 유지되는 경우가 많았다. 그 패권의 숫자에 따라서 작동 방식의 형태가 달라졌는데, '냉전 모델'은 다허브형의 아키텍처가 집중의 방식으로 작동한 사례이다.

④ 영역은 다허브형 아키텍처와 탈집중의 작동 방식을 지닌 복합 네트워크이다. 여러 기업이 공정하게 경쟁하는 자유주의적 시장 모델이 여기에 해당한다고 볼 수 있다. 이러한 경쟁 시장 모델에서는 기업 행위자들이 이익을 극대화하고자 행동하지만 '보이지 않는 손'으로서 시장의 원칙이 작동한다. 그러나 이러한 이상주의적 시장에서는 다허브형의 아키텍처가 훼손되지 않으면서 일종의 독과점 현상을 통해서 특정한 노드가 비대해지는 현상이 발생하기도 한다. 이러한 경우 최근 마이크로소프트나 구글의 사례에서 보는 바와 같이, 정부 차원의 반독점 제소가 이루어지기도 한다(McKelvey, 2001: 212).

⑤ 영역은 탈허브형 아키텍처와 집중의 작동 방식을 지닌 복합 네트워크이다. 우리가 흔히 복합 네트워크라고 하면 이러한 유형의 네트워크를 떠올리게 되는데, 외관상으로는 분산적이고 탈집중적으로 보이지만 혼란스럽지 않게 작동하는 내적 원리를 가지기 때문이다. 앞서 살펴본 물리적 네트워크로서의 인터넷이 바로 이러한 복합 네트워크의 대표적 사례이다. 인터넷이라는 네트워크는 탈집중적으로 퍼진 하드웨어의 요소가 논리적으로 일관된 구성 원리를 지닌 소프트웨어의 요소를 통해서 조율되는 혼종의 네트워크이다.

⑥ 영역은 탈허브형 아키텍처와 탈집중의 작동 방식을 지닌 복합 네트워크이다. 이는 장터 모델 또는 민주주의 모델이라고 할 수 있다. 이러한 복합 네트워크 모델의 가장 중요한 특징은 이미 주어진 '집중'의 구성 원리가 있는 것은 아니지만, 그 작동 과정에서 그에 준하는 구성 원리가 자기조직화된다는

사실이다. 예를 들어 장터 모델은 판매자와 구매자의 역할 구분이 없이 사람들이 어지럽게 오가며 거래하는 장터를 비유한 복합 네트워크 모델이다. 이 모델에서는 구성 원리가 아예 없는 것은 아니지만 노드들이 소통하는 과정에서 스스로 구성 원리를 조직하는 경향이 많다.

4) 공존·공진 질서의 사례

이 절에서 다루는 공존·공진의 질서로서 복합 네트워크는 이들 개별적 네트워크의 성격에 대한 논의가 아니다. 각기 복합의 구성 원리를 가지는 이들 네트워크가 둘 이상이 섞여서 형성하는 네트워크들의 복합 질서에 대해서 논하고자 한다. 사실 현실에서는 여섯 영역의 네트워크 중에서 어느 하나만이 득세하는 형태로 나타나지는 않는다. 오히려 둘 이상이 서로 경합하면서 복합되는(공존하면서 공진하는) 모양새로 나타난다. 이 책에서 강조하는 네트워크 간의 정치, 즉 망제정치의 개념은 바로 이러한 인식을 바탕으로 했다. 여러 학자의 관심사 중 하나는 서로 경합하는 복합 네트워크의 동학이었다. 특히 지배와 대항의 네트워크가 벌이는 경합이 대표적 사례인데, 이들은 모두 복합 네트워크로 개념화할 수 있지만 그 아키텍처와 작동 방식은 다르게 나타난다.

예를 들어 질 들뢰즈와 펠릭스 가타리가 제시한 수목樹木, arborescence과 리좀rhizome의 사례는 ① 영역과 ⑥ 영역의 경합을 보여준다. 들뢰즈와 가타리에 의하면, 리좀은 중심이 없이 사방으로 뻗어나가는 뿌리와도 같은 상태, 즉 일종의 하이퍼텍스트와 같은 아키텍처를 은유한다. 리좀에 대비되는 것은 굵은 본 뿌리를 가운데 놓고 바깥으로 퍼져나가는 모양의 뿌리인데, 이를 들뢰즈와 가타리는 수목이라는 은유로 표현한다. 수목이 단선적이고linear 이분법적이며 위계적인 특성을 가진다면, 리좀은 비단선적non-leaner이고 이질적이고 다층적인 특성을 지닌다(Deleuze and Guattari, 1987).

하트와 네그리의 논의도 ② 영역의 제국帝國, empire의 복합 네트워크와 ⑥

영역의 다중多衆, multitude의 복합 네트워크가 경합하는 세계를 그려낸다. 자율주의autonomia 철학자들의 논의에 기원을 두는 다중의 개념은 21세기 제국에 대항하는 의미로 사용되어 널리 알려진 바 있다. 하트와 네그리에 의하면, 21세기 다중의 아키텍처와 작동 방식은 무중심無中心과 무외연無外延 및 탈脫영토성을 특징으로 한다는 점에서 21세기 제국의 그것과 유사하다. 이러한 점에서 다중은 21세기 사회운동에 내재한 복합 네트워크로서의 특성을 표현하기 위한 탈근대적 개념이다(Hardt and Negri, 2000, 2004).

에릭 레이몬드Eric Raymond가 소프트웨어 개발 모델의 두 가지 형태로 대비한 성당cathedral 모델과 장터bazaar 모델도 ② 영역(또는 ⑤ 영역)과 ⑥ 영역에서 나타난 복합 네트워크의 경합을 보여준다. 레이몬드가 말하는 성당 모델이란 마치 중세의 성당을 한 사람의 위대한 건축가가 설계했듯이, 극소수 행위자가 독점적 지위를 유지하며 지식을 생산하는 방식을 의미한다. 레이몬드는 이러한 성당 모델을 마이크로소프트의 소프트웨어 개발 방식에 빗대는데, 이에 대해 리눅스와 같은 오픈 소스 소프트웨어의 개발 모델을 장터 모델로 부른다. 장터 모델에서는 네트워크상의 다양한 노드처럼 소프트웨어의 개발에 자발적으로 참여하는 개발자 그룹의 존재가 중요한 의미를 가진다(Raymond, 2001).

좀 더 쉬운 사례로는 인터넷, 특히 웹의 역사에서 찾아볼 수 있는 웹 1.0과 웹 2.0의 사례는 ⑤ 영역(또는 ② 영역)과 ⑥ 영역의 경합 내지는 중첩을 보여준다. 웹 1.0은 인터넷의 물리망을 통해서 하이퍼텍스트 기술을 이용해 정보를 공유하고자 개발된 시스템이다. 웹 1.0의 아키텍처 아래에서 사용자들은 웹 운영자가 제공하는 콘텐츠를 소비하는 모델이었다. 이에 비해 2000년대에 들어 등장한 웹 2.0은 누군가가 만들어서 공급하는 웹이 아니라 불특정 다수의 사용자가 능동적으로 참여해서 만드는 웹을 특징으로 한다. 이를 바탕으로 시공간적으로 흩어진 독립적 참여자들 모두가 자유롭게 그 누구의 허가도 필요 없이 특정 서비스의 발전이나 웹 전체의 발전에 참여할 수 있는 구조가 가능해졌다(김상배, 2010a).

5) 메타 질서로서 네트워크 질서

이렇게 둘 이상의 복합 네트워크가 공존하고 경합하면서 질서를 이루는 모습은 21세기 세계질서에서도 나타난다. 21세기 세계질서는 국민국가라는 노드 행위자들이 경쟁하는 단순 질서로서의 무정부 질서가 아닌, 국민국가뿐만 아니라 그 외 다양한 형태의 노드 및 네트워크 행위자들이 경합하는 복합 질서로 개념화할 수 있다. 다시 말해 21세기 세계질서는 국가 중심의 근대 국제질서와 비국가 행위자들의 부상으로 말미암아 형성되는 탈근대 초국적 질서가 복합된 질서이다. 이러한 복합 질서에서 '복'의 의미는 근대와 탈근대라는 상이한 구성 원리를 갖는 둘 이상의 질서가 공존한다는 것이고, '합'의 의미는 두 질서가 합쳐져서 새로운 질서를 만들어간다는 것으로 해석할 수 있다.

이 책의 제3부에서 언급하는 사례들은 이러한 질서들의 공존으로서 복합 질서의 면모를 보여준다. 특히 21세기 세계정치에서는 행위자와 문제 영역의 다양성과 연계성이 급증해 거버넌스가 복합적 형태로 이루어진다. 국가 간 양자 협력 외에 공식 국제기구, 비공식 정부 협의체 및 초국가 네트워크 등이 구성하는 복합 네트워크들이 서로 공존하고 공진하면서 새로운 거버넌스가 모색된다. 동아시아 차원에서도 이러한 복수의 질서가 공존하면서 공진하기는 마찬가지이다. 특히 공식 차원과 비공식 차원에서 동시다발적으로 진행되는 복합 네트워크화의 조짐이 나타난다. 예를 들어 최근 일본 후쿠시마 원자력발전소 붕괴 사고 이후 동아시아 핵 문제는 북핵 개발로 말미암아 나타난 한반도의 군사 안보를 넘어서 에너지와 관련된 경제 안보의 성격을 띠게 되었을 뿐만 아니라 환경, 문화, 지식 등이 관련되는 탈근대 복합 안보의 문제로 떠올랐다.

이러한 의미로 복합 질서를 보면, 서양에서 중세 봉건 질서로부터 근대 국제질서로의 변환기도 복합 질서가 두드러지게 출현했던 사례가 될 수 있다. 마찬가지로 동아시아에서도 서로 상이한 둘 이상의 구성 원리가 공존하면서 변환의 질서를 이루는 상태가 존재했다. 예를 들어 동아시아에서 복합 질서의 역사적 사례는 명청 교체기를 겪었던 17~18세기의 동아시아를 들 수 있다. 특히 당시의 질서 변환은 조선의 지식인들에게 큰 혼란을 안겨준 바 있다. 좀 더 거시적 차원에서 발견되었던 비슷한 사례로는 중국 중심의 전통 천하질서와 서양에서 비롯된 근대 국제질서의 복합을 겪었던 19세기 동아시아에서도 발견된다(하영선, 2011). 이러한 변환기 질서에서 나타나는 공존의 상태가 단순하고 정태적인 방식이 아니라 복합적이고 동태적인 방식으로 이루어진다는 것이 이른바 '복합조직원리론'의 골자이다(전재성, 2011).

그런데 이러한 공존으로서의 복합이라는 관점에서 본 세계질서론, 즉 '복합조직원리론'은 앞서 복합전략론에 대해서 제기되었던 것과 같은 지적을 받을 가능성이 크다. 즉, 복합 질서에서 각기 다른 구성 원리를 갖는 둘 이상의 질서가 복합되는 내용과 공식은 무엇인가? 사실 정태적 '공존'이 아닌 동태적 '공진'의 개념은 그 안에 이러한 지적에 대한 답을 품은 것이 사실이다(하영선·조동호 엮음, 2011). 다시 말해 '공진'은 행위자와 행위자, 동시에 행위자와 구조가 서로 상호작용하는 '자기조직화'를 통해서 새로운 구성 원리의 질서를 향해서 진화하고 창발하는 과정이기 때문이다. 그러나 아직 21세기 복합 질서에 대한 논의는 이러한 질문에 대한 명시적 대답을 제시하지 못했다.

이 절에서 제시한 공진의 관점에서 본 세계질서론은 여러 구성 원리가 집합(공존)된 세계질서에 대한 논의나 이들을 통합하는 '새로운' 단순의 구성 원리를 찾는 데에서 그치지 않는다. 오히려 공진의 세계질서론은 여러 구성 원리를 아우르는 '메타 구성 원리'를 찾는 문제로 요약할 수 있다. 쉽게 말해 '질서들의 질서an archy of archies'로서의 복합 질서 또는 메타 질서의 내용을 밝히는 문제이다. 이런 점에서 21세기 세계질서의 '정체성'을 밝히는 문제는 새로운 세계질서의 '복합 구성 원리론'을 넘어서 기존의 국제질서와 새로운 세계질서를 아우르는 '메타 구성 원리론'으로 나아가야 한다.

여기서 한 가지 유의할 것은, 공진으로서 복합에 대한 논의는 '현재'에 대한 실증적 분석을 넘어서 바람직한 '미래'에 대한 규범적 처방을 담을 가능성이 크다는 점이다. 다시 말해 여러 구성 원리를 아우르는 21세기 세계질서의 메타 구성 원리에 대한 문제 제기는 '실증 복합세계정치'를 넘어서는 '규범 복합세계정치'에 대한 논의와 연결될 수밖에 없다(전재성, 2012). 특히 이미 존재하는 각기 다른 구성 원리의 질서들을 우리의 관념 속에서 재구성해 투사하는 문제는 현상에 대한 실증적 서술이라기보다는 목적론과 실천론의 의도가 강하게 반영되는 또 다른 의미의 권력정치가 될 것이기 때문이다.

요컨대 이상에서 제기한 메타 구성 원리론의 탐구는 기존 현실주의, 자유주의, 구성주의 등과 같은 기존 국제정치이론이 딛고 선 세계질서의 메타 구성 원리론에 대한 비판적 검토를 바탕으로 해야 한다. 이 책의 서론에서 간략히 다룬 기존 국제정치이론에 대한 성찰은 바로 이러한 취지에서 이루어졌다. 이러한 문제의식의 연속선상에서 이 책은 21세기 세계질서의 메타 구성 원리를 무정부 질서anarchy와 위계질서hierarchy의 중간에 존재하는 질서라는 의미로 '네트워크아키networkarchy' 또는 네트워크 질서라고 개념화했다. 제7장에서 자세히 살펴볼 네트워크 질서의 개념은 공존과 공진으로서 복합 질서를 네트워크의 시각을 빌려 파악하려는 시도이다.

5. 네트워크로 보는 세계정치

이 장에서는 새로운 외교 전략의 부상, 새로운 구성 원리의 출현, 새로운 세계질서의 창발이라는 세 가지 차원에서 네트워크의 국제정치학적 의미에 대한 이론적 논의를 펼쳤다. 특히 이 장에서는 네트워크의 내용이 무엇이며 그것이 세계정치의 변환에 어떠한 의미를 던지는지를 탐구하는 데에 초점을 맞추었다. 이를 좀 더 분석적으로 파악하고자 이 장에서는 복합의 시각에서 네트워크의 개념을 탐구했다. 복합의 개념에다가 네트워크의 개념을 더해서 살펴본 이유는 네트워크라는 개념이 행위자들의 복합적 행동(네트워킹의 과정)뿐만 아니라 그러한 행동에 영향을 미치는 복합적 구조, 그리고 더 나아가 행위자와 구조가 상호 구성되는 원리를 복합적으로 잡아내는 데에 도움을 주기 때문이었다. 그 결과 이 장에서 네트워크 세계정치를 이해하는 논의의 플랫폼으로서 마련한 것은 집합성과 중심성, 정체성의 세 가지로 구성되는 복합성의 개념으로 요약된다.

복합 네트워크란 크게 두 가지로 나뉘는 특성을 지닌다. 그 하나는 상대적으로 유연하고 규모를 조절할 수 있으며 재생 가능한 외적 경계를 가진 네트워크라는 점이고, 다른 하나는 상대적으로 불균등하고 비대칭적인 허브가 존재하는 내적 구조를 가진 네트워크라는 점이다. 전자가 수평적 내지는 분산적 구성 원리에 기반을 두는 네트워크의 모습이라고 한다면, 후자는 수직적 내지는 통합적 구성 원리에 기반을 두는 네트워크의 모습이라고 할 수 있다. 복합 네트워크에서 전자에 있는 탈집중의 특성을 보여준 것이 집합성의 개념, 즉 '모듈의 형태로 존재하는 여러 요소가 모여서 구성되는 성격'이었다면, 후자에 있는 집중의 특성을 보여주는 것은 중심성의 개념, 즉 '네트워크상의 노드 중에서 상대적으로 중심적 역할을 하는 노드(허브)가 있다는 성격'이다. 이렇게 분화와 통합, 즉 분합分合을 담아내는 집합성과 중심성은 복합 네트워크 개념의 실질적 내용을 채우는 양대 축이라 해도 과언이 아니다.

복합 네트워크의 세 번째 특징인 정체성은 집합성과 중심성의 개념을 포괄하면서 복합 네트워크의 전반적 성격, 즉 경계와 목적, 더 나아가 가치와 규범까지도 규정하는 개념이다. 그러나 정체성은 집합성이나 중심성과 동일한 층위에서 이해되는 개념은 아니다. 오히려 정체성은 집합성과 중심성이 다양한 방식으로 복합되면서 구성되는 둘 이상의 상이한 복합 네트워크가 공존·공진하는 방식을 규정하는 메타 개념이다. 엄밀하게 말하면 '네트워크들이 네트워크를 구성하는 복합의 원리'에 대한 논의라고 할 수 있다. 〈그림 2-5〉에서 묘사된 바와 같이, 네트워크 이론으로 보는 복합성(복합 네트워크의 특성)의 개

〈그림 2-5〉 복합성의 개념적 구성

$$복합성\ complexity\ k = \frac{집합성\ f(collectivity) + 중심성\ g(centrality)}{정체성\ h(identity)}$$

념은 집합성과 중심성의 개념을 분자로 하고 정체성의 개념을 분모로 하는 일종의 분수로 이해할 수 있다.

이러한 복합 네트워크에 대한 개념적 논의를 바탕으로 볼 때, 네트워크 세계정치 연구는 다음과 같은 세 가지 방향으로 진행되어야 한다. 첫째, 네트워크 세계정치 연구는 복합 외교(엄밀히 말하면 복합 네트워킹 외교)로 대변되는 새로운 '집합의 전략'을 탐구해야 한다. 21세기 네트워크 세계정치의 부상에 대응하는 복합 외교의 방향은 다양한 분야에 걸쳐서 다양한 행위자가 참여해 다양한 권력 자원과 활동 공간을 복합적으로 활용하는 쪽으로 추구되어야 한다. 다시 말해 21세기 세계정치에서 '집합성'이 지니는 의미를 제대로 밝혀낼 필요가 있다. 그렇지만 집합의 전략이라는 관점에서 보면 복합 외교의 전략을 수행하는 데에는 정해진 공식이 미리 존재하는 것이 아니다. 따라서 외교를 추진하는 주체나 방법 및 대상 등과 관련해 기존의 단순외교의 발상을 넘어서는 새로운 복합의 발상을 갖는 것 자체가 중요하다. 그리고 그럼에도 구체적 사안에 대한 해법을 마련하는 과정에서 동원할 수 있는 자원의 성격이나 전략의 내용에 대한 구체적 탐구도 게을리 할 수 없다.

둘째, 네트워크 세계정치 연구는 새로운 구성 원리를 담은 행위자와 구조의 출현을 탐구해야 한다. 최근 사이버공간에서뿐만 아니라 오프라인 공간의 세계정치에서도 새로운 구성 원리를 따르는 복합 네트워크 행위자들이 부상하고 있다. 이들의 부상이 중요한 것은 기존의 국제정치와는 다른 방식으로 작동하면서 21세기 세계정치의 장에서 '중심성'의 역할을 발휘하기 때문이다. 예를 들어 전통적 안보의 문제와는 달리 사이버 공격과 테러는 체계적으로 조직되지 않은 네트워크 형태의 행위자들이 두드러진 활동을 벌인다. 또한 세계 금융 위기 이후 주목받는 세계 금융의 주체들은 복합 네트워크의 구성 원리를 따르고 이를 잘 활용하는 새로운 행위자들이다. 그 외에도 기존의 단순 국제 정치의 시각에서는 크게 주목되지 않았던, 다양한 형태의 초국적 사회운동이나 문화 네트워크, 그리고 엘리트 차원에서 구성되는 정책 지식 네트워크 등과 같은 행위자들의 역할을 탐구해야 한다.

끝으로, 네트워크 세계정치 연구는 여러 가지 상이한 구성 원리가 공존·공진하는 21세기 세계질서의 아키텍처와 작동 방식의 탐구에 각별한 주의를 기울여야 한다. 21세기 세계질서는 더는 기존의 현실주의 국제정치이론이 파악하는 바와 같이, 국민국가라는 노드 행위자들이 경쟁하는 단순 질서로서의 무정부 질서로 개념화할 수 없다. 21세기 세계질서는 다양한 형태의 노드 및 네트워크 행위자가 경합하는 복합 질서이다. 좀 더 구체적으로 말해, 21세기 세계질서는 국가 중심의 근대 국제질서와 비국가 행위자가 구성하는 탈근대 초국적 질서, 그리고 이 양자가 어우러지는 망중망의 질서가 복합적으로 나타나는 모습이다. 새로운 차원의 정체성을 갖는 복합 네트워크 질서 또는 망중망 질서를 탐구하려면 무엇보다도 기존의 단순 국제정치론이 갖던 인식론과 방법론, 그리고 더 나아가 실천론과 규범론까지도 넘어설 필요가 있다.

이러한 세 가지 과제는 여태까지 국내에서 진행되어온 네트워크 세계정치 연구의 궤적과 향후 방향을 가늠케 한다. 네트워크 세계정치론은 단순의 발상을 넘어서 복합의 발상에 기반을 둔 실천 전략을 탐구하던 초기 단계에서, 네트워크 세계정치와 복합 외교의 내용(구성 원리)을 분석 이론의 관점에서 탐구하는 오늘날의 작업을 거치서, 네트워크 세계정치의 미래를 향한 공존과 공진의 비전과 질서를 탐구하는 복합규범론의 단계에 발을 내딛고 있다(하영선·김상배 엮음, 2012). 이러한 맥락에서 볼 때, 향후 네트워크 세계정치의 연구 과제는 이 글에서 시도한 개념적·이론적 연구를 더욱 정교하게 발전시키는 작업과 함께, 이를 바탕으로 좀 더 많은 경험적 사례 연구를 보강하는 데에 있다.

궁극적으로 네트워크 세계정치 연구가 빛을 발하려면 21세기 세계정치 현실과 부단히 대화하는 이론적 노력이 끊임없이 요청된다.

제3장

네트워크 세계정치의 분석틀

1. 은유로 보는 네트워크 세계정치

1) 거미줄 치기의 네트워크

이 장에서는 제1부에서 살펴본 기존의 네트워크 이론에 대한 논의와 국제정치학의 시각에서 이해한 복합 네트워크의 개념을 바탕으로 해서 네트워크 세계정치의 분석에 원용할 이론적 플랫폼을 마련하고자 한다. 특히 기존의 국제정치이론과 대비해 네트워크 세계정치이론이 강조하려는 이론적 논제들을 제시하고자 한다. 본격적 논의에 들어가기에 앞서, 다소 복잡해 보이는 네트워크 현상의 핵심적 단면들을 엿보게 하는 몇 가지 비유를 원용해 이야기의 실마리를 풀어보자.

아무리 지구적 차원에서 네트워크가 부상한다고 하더라도, 그것이 세계 전체를 획일적으로 포괄하는 하나의 네트워크가 출현한다는 의미는 아니다. 오히려 상호 모순될 수도 있는 다양한 네트워크가 동시에 출현하고 있다. 이 책에서 네트워크 간의 정치, 즉 망제정치로 인식하는 것은 전일적으로 들어서는 네트워크보다는 그 하위의 작은 네트워크 사이에서 경쟁과 협력이 동시에 벌어지는 모습이다. 다시 말해 최근 우리의 시야에 들어온 네트워크 세계정치는 지구적·지역적·국가적·사회적·국지적 층위에서 국가, 국제기구, 기업, 시민사회, 개인 등과 같은 다양한 노드 행위자가 다양한 네트워크를 구성하며 창발하는 모습으로 보아야 할 것이다(Cerny, 2009).

이러한 네트워크들에 대한 이야기를 할 때 아마도 가장 많이 비유되는 동물은 거미가 아닐까 싶다. 거미가 자신의 주위에 거미줄을 치는 모습이 최근 세계정치 행위자들이 벌이는 다층적 관계 맺기의 네트워킹 전략을 떠올리게 하기 때문이다. 사실 이 책의 핵심 주제도 거미줄 치기의 네트워크에서 착안되었다. 이는 그리스 신화 속의 거미 여인 아라크네의 이야기를 이 책의 프롤로그에서 거론한 이유이기도 하다. 세상은 거미줄처럼 서로 얽히고설키는 네트워크의 시대를 맞이하고 있다. 네트워크 시대의 상징이라고 할 수 있는 인터넷의 핵심인 웹, 즉 월드와이드웹도 거미줄에서 그 용어가 유래했다(김상배 엮음, 2011).

그런데 거미줄 치기를 네트워크의 비유로 원용하면서 곰곰이 생각해보면 흥미로운 부분이 있다. 대부분의 거미줄 위에는 거미가 한 마리밖에 없다는 사실이다. 또한 대부분 거미줄의 아키텍처는 기본적으로 중심에서부터 밖으로 퍼져나가는 방사형 네트워크의 모양새로 묘사된다. 물론 이러한 단일허브형 네트워크가 두세 개 겹치거나 좀 더 여러 겹이 겹쳐서 거미줄의 전체 모양을 이루기도 한다. 그러나 거미줄 구조의 기본 모양은 중심에서부터 밖으로 줄을 쳐나가는 방식이다. 적어도 우리의 인식 속에서 거미줄은 이러한 모양새이다(〈그림 3-1〉의 왼쪽 그림 참조).

이 책에서 거미줄 치기로 표현하고자 하는 네트워크는 거미가 자신의 주위에 거미줄을 치듯이, 어느 행위자가 자신의 주위에 네트워크를 치는 행위이다. 국제정치에 비유하면 이러한 모습은 주요 행위자로서 국가의 네트워킹 전

〈그림 3-1〉 거미줄 치기와 벌집 짓기

략을 떠올리게 한다. 예전에도 국가 행위자들끼리의 관계 맺기, 즉 네트워킹은 있었다. 외교나 동맹, 무역 등이 그러한 사례이다. 그런데 최근의 변화는 기존에는 부국강병의 단순 전략에만 치중하던 국가 행위자들이 좀 더 복합적 형태의 전략을 추구케 한다. 국가 행위자는 이러한 복합 전략을 추구할 때 종전의 부국강병보다 훨씬 다양한 분야의 목표를 추구하고자 여러 민간 행위자와 협력할 수밖에 없게 되었다. 이러한 사례는 이미 미국을 비롯한 한반도 주변 국가들의 네트워킹 전략에서 나타나며, 제8장에서 자세히 살펴보듯이 중견국으로 발돋움한 한국의 네트워크 외교 전략에서도 발견된다.

거미의 비유는 국가 행위자들이 추구하는 전략의 차원을 넘어서 오랫동안 국제정치의 주역이었던 국가의 형태 변환에도 적용할 수 있다. 사실 20세기 후반 이후로 발견하는 것은 우리가 예전에 알던 그런 국가가 더는 아니다. 제6장에서 살펴보듯이, 21세기 국가는 그 영토적 경계의 안과 밖에서 점점 더 네트워크의 모습을 닮아가는 국가로 개념화된다. 그리고 이러한 '네트워크 국가'가 출현한 이면에는 제4장에서 살펴본 바와 같이 정보혁명으로 말미암아 가능해진 디지털 네트워크의 확산이 자리 잡고 있다.

서론에서 소개한 복합세계정치론에서는 이러한 국가를 근대국민국가를 비유하는 '늑대'의 속성과 네트워크 전략을 비유하는 '거미'의 속성을 겸비한 새로운 국가 행위자로서 '늑대거미'에 비유한 바 있다. 21세기 세계정치에서 늑대거미는 부국강병의 게임과 동시에 새로운 네트워크 전략(복합세계정치론의 용어로는 '다보탑 쌓기')을 구사하는 복합적 행위자로 그려진다. 이러한 관점에서 볼 때, 21세기 세계정치의 새로운 주인공은 그야말로 거미로 변신한 늑대이자, 늑대의 속성을 가진 거미이다(하영선, 2006).

2) 벌집 짓기의 네트워크

네트워크라고 하면 떠오르는 동물은 거미만 있는 것이 아니다. 꿀벌들도 또 다른 네트워크 이야기를 들려준다. 꿀벌들이 짓는 벌집도 네트워크 구조이다. 그런데 여기서 주목할 것은 꿀벌은 혼자서 집을 짓지 않고 여럿이 힘을 합해서 네트워크를 친다는 점이다. 이렇게 여럿의 협업을 통해서 생성되는 벌집의 네트워크는, 하나의 중심이 있는 거미줄의 네트워크에 대비해보는, 여러 개의 중심을 가진 네트워크이다(〈그림 3-1〉의 오른쪽 그림 참조). 이러한 벌집의 네트워크는 웹의 비유로만 보더라도, 아래로부터의 참여와 개방과 공유를 강조하는 이른바 웹 2.0의 아키텍처에 가깝다. 사실 이 부분이 바로 신화 속의 아라크네 이야기와 이 책에서 펼치고자 하는 네트워크 이야기의 차이를 드러내는 대목이다. 신화 속에서 아라크네는 혼자서 도전했지만, 21세기 네트워크 이야기의 주인공은 굳이 하나일 필요는 없기 때문이다(김상배 엮음, 2011).

이 책에서 벌집 짓기의 비유를 통해서 표현하고 싶은 세계정치의 네트워크는 다양한 비국가 행위자가 만든다. 국가 행위자의 네트워킹 전략이 혼자 활동하는 거미의 줄 치기를 연상케 한다면, 국가의 경계를 넘나들며 초국적으로 활동하는 비국가 행위자들의 네트워크는 여럿이 협업하는 꿀벌들의 집 짓기를 떠오르게 한다. 예를 들어 첨단 산업 분야에서 다국적기업들은 국가의 경계에 구애받지 않고 초국적 생산 네트워크를 구성해 활동한다. 초국적으로 작동하는 글로벌 금융 네트워크는 지난 10여 년 동안 세계정치경제의 주인공이었다. 군사 안보 분야에서도 초국적 테러 네트워크는 이미 강대국 미국도 무시할 수 없는 세계정치의 주요 행위자로 자리 잡았다. 사이버공간에서도 해커들의 활동은 그 진원지를 추적하는 것조차 쉽지 않은 위협을 창출한다. 이 밖에도 인권과 여성, 환경 등의 분야에서 글로벌 시민사회의 초국적 네트워크들이 활발한 활동을 벌인다.

이러한 초국적 비국가 행위자들이 부상하는 데에 가장 큰 영향을 미친 것은 정보혁명의 영향으로 확산된 디지털 네트워크의 발달이다. 이는 벌집 짓기로 대변되는 네트워크 세계정치의 부상을 가능케 한 물적 토대를 이룬다. 지금과 같이 지구 미디어가 발달하고 유무선 인터넷과 최근에 급부상하는 이른바 SNS Social Network Service 또는 소셜 미디어가 보급된 디지털 환경을 언급하지 않고 초국적 네트워크의 부상을 논할 수는 없다. 거의 실시간에 가깝게 지구 어느 곳에나 미칠 수 있는 커뮤니케이션 네트워크를 바탕으로 해서 사람과 정보와 지식이 교류되고 상호 교감과 행동의 공조가 가능해졌다.

이러한 디지털 환경을 매개로 해서 벌집의 네트워크는 예전에는 상상할 수조차 없었던 힘을 발휘하게 되었다. 이러한 과정에서 다양한 비국가 행위자가 동원하는 힘은 근대 국제정치의 그것과는 성격이 다르다. 꿀벌들의 네트워크에서 나오는 힘이라고 할까? 꿀벌들의 네트워크 게임에서는 무엇보다도 여럿이 끼리끼리 모여서 힘을 합하는 것이 중요하다. 예전 같았으면 미미하게 여기저기에 분산되어 있었을 세력들이 모이는 힘이다. 전 세계에 걸쳐서 뿔뿔이 흩어져 있던 소수자들이 네트워크의 메커니즘을 통해 모여서, 거대한 '조직'이라고 할 수 있는 국가의 힘에 대항하는 계기를 마련했다. 이러한 힘은 네트워크의 판, 즉 21세기 세계질서를 설계하는 과정에 문제를 제기하는 데까지 나아갈 조짐마저도 보인다.

3) 거미와 꿀벌의 망제정치

이상에서 살펴본 바와 같이, 오늘날의 네트워크 세계정치에서는 거미줄 치기로 비유되는 네트워크 현상과 벌집 짓기로 비유되는 네트워크 현상이 동시에 발생한다는 것이 이 책의 인식이다. 새로운 환경의 변화에 적응하려는 국가 행위자들의 네트워크 전략과 기존 국제정치의 틀을 넘어서려는 비국가 행위자들의 초국적 네트워크가 병존한다. 다시 말해 허브가 하나인 네트워크와 허브가 여럿이거나 혹은 허브가 없는 분산적 네트워크들이 서로 경합을 벌인다. 집중 네트워크와 탈집중 네트워크의 경합이라고 말해도 좋다. 강조컨대 이런 의미에서 21세기 세계정치는 근대적 의미의 국가 간 정치, 즉 국제정치를 넘어선다. 두 가지 종류의 네트워크 현상이 서로 경합을 벌이면서 새로운 질서를 모색한다는 의미에서 네트워크 간의 정치, 즉 망제정치이다.

그런데 이렇게 거미줄 치기의 네트워크 게임과 벌집 짓기의 네트워크 게임으로 구분해서 본 망제정치의 실제 현실은 위에서 묘사한 것보다 훨씬 더 복합적 양상으로 나타남을 명심해야 한다. 다시 말해 국가 행위자들만 거미줄 치기를 하는 것은 아니고 비국가 행위자들만 벌집 짓기를 하는 것은 물론 아니다. 이는 다만 분석의 편의상 이념형으로 구분해본 것이지 현실에서 이들 양자는 다양한 조합으로 나타난다. 예를 들어 국가 행위자들의 경우에도 벌집 짓기는 매우 중요한 네트워크 전략의 요소일 수 있다. 강대국이 아닌 중견국이나 약소국인 경우에 네트워크 게임은 혼자가 아닌 여럿이 추구해야 성공 가능성이 높기 때문이다. 또한 초국적 차원에서 비국가 행위자들에게도 그 주위에 네트워크를 형성해 거미줄 치기를 하는 전략은 자신들의 활동이 성공에 이르게 하는 관건일 수밖에 없다.

이러한 네트워크 세계정치의 양상은 거미줄 치기나 벌집 짓기의 어느 한 쪽에 속하기보다는 그 중간 또는 양자의 복합체와 같다. 비유컨대, 거미와 벌을 합성한 말인 '거미벌' 또는 '벌거미'의 세계정치라고 부를 수 있을 것이다.

그런데 흥미롭게도 거미벌spider bee과 벌거미bee spider는 실제로 자연에 서식하는 생물이다. 거미벌은 북미 대륙에서 서식하는 벌이다. 날개와 독침은 꿀벌의 것인데 다리는 거미 모양이고 거미줄을 만드는 능력까지 보유해서 거미벌이라는 이름이 붙여졌다고 한다. 벌거미는 기본적으로 습성은 거미인데 그 놈통의 색깔과 무늬가 꿀벌을 연상시키는 형상이어서 붙여진 이름이라고 한다. 우리에게 잘 알려지지 않았을 뿐이지 전형적인 거미도 아니고 전형적인 꿀벌도 아니면서 양자의 습성을 복합적으로 지닌 생물체가 더 존재할지도 모르겠다(김상배 엮음, 2011).

자연계가 그러하듯이 21세기 세계정치에서도 이러한 '복합 행위자'들이 다양하게 활동한다. 이 책의 제3부에서는 세계정치의 복합 행위자들이 벌이는 네트워크 게임의 사례들을 다루었다. 예를 들어 일국 차원에서 진행되는 표준 경쟁, 디지털 외교, 사이버 안보, 문화 산업, 지식질서 등의 사례는 거미줄 치기와 벌집 짓기가 교묘하게 복합된 대표적 사례들이다. 특히 기술, 정보, 커뮤니케이션, 환경 등의 분야는 국가와 비국가 행위자의 복합체가 이미 대세로 자리 잡았다. 또한 유럽 지역을 중심으로 시발되어 동아시아 지역에서도 그 가능성이 타진되는 지역 통합의 움직임은 국가와 비국가 행위자들이 얽힌 다층적 네트워크화 현상을 극명하게 보여준다. 이 밖에도 유엔이나 IMF, WTO 등과 같은 국제기구(또는 정부 간 기구)의 활동도 전통적 정부 간 기구의 틀로는 이해할 수 없는 복합적 양상을 보인다. 이 국제기구들은 애초에는 국가로부터 권위를 부여받았지만, 최근에는 그 전문성에서 비롯되는 평판을 기반으로 두고 국가로부터 부여받은 것보다 더 많은 권위를 행사하기도 한다(Barnett and Finnemore, 2004).

이렇게 거미줄 치기와 벌집 짓기, 그리고 거미벌과 벌거미의 네트워크 세계정치가 벌어지는 와중에 등장하는 세계질서의 모습은 어떻게 이해해야 할까? 행위자의 성격이나 이들이 추구하는 전략의 변화를 넘어서 이들이 만들어내는 세계질서의 구조(또는 체제)는 어떤 변환을 겪고 있는가? 만약에 21세기 세계정치의 주요 행위자를 근대국민국가와 같은 순종純種의 행위자로 개념화할 수 없다면, 새로운 세계질서를 종전에 현실주의 국제정치이론이 그리는 것과 같은 단순 질서로 보는 것에는 무리가 있다. 다시 말해 거미벌이나 벌거미와 같은 혼종混種의 행위자들이 만드는 질서의 모습은 기존 무정부 질서의 이미지보다는 훨씬 더 복합적이고 다층적인 네트워크의 형태일 가능성이 크다. 게다가 최근 다양한 네트워크 행위자가 벌이는 새로운 권력정치의 메커니즘이 단순히 경쟁 일변도의 양상이 아니라 경쟁과 협력이 교묘히 결합된 모습으로 나타나는 상황에서 그 결과로서 등장하게 될 21세기 세계질서의 모습은 예전보다 더 복합적일 수밖에 없다.

요컨대, 거미와 꿀벌의 비유를 통해서 살펴본 네트워크 세계정치의 양상은 두 가지 현상의 경합으로 요약해서 이해할 수 있다. 즉, 21세기 세계정치에서 네트워크 간의 경합은 한편으로는 초국적으로 활동하는 비국가 행위자들이 새로이 부상하는 가운데, 다른 한편으로는 기존의 국가 행위자들이 대응과 경합을 위해 새로운 전략을 펼치는 양상을 핵심으로 한다. 이러한 모습은 전통적 의미에서 이해되는 '노드 간의 정치'를 넘어서 새롭게 부상하는 '네트워크 간의 정치'가 벌이는 비전의 경합이라고 볼 수도 있다. 이러한 과정에서 종전의 주요 국제정치 행위자였던 국민국가의 활동과 형태가 변화할 뿐만 아니라, 더 나아가 세계정치의 구조와 질서도 네트워크 형태로 변화하고 있다.

2. 행위자-구조-과정의 복합 프레임

1) 복합 연극의 비유

이제는 이상에서 비유의 형식을 빌려 살펴본 네트워크 세계정치에 대한 이야기를 이론적 시각에서 풀어보자. 이는 앞서 제1장과 제2장에서 살펴본 네트워크의 이론과 개념들을 원용해 세계정치의 변환을 이론화하는 작업이 될 것이다. 사실 네트워크의 이론과 개념들을 국제정치학에 원용하는 장점 중 하나는 행위자나 구조 및 과정의 어느 하나에 분석적 우선성을 두는 기존 논의들과는 달리, 이들 세 차원을 모두 하나의 구도 안에서 이론화할 수 있다는 데에 있다. 예를 들어 현실주의 국제정치이론이 행위자를 중심으로 국제정치의 연구 주제를 설정했다면, 네트워크 세계정치이론의 시도는 행위자뿐만 아니라 행위자들끼리 관계를 맺어가는 과정, 그리고 이러한 과정에서 생성되는 구조로서의 네트워크를 모두 포괄하는 방식으로 연구 주제를 설정할 수 있어야 한다. 네트워크 이론의 시각을 도입한다고 하면서도 여전히 행위자와 구조, 그리고 과정 차원의 이론이 분리된 채로 존재한다면 이는 네트워크 이론을 원용하는 작업의 의미를 충분히 살리지 못하는 것이 될 것이기 때문이다.

이러한 관점을 기반으로 두고 네트워크 세계정치의 이론적 논제들을 발굴하는 작업을 펼치기에 앞서, 행위자와 구조 및 과정을 아우르는 복합 프레임을 마련한다는 것이 도대체 무슨 의미인지에 대해 먼저 살펴보자. 사실 행위자-구조-과정의 복합 프레임을 갖춘다는 것은 이것이 국제정치학계의 오랜 숙원이었다는 사실이 반증하는 것처럼 단번에 해결할 정도로 쉬운 문제는 아니다. 그럼에도 이 책에서 '네트워크'라는 화두를 던지는 만큼 나름대로의 시도를 펼치지 않을 수는 없다. 이러한 현실을 염두에 두고, 할 수 있다면 좀 더 쉽게 문제를 풀어가고자 행위자와 구조 및 과정의 변환을 연극에서 등장하는 '배우'와 '무대' 및 '연기'에 비유하는 복합세계정치론의 논의를 원용하는 데서부터 시작하고자 한다(하영선, 2007).

일반적으로 우리가 연극을 관람할 때 주로 보는 것은 배우들이 무대 위에서 벌이는 연기이다. 여기서 유추해보면 현실주의 국제정치이론이 국제정치 행위자로서 주요 국민국가, 즉 강대국이 국제정치의 주요 장으로서의 군사 안보 분야에서 벌이는 세력균형의 게임에 분석의 초점을 두는 것도 동일한 맥락에서 이해할 수 있다. 주연배우가 무대 위에서 벌이는 연기가 연극의 관람 포

〈그림 3-2〉 행위자-구조-과정의 복합 프레임: 연극의 비유

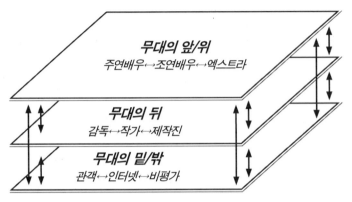

자료: 하영선·김상배 엮음(2010: 73).

인트이듯이, 강대국들의 군사 안보 분야 세력균형 게임이 국제정치의 향배를
좌우하는 핵심적 이슈라는 점에서 현실주의가 국제정치이론 연구의 주류를
이룸을 쉽게 이해할 수 있다. 그럼에도 기존의 현실주의가 펼치는 논의는 전
형적인 행위자 기반 발상이며, 무대 위에서 벌어지는 국제정치에만 주목하는
평면적 발상이라는 한계를 안고 있다.

이 책에서 거론하고 싶은 것은, 네트워크의 시대를 맞이해 이제는 군사 안
보라는 무대 위에서 강대국이라는 주연배우들이 펼치는 세력균형의 연기만
보아서는 21세기 세계정치라는 연극을 더는 제대로 감상할 수 없다는 사실이
다. 특히 단순히 일반 관객의 입장에서 수동적으로 연극을 관람하는 것이 아
니라 고급 비평가의 안목에서 비판적으로 연극을 감상하려면 주연배우가 무
대 위에서 벌이는 연기를 넘어서는 연극의 복합성, 즉 무대 위뿐만 아니라 무
대 뒤의 구조와 무대 아래의 과정까지도 볼 수 있어야 한다(〈그림 3-2〉 참조).
마찬가지로 네트워크 시대의 세계정치를 제대로 이해하려면 육안으로 보이는
부분을 넘어서 벌어지는 세계정치의 복합성을 제대로 읽어낼 수 있어야 할 것
이다.

이 책에서는 단순히 무대 위의 배우들과 연기의 복합을 보자는 집합으로서의 복합의 발상을 넘어서 무대 전체를 구성하는 무대 뒤의 구조나 실제로 이것이 투영되어가는 무대 밑과 밖의 관객에 대한 관심을 기울일 것을 제안한다. 즉, 복합 전략에 대한 논의에 더불어 구성 원리로서 복합에 대한 논의와 함께 공존·공진으로서 복합에 대한 논의를 포함하자는 얘기다. 비유컨대 21세기 세계정치를 제대로 이해하려면 〈그림 3-2〉에서 보는 바와 같이, 무대의 앞과 위에서 펼쳐지는 배우들의 연기뿐만 아니라 무대의 뒤의 제작진의 준비, 그리고 심지어는 무대의 밑과 밖에 있는 관객들의 참여까지도 복합적으로 엮어서 감상하는 안목이 필요하다.

2) 복합 프레임의 삼단 구도

이러한 맥락에서 볼 때 행위자-구조-과정을 엮는 복합 프레임은 다음과 같은 삼단 구도로 정리된다. 첫째, 무대의 앞과 위에서 벌어지는 배우들의 연기를 보더라도 주연배우의 연기뿐만 아니라 무대에 등장하는 모든 배우 간의 관계를 살펴보는 것이 중요하다. 주연배우의 연기가 중요하지 않다는 것이 아니라 주연급 조연배우의 역할이나 엑스트라의 동원 규모, 그리고 이들 간의 역할 배분 등이 모두 21세기 연극에서는 흥미로운 볼거리를 제공하기 때문이다. 또한 주연급 배우도 어느 한 인물에만 의존하는 모델이 아니라 복수의 주연급 배우를 캐스팅하는 것도 대단한 재미를 자아낸다. 이를 고려하면 연극에 출현하는 배우 그 자체의 역할만큼이나 '배역'의 캐스팅이 어떻게 되었는가를 보는 것이 중요한 관람 포인트라고 할 수 있다.

이러한 배우들의 연기와 배역의 복합은 복합세계정치론에서 말하는 복합외교 전략에 대한 논의와 연결될 뿐만 아니라 권력정치의 복합을 이해하는 핵심 포인트이다. 이는 배우들의 복합체가 어떠한 연기를 펼쳐나가느냐 하는 문제를 의미하는데, 이를 다른 말로 하면 어떻게 네트워크를 쳐나가느냐 하는 문제이다. 이렇게 무대 위에서 발생하는 배우와 연기의 복합성을 이해하는 데에 기존의 네트워크 이론 중에서 행위자-네트워크 이론ANT이 기여할 수 있는 부분이 많다. 제3부에서 다룬 사례들을 보면 ANT는 복합의 전략이 추진되는 구체적인 과정과 단계에 대한 가이드라인을 제시한다.

이러한 맥락에서 보면 무대 위의 변화가 보여주는 복합성을 지적한 기존의 복합세계정치론은 주연-조연-엑스트라의 복합 행위자가 군사-경제-지식 등의 무대에서 하드-소프트-스마트 파워의 연기를 복합하는 과정에 주목했다는 점에서 의미가 있다. 그런데 이러한 복합세계정치론은 여전히 무대 위에서 벌어지는 일을 바라보는, 그리고 그 위에서 연기를 펼치는 행위자들에 주목하는 차원의 발상에 머무는 한계가 있다고 평가할 수 있다. 따라서 무대의 뒤나 무대의 밑에서 벌어지는 일까지도 포괄적으로 보는 입체적 안목이 다소 부족했던 것이 사실이다.

둘째, 이러한 행위자 기반의 발상을 구조의 차원으로 끌어올려 행위자-구조의 구도를 복합적으로 보려면, 무대의 앞과 무대의 뒤가 어떤 관계인지를 보는 것이 중요하다. 이는 앞에 보이는 무대가 무대 뒤에서 제공되는 어떠한 구성 원리로 움직이는지 분석하는 것이다. 무대의 앞에서 벌어지는 배우들의 연기뿐만 아니라 무대 뒤에서 제공되는 작가의 대본, 감독의 연출, 그밖에 배우와 무대를 연결하는 제작진의 다양한 기술, 더 나아가 극단주의 수완까지도 모두 21세기 연극의 성패를 좌우하는 중요한 요소로서 주목받는다. 사실 이러한 요소들이 예전에도 없었던 것은 아니지만, 이제는 무대 뒤의 음지에 숨었던 존재에서 좀 더 적극적 역할로 전환하면서 양지로 나오고 있다. 이러한 입체적 시각을 갖는 것은 구조의 틀을 밝히는 것인 동시에 행위자-구조의 상호작용을 보는 것을 의미한다.

이렇게 무대의 뒤를 배려하는 발상은, 기존에는 국가에만 시각을 고정해서 놓쳤던 문제들, 즉 행위자 차원이 아닌 관계와 구조의 맥락에서 발생하는 국제정치의 이론적·경험적 문제에 주목하는 것을 의미한다. 이러한 과정에서 모두의 일이지만 누구에게도 속하지 않은 일이어서 눈에 쉽게 보이지 않았던 간접적 관계 또는 보이지 않는 구조(이 책의 주제로는 네트워크)를 포착할 수 있을 것으로 기대된다. 이러한 시도는 그동안 현대 국제정치이론이 숙제로 안고 있던 행위자-구조를 포함하는 새로운 분석 이론의 개발에 기여할 것이다. 또한 국가 행위자의 수준을 넘어서 벌어지는 세계정치의 구조, 그리고 이들 행위자와 구조가 벌이는 동태적 과정을 체계적으로 탐구하는 데에 큰 도움이 될 것이다.

이러한 무대 앞과 뒤의 복합성을 이해하는 데에는 기존의 네트워크 이론 중에서 소셜 네트워크 이론이 기여할 수 있는 부분이 많다. 특히 네트워크 흐름과 관련된 데이터를 활용해 시도하는 사회 연결망 분석SNA은 막연하게만 떠올리던 네트워크의 구조를 가시적으로 그려내는 힘이 있다. 이렇게 그려진 네트워크의 전체 구도에 어느 노드가 차지하는 '위치'를 확인할 수 있다면 이는 행위자-구조의 상호작용을 파악하는 데에 도움이 될 것이다. 또한 질적 차원에서 네트워크 구조의 단면을 엿보게 하는, 소셜-네트워크 이론의 개념들도 매우 유용하다. 예를 들어 구조적 공백과 중개자의 역할에 대한 개념은 구조와 행위자의 상호 관계를 분석적으로 밝히는 데에 유용한 역할을 한다.

끝으로, 구조에 대한 관심을 더 확장하고 심화하는 차원에서 상황과 맥락, 기반과 토대의 복합성을 보려는 노력이 필요하다. 비유컨대 무대의 위와 무대의 밑과 밖(토대)이 어떻게 연결되는지를 보는 것이 점점 더 중요해지고 있다. 연극에서 배우와 관객 간의 교감은 매우 중요하되, 관객 없이 연극이 있을 수 없다. 그러나 연극이 공연되는 동안에 이루어지는 무대와 객석의 교감만을 논하는 것은 아날로그 시대의 이야기이다. 디지털 시대가 된 오늘날 연극이 끝나고 돌아간 관객들이 각종 인터넷 동호회 사이트에서 벌이는 연극에 대한 품평과 비평은 '무대 밖'의 위력을 여실히 보여준다. 이렇게 아마추어 관객들이 프로 비평가들의 비평을 '비평'하는 세태를 보지 않고서는 21세기 연극을 제대로 감상할 수 없는 세상이 되었다.

이는 연극이라는 범주 안의 주체들(주연-조연-엑스트라-감독-작가-제작진) 과 그 범주 밖에 존재하는 객체들(관객-인터넷-비평가)의 복합이다. 예전에는 이들을 따로 분리된 존재로 간주하고 주체로부터 객체로 가는 일방적 흐름만 을 논했다면, 이제는 이들 간의 쌍방향 소통을 염두에 두지 않고서는 연극의 성공을 보장하기 어렵다. 최근 세계정치의 과정에서 주목받는 오프라인과 온 라인의 복합은 이러한 무대 위와 그리고 무대 밑/밖의 복합성을 상징적으로 보여주는 대표적 사례이다. 이는 상부구조로서 세계정치의 변환 과정에 그 물 적 토대로의 변환을 일으키는 정보혁명이라는 변수가 어떠한 영향을 미치는 가를 밝히는 문제로 통한다. 어떤 형태로건 네트워크 세계정치의 분석은 그 밑바탕에 깔린 물적·지적 조건, 즉 디지털 네트워크가 어떠한 구성적 변환의 역할을 담당하는지를 밝혀내야 할 것이다.

사실 기존의 국제정치이론에서는 세계정치와 그 물적 토대 간의 복합성에 대한 이론적 논의가 매우 부실하게 진행되어왔다. 상부구조로서 세계정치를 탐구하는 학문으로서 국제정치학에서 정보혁명과 같은 변수는 그저 상수로 주어진 환경 변수일 뿐이었다. 그럼에도 최근 급속히 진행되는 정보혁명의 진 전과 이를 바탕으로 확산되는 디지털 네트워크, 그리고 이를 활용해 득세하는 소셜 네트워크들의 존재는 물적 토대의 변수로서 정보혁명을 더는 블랙박스 안에 가두어놓을 수 없게 만들었다. 제4장에서 살펴보는 연구들은 정보혁명이 라는 변수를 블랙박스로부터 꺼냄으로써 무대 위와 밑/밖의 복합성을 분석하 는 데에 도움을 준다. 특히 기존의 네트워크 이론 중에서 네트워크 조직 이론 은 이러한 분석적 작업을 펼치는 문제 제기의 플랫폼을 제공한다.

요컨대 행위자-구조-과정을 아우르는 이론적 논제를 설정하려면 네트워 크 세계정치의 현실을 포괄하는 세 가지 차원의 복합 프레임을 구비해야 한 다. 첫째, 행위자와 행위자의 관계 또는 과정 차원에서 본 연기-배우-무대의 복합성을 보는 프레임이다. 둘째, 행위자와 구조의 복합성을 보는 프레임이 다. 끝으로, 상부구조로서 세계정치와 물적 토대로서 정보혁명의 복합성을 보는 프레임이다. 여태까지의 복합세계정치론이 첫 번째 차원의 복합 프레임의 제기에 큰 성과를 거두었다면, 앞으로 네트워크 세계정치이론은 나머지 두 차원의 복합 프레임을 모두 품는 방향으로 개발되어야 할 것이다. 이러한 과정에서 세 가지 복합 프레임을 모두 엮는 일종의 '메타 프레임'도 필요할 것이다. 이러한 메타 프레임의 개념적 실마리는, 제1장과 제2장에서 설명한 바와 같이, '행위자-구조-과정으로서의 네트워크'의 개념에서 발견된다.

3. 복합 프레임으로 보는 세계정치의 변환

1) 복합 프레임으로 보는 이론적 논제

이러한 복합 프레임의 시각에서 네트워크 세계정치의 연구 주제를 설정해보자. 이러한 시도의 핵심은 행위자-구조-과정을 아우르는 방식으로 국제정치이론 분야의 논제를 재설정하는 데에 있다. 사실 기존의 주류 국제정치이론인 현실주의와 네트워크 세계정치이론을 크게 차별화할 수 있는 부분도 바로 이 대목이다. 이러한 복합 프레임의 관점을 적용하려는 대상은 21세기 세계정치의 변환을 가장 극명하게 보여주는 세 가지 이론적 논제이다. 첫째, 21세기 세계정치의 권력 메커니즘은 어떤 변환을 겪고 있는가? 둘째, 근대 국제정치의 주요 행위자였던 국민국가는 어떤 변환을 겪고 있는가? 끝으로, 이러한 변환의 와중에 새로이 등장하는 세계질서는 어떤 모습인가? 이러한 논제들은 권력 변환, 국가 변환, 질서 변환으로 요약할 수 있는데, 오랫동안 기존의 주류 국제정치이론의 핵심적인 연구 관심사이기도 했다(〈그림 3-3〉 참조).

현실주의가 주류를 이루는 기존의 국제정치 연구는 주요 행위자로서 국민국가 간의 양자 또는 다자 관계, 즉 국제정치를 탐구하는 데에 주안점을 두어왔다. 20세기 국제정치이론의 주류를 형성해온 현실주의는 바로 이러한 '국

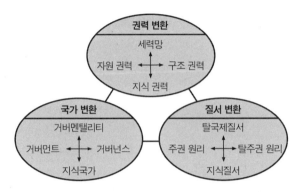

〈그림 3-3〉 복합 프레임으로 보는 세계정치의 변환

사이의 정치'를 이론적으로 탐구한 가장 대표적 사례일 것이다. 현실주의 국제
정치이론이 그린 국제정치는 합리적 행위자인 국민국가가 군사력과 경제력으
로 대변되는 권력의 추구를 통해서 스스로의 안보를 자조自助, self-help하는 무정
부 질서의 모습이었다. 흔히 권력 추구의 가정, 국가 중심의 가정, 무정부 질서
의 가정의 세 가지 기본 가정으로 요약되는 현실주의적 국제정치의 이미지는
지난 세월 우리가 빈번히 착용해야 했던 개념적 렌즈로서의 위력을 톡톡히 발
휘했다.[1] 현실주의 국제정치이론을 비판하려는 수많은 시도가 세 가지 가정에
대한 논의에서부터 그들의 논의를 펼친다는 것은 그 이론적 논제들의 패러다
임으로서의 위상을 반증한다고 해도 과언이 아니다.

그런데 만약에 21세기 세계정치의 현실이 현실주의 국제정치이론이 상정
하는 이론적 가정의 경계를 넘어서 변화한다면 어떻게 해야 할까? 현실주의

---

1 현실주의 국제정치이론이 딛고 선 '세 가지 기본 가정'을 무엇으로 볼 것이냐에 대해서
는 논자에 따라서 다양한 견해 차이가 있다. 이 책에서는 1980년대 중반에 케네스 월츠
의 신현실주의 이론(Waltz, 1979)에 대한 비판 작업을 벌인 Keohane ed.(1986)에서 세
가지 가정을 착안했다. 이 책이 원용한 세 가지 가정, 즉 권력 추구, 국가 중심, 무정부
질서의 가정은 월츠가 제시한 세 가지 분석 수준, 즉 인간 본성, 국가, 체제의 수준에서
각각 도출되었다.

국제정치이론이 특권적으로 제시해왔던 평면적 가정만 가지고 설명하기에는 최근의 세계정치 변화가 너무나도 입체적 모습을 띠는 것이 사실이다. 실제로 행위자로서의 국민국가의 성격뿐만 아니라 권력 게임과 안보 개념의 성격도 변환을 겪고 있다. 상황이 이러하다면 현실주의 국제정치이론이 국민국가와 전통적 권력 개념의 연속선상에서 상정했던, 무정부 질서라는 세계질서에 대한 가정도 수정되어야 마땅할 것이다. 그렇다면 현실주의 렌즈의 시야를 벗어난 대상의 형체를 파악하는 데에 앞서 살펴본 복합 프레임을 어떻게 적용할 수 있을까? 복합 프레임의 렌즈를 통해서 본 세계정치는 어떠한 권력 메커니즘을 통해서 작동하고, 그러한 와중에 어떠한 행위자가 새로이 부상하며, 궁극적으로 어떠한 모습의 세계질서가 출현할까?

2) 세계정치 변환의 세 가지 논제

이러한 문제의식을 바탕으로 21세기 세계정치의 변환을 권력 변환, 국가 변환, 질서 변환 등의 세 차원으로 나누어 복합 프레임의 시각을 적용해보자. 첫째, 복합 프레임으로 보는 21세기 세계정치의 권력 변환은 자원 권력과 구조 권력의 게임이 동시에 벌어지는 양상으로 개념화된다. 이러한 개념화는 국가 행위자들이 추구하는 자원 권력 전략의 맥락에서 이해하던 기존의 세력균형Balance of Power: BoP에 대한 논의를 넘어선다. 사실 세력균형에 대한 논의는 행위자 차원에서 벌어지는 자원 권력 게임을 국제정치의 구조에서 파악하려는 시도인 것이 맞다. 그러나 세력균형의 논의는 본격적으로 구조의 논의를 담지 못하고, 구조 그 자체의 차원에서 설명되어야 할 대부분 문제를 행위자 차원, 즉 행위자의 속성이나 보유 자원으로 환원하는 문제점을 안고 있었다. 이는 신현실주의 국제정치이론이 제시하는 국제정치의 '구조' 개념에 대해서 가해진 비판의 핵심이었다.

따라서 새로이 복합 프레임의 시각에서 21세기 권력정치에 대한 이론적 논제를 설정하려면, 행위자 차원에서 파악된 자원 권력과 구조 차원에서 파악된 구조 권력까지도 포함하는 접근이 필요하다. 다시 말해 복합 프레임의 관점에서 본 권력 메커니즘에 대한 탐구는 기존의 자원 권력, 즉 행위자의 속성이나 보유한 자원에서 파악된 권력에 대한 논의를 보완하면서 행위자와 구조의 차원에서 동시에 파악되는 새로운 권력론의 지평을 열어준다. 제5장에서는 이러한 새로운 권력론을 네트워크 이론의 시각에서 개념화했다. 이 책이 벌인 네트워크 시각의 권력론은 기존의 세력균형 연구에 대비되는 의미로 보는 세력망勢力網, Network of Power: NoP 연구라고 할 수 있다.

이러한 세력망의 작동 과정을 이해하려 할 때에 21세기 세계정치의 기저에서 물적 토대를 이루는 정보혁명의 영향을 간과해서는 안 된다. 정보혁명의 진전은 세계정치의 과정에서 이른바 지식 권력이라고 불리는 새로운 권력 자원의 중요성을 부각했다. 세력망의 형태로 나타나는 권력 게임은 기본적으로 새로운 권력 자원으로서 지식 권력의 게임을 기반으로 둔다. 그러나 이러한 지식 권력, 좀 더 넓은 의미에서 보면 기술, 정보, 지식, 커뮤니케이션, 문화, 이념 등의 변수에서 비롯되는 권력은 기본적으로 자원의 개념보다는 관계적 맥락에서 파악해야 하는 개념이다. 이러한 점에서 세력망에서 작동하는 권력은 행위자-구조-과정을 아우르는 권력으로서 이해해야 한다.

둘째, 복합 프레임으로 보는 21세기 세계정치의 국가 변환은 초국적으로 활동하는 비국가 행위자들의 부상에 따른 국가 행위자들의 대응 차원에서 개념화된다. 다시 말해 '거버먼트government'로 대변되는 국가 주도의 집중 관리 양식이 지니는 한계가 노정되면서 '거버넌스governance'로 대변되는 탈집중 관리 양식이 보완적으로 채택되고 있다. 여기서 거버먼트나 거버넌스라는 관리 양식의 개념을 원용해 새로운 행위자의 부상을 이해한 것은 국가 변환의 논의를 행위자론뿐만 아니라 과정론의 차원에서 이해하고자 함이다. 이러한 시각에서 보면 21세기 세계정치에서는 국가 행위자가 주도하며 비국가 행위자들과 함께 만들어가는 복합 거버넌스complex governance가 새로운 관리 양식으로서 실험되고 있다.

이러한 과정에서 국가는 기존의 단순한 노드형 행위자가 아니라 다른 국가 행위자들이나 비국가 행위자들, 그리고 주위 환경(또는 구조)과 상호작용하면서 구성되는 '행위자인 동시에 네트워크인 존재'이다. 이 책에서는 행위자-네트워크 이론ANT의 시각에서 이러한 국가 및 비국가 행위자의 집합체(또는 복합 행위자)의 부상과 동학을 살펴보았다. 그런데 이러한 복합 거버넌스의 메커니즘을 중립적 현상이 아니라 좀 더 교묘한 형태로 작동하는 권력정치의 일환으로 보아야 한다는 것이 이 책의 인식이다. 이러한 맥락에서 제6장은 변환의 국면에 들어선 국가 행위자가 발휘하는 '거버멘탤리티governmentality'의 개념을 소개했다.

한편 복합적 국가 행위자의 복합 거버넌스 또는 거버멘탤리티가 작동하는 과정에 영향을 미치는 정보혁명의 변수에도 주목해야 한다. 정보혁명의 진전은 비국가 행위자들에게 기지개를 펼 수 있는 새로운 환경을 제공했을 뿐만 아니라 국가 행위자들에게도 새로운 수단이자 목표로서 지식 변수의 중요성을 부각했다. 근대 국제정치의 주요 행위자인 국민국가를 부국강병의 목표를 추구하는 군사국가와 경제국가로 부른다면, 21세기 세계정치에서 새로운 역할과 형태를 갖는 국가는 지식국가라고 부를 수 있다. 이런 점에서 지식국가는 21세기 국가의 거버멘탤리티를 부르는 다른 이름이다.

끝으로, 복합 프레임으로 보는 21세기 세계정치의 질서 변환은 초국적 질서의 부상에 따른 '국가 간의 질서', 즉 국제질서의 변환으로 개념화된다. 현재 세계질서의 변환은 국제정치의 미시적 구성 원리로서 주권 원리를 전제로 하는 기존의 질서론을 넘어서는 새로운 개념화를 요구한다. 21세기 세계정치에서는 근대 주권 외에도 전근대와 탈근대의 맥락을 반영한 복합적인 주권의 구성 원리가 발견되기 때문이다. 이렇듯 21세기 세계정치의 행위자 차원에서 벌어지는 상호작용이 이제는 더는 주권 원리라는 근대적 의미의 미시적 규칙으로 파악할 수 없게 된 만큼, 거시적 차원의 질서도 주권국가들이 구성하는 무정부 질서의 이미지를 넘어서는 새로운 방식으로 개념화해야 할 것이다.

작금에 나타나는 질서의 모습은 기존의 주권국가 중심의 근대 국제질서뿐만 아니라 새로운 행위자들이 구성하는 초국적 세계질서가 공존하면서 공진하는 복합 양상을 보인다. 이러한 복합 질서는 탈脫국제질서post-international order 또는 탈脫무정부 질서post-anarchy order라고 부를 수 있다. 제7장에서는 이러한 탈국제질서의 아키텍처와 작동 방식을 네트워크 이론의 시각에서 살펴보았다. 이렇게 네트워크의 시각에서 본 무정부 질서의 변환은 그 바탕에 깔린 행위자 차원에서 국가 주권의 변환에 대한 논의를 동시에 파악할 수 있는 이론적 자원을 제공한다.

한편 이러한 질서 변환의 기저에 존재하는 물적 토대와 세계정치의 복합성도 간과하지 말아야 할 것이다. 예를 들어 앞에서 설명한 탈국제질서가 부상하는 배경에는 지식질서의 부상으로 대변되는 새로운 권력 기반의 변환이 있다. 앞서 언급한 지식 권력의 개념을 새로운 잣대로 보는 지식질서는 군사질서나 경제질서로부터 자율성을 가지면서 이들 세계질서 변환의 기반을 이루는 제3의 권력질서로 개념화된다. 그런데 이러한 지식질서는 주권국가를 단위로 한 국제질서 또는 무정부 질서의 이미지보다는 주권 원리의 응집성이 약화되는 새로운 세계질서의 이미지와 더욱 친화적이다.

요컨대 행위자-구조-과정의 복합 프레임으로 보는 세계정치 변환 연구의 방향은 세력망 연구, 거버멘털리티(또는 복합 거버넌스) 연구, 탈국제질서 연구 등 셋으로 요약된다. 이들 세 가지 연구 주제는 서술의 편의상 각기 따로 제안하는 방식을 취했지만 실제로는 세 겹으로 중첩된 복합 주제임을 잊지 말아야 할 것이다. 특히 그 물적·지적 기반이 되는 정보혁명은 이들 권력 변환, 국가 변환, 질서 변환을 엮는 매개체이다. 다시 말해 세계정치의 변환 과정에서 정보혁명으로 대변되는 변수는 단순한 도구나 환경의 의미를 넘어서 세계정치의 변환을 적극적으로 구성하는 변환의 변수이다.

4. 네트워크 세계정치이론의 세 가지 가정

이 절에서는 복합 프레임의 시각에서 살펴본 이론적 논제들을 여태까지 진행되어온 국제정치이론 연구에 접맥하는 작업의 일환으로, 현실주의 국제정치이론이 상정하는 세 가지 가정을 수정·보완하고자 한다. 현실주의의 기본 가정을 모두 폐기하지 않고, 비판적이기는 하지만 오히려 논의의 출발점으로 삼겠다는 것은 변화와 연속성이 여전히 교차하는 21세기 세계정치의 현실을 설명하는 데에는 권력정치를 보는 현실주의 시각이 여전히 유용하다고 판단하기 때문이다. 이러한 문제의식은 이 책에서 네트워크 세계정치의 실질적 내용을 네트워크 간의 정치, 즉 망제정치라고 주장하는 것과도 통한다.

실제로 21세기 세계정치의 현실에서 비대칭적 현실로서의 권력정치의 속성은 사라지지 않았다. 아무리 초국적 네트워크들이 부상한다고 해도 국가 행위자가 주도하는 물질적 권력정치의 메커니즘이 사라지지 않았다. 새로운 행위자들의 활동을 규제하려는 국가의 견제도 만만치 않으며, 아무리 초국가적으로 넘나드는 행위자들이 부상하더라도 궁극적으로 주권적 권위는 국가의 몫이라는 인식이 사라지지 않고 있다. 다만 21세기 세계정치에서 다르게 나타나는 것은 이러한 국가의 권력에 도전하는 초국적 네트워크 세력이 만만치 않게 성장하고 있으며, 이들이 벌이는 권력정치의 양상이 종전의 이론적 틀로는 제대로 분석되지 않는 새로운 면모를 보인다는 사실이다.

이러한 맥락에서 볼 때, 네트워크 세계정치이론의 주된 관심사는 21세기 세계정치에서 작동하는 새로운 권력의 원천과 작동 방식을 탐구하는 데에 있다. 네트워크 세계정치이론은 세계정치의 어떠한 문제에 대해서 누가, 어떠한 종류의 영향력을 행사하느냐를 탐구한다. 이러한 논제를 탐구하는 과정에서 원용되는 하위 주제들도 권력이나 권력의 분포, 국가 행위자의 역할, 세계질서의 구조 등과 같이 현실주의 국제정치이론에서 찾아볼 수 있는 종류의 것들이다. 이러한 점에서 보면 이 책이 추구하는 이론을 '현실주의 네트워크 세계정

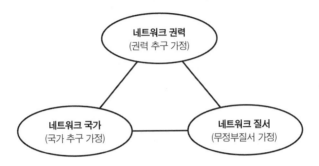

〈그림 3-4〉 네트워크 세계정치이론의 세 가지 가정

치이론'이라고 불러도 좋다. 다만 네트워크 세계정치이론이 기존의 현실주의와 달리 새로운 점이 있다면, 앞서 길게 지면을 할애해 강조한 바와 같이, 새로운 권력정치의 현실에 접근하는 데에 노드 기반의 발상을 넘어서는 네트워크의 발상을 제기한다는 사실이다. 이러한 문제의식을 반영해, 이 책은 현실주의 국제정치이론이 상정하는 세 가지 기본 가정을 수정·보완한 '네트워크 세계정치이론의 세 가지 가정'을 제안하고자 한다(〈그림 3-4〉 참조).

첫째, 권력 추구의 가정을 수정·보완한 네트워크 권력network power의 가정이다. 현실주의가 염두에 두는 권력은 주로 국제정치의 핵심 노드인 국가가 보유하는 물질적 자원, 특히 부국강병을 보장하는 군사력이나 경제력의 보유라는 관점에서 파악된다. 현실주의 시각에서는 이러한 권력이 국가이익을 정의한다. 그러나 권력은 그 자체가 목적으로서 절대적으로 규정되기보다는 상황에 따라서, 그리고 다른 행위자와의 관계나 구체적 사안에 따라서 다르게 인식되어야 한다. 이런 맥락에서 네트워크 세계정치이론에서 주목하는 권력은 노드로서의 국가 행위자의 속성이나 보유 자원에서 비롯되는 고정된 개념이 아니라 노드와 노드들이 맺는 관계의 구조라는 맥락에서 생성되는 네트워크 권력이다. 이러한 네트워크 권력의 추구와 작동 과정에서 수단이자 목표이며 구성적 변수가 되는 것은 바로 지식이다. 이러한 점에서 네트워크 권력은 지식 권력과 동전의 양면과도 같은 관계를 가진다.

둘째, (국민)국가 중심 가정을 수정·보완한 네트워크 국가network state의 가정이다. 현실주의 국제정치이론에서는 주권 원칙과 영토성을 기반으로 두고 작동하는 국민국가를 국제정치의 핵심적인, 그리고 유일한 행위자로서 파악했다. 이에 비해 네트워크 세계정치이론은 국가의 존재를 완전히 무시하지는 않지만, 기존의 국민국가가 그 경계의 안과 밖으로 변환되면서 그 역할과 형태가 변화하는 국가에 주목한다. 이러한 국가는 새로운 환경에 적응하는 과정에서 이익 단체나 NGOs 등과 같은 비국가 행위자들과의 관계를 재조정한다. 또한 국가 그 자체도 더는 일사불란한 모습으로 움직이는 조직이 아니며, 점점 더 행정부와 입법부, 사법부 등이 각기 독자적 역할을 한다. 이 책에서 네트워크 국가로 개념화한 이러한 기능과 형태 변환의 이면에는 국가가 추구하는 수단과 목표로서의 지식 변수에 대한 재조명이 있다. 이러한 점에서 네트워크 국가와 지식국가는 불가분의 관계에 있다.

끝으로, 무정부 질서의 가정을 수정·보완한 네트워크 질서network order의 가정이다. 국민국가를 주요 행위자로 상정하는 현실주의 국제정치이론이 보는 국제체제는 개별 국가의 상위에 국내 정부에 상응하는 권위체가 없는 무정부 질서anarchy이다. 이렇게 무정부 질서로 개념화되는 국제체제에서 국가 간의 힘의 분포는 구조로 개념화된다. 그러나 안팎으로 네트워크 형태로 변환하는 네트워크 국가들이 구성하는 세계질서를 단순한 무정부 질서로 상정하는 것은 어폐가 있다. 게다가 다양한 형태의 비국가 행위자가 다양한 이슈 영역에서 기존 국가의 경계를 넘나들며 구조의 형성에 참여한다. 이러한 맥락에서 네트워크 세계정치이론은 무정부 질서와 위계질서의 중간 형태의 세계질서인 네트워크아키networkarchy, 즉 네트워크 질서에 주목한다. 이러한 네트워크 질서의 부상의 이면에는 군사질서나 경제질서와 같은 물질적 자원을 기반으로 두는 질서관을 넘어서는 지식 변수를 중심으로 이해하는 지식질서의 개념이 있다. 엄밀하게 말하면 네트워크 지식질서라고 보아야 할 것이다.

요컨대 이러한 세 가지 가정에 근거해서 볼 때, 21세기 네트워크 세계정치는 네트워크 국가들이 벌이는 네트워크 권력 게임으로 요약된다. 이러한 과정에서 네트워크 질서가 출현한다는 것이 이 책의 이론적 전망이다. 다시 말해 이 책에서 주목한 세계정치 변환은 현실주의 국제정치이론이 상정해온 세 가지 가정을 넘어서 네트워크 국가들을 중심으로 벌어지는 네트워크 권력 게임의 결과로 생성되는 네트워크 질서의 모습을 탐구하는 것이다. 이러한 과정에서 정보혁명은 변환의 변수이다. 역사적 맥락에서 볼 때 인쇄혁명 시대의 국제정치에서도 비슷한 구도의 변환이 발생했다. 그러나 정보혁명의 시대에 벌어지는 변환은 그 구도의 면에서는 유사하지만 구체적 내용은 다르다. 세계정치 권력의 자원과 작동 방식이 변하는 현상, 근대국민국가의 변환에 따른 네트워크 국가의 부상, 국가 간의 지식 경쟁이 가속화되면서 발생하는 세계질서의 구조 변환이라는 현상이 동시에 발생하는 모습이다.

5. 네트워크 세계정치의 실천론과 인식론

1) 네트워크 국가의 변환 전략

실천론의 시각에서 본 이 책의 궁극적 목표는 21세기 세계정치 변환에 대응하는 이른바 변환 전략의 모색에 있다. 다층적으로 창발하는 네트워크의 시대를 맞이해 누가 무엇을 어떻게 해야 하는가? 이 책이 설정하는 분석 단위이자 행동 단위는 국가이다. 그러나 우리가 예전부터 알던 근대국민국가는 아니다. 사실 21세기 세계정치 변환의 핵심은 지난 수백 년간 중심적 역할을 담당해왔던 국민국가의 위상과 역할이 재조정되는 데에 있다. 세계정치 변환의 장에서는 국가뿐만 아니라 다양한 비국가 행위자가 복합 네트워크를 구성하면서 복수의 주체로서 등장한다. 그러나 아무리 국가 외의 다양한 행위자가 부상하고 이에 따른 복합의 현상이 발생한다고 할지라도 이들 행위자가 무질서하게 난

무하는 것으로 보아서는 안 된다.

결국 관건은 앞서 복합 연극의 비유에서 살펴본 것처럼, 연극이 아무리 복합적 성격을 띠게 되었다 할지라도 무대 위에서 대표적 역할을 하는 주연배우의 연기는 여전히 관객을 끄는 흥행의 포인트일 수밖에 없다는 사실이다. 마찬가지로 21세기 세계정치에서도 무대 위에 서는 주연배우가 누구냐, 그리고 그들이 어떠한 연기를 펼치느냐를 묻는 것은 여전히 유효하다. 이러한 맥락에서 볼 때 세계정치의 주연배우로서 국가는 사라지지 않고 역할과 형태의 변환을 겪으면서도 네트워크 세계정치에서 여전히 중요한 역할을 담당하는 것으로 파악된다. 다만 부국강병이라는 기존의 근대적 목표 외에도 여타 탈근대적 목표를 추구하는 것이 중요해졌으며 국가가 아닌 비국가 행위자들과 보조를 맞추어 네트워크를 형성하는 것이 유례없이 중요해졌을 뿐이다.

이렇게 다양한 행위자와의 네트워크를 형성하면서 다차원적 목표를 추구하는 21세기 변환의 주체는 네트워크 국가이다. 네트워크 국가는 근대적 의미의 부국강병과 세력균형의 게임을 수행하면서도 협력과 번영 및 상생의 탈근대 게임을 동시에 펼치는 역할의 행위자이다. 마치 주연배우가 연극의 감독이나 작가의 역할도 담당하며, 경우에 따라서는 오프라인의 비평가이자 온라인 논객의 역할을 맡을 수도 있는 '일인 다역'을 하는 복합 배우를 연상케 하는 모델이다. 이러한 복합 배우의 역할은 조연배우와 엑스트라의 연기를 지도할 뿐만 아니라 경우에 따라서는 무대 뒤에서 벌어지는 제작진 회의에도 참석해 연극의 내용을 기획하기도 하는 변신, 즉 변환에 있다. 이러한 비유에서 연상되듯이 21세기 네트워크 국가는 국민국가의 경계를 넘나들며 활발하게 부상하는 비국가 행위자들의 활동을 복합하는 역할을 담당하는 변환 전략의 주체로서 이해할 수 있다. 제8장에서는 이들 네트워크 국가들이 벌이는 변환 전략의 내용을 자세히 살펴보았다. 물론 이 책의 궁극적 관심은 네트워크 국가로서 강대국이라기보다는 중견국의 변환 전략이다.

이러한 와중에 발생하는 세계질서의 변환은 주로 국민국가들이 구성하는 것으로 전제되는 기존 국제질서의 범위를 넘어선다. 근대 국제정치의 기본 행위자로 설정한 국민국가의 단위가 변환을 겪는다면 이를 기반으로 해서 설정된 국제질서, 예를 들면 현실주의 국제정치이론에서 말하는 무정부 질서에 대한 가정도 새롭게 세워져야 할 것이다. 그러나 이러한 변환이 기존의 근대국민국가 중심의 질서를 완전히 대체하는, 새로운 그 무엇을 등장시킨다고 보기는 아직 어렵다. 오히려 현재로서는 초국적으로 활동하는 비국가 행위자들과 정책이나 존재 형태면에서 네트워크화되는 국가 행위자 간에 경합을 벌이는 와중에 새로운 세계질서가 모색되는 것으로 보아야 할 것이다.

결국 21세기 세계정치의 변환을 제대로 탐구하려면 무엇보다도 먼저 기존 국제정치학의 이론적 전제를 뛰어넘는 시각의 전환이 필요하다. 부국강병이라는 물질적 권력 자원을 추구하는 국제정치에만 눈을 고정해서는 새롭게 부상하는 게임의 모습이 보이지 않는다. 또한 고립된 행위자들의 관계에 고정된 기존의 발상으로는 세계정치의 변화를 제대로 파악할 수 없다. 오늘날의 세계정치에서는 다층적 네트워크들이 동시에 경합하고 있다. 새로운 환경의 변화에 적응하려는 국가 행위자들의 네트워크 전략과 기존 국제정치의 틀을 넘어서려는 비국가 행위자들의 초국적 네트워크가 병존한다. 이런 의미에서 21세기 세계정치는 근대적 의미의 국가 간 정치, 즉 국제정치를 넘어서며, 두 가지 종류의 네트워크 현상이 서로 경합을 벌이면서 새로운 질서를 모색한다는 의미에서 네트워크 간의 정치, 즉 망제정치이다.

2) 복합 인식론의 모색

그런데 이러한 망제정치의 동학을 제대로 이해하려면 노드 행위자들이 벌이는 자원 권력의 게임이라는 이론적 전제를 넘어서는 것만으로는 부족하다. 다시 말해 이론적 시각의 전환을 넘어서는 좀 더 근본적인 인식론의 변화가 필요하다. 이러한 맥락에서 네트워크 세계정치이론을 모색하는 작업은 인식론의 차원에서 기존 국제정치이론의 지평을 넘어서는 발상의 변환을 필요로 한다. 즉, 복합 분석틀을 모색하는 이론적 과제를 제대로 수행하려면 이론이 딛고 설 인식론도 기존의 실증주의 과학철학에 기반을 둔 단순계적 인식론을 넘어설 필요가 있다. 이론적 분석틀의 복합을 제대로 논하려면 그 기서에 깔린 인식론(좀 더 넓게는 방법론과 존재론까지도 포괄하는 철학적 기반)도 복합적으로 구성해야 하지 않을까?

앞서 제1장에서 살펴본 바처럼, 이 책의 (복합) 네트워크에 대한 논의는 고정된 노드와 노드 간의 실재론적 인과관계를 탐구하는 '단순 인식론'을 넘어설 것을 제안한다. 무엇보다도 (복합) 네트워크의 개념 자체를 이해하려면 단순계의 발상을 넘어서는 새로운 인식론이 필요하다. 네트워크는 미시적 수준에서는 노드들이 서로 연결되는 '과정'인 동시에 이러한 과정을 통해서 생성되는 '구조'이며, 좀 더 거시적인 수준에서 보면 노드들로 구성되는 네트워크 그 자체가 하나의 '행위자'로 인식될 수 있기 때문이다. 제1장에서 강조했듯이, 이렇게 노드와 구조의 복합적 과정으로 파악되는 네트워크의 개념은 '실체 개념'이라기보다는 일종의 '메타 개념'이다. 이러한 네트워크의 메타 개념적 성격을 제대로 인식하려면 복잡계의 발상에 기원을 두는 탈실증주의적 '복합 인식론'의 개발이 필요하다. 그리고 이러한 복합 인식론을 바탕으로 해서 기존의 주류 국제정치이론, 특히 현실주의, 자유주의, 구성주의 등이 원용하는 인식론적 기반에 대해서 시비를 걸 뿐만 아니라, 거기서 더 나아가 네트워크 세계정치이론이 딛고 설 철학적 기반을 모색할 수 있을 것이다.

여기서 말하는 복합 인식론의 개발은 연구 대상으로서의 (복합) 네트워크를 행위자-구조-과정의 메타 개념으로 인식하는 개념적 변환에만 국한된 것은 아니다. 넓게 보면, 네트워크 세계정치이론이 추구하는 복합 인식론은 (복합) 네트워크 현상의 기저에 깔린 존재론적이고 방법론적인 전제들에 대한 과학철학적 발상을 바꾸는 작업을 의미한다. 그도 그럴 것이 (복합) 네트워크라는 현상 자체는 기존의 실증주의적 단순 인식론만으로는 파악되지 않는 복합성을 특징으로 하기 때문이다. 실증주의 기반의 기존 이론과 네트워크 세계정 치이론의 인식론적(또는 존재론적이고 방법론적) 특성을 과학철학 분야에서 거 론되는 두 가지 기준을 원용해서 살펴보자(Jackson, 2011). 기존의 실증주의 과 학철학의 인식론은 첫째로 인식의 주체인 '사람'과 인식의 객체로서 '세계'가 서로 뚜렷하게 구분된다는 존재론적 전제를 바탕에 깔고, 둘째로 경험하고 관 찰할 수 있어 측정할 수 있는 지식을 탐구한다는 방법론적 입장을 취해왔다. 그런데 이러한 실증주의 인식론의 태도만으로 최근의 (복합) 네트워크 현상을 제대로 이해하고 설명하기에는 어려움이 크다. (복합) 네트워크의 세상에서는 연구자와 대상 세계를 이원론적으로 구별하는 것이 어려울 뿐만 아니라, 경험 되거나 관찰되지 않는 세계에 대한 지식을 탐구해야 하는 일이 발생하기 때문 이다.

이상의 두 가지 기준에 의거해서 (복합) 네트워크 현상의 인식론적(또는 존 재론적이고 방법론적인) 특성을 좀 더 구체적으로 살펴보자. 우선 이 책에서 '네 트워크'라고 부르는 것은, 어느 특정 노드(인식의 주체)와 별개로 외부에 존재 하는 '구조'이거나 '행위자'일 수도 있지만, 어떤 경우에는 그 노드(행위의 주체) 도 참여해 다른 노드들(또는 네트워크)과의 관계를 구축해나가는 동태적 '과정' 이기도 하다. 쉽게 말해 네트워크는 우리와는 별개로 저 멀리 있는 존재일 수 도 있지만, 동시에 우리는 부지불식간에 그러한 네트워크의 일부로서 살아가 기도 한다. 이러한 관점에서 보면, 행위자와 구조를 대비하는 사회과학적 논 의의 연속선상에서 노드와 네트워크를 구별해서 보려는 시도는 논리적으로 가능할지 몰라도, 실제 경험의 세계에서는 그렇게 구별하는 것이 쉽지 않을 뿐 만 아니라 혹은 불가능할 수도 있다. 그러나 아이러니한 것은 이러한 지적에 도 노드와 구별되는 네트워크라는 존재를 (이원론적으로) 전제하는 인식론의 발상이 네트워크 세계정치이론을 전개하는 과정에서도 일정한 정도의 유용성 을 여전히 가진다는 사실이다.

한편 우리 주위에서 거론되는 네트워크는 경험되거나 관찰되는 현상일 수도 있지만, 어떤 경우 그 네트워크라는 것은 관찰되거나 측정하기 어려운 현상이기도 하다. 다시 말해 우리 주위에서 발견되는 네트워크는 가용한 데이터들을 활용해 소시오그램 형태로 가시화할 수도 있지만, 대부분 경우에는 그 존재를 주관적 또는 간주관적으로 이해할 수는 있을지언정 객관적으로 측정해 남에게 그 실체를 보여주기란 쉽지 않다. 특히 최근 우리가 겪는 (복합) 네트워크 현상은 이미 구축되어 변하지 않는 위계 조직과 같은 형태의 '단일한 고정체'가 아니라, 여러 노드 행위자가 자기조직화의 과정을 따라서 구성해가는 '집합적 유동체'인 경우가 많다. 따라서 그러한 (복합) 네트워크를 객관적으로 관찰할 수 있는 대상으로 상정하고 그에 대한 지식을 탐구하려는 자세로만 네트워크를 연구하려 한다면, 우리가 관찰하거나 측정할 수 있는 네트워크란 빙산의 일각일 수밖에 없다. 그러나 아이러니한 것은 이러한 지적에도 네트워크라고 하는 것을 막연히 느끼기만 하는 차원을 넘어서 좀 더 구체적으로 그 객관적 실체를 분석하려는 작업이 네트워크 세계정치이론을 전개하는 과정에서도 나름대로 큰 의미가 있다는 사실이다.

이상의 논의를 종합해서 볼 때, 이 책에서 제안하는 복합 인식론은 한편으로는 기존의 주류 국제정치이론이 딛고 선 실증주의 과학철학을 완전히 배제하지는 않으면서도, 다른 한편으로는 기존 이론의 발상을 초월하려는 '인식론적 변환'의 시도를 대변한다. 돌아보건대 현재 국내외 국제정치학계는 이러한 인식론적 변환, 즉 단순 인식론을 넘어서는 복합 인식론에 대한 연구를 충분히 축적하고 있지 못하다. 그렇지만 최근 국내외 학계에서 국제정치이론 자체의 의미나 국제정치이론이 지향할 목적과 방법에 대한 성찰적 논쟁이 활발하게 제기된다는 사실은 매우 고무적이다.[2] 이러한 과정에서 발견되는 국제정치이

---

2 국제정치학계에서 벌어지는 인식론 논쟁의 현주소를 보여주는 국내외 연구에 대해서는 Wright, Hansen and Dunne eds.,(2013)과 서울대학교 국제문제연구소 엮음(2014)을 참조하기 바란다.

론 논쟁의 공통 화두는 실증주의적 인식론을 획일적으로 수용하려는 경향을 비판하고, 21세기 세계정치 현실이 딛고 선 복합적 존재론을 재구성하는 인식론적 기초를 마련하려는 데에 있다. 예를 들어 이러한 시도들은 기존의 주류 국제정치이론이 전제하는 과학주의, 계몽주의, 합리주의 등의 경향을 비판적으로 성찰하고, 이러한 경향이 국제정치학계에서 일으킨, 이른바 '이론의 종언' 현상(Wright, Hansen and Dunne eds., 2013)을 통탄한다. 이러한 과정에서 제기되는 다양한 인식론적 처방 중에서 이 책의 네트워크 세계정치이론이 주목하는 것은 '인식론적 다원주의'의 처방이다.

최근 논쟁에 참여하는 일군의 이론가는 특정한 인식론의 배제나 선택보다는 여럿을 아우르는 이론적 다원주의나 인식론적 다양성을 제안한다. 예를 들어 패트릭 잭슨Patrick Jackson은 탈토대주의post-foundationalism의 입장에 서서 기존의 신실증주의neopositivism, 비판적 실재론critical realism, 분석주의analyticism, 성찰주의reflexivity 등 네 가지 인식론에 모두 '관여하는 다원주의engaged pluralism'를 제안한다(Jackson, 2011). 팀 듀니Tim Dunne 등도 복잡계 현상을 좀 더 포괄적이고 다차원으로 설명하는 수단으로서 '통합적 다원주의integrative pluralism'를 제안하는데, 이는 '다원주의를 통한 단일성unity through pluralism'의 시도를 지양하면서도 다양한 인식론적 경향에 '관여하지 않는 다원주의disengaged pluralism'도 넘어서려는 '제3의 다원주의'라고 강조한다(Dunne, Hansen and Wight, 2013). 유사한 맥락에서 앤드류 베넷Andrew Bennet이 제시하는 '구조화된 다원주의structured pluralism'의 개념도 이해할 수 있는데, 베넷은 과학철학 내의 학적 발전에 근거해 복잡성의 인과적 메커니즘causal mechanism을 포괄적으로 설명하는 인식론의 필요성을 역설한다(Bennett, 2013).

사실 현재 다양하게 난무하는 국제정치의 인식론들을 아우르는 중립적 메타언어가 존재하지 않는 상황에서 일단은 이러한 다원주의적 시도들을 부정하기보다는 긍정적으로 받아들이는 태도를 보일 수밖에 없다. 이러한 입장은 이론적 시각과 인식론의 복합을 주장하는 네트워크 세계정치이론의 관점과도 일맥상통한다. 이러한 다원주의의 관점에 서면, 각기 딛고 선 철학적 기반이 상이한 인식론들을 어떻게 엮어서 볼 것이냐가 관건이 될 수밖에 없다. 때에 따라서는 실증주의를 넘어서려는 시도를 벌이더라도 실증주의 자체를 완전히 버리고 탈실증주의 진영[3]으로 이행하는 것이 아니라 실증주의까지도 포함하는 복합적 틀을 만드는 것이 관건이 된다. 잭슨의 용어를 빌리자면, 이는 신실증주의, 비판적 실재론, 분석주의, 성찰주의에 모두 관여하는 다원주의적 인식론을 개발하는 문제이다. 반복건대 이러한 점에서 볼 때 이 책이 주목하는 인식론적 다원주의는 나열적 절충주의라기보다는 '인식론적 복합주의' 또는 '복합 인식론'이다.

그러나 이러한 인식론적 다원주의는 그 자체가 목적이라기보다는, 궁극적으로는 이를 넘어서는 일종의 '메타 인식론'의 개발을 목표로 해야 할 것이다. 사실 여태까지 진행된 국제정치이론의 논쟁은 국제정치학이 기반으로 삼아야 할 메타이론의 철학적 전제들에 대해서 충분히 다루고 있지 못하다. 예를 들어 앞에 소개한 인식론적 다원주의의 논의들도 국제정치이론의 다양한 인식론 사이에서 발생하는 타협의 필요성에 대해서는 논하지만, 복잡계의 현실을 다루는 국제정치이론이 지향해야 할 메타이론적 전제가 무엇이 되어야 할지에 대해서는 본격적으로 문제를 제기하지 않는다. 이는 앞서 제2장에서 '복합'의 개념을 설명하는 과정에서 밝혔듯이, 복합의 개념이 단순히 집합의 의미를 넘어서 혼종과 공존·공진의 의미를 지닌다고 지적한 문제의식과 통하는 바가 크다. 이러한 맥락에서 볼 때 네트워크 세계정치이론이 모색하는 복합 인식론은 궁극적으로 메타 인식론의 내용을 담아야 할 과제를 안고 있다.

---

3 네트워크 세계정치이론에서 관심을 두는 탈실증주의적 인식론의 실험에 시사점을 주는 철학 분야 연구로 리처드 로티(Richard Rorty)의 네오 프래그머티즘(neo-pragmatism)을 들 수 있다(Rorty, 1981, 1989).

제2부

네트워크 세계정치이론의 도전

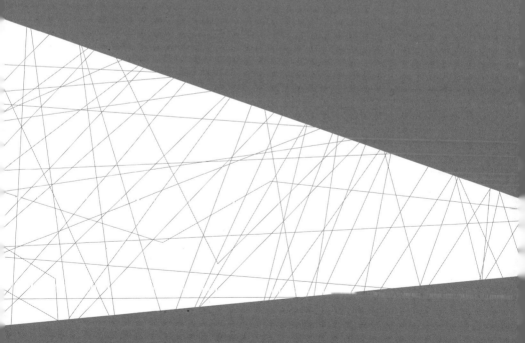

제**4**장

정보혁명과 세계정치 변환론

1. 네트워크로 보는 정보세계정치

전통적으로 국제정치학의 주요 연구 주제가 국가적 삶을 다루는 군사 안보의 문제를 중심으로 형성되었다면, 제2차 세계대전 이후에는 '먹고 사는 문제'를 탐구하는 국제정치경제학이 새로운 연구 영역으로 자리를 잡았다. 앞으로도 군사 안보와 정치경제의 문제는 여전히 중요하게 우리 삶에 큰 영향을 미칠 것이다. 그럼에도 21세기 세계정치에서는 '널리 전하고, 많이 알게 됨으로써 서로 소통하고 공감하는 문제'가 전례 없이 중요해졌다. 그리고 이러한 정보와 지식, 커뮤니케이션의 문제가 부각되는 이면에는 정보혁명이 자리 잡고 있다. 이런 점에서 정보혁명의 세계정치, 즉 정보세계정치는 국제정치학의 새로운 연구 주제임이 분명하다.

쉽게 말해 정보혁명은 세계정치의 저변에 존재하는 물적·지적 조건의 변환을 의미한다. 지난날의 국제정치가 산업기술을 바탕으로 한 군함과 대포, 기차와 자동차를 떠올리게 한다면, 오늘날의 세계정치는 IT를 기반으로 둔 초고속 제트기와 항공모함, 우주 무기와 스마트 무기를 연상케 한다. 지난날의 국제정치가 인쇄혁명이나 전기통신혁명을 바탕으로 해서 문서를 보내고 전보를 치고 전화를 거는 시대적 환경에서 펼쳐졌다면, 오늘날의 세계정치는 디지털 IT 혁명을 바탕으로 해서 인터넷과 인공위성, 스마트폰을 통해서 소통하는 세상에서 이루어진다. 이러한 변화는 다름 아니라 정보혁명으로 대변되는 새로운 기술혁신과 정보처리 및 커뮤니케이션 역량의 증대, 그리고 더 나아가 이를 활용하는 인류의 능력 향상에서 기인한다. 우리 삶의 물적·지적 조건이 향상된 만큼, 그 위에서 이루어지는 세계정치의 목표나 행위자들의 모습과 행태도 크게 달라질 수밖에 없다.

이렇게 정보혁명이 일으키는 변화가 현란한 데에 반해 세계정치의 변화를 연구하는 학문으로서 국제정치학, 특히 국제정치이론은 정보혁명에 대해서 의아하게 여겨질 정도로 침묵을 지켜왔다. 간혹 국제정치경제학의 시각에서 첨단 기술 분야의 기술혁신과 국가 경쟁력에 대한 정책 연구들이 있었지만, 이러한 초창기 정책 연구들은 단편적으로만 이루어져서 해당 분야의 정책적 발상을 넘어서 IT가 일으키는 세계정치의 심층적 변화를 이론적으로 탐구하는 수준에는 크게 미치지 못했다(Tyson, 1992; Hart, 1992). 이러한 사정은 국내 학계는 물론이고 해외 학계를 둘러보더라도 마찬가지인데, 지난 수십 년간 국제정치이론 분야의 연구가 보여준 방대한 이론적 관심에 대비해보면, 정보혁명과 세계정치에 대한 국제정치이론적 연구는 매우 빈약한 것이 사실이다. 특히 정보혁명의 사회적·경제적·문화적 영향에 대해서 사회학이나 경제학 및 언론정보학 등과 같은 여타 사회과학 분과가 보여주는 왕성한 학적 관심과 비교해볼 때, 국제정치이론에서 발견되는 이러한 침묵은 다소 우려스럽다.

이러한 침묵은 무엇보다도 학문 분과로서 국제정치학이 설정해놓은 학제적 경계에서 비롯되는 것으로 판단된다. 실제로 정보혁명 변수는 국제정치학적 연구 주제의 경계 밖에 존재하는 변수로서 취급되어온 감이 있다. 세계정치의 변화를 설명하는 데에 여타 학문과 구별되는 국제정치학 고유의 학문적

부가가치를 주장하려면 정치 변수의 독자성에 초점을 맞출 수밖에 없었을 것이다. 설령 기술, 정보, 커뮤니케이션 변수의 독자성을 인정한다고 해도 이를 다른 학문 분과의 몫으로 남겨놓으려 했을 것이다. 그 결과 최근까지도 국제정치이론의 문헌에서 정보혁명이라는 변수의 위상을 명시적으로 설정한 분석 틀을 발견하는 것은 쉽지 않았다. 그러나 최근에 정보혁명이 세계정치의 변화에 미치는 영향을 둘러보면, 이제 더는 국제정치학이 학제적 경계에 갇혀서 기술·정보·커뮤니케이션의 문제를 비非국제정치적 문제로서 치부하고 안이하게 뒷전에 물러앉아 있을 수만은 없게 되었다.

물론 국제정치학의 분야에서 기술·정보·커뮤니케이션 변수에 관심을 가졌던 이론적 연구가 아예 없었던 것은 아니다.[1] 그러나 정보혁명으로 대변되는 물적·지적 조건의 변화와 21세기 세계정치의 변환 간에 형성되는 구성적 관계를 체계적으로 밝히는 수준에는 미치지 못했다. 특히 이들 연구는 동인으로서의 기술·정보·커뮤니케이션 변수를 이해하는 데에 인식론적 또는 방법론적으로 일정한 한계를 안고 있었다. 예를 들어 기존 연구에서 이들 변수는 도구적으로 취급되거나 이미 '주어진' 외재적(환경적) 변수로서 설정됨으로 말미암아 세계정치의 변화를 설명하는 동태적 위상을 부여받지 못했다. 다시 말해 정보혁명이라는 변수를 놓고 밖으로는 울타리를 둘러치고 안으로는 블랙박스를 안은 형국이었다. 그러나 이렇게 정태적이고 부차적으로 설정된 구도에서는 정보혁명으로 말미암아 역동적으로 변화하는 작금의 세계정치 변환을 제대로 파악할 수 없다는 것이 이 책의 인식이다(김상배, 2003).

세계정치 변환의 충분조건으로서 정보혁명 변수를 설정하고 이에 모든 설

---

1 이 장에서 주제로 삼는 국제정치이론 연구 중 1990년대 후반까지 이루어진 의미 있는 작업으로는 Innis(1950), Gilpin(1987), Thompson(1990), Skolnikoff(1993), Modelski and Thompson(1996), Talalay, Farrands and Tooze eds.(1997), Deibert(1997), Keohane and Nye(1998), Kobrin(1998), Rothkopf(1998) 등을 들 수 있다.

명을 환원하는 결정론의 입장은 배격되어야 마땅하겠지만, 이들 변수가 세계정치 변환의 필요조건으로서 차지하는 적절한 위상을 정립하려는 이론적 발상이 시급하게 요청된다. 결국 안팎에서 정보혁명을 둘러싼 장애물들을 걷어내고 그 내용물을 펼쳐놓지 않고서는 세계정치의 동학을 제대로 파악할 수 없기 때문이다. 현재 국제정치이론 연구에 필요한 것은 이론적 무관심을 넘어서 정보혁명 변수를 세계정치 변환의 '구성적 요소'로서 적극적으로 끌어들이려는 노력이다. 최근 들어 이러한 문제의식으로 시도된 국제정치이론의 시도가 등장하고 있기는 하지만 정보혁명과 세계정치의 구성적 관계를 체계적으로 밝히는 수준에는 미치지 못해 아쉽다.[2]

이러한 맥락에서 이 장은 세계정치의 물적·지적 조건의 변화, 즉 정보혁명이 네트워크 세계정치의 부상에 미치는 영향을 분석하는 이론적 틀을 마련하고자 한다. 이 장에서는 이러한 이론틀을 '구성적 변환론'으로 이해했는데, 이를 도출하고자 다양한 이론적 논의를 살펴보았다. 제1장에서 살펴본 네트워크 이론의 성과들이 전반적으로 활용되겠지만, 특히 네트워크 조직 이론과 행위자-네트워크 이론ANT의 문제 제기가 발전적으로 원용될 것이다. 이 장에서 특별히 주목하는 논제는 정보혁명과 네트워크의 상관관계, 비인간 행위자로서 정보혁명의 행위능력에 대한 논의이다. 그 외에도 기존의 기술경제학이나 기술사회학, 커뮤니케이션 연구들에서 개발된 다양한 이론적 자원을 네트워크의 시각에서 수정·보완해 원용했다. 이러한 탐구를 통해서 정보혁명이 21세기 세계정치의 물적·지적 토대를 변화시킴으로써 권력의 성격, 경쟁의 양

---

2 국제정치학에서 2000년대 초반부터 진행된 단행본 작업 중 기술·정보·커뮤니케이션 변수의 국제정치학적 의미를 다룬 대표적 해외 연구로 Rosenau and Singh eds.(2002), Steinberg and McDowell(2003), Lacy and Wilkin eds.(2005), Dean, Anderson and Lovink eds.(2006), Herrera(2002, 2006), Youngs(2007), Hanson(2008), Drake and Wilson eds.(2008) 등을 들 수 있다. 국내 연구로는 하영선 엮음(2001), 김상배(2001, 2003, 2007a, 2010a) 등을 들 수 있다.

상, 행위자의 형태라는 측면에서 변환을 일으키는 모습을 드러내고자 했다.

2. 정보혁명의 개념적 이해

1) 정보혁명의 세 가지 개념적 층위

정보화情報化라는 용어는 1960년대 후반에 일본의 연구자들이 처음 사용했다. 정보화의 번역어인 'informatization'은 비영어권에서 고안된 말이므로 영어사전에는 나오지 않는다. 영어권의 연구자들은 정보화라는 용어보다는 정보혁명information revolution이나 정보사회information society 또는 정보시대information age라는 용어를 더 선호하는 것 같다. 정보혁명(또는 정보화)이라는 용어는 학술 개념이라기보다는 정책 슬로건이나 저널리즘의 용어로 사용되는 경향이 강해서 엄밀한 개념 정의를 바탕으로 하지 않은 경우가 많다. 혁명이라고 부를 정도로 질적 변화가 발생했느냐를 놓고도 학계의 논란이 지속되고 있다. 게다가 학자들마다 정보혁명(또는 정보화)의 각기 다른 부분을 중심으로 그 개념을 이해하는 경향이 강해서 보편적 개념 정의를 도출하기는 더욱 어렵다.

그럼에도 정보혁명(또는 정보화)의 개념은 대략 1970년대 이래 컴퓨터와 정보 통신 분야의 기술이 발달해 정보, 지식, 커뮤니케이션 등과 관련된 활동에 저용됨에 따라 발생하는 다층적 사회 변화를 지칭한다고 보면 크게 무리가 없을 것이다. 이 장은 〈그림 4-1〉에서 물 위에 뜬 빙산에 비유한 바와 같이, 정보혁명의 개념을 ① 새로운 기술의 발달, ② 정보의 디지털화, ③ 커뮤니케이션의 획기적 증대 등 세 가지 개념적 층위에서 이해하고자 한다.[3]

---

3 정보혁명의 개념과 그 국제정치학적 의미에 대한 좀 더 자세한 논의를 살펴보려면 김상
   배(2010a)를 참조하기 바란다.

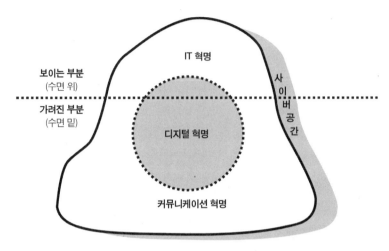

〈그림 4-1〉 정보혁명의 이해: 빙산의 비유

보이는 부분
(수면 위)

가려진 부분
(수면 밑)

IT 혁명

디지털 혁명

커뮤니케이션 혁명

사
이
버
공
간

자료: 김상배(2012a: 379).

가장 일반적으로 이해되는 정보혁명의 개념은 기술의 발달에 따라 새로운 물질적 산물이 도입되면서 발생하는 삶의 변화를 의미한다(수면 위로 나타난 빙산의 상층부). 정보혁명은 첨단 가전제품, 반도체, 컴퓨터, 소프트웨어, 유무선 인터넷, 스마트폰 등을 활용한 다양한 서비스 등이 보급되면서 편리해지는 우리 삶의 모습에서 드러난다. 최근 정보혁명의 표상처럼 회자되는 TGiF Twitter, Google, i-Phone, Facebook라는 말은 바로 이러한 삶의 단면을 단적으로 보여준다. 다시 말해 초고속 인터넷에 접속된 최신 컴퓨터로 인터넷 검색(구글)과 소셜 네트워킹(페이스북)을 하고 최첨단 스마트폰(아이폰)으로 지인들과 커뮤니케이션(트위터)을 하는 행위 자체에서 우리는 정보혁명의 가장 구체화된 모습을 본다. 이렇게 눈에 보이는 물질적 산물의 이면에는 그 생산을 가능케 한 기술혁신, 다시 말해 이른바 IT 패러다임의 등장이 있다. 흔히 정보혁명을 IT 혁명이라고도 부르는 것은 바로 이러한 이해를 바탕으로 한다. 여기서 주목할 것은 하드웨어를 생산하는 산업화 시대의 기술 패러다임과는 달리, IT 패러다임은 주로 소프트웨어, 프로토콜, 코드, 알고리즘과 같은 준﹡물질적 산물이나 정보, 디지털 콘텐츠, 서비스 등과 같은 형태의 비非물질적 산물을 생산한다는 사실이다(Castells, 1996).

정보혁명 개념의 두 번째 핵심은 IT를 활용해 정보를 디지털화하고 이를 바탕으로 기술·정보·지식의 생산이 양적으로 증대되고 질적으로 변화한다는 데에 있다(수면에 걸친 빙산의 중심부). 예를 들어 구글이나 야후, 또는 네이버나 다음과 같은 인터넷 검색엔진(소프트웨어)을 사용해서 사이버공간의 정보를 찾고, 이를 활용해 과학기술의 혁신뿐만 아니라 각종 인문학과 사회과학 분야의 지식을 더 많이 생산한다. 특히 인터넷으로 대변되는 디지털 네트워크의 출현은 종전에는 소수 전문가만이 담당하던 지식 생산의 문턱을 크게 낮추었다. 디지털 네트워크는 주로 개인적 차원에서 이루어지던 지식 생산의 작업을 집단적 차원으로 끌어올림으로써 지식과 지식 생산 자체의 의미마저도 변화시켰다. 아마추어들의 네트워크가 전문가 집단과 겨루는 일들이 사이버공간에서는 자주 발생한다. 이러한 변화의 중심에는 디지털 혁명, 즉 디지털화를 통해서 '지식을 다루는 지식'을 뜻하는 메타 지식meta-knowledge이 획기적으로 발달한 현상이 자리 잡고 있다. 그런데 여기서 주목할 점은 정보가 디지털화됨에 따라서 많은 양의 정보와 지식을 좀 더 효율적으로 다루게 되었다고 해서 그것이 바로 지식 자체를 더 많이 생산해서 우리가 더 잘 알게 되는 것은 아니라는 사실이다. 다시 말해 디지털 혁명이 반드시 지식 혁명을 의미하는 것은 아니다.

이상에서 살펴본 IT 혁명과 디지털 혁명은 상대적으로 좁은 의미에서 파악된 개념이다. 〈그림 4-1〉의 빙산에 비유할 경우, 좁은 의미의 정보혁명은 수면 위에 떠 있어 쉽게 보이는 빙산의 일각에 지나지 않는다. 정보혁명 개념의 전체 모습을 파악하려면 단순한 기술과 정보, 지식 차원의 변화를 넘어서 이러한 변화를 바탕으로 발생하는 사회 전반의 변환을 살펴보아야 한다. 다시 말해 정보혁명이라는 빙산의 모습을 제대로 파악하려면 수면 아래에 숨은 빙산의 바닥까지도 훑어보는 넓은 의미의 정보혁명 개념에 대한 탐색이 필요하다.

넓은 의미의 정보혁명은 다양한 IT 기기와 디지털 정보를 활용해 발생하는 커뮤니케이션의 획기적 발전과 밀접한 관련이 있다(수면 밑에 잠긴 빙산의 하층부). 19세기 이래 전신, 전화, 라디오, 무선통신, 방송, 인공위성 등과 같은 정보 통신 기술의 발달은 인류의 커뮤니케이션 능력을 지속적으로 증대시켜왔다. 그런데 최근 디지털 네트워크의 등장은 인류의 커뮤니케이션을 질적으로 다른 지평에 올려놓았다. 지구 전역에 걸쳐서 거의 실시간에 가까운 커뮤니케이션을 할 수 있게 되면서 예전에는 불가능했던 '사람들의 네트워크'와 이를 바탕으로 한 행동의 조직화가 발생하고 있다. 그야말로 커뮤니케이션 혁명은 이전에는 상상하기 어려웠던 범위와 형태의 네트워크를 부상할 수 있게 했다. 예를 들어 사람들은 페이스북, 트위터, 유튜브 같은 SNS Social Network Service 또는 소셜 미디어에 의지해서 예전과 같은 수동적 청중의 자리에만 머물지 않고, 좀 더 능동적 참여자의 역할을 찾아서 세상으로 나서고 있다. 또한 조직의 형태라는 측면에서도 IT 기기와 디지털 정보를 바탕으로 한 커뮤니케이션 혁명은 수직적 위계질서의 모습을 띠는 기존의 조직과 제도들이 점차로 수평적인 네트워크를 수용하는 변환을 일으키고 있다.

이러한 개념적 논의에서 빠뜨릴 수 없는 것은 정보혁명이 현실 공간과 중첩되는 새로운 공간, 즉 사이버공간을 창출한다는 사실이다. 사이버공간이라는 용어는 미국의 공상과학 소설가인 윌리엄 깁슨 William Gibson이 컴퓨터를 매개로 새롭게 생겨난 매트릭스 공간을 지칭하면서 알려지기 시작했다(Gibson, 1984). 그러나 사이버공간의 등장은 새로운 기술공간이 출현하는 것 이상의 의미를 가진다. 사이버공간의 등장은 〈그림 4-1〉에서 보는 바와 같이, 정보혁명의 개념에 입체성을 부여하는 동시에 세계정치가 이루어지는 공간을 좀 더 복합적 형태로 변환시킨다. 이것이 바로 사이버공간의 존재가 최근 세계정치 분야에서 일종의 '독립변수'로서의 지위를 서서히 획득해가는 가장 큰 이유 중 하나이다. 요컨대 이상과 같이 다양한 층위에서 파악된 정보혁명의 개념은 현실 공간과 사이버공간에서 발생하는 세계정치의 복합적 변환을 이해하는 데에 매우 유용한 잣대를 제공한다.

정보혁명은 오프라인 공간뿐만 아니라 온라인 공간에서 다층적 네트워크가 출현할 수 있게 하는 물적·지적 조건을 제공했다. 이런 점에서 정보혁명의 핵심은 기술과 기술, 정보와 정보, 지식과 지식, 사람과 사람, 관념과 관념이라는 다층적 수준에서 관찰되는 복합 네트워크의 부상에 있다. 네트워크 층위에서 맨 아래의 기반이 되는 물리적 네트워크인 인터넷의 별명이 '네트워크들의 네트워크'(망중망)인 것처럼, 인터넷이 가능케 한 정보와 지식, 그리고 사람들의 네트워크가 취하는 아키텍처와 작동 방식도 망중망으로 개념화되는 복합 네트워크이다. 이러한 점에서 인터넷으로 대변되는 정보혁명의 변수는 이 책에서 다루는 네트워크 세계정치의 물적·지적 토대를 보여주는 핵심개념이다.

2) 소셜 미디어, 정보혁명의 현주소

최근 소셜 미디어 또는 SNS가 미치는 영향에 대한 관심이 커졌다. 여기서 소셜 미디어는 트위터나 페이스북이나 유튜브 등과 같은 특정한 서비스, 또는 그러한 개별 서비스가 수행하는 미디어로서의 역할이라는 좁은 의미를 지칭하는 것은 아니다. 오히려 지난 18여 년 동안 이루어진 인터넷 발전사의 선단先端에 있는 대표 사례라는 넓은 의미에서 볼 필요가 있다. 오늘날 소셜 미디어는 유무선 인터넷이나 이를 통해 제공되는 서비스와 콘텐츠, 그리고 이를 둘러싸고 벌어지는 다양한 정치사회적 행위와 문화의 단면을 현시점에서 응축해 담은 사례로 보아야 한다. 요컨대 소셜 미디어는 새로운 국면으로 진화하는 인터넷, 그리고 좀 더 넓은 의미에서 파악된 정보혁명의 현주소를 보여준다.

우리가 흔히 영어의 약자로 표기하는 SNS는 온라인에서 다수의 사람 사이에 관계 맺기를 도와주는 인터넷 서비스이다. PC 기반 인터넷 서비스에 더해서 최근에는 모바일 스마트 기기가 확산되면서 SNS의 사용이 더욱 활발해졌다. 사실 SNS는 서비스라기보다는 미디어로 보아야 한다. 단순히 아는 사람들끼리 소통하는 차원을 넘어서 기성 미디어처럼 뉴스를 담아서 수용자들에게 보내는 역할이 부쩍 늘어났기 때문이다. 다만 SNS는 기성 미디어와는 달리 사람들이 맺은 사회관계의 연결망을 타고 작동한다. 이런 점에서 SNS는 소셜 미디어이다. SNS나 소셜 미디어라는 말은 모두 우리말로 번역되기보다는 다소 생경한 알파벳의 조합이나 음차어로 통용된다. 이러한 사정이 생긴 이유로는 언어의 번역이 메울 수 없는 '의미의 공백'에 대한 망설임도 있겠지만, 우선 이 용어들에 담기는 현실의 낯설음을 꼽아야 할 것 같다.

소셜 미디어가 지니는 커뮤니케이션 매체로서의 특징은 속보성, 관계성, 긴밀성이라는 세 단어로 요약된다. 우선 소셜 미디어는 기성 미디어보다 빠르게 소통할 수 있는 수단이다. 또한 소셜 미디어는 지구화와 정보화, 민주화의 시대를 맞이해 새로이 출현한 사회적 관계 맺기를 도와주는 수단이다. 그런데 이러한 소셜 미디어는 전혀 모르는 사람과 소통하거나 관계 맺기를 하는 수단이라기보다는 뭔가 긴밀한 관계의 사람들이 서로 소식을 주고받고 공감대를 형성하는 수단이다. 이러한 점에서 소셜 미디어는 복합적 성격의 미디어이다. 이러한 복합성은 1차 집단적 공동체 관계와 2차 집단적 사회관계의 복합, 이성적 커뮤니케이션과 감성적 커뮤니케이션의 복합, 사적 공간과 공적 공간의 복합이라는 세 가지 차원에서 이해할 수 있다(김상배, 2012e).

첫째, 소셜 미디어로서 SNS를 매개로 형성되는 사회관계는 '소셜'을 단순히 '사회'라고 번역할 수 없는 복합적 성격을 가진다. 우리가 보통 사회社會로 번역하는 'society'는 구성원들의 이익을 기반으로 형성되는 '2차 집단'의 사회관계를 기반으로 한다. 그런데 SNS를 통해서 형성되는 소셜 네트워크는 이러한 이익 기반의 관계 맺기만은 아니다. 오히려 구성원들이 정체성을 공유하면서 구성하는 공동체community, 즉 '1차 집단'의 사회관계를 배경에 깔고 있다. 엄밀하게 말하면 SNS의 소셜 네트워크는 공동체(1차 집단)와 사회(2차 집단)의 중간 정도가 되는 '1.5차 집단'의 사회관계를 배경으로 작동한다. '소셜'이라는 말이 우리말로 쉽게 번역되지 않는 이유이다(김상배, 2010b).

트위터의 사례를 보자. 트위터는 대면 관계의 공간적 제약을 넘어서는 광범위한 사회관계를 가능케 했다. 그러나 트위터에서 정보는 매스미디어의 경우처럼 누구에게나 골고루 나누어지는 방식으로 전달되지 않는다. 트위터의 핵심은 리트윗retweet이다. 내가 받은 정보를 누군가에게 리트윗하는 방식으로 정보의 전달이 이루어진다. 그런데 우리가 트위터를 통해서 정보를 리트윗하는 대상은 생면부지의 남은 아니다. 또한 내가 정보를 얻고자 트위터에서 팔로우하는 사람도 누군지 모르는 타인은 아니다. 이렇게 보면 트위터는 친한 지인들을 상대로 해서 물어보고 알려주는 모델이다. 트위터는 공식적 관계가 확장되는 와중에도 친밀한 관계를 놓치지 않는 사용자들의 심리를 공략한 모델이다. 이러한 점에서 트위터의 확산은 사람 사이의 '연결성'의 확대뿐만 아니라 '근접성'의 강화를 의미한다.

둘째, 트위터가 활용하는 사회관계의 복합성은 거기에 담기는 커뮤니케이션의 성격과 내용의 복합성으로 나타난다. 기성 미디어와는 달리 트위터와 같은 소셜 미디어에는 해석과 주관적 편집, 선별과 감정이 담긴다. 트위터에서는 내가 머리로 동의하는 '글'뿐만 아니라 내가 마음으로 공감하는 '말'이 리트윗된다. 정보를 획득하는 채널인 동시에 감정을 공유하는 채널이다. 다시 말해 트위터에서는 객관적 정보의 전달과 소통만을 목적으로 하는 것이 아니라 생각의 교환과 더 나아가 정서적 공감도 중요하다. 이렇다 보니 전달된 정보의 내용을 믿는 것뿐만 아니라 정보를 전달한 사람 자체를 좋아하는 것도 트위터의 소셜 네트워크가 작동하는 중요한 요소가 된다. 이런 점에서 트위터의 팔로워 커뮤니티는 유명 연예인들의 팬클럽에 비견되기도 한다.

끝으로, SNS를 활용한 소셜 미디어가 만들어내는 공간의 성격도 복합적이다. 구전 미디어가 사적私的 공간에서 이루어지는 작은 이야기를 전했다면, 매스미디어는 공적公的 공간에서 이뤄지는 큰 이야기를 널리 전파했다. 그런데 트위터나 페이스북이 만들어내는 공간은 '공사公私의 복합 공간'이다. 예를 들어 트위터는 일반적으로 자신의 이야기를 하는 사적 공간인 동시에 다른 사람의 이야기를 듣고 전하는 공적 공간이다. 친한 친구들에게 자기를 전시하려는 심리도 작용한다. 구전 미디어의 입소문이 꼬리에 꼬리를 물고 전해지듯이 리트윗도 그 구조와 논리는 입소문과 다를 바 없다. 트위터는 예전 같았으면 사적 공간에서 친구들하고만 나누었을 법한 이야기를, "내가 어제 저녁 자리에서 들었는데 말이야……"라고 하면서 공공장소에서 털어놓는 것과도 같은 모델이다. '골방 모델'과 '광장 모델'의 복합 모델이라고 부를 수도 있겠다. 이러한 이야기들이 여러 차례 리트윗되면서 전파되고 추가 정보들이 더해지면서 정보의 퍼즐 맞추기를 하는 복합 공간이 생겨난다.

이러한 복합적 성격을 가지는 소셜 미디어의 확산은 무엇을 변화시켰는가? 가장 눈에 띄는 변화는 예전에는 상상으로만 가능했던 다양하고 중층적인 네트워크들이 동시다발적으로 출현했다는 사실이다. 지난 수십 년 동안 지구적 차원에서 물리적 네트워크가 구축되고, 그 위에 정보와 지식의 네트워크가 차곡차곡 얹혔으며, 이를 기반으로 사람들의 네트워크가 조금 더 밀접하고 빽빽하게 자리 잡는 현상이 발생했다. 이른바 '네트워크들의 네트워크a network of networks', 즉 '망중망網重網'이 우리 삶의 곳곳에 스며들었다(김상배, 2010a). 이렇게 등장한 네트워크는 노드node와 노드들이 링크link로 연결된다는 일반적 의미의 네트워크와는 다르게 이해되어야 한다. 비유컨대 마치 원생동물인 '아메바'처럼 유연한 외연을 갖고, 아이들의 장난감인 '레고 블록'처럼 쌓고 허물면서 그 모양을 쉽게 바꿀 수 있으며, '도마뱀의 꼬리'처럼 어느 부분이 손상되더라도 금세 복구되는 특징을 지닌, 그야말로 '복합 네트워크complex network'라고나 할까?

이러한 복합 네트워크를 기반으로 해서 사람들은 이메일을 주고받고 웹사이트에 정보와 지식을 올려놓으며, 이를 활용해 과거처럼 신문과 방송에 의지하지 않고도 서로 소통하고 의견을 나눌 수 있게 되었다. 하다못해 예전에는 전문가의 영역으로만 간주되던 백과사전의 편집에 참여하기도 하고, 프로 비평가들을 뺨치는 수준의 평론을 주고받는 온라인 동호회를 구성하기도 한다.

이렇게 만들어지는 복합 네트워크의 공간에서는 정보와 지식의 공적_{公的} 교류 뿐만 아니라 사적_{私的} 소통과 친밀한 교감까지도 오고 간다. 특히 페이스북, 트위터, 유튜브와 같은 소셜 미디어는 주위의 친구들에게 글과 영상을 추천받고 이를 다시 다른 친구들에게 퍼뜨리는 일종의 '생각과 공감의 네트워크'를 그 기저에 깔고 있다. 이렇게 소셜 네트워크를 기반으로 웹 환경은 문화가 확산되고 대외적으로도 한류 열풍을 일으키는 밑바탕이 되고 있다. 또한 이러한 복합 네트워크의 메커니즘에 의지해서 사람들은 예전과 같은 수동적 청중의 자리에만 머물지 않고 좀 더 능동적인 참여자의 역할을 찾아서 인터넷 세상으로 나서고 있다(김상배, 2010a).

이 대목에서 제기되는 중요한 질문은 기술과 정보 및 지식의 네트워크를 기반으로 해서 형성된 '생각과 공감의 네트워크'가 어떠한 경우에 '행동의 네트워크'로 발전하게 되는가 하는 문제이다. 다시 말해 모두가 조금씩 아는 것을 모으거나 서로서로 공감하는 바를 얼기설기 엮어서 (단순히 개별적 요소들을 집합해놓은 것이 아니라) 전체가 하나처럼 행동하게 만드는 요인은 무엇인가? 사실 이 문제는 정치사회학에서 '집합행동collective action'이라는 이름으로 오랫동안 연구되어온 주제였다. 최근 인터넷 시대를 맞이해 달라진 것이 있다면 이른바 '집합지성collective intelligence'이라고 불리는 디지털 복합 네트워크의 메커니즘이 예전에는 비용이 많이 들어 아예 시도조차 할 수 없었던 종류의 집합행동을 좀 더 쉽게 만들었다는 사실이다. 어떤 경우에는 '집합감성collective emotion'이라고 부를 수 있는 감성적 또는 정서적 변수가 작동하기도 한다. 그렇다면 복합 네트워크 현상으로서 정보혁명에 대한 논의는 기존의 국제정치이론에서 어떻게 진행되어왔을까? 이하에서는 기존의 논의들을 검토하고 그 특징과 한계를 살펴보자.

3. 기존 국제정치이론의 시각

1) 현실주의의 도구론적 시각

한스 모겐소Hans Morgenthau나 케네스 월츠 등과 같은 (신)현실주의 국제정치이론의 시각에서 볼 때 IT와 같은 정보혁명의 산물은 국가 이익과 생존의 목표를 달성하기 위한 도구 중 하나이다. 이러한 시각은 정보혁명을 기술 발달에 따른 새로운 물질적 산물의 도입으로 보는 IT 혁명의 측면에 주목한다. 현실주의가 상정하는 권력 개념에 비추어볼 때, IT는 상대방에 대한 영향력으로 전환될 수 있는 가장 중요한 물질적 권력 자원이다(Morgenthau, 1948; Hart and Kim, 2000). 역사적으로 부국강병을 달성하는 중요한 수단의 하나로 기술을 인식하는 정책 담론이 존재해왔지만, 최근 IT의 등장으로 말미암아 기술이 국제정치에서 차지하는 권력 자원으로서의 중요성은 더욱 주목받고 있다. 첨단 IT를 바탕으로 제조된 군사 무기는 현대 전쟁의 승패를 좌우하는 필수 불가결한 요소가 되었다. IT 산업 분야에서 기술혁신과 인적 자원의 양성을 통해 국가 경쟁력을 높이려는 경제전쟁도 치열해지고 있다. 오늘날 이러한 현실주의적 기술 담론은 일반 대중에 널리 유포되어서, 언론 매체에 오르내리는 IT와 국가전략에 대한 논의 대부분이 이러한 부국강병의 담론을 바탕으로 한다고 해도 과언이 아니다(Kennedy, 1993).

이렇게 정책 차원의 기술 담론이 득세하는 것과는 대조적으로 정작 정교한 이론틀의 개발이라는 차원에서 볼 때, 현실주의 이론은 IT와 세계정치에 대해서 침묵을 지킨다. 이러한 침묵은 무엇보다도 현실주의의 인식론적 편향과 거기에서 비롯되는 기술 변수의 위상 설정에서 기인하는 바가 크다. 로넨 팔란Ronen Palan에 의하면, 현실주의 이론은 사회구조를 이해하는 준거틀로서 인체 구조를 상정하는 '유기체적 은유organic metaphors'를 바탕으로 한다고 한다. 다시 말해 자연과학에서 나타나는 바와 같은, 육체와 영혼에 대한 데카르트적

이분법에 근거해 사회구조에 대한 은유를 상정하고 이를 국제정치에 투영해, 현실주의 이론의 두 축인 영토성과 국가이성raison d'etat의 관계에 대한 개념을 도출했다는 것이다. 인간이 합리적 사고를 바탕으로 인체를 보존하고자 행동하듯이, 국가는 국가이성을 소유하고 영토를 물리적으로 보전하고자 권력을 추구한다는 것이다. 결국 현실주의의 '유기체적 은유'는 국가를 지고의 목표로 보는 이론적 시각을 창출했고, 여기서 기술은 국가의 목표를 달성하는 데에 동원되는 많은 수단 중 하나로서 인식되었던 것이다(Palan, 1997: 15~18).

이러한 도구론적 시각에 의거해서 볼 때 정보혁명이 불러온 IT의 발달과 디지털 정보 네트워크의 확산은 국제정치의 본질적 변화를 일으키는 요소가 아니다. 현실주의자들에게 기술은 국가의 본질과는 무관한 요인이며, 국제정치의 본질은 기술이 아무리 변하더라도 이를 초월해 불변한다. 간혹 있을 수 있는 기술적 변용도 인간들의 행위에는 영향을 미칠 수 있겠지만 국가의 기본적 동기나 목표에는 영향을 주지 못함은 물론이다. 이러한 인식론이 기본적 배경으로 작동하는 상황에서 현실주의 국제정치이론의 전통이 기술 변수의 세계정치적 함의에 대해서 무관심했던 것은 당연한 일이다. 현실주의자들의 눈에 기술 변화는 기껏해야 국가가 활용하는 권력적 도구의 변화 정도로만 비쳤던 것이다.

이러한 기술 변수에 대한 냉담은 신현실주의 이론이 설명하는 국제체제의 구조 변화에서 기술 변수가 차지하는 미미한 역할에서도 발견된다. 예를 들어 신현실주의가 상정하는 국제체제의 구조 변화는 권력 분포의 변화나 패권국의 변경을 의미하며, 그 외의 것은 다만 '환경적 요소'일 뿐이다. 신현실주의 모델에서 기술 변화는 이러한 환경적 요소의 변화를 의미하며, 이들 요소는 체제 내적인 변수가 아니라 체제 외적extra-systemic 변수이다. 다시 말해 기술 변화는 체제의 단위 변화에 영향을 미치는 것이라기보다는 단지 '현상적 변화'일 뿐이다. 따라서 신현실주의 이론에서 이러한 종류의 현상적 변화가 어떻게 발생하고, 이에 따라 누가 승자가 되고 패자가 되는지에 대한 이론적 설명은 부재하다. 국제체제의 본질은 환경적 변화와는 상관없이 불변인 것으로 그려지기 때문이다(Waltz, 1979: 143).

간혹 기술 발달에 따른 국제정치의 변화를 논하더라도 신현실주의 시각의 논의는 매우 제한적이다. 예를 들어 유진 스코니코프Eugene Skolnikoff는 신현실주의 시각을 취하는 여타 이론가들과는 달리 기술 변수를 국제정치의 구성적 요소로 설정한다. 그럼에도 스코니코프는 기술 변화로 말미암아 국민국가 체제의 근본은 세간에서 떠들썩하게 이야기하는 것처럼 변화하지는 않았으며 짧은 시일 내에 변할 것 같지도 않다고 주장한다. 다시 말해 기술 발달이 국가 단위를 상정하는 국민국가 체제의 기본 전제 자체를 변화시키는 것은 아니라는 것이다. 스코니코프는 획기적 기술 변화가 국가 간의 상호작용 패턴을 변화시킴으로 말미암아 국제정치의 과정 차원에서 변화를 발생시키고 더 나아가 국가 간의 권력 분포가 변화하거나 국가의 권위와 능력이 다소간 침식될 가능성은 인정한다. 그렇지만 스코니코프가 내리는 결론이 궁극적으로 현실주의적인 것은, 이러한 기술 변화로 말미암아 근대 국제정치의 기본적 전제들이 질적으로 변화했다기보다는 오히려 국제정치의 주요 행위자로서의 국가가 그 자율성과 권위에 대한 도전 세력에 저항하면서 일련의 적응 과정을 보인다는 스코니코프 자신의 인식에서 발견된다(Skolnikoff, 1993).

현실주의 국제정치이론의 기술론과 정보혁명 인식에서 파생되는 세계질서의 변화에 대한 전망은 매우 제한적이고 다소 파편적이기까지 하다. 무엇보다도 현실주의 전통은 국제체제의 구조 차원이 아닌 과정 차원에서 기술의 발달이 일으키는 변화의 포착에 둔감하다. 그런데 실제 현실을 보면 이러한 과정 차원의 변화는 국제정치 행위자 간 권력 분포의 변화에 영향을 미치고 더 나아가서 패권 구조의 변화를 유발하는 원천으로 작용한다. 또한 현실주의 전통은 이러한 과정 차원의 변화가 국제체제의 질적 변화를 일으킬 가능성에 대해서도 둔감하다. 인식론적으로 제한된 지평에서 형성된 도구론적 시각의 레이더에 기술 변화가 세계정치의 게임 자체를 변화시키는 근본적 변화의 가능성이 잡힐 리 없기 때문이다. 요컨대 현실주의적 도구론적인 시각이 상정하는 인식론적 편향은 국가 간, 즉 국제國際, inter-national 관계를 넘어서, 기술 변화가 일으키는 세계정치 변화의 본질에 대한 인식을 가로막는다.

2) 자유주의의 환경론적 시각

로버트 코헤인이나 조지프 나이 등과 같은 자유주의 국제정치이론의 시각에서 본 정보혁명은 세계정치에서 새로운 제도 환경을 창출하는 과정 차원의 주요 동력이다. 이러한 점에서 자유주의적 정보혁명관은 물질적 산물로서 IT의 도구적 유용성에 주목하는 현실주의보다 좀 더 폭넓게 디지털 혁명이나 커뮤니케이션 혁명의 시각을 포괄한다. 이와 같은 맥락에서 본 IT는 '무경계의 세계borderless world'를 여는 초국적 동력의 대명사이다. 현실주의의 경우와 마찬가지로 이러한 자유주의의 기술관은 정부 정책, 언론 매체, 학술 논문 등에 널리 배인 정책 담론 중 하나이다. 특히 이러한 자유주의적 정책 담론은 1990년대 이후 부쩍 많이 등장했는데, 전 미국 부통령인 앨 고어Al Gore가 자유민주주의를 세계적으로 전파하는 선구자로서 인터넷과 정보고속도로를 주창한 것을 일례로 들 수 있다. 또한 프랜시스 후쿠야마Francis Fukuyama가 사회주의권 붕괴 이후의 세계를 묘사하며 '역사의 종언' 테제를 내세우는 배경에 깔린 신자유주의적 기술론도 동일한 맥락에서 이해될 수 있다. 후쿠야마가 그리는 세계에서 IT는 '역사의 종언'을 향한 변화의 초국적 동력이며, 자유민주주의와 경제적 신자유주의 및 평화가 지구적으로 확산되는 데에 중요한 역할을 담당하는 매개체이다(Fukuyama, 1992).

이러한 자유주의의 기술론은 자유주의 전통의 인식론적 특징에서 그 원형을 찾을 수 있다. 팔란에 의하면, 현실주의가 '유기체적 은유'를 바탕으로 하듯이, 자유주의는 '체계systems의 은유'를 바탕으로 한다고 한다. 자유주의자들의 눈에 비친 사회는 자연적 공동체가 아니라 인간의 이성과 의지로 형성된 인위적 존재로서 이해된다. 다시 말해 사회는 정치 체계·국가·법 등과 같은 인위적 실체들을 통해서 결합되는 체계라는 것이다. 이러한 사회 체계는 내부적으로는 효율성을 추구하면서 외부적으로는 이를 둘러싼 환경에 대해서 끊임없이 적응하는 과정을 밟아나간다. 이러한 '체계의 은유'에서 기술은 독자적 속성을 띠는 독립체가 아니며, 체계의 부분 또는 전체를 구성하지도 않는다. 이러한 인식론에서 파생되는 기술의 개념은 체계의 '환경적 요소'에 가깝다고 할수 있다(Palan, 1997: 18~20).

이러한 환경적 기술론은 코헤인과 나이의 '상호 의존interdependence'이라는 개념의 형태로 국제정치학적 논의의 장에 떠올랐다(Keohane and Nye, 1977). 코헤인과 나이에 의하면, 세계정치는 상호 의존의 증대라는 외부적 동력을 통해서 변화를 겪고 있다고 한다. 여기서 코헤인과 나이가 상호 의존이라고 개념화한 것은 다름 아닌 커뮤니케이션, 교통, 기술 등의 발전을 의미한다. 다시말해 상호 의존은 세계정치의 변화를 일으키는 환경적 요소이다. 그런데 코헤인과 나이는 이러한 세계정치의 환경적 요소를 단순히 기술 변화라는 중립적 용어로 부르지 않고, 상호 의존의 증대라는 다소 가치 개입적인 개념을 통해서 인식한다.

이러한 자유주의적 기술론과 관련해 다음 세 가지를 주목할 필요가 있다. 우선, 자유주의 전통은 세계정치 변화의 요소로서 과정 차원에서 제기되는 다원적 변인들을 상정하는데, 기술은 이러한 다원적 변인 중 하나이다. 물론 기술은 그러한 다원적 변인 중에서도 가장 중요한 역할을 차지하는 독립변수로서 인식된다. 이러한 구도에서 이른바 'IT가 …… 에 미치는 영향'이라는 식의 도식이 가능해진다. 둘째, 자유주의적 기술론은 기술과 변화에 대한 낙관론을 바탕으로 한다. 기술 변화는 곧 인류의 보편적 진보와 연결된다. 기술 변화를 상호 의존의 증대와 등치하는 것도 이러한 맥락이다. 예를 들어 IT는 커뮤니케이션의 양과 질을 증대하고 비용을 감소함으로써 국가 간 또는 개인 간 상호 이해와 상호 협력의 가능성을 증대하는 동력으로 인식된다. 끝으로, 자유주의적 인식에서 기술은 국제정치의 행위자들이 적응해야만 하는 특정한 형태의 제도 환경을 창출한다. 예를 들어 IT의 도입은 탈집중, 협력, 평화, 투명성 등으로 대변되는 제도 환경을 창출함으로써 권위주의적 국가들이 개방·개혁의 정책을 도입할 수밖에 없게 한다는 것이다.

자유주의 시각에서 볼 때, IT의 발달은 국가 간 관계에서 전통적 현실주의가 그리는 권력 개념과는 다른 다원적이고 탈물질적인 형태의 권력(예를 들어 소프트 파워)이 작동할 수 있는 조건을 향상했을 뿐만 아니라 다자간 관계에서도 새로운 규칙을 형성하는 과정을 통해서 권력이 제도나 구조적 차원에서 상호 침투할 수 있는 가능성을 늘려놓았다. 따라서 이러한 자유주의적 기술론과 권력론에서 파생되는 세계질서의 변화에 대한 전망은 국제적 협력을 증대하는 상호 의존의 환경에 부합하는 모습과 함께 권력의 지배 양식이 좀 더 교묘한 방식으로 형태를 바꾸어 작동하는 모습을 동시에 가진다. 한편 이러한 과정은 국가의 주권적 통제가 약화되는 현상과 맞물리면서 진행될 뿐만 아니라 다국적기업이나 글로벌 시민사회 네트워크 등과 같은 비국가 행위자들이 부상하는 현상을 촉진한다. 이는 궁극적으로는 탈집중 관리 양식의 형태로 권력의 작동과 세계질서의 구조가 재편되는 글로벌 거버넌스의 가능성을 연다.

그런데 이러한 자유주의적 기술론이 지니는 한계는 여전히 기술 변수를 세계정치의 내재적 요소로 설정하지 못한다는 점이다. 기술 변수 자체는 여전히 체제의 외생적 요인으로 학문적 관심 영역의 바깥에 존재하며, 다만 이러한 기술이 세계정치에 미치는 영향만이 국제정치학적 관심이 대상이 된다. 이러한 상황에서 세계정치의 변화를 일으키는 과정적 변화로서 기술 변화가 어떻게 발생하고, 또한 어떠한 과정을 통해서 특정한 제도 환경을 요구하는지에 대한 인과적 또는 구성적 관계에 대한 구체적 설명을 자유주의적 기술론에서 찾을 수 없음은 물론이다. 그러나 기술과 세계정치의 상관관계에 대한 구체적 규명이 없이 일방적으로 기술을 독립변수로 설정하는 것은 다분히 기술 결정론의 오류를 범할 우려마저 있다. 결국 기술과 세계정치의 구성적 관계를 설명하려면 '수동적 도구' 또는 '중립적 환경'의 의미를 넘어서 기술의 성격을 세계정치의 변화를 일으키는 동태적 요소로서 이해하는 인식 전환이 필요하다.

3) 구성주의의 상징론적 시각

구성주의 국제정치이론의 전통은 주류 국제정치이론의 기술론이 내포하는 인식론적 편향에 대한 비판에서부터 논의를 시작한다. 이러한 편향은 리처드 애슐리Richard Ashley가 '기술 합리성technical rationality'이라고 부르는 것이다(Ashley, 1983). 애슐리에 의하면, 주류 이론 진영은 기술을 인공품artefact으로 개념화하므로 인공품으로서 기술의 변화가 본질적으로 정치경제의 구조적 맥락에서 이루어지는 '사회적 현상'이라는 사실을 경시한다고 한다. 주류 이론에 비친 기술 변화는 '기술적 가능성'의 논리만을 따라서 진행되는 '자동적 현상'이며, 이는 기술 합리성을 향해서 나아가는 진보의 과정으로서 정당화된다고 한다. 결과적으로 이러한 발상은 기술이 세계정치를 합리화하는 초국가적 동력의 역할을 한다면, 문화는 국가라는 경계에 갇힌 정태적인 것으로서 인식하는 이분법적 사고를 낳는다. 구성주의자들에 의하면, 이러한 주류 이론의 이분법적 사고는 문화와 상징을 중심으로 이루어지는 세계정치의 본질을 간과하는 오류를 낳는다고 한다(Youngs, 1997).

　구성주의자들의 이러한 비판적 인식은 인간이 '상징의 제국'에서 산다는 인식론적 은유를 바탕에 깔고 있다(Palan, 1997: 20~21). 이러한 '상징적 은유'에 의하면, 인간은 '사물의 세계'에서 사는 것이 아니라 표상들이 구성하는 상징의 세계에서 산다. 이러한 상징의 세계는 사물과 인식이 상호 관계를 맺으면서 '구성된 세계'로서 이렇게 구성된 세계에서는 전통적 의미의 사회적 경계는 없고, '상상의 경계' 또는 '상상의 공동체'만이 있을 뿐이다(Anderson, 1983). 구성주의적 시각에서 보면, 국제정치의 분석 단위라는 것도 바로 이러한 '상상의 경계'일 뿐이며 그 자체가 '물리적 실재'를 가지는 것은 아니라고 한다. 따라서 이러한 상징의 세계에서 이루어지는 세계정치는 본질적으로 상징의 교환이라는 형태로 드러난다.

이러한 과정에서 기술은 문화적 상징의 교환을 매개하는 내적 요소이며, 동시에 그러한 문화적 상징의 외적 발현체이기도 하다. 다시 말해 상징론적 시각이 상정하는 기술은 객관과 주관의 이분법적 대립항을 넘어서 존재하는 간閒주관적inter-subjective 요소로서 인류사를 '형성'하는 동시에 인류사를 '반영'한다(Der Derian, 2000, 2001). 즉, 기술은 인류의 '구상'을 표출하고자 개발한 '실행'이며, 이러한 의미에서 인류사의 주관 세계와 객관 세계를 연결하는 고리의 역할을 한다. 이러한 시각에서 볼 때, 새로운 기술의 도입은 단순히 물적 존재의 생산이라는 의미를 넘어서 인류의 문화적 상징의 창출로서 이해될 수 있는 것이다. 요컨대 기술은 인류의 단순한 도구나 수단이 아니며 인류가 역사적으로 자신을 표현하면서 학습해온 사회적이고 상징적인 행위의 궤적을 의미한다(Palan, 1997: 14).

구성주의의 상징론적 시각이 상정하는 권력의 개념은 간주관적 요소로서의 기술을 매개로 해서 상대방의 정체성과 신념 체계 및 가치관 등의 형성에 작용하는 '구성적 권력'이다. 특히 IT를 통해서 발휘하는 구성적 권력은 글로벌 문화 산업에서 생산, 유통, 소비되는 문화 상품에 묻어서 행사된다. 여기서 IT는 문화 상품뿐만 아니라 문화적 상징을 생산, 확산, 공유케 하는 매개체이다. 실제로 정보화 시대에 이르러 IT를 기반으로 생산된 문화적 상징들은 산업화 시대에는 상상할 수 없었던, 고도의 복합적 방식으로 문화 상품에 통합된다. 최근에 등장하는 온라인과 오프라인의 디지털 콘텐츠 생산에서 첨단 IT를 활용한 특수 효과가 널리 도입되고 있으며, 생산된 문화 상품의 유통 과정도 IT에 크게 의존한다. 이미 IT는 상징적 지식이 생산과 유통 및 소비되는 세계정치의 권력 메커니즘에 매우 깊숙이 침투했다(Hozic, 1999).

한편 상징론적 시각이 상정하는 세계질서의 변화상은 IT를 매개로 해서 각종 관념이 국민국가의 경계를 넘어서 확산되는 과정이며, 결과적으로 국민국가의 단위를 넘어서는 정체성의 출현 과정이다. 이러한 관념 확산과 정체성 중첩으로서의 지구화는 인터넷과 각종 IT 기기가 만들어내는 집단적 상상의 공간인 사이버공간에서 더욱 극명히 드러난다(Steinberg and McDowell, 2003). 실제로 사이버공간이 등장하는 과정에서 생성되는 문화 정체성은 국민국가 단위의 국민 정체성nationality을 넘어서 인터넷상의 노드node를 중심으로 새롭게 형성되는 노드 정체성nodality이자, 더 나아가서는 개별적 차원을 넘어 집합적으로 형성되는 네트워크 정체성network identity이다(Luke, 1998). 예를 들어 사이버공간에서 서로를 인식하는 것은 실명이나 국적이 아니라 개인에게 귀속된 PINsPersonal Identification Numbers나 IP 주소Internet Protocol addresses 및 사용자 ID 등을 통해서 발현되는 네트워크상의 정체성이다. 이렇게 영토성과 사이버공간 또는 국가 단위와 개인 단위에서 생성되는 새로운 중층적 정체성의 출현 가능성은 구성주의자들이 주류 국제정치이론이 상정하는 국제정치의 기본 단위체에 대한 전제, 즉 국민국가 단위로 설정되었던 '상상의 경계'에 대해 강한 의문을 제기하게 만든다.

그런데 상징적 기술론과 여기에서 파생되는 권력론 및 변화의 전망은 관념적 구조를 지나치게 강조한 나머지 역으로 물질적 구조의 중요성을 상대적으로 소홀히 다루는 한계를 지닌다. 이러한 지적은 스티브 스미스Steve Smith가 알렉산더 웬트의 구성주의에 대해 행한 비판과도 맥을 같이한다(Smith, 2001: 245). 스미스에 의하면, 자본주의나 가부장제 등과 같이 마르크스주의에서 설정하는 물질적 이익을 반영하는 구조에 비교할 때 웬트가 상정하는 구조는 관념으로만 구성되어 사람들의 머릿속에 존재하는 상대적으로 '가벼운light' 구조라고 한다. 사실 웬트의 이론은 기술 변수의 역할에 대해서는 다소 침묵하는데, 웬트의 기술론을 추론해보면 다분히 '관념 결정론' 내지는 '사회 결정론'의 성향을 가질 가능성이 있다. 예를 들어 물질력은 관념의 맥락에서만 의미를 가진다고 주장하는 웬트의 주장은 그러한 경향을 가진다. 웬트의 이론 구성을 추론해보면, 만약에 기술과 같은 물질력이 행위자에 대해서 일정한 영향력을 행사한다고 할지라도 이는 기술을 둘러싸고 공유된 사회적 관념 때문이지 물질력 자체가 고유한 의미를 가지는 것은 아니라고 주장할 것이기 때문이다. 요컨대 웬트의 이론은 물리적 네트워크에서 관념의 네트워크에 이르는 다층적 네트워크를 전체적으로 보는 데에는 한계를 안고 있다.

어떤 형태로건 구성주의 국제정치이론의 상징론적 시각이 상정하는 관념적 구조는 그 밑바탕에 깔린 물질적 구조를 반영하는 방향으로 개념화되어야 할 것이다. 다시 말해 세계정치의 상징 세계 또는 정체성의 형성 과정에서 물질적 인센티브는 어떠한 구체적 역할을 하는지, 그러한 과정에서 기술은 어떠한 구성적 역할을 하는지를 밝히는 것이 상징적 기술론이 앞으로 해결해야 할 핵심적 문제이다. 결국 이익이나 제도 및 관념의 세 변수 중에서 어느 하나에만 치중하는 것이 아닌 삼자간의 관계를 밝히는 구성적 시각의 모색이라는 과제는 여전히 남아 있다. 여기서 말하는 '구성적'이란 현재 고유명사로서 자리잡은 '구성주의constructivist 국제정치이론'에서의 '구성적'이라는 말과는 내용적으로 구별되어야 한다.

4. 구성적 변환론으로 보는 정보혁명

1) 물적 토대의 변화로서 정보혁명

기존 국제정치이론의 세 가지 진영은 각기 안고 있는 인식론적 편향으로 말미암아 정보혁명과 IT 변수의 위상을 적절히 설정하지 못하고 있다. 따라서 세계정치 변화의 전체 구도를 읽어내지 못하고 파편적 전망만을 제시한 감이 있다. 현실주의 진영은 기술을 지나치게 도구적 변수로 파악함으로써 기술 변화를 국제정치의 본질적 변화에 아무런 영향을 주지 못하는 것으로 인식하는 경향이 있다. 자유주의 진영은 환경적 요소로서 기술 변수가 세계정치에 미치는 영향을 명시적으로 탐구하는 성과를 거둔 반면에, 기술을 세계정치 변화의 외부에 존재하는 변수로 상정함으로써 기술 변화와 세계정치의 관계에 대한 충분한 설명을 제시하지 못한다. 끝으로 구성주의 진영은 기술을 '물질의 세계'와 '상징의 세계'에 걸쳐서 존재하는 간주간적 요소로 설정함으로써 기술이 관념의 세계정치에 던지는 의미를 강조한 반면에, 기술을 지나치게 관념의 측면에서 접근하는 한계를 안고 있다.

그럼에도 각 이론에서 제시하는 시각이 부분적 적실성을 가지는 것도 사실이다. 다시 말해 현실주의·자유주의·구성주의 국제정치이론 진영이 각각 주목하는 도구론, 환경론, 상징론의 시각은 정보혁명이 세계정치에 던지는 의미를 이해하는 데에 일면 타당한 이론적 자원을 제공한다. 따라서 여기서 필요한 것은 정보세계정치의 현실이 이 중 어느 한 차원이 아닌, 세 차원 모두가 복합적으로 엮여 있음을 밝히는 것이다. 이 책의 이론적 관심도 바로 이러한 세 차원의 논의를 단순히 혼합하는 수준을 넘어서 어떻게 체계적 분석틀로서 엮어낼 것이냐 하는 문제에 놓여 있다. 다시 말해 세 측면이 어떠한 구도에서 상호 관계를 맺고 세계정치의 현실에서 발현되며, 이러한 구도 내에서 정보혁명 변수는 어떠한 역할을 하는지를 구체적으로 밝히는 작업이 진행되어야 할 것이다.

먼저 정보혁명에 대한 논의 중에서 개념적으로 가장 명료한 기술 변수(IT 혁명에 대한 논의)를 중심으로 논지를 펼쳐보자. 21세기 세계정치 변환의 구도 안에 기술을 내재적이며 구성적인 변수로 설정함으로써 기술 변화와 세계정치 변화의 구성적 변환의 과정을 밝힐 필요가 있다. 그렇다면 기술 변수를 단순한 도구나 외적 환경이 아니라 세계정치 변화의 구성적 요소로 설정한다는 것은 무엇을 의미하는가? 기술을 단순히 외재적 변수가 아닌 내재적 변수로서, 더 나아가 결정론이 아닌 구성론의 위상에 놓는다는 것은 무슨 뜻인가? 그리고 이렇게 기술을 구성적 요소로 놓고 보면 세계정치의 변화를 얼마나 다르게 인식하게 되는가? 기술 변수의 구성적 역할을 밝혀냄으로써 정보혁명과 네트워크 세계정치를 이해하기 위한 분석틀을 어떻게 마련할 것인가?

이 책은 기술사회학과 기술경제학 및 기술정치학 내에서 기술과 제도 및 관념의 상호작용을 구성적 또는 진화론적 관점에서 파악하는 일련의 연구에 특별히 주목했다. 구성적 시각의 모색을 위한 작업은 정태적 도구나 중립적 환경의 의미를 넘어서 세계질서의 변화를 추동하는 동태적인 '물질적 능력'으로서 기술의 개념을 설정하는 작업에서부터 시작되어야 할 것이다. 다시 말해 단순히 개별적 실체로서의 개념이 아닌 세계질서 변화의 동력을 일정 정도 내재적으로 배태하는 물적 토대로서의 기술에 대한 개념화가 필요하다.

이렇게 변화의 동인을 내재한 기술 개념과 관련해 카를 마르크스Karl Marx 가 상정하는 생산력 개념이 유용하다. 마르크스의 사적 유물론에 의하면, 역사의 변화 과정은 사회의 경제적 토대를 형성하는 생산력과 생산관계의 긴장을 바탕으로 발전한다. 생산력이란 생산과정에 결합된 요소들로서 특정 시대에 가용한 노동, 도구, 기술 등을 의미한다. 기술 진보 등으로 생산수단이 발전하면 기존의 생산관계의 적실성은 사라지고 오히려 새로운 생산능력의 효과적 활용을 제약하는 굴레가 된다. 따라서 새로운 생산력을 도모하고자 생산관계가 변형되는 사회 변화의 과정이 발생한다. 여기서 생산력은 일차적으로 물질적 능력을 지칭하는 개념이지만 궁극적으로 생산관계와 더 나아가 생산양식을 변화시키는 동력을 배태한다(Elliott, 1980; Foster, 1983).

이러한 맥락에서 보면 기본적으로 IT의 발달은 단순히 첨단 도구의 도입이라는 의미를 넘어, 생산력에 해당하는 물질적 능력의 변화를 의미한다. 다시 말해 이른바 IT 혁명으로서 정보혁명은 생산적·파괴적·소통적 잠재력으로서의 물질적 능력이 비약적으로 증대하는 것을 뜻한다. 이러한 IT의 발달에 조응해서 마르크스가 설정하는 생산관계에 해당하는 영역도 변화하게 된다. 예를 들어 정보화 시대의 물질적 능력으로서의 기술 변화는 사회 세력 간의 역관계를 변화시키는 '분포 변화distributional changes'를 일으킨다(Deibert, 1997: 32). 이러한 분포 변화의 와중에 새로운 기술 환경에 적합한 사회 세력이 새로이 등장하고 그렇지 못한 사회 세력이 도태되는 현상을 논리적으로 추론해볼 수 있다.

그러나 이러한 생산력-생산관계에서 도출되는, 기술에 대한 입체적 논리 구도가 갖는 한계는 여전히 기술의 질적 성격에 대한 논의가 결핍되어 있다는 점이다. 기술에 대한 구성적 논의를 펼치려면 단순히 양적으로만 파악된 물질적 능력의 개념을 넘어서 기술이라는 블랙박스를 열고 그 안에 존재하는 기술의 내적 속성을 밝혀야 한다. 기술을 둘러싼 환경에 대해 설명하려면 기술에 친화적 환경을 요구하는 기술 체계 자체의 내적 논리에 대한 논의가 필수적이다. 실제로 기술사회학과 기술경제학의 연구에 의하면, 모든 기술 체계는 특정한 그 자체의 속성을 가지며, 각각의 기술 체계에 적합한 환경을 기술 체제 그 자체의 속성 안에 배태한다고 한다(Kischelt, 1991).

2) 구성적 변환론의 모색

그렇다면 이러한 기술 변화와 사회 환경의 구성적 관계를 어떻게 좀 더 구체적이면서도 동태적인 방법으로 밝혀낼 것인가? 이러한 과정을 밝히는 문제는 바로 입체적 구성론의 시각과 동태적 변환론의 시각을 복합할 필요성을 제기하는 문제의식과 통한다. 이러한 맥락에서 이 책에서는 기술 변화와 사회 환경의 상호작용 및 변화를 동태적으로 보는 '구성적 변환론'의 태도를 취한다. 구성적 변환론을 펼치는 데에 핵심이 되는 개념들은 적합성fit, 기술 결정론과 사회 결정론의 오류, 기술 적합력technological fitness, 제도 조정institutional adjustment, 기술 창생력technological genesis 등이다.

구성적 변환론은 기술이 그 개발과 활용의 과정을 뒷받침하는 사회 환경, 특히 제도와 관념의 변수와 맺는 두 가지 차원의 '적합성'에 주목한다. 예를 들어 특정 산업 부문의 기술혁신을 뒷받침하는 기업·산업구조나 기술혁신 체제 및 산업 패러다임 등에 대한 사회경제학적 논의들은 기술-제도의 적합성 문제를 탐구해왔다. 사실 마르크스가 주장하는 물적 토대와 상부구조의 조응관계나 네오마르크스주의 전통의 조절이론에서 말하는 축적체계와 조절양식의 조응관계도 동일한 맥락에서 이해할 수 있다(Boyer, 1990). 또한 기술과 관념의 경우에도 특정한 기술 체계가 특정한 '사회적 인식론social epistemology'에 대해서 친화성이 있다는 연구들이 진행되었다(Deibert, 1997: 35). 다시 말해 특정한 기술 환경에서 특정한 상징적·문화적 행위들이 좀 더 자연스럽고 타당하게 인식되고, 이에 따라 특정한 사회적 인식론이 활성화될 수 있는 더욱 많은 기회를 가지게 된다는 것이다.

이러한 적합성의 논의가 실질적으로 구성적 변환론의 모색에 기여하려면 기술 체계를 한 축으로 하고 제도 환경과 관념 체계를 다른 한 축으로 해서 성립되는 양자 간의 인과적 또는 구성적 관계를 좀 더 구체적으로 밝혀내야 하는 과제가 남는다. 예를 들어 IT로 대변되는 기술 체계로서의 인터넷의 속성에 주목해서 보면, 기술 체계의 속성상 인터넷은 탈집중적으로 관리할 수 있는 특징을 가진다(Kitschelt, 1991). 디지털 기술이 갖는 모듈적 속성을 기반으로 둔 인터넷은 느슨하고 비대칭적이며 분산적이고 개방적인 아키텍처에 기반을 둔 다물체의 집합체이다. 반면 소프트웨어, 기술 표준, 프로토콜 등을 기반으로 작동하는 인터넷의 기술 체계는 집중 관리 양식을 연상케 한다. 이런 관점에서 보면 기술 체계로서의 인터넷은 그 하드웨어적 구성은 탈집중의 아키텍처를 따르지만, 그 소프트웨어 기능은 집중의 작동 방식을 따르는 이중적 속성을 지닌다. 인터넷의 이러한 성격은 제도적·관념적 차원에서도 집중과 탈집중의 관리 양식이 복합된 네트워크를 출현할 수 있게 한다.

유사한 맥락에서 기존의 학계에서는 선도 부문과 산업 패러다임의 인과적 적합성에 대한 탐구가 이루어져 왔다(Kim and Hart, 2001). 그런데 여기서 유의할 사항은, 이렇게 기술을 독립변수로 설정하고 그 자체의 속성으로부터 기술에 배태된 제도적·관념적 적합성을 탐색하는 식의 논리 구성 자체가 자칫 기술 결정론의 오류를 초래할 가능성이 높다는 점이다. 결국 이러한 종류의 기술 결정론의 경향을 극복하려는 방법으로서 기술이 도입되는 역사적·사회적 맥락, 즉 기술의 사회적 배태성을 강조할 수밖에 없다.

이러한 맥락에서 제도 또는 관념이 기술의 형성에 미치는 영향을 강조하는 '기술의 사회적 구성론'에 대한 논의가 기술사회학의 전통 내에서 오랫동안 진행되어왔음을 주목해야 할 것이다(Mackenzie and Wajcman eds., 1985; Bijker Hughes and Pinch eds., 1997). 그런데 이러한 '기술의 사회적 구성론'은 기술 결정론의 경향을 교정하는 효과가 있으나, 이 역시 사회적 요소가 기술을 결정한다고 주장하는 논의, 즉 '사회 결정론'이라는 정반대의 덫에 걸릴 우려가 있다. 다시 말해 지나친 사회적 구성론의 입장을 택하게 되면, 기술이 사회에 미치는 독자적 영향을 간과하게 되고 기술 변수를 다시 블랙박스 안으로 숨겨버리는 오류를 범할 가능성이 있다.

그렇다면 이러한 문제점들을 극복하고 구성적 변환론을 모색하는 방법은 무엇인가? 구성적 변환론을 모색하는 작업의 핵심은 기술이 어떻게 사회적으로 구성되고, 이렇게 구성된 기술이 어떠한 과정을 거쳐서 다시 물질적 능력과 제도적 환경 및 관념적 요인 등과 상호 관계를 맺는지를 밝히는 데에 있다. 다시 말해 구성적 요소로서 기술 변수를 설정하는 과제의 관건은 물질적 동력으로서 기술, 특정한 제도와 관념에 친화성을 갖는 기술, 사회적 반영물로서 기술에 대한 삼차원적 개념화에 달렸다고 할 것이다. 이러한 맥락에서 이 글은 진화론에서 유추한 '기술 적합력'의 개념을 제시함으로써 문제의 실마리를 풀고자 한다(Kim and Hart, 2001; 김상배, 2007a).

기술 적합력이란 기술 환경의 변화에 적응하고자 이에 적합한 제도 및 문화적 조건을 조정해내는 능력을 의미한다. 이는 기술 환경의 변화와 사회적 적응이라는 진화론적 유추를 바탕으로 한다. 기술과 사회의 상호작용에 대한 가설적 상황은 자연에서 각각의 종種이 자연환경의 변화와 벌이는 상호작용과 흡사하다. 다시 말해 자연환경의 변화가 적자適者를 선별해내듯이 새로운 기술 변화는 선별의 기능을 발휘하는데, 이는 특정한 사회 세력과 제도 및 관념에 우호적 환경을 제공함으로써 적자를 선별해낸다. 이러한 진화론적 비유는 국제정치이론의 영역에도 적용할 수 있는데, 기술 환경의 변화에 대해 국제정치에서는 종種인 국가는 기술 적합력을 발휘함으로써 생존을 모색한다고 유추할 수 있다. 다시 말해 변화하는 기술 환경에 적용하고자 국가는 기능과 형태를 바꾸어 적응을 시도하기도 하고, 경우에 따라서는 좀 더 적합한 다른 행위자에게 대체 당해서 도태할 수도 있다(Kim and Hart, 2001; 김상배, 2007a).

이러한 기술 적합력의 개념에서 인과성의 화살표는 기본적으로 기술로부터 제도·관념으로 그어지지만, 이것이 반드시 기술 결정론적 관계를 의미하는 것은 아니다. 기술 적합력의 개념은 새로운 기술 환경에 적응하는 행위자의 동태적 능력에 주목함으로써 상대적 자율성의 여지를 남기기 때문이다. 새롭게 등장한 기술 체계의 속성과 기존 제도 환경의 적합성 여부는 정태적이지만, 일차적으로 성공과 실패의 조건을 제공한다. 그러나 비록 이차적일지라도 더욱 중요한 것은 동태적 적응의 과정이다. 특히 기술 적합력의 개념은 '제도조정'의 과정을 통해서 기술 체계에 적합한 효과적 제도 환경을 구축하는 의도적 노력에 주목한다(Kim and Hart, 2001).

더군다나 자연적 진화론의 경우와는 달리, 기술과 사회의 진화론적 구도에서는 역으로 종種이 환경을 선택하는 과정, 즉 기술 환경이라는 '선택 메커니즘selection mechanism' 자체가 사회적으로 선정되는 과정이 발생할 수도 있다. 여기서 이 책은 기술 적합력에 대조되는 개념으로서 기술 창생력의 개념을 제시하고자 한다(김상배, 2007a). 기술 창생력은 기술 적합력의 개념에서 기술과 제도 사이에 그어지는 인과적 화살표의 방향을 반대로 해서, 기존의 '이익'과 '제도적 조건'을 반영하는 방향으로 새로운 기술의 미래를 구성해가는 능력을 의미한다. 여기서 중요한 것은 기술의 미래에 대한 '관념'을 제시하는 능력, 즉 기술 담론의 생성 능력이다. 이러한 기술 담론은 현실 세계의 '이익'과 '제도'의 제약을 바탕으로 해서 출현하지만, 또한 역으로 그 '관념'이 제시한 구상을 바탕으로 사회적 실재를 구성해가는 역할을 수행한다. 요컨대 기술 담론의 형태로 드러난 기술 창생력은 현실의 이익 관계를 바탕으로 해서 간주관적으로 구성된 제도의 비물질적, 즉 관념적 측면을 잘 보여준다.

3) 구성적 변환의 변수로서 정보혁명

정보혁명을 보는 새로운 시각은 새로운 기술 환경이 어떠한 메커니즘을 통해서 물질적 능력과 제도적 환경 및 문화적 관념 등과 상호 관계를 맺게 되는지, 그리고 그 과정에서 구체적으로 어떠한 역할을 수행하는지를 탐구한다. 이러한 구성적 변환론의 시각은 기존의 현실주의·자유주의·구성주의 국제정치이론이 전제로 하는 도구론, 환경론, 상징론의 시각들보다 정보혁명이 세계정치의 변환에 미치는 영향을 좀 더 복합적으로 살펴보는 분석틀을 제시한다. 이러한 이론적 자원을 바탕으로 해서 정보화 시대를 맞이해 변화하는 국가의 역할과 위상을 이해하고 새로운 세계정치 행위자가 등장하는 선택과 적응의 과정을 탐구할 수 있다. 더 나아가 IT의 발달이 정보화 시대의 패권 구조와 국제 레짐 및 세계질서의 변화에 미치는 영향도 좀 더 면밀히 살펴볼 수 있다.

구성적 변환론의 분석틀을 정보화 시대의 세계정치 변환의 사례에 적용하는 데에 기초가 되는 것은 정보혁명, 특히 IT의 속성과 이를 둘러싼 세계정치 환경의 상관관계에 대한 논의이다. 정보혁명은 어떠한 내적인 물질적 능력을 가지며, 이는 어떠한 제도적·관념적 환경과 친화성을 갖는가? 물리적 네트워크를 형성하는 IT와 인터넷의 속성은 어떻게 개념화되고, 이에 대응하는 사회적 네트워크로서 세계질서의 속성은 어떻게 그려지는가? 일견 정보혁명, 특히 인터넷의 확산은 분산적이고 민주적인 질서의 전망과 친화적인 것처럼 인식되지만, 그와 반대로 위계적이고 집중적인 형태의 통제가 강화되는 것으로 그려지기도 한다.

제1장에서 살펴본 행위자-네트워크 이론ANT의 논의는 상대적으로 등한시되었던 비인간 행위자 변수를 적극적으로 고려케 하는 이론적 자원을 제시한

다. 이 글은 이러한 비인간 행위자 변수 중에서 주로 IT로 대변되는 기술·정보·소통의 미디어에 주목했다. 비인간 행위자로서 IT 미디어는 세계정치의 과정에서 어떠한 행위능력을 발휘하는가? 그러나 인간 및 비인간 행위자들이 구성하는 네트워크를 '서술'하는 차원을 넘어서 '분석'하려면 ANT의 논의를 보완하는 다른 이론을 살펴볼 필요가 있다. 이 글에서는 IT 미디어의 행위능력을 이해하는 분석틀을 마련하려고 이른바 캐나다 학파로 불리는 미디어 이론가들의 작업을 원용하고자 한다. 이 미디어 이론가들은 미디어와 네트워크의 친화성에 대한 막연한 병치竝置의 차원을 넘어서 미디어가 지닌 속성(행위능력)에 대한 논의에서부터 이들 미디어가 친화성을 갖는 사회조직이나 소통의 양식에 대한 논의를 내놓고 있다. 이들 연구는 네트워크를 형성하는 과정에서 비인간 행위자(미디어)가 발휘하는 행위능력의 '내용'을 엿보게 한다는 점에서 ANT의 이론적 논의를 응용하고 발전시킬 실마리를 보여준다.

캐나다 학파의 원조인 해럴드 이니스Harold A. Innis는 세계질서의 변환과 정보 미디어의 관계를 탐구했다. 이니스에 의하면 정보 미디어는 해당 시대의 권력 구조에 조응하는 방향으로 정보를 저장하고 전파해왔는데, 이러한 양태는 해당 시대의 정치조직들이 구성하는 세계질서의 모습과 밀접히 관련된다. 예를 들어 돌, 점토판, 양피지 등과 같은 내구성 미디어는 오래 보존되기는 하지만 정보를 널리 전파하지 못하므로 각 개별 단위별로 존재하는 정치조직(국가)과 이들로 구성되는 분절된 세계질서의 출현과 친화성이 있다. 이에 비해 파피루스, 종이 등과 같은 이동성 미디어는 오래 보존되지는 못하지만 광범위하게 정보를 배포할 수 있으므로 각 개별 단위를 넘어서는 정치조직(제국)과 이들로 구성되는 통합된 세계질서의 출현과 친화성이 있다. 이러한 분석틀을 바탕으로 해서 이니스는 이집트 이래 바빌로니아, 그리스, 로마, 중세, 근대, 그리고 19세기의 대영제국과 제2차 세계대전 이전의 미국에 이르기까지 세계 질서의 변화를 '국가 질서'와 '제국 질서'가 번갈아 등장하는 과정으로 설명한다(Innis, 1950; 1951).

이니스의 논의는 인터넷이라는 정보 미디어와 이에 조응하는 정치조직의 형태나 세계질서의 양태를 이해하는 실마리를 제공한다. 인터넷으로 대변되는 IT 기반의 정보 미디어(통칭해 인터넷 미디어)는 정보의 시간적 전파에 영향을 미치는 내구성 미디어인 동시에 정보의 공간적 전파도 용이하게 하는 이동성 미디어로서의 속성을 동시에 지닌다. 다시 말해 디지털 형태로 존재하는 인터넷 미디어는 정보의 영구적 보존과 지구적 공간 이동을 동시에, 그리고 본격적으로 만족시킬 수 있는 정보 미디어이다. 이러한 맥락에서 국제정치학자인 로널드 디버트Ronald Deibert는 이니스의 이론을 확장해 정보화 시대의 세계정치에 적용했다. 디버트에 의하면, 인터넷 미디어에 조응하는 세계질서는 개별적인 정치조직들이 분산적으로 존재하면서도 동시에 이들을 가로지르는 초국적 네트워크의 형성을 통해서 통합적으로 작동하는, 분산과 통합의 복합적인 형태를 띠는 세계질서이다(Deibert, 1997).

또 다른 캐나다의 미디어 이론가인 마셜 맥루언Marshall McLuhan도 미디어의 성격과 소통의 양식 사이에 존재하는 친화성에 대해서 논했다. 맥루언에 의하면, 미디어의 유형은 무엇을 경험하고 그것을 어떻게 소통할지에 대한 메시지를 이미 함축하고 있다.[4] 맥루언의 구분에 의하면, 이른바 '핫 미디어'에 해당하는 인쇄물, 영화, 사진, 라디오 등은 정보가 꽉 들어차서 수신자가 채우거나 참여할 여지가 거의 없는 고밀도의 미디어이다. 따라서 콘텐츠가 전달되는 '형식'이 명시적이고 구체적이므로 콘텐츠의 전달 과정에 수신자가 참여할 여지가 별로 없는 일방향 소통이 이루어진다. 이에 비해 맥루언이 '쿨 미디어'로 구분하는 TV, 전화, 만화 등은 저밀도 미디어로서 수신자가 해석할 필요가 있고, 따라서 수신자가 정보를 채우고 참여할 여지가 많다. 따라서 콘텐츠가 전달되

---

4 맥루언의 유명한 말, "미디어는 메시지이다(the medium is the message)"라는 말은 바로 이러한 맥락에서 이해된다. 즉, 내용이 아닌 미디어의 형식(form) 자체가 이미 메시지를 담고 있다는 것이다(McLuhan and Fiore, 1967).

는 '형식'이 함축적이고 포괄적이므로 수신자가 능동적 역할을 담당하는 쌍방향 소통이 이루어진다(McLuhan, 1962; 1964).

맥루언의 논의도 인터넷이라는 콘텐츠 미디어의 속성과 이에 조응하는 소통 양식의 특징을 연상하는 데에 도움을 준다. 하이퍼텍스트로서의 인터넷에서는 텍스트의 시각적 측면을 강조하는 핫 미디어의 속성을 발견할 수 있고, 동시에 디지털 융합의 멀티미디어로서의 인터넷에서는 다감각의 쿨 미디어의 모습도 발견된다. 따라서 인터넷 미디어에 친화적인 소통의 양식은 앞서 논한 두 가지, 즉 일방향과 쌍방향 소통의 복합적 모습으로 나타난다. 핫 미디어로서 인터넷의 속성은 발신자와 수신자가 집중적이고 통합적인 방식으로 소통하도록 요구한다. 반면 쿨 미디어로서 인터넷의 속성은 발신자와 수신자의 소통을 탈집중적 방식으로도 조율할 수 있게 한다. 예를 들어 인터넷에서는 텍스트를 주고받는 명시적 소통이 발생하는 동시에 수신자가 능동적으로 참여해야만 의미가 전달되는 함축적 소통도 나타난다. 이러한 맥락에서 보면 인터넷 미디어는 수직적 전달의 미디어로서 기능하는 동시에, 수평적 네트워킹의 미디어로도 기능하는 것으로 해석할 수 있다.

4) 인터넷 미디어의 두 얼굴: 웹 1.0과 웹 2.0

이상에서 살펴본 이니스와 맥루언의 논의에 의하면, 정보 미디어이자 콘텐츠 미디어로서 인터넷 미디어는 두 가지 방향에서 사회조직이나 소통의 양식과 친화성을 가진다. 한편으로 인터넷 미디어는 개별적으로 존재하는 사회조직 사이에서 일방향으로 이루어지는, 명시적이고 구체적이며 효율성을 중시하는 소통 양식과 친화성을 가진다. 다른 한편으로 인터넷 미디어는 광범위하게 형성된 네트워크를 통해서 쌍방향으로 이루어지는, 함축적이고 포괄적이며 형평성을 중시하는 소통 양식과 친화성으로 가진다. 이렇게 두 가지 속성이 동시에 나타난다는 사실은 기존에 존재했던 다른 아날로그 미디어와는 다른, 디지털 미디어로서 인터넷 미디어가 지닌 특징이다. 인터넷 미디어의 이러한 복합적 속성은 흔히 웹 1.0과 웹 2.0이라고 구분해서 부르는 인터넷, 특히 웹의 역사에서 찾아볼 수 있다(김상배 엮음, 2008; 김상배·황주성 엮음, 2014).

1990년경에 인터넷을 통해서 하이퍼텍스트 기술을 이용해 정보를 공유하는 시스템으로 개발된 초기의 웹, 즉 웹 1.0은 이미 제공된 콘텐츠만을 보여주던 웹사이트가 주를 이루었다. 이렇게 시작된 웹은 텍스트와 링크가 주된 형태였고 음악이나 동영상과 같은 멀티미디어의 사용은 극도로 제한되어 있었다. 이는 당시 컴퓨터의 용량과 네트워크 대역폭의 제한 때문에 발생한 어쩔 수 없는 일이었다. 당시의 웹사이트는 인쇄물의 보완재 또는 대체재 정도로 생각되었고 기존의 브로슈어 형태를 넘지 못했다. 이러한 상황에서 웹 1.0 시대의 사용자는 운영자가 보여주는 것 외에는 다른 콘텐츠를 접할 수 없는 수동적 존재로 만족해야 했다. 이니스와 맥루언의 이론틀에 의하면, 이러한 웹 1.0의 아키텍처는 상대적으로 개별화된 행위자 사이에서, 특히 웹 운영자로부터 사용자로 향하는 일방향 소통이 이루어지는 형태를 가진다.

2000년도 초에 들어오면서 물리적 네트워크가 확장되고 웹이 폭발적으로 성장하면서 웹 2.0이라고 불리는 새로운 패러다임이 등장했다. 웹 1.0이 단순한 웹사이트의 집합체를 의미했다면, 웹 2.0이란 정보 공유, 상호 작동성, 사용자 주도의 디자인과 협업 등을 촉진하는 웹 애플리케이션의 활성화로부터 착안한 용어이다. 웹 2.0의 핵심 내용은 누군가가 만들어서 공급하는 웹이 아니라 불특정 다수의 사용자가 능동적으로 참여해서 만드는 웹이라는 점에 있다. 이러한 현상의 배후에는 인터넷상의 불특정 다수를 네트워킹하는 기술 개발의 성과가 깔려 있다. 이를 바탕으로 시공간적으로 흩어져 있는 독립적 참여자 모두가 자유롭게 그 누구의 허가도 필요 없이 특정 서비스의 발전이나 웹 전체의 발전에 참여할 수 있는 구조가 가능해졌다. 이니스와 맥루언의 이론틀에 의하면, 이러한 웹 2.0의 아키텍처는 광범위하게 존재하는 네트워크를 가로질러서 다수 행위자 간에 쌍방향 소통이 발생하는 모습으로 그려진다. 앞서 살펴본 소셜 미디어는 이러한 웹 2.0의 특성이 두드러진 사례이다.

소셜 미디어는 인터넷을 매개로 해서 지인, 친구, 동창, 가족과 소통하는 것을 도와준다. 예를 들어 페이스북의 매력은 사용자들의 신변잡기 주고받기, 친구들끼리의 네트워킹, 프로파일의 교환 등을 어렵지 않은 방법으로 실행할 수 있다는 데에 있다. 트위터는 짧은 글을 웹에 올리고 모바일로 전송하는 방식의 서비스인데, 천재지변이 발생했을 때와 같이 긴급 상황에서 빠르게 정보를 전달하는 장점이 있다. 이러한 점에서 트위터는 기성 미디어에 도전하는 대안 미디어로서 잠재력이 있다고 평가된다. 게다가 트위터는 전통 미디어의 시야에서 소외되었던 소수자들이 아래로부터 형성하는 자생적 미디어의 가능성마저도 보여준다. 요컨대 이니스가 말하는 이동성 미디어의 속성을 갖는 소셜 미디어는 다양한 사람이 전 지구적 범위에 걸쳐서 쉽고 편하게 소통할 수 있는 환경을 조성했다(Shirky, 2008).

한편 소셜 미디어는 웹 사용자들이 서로 상호작용하면서 콘텐츠를 생산하고 소통하는 웹 2.0 미디어의 대표적 사례이다. 이러한 과정에서 형성된 소셜 네트워크는 온라인상의 공유와 협업을 돕는다. 매스미디어가 발신자로부터 수신자로 수직적으로 정보를 전송하는 데에 비해, 소셜 미디어는 정보를 수평적으로 유포하고 사용자들이 정보를 쉽게 공유하도록 도와준다. 예를 들어 마우스 클릭이나 스크린 터치 한번으로 메시지를 전송하고, 수신한 메시지를 다시 내가 아는 모든 사람에게 보낼 수 있으며, 그 메시지를 누구나 볼 수 있게 웹사이드에 올려놓을 수도 있다. 이렇게 정보와 콘텐츠를 주고받는 과정에서 사용자들의 견해와 해석이 곁들여짐은 물론이다. 한번 생산된 정보와 콘텐츠가 그대로 소비되는 경우는 드물다. 여러 단계를 거치는 동안 생산과 사용이 중첩되는 다양한 형태의 재생산이 발생한다. 요컨대 맥루언이 말하는 쿨 미디어의 속성을 갖는 소셜 미디어는 복합적 관계를 통해서 쌍방향 소통이 이루어지는 환경을 제공했다.

이러한 복합적 특성을 가지는 소셜 미디어는 단순히 온라인 공간의 서비스로만 머물지 않고 최근에는 오프라인 공간에서도 그 위력을 발휘하고 있다. 2011년 상반기 중동과 아프리카에서 발생한 정치 변동이 그 사례이다(Shirky, 2011). 만약에 소셜 미디어가 없었다면 이른바 재스민 혁명이라고 불리는, 튀니지와 이집트에서 시발되어 중동 전역으로 확산된 민주화 바람이 불 수 있었을까? 이렇게 소셜 미디어가 정치적 각광을 받게 되면서 외교 분야에서도 이를 적극적으로 활용해야 한다는 논의가 활발하게 제기되고 있다. 홍보와 소통을 강조하는 공공 외교 분야가 대표적 사례이다. 특히 최근 다양한 웹 2.0의 수단을 활용해 변화를 모색하는 공공 외교 2.0에 대한 논의가 제기되는 것은 바로 이러한 맥락이다.

이러한 인터넷의 이중적 속성은 집중 및 탈집중 관리 양식을 동시에 요구하는 복합적인 형태를 띤다. 이러한 이중성은 기존의 권력을 가진 행위자가 그 권력을 좀 더 정교하게 활용하는 기회를 주는 동시에 기성 권력에 대항하는 세력들이 힘을 얻는 조건을 제공하기도 한다. 이러한 양면적 조건 아래에서 각 행위자가 이러한 조건을 어떻게 활용하느냐에 따라서 다른 전망을 할 수 있다. 이러한 구도에서 국제정치학이 주목하는 부분은 인터넷의 이러한 특징을 활용하려는 행위자들에게 어떠한 실천의 전망을 주는가이다. 다시 말해 이러한 구도에서 정치사회 행위자들은 어떠한 경합을 벌이는가? 결국 이러한 경합의 본질은 기술 결정론 또는 사회 결정론의 경합이 아니라 '적합력finess'과 '창생력genesis'의 경합이다. 이러한 시각에서 본 이 책의 정보혁명에 대한 인식은 구성적 변환론이다.

5. 정보혁명과 네트워크 세계정치

1) 정보혁명과 세계정치의 변환

이상에서 제시한 구성적 변환론의 시각에서 볼 때, 정보혁명의 시대를 맞이한 네트워크 세계정치의 모습은 어떻게 그려지는가? 제1부에서 살펴본 바와 같이, 과정-행위자-구조의 복합적 시각에서 네트워크를 보는 입장에 설 때, 정보혁명은 세계정치의 구성적 변환과 복합 네트워크의 부상에 영향을 미치는 변수이다. 정보혁명은 21세기 세계정치의 물적·지적 토대를 변화시킴으로써 권력의 성격, 경쟁의 양상, 행위자의 형태라는 측면에서 변환을 일으킨다. 이러한 다차원적 변환을 염두에 둘 때, 결국 정보혁명의 국제정치학적 탐구는 21세기의 새로운 권력 변환과 행위자의 변환에 초점을 둘 수밖에 없으며, 이러한 변환의 와중에 부상하는 세계질서의 모습을 그려내는 것을 목표로 하지 않을 수 없다.

첫째, 정보혁명은 기술, 정보, 지식, 커뮤니케이션 등의 변수가 중요한 권력 자원으로 인식되는 권력 변환에 영향을 미친다. 지식 경쟁이 가속화되면서 도구적 목표가 변화할 뿐만 아니라 권력이 작동하는 방식도 정보혁명의 환경에서 변화한다. 이는 커뮤니케이션 권력의 부상에 대한 논의이며, 결국 제5장에서 자세히 살펴보는 네트워크 권력에 대한 논의로 연결된다. 서론에서 '거미줄 치기'로 비유한 바와 같이, 이는 세계정치에서 새로운 외교 전략의 수단과 내용의 출현이라는 형태로 나타난다. 다시 말해 IT를 활용해 가능해진 새로운 커뮤니케이션의 환경에서 얼마나 많이 내 편을 모아서 표준을 세우느냐 하는 문제이다.

이러한 권력 변환은 국가 행위자가 추구하는 도구적 목표로서의 IT가 일으키는 역설적 변화도 유발한다. 즉, 대상으로서의 IT가 주체로서의 국가의 기능적 성격을 변화시키는 물질적 동력으로서 작동한다. 정보혁명의 진전으로 말미암아 IT의 중요성이 부각되고 권력의 핵심적 요소로서 등장하게 되면서 국가 행위자의 '이익'에 대한 인식은 기존의 물질적 자원으로부터 IT와 같은 지식 자원으로 변화한다. 이러한 국가 인식의 변화는 세계정치에서 권력의 원천과 소재가 변화하는 권력 변환의 과정을 배경으로 해서 진행된다. 그런데 이러한 국가 목표와 국가 인식의 변화는 궁극적으로 국가의 기능적 성격을 근대 이래의 '부강富強국가'로부터 '지식국가'로 변화시킨다. 영토 국가와 무역 국가를 넘어서는 버추얼 국가virtual state의 등장에 대한 논의도 동일한 맥락에서 이해할 수 있다(Rosecrance, 1999).

둘째, 정보혁명은 세계정치에서 새로운 행위자들이 부상하기에 유리한 환경을 제공한다. 서론에서 '벌집 짓기'에 비유했듯이, 지식 자원을 둘러싼 국제적 경쟁의 가속화는 국가의 성격이 변화하는 차원을 넘어서 국가가 아닌 새로운 초국적 네트워크 행위자들이 세계정치의 전면에 부상하는 효과를 낳는다. 실제로 IT의 발달이 창출하는 탈집중의 제도 환경에서 국가는 가장 효율적인 행위자, 즉 적자適者는 아니다. 오히려 IT가 창출하는 새로운 환경에서 '기술적합력'을 갖고 정보와 지식이라는 새로운 목표를 추구하기에 적합한 행위자는 국가보다는 다국적기업이나 비정부기구 등과 같은 네트워크 형태의 조직들이다. 다시 말해 IT는 디지털 경제의 영역에서 초국적인 생산과 금융의 네트워크를 수립한 다국적기업들이나 인터넷을 기반으로 형성되는 세계시민사회 그룹의 글로벌 네트워크 등에 좀 더 우호적인 환경을 제공하는 것이 사실이다. 결과적으로 IT의 발달에 따른 주요 행위자들의 부침 현상은 세계정치에서 새로운 갈등의 유형을 창출할 가능성을 낳는다.

한편 국가의 약화와 비국가 행위자의 부상이라는 현상은 국내적 차원에서도 발생한다. 예를 들어 IT 분야의 산업정책이나 통신 분야의 규제정책 등에서 국가가 중심이 된 집중형 거버넌스는 더는 효율적이지 못하게 되었다. 네트워크 조직 이론에서 그리는 것처럼, 정보혁명의 환경에서 기존의 위계 조직이 수평적 네트워크 조직으로 변환되는 현상이 발생한다. 요컨대 새로운 IT

환경 아래에서 국가는 안과 밖의 새로운 경쟁자들과 적자생존을 위한 경쟁을 벌인다고 할 수 있다.

그렇다고 새로운 기술 환경에서 국가가 다른 행위자들로 대체되어서 완전히 도태된다고 볼 수는 없다. 정보세계정치는 진공 상태에서 진행되는 것이 아니라 국가의 기득권이 작동하는 정치적 공간에서 진행되는 게임이기 때문이다(Keohane and Nye, 1998: 84). 이러한 공간에서 기득권을 가지는 국가가 초국적으로 발생하는 상호 의존의 추세를 왜곡하는 방향으로 여전히 권력을 행사할 수 있을 것이다. 따라서 IT가 영토 국가에 대해서 도전의 동력을 제공하면서 '버추얼 국가'가 등장하는 형태로 국가가 소멸할 가능성이 예견되기도 하지만, 영토 국가가 '현실 국가real state'로서 담당했던 전통적 기능이 완전히 소멸했다고 보기는 어렵다. 최근 들어 사이버공간에서 주권국가가 차츰 '실제화'되는 과정에 접어들었으며, 그 역할과 위상을 찾아가는 조짐들이 보인다. 실제로 '기술 창생력'을 가지고 국가에 유리한 방향으로 제도 환경 자체의 선택에 관여하는 국가의 반격도 만만치 않다. 결국 IT가 일으키는 세계정치의 변화는 국가의 소멸보다는 부단한 '제도 조정'의 과정을 통해서 일정한 정도로 국가의 형태가 변화하는 방식으로 귀결될 가능성이 크다. IT를 매개로 해서 국가의 안과 밖에서 다양한 네트워크가 형성되는 네트워크 국가의 출현이 예상되는 대목이다.

끝으로, 정보혁명은 가장 포괄적인 의미에서 세계질서의 변환에 영향을 미친다. 우선 구성적 요소로서의 기술 변화가 세계정치에 미치는 영향은 IT를 둘러싼 국가 행위자들의 경쟁과 협력, 그리고 그 와중에 발생하는 국제체제의 패권 구조 변동에서 발견된다. 이와 관련해 현실주의 진영 내에서도 국제정치경제학적 연구들이 기술 변화와 구조 변화의 상관관계에 대해 나름대로 동태적 설명을 내놓아서 많은 시사점을 준다. 예를 들어 로버트 길핀은 국가 간, 산업 부문 간에 발생하는 불균등한 기술 발전이 권력 분포의 상대적 변화의 핵심 요소라고 파악한다(Gilpin, 1987, 2000). 그리고 이러한 이유에서 선도 부문의 세계정치적 의미에 주목한다. 특히 조지 모델스키George Modelski와 윌리엄 톰슨William Thompson은 좀 더 명시적으로 선도 부문의 부침과 세계 패권의 흥망을 연결하는 이론적 틀을 제시한다(Modelski and Thompson, 1996). 다시 말해 선도 부문에서의 경쟁력 확보는 국제체제에서 패권국이 되는 핵심적 요소라는 것이다. 그런데 이들의 선도 부문과 패권 변화에 대한 논의는 기술과 세계정치 변화의 관계를 규명하는 데에 중요하게 기여한 것은 사실이지만, 국가를 기본 단위로 한 패권 변화 또는 권력 배분의 상대적 변화를 중심으로 한 신현실주의적 구조 변화에만 주목하는 한계를 지닌 것도 사실이다.

한편 새로운 IT 환경에 대한 기술 적합력과 기술 창생력의 길항작용 속에서 세계정치가 변화하는 현상은 이상에서 언급한 세계정치의 '사실상의 구조'가 변화하는 측면 외에도 이른바 세계정치의 '법률상의 구조'에 해당하는 국제레짐 또는 국제제도의 변화에서도 발견된다. 우선 탈집중 네트워크를 속성으로 하는 IT, 특히 인터넷의 발달은 국제적 차원에서도 이에 적합한 제도 환경의 등장을 요구한다. 최근 들어 인터넷의 등장과 함께 논의되는 통신 레짐이나 지적 재산권 레짐, 또는 서비스 무역 레짐 등에서 나타나는 구조 변화의 사례는 IT 환경의 도래에 적응하는 국제 레짐의 변화를 보여준다. 기존에는 정부 간 레짐이었던 이러한 분야에 다양한 비국가 행위자가 참여하면서 이른바 글로벌 거버넌스의 가능성이 예견되는 것도 바로 이러한 맥락이다(Cowhey, 1990; Zacher and Sutton, 1996; Drake, 2000; Drezner, 2004). 그러나 동시에 국가 행위자들이 중심이 되어 정부 간 국제기구의 영향력을 증대하려는, 기술 창생력에 의지한 움직임도 만만치 않다. 최근 새로운 갈등의 여지를 안게 된 인터넷 거버넌스 분야가 대표적 사례인데, 전통적인 정부 간 기구인 ITU International Telecommunication Union는 새로운 성격의 기구인 ICANN Internet Corporation for Assigned Names and Numbers이 인터넷 거버넌스 분야에 행사해온 권한에 도전하고 있다.

또한 정보혁명은 정치적 단위체 자체의 구성 원리를 변화시키고, 궁극적으로 정치적 권위의 아키텍처, 즉 세계질서에 대한 관념의 변화에도 영향을 미친다. 다시 말해 IT의 발달로 말미암아 기존에는 당연한 것으로 여기던 국제체제의 기본 구조에 대한 관념, 즉 근대국민국가를 중심으로 형성되어온 질서에 대한 관념도 변화를 겪을 수밖에 없을 것이다. 이렇게 IT가 변화시키는 근대 국제정치의 구성 원리 중 하나가 바로 수권의 원칙이다. 실제로 정보화 시대를 맞아 근대적 국가 주권의 관념은 다양한 영역에서 침식을 경험하고 있는데, 그중에서도 특히 IT 분야의 지식 주권이 가장 큰 변화를 겪는 사례일 것이다. 여하튼 새롭게 출현하는 탈근대 세계질서의 관념은 다층적 정체성을 바탕으로 한 '다면적 제도체'나 '신중세주의neomedievalism'의 형태를 띨 가능성이 크다(Ruggie, 1993; Kobrin, 1998). 제임스 로즈노의 묘사처럼, 분화分化, fragmentation와 통합統合, integration의 현상이 동시에 발생하는 '분합分合, fragmegration'의 세계정치에 대한 관념도 바로 이러한 맥락에서 이해할 수 있다(Rosenau, 2003).

정보혁명의 속성은 네트워크 간의 정치, 즉 망제정치의 전망을 낳는 물적 토대를 제공한다. 결과적으로 미래의 세계질서를 가장 잘 보여줄 수 있는 모델은 집중 네트워크와 탈집중 네트워크가 서로 복합되는 모습이다. 한편으로는 구심력을 지닌 중심성의 요소가 조정의 메커니즘으로 작동하는 가운데, 다른 한편으로는 자발적이고 자기조직화의 형태를 띠는 개방적 참여가 원심력을 발휘하는 방식이 될 것이다. 좀 더 구체적으로 말하면 정보화 시대의 세계정치는 위계의 단순 모델에서 위계와 수평의 복합 모델로 변환하는 망중망의 복합 아키텍처를 내보일 것이다. 여기서 관건이 되는 것은 전통적인 위계적인 동원 모델과 새로운 수평적 자기조직화 모델이 어느 지점에서 절충될 것이냐 하는 문제이다. 그 절충 지점의 위치에 따라서 향후 세계질서의 아키텍처나 작동 방식은 다소 다른 모습으로 발현될 수도 있기 때문이다.

2) 정보세계정치와 한국

정보세계정치의 파도는 최근 한국에도 거세게 밀려왔다. 정보세계정치의 사례 중에서도 제일 먼저 떠오르는 것은 2010년 3월 26일 서해상에서 발생한 천안함 침몰 사건의 원인 규명을 놓고 벌어졌던 국내외의 정치적 논란(이하 천안함 사건)이다. 이는 전통적인 국제정치 분야의 군사 안보 문제인 것 같지만, 그 본질은 군인과 외교관들만의 게임이 아니라는 데에 있다. 예전 같았으면 군이나 정부의 발표만으로 해명되고 말았을 사건에 민간 행위자들이 긴밀히 관여했다. 게다가 천안함 사건의 진상을 규명하려는 안보 논쟁이 당시 국내 사이버공간을 후끈하게 달구기까지 했다. 그 후 국제적 처리 과정을 보더라도 미국이나 중국, 일본, 러시아와 같은 주변 국가뿐만 아니라 비정부 행위자들이 관여하면서 전통적인 정부 간 관계를 넘어서는 양상을 보이기도 했다(송태은, 2011).

2008년 봄 광우병에 걸렸을지도 모르는 미국산 쇠고기의 수입을 반대해서 열렸던 촛불집회(이하 촛불집회)도 비슷한 사례이다. 촛불집회의 배경에는 한국과 미국 정부 간에 추진되었던 자유무역협정Free Trade Agreement: FTA이 자리 잡고 있었다. 사실 FTA 협상은 외교 관료와 통상 전문가들이 전문 지식을 가지고 진행하는 분야이다. 그럼에도 2007년 3월 FTA가 체결된 후 2011년 11월 국회의 비준에 이르는 과정에서 정치권뿐만 아니라 시민사회 단체와 일반 국민들까지 인터넷을 통해서 활발히 의견을 개진했다. 이러한 과정에서 여러 행위자가 경합하는 양상을 보여주었는데, 그 중심에 FTA를 추진하는 한·미 양국의 정부가 있었다면 그 주변에는 시민사회의 활동가들과 사이버공간의 네티즌들이 있었다.

이 두 사건은 기존의 전통적 국제정치이론의 시각에서는 풀리지 않는 세 가지 공통점을 지닌다. 첫째, 촛불집회와 천안함 사건은 모두 "인터넷이 없었다면 그런 일들이 벌어졌을까?"라는 의구심을 들게 한다. 그 정도로 기술 변수가 우리의 삶에 깊숙이 침투했음을 보여준 사례였다. 유무선 인터넷과 휴대폰 등이 중요한 역할을 담당했다. 실제로 2008년과 2010년 당시 네티즌은 인터넷이 만들어낸 공간에 모여서 광우병의 위험과 천안함 사건의 원인을 주제로 활발한 토론을 벌였고, 이러한 토론은 온라인의 경계를 넘어서 오프라인 공간의 정치 참여로 옮겨가면서 정부 정책에도 상당한 영향을 미쳤다.

둘째, 두 사건의 화두를 장식한 것은 돈이나 폭력이 아니라 정보(또는 지식)였다. 촛불집회가 미국산 쇠고기의 광우병을 둘러싼 정보와 과학 지식을 나누는 장이었다면, 천안함 사건도 침몰의 원인을 놓고 군과 시민사회 간에 벌어진 진실 게임의 양상을 보였다. 게다가 두 사건은 진실의 규명 그 자체를 넘어서는 소통과 공감 및 신뢰의 문제가 사건의 발생과 전개 과정의 전반을 지배했다는 특징을 지녔다. 쇠고기 수입을 추진하는 정부에 대한 신뢰, 안보 논리를 앞세운 군의 정보 조작에 대한 의혹, 그리고 그 저변에 깔린 집권 세력과 네티즌 간의 소통 부재 등이 쟁점이었다.

끝으로, 촛불집회와 천안함 사건은 정치 커뮤니케이션의 양식이라는 점에서도 새로운 지평을 열었다. 촛불집회의 논란거리가 된 한·미 FTA의 경우, 예전 같았으면 관료나 전문가들이 독점했을 성역이 일반 시민도 한마디씩 거들 수 있는 개방의 장이 되었다. 이렇게 참여한 시민들은 더는 여론을 제공하는 수동적 대중이 아니라 적극적인 소통과 참여의 주체가 되었다. 천안함 사건도 군사 안보 전문가들의 일방적 커뮤니케이션 양식에 도전하는 네티즌들의 참여가 두드러졌던 사례였다. 게다가 천안함 사건은 주변 국가들과 국제사회의 지원을 구하기 위한 커뮤니케이션의 중요성을 새삼 되새겨보게 했다.

제5장

권력 변환과 네트워크 권력론

1. 네트워크로 보는 권력 변환

현실주의 국제정치이론이 상정하는 국제정치의 목표는 권력이다. 권력의 축적 그 자체가 국제정치의 목표가 될 수 있는가에 대해서는 현실주의 내에서도 논란이 있다. 그렇지만 적어도 권력은 현실주의가 상정하는 국가의 궁극적 관심사인 안보를 지키려는 불가결의 수단임에는 틀림없다. 현실주의가 염두에 두는 권력은 주로 국제정치의 핵심 노드인 국가가 보유하는 물질적 자원, 특히 부국강병을 보장하는 군사력이나 경제력의 보유라는 관점에서 파악된다. 물질적 권력은 자원, 영토, 인구, 무기나 군대, GNP, 에너지 생산량 등과 같이 행위자의 속성에서 비롯되는 능력으로 측정되고 평가되는데, 국제체제의 구조와 그 작동은 국제정치 행위자 간에 나타나는 이러한 권력 자원의 상대적 분포로 설명된다.

그러나 현실주의의 전통적 권력 추구의 가정이 상정하는 행위자 기반의 물질적 권력 개념만으로는 복합적 양상으로 전개되는 네트워크 세계정치의 권력 메커니즘을 제대로 이해할 수 없다. 21세기 세계정치에서는 비非물질적 권력 자원의 중요성이 커지고 있을 뿐만 아니라 권력정치가 작동하는 방식도 변환을 겪고 있다. 특히 제4장에서 살펴본 바와 같이, 정보혁명과 인터넷으로 대변되는 물적·지적 조건의 변화는 권력의 변환을 가속화하고 있다. 다시 말해 군사력과 경제력이 행사되는 데에 IT 변수가 중요해지면서, IT 또는 좀 더 넓은 의미의 지식 변수는 상대방에 대한 영향력으로 전환될 수 있는 가장 중요한 권력 자원 중 하나로 인식되고 있다. 이러한 맥락에서 지식 자원을 확보하려는 세계적 경쟁이 활발히 벌어지는 것은 당연하다.

그럼에도 단순히 자원 권력의 관점에서만 21세기 권력의 변환을 이해하는 것은 부족하다. 21세기 세계정치에서는 지식 자원의 중요성이 커지고 있을 뿐만 아니라 권력정치가 작동하는 방식도 강제와 제재의 메커니즘만이 아닌 설득하고 동의를 얻는 커뮤니케이션의 메커니즘도 중요해지고 있기 때문이다. 특히 정보혁명과 인터넷으로 대변되는 우리 삶의 물적·지적 조건의 변화는 이러한 권력의 변환을 가속화하고 있다. 후술하는 바와 같이, 소프트 파워soft power나 스마트 파워smart power의 개념은 바로 이러한 권력 변환의 과정을 밝히려는 시도 중 하나이다. 이러한 현실의 변화에 부응해 최근 국제정치학계에서도 행위자 기반의 물질적 권력이라는 단순 발상의 차원을 넘어서는 복합적 권력 개념에 대한 연구가 활발히 이루어지고 있다.[1]

---

1 21세기 세계정치의 맥락에서 본 권력 개념에 대한 연구는 매우 광범위하게 진행되고 있다. 그중에서 최근에 국제정치학에서 진행된 대표적 작업들만 뽑아보면 Keohane and Nye(1977), Nye(2004), Larner and Walters eds.(2004), Barnet and Duvall eds.(2005), Beck(2005), Berenskoetter and Williams eds.(2007) 등을 들 수 있다. 한편 권력 개념에 대한 논의를 포함해 세계정치 전반의 변화를 이해하려는 국내의 시도로는 하영선·김상배 엮음(2006), 한국적 맥락에서 소프트 파워의 수용을 다룬 작업으로는 평화포럼 21 엮음(2005), 손열 엮음(2007), 정보혁명과 인터넷의 맥락에서 본 권력 변화의 문제에 대해서는 김상배 엮음(2008b, 2009), 김상배(2010a), 정보화 시대의 권력 변환이 세계정치, 특히 동아시아에 미치는 영향에 대해서는 김상배 외(2008) 등을 들 수 있다.

새로운 권력론을 추구하려는 기존의 노력을 인정하더라도, 네트워크 시대를 맞이해 변환을 겪는 세계정치의 권력을 제대로 파악하려면 기존의 권력론보다는 좀 더 정교한 개념이 필요하다는 것이 이 책의 인식이다. 이러한 맥락에서 이 책은 제1장에서 제시한 행위자-네트워크 이론ANT과 소셜 네트워크 이론 등으로부터 탈脫노드 차원의 권력 개념을 포괄적으로 보여주는 개념적 힌트를 얻고자 한다. 이러한 맥락에서 이 장이 주목한 것은 세계정치의 관계적 맥락에서 살펴보는 권력 작동 방식의 변환이다. 정보와 커뮤니케이션이라는 것이 권력 과정에서 중요해지는 경우, 행위자들이 구성하는 관계적 맥락, 즉 네트워크라는 맥락이 권력 과정에서 차지하는 의미가 커질 수밖에 없다. 이러한 권력은 주로 네트워크 맥락에서 발생하는 권력이라는 점에서, 통칭해 '네트워크 권력network power'이라고 부를 수 있다(김상배 엮음, 2009).

2. 권력 변환에 대한 기존의 논의

1) 새로운 권력 자원으로서 지식

최근 권력론의 단골 주제 중 하나는 정보혁명이라는 맥락에서 이해한 기술·정보·지식(통칭해 지식)의 권력이다. 지식이 권력이라는 말은 정보혁명이 발생하기 훨씬 이전부터 오랫동안 있었다. 아마도 가장 흔히 인용되는 지식과 권력의 논자는 16세기 말과 17세기 초를 살았던 영국의 정치가이자 철학자인 프랜시스 베이컨Francis Bacon일 것이다. 베이컨에 의하면, 지식은 자연의 통제와 학문의 발전, 그리고 이를 바탕으로 한 인류 문명의 진보를 통해서 인류 제국의 경계를 확장하고 모든 가능한 것을 추구할 수 있게 하는 권력이라고 한다. 이러한 지식이 권력이라는 관념은 서구가 중세에서 근대로 이행하던 시기를 단적으로 반영한다. 실제로 베이컨이 말했던 의미의 지식과 권력의 관념을 바탕으로 해서 서구의 근대국민국가들은 부국강병책을 추구하고 제국주의적 팽창을 추진한 바 있다(Bacon, 1624).

이러한 베이컨의 관념은 비록 400여 년 전에 출현했지만, 오늘날에도 여전히 지식이 권력이라는 논의의 화두를 장식하고 있다. 그러나 베이컨의 시대에 비해 크게 달라진 지식의 시대를 사는 오늘날 베이컨이 말한, 지식이 권력이라는 명제는 다른 의미로 해석될 필요가 있다. 그야말로 정보혁명을 논하는 오늘날의 지식과 권력의 관념이, 근대 초기 지리상의 발견과 과학혁명의 시대를 살았던 베이컨의 관념과 그 의미가 같을 수는 없기 때문이다. 오늘날에도 지식이 권력이라는 사실 그 자체는 변하지 않았을지라도, 적어도 권력의 의미가 있는 지식의 내용과 그러한 지식을 바탕으로 작동하는 권력의 양식은 커다란 변화를 겪고 있음이 분명하다(김상배, 2010a).

전통적으로 국제정치에서 권력은 군사력과 경제력 같은 권력 자원으로 이해되어왔다. 정보혁명의 시대를 맞이해 이러한 군사력과 경제력이 행사되는 데에 지식 변수는 그 중요성을 더해가고 있다. 예를 들어 IT의 발달은 이른바 권력 이동, 즉 권력의 중심이 군사력과 경제력을 넘어서 지식력으로 옮겨가는 현상을 가속화하고 있다. 실제로 IT는 상대방에 대한 영향력으로 전환될 수 있는 가장 중요한 21세기의 권력 자원 중 하나이다. 역사적으로 기술·정보·지식은 부국강병을 달성하는 중요한 수단의 하나로 인식되어왔다. 그러나 요즘처럼 지식 변수의 중요성이 절박하게 강조된 적은 없었던 것 같다. IT는 세계정치 행위자들에게 새로운 물적·지적 수단을 제공함으로써 세계정치 권력 기반의 내용을 변화시키고, 더 나아가 세계정치의 새로운 목표를 제시한다.

오늘날 세계정치에서 IT의 위력은 군사 안보 분야에서 먼저 발견된다. IT는 적보다 뛰어난 무기를 만드는 비법이기 때문이다. 실제로 1990년대 이후에 진행된, IT를 응용한 무기 체계의 혁신은 21세기의 새로운 군사 패러다임으로서 RMARevolution in Military Affairs을 논하게 만들었다. RMA의 핵심은 첨단 과학기술을 이용해 군사 능력의 획기적 발전을 추구하는 기술혁신에 있으며, 구체적으로는 정찰 체계와 장거리의 고정밀 타격 무기를 연결·결합해 새로운 복합 체계를 탄생시킴으로써 전투력을 높이는 데에 있다. IT가 군사력의 성격을 변화시킴에 따라 현대 전쟁에서는 화력의 강도가 아니라 무기 체계가 얼마나 첨단화·기동화·정밀화되었느냐에 따라서 승패가 가름난다. 걸프 전쟁 이래 미국이 수행해온 아프가니스탄 전쟁이나 이라크 전쟁 등은 정보혁명 시대를 맞이해 이러한 첨단 기술의 무기 체계를 보유한 측과 보유하지 못한 측의 격차가 얼마나 큰 의미가 있는지를 극명하게 보여주었다.

경제력을 판별하는 잣대로도 지식 변수의 중요성은 커지고 있다. 예를 들어 경제와 산업 분야에서도 IT의 중요성이 부각되면서 정치·경제 지도자들은 새로운 지식 개발에 지대한 관심을 쏟고 있다. 특히 1980년대 이래 국제경쟁력이라는 관점에서 첨단 기술의 개발과 인적 자원의 양성 및 기술이전의 과정을 통해 IT 산업의 기반을 육성하려는 노력이 계속되어왔다. 이러한 과정의 배경에는 산업 경쟁의 무게중심이 제품 경쟁에서 기술 경쟁으로 이동하는 현상이 존재한다. 노동 집약적 또는 자본 집약적 산업보다는 지식 집약적 산업이 21세기 경제의 성장 동력으로 부상하고 있다. 그야말로 지식이라는 변수가 토지, 노동, 자본 등의 전통적 생산요소에 비견되는 새로운 제4의 생산요소로서 등장한다고 불러봄 직하다.

이러한 맥락에서 21세기 세계정치에서 지식 자원을 둘러싼 각종 국제 경쟁이 확산되는 것은 당연하다. 예를 들어 흔히 '정보고속도로'로 대변되는 IT 인프라의 구축을 둘러싸고 정보혁명의 초기 국면에서부터 국가들의 경쟁이 진행된 바 있다. IT 인프라를 얼마나 잘 갖추고 있느냐, 유무선 인터넷을 얼마나 편하게 사용할 수 있느냐, 또는 가종 IT 기기가 얼마나 많이 보급되어 있느냐 등의 문제는 이미 21세기 국력의 지표로서 활용된다. 디지털 정보 자원의 중요성이 부각되면서 이를 개발하는 기술과 인력을 얼마나 보유하고 있느냐 하는 문제도 국력의 관점에서 이해된다.

2) 자원 권력의 발상을 넘어서

이상에서 살펴본 지식 자원의 경쟁이 정보화 시대를 맞이한 21세기 세계정치의 변화를 단적으로 보여주고 있음은 틀림없다. 특히 정보혁명의 초기 단계에는 무엇보다도 먼저 지식 자원을 확보하려는 경쟁이 벌어지는 것은 매우 당연하다. 그럼에도 오직 단선적 권력 이동이나 자원 권력의 관점에서만 지식 권력을 이해하는 것으로는 정보혁명이 세계정치에 미치는 복합적 영향을 분석하기에 다소 미흡하다. 21세기 세계정치에서는 지식 자원의 중요성이 커지고 있을 뿐만 아니라 권력정치가 작동하는 메커니즘도 변환을 겪고 있기 때문이다. 미국의 국제정치학자 조지프 나이가 하드 파워와 대비되는 의미에서 사용한 소프트 파워, 그리고 이 둘을 적절히 섞는 개념으로 제시한 스마트 파워는 이러한 권력 변환의 과정을 쉬운 용어로 잡아낸 대표적 시도이다(Nye, 1991, 2004, 2008).

사실 권력 이론의 관점에서 보면 스마트 파워보다는 소프트 파워의 개념이 좀 더 의미 있는 개념적 혁신이다. 실제로 국제정치학계에서 소프트 파워는 그야말로 대박을 터트린 개념 중 하나이다.[2] 소프트 파워처럼 개념적으로 그리 엄밀하지 않은 용어가 이렇게도 널리 성공했다는 현상 자체가 하나의 연구 대상이다. 무엇보다도 소프트 파워가 이렇게도 성공할 수 있었던 이유는 하드 파워로부터 소프트 파워로의 이동이라는, 일반 대중이 이해하기 쉬운 단순한 도식을 사용한 것에서 찾아야 할 것 같다. 일반적으로 이해하기에 '딱딱할hard' 수밖에 없는 '권력power'이라는 용어에다가 '부드럽다soft'는 형용사를 결

---

2 1990년대 초중반 이후 소프트 파워의 개념은 미국이나 유럽 지역에서뿐만 아니라 동아시아의 사회과학자와 현장 전문가들에게도 '소프트 파워'를 발휘하고 있다. 일본, 중국, 한국에서도 소프트 파워는 연성권력(軟性權力), 연실력(軟實力), 매력(魅力) 등으로 번역되면서 활발한 논의의 대상이 되고 있다(손열 엮음, 2007).

합해 '소프트 파워'라고 부른, 다소 모순적인 조어造語의 상상력이 세간의 주목을 끌었다. 궁극적으로는 '딱딱한 힘'이 아닌 '부드러운 힘'이라는 개념의 렌즈를 동원하지 않고서는 이해할 수 없는 현실의 변화가 소프트 파워의 성공을 설명한다. 그렇지만 아무리 '부드러운 힘'을 강조하더라도 여전히 '딱딱한 힘'을 무시해서는 살아남을 수 없는 권력 세계의 현실은 나이에게 '똑똑한 힘', 즉 스마트 파워라는 또 다른 히트작을 고안케 했다.

스마트 파워라는 말은 미국의 세계 전략이라는 실천적 문제를 염두에 두고 사용된 정책 개념의 성격이 강해서, 엄밀한 의미에서 보면 분석적 학술 개념이라고 보기에는 다소 무리가 있다. 스마트 파워를 개념으로 삼아서 무언가를 설명하기보다는 스마트 파워라는 말 그 자체가 설명되어야 할 대상이다. 결과론의 영토인 권력의 게임에서 성공한 권력은 '똑똑한 권력'으로 평가되지만, 아무리 똑똑하게 구사되었다고 해도 실패하면 '멍청한 권력'으로 취급받을 수밖에 없다. '성공하면 충신, 실패하면 역적'으로 인식되는 권력 게임의 영역에서 어떻게 사전事前에 똑똑한 권력을 구별해낼 수 있을까? 스마트 파워가 권력론이 아니라 전략론 또는 외교론이라고 비판받는 것은 바로 이러한 이유에서이다. 게다가 미국이라는 패권국의 실천적 문제의식을 스마트 파워라는 은유의 베일에 싸놓아서 비강대국의 입장에서 그 베일을 걷어내고 제대로 모방하기란 쉽지 않아 보인다.

그럼에도 우리가 스마트 파워라는 개념에 주목해야 하는 것은 2000년대 후반에 미국의 오바마 행정부가 적극적으로 채택하면서 스마트 파워는 '단순한 개념'이 아니라, 우리의 국제정치적 삶에 영향을 미치는 '엄연한 현실'로서 부상했기 때문이다. 힐러리 클린턴Hillary R. Clinton 미 국무 장관이나 로버트 게이츠Robert M. Gates 미 국방 장관 등과 같은 오바마 행정부의 외교·안보정책 실세들은 하드 파워와 소프트 파워를 적절히 섞는 스마트 파워를 지향할 것임을 명시적으로 천명한 바 있다(Clinton, 2009a, 2009b; Gates, 2009). 이후 스마트 파워의 개념과 정책은 미국의 세계 전략 전반의 변화뿐만 아니라 동아시아 정책,

좀 더 구체적으로는 한반도 주변 정치의 방향을 주도했다. 또한 한국의 외교 전략도 스마트 파워의 개념을 수용하고 관련 정책을 모방하려는 경향을 보인다. 이러한 맥락에서 스마트 파워에 대한 검토에서 네트워크 시대를 맞이하는 권력의 변환을 탐구하는 작업은 패권국이 그려내는 개념과 여기서 파생될 현실을 엿본다는 점에서 나름대로 의미가 있다.[3]

3) 소프트 파워의 개념적 이해

스마트 파워의 개념은 하드 파워와 대비되는 의미에서 출현한 소프트 파워의 개념에 대한 논의를 배경으로 한다. 나이의 소프트 파워에 대한 논의는 1980 년대 후반을 국제정치적 배경으로 해서 처음으로 등장했다. 나이는 1991년에 출간된 *Bound to Lead: The Changing Nature of American Power*라는 책에서 당시 국제정치학계의 화두였던 미국의 패권 쇠퇴론에 대한 반론을 피력했다(Nye, 1991). 나이에 의하면, 미국의 패권이 군사력이나 경제력을 지표로 해서는 상대적으로 쇠퇴하는 것이 사실이지만, 소프트 파워라는 개념의 잣대로 보면 여전히 세계를 주도해갈 역량을 갖추었다는 것이었다.

그리고 나서 13년이 지난 2004년에 이르러 나이는 그동안의 소프트 파워에 대한 논의를 발전시켜 *Soft Power: The Means to Success in World Politics*라는 단행본을 내게 된다(Nye, 2004). 그런데 2004년의 책이 대상으로 삼는 2000년대 초반 국제정치의 현실은 1980년 후반의 것과는 정반대 상황으로 연출되었다. 부시 행정부의 세계 전략을 보면, 미국이 세계 최강의 하드 파워를 지닌 유일 강대국임은 분명했지만 세계 전략을 원활히 수행할 소프트 파워를 지니고 있느냐는 의심을 받는 상황이 창출되었던 것이다. 예를 들어 9·11 테

---

3 나이의 소프트 파워와 스마트 파워 개념에 대한 비판적 검토로는 김상배(2009)를 참조하기 바란다.

러 이후에 '테러와의 전쟁'을 수행하는 과정에서, 특히 이라크 전쟁을 수행하는 과정에서 미국이 내세우는 개입 논리의 정당성에 대한 비판이 제기되었기 때문이다.

나이가 주장하는 바의 핵심은 21세기를 맞이해 권력의 속성이 크게 바뀌고 있는데도 부시 행정부의 지도자들은 권력 현실의 변화에 매우 둔감하다는 것이다. 나이에 의하면, 미국이 단극화된 세계에서 유일무이한 초강대국으로 군림하는 것처럼 보이지만, 전반적 상황은 겉보기와는 달리 훨씬 복잡한 양상으로 드러난다고 주장한다. 21세기 세계정치는 수평적 게임뿐만 아니라 수직적 게임도 함께 펼쳐야 하는 3차원의 체스 게임에 비유된다. 맨 위의 체스판에서는 단극적 군사력 게임이 벌어지고, 중간의 체스판에서는 다극적 경제력 게임이 벌어진다. 맨 아래의 체스판에서는 테러, 국제범죄, 기후변화, 전염병 확산 등의 초국가적 이슈들이 전개되는데, 여기서는 단극이나 다극을 넘어서 권력이 매우 광범위하게 분산될 뿐만 아니라 국가와 비국가 행위자들이 벌이는 복합적 게임의 양상이 드러난다는 것이다. 특히 국제사회의 성숙과 정보혁명에 따른 지식과 네트워크의 확산으로 말미암아 21세기 세계정치의 체스판은 3단계에 접어들었다는 것이다. 이러한 맥락에서 군사력이나 경제력과 같은 하드 파워로부터 문화, 이념, 외교 등과 같은 소프트 파워로 권력이 이동한다는 나이의 주장이 근거를 찾는다(Nye, 2004: 4).

나이가 그려내는 하드 파워에서 소프트 파워로의 권력 이동은 행위의 스펙트럼을 따라서 명령에서 동조에 이르는 과정으로 나타나는데, 이는 ① 강제, ② 회유, ③ 의제 설정, ④ 매력 등의 네 단계를 거친다. 또한 이 네 단계는 각각의 행위에 친화적 자원을 활용하게 되는데, 이들은 ① 무력과 제재, ② 보상과 매수, ③ 제도, ④ 가치와 문화 및 정책 등이다(Nye, 2004: 8). 이러한 나이의 권력에 대한 도식을 보면, 하드 파워와 소프트 파워의 개념은 기본적으로 로버트 달Robert Dahl과 같은 행태주의적 권력관[4]과 국제정치학의 주류 진영이 채택하는 자원 중심의 도구적 권력관이 적절히 조합된 형식이라고 할 수 있다. 이러한 시각에서 보면 권력이란 '특정한 자원의 보유를 바탕으로 타인의 행동에 영향을 미쳐 자신의 원하는 결과를 얻는 능력'으로서 그려진다. 그러나 이상의 두 가지 권력관을 단순히 수용하는 차원에서 좀 더 나아가, 권력이 생성되고 작동하는 '비물질적 측면'과 '관계적 맥락'에 대해서 좀 더 많은 관심을 가진다는 점은 나이의 권력 개념이 지니는 큰 특징이다.

나이의 개념적 도식에서 소프트 파워란 '강제나 보상보다는 사람의 마음을 사로잡아 원하는 것을 얻어내는 능력'이다. 특히 국제적 차원에서 소프트 파워는 한 나라의 문화나 민주주의, 인권, 개인적 기회의 보장 등과 같이 그 나라가 추구하는 정치적 목표와 제반 정책 등에서 우러나오는 매력과 관련된다. 소프트 파워란 어느 나라의 가치 체계를 존중하고 그 나라의 본을 따르고자 하며, 또한 번영과 개방성의 수준을 동경케 함으로써 그 나라를 뒤따르게 하는 권력이다. 소프트 파워는 국제정치 무대에서 의제를 설정하는 능력이고, 국가 행위의 정당성과 도덕성에 기반을 두는 권력이다. 또한 소프트 파워는 하드 파워의 정당한 행사나 보편적 국제 규범의 추구 등과도 밀접한 관련이 있다. 나이는 이러한 소프트 파워의 제 측면을 문화, 정치적 가치, 외교의 세 부분으로 요약해서 이해한다.

사실 소프트 파워는 원래 본인이 통제하기 어려운 종류의 힘이다. 특히 국제적 맥락에서 자국이 지닌 소프트 파워를 제대로 통제한다는 것은 더욱 어렵다. 소프트 파워의 성공이 낳을 결과에 대해서는 강자도 약자도 어느 누구도 제대로 알 수 없다. 소프트 파워가 성공할 경우 오히려 저항이 생길 수도 있기 때문이다. 예를 들어 미국 대중문화의 상징인 맥도날드 햄버거를 먹으면서도 반미 시위를 벌일 수 있다. 그럼에도 소프트 파워의 역풍은 하드 파워의 경우보다는 덜할 수 있다. 권력이 행사되는 과정에서부터 약자를 끌어들일 수 있는 여지가 있는 권력이 바로 소프트 파워이기 때문이다. 이러한 점에서 소프

---

4 달의 행태주의적 권력관의 정치사상적 해석에 대해서는 Isaac(1987)을 참조하기 바란다.

트 파워는 정보를 공유하는 능력, 즉 신뢰를 얻어내는 능력에 크게 의존한다. 나이도 소프트 파워를 행사하는 과정에서 정보의 중요성을 강조하면서 "정보화 시대를 맞아 다른 나라의 호감을 더 많이 사고 또 소프트 파워를 강화할 가능성이 많은 나라는 이슈를 형성하는 데에 도움이 될, 커뮤니케이션 채널이 많은 국가들이다"라고 강조한다(Nye, 2004: 31).

소프트 파워에 대한 논의를 펼치는 나이의 궁극적 관심은 외교정책의 역할로 귀결된다. 미국은 이라크 전쟁을 계기로 소프트 파워에 심각한 훼손을 입었지만, 미국이 안은 문제는 미국의 문화나 가치, 이념의 실추에 따른 것이 아니라 특정한 외교정책상 오류에서 발생한 것으로 판단하기 때문이다. 나이의 인식 속에서 냉전기까지 미국의 소프트 파워는 상대적으로 성공한 작품이었다. 소프트 파워의 전쟁이라는 관점에서 보았을 때 미국이 제2차 세계대전에서 승리하고 냉전을 거치면서 소련의 붕괴를 유도해낼 수 있었다는 것이다. 그러나 냉전이 끝나자 미국 정부에서는 소프트 파워에 대한 관심이 저하되고 공공 외교에 대한 노력을 경시하게 되었다고 비판한다(Nye, 2004: 99~125). 나이에 의하면, 21세기의 정보화 시대는 단순한 선전을 넘어서는 공공 외교의 필요성이 더욱 강조되는 시기인데도 부시 행정부는 오히려 소프트 파워의 외교를 소홀히 취급했다는 것이다. 이러한 시각에서 보면 최근 중동과 중앙아시아 문제는 미국의 소프트 파워 외교가 안은 난제를 반영하는 사례임이 분명하다. 21세기의 첫 계단에서 세계적으로 일고 있는 반미주의는 미국이 소프트 파워를 경시한 결과리는 것이다.

외교정책의 일환으로서 소프트 파워에 접근하는 나이의 논의에서 유의할 점은 나이가 소프트 파워의 자율성을 강조하면서도 하드 파워의 중요성을 무시하지는 않는다는 사실이다. 바로 이 대목에서 나이의 스마트 파워 개념이 진가를 발휘한다. 나이는 2004년 단행본의 출간 이후 하드 파워를 바탕으로 하지 않은 소프트 파워는 없다는 세간의 지적에 적극적으로 대응이라도 하듯이 스마트 파워라는 개념을 좀 더 빈번히 동원해 하드 파워와 소프트 파워 양자의 관계를 대체 관계가 아닌 보완 관계로서 그린다. 나이가 개념화하는 스마트 파워란 하드 파워와 소프트 파워를 잘 조합해 성공적 전략을 도출하는 권력이다. 일정한 하드 파워의 자원을 보유한 상황에서 소프트 파워가 성공적으로 행사될 경우, 이는 다시 하드 파워를 행사하는 데에 유리한 소프트 파워의 환경을 만들어줄 수 있다는 것이다. 결국 하드 파워와 소프트 파워는 양자를 절묘하게 결합하고 활용한다는 스마트 파워의 메커니즘을 통해서 서로 상호작용하면서 신장된다. 이러한 시각에서 보면 나이의 스마트 파워라는 개념은 하드 파워나 소프트 파워의 개념과는 별개의 범주로 구분되는 '제3의 권력'이라고 보기는 어렵다. 오히려 양자를 엮어내는 권력, 이를테면 '권력에 대한 권력power about power', 즉 '메타 권력meta-power'의 범주에 속한다고 볼 수 있다.

4) 스마트 파워의 개념적 이해

2004년에 단행본을 출간한 이후 나이는 스마트 파워의 개념에 대해 이렇다 할 정도로 정교한 설명을 제시하지 않다가, 2000년대 후반에 들어 자신의 저작인 *The Powers to Lead*를 통해서 스마트 파워에 대한 논의를 조금 더 발전시켰다(Nye, 2008a). 나이가 주목하는 것은 스마트 파워의 작동 메커니즘을 밝히는 해법으로서 '리더십'의 개념이다. 나이의 논의에 의하면, 하드 파워냐 아니면 소프트 파워냐를 다루는 '권력 자원에 대한 논의'와 그러한 권력 자원을 바탕으로 구체적 힘을 행사하는 '리더십에 대한 논의'는 구분되어야 한다. 리더십이 발휘되려면 권력 자원이 필요하지만, 권력 자원이라고 모두 다 리더십을 통해서 활용되는 것은 아니기 때문이다.

나이에 의하면, 성공적 리더십을 달성하려면 하드 파워와 소프트 파워의 권력 자원이 상황에 따라 서로 다르게 배합되어야 한다. 그런데 최근 나이가 펼치는 논의에서 한 가지 유의할 것은 권력 자원의 종류를 구분할 때, 군사력과 경제력을 한 축으로 하고 문화와 이념을 다른 축으로 하는 종전의 구분법

〈표 5-1〉 권력 자원과 리더십 스타일

	하드 파워 자원 (군사력, 경제력, IQ)	소프트 파워 자원 (문화, 이념, EQ)
명령적 리더십 (거래적 기술)	① 위협, 강제	③ 조직 관리, 제도 수립
설득적 리더십 (영감적 기술)	② 보상, 유인	④ 친화, 설득

자료: 김상배(2009: 15).

에서 상대적으로 모호한 부분으로 남았던 '지식 변수'를 둘로 나눈다는 점이다. 흥미롭게도 나이는 리더십을 통해서 스마트 파워를 논하면서 하드 파워와 소프트 파워를 두 가지 종류의 '지성'에 비유한다. 하드 파워가 분석적 지성을 의미하는 인지 지성cognizant intelligence 또는 IQIntelligence Quotient라면, 소프트 파워는 자기 극복과 다른 사람에 대한 배려 및 공감적 커뮤니케이션의 능력을 의미하는 감성 지성emotional intelligence 또는 EQEmotional Quotient라고 한다.

이렇게 배합된 권력 자원을 가지고 리더십을 발휘하는 스타일에도 차이가 있다. 나이는 이러한 리더십의 스타일을 크게 둘로 나누어 이해한다. 그중 하나는 추종자의 행동을 명령하는 데에 초점을 두는 '명령적 리더십'이다. 이러한 리더십은 이미 설정된 이해관계의 구도 속에서 추종자들의 이기심을 조정하는 '거래적 기술transactional skills'에 주로 의존한다. 다른 하나는 추종자의 행동을 설득하는 데에 초점을 두는 '설득적 리더십'이다. 이러한 리더십은 이미 설정된 이해관계의 구도를 넘어서 추종자들의 이기심을 변화시키는 '영감적 기술inspirational skills'에 주로 의존한다. 하드 파워와 소프트 파워가 서로 보완적인 것처럼, 이러한 두 가지 종류의 리더십은 상호 배타적이지 않고 매우 밀접하게 연관된다. 이러한 구분에 의해서 다소 혼란스러운 논의를 펼치는, 권력 자원과 리더십에 대한 나이의 주장을 간결하게 정리해보면 〈표 5-1〉과 같다.

① 영역과 ④ 영역은 나이가 종전에 하드 파워와 소프트 파워라고 일차원적으로 구분한 영역이어서 이해하기가 쉽다. 우선 ① 넝닉은 하드 파워 자원

에 기댄 명령적 리더십과 거래적 기술의 영역이다. 상대방이 원하지 않는 것을 강제적으로 하도록 만드는 것으로서 주로 군사력을 바탕으로 해서 위협, 공포, 강제 등의 형태로 작동한다. 한편 ④ 영역은 소프트 파워 자원에 기댄 설득적 리더십과 영감적 기술의 영역이다. 자신이 원하는 바를 상대방이 원하도록 만드는 것으로서 설득과 주장을 통해 사람들을 끌어들이고 친화하게 만드는 능력이다.

스마트 파워의 논의에서 쟁점이 되는 부분은 나머지 두 영역의 권력 자원과 리더십에 대한 논의이다. ② 영역은 하드 파워 자원에 기댄 설득적 리더십과 영감적 기술의 영역이다. 주로 경제력을 바탕으로 상대방에게 내가 원하는 것을 하도록 설득하고 유인하는 것으로써, 보상의 메커니즘에 의존한다. 보상은 위협보다 훨씬 낫지만, 그것을 없애겠다는 암시만으로도 효과적 위협이 될 수 있다. 실제로 상호 의존 관계에서 힘의 불균형은 덜 의존적인 쪽에게 권력을 안겨준다(Keohane and Nye, 1977). 또한 하드 파워를 기반으로 둔 실력이라도 그것이 영감적 스타일로 동원된다면 그 자체가 매력이 되기도 한다. 아무리 협박자라도 그가 비전과 신념을 지니고 성공해서 명성을 얻는다면 폭력적 행동을 하는데도 사람들을 따르게 한다. 이와 관련해서 나이는 공포에 질린 인질이 납치범에게 순종하다가 애정을 느끼게 된다는 '스톡홀름 증후군'의 사례를 소개한다(Nye, 2008a: 39). 한편 이 영역에서 작동하는 유인의 과정에는 경제력뿐만 아니라 IQ에 기반을 둔 지적 능력도 중요한 권력 자원으로서 작용한다. ② 영역에서 작동하는 권력과 관련해 경제력을 바탕으로 한 상호 의존의 권력적 작용을 논하는 '스티키 파워sticky power'의 개념은 나름대로 참신성을 지닌 개념적 시도라고 볼 수 있다(Mead, 2004).

③ 영역은 소프트 파워 자원에 기댄 명령적 리더십과 거래적 기술의 영역이다. 비물질적 자원을 동원해 상대방이 원하지 않는 것을 하게 만드는 것으로써, 나이는 조직 관리 기술과 마키아벨리적 정치 기술을 사례로 든다. 리더는 자기에게 보고되는 정보를 관리하고, 채용과 해고를 통해서 인력을 통제하

며, 조직의 각종 규정과 제도를 창출·유지·변화시킴으로써 리더십을 행사한다. 일종의 조직 관리자인 셈이다. 또한 리더는 조직 내의 추종자들이 원하는 목적을 추구할 뿐만 아니라 조직 외부의 청중들과 협상해 신뢰망을 구축하는 정치 기술을 발휘해야 한다. 오늘날과 같은 커뮤니케이션의 시대에는 군사적 리더십조차도 이러한 조직 관리 기술과 정치 기술이 필요하다. 나이가 '정치 지성political intelligence'이라고 부르는 이러한 기술들은 소프트 파워 자원이 명령적이고 거래적인 목적을 위해서도 활용될 수 있다는 사례이다. 이렇게 보면 소프트 파워라는 것은 그 자체가 선은 아니며 항상 하드 파워보다 좋은 것도 아니다. 나이에 의하면, "마음을 비트는 것이 팔을 비트는 것보다 더 선한 것은 아니다"(Nye, 2008a: 43).

이러한 구도에서 보았을 때 나이가 말하는 스마트 파워란 무엇인가? 스마트 파워란 다름 아니라 하드 파워 자원과 소프트 파워 자원을 활용해 명령적·거래적 기술과 설득적·영감적 기술을 적절하게 조합하는 리더십의 능력이라고 할 수 있다. 다시 말해 〈표 5-1〉의 네 영역을 잘 섞는 능력이다. 그렇다면 여기서 추가로 제기되는 질문은 어떻게 섞느냐 하는 문제라고 할 수 있다.

이러한 질문에 대해서 나이는 상황에 맞게 적절히 대처하는 리더십의 지적 능력, 즉 '상황 지성contextual intelligence'이라는 개념을 통해서 대답한다. 나이가 말하는 상황 지성이란 ① 전개되는 상황을 이해하는 능력, ② 대세에 편승해 행운을 창출하는 능력, ③ 전반적 맥락과 추종자들의 요구에 따라 자신의 스타일을 적응시키는 능력 등으로 요약된다. 나이의 설명에 의하면, 상황 지성을 가진 리더는 큰 파도를 기다렸다가 올라타는 서퍼와도 같다. "개인이 파도를 통제할 수는 없어도 파도타기를 할 수는 있는 것처럼 개인이 사건이나 구조를 통제할 수는 없지만 그것을 예견하고 기다렸다가 어느 정도 자신의 목적을 위해 이용할 수는 있다"라는 것이다(Nye, 2008a: 9). 나이는 독일의 재상 비스마르크의 말을 인용하면서 상황 지성은 "역사에서 신의 섭리를 알아채고 그가 지나갈 때 옷자락을 잡을 수 있는 능력"이라고 설명한다(Nye, 2008a: 88).

이러한 상황 지성이 발휘되려면 문화적 맥락의 차이, 권력 자원의 분포, 추종자들의 필요와 요구, 시간적 시급성, 정보의 흐름 등을 제대로 파악하는 능력을 갖추어야 한다.

이러한 맥락에서 보면, 스마트 파워 개념의 핵심은 주어진 상황에서 문제점들을 파악하고 추종자들의 요구를 반영해 목표를 달성해내는 '상호작용의 기예interactive art' 또는 일종의 '지혜'라고 할 수 있다. 하드 파워와 소프트 파워를 각각 IQ와 EQ에 비유한 것의 연속선상에서 유추해볼 때 나이가 말하는 스마트 파워는 일종의 사회 지성social intelligence 또는 SQSocial Quotient에 비유해볼 수 있을 것이다. SQ로 이해된 상황 지성의 시각에서 보면, 하드 파워가 좋은지 소프트 파워가 좋은지, 또는 거래적 리더십과 영감적 리더십 스타일 중 어느 것이 더 바람직한지 묻는 것은 올바른 질문이 아니다. 오히려 특정한 상황에서 어떠한 권력 자원과 어떠한 리더십 스타일을 어떠한 방식으로 결합하느냐가 중요한 문제이다.

그렇다면 어떠한 상황에서 어떠한 종류의 권력 자원과 리더십의 조합, 즉 어떠한 스마트 파워가 가장 적합할까? 주어진 상황과 스마트 파워 간에는 일종의 상관관계 또는 인과관계라는 것이 존재할까? 그러나 현재까지 나이의 논의는 이러한 양자 관계에 대한 가설을 충분하게 다루지 못했다. 다만 몇 가지 힌트만을 제시할 뿐이다. 나이는 주어진 목표의 성격과 변환의 속도에 착안해서 "거래적 리더십이 안정적이고 예측할 수 있는 환경 아래에서 더 빈번히 사용되고 효과적이며, 영감을 주는 소프트 파워 스타일은 사회적·정치적 변화가 급변하고 연속적이 아닌 단속적인 시기에 더 적합할 것"이라는 리더십 이론가들의 논의를 소개한다. 또한 나이는 정체성과 이슈나 문제에 대한 의견 충돌로 나타나는 집단의 응집력에 착안해서 다음과 같이 적었다.

만약에 집단이 공동체로서 잘 통합되어 있고 이슈에 대한 의견 차이가 적다면 제한된 목표와 거래적 리더십으로 충분하다. 추종자들도 만족스러운 현상 유지를 보호해주는 보수적 리더십을 추종할 것이다. 만일 어느 집단이 정체성은 잘 통합되어 있지만 이슈를 다룰 때 의견이 심하게 갈라진다면 영감을 주는 소프트 파워의 리더십이 더욱 효과적일 것이다. 만일 어떤 집단이 수많은 신생 독립국에서 보는 것처럼 정체성과 이슈에 대해 의견이 갈라진다면 하드 파워의 거래적 스타일과 소프트 파워의 변환적 스타일이 결합된 리더십이 효과적일 것이다(Nye, 2008a: 68).

이러한 단편적 설명에도 만약에 앞으로 스마트 파워의 논의가 주어진 상황과 권력 자원 및 리더십 스타일의 상관관계에 대한 이론적 논의를 추가로 발전시키지 못한다면, 이 개념은 구체적 정책을 개발하는 과정에서 그 매력과 유용성을 상실할 수밖에 없을 것이다. 현재처럼 분석적 지침을 결여하고 단지 포괄적 방향만을 제시하는 개념 설정만으로는 그럴듯한 정책적 수사로 비칠 수는 있을지언정, 실질적으로 효과가 있는 정책 대안을 개발하는 데에 활용될 수는 없을 것이기 때문이다.

3. 소프트·스마트 파워의 비판적 검토

1) 21세기 권력론으로서 소프트·스마트 파워

나이가 제기한 소프트 파워와 스마트 파워에 대한 논의(이하 소프트·스마트 파워)는 21세기 세계정치에서 발견되는 권력 변환에 대한 미국식 논의의 표현이다. 소프트·스마트 파워의 개념은 21세기의 변환을 겪는 국제정치 권력의 모습을 간결하고도 쉬운 용어로 잡아냈다는 데에 큰 의미가 있다. 이러한 학술적 의미와 더불어 소프트·스마트 파워의 개념이 지니는 의미는 부시 행정부의 외교정책과 차별화를 시도하는 오바마 행정부의 외교·안보정책 실세들에게 채택됨으로써 그야말로 실천적 파괴력을 획득했다는 점에 있다. 이러한 점에서 나이의 권력 개념은 국제정치학계와 미국의 세계 전략 분야에서 벌어지는 21세기 권력론에 대한 두 가지 고민을 반영한다.

그 하나는 군사력이나 경제력으로 환원되지 않는 비물질적 권력에 대한 고민이다. 근대 서양 정치사상과 현대 사회과학에서 권력이라는 개념은 항상 강제와 동의라는 두 가지 측면을 동시에 다루어왔다. 이에 비해 20세기 후반의 국제정치학 분야에서는 권력의 하드 파워 측면, 그중에서도 권력의 물질적 자원의 측면에 주목하고 소프트 파워의 측면이 상대적으로 소홀히 취급되어 왔던 것이 사실이다. 이러한 맥락에서 나이의 소프트 파워 개념은 전통적 국제정치 권력론에서 상대적으로 소홀히 취급되었던 문화, 이념, 신뢰 등과 같은 감성적이고 비물질적인 변수를 발굴하고 이를 하드 파워와 연결하는 경로를 제시함으로써 세계정치 권력 연구에 새로운 관심을 불러일으키는 담론적 파괴력을 발휘했다.

예를 들어 '지식 권력'의 중요성과 관련해 나이의 최근 논의에는 인지적·감성적·정치적·사회적 차원에서 인식된 다양한 '지성intelligence'의 권력적 함의에 대한 논의가 부쩍 많이 등장한다(Nye, 2008a). 특히 지식, 이념, 문화 등과 같은 비非물질적 권력 자원에 주목한 것은 권력을 주로 행위자 간의 커뮤니케이션 과정으로 이해한 것이다. 소프트 파워의 논의가 이념과 가치의 전파라든지 국가 브랜드, 또는 문화 외교나 공공 외교 등에 관심을 기울이는 것은 바로 이러한 이유에서이다. 이러한 맥락에서 볼 때 정보혁명의 결과로서 보급된 다양한 정보 미디어는 소프트 파워가 작동하는 과정에서 매우 중요한 의미를 가진다. 각종 인쇄 미디어뿐만 아니라 음악, 영화, TV 드라마 등에 담기는 콘텐츠가 많이 거론되는 것도 바로 이러한 이유에서이다. 최근에는 트위터, 페이스북, 유튜브와 같은 SNS를 공공 외교와 소프트 파워의 세계정치에 활용하려는 논의가 활발하게 이루어지고 있다.

최근 국제정치학계에서 거론되는 다른 하나의 고민은, 21세기 권력이 더는 행위자의 속성이나 보유 자원에서 우러나오는 것이 아니라 행위자들이 구성하는 '관계적 맥락'에서 발생하는 것으로 이해해야 한다는 데에 있다. 이런 점에서 나이의 소프트·스마트 파워 개념은 행위자들이 구성하는 '관계' 속에서 발생하는 권력의 작동 방식에 대한 국제정치학계의 주위를 환기했다는 데에 큰 의미가 있다. 실제로 나이가 그려내는 소프트 파워나 스마트 파워의 개념은 자신의 능력이나 보유한 자원으로 측정되는, 그래서 그 효과가 고정된 것으로 파악되는 권력이 아니라, 상대방이 누구인지에 따라서 그 효과가 유동적인 종류의 권력이다. 이렇게 관계적 맥락에서 발생하는 유동적 권력에 대한 논의는 이 책의 주제인 네트워크와 권력론이 만나는 지점이기도 하다.

이상의 권력론의 두 가지 고민은 서로 밀접히 연결되어 있다. 만약에 소프트 파워가 문화적 감성과 이념이나 신뢰와 같은 비물질적 변수를 매개로 해서 작동하는 권력이라면, 이는 당연히 스마트 파워를 행사하는 권력 환경의 '관계적 성격'을 고려하지 않을 수 없다. 감정이나 신뢰 등과 같은 현상은 상대방이 누구이냐에 따라서 그 효과가 달라지며, 마찬가지로 국가 간의 관계에서 소프트 파워의 성공도 대상이 어느 나라이냐에 크게 구애받을 수밖에 없기 때문이다. 여하튼 나이의 소프트·스마트 파워 개념은 21세기적 맥락에서 파악된 권력의 이러한 두 가지 모습을 간결하게 잡아내는 데에 성공했다.

그런데 소프트·스마트 파워의 개념은 세계정치 권력의 새로운 면모를 보여주는 유용성이 있음에도 부족한 점이 있다. 특히 비물질적 권력 자원과 그것이 관계적 맥락에서 작동하는 과정이 권력의 변환에 미치는 영향을 깊이 있게 탐구하려면, 나이의 소프트 파워 개념보다는 사회과학 분야의 권력론 일반을 좀 더 본격적으로 반영한, 좀 더 정교한 이론적 논의가 필요하다. 특히 중견국의 입장에서 볼 때 소프트·스마트 파워의 개념은 그대로 받아서 사용하기에는 많은 문제점이 있다. 여기서는 다음에서 다루는 바와 같이 크게 은유로 신비화된 패권국의 이데올로기, 도구론과 전략론에 치중한 접근의 한계, 행위자 기반 개념화와 구조에 대한 무관심 등 세 가지 측면에서 제기되는 소프트 파워와 스마트 파워의 한계를 지적하고자 한다(김상배 엮음, 2009).

2) 은유로 신비화된 패권국의 이데올로기

무엇보다도 소프트 파워나 스마트 파워가 사용하는 '부드러운 힘' 또는 '똑똑한 힘'이라는 은유의 활용은 자칫 의식적으로 합리적 권력 논의를 회피하고, 더 나아가 그러한 권력이 생성되는 과정을 은폐하는 것으로 비칠 수 있다. 소프트·스마트 파워라는 용어 자체가 온갖 종류의 권력 논의의 형체를 흐려서 묻어버리는 신비화의 효과를 낳을 수도 있기 때문이다. 다시 말해 나이는 자신이 발견한, 소프트·스마트 파워라고 부르는 권력 개념의 폭발력을 통제된 범위 내에서 관리하고자 의식적으로 은유의 포장지를 덮어씌우는 마술적 발상을 하고 싶었는지도 모른다(최정운, 2005). 지속적으로 소프트·스마트 파워의 개념이 학술 개념이라기보다는 정책 슬로건에 가깝다는 지적이 나오는 것은 바로 이러한 이유에서이다. 특히 소프트·스마트 파워가 현대 국제정치이론에 대한 논의로 이루어진 것이 아니라 미국의 세계 전략이라는 실천적 문제를 염두에 두고 개발된 것이라는 점을 상기하면 더욱 그러하다.

그런데 여기서 유의할 점은 이렇게 소프트·스마트 파워가 덮어쓰는 은유의 포장지가 미국이라는 패권국의 이데올로기로서 작용할 가능성이 높다는 점이다. 기본적으로 소프트·스마트 파워는 하드 파워가 모자라는 부분에 소프트 파워를 보완하고 이를 똑똑하게 섞어서 쓴다는 개념이다. 야구 경기에 비유하자면, 하드 파워가 일종의 선발투수라면 소프트 파워는 구원투수이고, 스마트 파워는 이들 투수들을 제때에 기용하는 감독인 셈이다. 따라서 소프트 파워라는 구원투수는 그 이전에 하드 파워라는 선발투수가 어느 정도 상대팀의 타선을 막아준 이후에 등판해야 그 진가를 발휘해서 세이브를 올릴 수 있다. 이러한 관점에서 보면, 기본적으로 소프트·스마트 파워는 원래 하드 파워를 충분히 갖춘 강대국의 사치스러운 고민인지도 모른다. 따라서 하드 파워도 변변히 갖추지 못한 약소국이 하드 파워의 열세를 소프트 파워의 신장으로 만회해보려는 시도는 어쩌면 일종의 신기루와 같은 것일 수도 있다.

나이의 소프트·스마트 파워에 대한 논의가 철저하게 그 생성 과정의 비법을 밝히기를 거부하는 점도 소프트·스마트 파워를 모방하려는 약소국의 시도를 좌절케 한다. 마치 최고급 레스토랑에 가서 맛있는 음식을 사먹을 수는 있지만 그 음식의 조리법에 대해서는 물어볼 수 없는 상황을 연상케 한다. 본바탕이 자연 미인인 사람의 태생이나 성형수술의 과학기술에 대한 구조적 논의 없이 피상적 화장술의 기교에 대한 논의만 무성하다고나 할까? 사실 나이는 권력 논의에서 소프트·스마트 파워의 위상을 복권하는 대신에 그것을 적당한 수준에서 얼버무려 제시함으로써 그것이 생성되는 물적·지적·제도적 기반에 대한 논의를 회피한다. 만약에 약소국들이 이러한 사정을 제대로 고려하지 않고 섣불리 소프트·스마트 파워라는, 그럴듯해 보이는 개념만을 가져다 쓰려고 한다면, 스마트 파워는커녕 자칫 '헛똑똑이 파워'가 될 우려마저 있다.

실제로 나이는 하드 파워와 소프트 파워의 조합 공식으로서 스마트 파워를 강조하면서도 하드 파워를 제대로 갖추지 못한 나라가 소프트 파워를 창출하려면 어떻게 해야 하는지에 대해서는 침묵한다. 사실 일정한 물적 기반을 갖추지 못한 국가에 매력을 느끼는 경우는 상상하기 어렵다. 먹고 사는 문제가 시급한 개발도상국이 매력적인 문화와 가치를 꽃피운 사례도 흔치 않다. 소프트 파워는 하드 파워의 기초가 갖추어질 때에 작동하기 때문이다. 이런 섬에서 소프트 파워의 게임은 강대국의 게임이다. 하드 파워의 열세를 소프트 파워의 신장으로 만회해보려는 사고는 적어도 하드 파워가 일정한 수준에 달하지 못했을 때에는 신기루와 같을 수도 있다. 따라서 약소국의 입장에서 소프트 파워의 담론에 과도하게 매혹되어 하드 파워의 육성을 뒤로 미룰 경우, 제한된 권력 자원이 왜곡되게 배분되어 국력 일반의 훼손을 경험할 수도 있다. 나이가 해법으로 제시하는 스마트 파워의 개념도 그럴듯해 보이기는 하나, 그 공식에 맞추어 하드 파워와 소프트 파워를 조합한다는 것은 말처럼 간단한 일이 아니다(손열, 2006).

3) 도구론과 전략론에 치중한 접근의 한계

나이의 소프트·스마트 파워 개념은 비물질적 권력 자원과 그 활용에 대해 지나치게 도구론적이고 전략론적인 방식으로 접근하는 한계를 지닌다. 사실 소프트·스마트 파워의 행사에서 전략적 사고를 전면에 내세웠을 때에 과연 그힘이 끝까지 매력을 유지할 수 있을지는 의문이다. 소프트 파워와 스마트 파워를 전략적으로만 추구하다보면 오히려 역효과를 불러올 수 있고, 그렇게 해서 이루어지는 힘의 행사는 자발적 동의를 확보하기보다는 거부감만을 불러일으킬 수 있다. 현실적으로 어떤 나라가 다른 나라 사람들의 존경과 부러움의 대상이 되는 것은 그 나라 특유의 문화정책이나 외교 역량 때문이기도 하겠지만, 그 나라의 제도와 삶 전체의 모습, 더 나아가 당시 국제사회 전체에서 확립된 보편적 가치 체계와 연관된 경우가 많다. 사실 이러한 존재론적 측면의 문화에서 우러나오는 진정성을 바탕으로 발휘되는 소프트 파워의 영역은 매우 크다. 예를 들어 동아시아 전통 질서가 기초하는 덕德의 정치에서는 전략적 사고를 경계하고 진정성을 강조하는 전통이 있었다.[5] 그럼에도 스마트 파워에 대한 논의는 21세기 권력의 '존재론적 문제'를 접어두고, 그 전략적 활용에 많은 관심을 할애한다. 스마트 파워가 본격적 권력론이 아니라 오히려 전략론이나 외교론이라는 비판이 설득력을 얻는 것은 바로 이런 이유에서이다.

이러한 시각에서 보면, 북한의 핵무기 개발과 관련해 조성된 동북아의 긴장을 해소하는 정책과 관련해, 미국이 북한을 상대로 소프트 파워와 스마트 파워를 행사한다는 것은 단순히 전략적으로 강경 정책과 온건 정책 또는 제재

---

5 동아시아의 맥락에서 본 권력에 대한 논의로서 유용한 연구로는 Jullien(2004)를 참조하기 바란다.

조치와 포용 정책을 섞어서 사용하는 차원의 문제가 아님이 분명하다. 사실 북한 문제는 권력의 '존재론적 문제'와 밀접히 연관된다. 북한의 선군 정치는 수령 체제의 생존을 위한 전쟁이므로 어설프게 때리거나 달래서 될 일이 아니다. 다시 말해 북한 체제의 사활을 걸고 21세기 생존 전략의 차원에서 추진하는 핵무기와 미사일의 문제는 미국의 수많은 프로세스나 6자회담의 노력이 아무리 똑똑하게 구사되더라도 쉽게 풀 수 있는 종류의 문제가 아니다. 이러한 시각에서 보면, 미국의 스마트 파워 전략은 북한의 선군 정치가 계속되는 한 현실적 성과를 거두기 어렵다고 볼 수도 있다. 그렇다고 소프트 파워 개념이 논하듯이 미국이 내세우는 민주주의와 인권, 자유와 평화 등과 같은 이념적 변수나 미국의 대중문화와 같은 문화적 변수들이 당장 효과가 있는 소프트 파워로 작동하는 것도 아니다. 물론 이러한 소프트 파워의 공세는 느리지만 근본적 전략이 될 수는 있을 것이다. 그러나 적어도 단기적으로는 북한 체제를 변화시키는 소프트 파워의 효과를 논하기에는 너무 장기적인 처방이다.

게다가 북한이라는 체제의 독특성을 인식하지 못하고 추진되는 '미국식 스마트 파워'의 전략은 선군 정치를 바탕으로 한 '북한식 스마트 파워'의 내용을 오해케 할 가능성마저 있다. 사실 최근의 사태 진전을 보면 북한도 나름대로 '스마트 파워' 전략을 추진해왔다고 평가할 수 있다. 그러나 북한의 '스마트 파워'는 미국의 그것과는 매우 다른 '똑똑함'에 대한 인식을 바탕으로 한다. 만약에 미국이 모범생의 '똑똑함'을 추구하고 있다면 북한은 반항아적인 '영악함'을 구사한다고나 할까? '직접적이고 깅력한 대화'를 기치로 2009년에 출범한 오바마 행정부의 첫 인사를 미사일 발사의 강행이라는 카드로 화답하는 것은 악수하자는 네에 뺨 때리는 '멍청함'일 수도 있다. 그러나 북한식의 '똑똑함'이라는 기준에서 보면 '합리적 대응'일 수도 있다. 북한이 추구하는 선군 체제의 특성 때문이다. 이러한 상황에서 만약에 미국이 강경한 '스마트 파워'의 전략을 추진한다면, 이에 대해 북한은 '북한식의 스마트 파워' 전략으로 응대할 가능성이 크다. 북한의 '똑똑함'을 미국식 스마트 파워의 기준으로 이해하거나 예측하는 것이 쉽지 않은 이유이다.

한편 나이의 개념이 도구론과 전략론의 시각에서 전개되다 보니까 나타나는 규범적 문제점에도 주목해야 한다. 다시 말해 나이의 개념은 소프트·스마트 파워의 효과성에 대해 기울이는 관심에 비해서, 그것이 얼마나 정당한 권력이냐의 문제, 즉 소프트 파워의 규범적 성격에 대해서는 상대적으로 둔감하다. 물론 소프트 파워의 정당성을 피상적으로만 다루는 것은 주류 국제정치학이 상정하는 국제정치 구성 원리의 특징에서 비롯되는 점이 있다. 게다가 소프트 파워를 도구적으로 개념화하다 보니까 권력 자체의 효과성에만 치중하는 문제가 발생한다. 진정으로 공유된 이해를 기반으로 두어서 수용되고 납득할 수 있는 방식으로 이루어지는, 실질적으로 '정당한 지배'에 대한 관심이 약할 수밖에 없다. 그러나 권력의 정당성 문제는 서양 정치사상의 오랜 고민거리였다. 이러한 점을 보면 소프트 파워가 제대로 작동하려면 오히려 정당성을 추구하는 것이 가장 효과적인 길일 수도 있다. 최근 유럽의 '규범 권력normative power'에 대한 울리히 벡Ulrich Beck의 논의와 연관되는 지점이다(Beck, 2005). 이러한 관점에서 보면, 동아시아 전통 질서에서 논하는 덕德의 개념도 나이의 소프트 파워 개념으로 환원되지 않는 규범 권력에 대한 요소를 담는다. 아마도 소프트 파워의 규범적 성격에 대한 나이의 침묵은 미국이 딛고 선 제도의 정당성에 시비를 걸고 싶지 않은 미국 학자의 속내를 감추는 문제로 연결되는 듯하다.

4) 행위자 기반 개념화와 구조에 대한 무관심

소프트·스마트 파워 개념은 행위자들의 게임이 벌어지는 경기장의 프레임이나 구조를 짜는 똑똑함에 대해서는 상대적으로 침묵한다. 어느 학생이 똑똑하다는 것은 그 자체로 평가되는 것이 아니라 시험 문제가 어떻게 출제되느냐에 따라 영향을 받을 수밖에 없다. 또한 서로 다른 신체적 조건의 선수들이 스포츠로 내기를 벌이는 경우, 그들의 승부에 보이지 않는 영향을 미치는 것은 어떠한 종목의 게임을 선택하느냐이다. 이렇게 보면 나의 똑똑함이 빛을 발할 수 있도록 프레임을 짜는 것이 '똑똑함' 그 자체만큼이나 중요하다. 지난 10여 년간 북한의 핵무기 개발의 역사를 보면, 북한은 먼저 도발함으로써 유리한 프레임을 선점하는 '똑똑함'을 발휘해왔다. 이에 비해 한국과 미국은 북한의 프레임이 아닌 한·미의 프레임으로 판을 바꿀 기회를 만들지 못하고, 매번 북한이 원하는 방식으로 끌려가는 악순환이 계속되었다. 이러한 연속선상에서 보면, 미국과 한국의 스마트 파워 외교가 이러한 악순환의 고리를 어떻게 끊을지가 관건이다. 그러나 이러한 난제를 풀기에는 스마트 파워 개념이 하드 파워와 소프트 파워를 섞는 '똑똑함'에 대한 논의에 비해서 게임의 프레임을 세우는 '똑똑함'에 대한 논의를 상대적으로 결여한다.

스마트 파워 개념이 지니는 이러한 한계는 나이의 개념화 자체가 안은 '행위자 기반의 개념화'라는 특성에서 찾아져야 한다. 다시 말해 스마트 파워의 개념은 행위자 간의 밀고 당기는 작용과 반작용의 인과관계를 염두에 둔 인식론을 바탕으로 한다. 이런 점에서 보면, 뉴턴 물리학의 전제에 입각한 기존의 권력 개념과 크게 다르지 않다. 다만 기존의 권력 개념과 다른 것이 있다면, 원하는 바를 얻고자 강제의 방법을 사용하지 않고 다른 수단을 쓴다는 것, 즉 간접적인 설득과 동의의 메커니즘에 의지한다는 것이다. 이러한 개념 인식은 스마트 파워의 메커니즘을 행태주의적 차원에서 너무 단순화해서 이해한다는 비판을 면하기 어렵게 한다.

실제로 이러한 개념화는 행위자 차원을 넘어서 구조 차원에서 작용하는 권력의 존재를 파악하는 데에 둔감하다. 예를 들어 소프트 파워의 개념은 설득되고 매혹되어 자발적으로 따르는 권력의 메커니즘은 설명할 수 있지만, 싫으면서도 어쩔 수 없이 받아들여야 하는 권력의 메커니즘을 설명하지 못한다. 인간관계처럼 국가 간의 관계에도 매력을 느끼고 호감을 갖는 것이 선택의 사항으로 다가오는 것이 아니라 오히려 선택의 여지가 없는 운명으로 수어지는 경우, 또는 뻔히 알면서도 당하는 경우도 있다. 만약에 맥도날드 햄버거를 먹는 사람이 좋아서 먹는 것이 아니라 그것 말고는 다른 먹을거리가 없어서 먹는다면 어떻게 할 것인가? 마이크로소프트의 윈도 운영 체계를 탑재한 컴퓨터를 선호해서가 아니라 윈도용으로 개발된 응용프로그램을 쓰려고 어쩔 수 없이 사용하는 경우는 어떻게 할 것인가? 또한 인터넷상의 정보를 검색하려면 구글이나 야후와 같은 포털을 방문하는 것 외에는 다른 방법이 없다면 어떻게 할 것인가?

세계정치의 현실을 보면, 하드 파워로 밀어붙이고 강제하지 않더라도 별다른 선택의 여지가 없이 구조적 차원에서 제약을 부과하는 권력이 엄연히 존재한다(Strange, 1994). 예를 들어 소프트 파워와 스마트 파워의 게임이 발생하기도 전에 작동하는 일종의 선택과 배제의 메커니즘이 있지 않을까? 세계정치의 권력 게임에 관여하는 모든 행위자가 '당연한 것으로 여기는 권력'이라는 것이 존재하지는 않을까? 이러한 관점에서 볼 때, 북한의 핵 문제의 저변에서 작동하고 핵 확산 방지의 국제 레짐의 의미를 되새겨볼 필요가 있다. 사실 이러한 종류의 제도에서 우러나오는 권력은 세계정치를 관통해서 흐르는 구조의 수준에서 거론될 문제이지 특정한 국가의 하드 파워나 소프트 파워, 스마트 파워의 수준에서 논의할 문제가 아니다.[6] 이러한 지적은 나이의 소프트 파워 개념이 '작위作爲 차원'으로 환원되는 권력에 대한 논의라는 특징과 관련된다. 다시 말해 나이의 소프트 파워 개념은 의도성을 넘어서는 권력의 측면을 간과하므로, 전략적 구도에서 서로 밀고 당기는 행위자들의 관계 자체를 아예 초월해서 작용하는 권력의 개념을 담아내지 못한다. 따라서 소프트 파워의 개념은

---

6 최근에 세계정치의 권력 논쟁을 담은 Berenskoetter and Williams eds.(2007)에 실린 Lukes(2007), Lebow(2007), Mattern(2007), Hassdorf(2007) 등의 논문은 각각 고대 그리스 철학자, 미셸 푸코(Michel Foucault), 장 프랑수아 리오타르(Jean-Francois Lyotard), 피에르 부르디외 등의 권력에 대한 논의를 원용해 나이의 소프트 파워에 대한 비판적 논의를 펼친다.

행위자를 넘어서는 탈구조적post-structural 차원이나 행위자의 의지를 초월하는 '초趨행위자' 차원에서 작동하는 권력 메커니즘을 설명하지 못하게 되는 것이다(Larner and Walters eds., 2004).

이상에서 살펴본 바와 같이 개념 구성이라는 관점에서 보았을 때, 소프트 파워와 스마트 파워의 개념은 그 용어가 취하는 과도한 은유와 권력 행사에 대한 지나친 전략적 접근 등으로 말미암아 패권국인 미국의 실천 개념이라는 성격을 넘어서기가 어렵다. 나이처럼 소프트 파워의 개념을 도구적 시각과 행위자 차원에서만 이해하다 보면 발생하는 문제점은, 하드 파워의 자원이 없는 비강대국이 소프트 파워를 통해서 강대국에 대한 저항의 계기를 마련하기는 어렵다는 점이다. 나이가 관심을 두는 소프트 파워는 미국이 주도하는 세계질서의 제도와 규범을 유지하는 과정에서 하드 파워만으로는 모두 채울 수 없는 틈새를 메우는 자원이자 전략이다. 이러한 점에서 나이의 소프트 파워는 세계질서의 운영을 위한 '절차적 과정'에서 제기되는 권력일 뿐이지 세계정치의 '결과적 내용'에 영향을 미치는 권력이라고 보기는 어려울 것 같다. 이것이 바로 나이 자신이 중소국가나 비국가 행위자들의 소프트 파워를 논하지만, 이들에 의한 새로운 제도나 규범의 창출에 대한 논의가 미미하게 다루어지는 이유이다. 이렇듯 나이의 스마트 파워는 세계질서의 운영을 위한 미국의 관심사에서 시발된 개념이어서 하드 파워의 자원이 상대적으로 빈약한 비강대국이 그대로 가져다 사용하기에는 다소 무리가 있다. 이러한 맥락에서 21세기를 맞이해 변환을 겪는 세세정치의 권력을 제대로 파악하려면 나이가 제시한 소프트 파워 개념보다는 좀 더 정교한 분석 개념이 필요하다. 새로운 현실을 설명하는 체계직 권력 이론이 이직 나오지 않았다고 해서, 군사력이나 경제력으로 환원되지 않는 제3의 권력 현상이 그 부상을 늦추지만은 않을 것이기 때문이다.

4. 네트워크 권력의 세 얼굴

1) 네트워크로 보는 21세기 권력론

이러한 맥락에서 이 책은 네트워크 이론으로부터 탈脫노드 차원의 권력 개념을 포괄적으로 보여주는 개념적 힌트를 얻고자 한다. 이 장이 주목한 것은 네트워크 권력론의 시각에서 보는 권력 메커니즘의 변환이다. 네트워크 이론의 시각에서 권력 메커니즘을 볼 경우 얻게 되는 소득은 '관계적 맥락'에서 발생하는 권력 행사의 '과정'에 대한 새로운 발상을 얻을 수 있다는 점이다.

　　여기서 '관계적 맥락'이라는 용어와 관련해 나이의 용례와의 차이를 밝힐 필요가 있다. 앞서 언급한 바와 같이 나이의 소프트 파워는 기존의 국제정치 권력에 대한 논의에서 상대적으로 소홀히 취급되었던 관계적 맥락에 대한 주의를 환기했다는 데에 의의가 있다. 그런데 나이가 말하는 관계적 맥락이란 행태주의적 차원에서 이해된 상호작용의 관계이거나 혹은 단위 차원의 권력이 작동하는 과정에 영향을 미치는 환경적 요소를 의미한다. 즉, 나이는 권력 논의가 어떠한 환경을 배경으로 누가 누구에게 권력을 행사하는지를 구체적으로 염두에 두어야 한다고 지적한다. 이에 비해 이 책에서 제기하는 네트워크 권력에 대한 논의는 행위자 간 상호 관계의 아키텍처와 그 속에서 행위자들이 차지하는 '구조적' 위상이라는 의미로 이해된 '관계'에 주목한다.

　　네트워크 이론과 권력론을 접맥하는 작업은 (국제)정치학이 기여할 수 있는 고유 영역이 될 것으로 기대된다. 주로 물리학과 사회학을 기반으로 두는 기존의 네트워크 이론은 권력에 대한 체계적 논의를 결여하기 때문이다. (국제)정치학계에서도 네트워크와 권력에 대한 연구가 아직 걸음마 단계에 머물러 있기는 마찬가지이다. 이 책의 서론에서 살펴본 바와 같이, 그간 국제정치 분야에서 네트워크 이론을 도입하려는 몇몇 시도가 없었던 것은 아니다. 그럼에도 21세기 세계정치 현실의 변화에 부응하는 권력 이론의 개발이라는 관점에서 보면, 네트워크와 권력에 대한 본격적 논의는 여전히 부족한 실정이다. 이러한 문제의식을 바탕으로 이 책은 네트워크와 권력을 접맥하는 좀 더 본격적인 논의를 펼치고자 한다.[7]

네트워크 권력이란 행위자 간에 형성되는 관계 또는 이러한 관계들을 형성하는 네트워크의 속성을 활용하거나, 더 나아가 네트워크 전체를 창출하고 변경하는 과정에서 발생하는 권력을 의미한다. 네트워크 권력의 개념이 지니는 의미는 행위자의 내재적 속성과 차원에서 비롯되는 권력과 행위자 밖의 구조적 요소로부터 발생하는 권력을 복합적으로 파악한다는 데서 발견된다. 또한 네트워크 권력의 개념은 상대적으로 고립된 노드 행위자들이 서로 위협하고 강제하는 권력 행사 방식을 넘어서 밀접한 상호 의존의 관계를 형성하는 행위자 사이에서 발생하는 복합적 권력의 행사 방식을 이해하는 데에 매우 유용하다. 다시 말해 네트워크 권력은 서로 경쟁하면서도 협력하고, 협력하면서도 권력을 행사하려는 권력 게임의 복합 현상을 드러내주는 개념이다. 이러한 특성은 새로운 권력 환경으로 설정한 네트워크 공간이 제로섬 게임의 공간인 동시에 비非제로섬 게임의 공간이므로 발생한다.

이러한 개념적 복합성을 분석적으로 드러내고자 이 책은 '행위자'와 '과정', '체제(또는 구조)' 차원에서 작동하는 세 가지 메커니즘에 주목했다. 가장 쉽게 이해하면 네트워크에서 비롯되는 권력은 네트워크를 구성한 노드들의 집합인 행위자가 발휘하는 집합 권력collective power이다. 또한 네트워크 권력은 네트워크라는 환경에서 특정 노드 또는 노드군群이 그 상호작용의 과정에서 발휘하는 권력일 뿐만 아니라 역으로 노드를 제약하는 구조로서 네트워크가 행하는

---

7 아직까지 국내외 학계에서는 네트워크 권력이라는 용어가 통용되고 있지는 못하다. 이 책에서 사용하는 용례와 유사한 맥락에서 네트워크 권력의 개념을 사용한 기존의 연구로는 Castells(2004), Hardt and Negri(2000), Grewal(2008), 김상배(2008b), 김상배 엮음(2009) 등을 참조하기 바란다.

권력일 수도 있다. 이는 네트워크상에서 어느 위치를 차지하느냐가 권력 행사의 관건이 된다는 의미에서 위치 권력positional power이라고 할 수 있다. 더 나아가 네트워크 권력은, 행위자와 구조를 구별하기 어려운 네트워크의 속성을 고려할 때, 행위자와 구조를 모두 포괄하는 체제 차원의 개념으로 이해될 수도 있다. 즉, 이러한 체제로서의 네트워크를 프로그래밍하는 설계 권력programming power이라고 할 수 있다. 이 책에서는 이러한 네트워크 권력의 세 가지 차원을 구미 학계의 권력 이론 일반에서 벌어졌던 '권력의 세 얼굴'에 대한 논쟁에 빗대어 '네트워크 권력의 세 얼굴three faces of network power'이라 부르고자 한다.[8]

이 책은 세 얼굴을 지닌 네트워크 권력의 구체적 작동 방식을 설명하고자 '표준 경쟁'의 개념과 이론을 원용했다(김상배, 2007a). 네트워크 권력이 작동하는 과정은 네트워크의 다양한 노드를 조정함으로써 상호 작동성과 호환성 및 정체성 등을 제공하는 표준 설정의 메커니즘을 연상시킨다. 기술 분야뿐만 아니라 언어나 화폐, 법률과 문화적 관행에 이르기까지 다양한 종류의 표준은 이질적 성격의 노드들로 구성된 네트워크가 원활하게 작동케 하는 조정 기능을 제공한다. 그런데 이러한 표준의 조정 기능은 중립적으로 이루어지는 것이 아니고 항시 권력 현상을 수반하기 마련이다. 이러한 표준 설정의 권력은 어느 노드가 물질적 자원을 많이 보유한다고 해서 생겨나는 종류의 것이 아니다. 오히려 물질적 권력은 빈약하더라도 노드 차원을 넘어서 작동하는 네트워크의 속성을 제대로 이해하는 노드가 표준 설정의 권력을 행사할 가능성이 높다. 이러한 점에서 네트워크 권력은 표준 설정의 권력과 동일한 작동 메커니즘을 가진다(Grewal, 2008: 97).

이러한 표준 경쟁의 과정에서 중요한 의미가 있는 네트워크의 속성 중 다음 세 가지에 주목할 필요가 있다. 첫째, 네트워크의 '개방성'이다. 이는 새로

---

8 이른바 '권력의 세 가지 얼굴(three faces of power) 논쟁'에 대한 간략한 소개와 비판적 검토에 대해서는 Isaac(1987)을 참조하기 바란다.

운 노드의 가입을 허용하는 정도를 의미한다. 네트워크의 개방성이 높을수록 새로운 노드들이 많이 가입해 그 규모가 커질 가능성이 높다. 이 경우 여타 노드들도 다른 네트워크에 가입할 기회비용-opportunity cost을 치르고서라도 규모가 큰 네트워크에 가입할 가능성이 더욱 높아진다. 개방성은 주로 행위자 차원에서 파악된 네트워크 권력, 다시 말해 집합 권력이 작동하는 과정에서 관건이 된다.

둘째, 네트워크의 '호환성'이다. 이는 상이한 네트워크들과의 소통을 허용하는 정도를 의미한다. 네트워크의 호환성이 높을수록 새로운 노드들은 다른 표준을 굳이 수용하지 않더라도 새로운 네트워크에 가입할 수 있다. 만약에 표준 간의 호환 장치가 존재한다면 새로운 네트워크의 선택은 더욱 적은 스위칭 비용-switching cost을 치르고서도 가능해진다. 호환성은 주로 과정 차원에서 파악된 네트워크 권력, 즉 위치 권력(또는 중개 권력)이 작동하는 과정에서 관건이 된다.

끝으로, 네트워크의 '유연성'이다. 이는 네트워크 자체의 변경을 허용하는 정도를 의미한다. 이는 네트워크 자체의 정체성을 손상하지 않고 기존의 표준을 수정할 가능성이 얼마나 있느냐 하는 문제이다. 또한 기존의 네트워크 아래 기득권을 가진 노드들이 이미 투자된 매몰비용-sunk cost의 손실을 얼마만큼 감수할 것이냐 하는 문제이기도 하다. 유연성은 주로 체제 차원에서 파악된 네트워크 권력, 즉 설계 권력이 작동하는 과정에서 관건이 된다.

표준 경쟁이 실제로 진행되는 과정에서는 이러한 네트워크의 세 가지 속성은 서로 보완과 견제의 관계를 맺으면서 전략적으로 활용된다. 따라서 성공적으로 표준 경쟁에 살아남으려면 이들 속성 간에 존재하는 긴장 관계를 정확히 이해하는 것이 필요하다.

먼저, 개방성과 호환성은 긴장 관계에 있다. 높은 개방성은 진입 비용을 낮춤으로써 새로운 노드들을 끌어모으는 유인이 된다. 그러나 동시에 호환성이 너무 많이 제공되면 끌어모은 노드들이 계속 머물지 않고 이탈될 가능성이 있다. 따라서 개방성은 높게 유지하는 대신에 호환성은 낮은 수준으로 유지하는 전략을 택하게 된다.

둘째, 개방성은 유연성과도 긴장 관계에 있다. 만약에 어느 네트워크가 개방적인 동시에 유연성도 많이 가진다면 새로이 가입하는 노드들에는 충분한 유인이다. 그러나 새로이 가입한 노드들이 계속해서 표준의 개정을 요구하는 것은 큰 부담이다. 개방성과 유연성을 모두 가진 표준은 끝내 그 정체성을 잃을지도 모르기 때문이다.

끝으로, 호환성과 유연성도 긴장 관계에 있다. 호환성의 비용을 절약하고자 상이한 네트워크들이 유연성을 높이고 서로 닮아가는 현상이 발생할 수 있다. 그러나 유연성이 너무 높아지면 네트워크의 권력적 함의가 상실될 것을 우려해 호환성의 문턱이 낮아질 유인이 발생한다.

이러한 네트워크의 세 가지 속성이 서로 맺는 긴장 관계로 말미암아 이들 속성의 복합을 통해서 네트워크 권력을 행사하려는 경우, 그 주체와 시기의 문제가 중요할 수밖에 없다. 표준 경쟁이 벌어지는 환경으로서 네트워크의 고유한 속성을 누가 언제 어떻게 활용해 궁극적으로 권력을 행사하는가 하는 문제는 (국제)정치학의 중요한 관심사가 아닐 수 없기 때문이다. 일견 노드 기반의 전통적 권력정치를 주도해온 패권 세력이 새로운 권력정치에서도 역시 유리한 지위를 차지할 가능성이 높다. 그러나 표준 경쟁의 형태를 띠는 네트워크 시대의 권력정치에서는 아무리 '지배 표준'을 장악한 패권 세력이라도 전체 네트워크를 완전히 석권하기란 쉽지 않다. 이러한 맥락에서 패권 세력의 네트워크 권력에 대항해 '소수 표준'을 고수하려는 세력들이 반론을 제기할 여지가 발생한다. 따라서 21세기 권력에 대한 탐구는 '지배의 권력론'을 넘어서는 '대항의 권력론'에도 관심을 기울이지 않을 수 없다(Stewart, 2001; Gill, 2003). 이러한 맥락에서 보면 네트워크 세계정치이론의 핵심적 관심사는 '네트워크 권력의 망제정치'에 대한 탐구라고 요약할 수 있겠다.

2) 집합 권력의 네트워크 세계정치

(1) 행위자 차원의 네트워크 권력

네트워크를 하나의 행위자로 보면, 네트워크 권력은 '네트워크로부터 나오는 권력power from the network'으로 이해된다. 이러한 관점에서 본 네트워크 권력은 여럿이 모여서 네트워크를 구성한 행위자가 네트워크를 구성하지 못한 행위자에 대해서 행사하는 권력이다. 네트워킹을 통해 세勢를 형성한 행위자, 굳이 명명하자면 소집자召集者, convener가 행사하는 집합 권력이라고 할 수 있다. 이러한 집합 권력으로서 네트워크 권력은 '사람들이 관계를 형성함으로써 끼리끼리 모여서 혼자서는 할 수 없는 일을 하는 힘'이기도 하다. 예를 들어 인구에 회자하는 말에 형제가 많은 집의 막내아들은 밖에 나가서 매 맞고 들어오는 법이 없다고 한다. 낯선 땅으로 이주해간 사람들은 동향同鄕의 사람들과 공동체를 형성해서 다른 이민공동체로부터 자신들을 보호하는 네트워크를 만들곤 한다.

사실 근대 국제정치에서도 연합이나 동맹, 제휴 등의 형태로 집합 권력에 대한 관념이 존재했다. 힘이 약한 나라들이 힘을 키워서 자신들의 안보를 보장하고자 서로 연합하고 동맹을 맺는 일은 국제정치에서 상시적으로 발생하는 일이었다. 이러한 연합과 동맹을 통해서 세를 모으고 내 편을 만드는 외교는 국제체제의 안정을 유지하기 위한 하나의 원리로서 세력균형이라는 맥락에서 이해되기도 했다. 이러한 과정에서 군사력과 경제력과 같은 권력 자원을 얼마나 많이 보유하고 있느냐 여부가 세勢를 모으는 국제정치 게임의 잣대가 되었다.

이러한 점에서 보면, 집합 권력의 논의는 근대적 의미에서 본 하드 파워 기반의 자원 권력에 대한 논의와 중첩되는 부분이 많다. 그러나 최근의 집합 권력으로서 네트워크 권력에 대한 관심은 군사력이나 경제력을 바탕으로 세를 모으는 근대적 발상을 넘어서 형성되는 측면이 강하다. 예를 들어 하드 파워 자원을 기반으로 단순히 위협하고 강제하는 방식을 넘어서 소프트 파워 자원을 바탕으로 보상과 설득 및 협력의 방식으로 세를 모으는 전략의 중요성이 강조된다. 다시 말해 네트워크의 세를 형성하는 집합 권력이 제대로 작동하려면 밀어붙이는 완력腕力이나 실력實力보다는 끌어당기는 '매력魅力, attractive power'이 중요하다는 인식이 등장했다.

물론 이러한 매력정치 과정의 저변에는 하드 파워 자원을 바탕으로 내 편이 안 되면 힘으로 끌어들이고 그래도 남의 편으로 가면 냉대하는 전통적 의미의 권력이 깔려 있음을 명심해야 한다. 이러한 점에서 보면 집합 권력으로서의 네트워크 권력은 하드 파워 기반의 자원 권력과 소프트 파워 기반의 '탈脫자원 권력'의 복합 개념을 바탕에 깔고 있다. 또한 집합 권력은 상황에 따라서 권력 자원과 그 행사 방식을 적절히 집합하고 복합해내는 능력으로 해석할 수 있다. 이러한 상황을 고려하면 하드 파워와 소프트 파워 중에 어느 것이 더 좋은지, 또는 강제적 방식과 설득적 방식 중에 어느 것이 더 바람직한지를 묻는 것은 적절하지 못하다. 오히려 특정한 상황에서 어떠한 권력 자원과 어떠한 리더십 스타일을 어떠한 방식으로 복합하느냐가 중요한 문제이다.

집합 권력이 성공하는 궁극적 관건은 내 편을 얼마나 많이 모아서 내게 유리한 네트워크를 구성하느냐 하는 문제이다. 이는 새로이 네트워크를 만드는 문제뿐만 아니라 일단 형성된 관계를 튼튼하고 지속성 있는 네트워크로 계속 유지할 수 있느냐 하는 문제와 밀접히 관련된다. 따라서 내 주위에 사람을 모으는 권력의 게임은 단순히 숫자만을 늘리는 차원이 아니라 그 수적 우위를 바탕으로 일종의 '표준'을 세우는 문제로 연결된다. 이는 다름 아니라 네트워크 자체가 낳는 네트워크 효과network effects의 동학이다. 이는 노드의 숫자, 즉 네트워크의 규모 자체라는 외재적 요인이 노드들을 유인해 힘을 늘리고 이것이 이른바 지배 표준dominant standards이 됨으로써 발생하는 권력의 영역이다. 쉽게 말해 이는 '숫자의 힘'이 '표준의 힘'으로 전이되는 과정에 대한 논의이다.

경제학에서 이른바 '네트워크 외부성network externalities'이라고 부르는 이 개

넘은 네트워크에 가입한 사람들의 숫자 자체가 새로이 네트워크에 가입하는 유인이 되는 과정을 잘 보여준다. 보통 전화 네트워크에 비유되는 이 개념은 전화 가입자의 숫자가 늘어나는 것에 비례해 그 전화의 가치가 커지는 현상을 설명한다. 전화 자체의 물적 가치와는 별개로 전화 가입자라는 외부적 요인이 전화의 가치에 영향을 미치는 것이다. 이러한 현상은 최근 컴퓨터 네트워크의 시대에 이르러서 더욱 두드러지게 나타나는데, 이른바 '멧칼프의 법칙Metcalfe's Law'은 네트워크의 가치가 가입자 수의 제곱으로 증대되는 현상을 묘사한다(김상배, 2007a).

이렇게 보면 네트워크를 구성하는 노드들이 많으면 많을수록 그 네트워크 행위자가 발휘하는 권력은 더욱 커지게 된다. 소셜 네트워크 이론의 용어를 빌려 설명하면, 연결 중심성과 근접 중심성이 높을수록 집합 권력으로서 네트워크 권력은 더 세진다. 다시 말해 어느 노드(소집자)에 연결되는 링크들의 숫자가 많을수록, 그 링크의 연결 정도가 강할수록, 연결된 노드들의 거리가 가까울수록, 그 노드(소집자)가 다른 노드들과 네트워크 전체에 대해서 발휘하는 영향력의 크기는 커진다. 연결 중심성과 근접 중심성이 높은 노드는 네트워크 상에서 차지한 위치의 유리함을 활용해 더 많은 자원과 정보를 활용할 수 있게 되고, 따라서 네트워크의 흐름을 통제할 가능성도 커진다. 더 나아가 네트워크가 지향하는 공동의 이익과 규범을 규정하고 변경할 능력도 갖추게 된다. 이는 다음 절에서 살펴볼 중개자와 설계자가 행사하는 네트워크 권력의 개념과 통한다.

이렇게 세勢를 불려서 발휘되는 집합 권력의 메커니즘에는 우리가 사회적 자본social capital이라고 부르는 네트워크의 내용적 측면도 깊이 관여한다. 사회 자본의 개념적 핵심은 타인이나 집단, 조직을 통해 자신이 원하는 바를 달성할 수 있는 사회관계의 특성에 있다. 이러한 특성 중에서도 특히 신뢰는 협력을 부추겨서 개인과 집단 모두에게 바람직한 성과를 가져올 수 있게 하는 중요한 요소이다. 이러한 신뢰를 바탕으로 지속적인 사회 연결망이 형성될 때 개인과 집단 간의 협력은 더욱 원활해지고 사회관계는 더욱 결속된다. 더 나아가 내용적 측면에서 그 사회관계가 서로 동일한 가치와 규범, 문화를 공유하게 된다면 그 결속의 힘은 더욱 커진다. 즉, 사람 간의 관계가 조밀해지고 빈틈없이 연결될 뿐만 아니라 규범이나 규칙까지도 형성된다면 그 사회관계를 바탕으로 한 집합행동의 가능성이 더욱 높아질 것이다. 집합의 네트워킹이 이 정도의 단계에 이르게 되면 강고한 표준의 힘을 얻게 된다.

(2) 지배와 대항의 집합 권력

이상에서 살펴본 집합의 네트워크 효과는 시간이 지남에 따라 '대안 표준'의 가능성을 제거하는 권력 현상을 수반한다. 다시 말해 세 불리기의 게임에서 표준 경쟁의 양상으로 발전하게 되는 집합 권력 게임은 궁극적으로는 승자독식勝者獨食으로 치닫는 가능성이 있다. 이는 새로운 진입자의 자유로운 선택을 배제하고 대안 표준의 가능성을 제거하는 구조적 현상으로 연결된다. 다시 말해 많은 사람이 점차로 특정 표준을 채택하게 되어 이것이 일종의 '티핑 포인트tipping point'를 넘어서게 되면, 앞서 언급한 네트워크 효과로 말미암아 경쟁 관계에 있는 다른 네트워크들이 도태되고, 결국에는 거의 모든 사용자가 그 표준을 채택하게 되는 상황이 발생할 수 있다. 이렇게 이른바 '지배 표준'이 수립된 상황에서 네트워크 간의 호환성이 제공되어 둘 이상의 네트워크에 동시에 가입할 수 있는 경우가 아니라면, 사용자들의 입장에서는 좀 더 힘이 센 네트워크에 가입하는 것이 당연한 선택이다. 이러한 점에서 지배 표준은 보이지 않게 네트워크에 대한 자유로운 선택을 배제하는 권력을 행사하게 된다. 작은 네트워크의 구성원들이 아무리 자신들만의 표준을 보유하고 싶어도 이를 허용하지 않는 '패권적 네트워크'의 표준 권력이 작동하는 것이다(Grewal, 2008: 91~96).

이러한 과정에서 소집자가 노드들을 끌어들이는 힘은 어디에서 오는가? 앞서 언급한 것처럼 소집자가 보유하는 실력과 매력의 자원과 같은 내재적 요인뿐만 아니라 노드의 숫자, 즉 네트워크의 규모라는 외재적 요인이 노드들을 유인해 지배 표준을 창출하는 중요한 요소이다. 그 외에도 소집자의 권력이 작동하는 데에는 네트워크 자체의 속성을 활용하는 전략적 변수가 중요한 의미를 가진다. 예를 들어 표준 경쟁의 과정에서 나타나는 네트워크의 속성 중에서도 '개방성'에 대한 통제는 소집자의 권력이 작동하는 기본 메커니즘이다. 일반적으로 집합 권력을 추구하는 소집자는 높은 개방성을 기치로 네트워크의 문호를 활짝 열어놓는 대신에, 자신의 네트워크에 가입하지 않으면 치러야 할 기회비용을 높이는 전략을 채택한다. 지배 표준을 채택해 누릴 수 있는 혜택에서 배제되리라는 무언의 압력을 가하는 것도 방법 중 하나이다. 물론 호환성이나 유연성의 속성도 소집자의 권력을 강화하는 메커니즘으로 활용된다. 네트워크가 형성되는 초기에 어느 정도의 호환성과 유연성을 허용하는 것은 새로운 노드들을 끌어모으는 데에 반드시 필요하다. 그러나 일정한 세를 형성하고 난 다음에는 오히려 호환성과 유연성의 정도를 낮은 수준으로 유지하는 것이 그 세를 유지하는 방책이 된다. 요컨대 소집자의 권력을 유지하는 가장 최선의 조합은 개방성은 최대한으로 유지하고, 호환성과 유연성은 최소한으로 허용하는 전략이 될 것이다(Grewal, 2008: 180).

그런데 개방성은 높지만 호환성과 유연성을 낮게 제공하는 지배 네트워크에 가입하는 것은 새로운 가입자들에게 이익의 침해와 정체성의 훼손을 가입비용으로 치르도록 한다. 이러한 맥락에서 지배 네트워크에 대항하는 세력의 반론은 명분을 얻는다. 패권 세력에 대응하는 대항의 전략으로 가장 쉽게 떠올려볼 수 있는 것은 지배 네트워크와의 링크를 끊는 것이다. 다시 말해 패권 세력의 비非간섭을 요구하며 그 손이 미치지 못하는 특수 영역에서 개별적 독자성을 고수하는 전략을 채택하는 것이다. 그러나 19세기 후반 조선의 쇄국정책을 연상시키는 이러한 '고립의 전략'은 네트워크 권력에 대응하는 데에 제한적 효용성밖에 없다. 왜냐하면 다층적 네트워크가 들어서는 세상에서 나 혼자만 고립된 채로 살 수 없기 때문이다. 그뿐만 아니라 네트워크 권력이라는 것은 직접적인 강제의 권력과는 달리, 어느 정도 노드들의 자유로운 선택을 바탕으로 하므로 그 링크를 완전히 끊는다는 것은 자충수가 될 수도 있다.

이러한 상황에서 지배 네트워크에 대항하는 소수 노드가 적극적 차원에서 채택할 수 있는 전략은 소수자들끼리 뭉치는 집합의 네트워킹 전략이다. '뭉치면 살고 흩어지면 죽는다'는 말처럼 원래 서로 힘을 합쳐서 강자에 대항하려는 것은 약자들의 단골 메뉴이다. 이러한 소수자의 연대가 지배 네트워크를 압도할 정도가 되지는 못할지라도, 무시하지 못할 정도의 세를 형성하는 것 자체는 큰 의미가 있다. 국제정치의 역사를 보면, 강대국들과는 상이한 정치적 목표를 추구하는 국제 동맹과 연대가 구성된 사례가 많다. 예를 들어 1960년대 냉전기에 미국과 소련이라는 두 초강대국의 네트워크 사이에서 제3세계를 표방하며 독자적 네트워크의 구성을 시도했던 비동맹 운동을 떠올려볼 수 있다. 1970년대에 선진국을 중심으로 한 세계 정보 커뮤니케이션 질서에 대항해 구성된 NWICONew World Information and Communication Order 운동도 같은 맥락에서 이해할 수 있는 사례이다. 최근 제기되는 동아시아 지역 협력의 움직임도 미국 중심의 지구화 네트워크에 대항하려는 동아시아 국가들의 소수자 네트워킹 전략으로 이해할 수 있다.

최근에는 이러한 소수자 네트워킹의 집합 전략을 국가가 아닌 민간 행위자들이 추진하는 사례가 빈번해지고 있다. 예를 들어 반反지구화의 기치를 내걸고 신자유주의적 지구화에 대항하는 지구 시민사회운동의 네트워크 형성이 대표적 사례이다.[9] 이 밖에도 환경보호나 핵 확산 반대 및 인권 옹호 등의 주

---

9 글로벌 사회운동의 관점에서 본 네트워크에 대한 연구는 상당히 활발하게 진행되고 있다. 그중에서도 이 책에서 다루는 주제와 관련해서 주목할 필요가 있는 연구로는 Hardt and Negri(2004), Benkler(2006), Khagram, Riker and Sikkink eds.(2002), Diani and McAdam eds.(2003), Chesters and Welsh(2006) 등을 참조하기 바란다. 그리고 네트워크 행위자의 부상에 대한 국내의 논의로는 서울대학교 국제문제연구소 엮음(2008)을 참조하기 바란다.

제를 놓고 다양한 형태의 NGOs Non-Governmental Organizations들이 활발한 네트워킹을 벌이고 있다. 최근 인터넷의 확산으로 말미암아 이러한 네트워크 행위자들은 전 세계적으로 분산된 노드들을 연결하고 생각을 공유하며 행동을 같이 하는 네트워킹의 수단을 얻게 되었다. 또한 인터넷이 창출한 사이버공간을 통해서 패권 세력보다도 좀 더 매력 있는 정보와 설득력 있는 대항 담론을 제공할 기회를 얻었다. 이러한 과정에서 네트워크 자체의 규모는 작지만 훨씬 더 응집력 있는 정체성으로 무장된 대항 네트워크를 형성할 수 있게 된 것이다.

3) 위치 권력의 네트워크 세계정치

(1) 과정 차원의 네트워크 권력

네트워크를 과정의 차원에서 보면, 네트워크 권력은 '네트워크상에서 발휘되는 권력power on the network'으로 이해된다. 네트워크상에서 권력은 무조건 노드의 덩치가 크거나 네트워크의 규모가 크다고 해서 생겨나는 것만은 아니다. 또한 무조건 네트워크상의 중앙에 위치한다고 해서 힘이 있는 것도 아니다. 전체 네트워크상에서, 또는 두 개 이상의 네트워크 사이에서 어느 특정 노드가 차지하는 위치나 기능 또는 링크의 형태와 숫자, 통칭해 네트워크의 구도로부터도 권력은 비롯될 수 있다. 이를 다른 말로 표현하면, 네트워크상에서 자기를 통하지 않고는 소통이 되지 않는 요충지를 차지하고 '통通'하는 과정을 통제하는 권력이다. 이는 위치 권력positional power으로 부를 수 있겠다. 위치 권력이란 전체 네트워크상에서, 또는 두 개 이상의 네트워크 사이에서 어느 행위자가 특정한 '위치'의 노드를 차지함으로써 발생하는 권력을 의미한다(Gould, 1989; 장덕진, 2009).

앞서 집합 권력이 주위에 연결망을 쳐서 세를 모으는 권력의 양적 메커니즘을 의미한다면, 위치 권력은 단순히 노드의 양이나 링크의 숫자가 아닌 이들 노드와 링크가 형성하는 권력의 질적 메커니즘을 담아내고자 하는 개념이나.

이러한 시각에서 보면 네트워크상에서 권력은 노드 행위자들의 속성 그 자체가 아니라 네트워크가 형성된 구도에서 비롯된다. 이러한 구도에서 특정한 위치를 장악한 노드가 중개자broker로서의 권력을 행사할 수 있게 된다는 것이 위치 권력 개념의 핵심이다. 예를 들어 무역이나 교통을 맺고 끊거나 정보의 흐름을 조정하고 그 내용을 편집하는 중개 권력brokerage power이 이러한 위치 권력에 해당한다. 언어나 도량형 또는 화폐 등이 담당하는 역할도 여기에 해당한다. 이러한 중개자들은 그 자체가 중요해서라기보다는 그야말로 네트워크의 구도 속에서 그 역할을 부여받았으므로 의미를 가진다. 근대 외교사에서 일례를 들어 유럽 국가와 북미 국가들을 두 개의 네트워크로 비유하자면, 그 사이에서 영국이 역사적으로 담당해온 역할과 영향력을 이러한 위치 권력 또는 중개 권력의 사례로 들 수 있다.

위치 권력에 대한 논의에서 일차적으로 중요한 것은 네트워크 전체의 구도가 짜인 상황을 파악하고 이에 맞게 적절히 대처하는 능력이다. 이는 네트워크상에서 행위자들이 보유하는 권력 자원의 분포, 행위자 간의 관계적 맥락에서 발생하는 정보의 흐름, 네트워크의 저변에 흐르는 문화적 맥락의 차이 등을 파악하는 복합적 능력을 의미한다. 예를 들어 현재의 세계질서는 어떠한 성격을 띠며 어느 국가나 국가군이 주도하는지, 좀 더 구체적으로는 주변 국가들의 세력 판도나 연결망은 어떻게 형성되었는지 등을 파악하는 능력을 말한다. 앞서 살펴본 나이는 이를 상황을 파악하는 지적 능력이라는 의미에서 상황 지성contextual intelligence이라고 부른다. 네트워크의 전체적 상황을 파악하는 데에서 더 나아가 네트워크의 구조적 속성으로부터 파생되는 중요한 위치를 찾아내는 것도 위치 권력을 행사하는 게임에서 매우 중요한 전제가 된다. 이렇게 권력적 함의를 갖는 위치는 네트워크의 '공간적 중앙'이라기보다는 '기능적 중심'에 해당하는 부분일 가능성이 크다.

이렇게 네트워크상의 중요한 위치를 찾는 것은 네트워크의 구조 형성과 작동 과정에서 '빠진 고리missing link'에 해당하는 '구조적 공백structural hole'이나

'약한 고리weak tie'를 잇는 행위를 의미한다. 이러한 점에서 중개라는 행위는 상반되는 두 가지 상황, 즉 상대적으로 촘촘하게 연결된 부분과 상대적으로 덜 연결된 부분의 중간 지대에서 발생한다. 네트워크 이론의 용어를 빌리면, 중개는 기본적으로 좁은 세상 네트워크, 즉 노드 간의 불균능한 구노를 선세로 한 네트워크에서 발생한다(왓츠, 2004). 이러한 상황에서 노드가 권력을 가진다는 것은 상대적으로 덜 연결된 노드들에 대해서 배타적 접근권을 갖는 것이다. 이렇게 연결의 역할을 제공하는 노드는 이른바 매개 중심성을 갖게 되는 중개자로서 영향력을 행사한다. 그리고 이렇게 구조적 공백을 메우는 중개자 권력의 이면에는 그 주위에 노드들을 될 수 있는 한 많이 모아서 촘촘하게 연결하는 네트워크 권력, 다시 말해 사회적 자본을 구성하는 집합 권력이 작동한다(Hafner-Burton, Kahler and Montgomery, 2009: 21).

이렇게 작동하는 중개자의 역할과 권력을 좀 더 구체적으로 이해하려면 중개자의 유형을 구분해보는 것이 유용하다. 두 가지 기준을 사용할 수 있는데, 그중 하나는 단순히 끊어진 링크를 잇고 정보를 흐르게 하는 차원이냐, 아니면 의미의 흐름까지도 중개하는 차원이냐 하는 것이다. 이는 앞서 제1장에서 살펴본 구조적 공백과 문화적 공백을 구별하는 것과 일맥상통한다. 다른 하나의 기준은 같은 종류의 행위자 사이에서 '상호 작동성'만을 제공하는 차원이냐, 아니면 다른 종류의 행위자 사이에서 '호환성'까지도 중개하는 차원이냐 하는 것이다. 이는 앞서 제1장에서 살펴본 구조적 공백과 착취혈을 구별하는 논의와 일맥상통한다. 이리힌 두 가지 기준에 이거해서 볼 때, 〈표 5-2〉에서 보는 바와 같은 네 가지 유형의 중개자가 행사하는 위치 권력(또는 중개 권력)으로 크게 니누어볼 수 있다.

첫째, 가장 먼저 ① 영역에서 보는 바와 같이 '연결자connector'가 행사하는 위치 권력을 떠올릴 수 있다. 이는 문지기gatekeeper나 매개자intermediary가 행사하는 권력과도 같다. 이들은 동일한 종류의 행위자 사이에서 정보의 흐름을 중개해 상호 작동성을 제공한다는 공통점을 가진다. 네트워크상의 구소석 항

〈표 5-2〉 중개자의 유형

	상호 작동성의 중개	호환성의 중개
정보의 중개	① 연결자 (connector)	② 변환자 (transformer)
의미의 중개	③ 전달자 (messenger)	④ 번역자 (translator)

자료: 김상배(2008b: 398)에서 응용.

백을 이어주는 것이다. 각종 전기 스위치나 전기 코드의 멀티탭, 인터넷 주소 공유기 등의 기능을 떠올리면 이해하기 쉽다. 이러한 연결자가 행사하는 위치 권력은 네트워크상에서 반드시 거쳐야 하는 길목이나 요지를 장악하고서 문을 열고 닫는 시간과 경우 및 방향을 조절하는 과정에서 발생한다.

둘째, ② 영역에서 보는 바와 같이, 상이한 종류의 행위자 사이에서 정보의 흐름을 중개하는 '변환자transformer'가 행사하는 위치 권력이다. 공급 전압과 사용 전압의 형식form을 바꾸어trans주는 트랜스나 어댑터adapter, 정보 통신과 인터넷 분야의 각종 기술 표준이나 프로토콜, 서로 다른 화폐의 교환을 돕는 환율 등이 모두 이러한 변환자의 사례이다. 이들의 역할은 단순히 구조적 공백을 메우는 것보다는 착취혈의 경우처럼 호환성이 문제가 되는 공백을 메우는 데에 있다. 따라서 변환자가 행사하는 위치 권력의 핵심은 형식이 다른 것들에 호환성을 제공함으로써 시스템의 원활한 작동을 지원하고 동시에 이러한 과정을 통제함으로써 발생한다.

셋째, ③ 영역에서 보는 바와 같이, 동일한 종류의 행위자 사이에서 '의미의 흐름'을 이어주는 '전달자messenger'가 행사하는 위치 권력이다. 동일한 문화권에 살고 있지만 시간과 장소의 제약으로 말미암아 상호 소통이 단절된 사람들을 연결해주는 다양한 종류의 '미디어'의 역할을 떠올릴 수 있다. 전달자의 역할이 앞의 두 유형과 다른 것은 문화적 공백 때문에 발생하는 의미의 단절을 중개한다는 데에 있다. 이러한 전달자의 위치 권력은 사회적이고 상징적인 차원에서 생산자와 사용자를 연결하는 과정에서 발생한다. 다시 말해 정보의 편찬뿐만 아니라 지식의 편집을 통해서 의미의 전달을 선택적으로 통제하는 과정에서 이러한 권력이 행사된다.

끝으로, ④ 영역에서 보는 바와 같이, 상이한 종류의 행위자 사이에서 의미의 흐름을 중개하는 '번역자translator'가 행사하는 위치 권력이다. 이는 이해할 수 없는 언어로 쓰인 텍스트의 내용을 풀어주는 '해석자'나 상이한 언어를 사용하는 사람들의 의사소통을 돕는 '통역자' 등의 역할을 떠올리면 이해하기 쉽다. 또한 단순한 언어의 번역을 넘어서 상징과 규범 및 이데올로기의 번역을 의미하기도 한다. 이러한 과정에서 번역자는 '상징적 차원의 호환성'을 제공함으로써 주의의 행위자들을 통제할 수 있다. 번역이라는 것이 단순히 자구 그대로를 옮길 수도 있겠지만 대부분은 어느 정도의 의미 변화를 수반하고, 더 나아가 번역자의 이익에 맞추어 의미가 조작되기도 한다는 점에서 그러하다.

이상에서 네 가지 유형으로 나누어 살펴본 중개자들의 위치 권력은 네트워크의 구조적 특성으로부터 영향을 받는다. 다시 말해 네트워크의 구조적 조건이 중개자로 개념화되는 행위자들이 선택하는 전략의 내용과 권력의 성격에 영향을 미친다. 그렇다고 네트워크의 위치 변수가 모든 행위자를 똑같은 종류의 중개자로서 행동하도록 결정하는 것만은 아니다. 어떠한 구조적 조건 아래에서건 행위자들이 취하는 자율성의 영역이 있을 것이기 때문이다. 그럼에도 중개자의 전략은 네트워크가 지닌 구조적 특성을 반영해 추구될 때 성공 가능성이 높다. 특히 강대국이 아닌 중건국의 전략이라면 더욱더 그러하다.

사실 이러한 위치 권력에 대한 논의는 기존의 국제정치학에서는 상대적으로 소홀히 다루어왔던 주제였다. 기존의 국제정치학에서 '관계'와 '위치'를 논하는 경우에도 주로 단편적인 양자적 관계이거나 평면적인 다자적 관계, 그리고 거기에서 파생되는 위치에 주목했다. 이러한 맥락에서 볼 때 사회학과 경영학 분야에서 진행되어온 위치 권력에 대한 논의는 국제정치학의 권력론을 이론적으로 발전시키는 데에 큰 시사점을 준다. 그럼에도 국제정치 분야의 고유한 특성은 위치 권력에 대한 논의와 함께 자원 권력에 대한 논의를 복합해 이해할 것을 요구한다. 국제정치의 특성상 주요 행위자들의 권력을 파악하는 데에 그들이 보유하는 자원이나 속성이 여전히 중요하기 때문이다. 이러한 사정을 고려할 때 국제정치학의 시각에서 본 위치 권력의 개념은 자원 권력의 개념을 동시에 고려하는 복합 개념으로서 수정·개발될 필요가 있다.

실제로 네트워크의 시각에서 이해된 위치 권력은 전통적 권력 메커니즘과 중첩되어 작동한다. 예를 들어 네트워크상의 노드가 원래 자원을 보유하면 중개자로서 권력이 배가될 수도 있다. 전통적으로 국제체제에서는 권력 자원을 많이 보유한 강대국이 권력 자원이 빈약한 약소국보다 중개자의 역할을 수행할 가능성이 많기 때문이다. 그러나 중개자의 권력을 물질적 자원의 보유 여부로만 환원할 수는 없다. 오히려 네트워크 시대에는 정보와 지식과 같은 비물질적 자원이나 커뮤니케이션 과정에서 생성되는 평판과 신뢰가 중개자의 위치 권력을 행사하는 데에 더욱더 중요할 수도 있다.

실제로 네트워크상의 흐름은 평판이 좋고 믿을만한 노드로 몰리는 성향이 있다. 예를 들어 네티즌들의 방문 횟수가 많은 웹사이트는 정보의 양이 많은 사이트일 수도 있다. 그렇지만 최근과 같이 인터넷을 통한 소셜 네트워크가 활성화되는 상황에서 인기 사이트는 다른 네티즌들을 많이 만날 수 있게 장場을 마련해주는 신뢰성을 가진 사이트이다. 이러한 맥락에서 보면, 네트워크에서 중개자가 행사하는 권력은 정보와 지식 변수를 기반으로 둔 커뮤니케이션 능력에 크게 의존할 수밖에 없다. 때에 따라서는 중개자의 위상을 차지한 노드가 부당하게 자원을 추구하는 순간 공정한 중개자로서 지닌 평판을 하루아침에 잃을 수도 있다. 한편 중개자의 권력은 네트워크 전체의 작동을 위해서 필요로 하는 호환성과 상호 작동성의 제공이라는 독특한 조건과 관련해서 발생하는데, 이러한 과정에서 특정 노드만이 그러한 기능을 제공할 수 있다는 배타성의 논리를 만들어내는 것이 관건이다.

(2) 지배와 대항의 위치 권력

중개자의 역할은 주로 지배 세력의 몫이었다. 예를 들어 21세기 세계정치에서 미국은 네트워크 간 상호작용의 기반이 되는 요충지를 장악하고 그 인터페이스를 통제하는 문지기의 역할을 담당한다. 미국은 정보화 시대의 물리적 기반이 되는 글로벌 초고속 정보고속도로의 구축뿐만 아니라 다양한 형태의 인터넷 트래픽에서 명실상부한 허브hub의 위상을 차지하고 있다. 유수의 IT 기업들이 위치한 미국의 실리콘밸리는 글로벌 정보 통신 산업의 플랫폼이라고 불려도 손색이 없다. 또한 세계어로서 영어나 세계 기축통화로서 달러화는 상이한 네트워크의 사이에서 호환성을 제공하는 중개자이자, 여기서 더 나아가 그야말로 언어와 통화 분야의 글로벌 스탠더드이다. 그 외에도 미국이 21세기 정치군사질서나 무역금융질서에서 질적 차원의 중개로 이해되는 번역과 해석의 기능을 제공하는 역할은 무수히 많이 찾아볼 수 있다.

이렇게 21세기 패권국으로서 미국이 담당하는 중개자의 역할이 하드 파워이자 소프트 파워로서 미국의 국력에서 나온다는 점을 부인할 수는 없다. 그러나 네트워크 권력의 시각에서 특별히 주목하는 부분은 네트워크 자체의 속성을 활용하는 전략이다. 특히 중개자의 전략은 호환성의 통제와 밀접히 관련된다. 높은 호환성을 제공하는 네트워크는 많은 노드를 불러 모을 것이다. 그러나 높은 호환성의 제공은 실제로 가입하지 않고도 그 네트워크가 제공하는 혜택에 무임승차하는 행위를 허용할 우려가 있다. 따라서 지배 네트워크로 가는 길목을 장악한 중개자의 입장에서는 호환성의 서비스를 제공받는 자격에 제한을 두거나, 아니면 높은 비용을 치러야만 호환성의 서비스를 제공받을 수 있게 하는 전략을 사용한다. 이러한 과정에서 호환성의 제공과 거부는 중개자가 활용하는 중요한 자원이다. 실제로 중개자가 동원하는 호환성의 전략은 네트워크상의 선택지에 대한 제한을 가함으로써, 마치 동물을 우리에 가두고자 몰아넣는 협곡처럼 작동할 수 있다. 이러한 점에서 중개자의 위치 권력은 앞서 언급한 소집자의 집합 권력보다 좀 더 구조적인 차원에서 권력을 재생산하는 메커니즘이다.

한편 네트워크라는 권력 환경은 대항 세력도 중개자의 권력을 행사할 기대를 걸게 한다. 네트워크 환경에서는 아무리 약자라도 네트워크를 구성하는 하나의 노드이므로, 네트워크의 구도가 어떻게 짜이느냐에 따라서 언제라도 중개자가 될 가능성은 있다. 이러한 상황에서 가장 쉽게 생각해볼 수 있는 대항 세력의 중개자 전략은 부정적 의미의 연결, 즉 차단의 전략이다. 다시 말해 네트워크 전체의 작동을 교란할 목적으로 자신이 담당한 노드를 희생해 네트워크 간의 연결 스위치를 끊음으로써 저항의 기제를 마련하는 것이다. 이러한 스위칭의 차단은 항공 시스템이나 컴퓨터 네트워크, 각종 커뮤니케이션 시스템 등과 같은 네트워크 사회의 물리적 인프라에 대한 도전으로 나타날 수 있다. 아무리 힘이 없는 노드라도 네트워크의 한 노드인 이상 그 노드를 차단하는 효과는 있다. 그러나 정보화 시대의 쇄국정책과도 같은 이러한 무조건적인 차단의 전략은 전혀 설득력을 얻지 못할 것이 뻔하다.

따라서 대항 세력도 차단의 전략보다는 좀 더 건설적 차원에서 중개자의 전략을 제시할 필요가 있다. 이는 지배 네트워크에 대한 무조건적 단절이나 일방적 철회를 시도하기보다는, 지배 네트워크에서 배제되는 소수의 노드를 역으로 끌어안는 전략이 되어야 한다. 다시 말해 지배 네트워크가 일방적으로 행사하는 네트워크 권력의 정당성 문제를 지적하고 좀 더 바람직한 네트워크의 비전과 실현 방법을 제시하는 전략이 필요하다. 패권 세력의 네트워크 권력을 무장해제하는 효과적 방법은 패권 세력이 제시하는 중개와는 다른 대안적 채널이 있음을 보여주는 것이다. 이는 기존의 자원 배분 방식과 선택지의 구도를 바꿈으로써 패권적 채널이 누려온 특권을 거부하는 전략이기도 하다. 이렇게 대안적 채널이 제공될 여지가 있는 분야에서는 지배 표준이 소수 표준에 대해서 행사하는 권력의 파괴력이 떨어질 수밖에 없다. 그러나 이러한 과정에서 유의할 점은 대안적 채널이 기존에 패권이 제공하는 것과 같은 수준으로, 그리고 더 나아가 오히려 더욱 개선된 형태로 보편적 설득력을 지니었음을 보여주어야 한다는 사실이다(Grewal, 2008: 172).

4) 설계 권력의 네트워크 세계정치

(1) 체제 차원의 네트워크 권력

네트워크를 체제 차원에서 보면, 네트워크 권력은 '네트워크 자체가 행사하는 권력power of the network'으로 이해된다. 네트워크라는 체제에 상호작용의 규칙에 해당하는 프로그램을 심어 넣는 설계 권력을 떠올려볼 수 있다. 설계 권력이 란 21세기 연극의 판 전체를 기획하고 디자인하듯이 세계정치의 '게임의 규칙' 에 해당하는 구조와 질서를 프로그래밍하는 권력을 의미한다. 쉽게 말해 설계 권력은 세계질서의 아키텍처와 작동 방식을 좌지우지하는 기본적 틀을 짜는 권력이라고 이해할 수 있다. 이는 구체적으로 세계정치의 장에 어젠다를 제기 하고, 제도나 규범을 형성하며, 여기서 더 나아가 세계정치가 지향하는 궁극적 목적과 철학적 담론 등을 부여하는 권력으로 나타난다.

제2차 세계대전 이후 미국의 주도로 전후 군사 안보와 정치경제의 세계질 서가 유엔 체제나 IMF 체제 또는 GATT 체제 등의 형태로 구상되고 설계된 것 을 사례로 들 수 있다. 이러한 설계 권력은 세계정치의 권력 게임이 시작되기 전에 미리 관철되기도 하지만, 일단 설계된 세계질서의 틀을 변경하는 과정에 서 작동하기도 한다. 2008년 미국발 금융 위기 이후 신자유주의 담론을 바탕 으로 프로그래밍되었던 기존의 세계 금융질서가 새로운 형태의 글로벌 거버 넌스를 모색하는 것이 그 사례이다. 비강대국의 입장에서 이러한 설계 권력에 민감할 수밖에 없는 것은 그것이 어떻게 작동하느냐에 따라서 권력 게임을 벌 이기도 전에 승패가 결정되기 때문이다.

사실 세계정치 게임의 규칙에 해당하는 구조나 제도 및 담론 등을 결정하 는 권력은 (국제)정치학의 고전적 주제로서 인식되어왔다. 특히 탈근대 권력 연구의 일환으로서 다양한 시각의 국제정치학자들이 탐구해온 구조적·제도적·구성적 차원의 권력 개념들이 대표적 사례이다. 그럼에도 최근 복합적 네트워크 환경이 창출됨에 따라 '네트워크의 비유'를 통해서 좀 더 체계적인 논의를 펼칠 수 있는 조건이 마련되었다. 컴퓨터 네트워크에 소프트웨어의 코드를 심어 넣고 각종 기술 표준과 프로토콜을 수립하는 프로그래머의 권력을 복합 네트워크의 세계정치에도 적용할 수 있다. 이러한 설계 권력이 중요한 것은 일단 프로그램이 짜이고 나면 네트워크는 그 프로그램의 매뉴얼에 입각해서 작동하게 되고, 이에 따라 하위 네트워크들은 각기 역할을 규정받기 때문이다. 따라서 이러한 프로그램은 경우에 따라서는 싫지만 받아들여야만 하고 또는 알고서도 당할 수밖에 없는 권력으로 작동하기도 한다.

이러한 프로그램은 일견 중립적으로 보이지만 그렇다고 이것이 누군가의 이해관계에서 완전히 자유로운 것은 아니다(Stalder, 2006: 133). 실제로 많은 경우 네트워크 프로그램에는 네트워크를 교묘한 방식으로 통제하려는 설계자의 의도가 개입되기 마련이다. 오늘날의 기술 코드와 프로그램은 개인 정보의 수집과 처리를 통해 일종의 감시 권력surveillance power이나 규율 권력disciplinary power을 행사하기도 한다. 프랑스의 철학자 미셸 푸코Michel Foucault의 용어를 빌려서 설명하자면, 이렇게 기술과 정보의 프로그램을 장악한다는 것의 의미는 '사물에 대한 지식'의 통제를 통해서 거버멘탈리티governmentality을 행사하는 것이다(Faubion ed., 2000; Foucault, 2007; Joseph, 2010).

프로그래머의 권력은 눈에 보이지 않는 프로그램의 알고리즘을 따라서 작동하므로 그 프로그램 내에서 이루어지는 노드들의 선택은 자유로운 것처럼 보이기도 한다. 그러나 이는 마치 단독 후보에 투표하는 것처럼 대안이 없는 상태에서 이루어지는 선택일 경우가 많다. 이렇게 권력이 명시적(또는 암묵적) 의도를 초월해 체제 내적으로, 그것도 네트워크에 스며들어 있는 일종의 비인격적impersonal 형태로 작동하는 경우에는 여간해서 그 실체를 포착해서 저항하기가 쉽지 않다. 예를 들어 지구화의 과정을 면밀히 살펴보면, 불공정한 결과를 일으킬 중요한 선택들이 당사자들도 모르게 미리 프로그램의 형태로 내재해 있는 경우를 발견하게 된다. 그럼에도 이러한 프로그램은 각 노드가 속한 네트워크 자체가 움직이는 데에 필수 불가결한 것이어서 그 네트워크에서 탈퇴하지 않는 한 싫더라도 받아들여야 할 경우가 많다. 게다가 이러한 프로그램이 반복적으로 작동하는 과정에서 각 노드는 프로그램이 산출한 불공정한 결과가 편향된 프로그램 때문이 아니라, 원래 스스로 원해서라고 믿게 되는 메커니즘마저도 작동한다.

이렇게 프로그램을 짜는 네트워크 권력에 대한 논의는 기술의 영역에만 국한된 것은 아니다. 네트워크 권력은 명시적 제도와 암묵적 규범을 설계하는 권력을 의미할 수도 있다. 그리고 좀 더 심층적인 차원에서 그러한 제도와 규범에 설득력 있는 이념과 존재론적 보편성을 담아내는 능력과 관련이 있다. 예를 들어 20세기 후반 세계정치경제는 이른바 신자유주의적 경제 이념이 발휘하는 제도와 규범의 권력을 목도한 바 있다. 글로벌 경제질서가 형성·작동되는 과정에서 미국에 기원을 두는 자유민주주의와 시장경제의 이념은 많은 논란에도 보편적 정치경제 이념으로서 매력을 발휘했던 것이 사실이다. 미국의 국내적 규범을 바탕으로 한 세계질서가 디자인되었으며, 개발도상국들이 추진한 경제개혁의 방향도 이러한 프로그램을 수용하는 방향으로 잡혔다. 이러한 과정에서 이른바 '워싱턴 컨센서스'로 개념화된 미국발 정치경제 이념은 이를 잉태한 미국이라는 체제의 존재론적 저력을 바탕으로 했다. 그러나 최근 2008년 후반에 불어 닥친 미국발 금융 위기는 '워싱턴 컨센서스'로 개념화되는 미국의 신자유주의적 정책과 제도의 소프트 파워를 크게 훼손했을 뿐만 아니라, 이에 대한 대안으로서 유럽 모델이나 동아시아 모델에 대한 관심을 높이고 있다.

(2) 지배와 대항의 설계 권력

국제정치의 역사를 살펴보면 기술과 제도와 법 또는 사회적 규범이나 문화적 차원의 가치관이나 세계관과 관련된 복합적 프로그램을 네트워크에 심어 넣는 능력은 패권 세력만이 가지는 일종의 특권이었다. 20세기 후반 이래 세계 정치에서도 패권국으로서 미국이 바로 그러한 역할을 담당했음은 주지의 사실이다(김상배, 2007a).

먼저 기술적 차원에서 이해된 설계 권력은 기술 경쟁의 '게임의 규칙'에 해당하는 기술 표준이나 프로토콜을 장악하는 데서 우러나온다(Galloway, 2004). 미국의 IT 기업들은 세계 IT 산업의 초기 단계에서부터 표준을 수립하고 그 흐름을 주도해왔다. 가장 대표적 사례 중 하나가 세계 정보산업을 주도하는 미국의 소프트웨어 기업인 마이크로소프트의 패권이다. 특히 마이크로소프트의 컴퓨터 운영 체계인 윈도는 컴퓨터와 인터넷을 사용하려면 반드시 거쳐야 하는 플랫폼으로서, 이를 프로그래밍하는 마이크로소프트에 막대한 권력을 안겨주었음은 널리 알려진 사실이다. 이렇게 기술 표준을 장악한 노드는 네트워크 전체에서 특별한 위상을 차지하게 되어 일종의 '구조적 권력'을 행사하게 된다(Strange, 1994).

둘째, 사회적·제도적 차원에서 이해된 설계 권력은 네트워크상의 상호작용을 규제하는 제도나 법을 제정하는 과정에서 발생한다. 제2차 세계대전 이후 미국은 군사·안보나 무역·금융 분야뿐만 아니라 정보·커뮤니케이션 분야에서도 국제제도의 형성을 주도했다. 예를 들어 WTOWorld Trad Organization 내의 지적 재산권 관련 제도화를 주도했을 뿐만 아니라, 인터넷 거버넌스 분야를 관장하는 ICANNInternet Corporation for Assigned Names and Numbers의 설립에도 큰 영향력을 발휘했다. 이러한 과정에서 미국은 이들 국제제도를 프로그래밍하고 이에 가입하는 회원 표준을 설정하는 주도권을 행사했다. 이러한 권력은 많은 쟁점이 협상 단계에 이르기도 전에 결정이 이루어지는 일종의 '제도적 권력'이라고 할 수 있다(Sell, 2003).

끝으로, 문화적 차원에서 이해된 설계 권력은 사회규범이나 세계관의 형성 과정에서 발생한다. 20세기 후반 이래 미국의 기업들은 지구 미디어를 통해서 콘텐츠를 생산·배포함으로써 이른바 신자유주의적 사회규범과 세계관을 전파해왔다. 할리우드와 맥도날드, 스타벅스 등은 미국의 신자유주의적 문화와 비즈니스 관행을 전 세계로 전파하는 첨병의 역할을 담당했다. 이러한 과정에서 신자유주의적 방식으로 세상을 인식하고 미국적 사회규범을 내면화하도록 만드는 보이지 않는 프로그램이 작동한다. 이러한 프로그램은 특정 행위자가 의도적으로 고안하지는 않았을지라도 특정한 관례나 담론을 수용함으로써 정체성이 재구성되는 일종의 '구성적 권력'을 떠올리게 한다.

그렇다면 이상에서 언급한 세 가지 차원의 설계 권력이 구체적으로 작동하는 과정에서 네트워크의 속성은 어떻게 활용되는가? 앞서 언급한 대로 패권 세력으로서는 높은 개방성과 낮은 호환성, 낮은 유연성을 교묘하게 섞어서 활용하는 것이 최선의 조합이다. 먼저 기술의 설계자라는 관점에서 볼 때 마이크로소프트가 지배 표준의 위상을 유지할 수 있었던 것은 개방 표준을 유지하면서도 소스 코드source code에 대한 소유와 통제를 주장하는, 이른바 '개방과 소유open-but-owned의 전략'을 채택했기 때문이다. 제도의 설계자라는 관점에서도 높은 개방성과 낮은 호환성을 복합하는 전략이 동원된다. 예를 들어 WTO와 같은 국제기구들은 자유무역의 원칙을 지킬 용의가 있는 모든 국가에 문호가 개방되어 있다. 그러나 무역 차별의 관행을 유지하는 국가들에 대해서는 다양한 제재를 가하는 비호환성의 원리를 고수한다. 한편 사회규범이나 가치관의 설계자라는 관점에서도 사정은 마찬가지이다. 신자유주의적 규범과 가치관은 개방적이지만, 이에 익숙하지 않은 측에서 받아들이기에는 호환성의 비용이 많이 든다. 게다가 기술이나 제도의 프로그래밍과 비교해서 볼 때, 규범과 가치의 프로그램은 그 응집성을 유지하려는 경향이 훨씬 더 강하다.

이러한 상황에서 패권 세력의 설계 권력에 대항하는 효과적 방법은 무엇일까? 가장 쉽게 생각해볼 수 있는 방법은 프로그램의 태생적 정당성에 문제를 제기하고 그 구도 자체의 변혁을 요구하는 것이다. 그러나 대항 세력의 입장에서 전체 프로그램을 새롭게 짠다는 것은 결코 쉬운 일이 아니다. 그럼에도 대항 세력이 기성 프로그램의 빈틈을 타고서 틈새시장을 구축하는 하위 프로그램을 디자인할 가능성은 배제할 수 없다. 아무리 정교하게 디자인된 패권 세력의 프로그램이라도 네트워크 전체의 이해관계를 완전히 만족시키는 보편 표준을 만들어낼 수는 없기 때문이다. 이러한 틈새시장의 전략은 패권 세력이 깔아놓은 프로그램의 플랫폼 위에서 응용프로그램을 짜는 전략과도 통한다. 또한 이러한 소수 표준의 응용프로그램들은 앞서 언급한 소수자 연대의 네트 워킹 전략을 바탕에 깔고 있는 경우가 많다. 예를 들어 마이크로소프트의 운 영 체계 플랫폼에서 작동하는 로컬 응용프로그램을 떠올릴 수 있는데, 한국어 사용자들의 성원을 받으며 마이크로소프트의 MS 워드로부터 로컬 시장을 사 수하는 한글 워드프로세서인 '아래아 한글'이 대표적 사례이다(김상배, 2007a).

그런데 대항 세력의 입장에서 볼 때 여전히 가장 효과적인 전략은 패권 세 력이 만들어놓은 프로그램의 규범적 약점을 파고드는 것이다. 이러한 경우에 도 물론 기술, 제도, 문화의 영역을 넘나들며 개방성과 호환성 및 유연성이라 는 네트워크의 속성을 활용하는 복합 전략이 채택된다. 예를 들어 대항 세력 은 높은 개방성의 프로그램을 지향하는 경향이 있다. 일종의 '대항적 개방성' 이라고 할 수 있다. 리눅스Linux와 같이 마이크로소프트에 대항하는 공개 소프 트웨어 운동이 가장 대표적인 사례이다. 마찬가지로 위키피디아처럼 인터넷 을 활용해 이루어지는 집합지성collective intelligence의 실험도 이러한 대항적 개방 성을 특징으로 한다. 궁극적으로 이러한 대항적 개방성은 패권 세력의 프로그 램이 높은 유연성을 수용하도록 요구한다. 다시 말해 대항 세력으로부터 나오 는 재再프로그래밍에 대한 요구는 지배 네트워크의 근본 원칙이나 기본 철학 에 대한 근본적 수정의 요구를 바탕에 깔고 있다. 그러나 이러한 대항 세력 네 트워크도 일정한 세勢를 유지할 때까지는 패권 세력이 운영하는 지배 네트워 크와의 호환성을 유지하면서 체제 내적으로 활동할 수밖에 없다는 점에서 근 본적 고충이 있다(김상배, 2010a).

네트워크의 프로그래밍은 단순한 기술의 문제만이 아니라 제도나 규범과 도 연관된다. 예를 들어 WTO의 진행 과정에서 등장한 반反지구화 운동은 제도와 규범의 차원에서 신자유주의적 지구화가 제시하는 글로벌 스탠더드에 대한 대항적 프로그래밍을 요구하는 사례이다. 이러한 요구의 밑바탕에는 좀 더 공정한 형태의 프로그램을 디자인함으로써 좀 더 바람직한 세계질서를 구축하자는 규범적 발상이 담겨 있다. 또한 단순한 효율성과 생산성의 증대보다는 개인의 자유와 창의성이 보장되는 프로그램을 디자인하자는 규범적 가치가 담겨 있다. 사실 신자유주의적 지구화 과정이 다양한 영역에서 소수자들의 물질적 이익과 문화적 다양성 및 정체성을 침해한다는 저항의 움직임은 오래전부터 있었다. 최근 인터넷의 확산은 이러한 움직임이 체계적으로 조직화되어 대항 담론을 형성하고 행동의 공조를 이룰 수 있게 하는 결정적 토양을 제공했다.

5. 네트워크 권력의 세계정치

이상에서 살펴본 바와 같이, 네트워크 권력은 행위자들이 구성하는 관계적 맥락에서 작동하는 권력을 살펴보려는 시도이다. 이 장에서는 네트워크 권력을 행위자, 과정, 체제라는 세 가지 차원에서 집합 권력, 위치 권력, 설계 권력으로 개념화했다. 21세기 세계정치의 현실에서 이러한 세 가지 형태의 네트워크 권력은 복합적으로 얽히면서 작동한다. 될 수 있는 한 많은 연결망을 구축함으로써 내 편을 많이 모으는 집합 권력의 행사에 능한 행위자가 네트워크상의 구도에 유리한 위치를 차지하는 위치 권력을 행사할 가능성이 높다. 또한 대체로 집합 권력이나 위치 권력을 발휘하는 행위자가 네트워크를 프로그래밍하는 설계 권력을 발휘하는 경우가 많다. 이렇게 프로그래밍된 네트워크가 그 설계자에게 유리한 방향으로 작용해 또 다른 집합 권력과 위치 권력을 발휘하기에 좋은 조건을 제공하는 것은 당연하다.

이러한 네트워크 권력정치를 가장 응축적으로 보여주는 사례는 표준 경쟁이다. 이러한 표준 경쟁의 세계정치가 실제로 작동하는 과정에서 네트워크의 세 가지 속성, 즉 개방성, 호환성, 유연성은 서로 보완하고 견제하는 관계를 맺으면서 전략적으로 활용된다. 이러한 네트워크 속성의 복합은 네트워크 권력을 행사하는 주체가 지배 세력이냐 대항 세력이냐, 또는 강대국이냐 비강대국이냐에 따라서 다르게 나타난다. 예를 들어 이미 표준을 장악한 지배 세력은 가장 효과적인 조합으로서 높은 개방성과 낮은 호환성, 낮은 유연성의 전략을 택하려 할 것이다. 그러나 기본적으로 비非제로섬 게임의 형태를 띨 수밖에 없는 네트워크 자체의 본질로 말미암아 지배 세력이 마냥 이러한 조합을 유지할 수는 없다. 낮은 호환성과 낮은 유연성을 가진 지배 표준에서 배제된 이해관계나 정체성을 대변하는 대항 세력이 생겨날 것이기 때문이다. 이러한 대항 세력이 네트워크의 속성을 조합하는 공식은 기성 패권의 그것과는 다를 수밖에 없다. 예를 들어 대항 세력은 높은 유연성과 높은 호환성을 요구하며 지배 세력의 네트워크 전략이 안은 자기모순의 틈새를 공략할 가능성이 크다. 특히 지배 세력이 행사하는 네트워크 권력의 정당성에 대한 도전이 발생한다.

네트워크 권력의 주도권을 둘러싸고 벌어지는 지배 세력과 대항 세력의 경쟁 속에서 네트워크 세계정치, 특히 망제정치의 새로운 지평이 열릴 것으로 예견된다. 이러한 네트워크 권력의 망제정치를 감상하는 데에 국제정치학의 관점에서 풀어야 하는 숙제는, 새로이 부상하는 네트워크 권력정치가 기존의 자원 권력의 정치를 어느 정도까지 보완 또는 대체하느냐 하는 문제이다. 이는 세계정치의 행위자들이 네트워크 권력의 증진을 추구함으로써 얼마만큼의 영향력을 실제로 증진할 수 있느냐 하는 문제이다. 동시에 군사력과 경제력과 같은 자원 권력이 상대적으로 부족한 행위자도 네트워크 권력의 추구를 통해서 기존의 불균등한 권력관계를 얼마나 개선할 수 있을 것이냐 하는 문제이기도 하다. 궁극적으로 네트워크 권력의 망제정치에 대한 탐구는 권력의 자원과 작동 방식과 관련해 국제정치학의 분야에서 오랫동안 진행되어온 권력의 대체 가능성fungibility 문제이다.

이러한 맥락에서 볼 때, 한반도를 둘러싼 동아시아 국제정치, 그리고 한국의 외교 전략을 이해하는 데에 네트워크 권력과 표준 경쟁의 개념은 분석 개념으로서, 또는 실천 개념으로서 어떠한 의미가 있을까? 이른바 중견국의 네트워크 권력론이라는 것을 고안해볼 수 있을까? 이러한 작업을 전개하기 위해서 고려할 것은 우리가 추구해야 할 중견국의 권력론은 나이가 소프트·스마트 파워의 개념에서 말하는 강대국의 권력론과는 상당히 다른 환경에 처해 있다는 사실이다. 무엇보다도 나이의 스마트 파워 개념에서 등장하는 IQ나 EQ, SQ, 또는 상황 지성은 모두 '리더의 지성'에 대한 논의이다. 이에 비해 만약에 한국이 추구할 '스마트 파워'가 있다면, 그것은 '리더의 지성'이라기보다는 오히려 '추종자의 지성'일 수밖에 없다. 그리고 만약에 한국이 추구하는 것이 추종자의 지성이라면, 여기에서 비롯되는 권력론도 미국과 같은 강대국의 경우보다 주변 행위자들을 좀 더 적극적으로 고려하는 네트워크 환경에 대한 인식에서 출발해야 할 것이다.

　이러한 문제의식은 노드 기반의 권력 개념만으로는 최근 벌어지는 21세기 권력 변환을 제대로 포착할 수 없고 네트워크 이론과 21세기 권력론을 적극적으로 연계해야 한다는 이 책의 문제의식과 통한다. 앞서 길게 살펴본 것처럼, 실제로 21세기 세계정치의 권력은 단순한 노드 차원을 넘어서 노드들이 구성하는 링크, 그리고 그 노드와 링크의 합으로서 네트워크에서 비롯되는 권력, 즉 네트워크 권력의 형태로 작동한다. 이러한 맥락에서 볼 때, 한국과 같은 중견국이 네트워크 권력을 행사하려면 노드 차원의 지성을 넘어서는 네트워크 지성의 발상이 절실하다. 한국과 같은 중견국이 추구할 수 있는 네트워크 권력은 미국과 같은 강대국이 추구하는 네트워크 권력과는 그 내용과 형태가 다를 수밖에 없다. 네트워크 권력론의 시각에서 본 한국의 네트워크 전략에 대한 구체적 내용은 제8장에서 자세히 살펴본다.

제6장

국가 변환과 네트워크 국가론

1. 네트워크로 보는 국가 변환

현실주의 국제정치이론에서 국제정치의 주요 행위자는 국가이다. 국가를 다른 국제정치 행위자와 구별 짓는 특징적 속성은 주권과 영토성이다. 주권국가는 자국의 영토 내에서 지고의 권위를 가지며, 권력을 독점적으로 조직하고 행사할 수 있는 유일한 존재이다. 주권을 행사할 때 국가에는 전통적 도덕의 덕목이 아닌 정치적 필요에 의거한 다른 종류의 덕목이 적용된다. 국가는 안보의 달성과 국가이익의 극대화라는 도구적 목표를 지향하는 합리적 행위자로서 그려진다. 이러한 국가 행위의 준거는 이른바 국가이성raison d'etat의 사상에 기원을 둔다. 현실주의 국제정치이론에서 이렇게 주권 원칙과 영토성을 기반으로 두고 작동하는 국민국가는 국제정치를 구성하는 기본적인 노드 행위자이다.

그러나 이러한 전통적인 국가 중심의 가정에만 집착해서는 최근의 변화를 제대로 이해할 수 없다. 무엇보다도 21세기 세계정치에서 발견되는 국가 행위자는 예전에 우리가 알던 국민국가가 아니기 때문이다. 사실 국가는 시대와 장소에 따라서 그 형태와 기능을 달리해왔다. 예를 들어 세계사에서 등장했던 국가들은 도시국가에서 고대국가와 중세국가 및 국민국가 등에 이르기까지 다양하다. 이렇게 보면 국민국가도 보편적인 국가는 아니고 서구의 근대라는 특정 시기에 출현한 국가 형태의 하나일 뿐이다. 실제로 국민국가nation-state는 영토적 경계를 바탕으로 해서 형성된 '네이션nation'이라는 정치·문화 공동체를 활동 배경으로 하면서 부강富強의 목표를 추구하던 국가state의 근대적 형태로서 이해된다.

사실 네이션이라는 말은 우리말로 정확히 번역하기가 어려운 국제정치학 용어 중 하나이다. 국내 국제정치학계에서 일반적으로 사용하는 용례에 따르면, 국민국가에서 국가와 결합된 '네이션'에는 두 가지 의미가 있다. 하나는 '정치 공동체로서 네이션'이며, 이는 국민國民이라고 번역된다. 또 하나는 '문화 공동체로서 네이션'이며, 이는 민족民族이라고 번역된다(이용희, 1994: 120). 그런데 경우에 따라서 네이션은 '나라'라는 일반적인 의미로 '국國' 또는 '국가國家'라고 번역하기도 한다. 이 책에서는 가능하면 문맥에 맞추어 적절한 번역어를 사용하려고 시도했지만, 불가피한 경우에는 그냥 '네이션'이라고 음차해서 사용했다.

한편 국가state의 개념도 형태와 기능의 두 가지 측면에서 이해할 수 있다. 형태 측면에서 국가는 일정한 물리적 공간의 경계 내에서 배타적 권력을 행사하는 특정한 기구agency나 조직 또는 제도의 존재를 의미한다. 기능 측면에서 국가는 사적 행위자들의 이해관계를 넘어서는 공공성을 추구하는 존재이며, 이러한 과정에서 사회 구성원들로부터 정당성을 부여받고 공권력을 행사할 근거를 얻는다. 근대국가를 '어느 사회 내에서 조직된 폭력의 정당한 사용을 독점하는 조직'으로 보는 막스 베버Max Weber의 개념 정의도 이러한 맥락에서 이해할 수 있다.[1]

이렇게 이해된 근대국민국가는 20세기 중후반 이래 그 형태와 기능의 변환을 경험하고 있다. 이러한 현실의 변화는 최근 단순한 국민국가의 쇠퇴론을 넘어서 국가의 변환에 대한 이론적 논의가 활성화되는 조건을 마련하고 있다. 실제로 21세기를 맞이하는 국가는 그냥 쇠퇴하는 것이 아니라 그 역할과 위상의 재조정을 통해서 새로운 형태로 변환되고 있다. 그러나 작금의 변환론이 지닌 한계는 정작 어떠한 모습으로 현재의 변환이 귀결될 것이냐에 대한 분석적 논의가 부족하다는 점이다. 그도 그럴 것이 변환의 와중에 있다 보니까 변환이라는 '과정'은 직감할 수 있어도 그 '결과'를 미리 짚어내는 것은 쉽지 않은 것이 사실이다. 그럼에도 변환의 뒤꽁무니만 좇아간다고 해서 변환의 미래를 미리 읽고 그 길목을 지켜야 하는 이론적 과제가 면제되지는 않는다. 이러한 맥락에서 이 장에서는 네트워크 세계정치이론의 시각에서 21세기 국가 변환의 미래에 대한 개념화 작업을 벌이고자 한다.

이 장에서는 21세기 국가 변환의 동인動因으로서 기술·정보·지식(이하 통칭해 지식) 변수의 역할에서부터 논의를 시작한다. 실제로 지식을 생산하고 활용하는 국가의 업무는 고대부터 있었지만, 근대국민국가까지만 해도 '지식'이라는 업무는 부강富强과 관련된 국가 업무에 비해서 부차적이었던 것이 사실이다. 그러나 정보화 시대에 이르러 국가 업무를 효과적으로 수행하려면 지식업무에 대한 의존이 필수 불가결하게 되었다. 이제 지식은 군사력과 경제력의 핵심이며, 더 나아가 그 자체가 독립적인 권력 자원으로 부상했다. 이렇게 지식 자원의 중요성이 부상하면서 국가 목표에 대한 국가 행위자의 인식이 변화하고, 그 결과 국가의 기능적 성격도 변화하고 있다. 그야말로 근대적 의미의 부강국가를 넘어서는 새로운 성격의 국가로서 지식국가knowledge state가 부상하고 있다.[2]

---

1 이 책에서 기초로 삼는, 국제정치학의 시각에서 본 근대국민국가의 성격에 대한 논의로는 이용희(1962, 1994)를 참조하기 바란다.
2 명시적으로 지식국가라는 용어를 사용한 기존의 초기 연구로는 최정운(1992), 野中郁

지식국가의 부상은 국가와 여타 행위자들과의 관계뿐만 아니라 국가 자체의 존재 형태도 변화시킨다. 엄밀한 의미에서 지식국가의 성격을 갖는 21세기 국가는 종전의 국민국가가 아니다. 오히려 지식국가는 여타 행위자들을 아우르는 네트워킹에 능숙하고, 그 자체의 조직 형태뿐만 아니라 작동 방식도 네트워크의 형태로 변환되는 새로운 형태의 국가일 가능성이 크다. 이러한 점에서 21세기 국가 변환은 영토를 기반으로 삼아 형성되었던, 국민국가의 양대 축인 네이션nation과 국가state의 결합이 이완되는 현상으로 나타난다. 다시 말해 국민국가의 영토적 경계를 안과 밖으로 넘나드는 활동이 증대되면서 국민·민족이라는 정치·문화 공동체와 국가의 관계가 네트워크의 형태로 재설정되는 네트워크 국가network state의 부상이 관찰된다.[3]

지식 업무를 중시하는 네트워크 국가의 부상으로 대변되는 국가 변환의 논의에서 한 가지 유의할 점은, 21세기 국가가 네트워크화한다고 해서 이것이 국가라는 존재의 소멸이나 탈정치화를 의미하는 것은 결코 아니라는 사실이다. 오히려 국민과 민족으로부터 이완된 국가가 네트워크와 만나는 과정에서 국가의 권력 메커니즘은 새로운 형태로 변환되고 재생산되는 양상을 보인다. 이러한 과정에서 주목할 것은 여기서 지식 변수라고 통칭해서 논한 기술·정보·커뮤니케이션 변수의 역할이다. 예를 들어 21세기 국가는 정보혁명으로 말미암아 확산된 다양한 도구적 수단을 활용해 다양한 행위자의 네트워크를 엮어내고 그 과정에서 새로운 형태의 지식 권력을 행사하는 새로운 주인공으로서 역할을 찾아간다. 이러한 점에서 21세기 국가 변환은 지식국가와 네트워크 국가가 교묘하게 만나는 네트워크 지식국가network knowledge state의 부상이

次郎 外 編(2003), 하영선 엮음(2004)을 참조하기 바란다.

3 네트워크 국가 또는 네트워크 정치체(network polity)라는 용어를 명시해 사용한 기존의 초기 연구로는 Braman(1995), Castells(1998), Ansell(2000), Stewart(2000), Carnoy and Castells(2001), Ó Riain (2004), 하영선 엮음(2006)을 참조하기 바란다.

라고 부르는 것이 마땅하다.

　이러한 맥락에서 이 장은 21세기 세계정치의 새로운 행위자로서 네트워크 국가 또는 네트워크 지식국가에 대한 이론적 탐색을 벌이고자 한다. 그리고 이러한 탐색을 벌이는 과정에서 제1장을 통해 살펴본 네트워크 이론의 성과들을 원용했다. 예를 들어 네트워크 조직 이론의 논의는 지구화와 정보화라는 환경의 변화가 위계 조직으로 개념화되는 기존 국민국가의 변환에 어떠한 영향을 미쳤는지에 대한 이론적 배경을 제공한다. 이러한 연속선상에서 정보혁명의 진전과 네트워크의 부상 사이에 형성되는 상관관계에 대한 이론적 논의를 원용할 수 있다. 한편 행위자-네트워크 이론ANT의 논의도 매우 유용한 은유의 자원이자 분석의 도구로 활용할 수 있다. 이 장에서 논하는 네트워크 국가 또는 네트워크 지식국가는 일종의 개방 체제 모델로서 ANT에서 말하는 행위자-네트워크 집합체의 대표적 사례로 거론할 수 있기 때문이다(Passoth and Rowland, 2010). 또한 새로운 국가의 전략에 대한 논의도 ANT에서 말하는 '번역' 전략의 맥락에서 이해할 수 있는데, 네트워크 지식국가란 근대 국제정치의 변환이라는 맥락에서 여타 형태의 상이한 행위자들(행위자-네트워크들)과 경합을 벌이면서 새로운 블랙박스 치기를 하는 행위자-네트워크로서 설정할 수 있다. 이 장에서는 이러한 이론적 시각을 적용해서 지식국가와 네트워크 국가를 거쳐서 네트워크 지식국가로 이르는 경로에 대한 논의를 펼쳐보고자 한다. 그리고 이를 바탕으로 네트워크 지식국가를 행위자로 삼아 전개되는 21세기 세계정치의 양상을 이론적이고 경험적인 차원에서 살펴볼 것이다.

2. 국가의 성격변환과 지식국가

지식과 네트워크를 화두로 한 국가 변환의 분석적 연구는 여태까지 국제정치 학계에서 체계적으로 진행되지 못했다. 특히 사회학이나 경제학 및 경영학 등

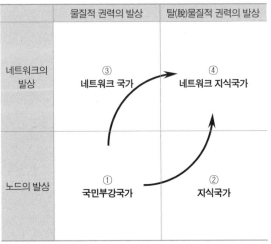

〈표 6-1〉 21세기 국가 변환의 두 가지 경로

자료: 김상배(2006a: 13)의 수정.

에서 지식과 네트워크를 화두로 진행되는 연구의 양과 질에 비교해볼 때 더욱 그러하다. 이러한 와중에도 근대적 맥락에서 지식국가를 다룬 연구들이 예외적으로 눈에 띄지만, 이들 연구는 전반적으로 국가 변환에 대한 국제정치학적 탐구가 부족하다.[4] 한편 국제정치학의 시각에서 21세기 제국, 글로벌 거버넌스, 지구정치체global polity, 지구국가global state, 세계국가world state, 신세계 질서 등의 개념을 통해서 탈근대 단위체에 대한 고민을 하는 연구들도 최근 늘어나고 있다.[5] 그러나 이들 연구의 한계는 21세기 국가 변환의 동인으로서 지식 변수의 역할에 대한 체계적 관심이 부족하다는 데에 있다.

이러한 맥락으로 이 장에서는 〈표 6-1〉에서 보는 바와 같은 두 가지 국가

---

4 서구의 경험에 기반을 둔 지식국가의 이론과 국가 변환에 대한 논의로는 최정운(1992), Poulantzas(1978), Strange(1994), Burke(2000), Jessop(2003) 등을 참조하기 바란다.
5 예를 들어 이러한 개념들을 탐구한 연구로는 Hardt and Negri(2000), Rosenau(2003), Ougaard and Higgott eds.(2002), Shaw(2000), Wendt(2003), Slaughter(2004) 등을 들 수 있다.

변환의 논리적 경로를 따라서 네트워크 지식국가의 부상을 개념화하고자 한다. 첫 번째 경로는 물질적 권력에서 탈물질적 권력(특히 지식 권력)으로 가는 권력 변환을 동력으로 해서 발생하는 국가 성격의 변환인데, ① 영역의 국민부강국가가 ② 영역의 지식국가를 거쳐서 ④ 영역의 네트워크 지식국가로 변환되는 과정이다. 이는 새로운 국가가 추구하는 목표와 수단의 변환에 대한 논의이기도 하다.

21세기 국가 변환의 두 번째 경로는 노드의 발상에 기반을 둔 위계 조직 모델에서 네트워크의 발상에 기반을 둔 다층 질서 모델로의 조직 형태의 변환인데, ① 영역의 국민부강국가가 ③ 영역의 네트워크 국가를 거쳐서 ④ 영역의 네트워크 지식국가로 변환되는 과정이다. 이는 새로운 국가의 형태와 작동 방식의 변화에 대한 논의이기도 하다. 이러한 두 가지 경로는 논리적으로만 구분되는 것이지 현실에서는 복합적으로 얽혀 있음은 물론이다.

1) 지식국가의 역사적 맥락

지식 자원의 부상에 따른 국가의 성격 변환에 대한 논의는 최근의 정보혁명으로 말미암아 부각되었지만, 그 역사적 기원은 근대 초기에까지 거슬러 올라간다. 지식 생산의 주체라고 할 때 지식국가 외에도 지식도시, 지식제국, 지식교회 등을 생각해볼 수 있다(Innis, 1950). 그런데 지식을 생산하는 과정에서 국가가 다른 행위자들보다 지배적 위상을 차지하게 된 것은 근대 이후의 현상이다. 근대 초기에 이르러 계몽주의, 르네상스, 종교개혁의 과정을 통해서 중세 교회가 독점하던 지식 구조가 붕괴되고, 1648년의 웨스트팔리아 조약을 전후해 국민국가 중심의 새로운 지식 구조가 등장한다. 예를 들어 17세기경에 이르면 유럽의 선진국들은 부국강병의 달성이라는 목적 아래 과학적 지식을 탐구하는 국가적 사업을 벌인다. 근대 지식국가는 종전에는 교회가 관장했던 교육 분야에서도 권위를 획득하게 되고 특히 저작권과 같은 지적 재산권 제도의 도입 등을 통해서 지식 생산 활동의 목적을 규정하고 정당성을 부여하는 주체로서 등장했다. 이제 모든 지식 생산은 국가의 이익과 권력을 증진한다는 전제 아래 명분을 획득하게 된 것이다(Strange, 1994: 125~127).

서구에서 근대 세계가 전개되는 과정을 통해 관찰되는 국민국가의 형성은 역사사회학적으로 접근하는 일련의 학자의 연구 관심사였다(Tilly, 1990; Mann, 1986; Skocpol, 1979; Wallerstain, 1980, 1995; Hobden, 1998). 우리가 당연한 것으로 여기는 근대국가가 어떻게 복잡한 역사사회적 과정의 산물인지를 보여주는 것이 역사사회학자들의 주요 관심사였다. 이들은 주로 국가를 포함하는 근대 사회의 제도와 조직을 형성하는 요인과 그 배후의 구조를 탐구했다. 예를 들어 찰스 틸리에 의하면, 국민국가가 근대 국제정치의 지배적 행위자로 등장할 수 있었던 것은 그것이 다른 종류의 조직보다 전쟁을 수행하는 데에 결정적 이점이 있었기 때문이라고 한다. 국민국가는 대규모 군대를 동원하고 농업적·상업적 이해를 대변하는 계급들의 수요에 제대로 대응할 수 있었다. 이러한 과정을 거치면서 1500년경에 이르면 국민국가가 일종의 표준이자 규범이 되었다는 것이다(Tilly, 1990).

이러한 시각에서 보면, 국민국가에서 나타나는 지식국가로서의 면모도 역사사회학적 맥락에서 이해할 수 있다. 예를 들어 앤서니 기든스Anthony Giddens 가 국민국가의 제도적 측면 중 하나로 개념화한 산업주의industrialism는 바로 이러한 근대 지식국가의 일면을 보여준다(Giddens, 1985, 1990). 이는 앞서 제1장에서 살펴본 마누엘 카스텔의 정보주의informationalism의 개념과 대비해서 이해할 수 있다. 기든스가 말하는 산업주의는 상품생산의 동력원으로 무생물 자원을 이용함으로써 생산과정에서 기계가 중심적 역할을 담당하는 것을 의미한다. 다시 말해 산업주의는 인간과 자연 사이를 매개하는 근대적 의미의 기술을 의미한다. 따라서 산업주의는 군사력(전쟁의 산업화 맥락에서 본 폭력 수단의 통제), 자본주의(경쟁적 노동과 상품 시장의 맥락에서 본 자본축적), 감시(정보의 통제와 사회적 감독) 등과 같이, 기든스가 제시한 근대국가의 여타 제도적 차원과 연결되어 군사기술, 산업기술, 정보기술의 발달을 통해서 발현된다. 이러한 기술들은 서구에서 국민국가가 형성되고 전개되는 과정에서 핵심적 역할을 담당했으며, 19세기 후반에 이르러서는 서구 국민국가의 대외적 팽창 과정에서 부국강병을 지향하는 전략적 자원으로서 역할을 톡톡히 담당했다(Pearton, 1982; Headrick, 1991).

이러한 근대 지식국가의 모습은 20세기에 들어서도 지속되는데, 제2차 세계대전 이후 냉전기의 군비경쟁 와중에 이루어진 군사기술의 혁신을 보면, 기술 생산의 초기 단계에서부터 국가가 핵심적 역할을 담당했음을 알 수 있다. 예를 들어 반도체, 컴퓨터, 소프트웨어 등과 같은 IT의 개발에서 미국의 국가, 특히 국방성이 중요한 역할을 담당했으며, 인터넷과 같은 IT 인프라의 구축에서도 국가의 역할은 필수 불가결했다(土屋大洋, 2001). 이러한 과정에서 미국의 국가는 맨해튼 프로젝트Manhattan Project와 같은 거대한 프로젝트를 수행함으로써 전 사회와 경제에 필요한 지식의 생산을 지원하는 지식국가의 역할을 담당했다. 그 후 이러한 군용 기술들은 이른바 스핀 오프spin-off의 과정을 거쳐서 상용 기술로 전용되기에 이른다(Alic et al., 1992; Sandholtz et al., 1992). 또한 20세기 후반에 이르러서는 IT의 발달에 따른 정보 전쟁의 가능성이 부상하면서, 미국은 '군사 분야 혁명Revolution in Military Affairs: RMA'을 통해서 산업화 시대의 군사력을 정보화 시대에 걸맞은 형태로 변환할 지적 토대를 모색했다(Arquilla and Ronfeldt, 2001).

경제 분야를 보면 근대 이래 지속된 지식국가의 모습이 좀 더 극명하게 드러난다. 특히 1980년대 이래로 선진국의 국가들은 첨단 기술 개발과 인적 자원 양성을 위한 노력을 기울이는데, 이는 밥 제솝Bob Jessop이 '슘페터적 경쟁국가Schumpeterian competition state'라고 부르는 기술지식국가의 모습이다(Jessop, 2003; Cerny, 1990). 이는 마이클 포터Michael E. Porter와 같은 경영학자들이 말하는 국가 경쟁력에 대한 논의와도 일맥상통한다(Porter, 1990). 또한 이러한 국가는 20세기 후반 동아시아 발전국가development state의 기술정책을 연상시키는

데, 이러한 점에서 발전국가와 지식국가가 결합된 형태의 '발전지식국가'라고
도 부를 수 있다. 제2차 세계대전 이후 발전지식국가의 사례를 보면, 국가의
경계 내에서 자본의 경쟁력을 증진하려는 목적으로 기술혁신이나 기술이전과
관련된 분야에서 국가는 핵심적 역할을 담당했다. 그 외에도 지식의 생산과
확산을 증진하는 국가의 역할로서 지적 재산권과 관련된 법과 제도의 정비나
핵심 기술 분야의 표준화, 기타 지적 공공재의 제공을 위한 대학과 연구 기관
의 지원 등을 들 수 있다.

발전지식국가의 등장은 리처드 로즈크랜스Richard Rosecrance가 말하는, 영
토 국가와 무역 국가를 넘어서는 버추얼 국가virtual state의 부상과 맥을 같이한
다. 버추얼 국가의 개념은 전통적 토지 변수를 넘어서는 노동, 자본, 정보 등의
비물질적 자원에 대한 관심을 반영하는데, 이러한 점에서 버추얼 국가란 토지,
즉 영토 기반의 생산능력을 최소화한 정치 단위를 의미한다. 다시 말해 버추
얼 국가는 물질적 생산은 해외로 내보내고 연구 개발과 제품 디자인에 중점을
두며, 고부가가치의 무형 상품 생산이나 고도의 서비스에 전문화하는 국가 모
델이다. 산업화 시대의 제조업을 담당하는 육체국가body nations에 대비되는 정
보화 시대의 두뇌국가head nations를 지향하는 모델이라고 할 수 있다.

로즈크랜스는 이러한 버추얼 국가의 적합한 사례인지에 대한 논란의 여지
는 있지만 홍콩, 싱가포르, 대만, 한국, 스위스, 벨기에, 네덜란드 등과 같은 이
른바 강소국強小國에 주목한다. 기본적으로 로즈크랜스의 버추얼 국가는 국민
국가로서의 지식국가를 논하지만, 내용적으로는 비물질적 변수의 흐름을 따
라서 작동하는 네트워크 국가에 대한 논의를 간접적으로 담는다. 다시 말해
버추얼 국가는 도구적 관점에서 지식 자원을 추구하는 과정이 국가가 영토적
경계에서 자유로워질 가능성을 보여주는 사례라 할 수 있다(Rosecrance, 1999).

2) 21세기 지식국가의 변환

20세기 후반 들어 관찰되는 지구화와 정보화의 진전은 지식 생산이 국민국가의 경계를 넘어서 발생하는 현상을 부추긴다. 일차적으로 정보혁명은 기술·정보·과학 등과 같이 그 자체가 세계정치의 목표를 달성하는 데에 중요한 수단이 되는 '도구적 지식'의 생산이 양적으로 증대되는 과정을 의미한다. 국제정치학의 시각에서 이러한 과정이 지니는 전략적 의미는 지식 자원이 기존처럼 부강富强을 목표로 추구하는 물질적 권력 자원을 넘어서, 새로운 권력 자원으로서 부상한다는 점이다. 그런데 넓은 의미에서 본 정보혁명은 국가 행위자의 성격뿐만 아니라 형태도 변하는 계기를 마련한다. 예를 들어 커뮤니케이션과 기술의 발달에 따라 정보에 대한 접근성이 확대되고 혁신이 지구화되면서 지식 생산이 국민국가의 경계 밖에서 이루어지는 경우가 늘어나고 있다. 이렇게 지식 생산이 국민국가의 통제로부터 이탈되는 현상은 국가의 조직 형태나 기능적 역할이 변환되는 환경을 조성한다. 요컨대 역사사회학이 근대 지식국가의 역사사회학적 기반을 탐구했듯이, 이른바 '21세기 역사사회학'의 관점에서 볼 때 정보혁명은 21세기 지식국가의 역사사회학적 기반을 이룬다.

이러한 관점에서 보면 정보혁명은 크게 두 가지 측면에서 국가 변환에 영향을 미친다. 한편으로 정보혁명은 지식 생산의 차원에서 지식 인프라를 구축하거나 인적 자원을 양성하고 기술혁신을 촉진하며, 더 나아가 기초과학과 응용과학을 진흥하는 지식국가를 부상시킨다. 국가 목표를 달성하고자 지식 자원을 도구적 용도로 사용한다는 점에서 이는 '도구적 지식국가'라고 부를 수 있다. 다른 한편으로 정보혁명은 지식 활용의 차원에서 정보를 효율적으로 수집, 저장, 활용케 하고, 그러한 과정에서 지식의 재생산에 관여하는 지식국가의 부상을 가능케 한다. 이는 지식의 의미를 규정하고 표준을 설정할 뿐만 아니라 지식의 담론까지도 재구성한다는 점에서 '구성적 지식국가'라고 부를 수 있다. 그런데 이러한 과정에서 주목할 것은, 정보혁명이 궁극적으로 국민부강국가의 연속선상에서 이해된 도구적 지식국가로부터 새로운 지식 권력을 행사하는 구성적 지식국가로 변환되는 과정에 영향을 미친다는 점이다.

예를 들어 최근 군사 분야에서 RMA의 추구는 자연스럽게 군사전략과 군사 조직 및 군사 패러다임의 변환, 즉 군사 변환military transformation의 적극적 추진으로 연결될 수밖에 없다. 이른바 탈탈냉전post-post cold war기 이후 미국의 사례를 보면, 특히 9·11 이후 테러와 WMDWeapon of Mass Destruction의 확산과 같은 새로운 위협 요인에 대처해 군사 조직을 개혁하고 해외 주둔 미군의 군사 태세를 유동군의 형태로 바꿈으로서 네트워크의 요소를 도입하고 있다. 그런데 이러한 군사 변환과 함께 주목할 것은 국민국가 차원에서 추진되는 군사목적의 기술혁신이 국가 통제 밖에서 발생하는 민간 분야의 기술혁신에 점점더 의존하게 된다는 점이다. 그 대표적 사례가 바로 1990년대부터 논란거리가되고 있는 이른바 스핀 온spin-on 현상, 즉 민간 부문의 기술혁신이 군사 부문으로 역유입되는 현상이다(Sandholtz et al., 1992). 이 밖에도 민간 군사 지식 전문 서비스 업체인 PMCPrivate Military Company가 전쟁을 수행하는 과정에서 국가 행위자에 못지않은 중요한 역할을 수행하는 것도 동일한 맥락에서 이해할 수 있는 사례이다(Leander, 2005).

한편 경제 분야에서 기술 경쟁의 가속화는 민간 부문의 역할이 증대되고 영토적 경계를 넘어서는 다양한 경제 네트워크의 부상을 부추긴다. 예를 들어 첨단산업의 생산 기지가 국내 공간에서 지구 공간으로 이동하면서 초국적 생산 네트워크Cross-national Production Networks: CPNs가 구축되고 있으며, 무역이나 금융 분야에서도 디지털 정보 네트워크가 확산됨에 따라 상품과 화폐의 지구적 흐름에 대한 국민국가 차원의 통제가 약화되고 있다. 한편 지식 생산 자체와 관련해서도 산업정책 또는 기술정책 차원에서 발전국가가 주도하던 R&D 컨소시엄 모델이 실패로 판명 났으며, 국가가 나서는 법률상de jure의 표준화 메커니즘을 대체해 기업 간의 사실상de facto 표준 경쟁이 부상하고 있다. 요컨대 IT 분야의 지식 생산에서 국민국가가 담당했던 주도적 역할은 민간 행위자들의 부상과 함께 좀 더 네트워크적인 형태로 불가피한 변환을 겪고 있다.

1990년대 후반에 동아시아에서 나타난 영미형 조절국가regulatory state 모델의 도입을 통한 제도 조정에 대한 논의도 동일한 맥락에서 이해할 수 있다. 이러한 과정에서 기존의 발전지식국가의 모습은 좀 더 네트워크적인 형태로 변환되는데, 새로이 관찰되는 지식국가는 여전히 지식 자원을 도구적 용도로 추구하지만, 그 과정에서 국가의 형태 변환이 이루어지는 유형이다. 이렇게 부상하는 지식국가는 발전국가에 대비되는 조절국가를 연상시킨다는 점에서 '조절적 지식국가regulatory knowledge state'라고 부를 수 있을 것이다. 숀 오리엥Seán Ó Riain이 '발전관료국가Developmental Bureaucratic State: DBS'를 넘어서는 '발전네트워크 국가Developmental Network State: DNS'라고 개념화한 모델도 이러한 유형에 속한다(Ó Riain, 2004; 2006). 이러한 유형의 대표적 사례는 최근 IT 분야에서 새로운 모델 창출의 가능성을 엿보이는 동아시아 국가, 특히 한국의 정보화 모델을 들 수 있다.

요컨대, 조절적 지식국가의 출현과 연이은 변환에서 보는 것은 지식 자원이 중요해진 것만큼 지식의 생산과정은 국민국가의 통제에서 이탈하는 현상이 발생한다는 것이다. 글로벌 환경에서 생산된 지식이 초국적으로 유통되면서 해당 분야에서 경쟁력을 유지하려면 국가의 구성원들은 영토의 경계를 넘어서 활동할 수밖에 없으며, 때에 따라서는 국민국가 단위를 넘어서는 정체성도 출현하게 된다. 이러한 상황에서 국가가 정당성을 유지하고 국내적 존재 기반을 유지하는 길은, 글로벌 환경을 염두에 두고 지식의 생산과 유통을 조직하는 장場을 제공하는 것뿐이다. 이러한 와중에 불가피하게 기존에 국민과 민족을 기반으로 형성되었던 국가 형태의 변환이 발생하는 것이다. 요컨대 새롭게 등장하는 지식국가는 종래와 같이 영토를 바탕으로 한 국민과 민족의 경계 안에 갇힌 국민국가의 모습은 아니며, 좀 더 네트워크화된 새로운 형태의 국가일 가능성이 매우 크다.

3. 국가의 형태 변환과 네트워크 국가

1) 비국가 행위자의 도전과 국가의 대응

지구화와 정보화 시대의 네트워크 환경에서 국가는 가장 효율적인 행위자, 즉 적자適者는 아니다. 오히려 새로운 환경에서 적응의 능력을 갖고 정보와 지식이라는 새로운 목표를 추구하기에 적합한 행위자는 국민국가의 경계를 넘나드는 초국적 네트워크 형태의 비국가 행위자들이다. 예를 들어 다국적기업이나 글로벌 시민사회 단체들, 정책 지식 분야의 글로벌 싱크탱크 네트워크, 전문가나 과학자들의 인식 공동체 등을 들 수 있다. 최근 미국의 세계 패권에 대항하는 운동이나 신자유주의적 경향의 지구화에 대항하는 운동 등도 모두 초국적 네트워크의 형태로 작동한다. 이들 네트워크 행위자들은 정보혁명, 특히 인터넷의 확산에 힘입어 활발한 활동을 벌이면서 그 영향력을 증대해가고 있다. 이른바 시애틀 전투에서 반지구화 행동주의자들이 WTO와 지구화 세력에 대한 대항 세력을 규합하려고 인터넷과 휴대폰을 효과적으로 사용한 것은 유명한 이야기이다. 그 외에도 멕시코의 사파티스타 운동, 유럽에서 벌어진 G8 반대 운동, 그린피스나 국제사면위원회 등의 활동도 중요한 사례들이다.

　　제11장에서 살펴볼 사이버 안보 분야는 초국적 네트워크 행위자들이 국민국가의 관리 능력과 주권적 권위에 도전하는 대표적 사례이다. 다시 말해 이 분야는 영토성을 기반으로 해서 국가가 독점해온 안보 유지 능력의 토대가 잠식되는 현상을 보여주는 사례이다. 사이버공간에서 등장한 새로운 위협은 국가에서 독점해온 군사력의 개념뿐만 아니라 군사전략과 안보의 개념 자체도 그 기저에서부터 뒤흔들어놓고 있다. 인터넷 환경은 테러 네트워크나 범죄자 집단들이 도발할 이른바 비대칭 전쟁의 효과성을 크게 높여놓았다. 비대칭 전쟁이란 힘과 규모의 면에서 비대칭적인 행위자들이 비대칭적 수단을 동원해 서로 다른 비대칭적 목적을 수행하려고 이루어지는 전쟁을 의미한다. 9·11

테러에서 보는 바와 같은 국가 행위자에 대한 테러 네트워크의 공격이 대표적인 비대칭 전쟁이다. 그리고 정보화 시대에 이러한 비대칭 전쟁이 가장 첨예하게 드러나는 분야가 바로 사이버 테러나 사이버 공격이다.

영토성에 기반을 둔 국가의 능력과 권위가 도전받는 사례는 디지털 경제의 영역에서도 발견된다. 제9장에서 살펴보는 바와 같이, 마이크로소프트, 구글 등과 같은 다국적 IT 기업들의 초국적 활동이 증대되면서 웬만한 개도국의 정부들은 이들의 영향력을 무시할 수 없게 되었다. 점차로 확대되는 사이버공간의 전자 상거래도 근대 이후 영토 국가에서 행사해온 조세 관할권에 도전하는 사례이다. 초국적으로 발생한 전자 상거래의 물리적 장소의 소재를 밝히는 것이 쉽지 않기 때문이다. 한편 전자화폐의 등장도 기존의 화폐 수단에 단순한 유동성을 첨가한다는 차원을 넘어서 영토 국가의 화폐정책에 대한 잠재적 도전으로 작용한다. 인터넷상에서 벌어지는 화폐 흐름에 대한 디지털 정보는 국가가 규제자로서 나서서 통제하기에는 너무 복잡한 상호작용의 양상을 띤다. 또한 돈과 정보의 초국적 네트워크는 기업들이 아웃소싱 방식과 같은 초국적 생산 네트워크의 전략을 성취할 수 있게 하며, 동시에 국민국가의 정부들이 기업들을 효과적으로 규제하는 것을 힘들게 한다.

유사한 맥락에서 지구화와 정보화의 환경을 배경으로 활동하는 초국적 정책 엘리트들의 지식 네트워크나 국가 신용도를 평가하는 민간기관들의 영향력이 증대되는 현상도 이해할 수 있다. 특히 국제개발협력 분야를 중심으로 벌어지는 국제기구 활동의 이면에는 민간 행위자들로 구성되는 각종 정책 지식 네트워크 또는 싱크탱크들이 중요한 역할을 담당한다. 이들 네트워크가 펼쳐내는 신자유주의적 국제개발협력 정책들은 개도국 정부의 능력을 보완하는 역할을 하는 동시에 그 권위에 도전하기도 한다. 이러한 지식 네트워크 활동의 저변에 디지털 정보 네트워크가 중요한 역할을 함은 부인할 수 없다. 한편 무디스나 스탠더드 앤드 푸어스S&P와 같은 국제 신용평가기관의 영향력도 급속히 증대되고 있다. 이들의 영향력은 정보와 지식을 바탕으로 해서 표준 권력을 행사하는 대표적 사례이다. 1990년대 후반 아시아 금융 위기 이후 우리에게도 낯익은 이 기관들은 개도국 정부뿐만 아니라 최근에는 미국과 유럽 등 선진국 정부의 권위에도 도전하는 양상을 보인다.

초국적 미디어와 인터넷 뉴미디어의 확산에 따른 초국적 정보 흐름의 활성화도 국가의 정보 통제 능력과 권위를 약화하는 사례이다. 최근 인터넷이라는 탈집중 네트워크를 통한 커뮤니케이션의 활성화는 국가가 행하는 정보 통제의 가능성과 효과를 상쇄하는 환경을 창출하고 있다. 특히 하이퍼텍스트에 기반을 둔 월드와이드웹은 초국적 차원에서 자유 담론을 유통하는 새로운 문화적 연결 고리의 역할을 한다. 더구나 인터넷은 기존의 소통 매체와는 달리 정보의 발신자가 어느 한 국가의 영토 관할권 안이 아닌 세계 어느 곳에서라도 자기만의 신문사나 방송국을 차릴 수 있는 분산된 커뮤니케이션의 환경을 제공한다. 인터넷의 기술적 속성 자체가 다수 이용자 간의 정보 흐름을 국가가 나서서 통제하거나 방해할 수 없게 하기 때문이다. 최근 외교 관련 정보를 폭로해 세간을 주목을 끈 인터넷 미디어인 위키리크스Wikileaks는 외교 영역에서 국가가 정보를 공개할 범위에 대한 논쟁을 일으킨 바 있다.

이러한 맥락에서 볼 때 정보혁명의 성과를 뒤에 업은 비국가 행위자들의 도전으로 말미암아 국민국가의 능력과 권위가 상대적으로 약화하는 현상이 가속화된다는 주장이 상당한 설득력을 얻는 것이 사실이다. 제7장에서는 이러한 국가 변환의 면모를 주권 변환이라는 관점에서 자세히 다루었다. 이러한 현실의 변화는 국민국가를 유일한 세계정치의 행위자로서 간주해온 전통적 국제정치이론의 기본 전제를 침식한다. 오늘날 국민국가의 국경은 초국적 논리를 지닌 자본, 상품, 정보, 기술, 범죄, 질병, 공해 등의 흐름에 침투당하고 있으며, 국민국가는 이러한 문제들을 효과적으로 통제하기는커녕 오히려 자국의 정책 능력이나 주권적 권위를 침식당하는 실정이다.

정책 결정이라는 차원에서만 보더라도, 최근 초국적으로 쟁점이 되는 분야들은 전문화·세분화되어 국가가 모두 떠맡기에는 벅찬, 지식 집약적인 경우가 허다하다. 더구나 해당 분야에 실질적 이해관계를 가진 기관이나 시민사회단체들의 영향력이 늘어나면서 이들의 의견을 수렴해 정책 방향을 설정하거나 정책 수행에 필요한 지원을 얻어내는 일이 중요해졌다. 결국 기술, 정보, 지식의 세계정치는 더는 국가 영역에만 배타적으로 머무를 수만은 없으며, 실제로 민간 전문가들이 참가하는 세계정치 주체의 네트워크화를 요구한다. 이와 더불어 새로운 목표로서 기술, 정보, 지식의 추구는 국가 행위자가 추구하는 이익의 정의를 변화시킬 뿐만 아니라, 국가 자체의 기본적 성격 변화로 귀결될 가능성이 높다. 다시 말해 지식 분야에서 국가가 역할을 강화하려 하면 할수록 국가가 혼자 모든 것을 할 수 없는 상황이 발생하고, 그 와중에 자국의 존재적 형태도 일정한 부분의 변화를 겪는 역설이 발생하는 것이다.

그렇지만 새로운 네트워크 환경에서 국가 행위자가 비국가 행위자들로 대체되어 완전히 도태된다고 볼 수는 없다. 아무리 국가 외의 다양한 행위자가 부상하고 이에 따른 복합의 현상이 발생한다고 할지라도 이 행위자들이 무질서하게 난무하는 것으로 보아서는 안 된다. 앞서 이미 강조한 바와 같이, 연극이 아무리 복합적 성격을 띠게 되었다 할지라도 무대 위에서 대표적 역할을 하는 주연배우의 연기는 여전히 관객을 끄는 흥행의 포인트일 수밖에 없다. 마찬가지로 21세기 세계정치에서도 무대 위에 서는 주연배우가 누구냐, 그리고 그들이 어떠한 연기를 펼치느냐를 묻는 것은 여전히 유효하다. 이러한 맥락에서 볼 때 세계정치의 주연배우로서 국가는 사라지지 않고 역할과 형태의 변환을 겪으면서도 네트워크 세계정치에서 여전히 중요한 역할을 담당하는 것으로 파악된다. 다만 부국강병이라는 기존의 근대적 목표 외에도 여타 탈근대적 목표를 추구하는 것이 중요해졌으며, 국가가 아닌 비국가 행위자들과 보조를 맞추어 네트워크를 형성하는 것이 유례없이 중요해졌을 뿐이다.

게다가 네트워크 세계정치는 진공 상태에서 진행되는 것이 아니라 여태까지 핵심적 역할을 담당해왔던 국가 행위자의 기득권이 작동하는 정치적 공간에서 진행되는 게임이다. 이러한 공간에서 국가 행위자가 적응력을 가지고 자신에 유리한 방향으로 반격할 수 있다. 그러나 더 중요하게는 변화하는 환경에서도 공공재를 제공하는 국가의 고유 영역은 여전히 존재할 것이라는 사실이다. 예를 들어 글로벌 정보격차를 해소하는 문제라든지 초국적 네트워크의 안정성과 보안성을 제공하는 문제, 그리고 다양한 행위자의 사적 이해관계를 조율하는 공익 보장의 기능 등을 들 수 있다. 결국 세계정치의 변화는 국가의 소멸보다는 부단한 '제도 조정'의 과정을 통해서 일정한 정도로 국가의 형태가 변화하는 방식으로 귀결될 가능성이 크다. 국민국가가 그 경계의 안과 밖에서 네트워크의 형태로 변환을 겪는 네트워크 국가에 대한 논의가 출현하는 것은 바로 이 대목이다.

2) 네트워크 국가의 개념화

앞서 언급했듯이, 국민국가라는 개념은 근대 초기 서구라는 특정한 시간과 장소의 산물이다. 근대 국제정치에서 영토 국가 모델은 매우 성공적이었던 것이 사실이다. 무엇보다도 영토 국가는 안보를 제공하고 시장의 활동을 보호하는 믿을만한 법과 제도를 제공했다. 아울러 영토 내의 다양한 종족적·종교적 분열을 봉합함으로써 국민적 충성심을 창출했다. 그럼에도 국가의 경계는 계속 이동하고 법과 제도와 정체성의 국민적 건설은 계속 변화를 겪고 있다. 사실 인류 역사에서 가장 두드러진 정치 단위는 마을이나 도시는 차치하더라도, 네이션nation이 아니라 이를 넘어서는 통제력과 권위를 행사하고 정체성을 제공한 단위였다. 실제로 인류 역사의 반 이상의 시기는 지구 차원에 걸쳐서 국민들peoples 다수를 다스리는 제국들empires이 통치했다. 하물며 웨스트팔리아 조약 이후의 근대 국제정치마저도 엄밀하게 보면 국가만큼이나 제국이 주요한 행위자로서 활동했다. 근대 팽창기 국민국가의 모델들이 이식될 때에도 네이션의 단위에 갇히지 않으려는 제국주의의 양상이 나타났다. 제2차 세계대전 이후 냉전 시기에 대결했던 미국과 소련도 전형적 국민국가라기보다는 비공식 제국informal empire 또는 국민제국nation-empire이었다(Osiander, 1994; Ferguson and Mansbach, 2007: 537~538).

이러한 맥락에서 보면, 이 책에서 네트워크 국가라는 논제 아래 논하는 '국가state'의 형태도 오늘날의 특정한 시간과 장소의 산물이다. 네트워크 국가는 근대적 의미의 국가 행위자가 변환을 겪으면서 출현하는 21세기 세계정치의 새로운 주연배우라고 할 수 있다. 네트워크 국가는 근대적 의미의 부국강병과 세력균형의 게임을 수행하면서도 협력과 번영 및 상생의 탈근대 게임을 동시에 펼치는 역할의 행위자이다. 앞서 비유적으로 묘사한 바와 같이, 마치 주연배우가 연극의 감독이나 작가의 역할도 담당하며, 경우에 따라서는 오프라인의 비평가이자 온라인 논객의 역할을 맡을 수도 있는, '일인 다역'을 하는 복합배우를 연상케 하는 모델이다. 이러한 복합 배우의 역할은 조연배우와 엑스트라의 연기를 지도할 뿐만 아니라 경우에 따라서는 무대 뒤에서 벌어지는 제작진 회의에도 참석해 연극의 내용을 기획하기도 하는 네트워킹을 담당하기도 한다. 이상의 비유에서 연상되듯이 21세기 네트워크 국가는 '네이션nation'의 경계를 넘나들며 활발하게 부상하는 비국가 행위자들의 활동을 복합하는 역할을 담당하는 주체이다.

네트워크 국가의 부상은 기존 국민국가의 안과 밖이 연결되는 패턴을 변화시킬 뿐만 아니라 국민 구성원과 민족 구성원들의 정체성도 변화시킨다. 다시 말해 네트워크 국가는 국가 활동에서 영토적 공간의 적실성이 상실되는 현상과 국민·민족이라는 정치·문화 공동체가 재조정되는 현상을 수반한다. 이러한 네트워크 국가 현상은 크게 두 가지 차원에서 이루어진다. 한편으로 국가는 개별 국가 차원에 주어지는 도전에 효과적으로 대처하고자 영토적 경계를 넘어서 국제적이고 지역적이며, 때에 따라서는 초국적 차원의 제도적 연결망을 구축한다. 이러한 과정에서 영토를 기반으로 하는 국민국가의 주권이 여타 행위자들과 일부 공유되는 현상이 나타나기도 한다. 다른 한편으로 국가는 자국의 기능과 권한을 적절하게 국내의 하위 단위체에게 분산하고 이전함으로써 그 구성원들로부터 정당성을 확보하려 시도한다. 이는 주로 지방자치정부나 비정부기구들을 활성화하는 과정으로 나타나며, 국민 정체성과 민족 정체성에서 분화된 시민사회, 이익집단, 지방 사회, 개인 등이 형성하는 초超국민 네트워크와 초超민족 네트워크의 형태로 출현하기도 한다.

국가의 안과 밖에서 발생하는 네트워크 현상은 현실 세계정치에서 좀 더 복합적 형태로 나타날 수 있음을 명심해야 한다. 예를 들어 국가의 탈영토화 와중에도 네트워크 국가의 국민·민족 기반이 상당 부분 유지되거나, 국가의 구성 단위가 여전히 국민·민족으로 남은 상황에서도 네트워크의 성격이 가미될 수도 있다. 또한 해외 동포 네트워크의 사례에서 보는 바와 같이 국민 정체성과 민족 정체성이 기존의 국가 경계를 가로질러 좀 더 큰 네트워크로 묶일 가능성도 배제할 수 없다(McCormick, 2002).

마틴 카노이Martin Carnoy와 카스텔이 말하는 네트워크 국가의 개념은 이러한 과정에서 새롭게 부상하는 국가를 설명하려는 초기의 시도이다. 그들은 다음과 같이 설명한다.

> 새로운 국가는 네트워크로서 기능하는데, 이러한 네트워크에서 모든 노드는 상호작용하면서 국가의 기능을 수행하고자 작동한다. …… 네트워크 국가는 축적과 지배의 글로벌 네트워크로서 통합되는데, 국가정책으로서 채택되는 공세적 측면과 시민들로부터 정당성을 획득해야 하는 수세적 측면이 맞물리면서 등장한다. 이러한 네트워크 국가는 산업화 시대로부터 정보화 시대로의 전환기에 이루어지는 사회적 투쟁과 지정학적 전략의 산물로서 생겨난다(Carnoy and Castells, 2001: 14).

크리스토퍼 안셀Christopher K. Ansell도 "기능적으로 영토적으로는 해체되지만, 그럼에도 조직 간과 정부 간의 관계망을 통해서 국가 영역도 상호 연계되고 국가 영역과 사회 영역도 상호 연계된 독자적인 현대적 정체政體"로서 네트워크 정체, 즉 네트워크 국가의 개념을 제시한다(Ansell, 2000: 303).

이렇게 통합과 분화의 동학을 동시에 보여주는 네트워크 국가는 어떠한 방식으로 조직되어 작동하는가? 먼저 주목할 점은 네트워크 국가는 그 개념적 외연이 '개방 체계open system'의 형태를 띠는 국가라는 사실이다. 이는 안과 밖이 명확히 구분되고 일차원적이고 경직된 경계를 가진 '폐쇄 체계closed system'로 개념화되는 근대국민국가의 형태와 대비된다.[6] 네트워크 국가는 안과 밖이 상호 침투하고 다차원적이고 유동적인 경계를 가진 시스템이다. 개방 체계인 네트워크 국가의 내부는 외부 환경과 확연히 구분되는 것이 아니라 외부 환경의 연속선상에 있는데, 다만 구성 요소 간의 상호작용이 발생하는 밀도를 준거로 해서 외부 환경과의 경계가 생긴다. 다시 말해 조직 내부의 상호작용은 그 외부 환경과의 상호작용보다 밀도가 더 높은데, 이러한 관점에서 보면 상호작용 자체가 핵심적 분석 단위가 되는 셈이다. 이렇게 설정된 경계는 상호작용의 밀도 변화에 유동적으로 반응하므로 용이하게 재설정될 수 있다. 이러한 점에서 네트워크 국가는 안과 밖에서 제기되는 도전에 대해 부단히 변환해가는 '자기조직 국가'의 형태를 띤다고 할 수 있다(Ansell and Weber, 1999: 75~77; Braman, 1994: 366).

네트워크 국가의 조직 형태를 이해하는 데에는 행위자 차원에서 조직의 성격을 탐구하는 개방 체계의 시각을 넘어, 구조 차원에서 접근하는 네트워크 이론의 시각도 필요하다. 네트워크 이론에서는 노드 그 자체보다는 노드 간의 관계가 더욱 중요한 분석의 초점인데, 이러한 관계는 네트워크에 참여하는 노드를 역으로 구성하기도 한다. 다시 말해 네트워크 이론은 노드의 상호작용에 대한 분석에 머물지 않으며, 오히려 네트워크상에서 형성되는 관계 자체에 대

---

6 개방 체계의 형태를 띤 국가 모델을 논의한 연구로는 Braman(1994, 1995), Ansell and Weber(1999), Arquilla and Ronfeldt(2001), Barabási(2002), Urry(2003) 등을 참조하기 바란다.

한 분석에 초점을 둔다. 이러한 관계들은 노드 간의 상호작용을 포함하지만, 그것을 넘어서 눈에 보이지 않는 구조적 요소들을 포함한다. 네트워크의 속성은 노드나 그들 간의 상호작용으로 환원되지 않으며, 따라서 노드들의 조직 형태는 네트워크 자체에 담겨진 관계들의 결과물로서 이해해야 한다(Ansell and Weber, 1999: 78). 이러한 시각에서 보았을 때 네트워크 국가라는 조직은 개별 국가들과 다른 국가들, 또는 개별 국가들과 비국가 행위자들이 만들어내는 관계의 맥락에서 이해되어야 한다(Ansell, 2000: 308~309).

이상의 다각적인 논의를 바탕으로 해서 네트워크 국가의 개념을 정리하면, 네트워크 세계정치이론의 관점에서 볼 때 주목해야 할 네트워크 국가의 개념은 적어도 다음과 같은 세 가지 층위에 있다. 이러한 세 가지 층위는 우리가 '국가'라고 부르는 것의 세 가지 다른 개념적 측면과 연결되는데, 제7장에서 살펴볼 주권 변환의 세 가지 층위에 해당하는 정부government의 변환, 국가state의 변환, 네이션nation의 변환 등과 맥을 같이한다.

첫째, '정부의 변환'이라는 맥락에서 이해한 네트워크 국가는 '정부 간 네트워크inter-governmental network'에 가깝다. 이러한 네트워크 국가의 모습은 국가 차원 또는 정부 차원에서 다른 국가 행위자를 상대로 해서 의도적으로 추진하는 정책이나 전략의 과정을 통해서 나타난다. 이는 국가의 경계를 넘어서 발생하는 국제적 문제 또는 초국적 문제들을 해결하고자 개별 국가의 기능을 연결해서 구성되는 정부 차원의 네트워크이다. G8이나 G20, OECDOrganization for Economic Cooperation and Development 등의 프레임워크를 따르는 정상회의나 각료회의, ASEAN이나 APEC 등과 같은 지역 협력체, 또는 북핵 문제 해결을 위한 베이징 6자회담처럼 현안에 따라서 형성되는 정부 협의체 등이 사례이다. 이들 사례는 공식 국제기구는 아니면서 정부 간 공식 외교 관계를 통해서 발현되는 네트워크 국가의 면모이다.

그 외에도 국가기구의 기능적 분화를 바탕으로 유사 조직들이 형성하는 '초정부적 네트워크'도 있는데, 이는 앤-마리 슬로터의 '해산된 국가disaggregated state'의 개념과 맥을 같이한다(Slaughter, 2004). 해산된 국가를 쉽게 설명하면, 이전에는 영토 국가의 경계 내에서 통합되었던 행정부, 입법부, 사법부 등의 국가 조직이 이제는 각기 초국적 네트워크를 추구하면서 국가의 기능을 확대하는 모습의 국가이다. 다시 말해 행정부의 네트워크, 의회의 네트워크, 사법과 경찰의 네트워크 등과 같이 국가의 기능이 분화되어 네트워크화되는 현상을 이러한 국가 개념으로 이해할 수 있다.

둘째, '국가의 변환'이라는 맥락에서 이해한 네트워크 국가는 국가 행위자와 비국가 행위자의 복합체complex에 가깝다. 이는 수평적 관리 양식으로서 '거버넌스governance'의 부상이라는 맥락에서 이해할 수 있는 네트워크 국가의 면모이다(Løvseth, 2009). 이는 앞서 살펴본 바와 같은 사이버 안보, 디지털 경제, 기술, 정보, 지식, 환경 등의 분야에서 비국가 행위자들의 역할이 증대되고 국가 행위자들은 이러한 변화를 수용할 수밖에 없는 양상으로 나타난다. 특히 이는 대외적 차원에서 효과적인 정책을 추진하고자, 또는 대내적 정당성을 창출하고자 의도적으로 구성되는 국가 및 비국가 행위자들의 사실상 네트워크의 형태로 나타난다. 앞서 이러한 네트워크 국가는 언급한 탈발전국가나 조절국가의 논의와 통하는 바가 큰데, 다양한 형태의 공공-민간 파트너십이나 정부 활동에 대한 민간 참여 등이 사례이다. 최근 지구화와 정보혁명의 맥락에서 제기되는 글로벌 거버넌스에 대한 논의는 이렇게 비국가 행위자들의 역할이 커지는 네트워크 국가의 모델을 전제로 한다.

끝으로, '네이션의 변환'이라는 맥락에서 이해한 네트워크 국가는 국민국가 단위를 넘어서 좀 더 넓은 지역 차원에서 형성되는 국가들의 연합체 내지는 지역 통합체에 가깝다. 이러한 네트워크 국가의 모습은 그야말로 지정학적 공간의 확대라는 차원에서 국가의 기능이 네이션nation의 경계를 넘어서는 '광역국가'가 등장하는 것을 의미한다(이용희, 1994). 이는 단순히 국가 기능의 네트워크화를 꾀하는 차원을 넘어서 국가의 형태적 통합에까지 나아가기도 한다. 예를 들어 이러한 광역국가 모델에서는 지역 차원에서 초국적으로 작동하는 공식(또는 비공식) 기구가 설립되며, 이와 병행해 국내 차원에서 지방 정부나 비국가 행위자들이 참여하는 국가 하위 네트워크도 형성된다. 이들 국가하위 네트워크들은 국민국가의 정부를 우회해 초국적 네트워크를 형성해서연대를 도모하기도 한다. 이렇게 광역의 지역 통합체 형태로 나타나는 네트워크 국가의 가장 대표적인 사례는 유럽연합이다. 앞서 언급한 카노이와 카스텔, 안셀 등의 네트워크 국가에 대한 논의는 바로 이러한 유럽의 경험적 사례를 염두에 두고 개념화되었다.

　요컨대 이 책에서 제시하는 네트워크 국가의 개념은 앞의 세 가지 층위 중에서 어느 하나에만 고정된 것은 물론 아니다. 관건이 되는 문제의 성격에 따라서 두세 층위가 동시에 작동하기도 하고, 이러한 과정에서 네트워크 국가가발현되는 공간도 다층적으로 나타날 수밖에 없다. 앞서 언급한 개방 체계나자기조직 국가 또는 행위자들의 관계적 맥락에서 이해하는 국가 등의 개념은바로 이러한 네트워크 국가 개념의 유동성을 담으려는 시도들이다. 행위자-네트워크 이론에서 말하는 행위자-네트워크의 개념도, 인간 행위자들뿐만 아니라 비인간 행위자까지도 포함하는 차원에서, 네트워크 국가 개념의 일면을 잘담아낸다(Passoth and Rowland, 2010).

4. 네트워크 지식국가의 권력론

앞서 살펴본 네트워크 지식국가의 개념은 세 가지 키워드로 요약된다. 첫 번째 키워드는 '지식'이다. 네트워크 지식국가는 그 수단과 목표로서 지식 자원에 크게 의존하고, 그 조직과 작동에서도 지식변수가 핵심적 역할을 담당하는국가이다. 두 번째 키워드는 '네트워크'이다. 네트워크 지식국가는 국민국가의양대 축인 네이션과 국가의 이완을 배경으로 해서 영토적 경계의 안과 밖에서출현하는 개방형 복합 네트워크의 형태로 부상하는 국가이다. 마지막 키워드는 '국가'이다. 네트워크 지식국가는 변화하는 세계정치 환경에 대응해 그 기능적 성격과 존재적 형태 및 권력 메커니즘을 교묘히 변형하는 국가이다. 이절에서는 마지막 키워드인 '국가'에 초점을 맞추어 자기조직의 과정을 추구하는 네트워크 국가의 권력 행사 메커니즘을 살펴보고자 한다.

1) 네트워크 국가의 메타 거버넌스

네트워크 국가의 모델에서 다양한 행위자의 관계를 유지하고자 국가에 요구되는 역할은 중심성centrality의 제공이다. 안셀은 이를 '네트워크 중심성network centrality'이라 부른다(Ansell, 2000: 309). 이러한 네트워크 국가의 역할은 다양한 행위자의 이해관계를 조정하고 협력을 이끌어내는 일종의 중개자 역할을 의미한다. 이안 클라크Ian Clark가 지구화시대의 국가를 '중개자 국가broker state'로 개념화한 것도 바로 이러한 맥락이다(Clark, 1999: 54). 기능적 차원에서 이러한 네트워크 국가의 중개자 역할은 행정조직들의 관할권 경계를 넘어서 또는 공공 영역과 사적 영역의 구분을 넘어서 이루어진다. 또한 조직적 차원에서 이러한 역할은 정규 행정조직 내에서 파생될 수도 있지만, 혹은 특정 프로젝트를 관리할 목적으로 새로이 고안된, 일종의 태스크 포스 또는 버추얼 조직에서 수행하기도 한다.

이러한 네트워크 국가의 중개자 역할은 제숍이 주장한 메타 거버넌스meta-governance의 개념과 맥을 같이한다. 메타 거버넌스는 다양한 거버넌스 메커니즘 간의 상대적 균형을 모색함으로써 그들 간의 우선순위를 조정하는 관리 양식을 의미한다. 제숍에 의하면, 시장의 무정부 질서anarchy, 국가 통제의 위계질서hierarchy, 거버넌스의 다층 질서heterarchy 중 어느 한 메커니즘만으로는 권력관계의 완전한 균형과 이익의 형평을 달성하는 데에 한계가 있다. 즉, 사회체계의 복잡성, 구조적 모순, 전략적 딜레마, 양면적 목표의 존재 등으로 말미암아 시장 메커니즘이나 국가 통제 또는 거버넌스의 자기조직화 모두 실패한 가능성이 있다. 따라서 이들의 실패를 보정하기 위한 '메타구조meta-structure'의 역할이 요구된다.

이러한 맥락에서 일종의 '거버넌스의 거버넌스the governance of governance'로서 메타 거버넌스의 필요성이 제기된다. 제숍에 의하면, 국가는 다양한 행위자가 활동하는 장을 마련하고, 상이한 거버넌스 메커니즘의 호환성과 일관성을 유지하며, 정책 공동체 내에서 대화와 담론 형성의 조직자 역할을 담당하고, 정보와 첩보를 상대적으로 독점하며, 거버넌스 관련 분쟁을 호소하는 장을 제공하고, 시스템 통합과 사회적 응집을 목적으로 권력 격차의 심화를 조정하며, 개인과 집단 행위자의 정체성과 전략적 능력과 이해관계를 조정하고, 거버넌스가 실패하는 경우 정치적 책임을 지는 등의 메타 거버넌스 역할을 담당한다(Jessop, 2003: 242~243).

그런데 여기서 주목할 것은 네트워크 국가가 네트워크상의 관계를 유지하고 조정자 역할을 수행하는 데에는 노드 간의 관계망이 형성되는 데에 활용되는 지식 변수, 특히 IT의 역할이 매우 중요하다는 사실이다. 이러한 맥락에서 전자 정부e-government의 추진에 따른 정부의 버추얼화virtualization에 대한 논의에 주목할 필요가 있다. 예를 들어 제인 파운틴Jane Fountain은 버추얼 국가의 개념을 통해서 IT의 도입에 따른 정부 조직의 네트워크화를 논한다. 파운틴의 버추얼 국가는 점차로 그 구조와 능력이 인터넷과 컴퓨터에 의존하는 버추얼 정부를 의미하는데, 이러한 과정에서 서류 기반의 업무를 하는 관료제 조직이 웹 기반의 탈脫관료제적 네트워크 조직으로 변화한다. 또한 이러한 버추얼 국가의 등장은 정부 조직 자체의 효율적 재편을 넘어서 정부와 시민사회의 관계를 단순하면서도 더욱 밀접하게 상호작용하는 형태로 변환하며, 더 나아가 시민사회 행위자 간의 새로운 역관계를 반영하는 제도적 배열의 등장을 부추기기도 한다. 이러한 정부의 버추얼화 또는 네트워크화를 가능케 한 것은 다름 아닌 디지털 메타 지식으로서의 IT의 존재이다(Fountain, 2001).

한편 디지털 메타 지식으로서의 IT의 발달은 네트워크 국가의 대외적 네트워크 형성에도 중대한 영향을 미친다. 특히 영토적 경계의 안과 밖에서 짜이는 분합分合, fragmegration과정에서 네트워크 국가의 다층적 상호 의존은 IT의 존재에 크게 의존할 수밖에 없다(Rosenau, 2003). 강대국의 제국적 네트워크나 각국의 정부 간 네트워크, 또는 지역 통합의 네트워크이건, 아니면 다국적기업이나 시민사회가 형성하는 초국적 네트워크이건 간에 이들 네트워크는 모두 효율적으로 운영하려면 인터넷이나 이동통신과 같은 디지털 네트워크의 존재를 전제로 할 수밖에 없다(Gallemore, 2005). 더 나아가 네트워크 국가가 발휘하는 조정자의 역할도 조직지組織知 형태의 메타 지식이나 구성원들의 정체성에 영향을 미치는 구성적 지식의 생산을 전제하지 않고서는 제대로 작동할 수 없다. 요컨대 네트워크 국가의 부상은 도구적 지식과는 다른 의미에서 이해되는 이른바 '구성적 메타 지식'의 존재에 크게 의존할 수밖에 없다. 이러한 점에서 21세기 네트워크 국가가 제대로 작동하려면 지식국가와 결합해서 네트워크 지식국가의 모습을 취할 수밖에 없다.

이상의 논의를 바탕으로 볼 때, 21세기 국가 변환은 도구적 지식의 생산과 구성적 지식의 활용 과정에서 국가의 형태와 기능이 네트워크화되는 지식국가와 네트워크 국가의 복합 모델, 즉 네트워크 지식국가로 개념화된다. 이러한 네트워크 지식국가의 개념에서 핵심적인 것은 지식, 네트워크, 국가의 세 변수가 만들어내는 교묘한 조합을 이해하는 데에 있다. 예를 들어 제숍이 제시한 '슘페터적 근로복지 탈국민 레짐Schumpeterian workfare postnational regimes'이라는 용어는 이러한 세 변수의 밀접한 관계를 잘 보여주는 사례이다.[7] 제숍은 '슘페터적'이라는 용어를 통해 국가 변환의 동인으로서 지식 변수의 중요성에 주목할 뿐만 아니라, '탈脫국민'이라는 용어를 통해 국가의 기능을 하는 새로운

---

7 제숍(2003: 247~276)은 복지(welfare)를 넘어서는 근로복지(workfare)를 21세기 자본주의국가의 한 측면으로서 파악하고 있지만, 이 장에서는 이러한 측면을 명시적으로 다루지는 않았다.

단위가 국민·민족을 넘어서 등장함을 보여주며, 국민국가를 연상시키는 '국가'보다는 '레짐'이라는 용어를 사용함으로써 '정치'의 기능이 사라지지 않는다는 점을 강조한다. 그런데 이러한 네트워크 지식국가의 개념화 작업에서 궁극적으로 중요한 것은 지식, 네트워크, 국가의 세 변수가 만나서 교묘한 형태로 행사되는 21세기 지식 권력의 메커니즘을 탐구하는 데에 있다.

2) 네트워크 국가의 지식 권력

국가가 행사하는 지식 권력의 메커니즘에 대한 논의는 디지털 메타 지식으로서의 IT가 부상한 정보화 시대에 부각되었지만, 그 역사적 기원은 근대 초기까지 거슬러 올라간다. 근대 초기에 이르러 규칙적이고 체계화된 정보의 수집·저장과 이를 통한 지식의 창출·활용은 서구 국가에서 발견되는 관료제의 발달과 연결된다. 이러한 관료제는 전문 지식을 기반으로 효율성을 발휘하는 일종의 메타 지식 기구였다. 한편 18~19세기를 거치면서 근대국가를 통제하고 유지하는 수단으로 지식의 중요성이 부각되었는데, 특히 서구 각국에서는 국가권력과 사회 통제를 위한 지식 체계가 크게 발달했다. 그중에서도 지식의 과학적 형태로서 발달한 통계는 합리적 정책 수립과 함께 사회 각 부문에 대한 감시surveillance를 가능케 했으며, 궁극적으로 지배계급의 사회적 통합을 정당화하는 '지식국가'의 기능을 가능케 했다(최정운, 1992). 이러한 지식 권력은 네오마르크스주의 국가론의 연장선에서 자본주의국가의 이데올로기적 장치로서 지식국가를 탐구한 니코스 풀란차스Nicos Poulantzas의 '과학국가scientist state'와도 맥을 같이한다. 최정운(1992)과 풀란차스(1978)의 지식국가는 과학적 지식 또는 일종의 '아날로그 메타 지식'을 활용하는 과정에서 지식 권력을 행사하는 모델로서, 근대국민국가의 관료제 모델을 연상시킨다는 점에서 '관료 지식국가bureaucratic knowledge state'라고 부를 수 있을 것 같다.[8]

　　대외적 차원에서도 국가가 행하는 정보의 수집·저장·활용은 근대 지식

국가의 감시 권력의 사례를 보여준다. 기든스에 의하면, 정보의 통제를 바탕으로 한 집합행동의 감독을 의미하는 감시는 근대국가의 형성 과정과 관련된 권위적 자원의 확장에서 중요한 역할을 한다(Giddens, 1985). 다시 말해 정보의 규칙적인 수집·저장·활용은 행정적 효율성과 군사력 및 경제력의 유지에 필수적 메커니즘이라는 것이다. 이러한 감시적 정보 국가로서 지식국가의 특성은 근대국가의 대외정책과 관련해 근대 외교나 염탐espionage 등의 형태로 나타나는데, 공식적인 국가기구뿐만 아니라 동인도회사와 같은 기관도 정보의 수집·저장·활용의 기능을 담당했다. 한편 서구 제국주의 국가들이 식민지에 대한 정보 수집과 지식 획득을 위한 인프라로서 구축한 전신 네트워크는 근대국가가 대외적으로 팽창하는 과정에서 중요한 역할을 했다(Headrick, 1991; 土屋大洋, 2001).

IT의 확산으로 비롯된 감시적 정보 국가의 권력 강화는 정보화 시대를 맞이해 변환을 겪는 국가의 모습을 극명히 보여준다. 예를 들어 케빈 로빈스Kevin Robins와 프랭크 웹스터Frank Webster가 말하는 '신경망국가cybernetic state'의 부상은 IT의 발달이 감시국가의 행정과 통제를 점점 더 통합한다는 대표적 사례이다(Robins and Webster, 1999). 신경망국가의 통제 속에서 IT가 확산됨에 따라, 이른바 '공론장public sphere의 과학적 관리scientific management'로 알려진 것처럼 온라인 토론은 점점 더 도구적이고 효율성 위주가 된다. 사실 이러한 과정은 20세기 초 테일러주의Taylorism의 부상에 그 기원을 두는데, 최근 유비쿼터스 기술에 기반을 둔 디지털 메타 지식의 확산에 따라서 공론장의 논리를 넘어서 기술자와 관료들을 통한 사회의 과학적 관리가 비대화되는 것이다. 전자 감시의 확산으로 말미암아 정치적 삶의 규제와 여론의 엔지니어링 가능성이 증대되고, 개인 정보의 정치적 유용 및 상업화에 대한 우려가 증대된다.

이러한 과정에서 관찰되는 국가의 권력은 마치 컴퓨터 시스템과 네트워크

---

8 정보하이 매락에서 본 한국의 감시국가에 대한 논의로는 Lee(2007)를 참조하기 바란다.

에서 소프트웨어 또는 네트웨어netware가 발휘하는 영향력을 연상시킨다. 즉, 국가 구성원이라는 하드웨어를 구동하고, 업무 코드를 프로그래밍하며, 조직 간의 커뮤니케이션을 매개하는 '소프트웨어 국가software state'의 모습을 상정해 볼 수 있다. 이러한 소프트웨어 국가가 행사하는 권력은 특정 자원에 기반을 둔 물질적 권력이라기보다는 시스템을 프로그래밍하고 네트워크를 중개하는 과정에서 발생하는 네트워크 권력이다. 마치 컴퓨터 운영 체계나 웹브라우저, 또는 인터넷 검색엔진의 보이지 않는 영향력을 연상케 한다. 마찬가지로 소프트웨어 국가로서 네트워크 지식국가도 지식의 생산과정 자체에 직접 관여하기보다는 지식 생산의 표준을 설정하고 지식담론을 통제하는 구조적 메커니즘에 의거해 권력을 발휘한다.

이러한 소프트웨어의 프로그래밍에서 나오는 권력에 대한 논의는 미셸 푸코의 거버멘탤리티governmentality 개념에 극명히 나타난다(Burchell, Gordon and Miller eds., 1991; Faubion ed., 2000; Foucault, 2007). 어의상으로 '통치의 기술art of government'을 의미하는 거버멘탤리티는 '통치술統治術' 정도로 번역할 수 있겠다.[9] 내용적으로 거버멘탤리티는 통치를 행하는 명시적 기구body로서의 정부를 뜻하는 '거버먼트government'와 대비해서 이해할 수 있다. 거버멘탤리티는 통치의 '기구'적 측면보다는 '기술'적 측면을 강조한 개념이라는 점에서, 합리화되는 방향으로 변화하는 거버먼트의 또 다른 논리를 반영한 개념이기도 하다. 이런 거버맨텔리티에 대한 논의는 푸코의 권력/지식power/knowledge의 논의에 기원을 두는데, 푸코의 후기 저작에서는 권력/지식이 통치의 구체적 정신 구조mentality를 의미하는 용어인 거버멘탤리티로 바뀌어서 사용되었다(Foucault, 1980, 1991; 김상배, 2010a: 240).

푸코가 말하는 거버멘탤리티는 사물에 대한 지식을 바탕으로 해서 '부와

---

9 이 책에서는 거버멘탤리티(governmentality)라는 용어를 거버먼트(government)나 거버넌스(governance) 등과 대비하고자 굳이 번역하지 않고 음차해 사용했다.

건강, 행복을 알고 다스리기 위한 모든 시도에 체현된 사고방식과 행위 양식'이다. 거버멘탤리티는 통치되어야 할 각각의 사물의 '편의에 맞게끔convenient' 그들을 배열하는 방식이기도 하다. 이러한 점에서 거버멘탤리티는 개별적이면서도 전체적인 삶을 보장하고 유지하고 개선하는 데에 기여하는 권력이다. 푸코는 이러한 권력을 양치기와 양떼의 관계에서 유추해 살아 있는 개인들에 대해 행사되는 '사목司牧, pastorship' 권력이라는 관점에서 논한다. 이러한 사목의 권력은 양치기가 각 개체의 상태를 보아가며 양을 돌보듯이, 개인들에 대한 개별화하는 지식을 기반으로 해서 개별화된 형태로 작동하는 권력이다. 이는 실체적이고 고정된 자원의 개념으로 이해되는 권력이 아니라, 개인 사이의 특정한 유형의 관계로서 이해되는 권력이다(Foucault, 1991; 김상배, 2010a: 240). 이런 푸코의 거버멘탤리티에 대한 논의는 여러 가지 측면에서 여기서 다루는 네트워크 국가의 지식 권력(또는 푸코의 용어로는 권력/지식)을 떠올리게 한다.

한편 활동의 장을 달리해서 나타나는 21세기 국가권력의 모습은 네트워크 국가라는 개방 체계의 정체성을 형성·유지하고자 구성적 지식을 활용하는 과정에서도 발견된다. 사실 국가가 구성원에게 정체성을 제공하는 '경계 짓기'의 역할은 자기조직의 과정을 밟아가는 국가의 중요한 측면이다. 특히 네이션이 네트워크로 깨져나가는 마당에 국가는 종전과 같이 영토를 기반으로 한 국민 정체성의 형성을 시도하기보다는, 의미나 상징을 근거로 경계 짓기를 시도함으로써 사회적 통합과 정당성의 확보를 추구하고자 한다. 예를 들어 제리 에버라드Jerry Everard에 의하면, 교육이나 매스미디어 등을 통해서 노동자들을 지구화된 공동체 또는 정체성에 재통합하는 능력에 국가의 정당성 확보 여부가 달리게 되는데, 그 결과 국내적 계급 경쟁보다는 대외적인 지식 경쟁과 정체성 정치로 국가의 주요 기능이 옮겨간다(Everard, 2000: 7).

그러나 변환의 모습을 보여주는 지식 권력의 영역에서조차도 국가의 권력은 계속해서 도전받는다. 정보화 시대의 지식은 국가의 합리적 통제력을 강화하는 동시에 국가의 통제력을 약화하는 수단으로도 작용하기 때문이다. 다시 말해 정보혁명이 진전됨에 따라 디지털 메타 지식의 생산과 활용에서조차 국가가 주도권을 발휘하는 데에는 한계가 있다. 예를 들어 인터넷 시대에는 다국적기업이나 글로벌 시민사회의 전문가 네트워크 등과 같은 비국가 행위자의 정보처리 능력이 오히려 국가보다 앞선 경우가 허다하다. 특히 하이퍼텍스트 환경에서 초국적 네트워크의 형성을 통해서 이루어지는 부단한 정보의 소통과 이를 바탕으로 한 지식의 재생산은 지식 패권에 대한 대항 네트워크의 형성을 용이하게 한다. 이런 과정에서 등장하는 정체성은 불가피하게 국민국가 단위의 국민 정체성nationality을 잠식하는 '네트워크 정체성network identity'일 가능성이 크다. 요컨대 지식과 네트워크를 매개로 해서 기성의 지식 권력에 대한 대항적 지식 권력이 발생할 가능성이 상존한다(Deibert, 1997).

이러한 맥락에서 보면, 네트워크 지식국가의 등장은 궁극적으로 지식민주주의의 부상과 연계된 형태의 '시민적 지식국가civic knowledge state'에 대한 요구와 맞부딪힐 수밖에 없다. 이러한 시민적 지식국가의 요구는 최근 국내 인터넷 커뮤니티를 중심으로 벌어진 네티즌들의 정책 논쟁에서 극명하게 드러난다. 이러한 과정에서 인터넷을 통한 네티즌들의 집합지성은 일견 탈국가적으로 보이는 네트워크 권력을 행사하기도 했다. 사실 네트워크상에서 중심성을 제공하는 리더십이 반드시 기존의 국가 영역으로부터만 나오라는 법은 없다. 국가의 역할에 비견되는 사실상의 리더십이 사회 영역의 비정부 행위자들로부터 시작될 수도 있다. 그러나 궁극적으로 중요한 것은 이러한 과정에서 비국가 행위자들의 네트워킹을 통해 만들어지는 버추얼 조직이 그 구성원들만의 사적 이해관계를 추구하는 차원을 넘어서 사회구성원 전체의 공익을 대변하는 역할을 담당할 수 있느냐 하는 문제이다(Ansell, 2000: 309).

5. 네트워크 국가의 세계정치

1) 네트워크 국가의 현실

이상에서 네트워크 지식국가의 부상으로 개념화해서 살펴본 국가 변환은 국가의 성격 또는 기능의 변환을 한 축으로 하고 국가의 형태 변환을 다른 한 축으로 해서 진행된다. 전자가 지식국가의 변환이라는 말로 요약된다면, 후자는 네트워크 국가의 부상이라는 말로 요약된다. 성격과 기능 변환이라는 점에서 21세기 국가는 발전 지식국가, 조절적 지식국가, 구성적 지식국가의 부상이다. 국가의 형태 변환이라는 점에서는 정부 간 네트워크의 부상, 국가-비국가 복합체의 부상, 지역 통합체의 부상 등으로 볼 수 있다.

그렇다면 지구화 시대와 정보화 시대를 맞이해 부상하는 네트워크 국가는 실제 세계정치 현실에서 어떤 모습으로 출현해 작동하는가? 이 장에서 살펴본 네트워크 국가의 부상은 21세기 세계정치에서 획일적으로 나타나는 경험적 현실이 아니다. 더군다나 지구상의 모든 국가가 정보화 시대를 맞이해 국민부강국가로부터 네트워크 지식국가로 이행하는 식의 무차별적 변환이 발생하는 것도 아니다. 실제 세계정치 현실에서는 특정 지역의 국가들이 다른 지역의 국가들보다 앞장서서 변환의 과정을 겪고 있으며, 군사, 경제, 문화 등과 같은 영역별로도 국가 변환의 정도는 상당한 편차를 보인다. 이러한 상황을 고려하면, 아무리 시대가 변하더라도 일정 기간 네트워크 국가로의 변환은 편차가 발생할 것을 예견할 수 있다.

게다가 이러한 네트워크 국가로의 변환은 정치적 진공 상태에서 발생하는 것이 아니라 치열한 정치적 경쟁(또는 협력을 통한 경쟁이나 경쟁을 위한 협력)의 과정을 통해서 이루어질 수밖에 없다. 근대 국제정치에서 국민국가들이 부국강병의 게임을 벌였듯이 21세기 세계정치에서는 네트워크 국가들이 네트워킹 게임의 경합을 벌인다. 네트워크 국가들이 벌이는 네트워크 간의 경합이라는 점에서 '네트워크 국가의 망제정치'라고 할 수 있다. 여기서 망제정치란 두 가지 종류의 네트워크 현상이 서로 경합을 벌이면서 새로운 질서를 모색한다는 의미이다. 이런 의미에서 21세기 네트워크 세계정치는 근대적 의미의 국제정치를 넘어선다.

그렇다면 이렇게 네트워크 국가들이 벌이는 망제정치의 내용은 무엇인가? 네트워크 세계정치이론에서는 그 내용으로 네트워크 권력정치의 메커니즘에 주목한다. 행위자-네트워크 이론ANT에서 원용하는 전략론을 적용하면, 네트워크 권력정치는 경합이 벌어지는 세계정치의 장으로서 네트워크를 설계하고(프레임을 짜고), 그 네트워크 안에서 새로운 관계를 맺거나 기존의 관계를 끊으면서 연결과 단절, 중개의 역할을 추구하는 권력 게임이다. 이러한 네트워크 권력 게임의 승패는 실력이나 매력을 바탕으로 얼마나 많이 내 편을 모아서 나를 지지하는 네트워크 세력을 형성할 수 있느냐, 그리고 여기서 더 나아가 세계정치라는 네트워크에서 보편적 표준을 세울 수 있느냐에 달렸다. 이렇게 네트워크 국가들이 자원 권력 게임을 넘어서는 네트워크 권력 게임을 벌이는 과정에서 현실주의가 상정하는 무정부 질서와는 다른 모습으로 그려지는 새로운 세계질서, 즉 네트워크 질서가 창발한다.

실제로 네트워크 국가의 출현은 지역에 따라서 진행되는 속도와 형태가 다르게 나타난다. 이러한 맥락에서 보면, 21세기 세계정치는 여러 가지 유형의 네트워크 국가들이 서로 경합을 벌이는 '네트워크 국가 간 정치politics among network states'의 모습으로 그려진다. 사실 새로운 행위자로서 네트워크 국가에 대한 이론적 논의는 유럽연합의 경험적 사례를 염두에 두고 시발되었다(Carnoy and Castells, 2001; Ansell, 2000). 그렇지만 최근 지구화의 맥락에서 미국이 모색하는 '제국적 네트워크imperial network'도 네트워크 국가의 한 형태로 파악할 수 있다. 특히 9·11 테러 이후 미국이 주도하는 세계질서의 재편 시도나 이를 뒷받침하는 미국 국내체제의 아키텍처는 '미국형 네트워크 국가'의 가능성을 엿보게 한다(Hardt and Negri, 2000; 김상배, 2007a: 제5장).

또한 동아시아에서 추진되는 지역 통합도 네트워크 국가의 틀에서 이해할 수 있다. 다만 동아시아의 사례는 앞의 두 사례에 비해서 네트워크 국가를 추구하는 경향보다는 전통적 국가 행위자들이 전면에 나서는 노드의 국제정치가 여전히 우세하다는 특징을 지닌다. 한편 동아시아 국가들의 개별 국가 차원에서 보더라도 동아시아의 네트워크 지식국가라는 개념을 상정할 수 있다. 그렇다면 이른바 동아시아의 네트워크 지식국가는 무엇을 내용으로 하는가? 앞서 언급했듯이, 동아시아에서 부상하는 네트워크 국가는 종전의 '발전국가'에 대한 논의의 연속선상에서 본 '탈脫발전국가post-developmental state' 또는 '네트워크 발전국가networked developmental state'라고 불러볼 수 있다(Wong, 2004; Ó Riain, 2004). 이 책도 동아시아 네트워크 국가에 대한 논의를 펼치면서 동아시아 모델의 출현에 주목한다.

예를 들어 일본의 외교 전략과 경제 전략의 사례는 '일본형'인 동시에 '동아시아형'이라고 부를 수 있는 네트워크 발전국가의 행보를 엿보게 한다(김상배, 2007a: 제9~10장). 동아시아 국가 중에서도 좀 더 전통적인 동아시아 국가 모델의 색채를 상대적으로 강하게 띠는 나라는 중국이다. 정치경제 분야의 '베이징 컨센서스'에 대한 논의는 개혁개방 이후 중국이 실험하는, 정치적 권위주의와 시장경제 모델의 복합 모델로서의 '중국형 발전국가'에 대한 논의를 담는다(조영남, 2007). 좀 더 구체적인 사례로서 정치경제 분야가 만나는 영역에서 '중국형 네트워크 발전국가'를 생각해볼 수 있다. 아울러 중국 인권의 문제도 미국이나 유럽의 사례와는 달리, 국내 민주화와 시민사회 관련 이슈에서 국가가 주도적 역할을 하는 중국 모델의 특징을 보여준다.

정보화 분야의 사례를 보면, 정치경제 모델로서 한국의 정보화가 밟아온 궤적은 나름대로 독자 모델의 성격을 지닌다. 한국형 정보화 모델은 대기업 모델과 발전국가 모델의 조합으로 대변되는 동아시아 발전 모델이 산업화 시대의 성공과 좌절을 겪고 나서 정보화 시대에 이르러 나름대로 네트워크 형태에 적응하는 모델로 그려질 수 있다. 다시 말해 정보화를 맞는 한국의 정치경제 모델은 산업화 시대의 모델을 완전히 대체하는 것이라기보다는 변화하는 기술·산업 환경에 맞추어 변환을 겪는 고유한 네트워크 모델로서 이해할 수 있다. 비유컨대 산업화 시대의 피라미드 모델을 완전히 해체하는 것이 아니라 그 피라미드의 기울기가 상대적으로 낮아지는 정도의 네트워크 모델이라고나 할까? 이러한 맥락에서 미국이나 유럽 모델과는 대비되는 한국의 네트워크 지식국가 모델의 가능성을 생각해볼 수 있다.

이렇게 행위자의 문제를 과정과 구조 차원의 논의와 연결하다 보면, 논의의 지평이 자연스럽게 동아시아 일국의 단위 차원을 넘어서 동아시아 지역 차원의 통합 문제로 연결될 수밖에 없다. 네트워크 국가에 대한 논의의 기원이되는 유럽연합European Union: EU의 사례처럼 동아시아 지역 통합의 문제를 네트워크 국가의 부상이라는 관점에서 볼 수도 있다는 것이다. 그러나 현재 동아시아 지역에서는 유럽연합에 버금가는 지역 통합체, 가령 '아시아연합Asia Union: AU'이라고 부를 수 있는 존재를 상정할 수 있는 상황은 아니다. 특히 경제나 문화와 같은 비공식 부문에서 민간 행위자들이 활발히 네트워크를 형성하는 것에 비해서, 외교와 안보와 같은 공식 부문에서는 국가 간 연합을 논할 정도의 교류와 협력이 진행되고 있지 못하다(Katzenstein and Shiraishi eds., 1997). 만약에 가까운 미래에 동아시아에서 지역 통합이 이루어진다면, 유럽 지역보다는 국가의 그림자가 상대적으로 더 많이 드리운 상태로 진행될 가능성이 높다. 그러나 아직 그러한 움직임은 미미한 상황으로, 동아시아에서 네트워크 지식국가에 대한 논의는 여전히 일국 차원에서 본 단위의 변환 문제에 머무르는 것이 사실이다. 이 문제에 대해서는 제7장에서 좀 더 자세히 살펴보도록 하겠다.

2) 네트워크 국가와 한반도 통일

이상에서 펼친 네트워크 국가에 대한 이론적 논의를 현재 한국이 당면하는 가장 큰 문제 중 하나인 한반도 통일의 문제에 적용해볼 수 있을 것이다. 궁극적으로 동아시아에서 네트워크 국가에 대한 논의는 기존 단위체 간의 통합에 대한 비전을 담을 수밖에 없을 것이다. 특히 남북한이나 중국-대만 등과 같이 분단 상태에 있는 국가들의 경우에는 더욱 그러하다. 이러한 맥락에서 동아시아 네트워크 국가의 논의가 한반도 통일론에 주는 실천론적 함의를 탐구하는 것도 네트워크 세계정치의 주요 연구 과제 중 하나이다.

네트워크의 시각에서 한반도 통일을 논할 때 제일 먼저 필요한 것은 역시 기존의 노드의 발상을 넘어서 통일론의 지평을 여는 일이다. 사실 우리가 자주 사용하는 통일統一, reunification이라는 용어는 근대국민국가modern nation-state라는 '노드node 차원의 발상'이 낳은 소산이다. 지난 50여 년 동안 우리가 논한 한반도의 통일이란 다름 아니라 남북한에 나뉘어 사는 한민족이 국민국가라는 틀 안에서 '하나가 되는 것', 즉 '통일統一'을 의미한다. 이러한 맥락에서 보면 한반도의 통일이란 19세기 후반 개항 이후 지난 100여 년 동안 우리 민족이 추구해왔던 근대국민국가 건설의 과정에서 지속적으로 설정되어온 목표라고 할 수 있다.

그렇지만 여기서 우리가 주목할 것은, 한반도의 통일이 노드 차원에서 제기되는 목표인 것은 맞지만 그 목표가 노드 차원의 발상만으로는 풀 수 없는 '탈脫노드 차원의 과제'라는 사실이다. 다시 말해 한반도의 통일은 이해관계가 걸린 주변 국가들과의 '관계' 속에서 풀어야 할 '네트워크 차원의 과제'이다. 이러한 맥락에서 볼 때 한반도 통일 전략의 방향은 '하나로 합치는 통일統一'의 전략이기보다는 '모든 곳으로 통하는 전통全通'의 전략, 즉 네트워크 통일의 전략이 되어야 할 것이다. 이러한 점에서 보면 한반도 통일은 단순히 남북한의 단위 통합의 문제가 아니라, 남북한 통합을 중심에 놓고서 안과 밖으로 국내외의 거버넌스 메커니즘을 구축하는 네트워크 국가의 건설 과제로서 이해된다.

통일 네트워크 국가를 달성하려면 남북한 간의 네트워크와 함께 국내적 차원에서도 네트워크를 구축하는 것이 필요하다. 한국의 사례만을 보더라도 최근 주요 국제 문제에 대한 여론 분열, 남남 갈등 등이 효과적인 외교적 대응을 가로막는 중요한 요인이 되어왔다. 이를 극복하려면 국내 정책, 정치적 소통 체계를 총체적으로 재정비하고, 정보화 시대에 걸맞은 정부와 시민사회의 소통 기제를 마련해야 한다. 나아가 정부가 수세적으로 소통하는 것이 아니라 시민사회의 지혜를 정책 결정 및 실행 과정과 연결하고 이들을 이끌어가는 노력이 필수적이다.

통일국가의 모델로서 네트워크 국가는 국가-비국가 행위자의 관계망을 특징으로 하는 다층적 네트워크의 등장을 포괄하는 개념이다. 네트워크 국가는 정부 간 네트워크의 활성화, 온라인과 오프라인의 지구 거버넌스의 필요성, 국민국가 단위를 넘어서는 지역주의의 강화 등을 배경으로 출현하고 있다. 예를 들어 유럽이나 북미, 동아시아에서 모색되는 지역 통합의 움직임은 국민국가 단위를 넘어서는 네트워크 국가의 부상을 보여주는 하나의 사례이다. 그러나 네트워크 국가의 등장은 지역별로 상이한 형태로 나타날 가능성은 존재한다. 이러한 맥락에서 볼 때 한국의 통일 네트워크 국가는 동아시아 차원에서 진행되는 네트워크 국가와 보조를 맞출 필요가 있다.

제7장

질서 변환과 네트워크 질서론

1. 네트워크로 보는 질서 변환

국제정치이론의 주류를 형성하는 현실주의 국제정치이론이 보는 국제체제의 구성 원리는 국민국가들이 주요 행위자로서 참여하는 무정부 질서anarchy이다. 국내체제와는 달리 국제체제에는 개별 국가의 상위에 국내 정부에 상응하는 권위체가 없다. 이러한 무정부 질서에서 자국의 안보를 지키기 위한 자조自助, self-help의 행위는 합리적 원칙일 수밖에 없다. 그런데 이렇게 자국의 안보를 지키려는 행위는 다른 국가의 안보를 위협하게 되고, 이는 또 다시 자국의 안보에 대한 불안을 낳는 악순환을 발생시킨다. 이러한 안보 불안의 확산 과정은 흔히 '안보 딜레마'라고 불리는데, 이를 극복하는 메커니즘으로서 등장한 것이 바로 세력균형의 사고이다. 이러한 사고의 틀에서 보면, 자국의 안보를 추구하는 국가 간 공존은 세력균형의 유지를 통해서 획득되며, 각국은 다른 국가보다 상대적으로 더 많은 이익을 얻고자 제한된 범위 내에서 협력한다.

이러한 현실주의의 국제질서에 대한 가정은 국민국가라는 노드 행위자를 기본 단위로 설정하고 그들의 관계에서 발견되는 구성 원리를 논한다. 그런데 만약 제6장에서 살펴본 것처럼 21세기 세계정치의 기본 단위가 노드형 국민국가가 아니고 그 영토적 경계의 안과 밖으로 네트워크화되는 국가라면 이들이 구성하는 관계의 성격을 어떻게 개념화해야 할까? 질서를 구성하는 기본 단위의 성격이 변하면 당연히 이들이 단위가 되어 형성하는 관계, 그리고 더 나아가 질서의 성격도 달라질 수밖에 없다. 예를 들어 탈脫국제질서post-international order가 등장한다고 할 경우, 단위 차원에서만 '탈脫국가post-nation'의 현상이 발생하는 것이 아니라, 관계inter의 차원에서도 기존의 패턴order이 변하는 '탈脫질서post-order' 현상이 발생할 것이기 때문이다. 무정부 질서가 세계정부의 부재에 따른 필연적 결과가 아니라 국가들이 사회적으로 구성한 결과라면, 새로운 행위자인 네트워크 국가들이 사회적으로 구성하는 세계질서의 원리는 어떤 내용일까?(Wendt, 1992; Palan, 2007; Cerny, 2009; Cox, Dunne and Ken eds., 2001).

사실 세계정치의 이론화 과정에서 행위자들이 형성하는 관계의 구성 원리를 살펴보는 것은 매우 중요한 의미를 가진다. 여기서 구성 원리를 살펴본다는 것의 의미는 단위의 속성과 단위 간의 상호작용, 그리고 그 결과로서 생성되는 구조의 성격 등을 관통하는 원리의 내용을 본다는 뜻이다. 이러한 구성 원리의 탐구 작업과 관련해, 전재성(2011)은 다음과 같은 세부적 연구 주제를 던진다. 각 단위 간의 권위 체계를 결정하는 원칙은 무엇인가? 권위 체계가 위계적으로 구성되었는가, 수평적으로 구성되었는가, 아니면 더 복잡하게 여러 형태가 혼합되어 있는가? 체제를 이루는 단위 중에서 어느 것이 정당한 대표로 인정되는가, 한 성격의 단위가 일률적으로 확산되어 있는가, 아니면 다양한 성격의 단위들이 혼재하면서 국제체제를 이루고 있는가? 각 단위의 상호작용을 규율하는 규범이 존재하는가, 아니면 적나라한 무력과 같은 힘이 체제의 변화를 관장하는가?(전재성, 2011: 16).

이러한 구성 원리론의 시각에서 볼 때, 기존의 국제정치이론은 '국國, nation'이라는 단위의 성격과 이들의 사이, 즉 제際, inter'의 내용을 탐구해왔다(Dunne,

2005; Lake, 1996; Reus-Smit, 1999; Osiander, 1994; Cox, 2007; Kratochwill, 2007). 대체로 주류 국제정치이론 진영 내에서 '국'을 기본 단위로 보는 데에 의견이 일치했다면, 그 사이 또는 관계, 즉 제際, inter의 구성 원리를 무엇으로 보느냐에 따라서는 다른 시각들이 존재했다. 따라서 각 국제정치이론이 어떠한 구성 원리론에 기초하는지의 문제는 그 이론의 성격을 밝히고 평가하는 데에 중요한 요소가 된다(전재성, 2011: 44).

이러한 맥락에서 볼 때, 네트워크 세계정치이론은 기존의 주류 국제정치이론과는 다른 구성 원리론을 펼친다. 적어도 현재 떠올려볼 수 있는 21세기 세계질서의 이미지는 기존의 현실주의 국제정치이론이 개념화하는 무정부 질서보다는 좀 더 복합적인 모습이다. 그렇다면 이러한 복합적 모습의 질서는 구체적으로 어떠한 메커니즘을 통해서 작동하는가? 이 장은 네트워크 이론의 시각을 원용해 이러한 복합 질서의 메커니즘을 탐구했다. 그런데 이 경우에 관건이 되는 것은 앞서 강조한 바와 같이, 행위자와 구조의 차원을 모두 아우르는 논의를 펼칠 수 있느냐 하는 문제이다. 다시 말해 네트워크 시각에서 세계질서의 구성 원리를 탐구하는 데에 유의할 것은, 개체주의individualism나 구조주의structuralism의 어느 한쪽으로 치우치지 말아야 한다는 사실이다. 이러한 문제의식을 가지고 이 장은 행위자과 행위자의 관계, 동시에 행위자와 구조의 관계를 탐구하는 시각, 이를 테면 '관계주의relationalism'의 시각에서 구성 원리에 대한 논의를 펼쳤다.

그렇다면 이렇게 행위자와 구조의 양 차원에서 관찰되는 변환을 모두 아우르면서 세계질서를 보는 분석틀을 어떻게 마련할 것인가? 이 장은 미시적 차원에서 관찰되는 행위자의 변환과 서시적 차원에서 발생하는 질서의 변환을 연결해서 이해하는 작업의 일환으로서 '행위자 기반 모형Agent-Based Model: ABM'의 발상에 착안했다.[1] ABM은 다수 행위자의 동시적 작동과 상호작용을

---

1 행위자 기반 모형(ABM)은 독립적 행위자들(개인이나 조직 또는 그룹과 같은 십합제)의

시뮬레이션해 복잡한 현상의 양상을 재현하고 예측하려는 시도를 벌인다. ABM은 거시적 현상을 미시적 차원으로 환원해서 설명하는 이론적 시도로서 행위자와 구조를 모두 아우르는 세계질서의 패턴을 탐구하는 데에 도움을 준다. 이러한 ABM의 발상을 원용해서 보면, 네트워크 국가들이 벌이는 네트워크 권력 게임의 미시적 양상은 거시적 차원에서 어떠한 패턴의 세계질서를 창출할까? 또한 거시적 차원의 세계질서의 복잡성을 단적으로 밝혀주는, 미시적 차원에서 파악되는 단순성의 규칙은 무엇인가?

이 장은 거시적 질서의 패턴을 엿보게 하는 미시적 규칙 중 국제정치학에서 가장 일반적으로 거론하는 주권 원칙에 주목했다(Schelling, 2006; Camilleri and Falk, 1992; 전재성, 2004). 사실 21세기 세계질서의 변환을 이해하려 한다면 근대 국제질서에서 근간을 이루어온 주권 원칙의 변환에 대해 질문을 던지는 것은 중요한 의미를 가진다. 새로운 세계질서에서 주권의 소재, 즉 누가 정당한 행위자로 인정받으며 그 인정의 근거가 무엇인지를 묻는 것은 행위자들의 관계를 구성하는 원리를 엿보게 하는 핵심이다. 새로운 주권 개념을 통해서 서로 중첩되는 단위체들의 상호작용 속에서 출현하는 복합적 세계질서의 내용을 엿볼 수 있을 것이다. 그렇다면 근대 주권의 원칙은 최근 어떠한 변환을 겪고 있으며, 이러한 과정에서 새롭게 등장하는 21세기 세계질서의 구성 원리는 어떻게 개념화되는가? 이러한 주권/질서의 변환을 이론적으로 이해하고자

행동과 상호작용을 시뮬레이션하는 컴퓨테이셔널 모델의 한 종류인데, 그들의 상호작용이 시스템 전체에 미치는 영향을 평가한다. ABM은 미시적 수준의 행위로부터 거시적 수준의 질서가 창발하는 과정을 탐구한다. ABM의 핵심은 단순한 행위/행태의 규칙이 복합적인 행위/행태를 생성한다는 생각에 있다. 개별 행위자들은 전형적으로 제한된 합리성을 가진 것으로 전제되고 경제적 혜택이나 사회적 지위와 같은 그들 자신의 이익을 위해서 행위하는 것으로 가정된다. 이러한 행위의 과정에서 행위자들은 학습과 적응과 재생산을 경험한다. ABM을 국제정치 분야에 적용한 사례로는 Bhavnani(2006), Earnest(2008) 등을 참조하기 바란다.

이 장은 앞서 제1장에서 소개한 네트워크 이론, 즉 소셜 네트워크 이론, 행위자-네트워크 이론, 네트워크 조직 이론 등을 복합적으로 원용했다.

그런데 이렇게 네트워크 이론의 시각을 원용해 살펴본 21세기 세계질서는 한 가지 형태의 단일한 구성 원리로만 개념화되지는 않는다. 예를 들어 21세기 세계질서에서는 국민국가 중심의 무정부 질서 논리만 관찰되는 것이 아니고, 그 반대로 네트워크 국가들의 새로운 질서의 논리가 압도하는 것도 아니다. 여기에 덧붙여 유럽 통합이나 동아시아 지역 협력에서 보는 바와 같은 광역 지역질서의 논리나 비국가 행위자들이 활발한 활동을 벌이는 탈脫국가 질서의 논리도 발견된다. 21세기 세계정치는 앞서 제2장에서 소개한 바와 같이, 이러한 상이한 논리들이 서로 경합하면서 공존하고 공진하는 것으로 이해해야 한다. 이러한 맥락에서 볼 때, 행위자와 구조의 변환을 모두 담는 구성 원리의 탐구와 함께 네트워크 세계정치이론에 요구되는 또 하나의 과제는, 서로 성격이 다른 두세 가지의 구성 원리가 복수로 공존하는 세계질서를 하나의 구도 안에서 보는 개념틀의 개발이다.

서로 다른 경향을 보이지만 서로 어울러서 궁극적으로는 하나로 작동하는 현상을 어떻게 이해할 수 있을까? 동일한 요소들로 구성되지만 상이한 결과를 낳는, 서로 경합하면서 닮아가고 복수이지만 하나인 복합적이면서도 중층적인 질서를 어떻게 표현할 수 있을까? 예를 들어 존 어리의 사회물리학social physics 논의에서 문제를 제기했듯이, 질서order도 아니고 카오스chaos도 아닌 '질서로운 무질서orderly disorder'를 한마디로 어떻게 부를 것인가?(Urry, 2003). 이 장에서는 제2장에서 펼친 공존과 공진으로서의 복합에 대한 논의에 기반을 두고 이처럼 복합적인 동시에 중층적인 질서의 변환에 대한 논의를 펼쳤다. 이러한 논의에서 관건이 되는 것은 21세기 세계질서에서 부상하는 복합 구성 원리들을 포괄하는 일종의 '메타 구성 원리'를 발견하는 작업으로 귀결된다. 이 책에서는 이런 메타 구성 원리의 내용을 '망중망網重網, a network of networks'의 질서로서 파악했다.

2. 국가 주권의 변환과 네트워크 주권

1) 국가 주권 변환의 세 차원

21세기 세계질서의 구성 원리에 대한 논의의 실마리를 행위자, 즉 구성 단위의 변환에 대한 논의에서부터 풀어보자. 구성 원리의 변환을 반영하는 행위자의 변환을 엿보게 하는 대표적 사례는 주권 개념의 변환에 대한 논의이다. 주권은 어떤 단위가 정당한 단위로 인정받아 권위를 행사하는가 하는 문제이다. 근대적 의미의 주권 개념은 서구 국제정치의 현실에 기원을 둔다. 중세 시대에는 신과 그 대리자로서 교황만이 가졌던 절대적 권위의 개념이 근대에 이르러 세속화 과정을 밟게 되는데, 그 권위가 각 영토 군주에게 배분되면서 국가의 주권 개념이 구체화되었다. 근대국민국가의 주권에 대한 논의는 주권의 대외적 측면과 대내적 측면을 구별해 진행되었다. 영토적 경계 밖에서 주권국가는 다른 국가와의 법적 평등을 바탕으로 국제정치의 장에 참여해 주권을 행사했으며, 영토적 경계 내에서 주권국가는 배타적인 최고의 권위체로서 주권을 행사하는 것으로 개념화되었다(박상섭, 2008; 전재성, 2004).

현대 국제정치학에서 주권 개념에 대한 논의는 매우 다양한 형태로 활발하게 진행되었다. 그중 주권 개념의 분석틀로서 가장 많이 알려진 것은, 스테판 크래스너Stephen Krasner의 4분법이다. 크래스너는 주권의 개념을 국제법적 주권, 웨스트팔리아 주권, 대내적 주권, 상호 의존 주권 등 넷으로 나누어서 이해한다. 국제법적 주권은 국가 간 승인이라는 법률상de jure의 상호성을 다룬다. 웨스트팔리아 주권은 내정불간섭과 같은 사실상de facto의 대외적 독립성과 관련된다. 대내적 주권은 국가의 영토적 경계 안에서의 대내적 최고성을 다룬다. 상호 의존 주권은 주로 자국 국경을 넘는 활동에 대한 통제력을 의미한다. 이 중에서 국제법적 주권과 국내적 주권이 권위에 관한 것이라면, 상호 의존 주권은 통제력과 관련된 것이고, 웨스트팔리아 주권은 권위와 통제력 모두에 관한 것이다(Krasner, 1999, 2009).

크래스너에 의하면, 주권의 개념은 근대 국제정치가 일종의 '조작된 위선' 에 의거해서 굴러가는 모습을 반영한다고 한다(Krasner, 1999). 겉으로는 상대 방의 국제법적 주권을 인정하지만 사실은 이러한 주권을 우회하는 다양한 통제의 기제가 존재한다는 것이다. 또한 현실 국제정치에서는 주권국가라고 해도 이러한 네 가지 주권을 모두 행사하는 것은 아니라고 한다. 예를 들어 비강대국의 경우에는 국제법적 주권과 국내법적 주권과 같은 법제도적 권위는 보유하지만, 웨스트팔리아 주권과 상호 의존 주권과 같은 사실상의 통제력은 가지지 못할 수도 있다는 것이다. 크래스너도 근대 국제정치에 기원을 두는 주권의 개념이 최근 들어 일정한 변화를 겪고 있음을 인정한다(Krasner, 2009; 전재성, 2011: 51).

이러한 크래스너의 분석틀은 이 장의 주제인 주권의 변환을 이해하는 데에 유용한 길잡이를 제공한다. 다만 여기서는 크래스너의 주권의 분석틀을 개작해 사용하고자 한다. 크래스너의 네 가지 주권 개념 중에서 상호 의존 주권과 나머지 세 가지 주권을 두 그룹으로 나누어서 이해하고, 크래스너가 간과하는 또 하나의 주권 개념을 새로이 추가했다. 이리하여 이 책에서 제시하는 세가지의 주권 개념은 ① 정부government 차원의 통제력으로서 '정책 주권', ② 국가statehood 차원의 권위로서 '법정치적 주권', ③ 국민nation 차원에서 공유된 집합 정체성으로서 '관념적 주권'이다. 이러한 세 가지 주권 개념의 분석틀은 구성적 제도주의constitutive institutionalism에서 원용하는 이익interests, 제도institutions, 관념ideas의 분석틀에 기반을 둔다(김상배, 2007a). 이러한 세 가지 분석틀로 볼때, 오늘날 국가 주권은 근대 국제정치에서 상정하는 개념적 차원을 넘어서 변환을 겪고 있다(Jackson ed., 1999; Agnew, 2009).

첫째, 정부government의 통제력으로서 주권의 시각에서 볼 때, 최근 영토 국가의 경계를 넘어서 발생하는 활동을 통제하는 능력으로서 정책 주권은 침식되고 있다. 이는 크래스너가 말하는 상호 의존 주권의 약화와 같은 개념인데,

정부가 추진하는 정책 차원의 자주나 자율성 및 능력의 관점에서 파악된 주권 개념의 변화이다. 이러한 주권 개념은 할 수 있는 것과 할 수 없는 것으로 구분되는 능력 개념의 형태로 이해되는데, 최근 국가가 정부 차원에서 할 수 없는 것이 늘어남으로써 능력이라는 관점에서 본 주권적 자율성이 제약받고 있다.

실제로 지구화와 정보화의 시대를 맞이한 오늘날에는 정부의 직접적 통제 아래 놓이지 않은 국내외 활동들이 늘어나고 있다. 정책을 입안해 추진하는 데에도 국내외 문제의 경계가 허물어지고 있으며, 이들 정책은 다른 나라와의 상호작용과 협력 및 공조의 관계 속에서 추진되어야 한다. 이러한 과정에서 영토주권의 경계는 점차로 구멍이 뚫리고 지구화의 흐름에 의해서 종종 초월된다. 국가 대 국가의 관계, 또는 국가 대 비국가 행위자의 관계에서 어느 국가의 정부가 행사하는 통제력은 약해졌다. 예를 들어 자본의 흐름에 대한 통제가 약해지거나 기술 경제적 교환이 초국경화하는 것이 대표적 사례이다. 특히 주로 기술의 발달로 가능해진 다양한 현상, 즉 경제적 상호 의존의 증대, 다국적기업의 영향력 증대, 국제기구의 증대된 역할, 급증하는 세계적 차원의 커뮤니케이션, 핵 확산과 테러의 위협 등은 국가의 정책 주권을 침식하는 주된 원인이다.

이러한 정책 주권의 약화에 대한 논의는 거버먼트government로 대변되는 기존의 관리 양식을 넘어서는 새로운 관리 양식으로 거버넌스governance에 대한 논의와 통한다. 다양한 초국적 변화에 직면한 오늘날 효과적인 영향력이나 통제라는 관점에서 볼 때, 예전과 같은 통제력을 지닌 국가, 즉 거버먼트는 적합한 행위자가 아니다. 오히려 지구화와 정보화의 환경에서 적응의 능력을 갖고 정보와 지식이라는 새로운 목표를 추구하기에 적합한 행위자는 국민국가의 경계를 넘나들며 활동하는 초국적 네트워크 형태의 비국가 행위자들이다. 이러한 맥락에서 국가 행위자들 외에도 다양한 비국가 행위자가 참여해서 만들어내는 수평적 분산의 관리 양식으로 거버넌스 메커니즘의 개발이 요청된다. 이러한 거버넌스에 대한 논의는 앞서 제6장에서 살펴본, 네트워크 국가의 부상에 대한 논의와 통한다.

둘째, 국가statehood의 법정치적 권위로서 주권의 개념에 입각해서 볼 때, 근대국민국가가 누려왔던 법정치적 권위는 침식되고 있다. 이는 크래스너가 말하는 세 가지 주권 개념, 즉 웨스트팔리아 주권, 대내적 주권, 국제법직 주권의 조합인데, 내정불간섭으로 대변되는 국가의 독립적 지위를 뒷받침하는 법률상de jure 또는 제도적 차원에서 파악된 주권 개념의 변화이다. 이러한 법정치적 권위는 누가 정당한 행위자로 인정받는지, 그리고 그 인정의 근거가 무엇인지를 묻는 문제이다. 좁은 의미에서 주권의 개념을 이해한다면, 법정치적 권위로서의 주권 개념이 주로 해당한다. 이러한 잣대로 볼 때, 전통적으로 알려진 대내적으로 지고하고 대외적으로 독립적인 좁은 의미의 주권은 변하고 있다.

현실주의자들은 특정 분야에서 국가의 통제력이 약화된다고 하더라도 국가 본연의 권위마저도 상실된 것은 아니라고 주장한다. 예를 들어 크래스너는 앞서 언급한 상호 의존 주권의 침식이 다른 유형의 주권을 침식하는 것은 아니라고 주장한다. 아무리 통제력이 떨어져도 국제질서는 여전히 법정치적 권위를 지닌 국가들이 구성하는 무정부 질서라는 것이다. 그러나 국가 통제력의 약화와 국가의 법정치적 권위의 약화는 밀접하게 관련이 있다. 최근 법적 지위와 권위를 행사하려는 국가의 주권적 시도가 항상 성공적이거나 정당하지 않다는 사례들이 늘어나고 있다.

이러한 변화는 주로 국가가 행사하는 영토주권의 침식으로 나타난다. 예를 들어 정치적 차원에서 글로벌 인권과 인도주의적 개입의 관념은 국가의 국내법적 권위를 인정하는 내정불간섭의 원칙에 도전하고 있다. 경제적 차원에서 지적 재산권이나 탄소 배출권 등의 문제를 처리하는 국제 규범의 형성도 유사한 사례이다. 또한 국내외의 경계를 넘나들며 발생하는 테러리즘, 범죄행위, 시민 분쟁 등은 국가가 정당하게 폭력을 행사하는 유일한 행위자라는 막스 베버의 전제를 뒤흔들었다. 오늘날 세계정치에서는 모든 국가폭력이 정당한 것으로 간주되지 않을 뿐만 아니라, 어떤 비국가 행위자들은 특정한 종류의 폭력을 행사할 권위를 지닌다고 주장하기도 한다. 마치 중세에서 근대로 가는 이행기에 교회의 권위가 침식되었던 것처럼 오늘날 국가 주권은 권위의 위기를 맞고 있다.

이러한 변화는 모든 행위자가 각자의 영역에서 독자적 권위를 갖는 현상을 출현시킨다. 예를 들어 글로벌 경쟁의 시대를 맞아 전문 지식의 분야에서 국가가 해당 분야의 전문가들의 의견에 반하는 결정을 내릴 능력과 권위가 있는가? 민간 행위자들의 역할이 주권국가의 관할권 안에서뿐만 아니라 이를 가로질러서, 이를 초월해서 존재한다. 그리고 이러한 과정에서 여러 가지 권위가 중첩된다. 마치 중세에 교회와 황제의 권위가 중첩되었던 역사를 떠올리게 한다. 제임스 로즈노는 이러한 권위의 중첩 현상을 SOASpheres Of Authority라는 개념으로 부른다. 유사한 맥락에서 글로벌 거버넌스는 오늘날 세계정치에서 정치적 권위의 패턴이 분산화되고 있음을 보여주는 개념이다(Rosenau, 1995, 2003; Hewson and Sinclair eds., 1999; Sending and Neuman, 2006).

끝으로, 국민nation의 차원에서 공유된 집합적 정체성으로서 주권의 개념에 입각해서 볼 때, 주권을 행사하는 정치적 단위체에 대해 공유된 관념으로서 주권 개념은 변환을 겪고 있다. 이는 크래스너가 상대적으로 경시한 것인데, 사람들의 심층적 일체감의 표현이자 세계질서의 구성 원리를 반영하는 주권 관념의 변화이다. 그리고 이는 구성주의 시각과 통하는데, 상상의 공동체로서 국민nation을 중심으로 해서 간주관적으로 구성되는 정체성으로서 주권 개념의 변화이다(Cox, 1981). 앞서 언급한 두 가지 주권 개념, 즉 정부government가 행사하는 통제 능력과 국가statehood 차원의 법정치적 권위를 뒷받침하는 집합적 정체성으로서 국민nation의 변화를 통해서 주권 개념의 변화를 이해하는 것이다.

역사적으로 살펴보면 자아와 가족이나 집안, 종족, 종교, 직업, 이익 단체, 인종 등을 둘러싸고 형성되는 여러 가지 정체성과 충성심이 서로 갈등하지 않고 공존할 수 있었던 시절이 상당히 길었음을 알 수 있다. 그러나 다른 한편으로 인류의 역사는 주기적으로 개인과 집단들에 정체성이나 충성심의 소재에 대한 선택을 강요하는 상황을 출현시켰다. 후자의 대표적 사례 중 하나는 서구의 근대에 이르러 나타났던 국민 정체성의 구성이다. 국민 정체성은 영토 국가 단위를 중심으로 사람들의 정체성과 충성심이 귀속되는 근대 국제정치의 변모를 극명하게 반영했는데, 이는 근대 주권 개념의 관념적 기초를 이룬다. 이러한 주권의 관념은 근대 국제정치에서 간주관적으로 널리 통용되고 지배적인 사회 담론의 기저를 이루면서 군림했다. 그러나 21세기 세계정치의 현실은 항상 이러한 동일한 관념으로 대변되지는 않는다.

국민nation을 중심으로 간주관적으로 형성된 집합 정체성으로서 주권의 관념과 이에 기반을 둔 세계질서의 이미지는 다소 퇴색하고 있다. 이는 국가 중심의 집합 이미지에 도전하는 탈국가적인 집합 이미지와 구성 원리가 등장함을 의미한다. 다시 말해 국가 주권으로 대변되는 집합적 정체성은 더는 사람 간의 어떤 심층적 일체감을 절대적으로 대변하지 못한다. 특히 지구화와 정보화의 시대를 맞이해 이제는 국민nation만이 지배적 정체성과 충성심의 원천이 아니다. 새롭게 활성화되는 초국적 정체polity들이 자신들을 증진해줄 새로운 초국적 정체성을 찾고 있다. 이러한 초국적 정체성의 사례가 늘어나면 사람들의 심층적 일체감의 표현으로서 국가 주권은 변화를 겪을 것이 당연하다. 예를 들어 탈냉전 이후 등장한 종족적·인종적·종교적·급진적 정체성의 발현은 이러한 정체성 변화의 사례이다. 공유된 관념이라는 차원에서 지구화와 정보화의 진전은 새로운 정체성을 제공한다. 이러한 새로운 정체성에 대한 논의는 이 책에서 제시하는 탈脫노드 정체성 또는 네트워크 정체성의 문제로 통한다.

2) 네트워크로 보는 주권 개념

이상에서 언급한 주권의 세 가지 측면, 즉 '정부-국가-국민의 복합체a complex of government-statehood-nation'라는 관점에서 볼 때, 오늘날 국가 주권을 특권화하기나 그 통제력을 과대평가함으로써 여타 행위자들의 점증하는 영향력과 권위를 간과할 수 없다. 또한 국가/국민nation이라는 집합적 이미지 안에 새로이 생동하는 정체성을 가두어놓을 수도 없다. 그렇지만 다른 한편으로 보면, 아무리 초국적 비국가 행위자들의 도전이 거세어지더라도 앞서 세 차원에서 살펴본 국가 주권이 완전히 사라져버리는 것은 아니다.

첫째, 통제의 능력이라는 차원에서도 국가는 예전처럼 절대적이지는 않더라도, 여전히 다른 행위자들에 비해서 가장 많은 능력을 갖춘 행위자이다. 군사 안보 영역에서 국가는 여전히 가장 힘이 센 행위자이다. 해커들의 분야로 인식되었던 사이버 안보 분야에도 국가의 그림자가 점점 더 드리워지고 있다. 초국적 맥락에서 발생한 무역과 금융 문제를 해결할 열쇠도 국가 간 협의체가 쥐고 있다. 문화 분야의 초국적 흐름도 국가가 궁극적으로 방향을 틀어놓을 수 있다. 국가는 인터넷 거버넌스 분야에서도 초창기에는 제 역할을 찾지 못하다가 최근에는 본격적으로 목소리를 높이고 있다.

둘째, 법정치적 권위라는 차원에서도 여전히 국가가 주장하는 권위는 있다. 특히 다양한 민간 행위자의 이해관계를 조율하는 과정에서 그러한 권위가 빛을 발한다. 그 어떠한 민간 행위자도 기존에 국가가 담당했던 공익公益, public interests의 역할을 대신하는 것은 아니기 때문이다. 이러한 국가의 역할은 다양한 행위자의 이해관계를 조정하고 협력을 이끌어냄으로써 중심성을 제공하는 일종의 중개자이자 조정자이다. 이러한 국가의 중개자 역할은 기능적 차원에서 행정조직들의 관할권의 경계를 넘어서, 또는 공공 영역과 사적 영역의 구분을 넘어서 이루어진다.

끝으로, 공유된 관념이라는 차원에서도 국민 단위의 집합 정체성은 여전히 국가의 통제력과 법정치적 권위로서의 주권을 뒷받침하는 기반이다. 사실 모든 사람은 여러 개의 정체성을 지닌다. 개인의 차원에서 글로벌 차원에 이르기까지 사회적 압력, 사회화 과정, 정치 문화, 습관적 유대 등을 통해서 이러한 정체성이 형성된다. 그러나 이러한 정체성의 보유는 순전히 개인적 선택을 통해서만 이루어지지 않는다. 자발적으로 기꺼이 참여하거나 심리적·물질적 보상을 받고서 수용한 것도 있지만, 때에 따라서는 외부에서 부과되어 충성심을 요구하는 정체성도 있다. 지구화와 정보화의 시대를 맞이해 이러한 여러 가지 종류의 정체성이 발흥하지만, 이들을 관통해 중심을 잡는 것은 여전히 국민 정체성이다.

이러한 맥락에서 볼 때, 주권 변환에 대한 논의에서 시급하게 필요한 것은 새로운 주권의 개념에서 변하는 부분과 변하지 않는 부분들을 어떻게 포괄할 수 있느냐 하는 문제이다. 다시 말해 21세기 주권론의 관건은, 사라지지 않는 기존의 국가 주권과 새로이 부상하는 탈국가 주권의 요소들을 하나의 개념틀 안에 엮어서 보는 발상의 전환에 있다. 이렇게 발상을 바꾸어보면, 21세기 세계정치에서 주권 개념은 기본적으로 국가 주권과 탈국가 주권이 섞이는 복합주권complex sovereignty으로 이해할 수 있다(Grande and Pauly eds., 2005). 복합주권은 앞서 소개한 분석틀을 원용하면, 통제의 능력과 법정치적 권위, 공유된 관념의 세 차원에서 전통적 국가 주권이 비국가 행위자들과의 관계를 새롭게 설정하는 면모를 잡아내려는 개념이다. 좀 더 구체적으로 말하면, 복합 주권은 국가 행위자의 개별 주권individual sovereignty의 개념을 넘어서 국가 및 비국가 행위자들의 능력과 권위와 관념이 네트워킹되는 와중에 부상하는 네트워크 국가의 주권, 즉 '네트워크 주권network sovereignty'이라고 할 수 있다.

네트워크 주권의 논의는 마이클 하트와 안토니오 네그리의 제국론에서 말하는 제국적 주권imperial sovereignty의 형태로 소개되었다. 하트와 네그리에 의하면, 21세기 제국은 새로운 정치 질서의 구성 또는 새로운 형태의 주권 개념의 출현을 기반으로 한다. 제국주의와 달리 제국은 결코 영토적 권력 중심을 만들지 않고 고정된 경계나 장벽들에 의지하지도 않는다. 제국은 자국의 힘이 축적되어 외부로 팽창할 만큼 강한 국가로서, 구조적 힘, 제도적 힘, 행위적 힘이라는 점에서 타국의 주권을 능가하고, 세계의 틀을 짤 만큼 강한 국가이다. 이는 동시에 탈영토적이고 탈중심적이며 외부의 경계를 갖지 않는 새로운 세계질서의 등장을 의미한다. 이러한 점에서 제국적 주권의 논의는 제국이 행사하는 새로운 네트워크 권력의 메커니즘에 대한 논의로 통한다. 제국적 주권을 네트워크 주권으로 이해할 수 있다는 것도 바로 이러한 의미이다. 이러한 네트워크 주권을 행사하는 대표적 사례는 지구화와 정보화를 주도하는 네트워크 국가로서 미국이다(Hardt and Negri, 2000, 2004).

그러나 이 책에서 논하는 네트워크 주권의 개념은 하트와 네그리가 논하는 것과는 그 형식과 내용을 달리한다. 이 책에서 논하는 21세기 주권 개념은 제국적 주권론처럼 강대국의 국가 주권이 대외적으로 팽창하는 과정에서 변환하는 주권을 논하는 것은 아니다. 오히려 이 책의 주권 개념은 탈국가 주권의 맥락에서 제기되는 주권의 분산에 대한 논의이다. 국민nation과 국가state의 만남으로서 국민국가nation-state의 틀을 원용하면, 제국은 영토적 '국민'의 단위를 넘어서 그 힘이 확장되는 '국가'의 능력과 권위 및 관념의 변환에 대한 논의이다. 이에 비해 이 책의 네트워크 주권론은 '국민'의 안과 밖에서 '국가'가 기능과 형태를 변환함으로써 대외적 환경 변화에 대응하는 논의이다. 동일한 네트워크 주권이라는 용어를 사용하더라도 하트와 네그리가 팽창적 네트워크 주권을 논한다면, 이 책은 분산적 네트워크 주권을 다룬다고나 할까?[2]

요컨대 21세기 주권의 문제는 국가 및 비국가 행위자 간에 발생하는 능력의 공유와 권위의 중첩, 정체성의 복합이라는 맥락에서 이해해야 한다. 그런데 여기서 유의할 점은 네트워크 주권에 대한 논의도 기본적으로는 여전히 단위 중심의 발상에 기반을 둔다는 사실이다. 앞서 강조했듯이 네트워크 이론을 원용한 21세기 세계질서에 대한 논의가 성공하려면 단위 차원을 넘어서 구조

---

2 이러한 국민(nation)의 경계를 넘어서는 국가와 주권에 대한 논의는 기존 연구에서 지구국가(global state), 세계국가(world state), 세계정체(world polity), 지구정체(global polity), 초국적 국가(transnational state) 등의 개념을 통해서 이루어졌다(Shaw, 2000; Wendt, 2003; Ruggie, 1998; Ougaard and Higgott eds., 2002; Rupert and Smith, 2002).

도 함께 보는 발상의 전환과 이를 뒷받침하는 분석틀의 개발이 필요하다. 사실 국가 주권이건 탈국가 주권이건 간에 주권이라는 말이 전제로 하는 세계질서의 이미지는 여전히 단위 중심의 사고방식에 기반을 둔다. 이러한 문제의식을 갖고 다음 절에서는 구조 차원에서 진행된 세계질서의 변화에 대한 논의와 그 연속선상에서 파악된 21세기 세계정치의 구성 원리에 대한 논의를 펼쳐보고자 한다.

3. 무정부 질서의 변환과 네트워크 질서

1) 탈(脫)무정부 질서의 개념화

현실주의 국제정치이론 진영에서 가장 많이 인용되는 국제체제의 구성 원리에 대한 논의는 신현실주의자로 구분되는 케네스 월츠의 무정부 질서론이다. 월츠에 의하면 21세기 세계정치의 모습은 여전히 무정부 질서의 구성 원리로 파악된다. 탈냉전 이후 경제적 상호 의존의 심화와 지구화, 그리고 9·11 테러 이후 테러 집단의 발흥 등과 같은 사건이 벌어졌지만, 무정부 질서로 개념화되는 국제정치의 구성 원리가 변했다고 볼 정도의 근본적 변화는 발생하지 않았다고 한다(Waltz, 2008). 그러나 국제정치에서 나타나는 단위체 간의 관계를 월츠가 그리는 것처럼 단순히 무정부 질서라고 치부할 수는 없다. 사실 기존의 주류 국제정치이론 진영 내에서도 국민국가들이 구성하는 단순 질서로서 무정부 질서의 이미지를 넘어서는 구성 원리에 대한 논의가 있었다. 근대 국제정치에서 주권국가의 권한을 위임받은 상위 정부가 없는 것은 사실이지만, 그것이 '무질서 상태'를 의미하는 것은 아니므로 '정부 없는 질서 상태'를 좀 더 구체적으로 규정하려는 노력이 제기되어왔다(전재성, 2011: 15).

무정부 질서의 개념화를 넘어서는 이론적 시도의 한 사례로서 영구이 구제정치학자인 헤들리 불이 제기했던 국제사회international society와 무정부적 사회anarchical society의 개념을 들 수 있다. 불에 의하면, 국제사회는 일군의 국가가 공동의 이익과 가치를 의식하고 공동의 규칙에 따라 서로의 관계를 인식해 공동의 제도를 형성할 경우에 이루어진다. 불은 정부가 있어야 질서가 형성될 수 있다는 국내정치의 상황과는 달리, 국가를 행위자로 하는 국제정치에서는 무정부 질서 아래에서도 상호 간에 공유하는 규범과 규칙을 통해서 국가 간 사회, 즉 국제사회를 형성해 질서를 유지할 수 있다고 본다. 구체적으로 근대 국제사회에서 이러한 규범과 규칙은 국가 간 권력을 향한 전쟁과 투쟁, 초국가적인 공감대와 갈등의 요소, 국가 간 협력과 규칙에 따른 상호작용의 요소 등을 통해서 형성된다(Bull, 1977; Keen, 2002; Buzan, 2004; Linklater and Suganami, 2006; Hurrell, 2007).

월츠나 불이 제시하는 무정부 질서와 무정부적 사회의 개념은 기본 단위로서 국민국가를 상정하고 그들의 관계를 탐구하는 노드의 발상을 취하는 특징을 지닌다. 게다가 이 노드 단위들의 관계를 파악하고자 원용하는 시각도 무정부 질서와 같은 단순계의 구성 원리를 보는 발상이거나, 아니면 불의 경우처럼 이러한 단순계를 좀 더 면밀히 보려는 수준, 즉 무정부적 사회론에 머문다. 물론 이렇게 월츠와 불로 대변되는 이른바 주류 이론의 발상을 넘어서 무정부 질서가 아닌, 비非단순성의 구성 원리를 밝히려는 이론적 노력이 최근에 국제정치이론가 사이에서 이루어지고 있음을 간과하려는 것은 아니다. 실제로 최근에 다수의 이론가가 무정부 질서 내에 존재하는 다양한 형태의 위계질서hierarchy in anarchy나 그 바탕에 깔린 주권국가들의 비대칭성sovereign inequality을 탐구하려는 시도들을 벌여왔다(Buzan and Little, 1996; Hobson and Sharman, 2005; Donnelly, 2006; Lake, 2009).[3]

---

3 예를 들어 잭 도넬리(Jack Donnelly)에 의하면, 웨스트팔리아 시대의 근대 국제정치에서도 제국이 아닌 위계질서가 존재했는데, 그 대표적 사례로서 ① 강대국의 특별한 권

이러한 예외적 노력에도 지난 수년 동안 이루어진 대부분의 주류 국제정치이론의 논의는 여전히 국민국가를 기본 단위로 상정하는 노드의 발상에서 시작한다. 게다가 이러한 노드 발상을 넘어서는 시도들의 경우에도 무정부 질서라는 수평적 구성 원리와 위계질서라는 수직적 구성 원리를 조합해 세계질서의 미래 구성 원리를 엿보는 간접적 방식을 취한다. 그런데 만약에 21세기 세계정치에서 이 주류 전통의 학자들이 상정하는 것처럼 국민국가라는 단위체를 더는 지배적인 행위자로 상정할 수 없는 상황이 발생한다면 어떻게 해야할까? 이차적으로 기존의 구성 원리를 빌려 설명하는 것이 아니라 새로운 구성 원리를 보여주는 새로운 개념적 시도를 벌일 수는 없을까? 요컨대 분석의 시각을 취할 때, 어느 단위를 고정하고 그 관계적 질서를 보는 방식이 아니라, 그 단위의 변환을 전제로 한 관계(또는 구조)의 동태적 변환을 보는 발상이 필요하지 않을까?

이러한 문제의식을 바탕으로 이 책은 탈노드형 개방 체계의 형태를 띠는 행위자로서 네트워크 국가를 상정하고, 이들 네트워크 국가가 네트워크 주권의 미시적 원칙에 입각해서 활동하는 과정에서 창발하는 세계질서의 모습을 탐구했다. 새로운 복합 행위자로서 네트워크 국가들이 만드는 세계질서의 모습은 노드형의 국민국가들이 만드는 단순계와 구별되는 복잡계이다. 여기서 네트워크 세계정치이론에 제기되는 과제는 이러한 탈무정부 질서로서 복잡계의 내용을 좀 더 구체적으로 밝히는 일이다. 다시 말해 네트워크 국가들을 단위로 구성되는 복잡계의 구성 원리를 어떻게 개념화할 것이며, 무엇이라 부를 것인가? 이러한 개념화 작업을 좀 더 체계적으로 수행하고자 아래와 같이 개념적 스펙트럼 세 가지를 원용하고, 그 스펙트럼의 구도 아래에서 이 책이 제

리(special rights of great powers), ② 무법국가에 대한 권리의 제한(restricted rights for outlaws), ③ 다양한 형태의 준(準)주권국가(semi-sovereignty)의 관행 등이 있다고 한다(Donnelly, 2006).

시하는 구성 원리의 내용을 짚어보자.

먼저, 국제정치 ↔ 지구정치 ↔ 세계정치의 스펙트럼을 살펴보자. 국제정치는 국가 간의 관계國際, international를 상정한다. 지구정치global politics는 국제로 나뉘지 않은 지구 전체를 하나의 정치 단위로 보는 개념에 입각한다. 이에 비해 '세계정치'는 국제정치나 지구정치를 모두 품는 개념이다. 왜냐하면 '세계정치'란 지구정치뿐만 아니라 지역정치regional politics와 지방정치local politics까지도 포함하는 복합적 공간을 상정하기 때문이다(하영선, 2012a: 24). 이러한 맥락에서 볼 때 이 책이 탐구하는 것은 국제정치와 지구정치의 복합으로서 '세계정치'이다. 특히 이 책에서 논하는 '세계정치'는 국가뿐만 아니라 초국가 및 하위국가 행위자들이 모두 참여해서 펼쳐지는 '네트워크 세계정치'이다. 좀 더 엄밀하게 부르면, 다양하고 다층적인 네트워크의 형태를 띠는 행위자들이 경합을 벌이는 망제정치라고 해야 할 것이다.

둘째, 이러한 망제정치는 구조(또는 체제)의 차원에서 어떠한 개념으로 파악되는가? 국제정치이론에서 행위자의 관계를 조율하는 작동 방식으로서 흔히 거론되는 체제system ↔ 사회society ↔ 공동체community의 스펙트럼을 원용해보자. 우선 네트워크 국가들이 구성하는 질서는 신현실주의 국제정치이론에서 상정하는 '단순계로서의 체제'라고 볼 수는 없다. 그렇다고 네트워크 국가들이 구성하는 질서가 단위 간에 이익과 규범을 공유하는 '사회'이거나, 아니면 단위 간의 정체성까지도 중첩되는 '공동체'라고 볼 수는 더욱 없을 것 같다. 네트워크 국가들이 형성하는 질서는 〈그림 7-1〉에서 보는 바와 같이, 단순계로서의 '체제'와 이익과 규범이 공유되는 '사회'의 중간 정도 수준에서 '창발創發, emergence'의 과정을 겪는 '복잡계로서의 체제'라고 할 수 있다.

끝으로, 이러한 망제정치의 '복잡계로서의 체제'는 어떠한 아키텍처를 지니는가? 행위자들의 관계의 아키텍처를 드러내고자 흔히 원용되는 것은 무정부 질서anarchy와 위계질서hierarchy의 스펙트럼이다. 무정부 질서는 행위자로서 국가의 상위에 권위체가 존재하지 않는 수평적 질서이다. 위계질서는 국가 행

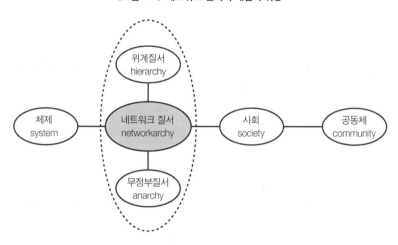

〈그림 7-1〉 네트워크 질서의 개념적 위상

위자의 상위에 권위체가 존재하는 수직적 질서이다. 이러한 관점에서 보면 네트워크 국가들이 구성하는 질서는 현실주의가 그리는 것처럼 무정부 질서의 국제체제도 아니고 세계체제론에서 말하는 것처럼 어느 국가가 다른 국가의 상위 권위로서 군림하는 위계질서도 아니다. 또한 개인의 상위에 정부가 존재하는 국내사회와도 다르다. 네트워크 국가들이 구성하는 체제는, 〈그림 7-1〉에서 보는 바와 같이, 무정부 질서와 위계질서의 중간에 설정되는 '네트워크아키network archy' 또는 네트워크 질서 정도로 볼 수 있다.

이상의 논의를 종합해서 보면, 네트워크 국가들이 구성하는 질서는 다양한 네트워크 행위자가 구성하는 복잡계로서의 체제로 개념화되는데, 이러한 체제는 수직과 수평의 질서를 동시에 품는 네트워크아키(또는 네트워크 질서)의 아키텍처를 가진다. 이와 같은 네트워크 질서의 개념을 앞서 언급한 '국제정치'(또는 '지구정치')와 '세계정치' 사이의 '망제정치'(풀어서 말하면 '네트워크 세계정치')라는 구도에 대입해서 보자. 이러한 구도에서 복합계로서의 네트워크 질서를 간단히 한마디로 부르자면, '망제체제inter-network system'라고 할 수 있을 것이다. 〈표 7-1〉에서 도식화했듯이, 국제정치이론의 각 진영은 각기 상성하는

<표 7-1> 망제체제의 개념적 위상

	단순계	복잡계	사회	공동체
위계질서	세계체제		위계사회 (국내사회)	위계 공동체
네트워크 질서		**망제체제**		
무정부 질서	국제체제		국제사회 (무정부적 사회)	평등 공동체

세계질서의 상을 국제체제, 세계체제, 국제사회(또는 무정부적 사회), 위계사회, 평등 공동체, 위계 공동체 등으로 개념화하고 있다. 그렇다면 이러한 여타 세계질서의 개념들과 대비해서 보는 망제체제의 속성은 무엇인가? 망제체제의 개념 안에 담기는 네트워크 질서의 내용, 즉 망제체제가 상정하는 단위의 성격과 관계의 성격, 그리고 거기서 파생되는 구조의 성격이 무엇인지를 밝히는 것은 앞으로 네트워크 세계정치이론이 풀어야 할 가장 큰 과제 중 하나임이 분명하다. 다시 말해 망제체제의 작동 방식으로서 복잡 체계와 아키텍처로서 네트워크 질서의 내용은 무엇인가?

그런데 이렇게 망제체제의 내용을 밝히는 데에 한 가지 유의할 사항은, 그 작동 방식과 아키텍처의 내용이 어느 한 가지 구성 원리로 요약되는 것은 아니라는 사실이다. 무엇보다도 망제체제는 하나의 구성 원리를 따르는 것이 아니라 다수의 구성 원리가 조합되어 공존하는 복합 구성 원리에 입각한다. 사실 21세기 세계정치는 하나의 구성 원리로 현실을 설명하는 기존 주류 국제정치이론의 이론적 상상력을 넘어서 여러 가지 구성 원리에 입각한 복합적 현실을 우리의 주위에 펼쳐놓는다. 그러나 제2장에서 자세히 살펴보았듯이, 네트워크 세계정치의 현실을 이해할 때에는 복수의 구성 원리를 나열하는 수준에만 그쳐서는 안 된다. 결국 이 책이 안고 있는 이론적 작업의 관건은 이러한 복수의 구성 원리를 관통해서 존재하는, 네트워크 질서의 메타 구성 원리가 무엇인지를 밝히는 데에 있다.

2) 네트워크 질서의 아키텍처와 작동 방식

사실 네트워크 질서의 메타 구성 원리를 밝힌다는 것은 매우 도전적인 일이다. 여기서 말하는 네트워크 질서는 무정부 질서나 위계질서 등과 동일한 수준에서 이들 개념을 대체하는 또 하나의 질서 개념은 아니다. 오히려 망제체제로서의 네트워크 질서는 '질서들의 질서an archy of archies' 또는 '네트워크들의 네트워크a network of networks', 다시 말해 망중망網重網 등으로 이해되는 일종의 메타 질서meta-order로 보아야 한다. 즉, 네트워크 질서란 상이한 구성 원리를 가지는 몇 가지 유형의 질서가 복합된, 그야말로 공존과 공진으로서의 복합 질서이다. 기존의 국가 노드들이 벌이는 국제정치, 새로운 네트워크들이 벌이는 네트워크 세계정치, 그리고 노드 행위자와 네트워크 행위자 간에 벌어지는 '망제정치' 등을 모두 포괄하는 질서 개념이다.

이러한 메타 질서를 개념적으로 논한 사례 중에서 가장 대중적인 것은 신중세주의neomedievalism이다. 불이 제시한 신중세주의의 개념은 일찌감치 30여 년 전에 제시되었다. 신중세주의는 지구화와 정보화의 현실이 나타나기 훨씬 전에 이러한 변화의 추세를 미리 읽고 전망했다는 점에서 학계의 주목을 받아왔다. 그리고 이와 유사하면서도 좀 다른 개념은 로즈노가 제시하는 SOA이다. 로즈노에 의하면, 변화는 지구 차원과 지방 차원에 걸쳐서 복합적 세계를 창출한다. 로즈노가 말하는 탈국제정치post-international politics의 세계에는 기존의 국가 행위자 외에도 서로 다른 수많은 정치체polity들이 있다. 예를 들어 다국적 기업, 국제제도, 비정부기구NGOs, 범죄 및 테러 조직 등은 특정한 문제를 둘러싸고 상호작용하면서 국가의 경계를 넘나든다. 결국 탈국제정치의 세계는 영토적 또는 비영토적 정치체들이나 이들의 집합체가 행사하는 권위가 중첩되는 권역들로 구성된다(Bull, 1977: 264~276; Rosenau, 2003).

메타 질서로서의 신중세주의와 SOA의 개념은 어떠한 아키텍처와 작동 방식을 상정하는가? 이와 관련해 로즈노가 말하는 '분합分合, fragmegration' 개념은 시사하는 바가 매우 크다. 분합이란 분절分節, fragmentation과 통합統合, integration의 합성어로 수평적 질서와 수직적 질서가 복합되는 21세기 세계질서를 표현하고자 로즈노가 고안한 개념이다. 로즈노는 권위의 융합fusion과 분열fission의 동시적 과정으로 나타나는 오늘날의 세계를 이해하는 가장 최선의 방법은 원근접성遠近接性, distant proximity의 끝이 없는 시리즈로서 변화를 보는 것이라고 주장한다. 이러한 원근접성의 관점에서 보면, 지구화globalization의 밀어붙이는 힘과 지방화localization의 당기는 힘은 서로 경합하면서 새로운 질서를 만들어간다. 그리고 이렇게 등장하는 분합의 질서는 기존의 근대 국제질서가 잔존하는 가운데 이를 넘어서는 글로벌 거버넌스의 세계질서가 중첩되는 양상을 보여준다(Rosenau, 2003).

이상에서 벌인 논의를 바탕으로 보면, 현재 부상하는 새로운 세계질서는 단선적인 '이행transition'과 '이동shift'의 모델이 아니라 조금 더 복잡한 '변환變換, transformation'의 모델로 이해해야 한다. 여기서 변환이라 함은 위계에서 수평으로, 즉 단선적으로 이행하는 것이 아니라 위계질서형의 수직적 '단순 모델'에 수평적 요소가 밀고 들어와서 수직과 수평의 요소들이 복합되는 형태의 모습을 담는다. 실제로 네트워크 권력 메커니즘이 복합적으로 작동하는 것만큼, 이를 추구하는 세력들이 창출하는 질서의 결과물도 두 가지 네트워크가 교차하는 지점에서 교묘하게 얽히면서 운영되는 복합적 모습이다.

그렇다면 이러한 복합적 모습을 좀 더 가시적으로 보여줄 수는 없을까? 이러한 메타 질서 또는 복합 질서로서의 네트워크 질서를 좀 더 쉽게, 그리고 분석적으로 이해할 수는 없을까? 앞서 제2장에서 살펴본 네트워크의 유형에 대한 논의를 원용하면, 현재 창발하는 세계질서의 아키텍처를 이해하는 데에 큰 도움이 된다. 〈그림 7-2〉에서 제시된 단허브형, 다허브형, 탈허브형과 같은 세 가지 유형의 네트워크들이 지니는 특징과 이에 대칭하는 세계질서의 내용을 살펴보면 다음과 같다(김상배, 2010a). 이는 냉전기(1950~1980년대), 탈냉전기(1990년대), 탈탈냉전기(2000년대)에 나타난 세계질서의 모습과도 일맥상통

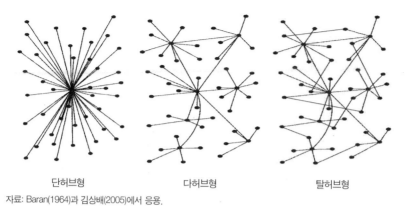

〈그림 7-2〉 네트워크의 세 가지 유형

단허브형　　　　　　　다허브형　　　　　　　탈허브형

자료: Baran(1964)과 김상배(2005)에서 응용.

하는 바가 있다.

　　먼저 '단허브형 네트워크'는 제국帝國, empire 모델에 해당한다. 특히 역사적으로 존재했던 로마제국, 중화제국, 이슬람제국, 대영제국 등을 이러한 모델의 관점에서 이해할 수 있다. 최근의 사례로는 지구화와 대對테러 전쟁의 수행과정에서 드러난 '21세기 제국'으로서의 미국을 들 수 있다. 여기서 유의할 점은 단허브형 네트워크에서 제국은 허브 노드의 단위를 넘어서는 개념이라는 점이다. 다시 말해 제국 모델은 중심에 있는 단허브만을 의미하는 것이 아니라 네트워크에서 노드와 링크를 모두 활용해야 이해할 수 있는 모델, 즉 체제 자체가 단위가 되는 모델이라고 할 수 있다. 하트와 네그리의 논의에서 '외부의 경계를 갖지 않는' 질서로서의 '21세기 제국'에 대한 이미지는 바로 이러한 제국 네트워크의 특성과 일맥상통한다(Hardt and Negri, 2000). 이 밖에도 국제정치학에서 논의되는 패권hegemony이나 다른 형태의 위계질서의 존재도 이러한 유형의 네트워크로서 이해할 수 있다(Agnew, 2005; Lake, 2009).

　　둘째, '다허브형 네트워크'는 국민국가 체제 모델에 해당한다고 볼 수 있다. 엄밀하게 말하면, 국민국가는 각 허브와 그 주위의 노드들에 그룹핑을 위한 테두리 선(접선 또는 신선)을 그어놓은 노드군群의 형태라고 할 수 있다. 이는 각각의 노드군이 하나의 행위자가 되어 상호작용하는 '국제정치'의 모델이다. 또한 상대적으로 비슷한 규모를 가지는 노드군들의 상위에 또 다른 권위체가 없다는 점에서 현실주의가 상정하는 '무정부 질서'나 세력균형의 질서를 떠올릴 수 있다. 이러한 다허브형 네트워크 중에서 국민국가 모델의 변형으로는 '제국주의imperialism 모델'을 들 수 있는데, 이는 다허브형에서 어느 특정 허브(또는 노드군)가 제국과도 같은 단허브의 패턴을 흉내 내는 모습이라고 할 수 있다. 예를 들어 19세기 유럽의 국민국가가 대외적으로 팽창하는 과정에서 나타났던 '식민지 국가'의 네트워크를 이러한 맥락에서 이해할 수 있다(Slaughter, 2004). 한편 제2차 세계대전 이후의 '냉전 모델'도 이러한 다허브형의 변형이라고 볼 수 있는데, 이는 네트워크상에서 월등히 큰 허브가 두 개 존재하고 나머지 노드들은 각각의 허브 밑에 우산 형태로 연결되는 양兩, dual허브형 네트워크의 모습이라고 할 수 있다(김상배, 2005).

끝으로, '탈허브형 네트워크'는 최근 탈근대적 변화를 배경으로 하는 글로벌 거버넌스 모델에 해당한다. 이러한 탈허브형의 아키텍처는 다허브형과 전방위형all channel 네트워크의 중간 형태를 띠며, 그 작동 방식을 보면 다허브형에서 허브를 경유하지 않는 노드 간의 교류가 점차로 증대되는 형태이다. 다시 말해 국민국가를 주요 행위자로 하는 다허브형의 네트워크에서 다국적기업이나 시민사회와 같은 비국가 행위자들의 활동이 활발해지면서 네트워크상에서 허브의 의미가 무색해지는, 그래서 전방위형 네트워크로 근접해가는 형태라고 할 수 있다. 실제로 냉전이 종식된 이후 세계정치의 양상을 보면 국가 간의 네트워크라기보다는 다차원적이고 복합적인 초국적 네트워크들이 활성화되는 변화를 보여준다. 지구화와 정보화의 환경을 배경으로 활성화되는 글로벌 시민사회의 존재가 대표적 사례이다(Rosenberg, 1994). 이러한 탈허브형 네트워크 현상을 개념화하면, 단허브형인 제국에 대립되는 의미로서 '제망帝網' 또는 '다중多衆, multitude'의 모델이라고 부를 수 있다(Hardt and Negri, 2004).

이 책에서 제시하는 네트워크 질서의 개념은 이상에서 본 세 가지 유형의 네트워크가 모두 합쳐지는 복합 질서인 동시에 서로 상이한 이 네트워크들을 엮어내는 메타 질서를 논한다. 네트워크 질서는 다허브형 네트워크로 개념화되는 근대국가체제가 변환을 겪는 와중에 단허브형 네트워크의 제국 질서와 탈허브형 네트워크의 글로벌 거버넌스형 질서가 중첩되는 형태이다. 다시 말해 기존의 국민국가 중심의 질서가 변화를 겪는 것은 사실이지만, 그렇다고 새로운 행위자들이 득세하는 전면적인 탈허브형의 분산 네트워크만 관찰되는 것은 아니고, 반대로 어느 특정 국가의 세력이 전체 네트워크를 압도하는 단허브형의 집중 네트워크가 부상하는 것도 아니다. 오히려 21세기 세계정치의 현실은 세 가지 네트워크가 교차하는 지점에서 교묘하게 얽히면서 운영되는 네트워크 국가의 복합 질서가 부상하는 것으로 보아야 할 것이다(Katzenstein ed., 2010, 2012a, 2012b).

이러한 세 가지 유형이 복합된 아키텍처를 지니는 네트워크 질서의 작동 방식을 보더라도, 한편으로는 구심력을 지닌 중심성의 요소가 조정의 메커니즘으로 작동하는 가운데, 다른 한편으로는 자발적이고 자기조직화의 형태를 띠는 개방적 참여가 원심력을 발휘하는 방식이 될 것이다. 좀 더 구체적으로 말하면 미래의 세계질서는 위계의 단순 모델에서 위계와 수평의 복합 모델로 변환하는 망중망網重網의 복합 아키텍처와 작동 방식을 내보일 것이다. 여기서 관건이 되는 것은 기존의 질서 모델과 새로운 질서 모델이 어느 지점에서 복합될 것이냐 하는 문제이다. 그 복합 지점의 위치에 따라서 앞으로 세계질서의 아키텍처나 작동 방식은 다소 다른 모습으로 발현될 수도 있기 때문이다. 이러한 이유로 제6장에서 살펴보았듯이 지역에 따라서 다른 유형의 네트워크 국가가 부상하는 것처럼 지역에 따라서 다른 모습의 네트워크 질서가 존재할 가능성이 있다. 결국 이러한 문제는 〈그림 7-3〉에서 묘사한 바와 같이, 21세기 세계질서에서 부상하는 복합 구성 원리들을 포괄하는 일종의 '메타 구성 원리'를 발견하는 작업으로 귀결된다.

한편 다음 절의 논의로 넘어가기 전에 강조할 것은, 이렇게 서로 모순되는

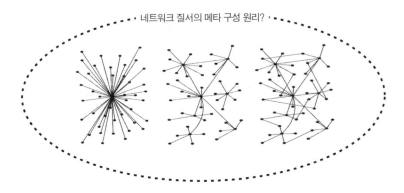

〈그림 7-3〉 메타 질서로서 네트워크 질서

네트워크 질서의 메타 구성 원리? ·

것처럼 보이는 복수의 질서가 서로 조율되면서 작동할 수 있는 밑바탕에는 정보혁명으로 말미암아 활성화된 물리적 커뮤니케이션 네트워크, 특히 인터넷이 자리 잡았다는 사실이다. 인터넷의 아키텍처와 작동 방식에서 발견되는 집중과 탈집중, 그리고 단허브형과 탈허브형의 이중성은 21세기 세계정치의 네트워크 질서가 형성되고 작동하는 과정에 투영되고 있다(Deibert, 1997; 김상배, 2010a). 이러한 맥락에서 다음 절에서는 이상에서 살펴본 네트워크 질서에 대한 이론적 논의를 동아시아에 적용해보고자 한다.

4. 동아시아의 네트워크 질서론

1) 주권 변환으로 보는 동아시아 질서

이상에서 살펴본 네트워크 질서론의 연속선상에서 몇 가지 질문을 동아시아의 맥락에서 다시 던져보자. 예를 들어 동아시아 네트워크 국가들이 네트워크 권력의 게임을 벌이는 가운데 창발하는 동아시아 지역질서는 어떤 모습으로 그려지는가? 동아시아에서 정당한 것으로 인정되는 대표적 단위의 성격은 무엇인가? 한 가지 성격의 단위가 지배하는가, 아니면 다양한 성격의 단위들이 혼재하면서 경합하는가? 각 단위의 관계를 규정하는 원리는 어떻게 정해지는가? 수직적 위계 관계인가, 수평적 대등 관계인가? 아니면 이 양자의 복합 관계인가? 각 단위의 상호작용을 규율하는 규범이 존재하는가, 아니면 노골적인 부국강병의 게임이 벌어지는가? 요컨대 동아시아 지역질서에는 하나의 구성 원리가 작동하는가, 아니면 여러 구성 원리가 공존하거나 상호 충돌하는가?

이러한 질문들에 대한 동아시아 국제정치이론의 탐구 작업은 여태까지 매우 부진했던 것이 사실이다.[4] 특히 동아시아 지역질서의 모습을 단순히 구조의 차원에서 본 질서론이 아니라, 앞서 강조한 바와 같이 행위자와 구조의 차원을 모두 품는 논의를 통해서 담아내려는 시도는 많지 않았다. 앞서 네트워크 권력이나 네트워크 국가에 대한 논의가 단위 차원에서 시작해 구조 차원으로 상승하는 방식이었다면, 네트워크 질서에 대한 논의는 역으로 구조 차원에서 시작해 단위 차원으로 환원되는 성격을 지닌다. 이 절에서는 이렇게 거시적 차원에서 발생하는 현상을 미시적 차원의 요인으로 환원해서 설명하는 이론적 시도로서 행위자 기반 모형ABM의 발상에 착안해 동아시아 네트워크 질서의 패턴을 탐구했다. 이러한 시각에서 보면, 동아시아형 '행위자-네트워크'가 벌이는 네트워크 권력 게임의 미시적 양상은 거시적 차원에서 어떠한 패턴의 질서를 창출하는가? 또한 이러한 거시적 질서의 복잡성을 단적으로 밝혀주는 단순성의 규칙은 무엇인가?

동아시아 차원에서 거시적 질서의 패턴을 엿보게 하는 미시적 규칙은 여러 가지가 있겠지만, 여기서는 앞서 살펴본 주권 원칙을 원용해보자. 그렇다

---

4 최근 국내외에서 진행된 동아시아에 대한 이론적 논의로는 Ikenberry and Mastanduno eds.(2003), Qin(2007), Acharya and Buzan eds.(2010), 백영서 엮음(2005), 손열 엮음(2007), 하영선 엮음(2008), 장인성(2008), 신욱희(2008), 전재성(2011) 등을 참조하기 바란다.

면 역사적 맥락에서 볼 때, 국제정치의 미시적 규칙으로서 주권 원칙은 동아시아 국제정치사에서 어떠한 방식으로 구현되었는가? 서구 국제정치에 기원을 두는 근대 주권의 원칙은 동아시아에서 어떠한 보편성과 특수성을 보이면서 수용되었는가? 사실 19세기 이후 동아시아 국가들의 주권에 대한 이론적 논의는 그 자체가 논란거리이다. 몇몇 예외를 제외하면 근대적 의미의 이념형적 주권을 제대로 가진 적이 없기 때문이다. 따라서 동아시아의 주권에 대한 논의는 서구 국제정치의 경험과는 다른 의미로 파악된 일종의 '변형된 주권'을 동아시아 국가들이 어떻게 수용하고 행사했는지를 계보학적으로 살펴보는 것이 필요하다(신욱희, 2008).

이러한 시각에서 보면, 19세기 개항기 이후 중국, 일본, 한반도는 모두 상이한 근대적 주권의 수용경로를 밟아왔다(Holton, 2005). 이 중에서 일본만이 유일하게 서구적 의미의 주권국가로서 경험을 누렸으며, 여기서 더 나아가 제국의 길을 걷기도 했다. 그러나 제2차 세계대전에서 패전한 이후 일본은 평화헌법의 굴레 안에서 위축된 주권을 감수하지 않을 수 없었다(Suzuki, 2005). 한반도의 경우 20세기 초반 조선은 식민지를 경험할 수밖에 없었고, 해방 후에는 남북한 분단으로 말미암은 주권 경험의 굴절을 겪었다. 중국의 경우도 20세기 초반 반≑식민지의 경험을 딛고 일어서 사회주의 체제의 실험과 개혁개방의 진통을 거치면서 국민국가 건설의 목표와 함께 새로운 패권국의 꿈을 꾸고 있다. 그야말로 동아시아의 근대는 굴절된 미완성의 근대였고 이러한 와중에 주권의 경험도 변형된 형태로 이루어질 수밖에 없었다. 그러나 20세기 중후반에 국제정치가 전개되는 과정에서 근대적 의미의 주권 원칙은 내내 일종의 '표준'으로 작동했다. 이러한 양상은 21세기 초엽에 이르러서도 한국과 중국, 일본의 국가 간 갈등에서 각국이 여전히 근대적 영토주권의 발상을 고수하는 모습으로 나타났다.

이렇게 변형된 형태로 나타난 동아시아 주권 경험의 글로벌한 배경에는 제2차 세계대전 이후 냉전기를 거치면서 위력을 발휘한 미국과 소련이라는 두 초강대국의 '확장된 주권'이 자리 잡았었다는 것도 빼놓지 말아야 할 것이다. 이러한 맥락에서 볼 때, 21세기를 맞이해 밀려오는 지구화와 정보화 및 민주화의 파도는 근대적 주권을 넘어서는 탈근대의 도전으로부터 동아시아 국가들도 자유로울 수 없음을 보여준다. 생산과 금융, 환경과 인권 분야에서 관찰되는 비국가 행위자들의 등장은 국민국가의 주권론만 가지고는 현재 동아시아에서 발생하는 세계정치의 미시적 규칙을 제대로 파악할 수 없음을 극명하게 보여준다. 이러한 와중에 동아시아 주권의 경험을 더욱 복잡하게 만드는 것은 2000년대 초중반에 지구화와 반테러 전쟁의 추세를 타고 이루어진 미국의 행보와 관련된 주권 논의이다. 이는 단순히 패권국의 세계 전략이라기보다는 국민국가의 경계를 넘어서는 '21세기 제국'의 주권에 대한 논쟁을 일으키기도 했다.

이러한 주권 변환의 시각에서 보면, 21세기 동아시아에서는 전근대와 근대를 거치면서 역사적으로 축적되고 탈근대의 맥락에서 새로이 부상하는 세 가지 주권 원칙, 즉 근대 주권, 탈근대 탈주권, 제국적 주권의 삼층 복합 구도가 발견된다. 앞서 네트워크 국가에 대한 논의의 연속선상에서 이렇게 근대-탈근대-전근대의 세 겹으로 중첩되는 주권을 하나로 묶어서 불러보면 '네트워크 주권'이라고 할 수 있다. 네트워크 주권이란 '네트워크 세계정치의 행위자 간(국가 간 또는 국가와 비국가 행위자 간)에 서로 공유되는 주권'이다. 이러한 개념에 따라 앞서 네트워크 국가에 대한 논의와 마찬가지로 근대적 의미의 국가 주권이 일종의 '허브' 역할을 하고 있음은 물론이다. 그럼에도 21세기 주권이라는 것이 근대의 경우처럼 더는 국가가 전적으로 독점한다고 볼 수 없다는 점에서 '공유되는 주권'으로서의 네트워크 주권의 개념이 설득력을 얻는다. 이러한 시각을 원용해 동아시아에서 관찰되는 네트워크 주권의 보편성과 특수성을 밝혀내는 작업은 향후 동아시아 네트워크 세계정치의 중요한 연구 과제 중 하나임이 분명하다(Ringmar, 2012).

동아시아에서 네트워크 주권의 현재와 미래를 예견케 하는 가장 대표적인 사례는 아무래도 중국일 것이다. 최근 급부상하는 중국의 행보는 동아시아 주권론에 새로운 화두를 던진다(Schweller and Pu, 2011; Beeson, 2009; MacDonald and Parent, 2011). 비非서구적 세계질서를 구축하려는 꿈을 꾸는 중국의 부상은 네트워크 세계정치이론의 시각에서 보아도 중요한 주제이다. 무엇보다도 중국을 하나의 국민국가로서 설정하고 그 부상이 자국의 국익에 대한 위협이냐 이익이냐를 묻는 제로섬 게임의 발상을 넘어서는 접근이 필요하다. 게다가 중국의 부상은 어느 한 주권국가의 부상이라는 의미를 넘어서 여태까지는 상대적으로 부차적으로 취급되었던 전통 천하질서의 주권론이 재조명될 가능성까지도 제기한다(전재성, 2007). 더 나아가 중국의 부상을 통해서 보는 동아시아 국가 행위자의 성격 변환 가능성은 동아시아 차원의 질서 변환을 엿보게 한다. 이러한 점을 염두에 두고 앞서 언급한 주권 변환의 세 가지 분석틀을 원용해 중국에서 나타나는 국가 주권의 변환을 살펴보자.

첫째, 정부의 통제력이라는 시각에서 본 중국의 국가 주권 변환이다. 중국은 경제 분야와 산업 분야를 중심으로 국가 주도형 정책을 추구해왔다. 이러한 국가 주도형 정책은 지난 수십 년 동안 중국이 제조업 분야의 빠른 성장을 이룩하는 데에 큰 역할을 했다. 이러한 성장과정에서 중국의 국가는 국내의 민간 행위자나 해외 자본에 대한 통제력을 효과적으로 발휘했다. 이러한 중국의 국가 주도형 정책은 동아시아의 발전국가에서 나타난 시장경제와 권위주의가 복합된 모델의 한 형태로 볼 수 있다. 좀 더 넓은 의미에서 이는 이른바 베이징 컨센서스로 알려진 중국의 정치경제 모델이라는 큰 틀에서 이해된다. 앞서 제5장에서 살펴보았듯이, 베이징 컨센서스는 시장경제와 자유민주주의가 복합된 모델인 워싱턴 컨센서스에 대한 대안 모델로 간주되어왔다.

이러한 중국의 국가 주도형 정책이 계속 성공할 수 있느냐 하는 문제는 향후 관건이다. 이러한 국가 주도형 모델은 중국뿐만 아니라 동아시아의 여타 국가들에서도 등장했는데, 정책 주권의 논의에 독특한 함의를 준다. 그러나 일본이나 한국 등의 발전 경험을 돌아보면 경제 추격기에는 국가가 주도하는 정책과 제도의 모델이 효과적으로 작동하지만, 그 추격이 끝나고 선진국들과 경쟁하는 단계에 이르러서는 그러한 국가 주도형 정책의 효과성이 의문시되었다. 게다가 지구화와 정보화가 진전되면서 출현하는 새로운 경쟁 환경에 적응하려고 국가의 정책 주권 행사가 제한되는 동시에 민간 행위자들이 자율성은 늘어나는 방향으로 정책과 제도의 조정이 발생했다. 정도의 차이는 있겠지만 중국의 경우도 유사한 문제에 봉착할 가능성이 크다. 특히 제조업 분야에서 잉태된 발전국가의 특수 담론을 넘어서 새로운 선도 부문으로서 IT 산업 분야에서 네트워크 지식국가의 보편적 추세를 따라잡을 수 있느냐가 관건이 될 것이다.

둘째, 법정치적 권위라는 시각에서 본 중국의 국가 주권 변환이다. 제9장에서 살펴볼 바와 같이, 중국 정부는 주권의 관념을 근거로 해서 인터넷에서 유통되는 정보를 검열하는 정부 정책이 주권국가의 정당한 권한이라는 입장을 견지하고 있다. 아무리 인터넷이 초국적이고 글로벌한 공간을 제공하더라도 중국의 영토적 경계 안에서 벌어지는 활동에 대해서는 규제하겠다는 것이다. 오히려 최근 중국의 인터넷 검열을 문제시하는 서구 언론들의 비판을 주권국가에 대한 내정간섭인 동시에 서구 국가들이 사이버공간을 통해 자신들의 정치 모델과 가치관 및 생활양식을 중국에 강요하려는 처사라고 반발하기도 한다. 이러한 인식을 바탕으로 해서 중국 정부는 국내법에 따라 중국 내의 인터넷 서비스 제공자들이 자체 검열을 수행하도록 요구했으며, 이러한 방침은 마이크로소프트나 구글과 같은 미국의 IT 기업들에도 예외가 아니었다.

최근 인터넷에 대한 중국의 주권적 통제체제에 대해서 서구 국가의 정부들이나 초국적 시민 단체들이 인권에 대한 보편적 인식을 근거로 문제를 제기하고 있다. 이들은 국경을 초월하는 보편적 인권의 정당성을 근거로 1989년 천안문 사태 이후 이루어지는 중국의 인권 탄압을 비판해왔다. 이에 대해 중국 정부는 초국적 인권 단체들의 담론적 공세를 법정치적 주권 개념에 기반을 둔 내정불간섭의 원칙을 내세워 대응했다(김상배 엮음, 2011: 103~134). 최근 이러한 '인권'과 '주권'의 대결은 인터넷 자유와 중국의 민주화 문제로 비화되었다. 제9장에서 소개할 2010년 상반기 구글의 중국 시장 철수 사건은 인터넷 자유의 확산에 대한 글로벌 시민사회와 미국 정부의 관심을 높였다. 미국의 인권 단체, 정부 관리, 각계 전문가 등을 중심으로 인터넷 자유의 확산을 위한 법제도적 지원의 노력이 벌어졌다. 2010년 하반기에 중국의 반체제 인사인 류샤오보劉曉波가 노벨 평화상을 수상한 일은 중국 내 인권 탄압 문제에 대해 전 세계의 관심을 끌게 했다.

끝으로, 주권 개념의 기반이 되는 집합 정체성이라는 시각에서 본 중국의 국가 주권 변환이다. 최근 중국 정부와 국민들이 내보이는 집합 정체성의 내용은 근대국민국가, 그중에서도 빠르게 성장하는 개도국에서 발견되는 민족주의적 모습이다. 특히 최근 중국 내 소수민족의 문제를 풀어나가는 과정이나 남중국해의 조어도 지역에서 일본과 벌이는 영토 분쟁의 양상을 보면 대내적으로 '국민nation'의 정체성을 건설하고 대외적으로 '민족nation'의 정체성을 발산하는 양상을 보인다. 제13장에서 살펴볼 사이버공간에서 나타나는 중국 네티즌들의 사례도 사이버 민족주의를 방불케 하는 양상을 보인다. 정치사회적 통제를 강화하려는 중국 정부의 의도적 묵인, 급속한 경제적 성장과 함께 발생한 중국의 국제적 위상 상승, 그리고 이들 요인과 얽히면서 형성된 중국인들의 국민적 자부심 등이 오프라인과 온라인의 민족주의 집합 정체성과 결합했다.

그러나 이러한 양상은 중국을 중심으로 동아시아의 정체성을 재구성하려는 모습으로 비칠 수도 있다. 동아시아에서 중국이 차지하는 위상은 비슷한 규모의 다수 국가 중 하나가 차지하는 그것을 넘어서기 때문이다. 전통 동아시아 질서에서 중국이 차지했던 위상은 중국이 곧 동아시아라는 등식을 낳기도 했다. 이러한 중국의 부상은 동아시아의 부상이라는 현상과 연결되며 동아시아의 고유한 많은 특성이 주목받고 있다. 오늘날에도 그 영토와 인구의 규모라는 점에서 중국은 여럿 중 하나로 치부하기에는 너무나도 버거운 존재인 것이 사실이다. 이러한 맥락에서 볼 때, 앞서 언급한 동북공정이나 고구려사 문제 등은 일차적으로는 중국 내 소수민족들과의 관계, 그리고 더 나아가 주변 국가 간의 관계를 제국적 정체성이라는 틀에서 복원하려는 시도로 해석되기도 한다. 이러한 점에 착안하면 중국의 부상은 동아시아에서 근대 국제질서가 또 다른 방향으로 변모할 가능성도 보여준다. 특히 중국의 부상은 21세기 동아시아 지역질서에서 복합적으로 나타나는 여러 가지 비전 중에서 제국적 주권을 바탕으로 한 전통 천하질서의 부활을 떠올리게 한다. 다시 말해 중국의 부상은 여태까지는 상대적으로 부차적 취급을 받았던 전통 동아시아 질서의 구성 원리, 즉 상대적으로 위계적이고 동심원적인 천하질서가 다시 재조명됨을 의미한다.

이상의 중국의 사례를 통해서 엿볼 수 있는 동아시아 주권 변환, 그리고 네트워크 주권의 현주소는 어떠한 모습일까? 중국에서 나타나는 주권 변환의 사례에는 근대 주권국가의 그림자가 강하게 드리워진 것이 사실이다. 정책 주권의 차원에서 보면 중국은 정부 주도형 정책을 통해 영토 내의 경제 활동에 개입하고, 법정치적 권위라는 시각에서 보면 국내외의 정보 유통에 대해 국가가 규제와 검열을 하며, 집합 정체성이라는 차원에서도 국가 단위의 민족주의 성향이 강하게 나타난다. 이러한 국가 주권 모델에서 파생되는 동아시아 질서의 모습은 영토 국가를 단위로 하는 근대 국제질서의 모습이다.

그런데 중국에서 나타나는 국가 주권의 변환은 근대 국제질서를 넘어서는 움직임도 예견케 한다. 정책 주권의 차원에서 볼 때 중국의 경제와 산업이 발전함에 따라 기술 활동과 경제 활동에 대한 국가 주도 정책의 효과가 떨어질 것이 예견되며, 법정치적 권위라는 차원에서 인권 문제나 민주화 문제와 관련된 초국적 규범의 확산은 영토 국가 단위의 주권적 권위에 도전하고, 집합 정체성 차원에서도 민족주의를 넘어서는 동아시아 정체성, 특히 전통적 제국 정체성의 복원이 타진되고 있다. 이러한 주권 변환 모델에서 예견되는 동아시아 질서의 모습은 지구화 현상과 지역화 현상에 기반한 탈국제질서post-international order의 모습이다.

요컨대 중국의 부상을 통해서 엿볼 수 있는 동아시아 주권 변환의 현재와 미래는 국민국가 단위의 주권의 이미지가 압도하는 가운데 이에 도전하는 움직임들이 서서히 중첩되는 모습으로 그려볼 수 있다. 네트워크 주권의 개념을 원용하자면, 근대 주권과 탈근대 탈주권, 제국적 주권이 복합되는 과정에서 여전히 근대 주권이 상대적으로 높은 비율을 차지하는 모습이라고 할 수 있다. 근대-탈근대-전근대의 주권이 삼층 복합 구도로 나타나는 것이 글로벌 차원에서 파악되는 일반 이론적 네트워크 주권의 추세라면, 동아시아에서 그 형태가 탐색되는 '동아시아형 네트워크 주권' 모델은 글로벌 추세보다 근대 주권의 영향력이 여전히 많이 남은 모습이다. 이는 앞서 제6장에서 살펴본 '동아시아형 네트워크 국가'의 논의와도 일맥상통한다. 적어도 21세기 동아시아의 미래에 지대한 영향을 미칠 것으로 예상되는 중국의 사례를 통해서 보면 그러하다.

2) 네트워크로 보는 동아시아 질서

이제 행위자 기반 모형ABM의 기본 취지로 다시 돌아가서 미래 동아시아 질서의 아키텍처와 작동 방식에 대해 좀 더 구체적으로 탐색해보자. 미시적 차원에서 동아시아 세계정치가 동아시아형 네트워크 주권의 원칙에 따라 작동한다면, 거시적 차원에서 발생하는 동아시아 지역질서의 독특한 패턴은 어떻게 나타나는가? 동아시아형 네트워크 국가들의 행동이 전형적 주권국가의 그것이 아니므로 거시적 차원에서 발생하는 동아시아 질서, 즉 '정치적 권위의 아키텍처'가 내보이는 특성은 무엇인가? 아직 21세기 동아시아 질서가 완전히 창발하지 않은 상황에서 거시적 질서의 패턴을 예견한다는 것은 쉽지 않은 일이다. 그렇지만 현재 나타나는 주권의 미시적 규칙과 그것이 동아시아 지역질서에 반영된 양상을 엿볼 수는 있을 것이다.

역사적으로 거슬러 올라가서 볼 때, 전통 동아시아 질서는 제국적인 동심원 질서의 모습이었다. 일종의 천하국가天下國家의 제국적 주권이라는 구성 원리를 단위 차원에서 실현한 국가들이 동아시아에 존재했다. 예禮를 무대로 해서, 작동 방식이라는 차원에서 사대자소事大字小를 취했으며, 이들 국가는 제도적으로 책봉 관계와 조공 관계를 전제로 한 국가 형태였다. 이러한 천하질서는 기본적으로 위계질서인데, 이는 중심과 주변의 지리적 개념인 동시에 지문화적geo-cultural 또는 문화제도적 의미이다. 이러한 의미에서 세계 거버넌스에 대한 중국적 개념으로서 천하질서는 제국 거버넌스에 대한 일반적 의식과는 다르게 이해해야 한다(이용희·신일철, 1972; 김용구, 1997; 김한규, 2005; 홍승현, 2009; 하영선, 2012b; Fairbank ed., 1968; Hevia, 1995; Di Cosmo, 2002).

근대 국제질서의 전파 이후 동아시아 지역질서는 외생 질서의 충격으로 변환을 겪었다. 주변에 위치했던 한국, 일본, 베트남과 같은 국가는 조공 체제에서 벗어나 중국과 대등한 국민국가로 독립했다. '국민국가의 외양을 한 제국'인 중국을 타자로 삼아 자신의 정체성을 수립하는 변화가 발생했다. 20세기 후반에는 전통 동아시아 질서의 빈자리에 서구에 기원을 두는 근대 국제정치 기반의 미국적 글로벌 스탠더드가 침투했다. 그러나 엄밀한 의미에서 20세기 동아시아에는 완전히 서구적인 근대 국제질서가 들어서지 못하고 전통과 근대가 중첩되는 질서가 작동하는 것으로 보아야 한다. 게다가 여기에 덧붙여 최근에는 지구화, 정보화, 민주화 등으로 말미암아 동아시아에서 탈근대적 변화도 발생하고 있다. 이러한 와중에 국가 차원의 '횡적 네트워크'와 더불어 다국적기업이나 시민사회 등과 같은 비非국가 행위자 차원의 네트워크가 복합적으로 부상하고 있다.

이러한 논의를 바탕으로 볼 때 21세기 동아시아에는 전통-근대-탈근대의 삼층 질서가 작동하는 것으로 볼 수 있다. 좀 더 구체적으로 동아시아 지역질서는 국민국가 중심의 근대 국제질서가 압도하는 가운데 탈근대 질서뿐만 아니라 전통 질서의 요소들이 복합되는 삼층 질서의 모습으로 그릴 수 있다. 다소 복잡하게 느껴질 수 있는 삼층 질서의 아키텍처와 작동 방식에 대한 논의를 좀 더 가시화해 진행하고자 앞서 〈그림 7-2〉에서 언급한, 네트워크의 유형에 대한 논의를 다시 원용해보자.

첫째, 근대국민국가들이 구성하는 국제질서는 이념형적으로 균질한 주권을 지닌 국민국가들을 노드로 상정한다는 점에서 〈그림 7-2〉의 '다허브형 네트워크의 질서'에 해당한다. 세계 어느 지역보다도 냉전적 요소가 잔존한 동아시아에서는 국민국가로 파악되는 행위자들이 구성하는 무정부 질서의 특성이 잔존한 것이 사실이다. 동아시아 군사 안보 질서는 이러한 다허브형 네트워크의 이미지를 바탕에 깔고 있다. 북한 핵 문제를 둘러싸고 벌어지는 6자회담의 정부 네트워크에서 나타나는 동아시아 외교 안보 질서도 마찬가지이다. 최근 사이버공간에서 내보이는 한·중·일 네티즌들의 집합 정체성과 관념도 여전히 근대적 의미의 민족주의 경향을 벗어나지 못하고 있다.

둘째, 초국적 네트워크 행위자의 부상으로 말미암아 벌어지는 동아시아 지역의 변화는 국민국가라는 노드를 우회해서 벌어지는 현상이라는 점에서 〈그림 7-2〉에서 논한 '탈허브형 네트워크의 질서'를 창출한다. 동아시아에서 발견되는 생산 분야와 금융 분야의 다국적기업 네트워크, 환경 분야와 인권 분야의 시민사회 네트워크 등은 탈허브형 네트워크의 질서가 잉태하는 실마리를 보여주었다. 게다가 최근 인터넷의 급속한 확산을 통해서 동아시아에서도 사이버공간을 매개로 한 현실 공간의 탈영토화 현상이 발생하면서 국가를 경계로 한 질서의 틀이 바뀌고 있다. IT 분야의 다국적기업들이 동아시아 시장에 진출하면서 동아시아 국가들의 정부에 도전하거나 동아시아의 사이버공간에서도 초국적 공론장의 가능성이 모색되는 현상들이 사례로 거론된다.

끝으로, 지구화나 반테러 전쟁의 흐름을 타고 전 세계로 짜이는 미국의 패권 네트워크는 '21세기 제국'을 연상케 하는 '단허브형 네트워크의 질서'라고 할 수 있다. 미국의 네트워크 동맹 전략과 네트워크 패권은 이러한 이미지의 질서를 구축하려 한다. 아울러 최근 급속히 부상하는 중국은 또 다른 종류의 단허브형 네트워크의 질서, 즉 동심원 형태의 전통적 천하질서가 동아시아에서 출현할 가능성을 예견케 하는 요소이다.[5] 이렇게 보면 동아시아에서는 미국과 중국을 각각 허브로 하는 양허브형 네트워크 질서가 자리 잡아 가는 것으로 판단할 수도 있다. 다시 말해 지구화를 주도하는 미국발 네트워크와 천하의 관념을 복원하려는 중국발 네트워크가 경합하는 망제체제의 질서라고 볼 수 있다.

이상의 논의를 바탕으로 볼 때, 21세기 동아시아에는 거시적 차원에서 단허브형과 다허브형, 탈허브형의 삼층 네트워크의 질서가 복합적으로 부상하는 것으로 볼 수 있다(하영선 엮음, 2008). 앞서 언급한 시각에서 보면, 동아시아에서 최종적으로 부상하게 될 질서의 모습은 이 중에서 어느 하나만이 살아남는 형태라기보다는 세 가지가 모두 공존하는 '질서들의 질서an order of orders'가 예상된다. 따라서 이러한 네트워크 질서가 어느 하나의 아키텍처가 아닌 세 개가 겹친 형태라는 점에서 메타 질서로서의 네트워크 질서라고 할 수 있다. 이와 같은 동아시아 네트워크 질서의 구성 원리는 망중망 질서로 파악된다.

이러한 동아시아 망중망 질서의 자기조직화 과정에서 세 가지 질서는 향후 어떠한 비중으로 서로 복합될 것인가? 앞서 살펴본 네트워크 국가나 네트워크 주권에 대한 논의의 연속선상에서 보면, 동아시아에서 창발하는 망중망 질서에서는 국가 행위자들이 구성하는 다허브형 네트워크의 질서가 주류를 이룰 것으로 예견해볼 수 있다. 이러한 가운데 한편으로 다허브형 질서가 분화되면서 탈허브형 네트워크의 질서가 부상하고, 다른 한편으로 다허브형 질서가 통합되면서 단허브형 네트워크의 질서가 형성되는 형국이라고 볼 수 있을 것이다. 그렇다면 이렇게 중첩되는 질서들의 질서를 통괄하는 동아시아 메

---

5 최근 중국은 근대에 편입하기 이전 자국이 보존해온 세계관과 가치관에 관심을 기울이고 있다. 또한 동아시아의 국제정치적 중요성이 증가하면서 동아시아 자체의 규범과 역사에 대한 관심도 증가하고 있다. 일례로 중국은 미국이 표방하는 자유주의적 세계질서를 대체할 중국적 사고방식과 세계관을 정교화하고 이에 근거한 국제정치이론을 수립하는 데에 많은 노력을 기울이고 있다(Zhang, 2001; Zhao, 2006; Callahan, 2008; 자오팅양, 2010; Qin, 2011; Callahan and Barabantseva eds., 2011).

타 질서의 내용을 여러 형태의 질서가 병존한다는 방식의 설명이 아니라, 〈그림 7-3〉에서 그려본 것처럼 좀 더 간결하게 개념화할 수 있는 방법은 없을까?

1990년대 이전에는 이러한 동아시아의 메타 질서 또는 복합 질서를 일본의 도쿠가와 막부 체제에 빗대어 이론적으로 논하려는 시도들이 있었다. 신중세주의neomedievalism의 개념을 원용해 일본의 국내체제의 구성 원리를 이해하고, 이를 유추해 동아시아 지역질서의 구성 원리를 이해하는 시도였다(다나카 아키히코, 2000). 정치적으로는 무정부 질서의 모습을 띠지만, 사회적으로는 위계질서의 양상을 보였던 일본 국내체제의 아키텍처와 작동 방식이 오늘날의 동아시아 지역질서를 이해하는 데에 어느 정도의 시사점을 주는 것은 사실이다. 그러나 2000년대 들어 세계정치에서 일본이 차지하는 위상이 상대적으로 하락함에 따라 그러한 이론적 논의에 대한 관심도 낮아졌다. 오히려 최근에 동아시아의 미래 질서를 논하는 데에 주로 거론되는 것은 일본이 아닌 중국이다(Ringmar, 2012).

앞서 살펴본 바와 같이, 중국의 주권 변환에서 엿보는 동아시아 네트워크 질서는 주권국가 단위의 근대 국제질서의 모습이 압도하는 가운데 지구화의 과정을 통해서 구현되는 탈국제질서가 중첩되고, 앞으로 중국 중심의 전통 천하질서의 구상이 가미될 가능성을 보인다. 부연컨대 정책 주권 차원에서 보면 현재 지배적으로 나타나는 국가 단위 질서의 양상에 탈국가 단위 질서의 가능성이 제기되며, 법정치적 권위 차원에서는 국가 중심의 주권 질서와 글로벌 인권을 내세우는 초국적 질서가 경합하고, 집합 정체성의 차원에서도 국민 단위의 정체성이 압도하는 가운데 지역 단위의 정체성이 모색되는 모습이다. 종합해보면 중국을 중심으로 보는 동아시아형 네트워크 질서의 현재는 주권국가 질서를 근간으로 하는 가운데 이를 침식하는 새로운 변화들이 늘어가는 모습으로 그려진다.

5. 네트워크 질서의 세계정치

네트워크 국가들이 네트워크 권력 게임을 벌이는 과정에서 창발하는 네트워크 질서는 이미 정해긴 어떠한 목표를 향해서 나아가는 것이라기보다는 행위자들의 자기조직화 과정을 거쳐서 구성된다. 알렉산더 웬트의 유명한 논문 제목인 「무정부 질서는 국가들이 만들어가는 것Anarchy is What States Makes of It」이라는 말처럼(Wendt, 1992), 네트워크 세계정치이론의 시각을 통해 보면 "네트워크 질서는 네트워크 국가들이 만들어가는 것Networkarchy is What Network States Make of It"이라고 할 수 있다. 그런데 이러한 네트워크 질서의 구성 과정에는 현재 여러 가지 비전이 경합을 벌이고 있다. 마치 제9장에서 살펴볼 예정인, 표준 경쟁의 시각에서 본 미래의 질서 구상을 둘러싼 표준 경쟁을 보는 듯하다.

현재 동아시아와 한반도의 삶에 관건이 되는 네트워크 질서의 경합은 미국과 중국 사이에서 벌어질 동아시아 질서와 세계질서의 '아키텍처 경쟁' 또는 '꿈의 경쟁'이다(하영선, 2012b). 동아시아 네트워크 세계정치에서 단연코 쟁점이 되는 것은 가까운 미래에 중국 중심의 질서가 미국 중심의 세계질서에 도전하는 새로운 천하질서로 발전할 것이냐는 문제이다. 새로운 복합 질서 또는 네트워크 질서로서 미국발 신자유주의적 글로벌 거버넌스 질서의 구상과 중국발 21세기 네트워크 질서로서 천하질서의 구상이 경합하는 모양일 것이다. 중국이 제시하는 천하질서의 구상은 미국의 신자유주의 질서 구상에 대한 반론으로서 의미가 있지만, 중국이 제시하는 질서 구상이 주변 국가들에 얼마나 보편적인 규범으로 받아들여질 것이냐가 관건이다. 현재로서는 중국의 천하질서 구상이 좀 더 포괄적이고 보편적이라는 보장은 없다. 아직 중국의 행보는 미래 동아시아에서 천하질서의 꿈을 논하면서도 존재론적으로는 여전히 개도국의 마인드에 머무르는 한계를 보인다.

이렇게 경합하는 두 가지 질서 비전 중에서 어느 쪽이 더 한국에 유리한 아키텍처와 작동 방식을 창출할 비전일까? 미국발 신자유주의 질서가 유지되는 세상에서는 어떠한 이익이 있으며, 중국발 천하질서로 재편되는 세상에서는 어떠한 이익이 있나? 이러한 두 가지 질서 사이로 한국이 치고 들어갈 틈새는 없을까? 사실 전통 천하질서 아래에서도 조선이 이른바 소중화小中華의 관념을 내세워 명분과 규범의 틈새적 문화 권력을 행사하며 일정한 형태로 참여했던 것처럼, 오늘날의 현실에서도 강대국의 질서 아래에서 일정한 역할을 찾을 수 있을지도 모른다. 다시 말해 미국 또는 중국이 동아시아에 투사하는 일종의 단허브형 네트워크 질서의 규범적 정당성이나 형평성을 문제 삼아 동아시아의 여타 국가들의 이익과 실질적 조화를 이루는 질서의 비전을 제시해볼 수 있을 것이다.

이러한 맥락에서 동아시아 지역질서 변환의 가능성은 한국에 새로운 발상의 동아시아 구상과 전략을 요구한다. 동아시아 지역 구상을 실천하려 할 때에 제일 먼저 고민해야 할 것은 한국이 어떠한 동아시아 질서의 밑그림을 가졌느냐 하는 문제이다. 이전에 서구의 국제정치이론에 근거해서 그린 동아시아 질서의 밑그림은 역사와 장소의 독특성을 반영하는 동아시아 질서의 추상화된 모습이라기보다는 오히려 서구의 질서관을 밑그림으로 삼아 덧칠함으로써 동아시아의 구체적 질서의 모습이 배제되는 경향이 강했다. 되돌아보건대 동아시아에서 국제정치의 진화사는 서양의 국제정치보다 더 많은 시대의 국제정치 논리, 단위의 복합성, 다수의 구성 원리가 중요한 이론적 요소로 존재했던 것이 사실이다.

사실 이러한 문제의식은 최근 학계에서 동아시아 지역질서를 이론화하려는 노력과 함께 실천적 차원에서 동아시아 지역 협력이 지향하는 목표를 둘러싼 논쟁의 형태로 나타난 바 있다. 이러한 논쟁의 핵심은 동아시아 지역 협력의 목표를 근대적 의미의 '국제체제'의 맥락에서 볼 것이냐, 아니면 여기에 국가 간 관계의 사회적 요소가 더 가미된 '국제사회'로 볼 것이냐, 그렇지 않으면 비국가 행위자들의 정체성까지도 공유하는 '공동체'로 볼 것이냐 하는 문제였다(하영선 엮음, 2008; 장인성, 2008; 백영서 외, 2005). 그러나 이 글에서 펼친 논의의 맥락에서 보면, 단순히 국제체제냐, 국제사회냐, 공동체냐 하는 식의 논의는 큰 의미를 얻기 어렵다. 네트워크 세계정치이론의 시각에서 보면, 동아시아의 지역 협력 또는 지역 통합은 단순한 단위체 간의 통합 마인드를 넘어서 동아시아에서 네트워크 질서를 구축하려는 복합적 마인드와 관련되기 때문이다.

이러한 관점에서 볼 때, 한국의 '네트워크 동아시아 구상'의 내용은 무엇이고, 이를 구체적으로 추진할 전략의 방향은 무엇인가? 기존의 한국 정부들이 제시했던 동아시아론과 차별하려면 무엇보다도 먼저 '열린 공간으로서의 동아시아'에 대한 네트워크 발상의 접근이 필요하다. 한국이 설정하는 동아시아의 범위는 어디까지이고, 이러한 동아시아를 구성하는 멤버로는 누구를 넣고 뺄 것인가? 한국이 주도해 동아시아의 네트워크를 엮는다면, 동원할 수 있는 네트워크 권력의 자원과 전략은 무엇인가? 그리고 이러한 동아시아 구상과 전략을 추진하는 과정에서 한국이 담당하는 역할은 무엇인가? 궁극적으로 실천 전략의 차원에서 한국이 추구할 동아시아 전략은 앞서 살펴본 네트워크 국가 전략이나 네트워크 통일 전략을 모두 반영하는 네트워크 동아시아 전략이 되어야 할 것이다(손열 엮음, 2006, 2007; 하영선 엮음, 2008). 제8장에서는 이러한 삼층 복합 전략의 관점에서 한국이 추구할 네트워크 전략에 대해 살펴보았다.

제8장
중견국의 네트워크 전략론

1. 네트워크로 보는 중견국 전략

1) 중견국 한국 외교의 고민

최근 중국의 국력이 급성장함에 따라 동아시아 질서의 재편 가능성이 거론되면서 앞으로 가까운 미래에 한국에 닥칠지도 모를 외교적 선택에 대한 고민도 깊어가고 있다. 예를 들어 전통적 우방이었던 미국과 급부상하는 중국의 사이에 끼어서 양자택일을 요구받는다면, 한국은 어떠한 선택을 해야 할까? 핵 개발 시도와 다양한 군사적 도전, 평화공세까지도 병행하는 북한을 다루는 문제도 21세기 한국 외교에 또 다른 숙제이다. 가까우면서도 먼 상대인 북한과 한반도의 향배에 이해관계가 걸린 주변 4개국 사이에서 이른바 6자회담의 테이블에 앉은 한국이 담당할 역할은 무엇일까? 이렇듯 미묘하게 얽힌 미중 관계와 해법을 찾기 어려운 북한 문제를 놓고 제기되는 한국의 외교적 역할에 대한 고민은 2010년의 천안함 침몰 사건과 연평도 포격 사건 등을 거치면서 더욱 쌓여만 갔다.

사실 주변 4강強이라고 불리는 미국, 중국, 일본, 러시아의 틈바구니에 끼어서 국가적 안위를 걱정했던 것은 어제오늘의 일이 아니다. 상대적으로 덩치가 큰 나라들에 둘러싸인 한반도의 지정학적 위치로 말미암아 감내할 수밖에 없었던 운명이었다. 개항을 전후한 무렵인 19세기 조선의 외교사가 그러했고, 해방 이후 미소 냉전의 와중에 겪었던 남북한의 분단사가 그러했으며, 1960년대 말과 1970년대 초를 거치면서 제2차 세계대전 이후의 국제질서가 재편되는 와중에도 비슷한 도전들이 엄습했었다. 마찬가지로 1990년대 초에 한·러 수교와 한·중 수교로 물꼬가 트인 탈냉전기 한국 외교도 이러한 고민에서 자유로울 수 없었다. 이렇듯 동아시아에서 주변 국가들과 남북한이 서로 경쟁과 협력을 벌이는 구도가 지속되는 한, 한국 외교의 오래된 고민은 반복될 가능성이 크다.

예전과 달라진 것이 있다면 그것은 중견국middle power으로 성장한 한국의 외교적 역할에 대한 기대가 그 어느 때보다 크다는 점이다. 주변 4개국의 이익이 교차하는 지정학적 조건은 한국에 위협뿐만 아니라 동시에 기회를 제공하는 것이 사실이다. 최근 이러한 기회 활용에 대한 기대는 2000년대 들어 '동북아 균형자론'이나 '동아시아 중심 국가론'과 같은 구상을 출현하게 했다. 그러나 이러한 구상들은 19세기 국제정치의 잣대로 21세기 동아시아의 새로운 질서를 재단하는 우를 범하거나, 또는 주변 정세의 구도 속에서 한국의 위상을 제대로 읽어내지 못함으로써 모처럼 밝힌 기회의 불씨를 제대로 살려내지 못했었다. 이러한 와중에도 그나마 고무적인 것은 2010년의 G20 서울정상회의, 2011년의 부산 개발원조총회, 2012년의 서울 핵안보정상회의, 2013년 서울 세계사이버공간총회 등을 거치면서 한국 외교가 냉전 시대의 소극적인 개도국 외교의 발상을 넘어서 좀 더 적극적인 중견국 외교의 발상을 내보이기 시작했다는 데에 있다.

그러나 향후 한국이 주변 4개국뿐만 아니라 북한과도 부대끼면서 중견국의 외교적 역할을 제대로 수행하려면 무엇보다도 예전과 같은 자기중심적 발상을 넘어서 주위 국가들의 세력 구도를 입체적으로 읽어내려는 노력이 필요하다. 이러한 맥락에서 시급하게 필요한 것은 한반도를 둘러싼 국제정치의 '구조'를 제대로 파악하고 그 안에서 한국의 위상과 외교적 역할을 찾아내는 작업이다. 다시 말해 개별 행위자 차원에서만 단편적으로 외교 전략을 고민하는 수준을 넘어서 동아시아 국제정치가 제공하는 선택지의 내용을 구조적 맥락에서 이해하는 것이 중요하다. 그렇다면 동아시아 지역에서 주변 4개국과 남북한이 형성하는 구조가 한국에 제공하는 기회와 제약의 조건은 무엇이며, 이러한 조건에서 한국이 발휘할 수 있는 외교적 역량은 얼마나 될까?

이 장에서는 앞서 살펴본 네트워크 이론의 성과를 원용하고 이를 응용함으로써 중견국의 외교 전략을 설명하는 이론적 플랫폼을 모색하고자 한다. 사실 기존 연구는 중견국의 개념을 주로 행위자에 고착된 속성론에 의거해서 이해함으로써 구조의 맥락에서 중견국의 범주를 파악하려는 적극적 노력이 부족했다. 이러한 맥락에서 볼 때 이 책에서 원용하는 네트워크 이론은 중견국이라는 개념적 범주를 생성하는 네트워크의 구조적 속성을 드러내는 동시에 이러한 조건 아래에서 중견국이 담당할 역할에 대한 구체적 논의를 제공할 것으로 기대된다. 이러한 이론적 논의의 함의를 보여주고자 이 장에서는 남북한과 주변 4개국으로 구성되는 동아시아 국제정치의 경험적 사례를 살펴볼 것을 제안했다. 미국과 중국이 주도해 생성하는 동아시아 세력망Network of Power: NoP 과 그 안에서 북한을 둘러싸고 나타나는 구조적 공백의 성격, 그리고 이러한 구조적 조건 아래에서 중개자로서 한국이 추진할 수 있는 외교 전략이 거론되었다.

동아시아의 구조적 조건과 여기서 차지하는 한국의 위상에 대한 논의를 넘어서 이 장에서는 한국이 취할 네트워크 외교 전략의 구체적 내용에 대해서도 논했다. 2010년대 초엽에 복합 외교를 방향으로 제시했던 기존의 한국 외교 전략론에 대해서 제기되는 가장 일반적인 비판은 그 처방 속에 앞으로 외교 전략 추진의 좌표로 삼아야 할 구체적 행동 지침이 보이지 않는다는 것이다. 예를 들어 정치, 군사, 경제뿐만 아니라 자원, 에너지, 기후변화, 과학기술 등이 복합적으로 얽힌 21세기 세계정치를 헤쳐나가고자 정부와 민간 행위자들을 복합하고 하드 파워와 소프트 파워를 복합하며 온라인 공간과 오프라인 공간을 복합해야 한다는 외교 전략의 기본 방향 설정에는 무리가 없다고 볼 수 있다. 그러나 이러한 외교 전략을 실천하려면 필요한, 이른바 복합의 구체적 내용이나 배합 공식의 제시가 아쉽다는 지적이다. 다시 말해 외교 전략의 이슈나 추진 주체, 동원하는 권력 자원이나 활동 공간 등의 변수를 언제 얼마나 어떠한 비율로 복합해야 하는지에 대한 구체적 처방전이 아쉽다는 말이다.

이러한 지적에 귀를 기울이지 않을 수 없는 것은 종전에 제시된 복합 외교의 구상이 다분히 일국의 외교 전략을 모색하는 단위 기반의 발상에서 출발하기 때문이다. 그런데 이러한 단위 기반의 발상이 지니는 문제점 중 하나는 행위자 차원의 전략이 실제로 투영되는 구조로서의 네트워크 환경에 대한 주의 깊은 고려가 부족하다는 데에서 발견된다. 따라서 이러한 발상을 고수하다 보면 전략과 구조가 상호작용하면서 전개되는 외교 전략의 동태적 과정에 대한 면밀한 분석을 소홀히 할 수밖에 없는 것이 사실이다. 이러한 점에서 단위 차원에서 추진되는 복합 전략의 발상을 넘어서 행위자의 전략과 구조적 환경을 그야말로 '복합적으로' 동시에 담아내는 입체적 실천 전략을 구체화할 필요성이 제기된다. 이러한 고민을 통해서 네트워크 외교로 대변되는 외교 전략의 추진을 위한 구체적 행동 지침에 대한 요구에도 부응할 수 있을 것으로 기대된다.

2) 네트워크로 보는 중견국의 개념

국제정치에서 행위자 차원을 넘어 작동하는 '구조'를 구체적으로 무엇으로 개념화할 것이냐에 대해서는 국제정치 이론가마다 의견을 달리해왔다. 그럼에도 기존 국제정치이론들은 암묵적으로 '행위자들의 내적 속성categorical attributes 으로부터 도출되는 실체'로서 '구조'를 이해하는 공통점이 있었다. 이러한 인식을 바탕으로 국제정치의 구조는 무정부 상태의 조건이나 권력의 상대적 분포, 또는 규제적이고 구성적인 규범이나 제도의 집합 등으로 개념화되어왔다. 그런데 이들 개념화가 지니는 특징이자 단점은 국제정치에서 구조를 형성하는 요소를 행위자들이 벌이는 상호작용의 관계적 맥락 그 자체가 아니라, 행위자들의 내적 속성이라는 단위 수준으로 환원해서 설명한다는 데에 있다. 따라서 행위자의 속성을 초월해 발생하는 상호작용의 패턴을 논하면서도 정작 행위자의 상호작용 그 자체와는 유리된 그 무엇으로 구조를 파악한다는 지적을 받아왔다(Nexon, 2009: 24).

마찬가지로 가장 널리 알려진 신현실주의 국제정치이론의 구조 개념도 유사한 비판을 받았다. 신현실주의 국제정치이론은 국가 간의 세력분포와 세력균형의 시각에서 국제정치의 구조를 단극-양극-다극 체제 등으로 크게 나누어서 파악한다(Waltz, 1979). 그런데 이러한 신현실주의 개념은 국제정치에서 나타나는 '물질적 구조'의 전반적 윤곽을 드러내는 데에는 유용한 반면, 기본적으로 구조의 개념을 행위자가 보유한 자원이나 속성의 차원으로 환원해서 파악하는 문제점을 안고 있다. 이러한 이유로 신현실주의의 구조 개념은 행위자가 선택하는 전략과 국제정치의 구조 사이에서 형성되는 구체적 상관관계나 행위자-구조 간의 동태적 변화를 밝혀내기에는 너무 추상적이고 거시적인 접근법을 취한다는 지적을 면치 못했다.

이에 비해 이 장에서 주목하는 소셜 네트워크 이론의 구조 개념은 행위자들의 지속적인 상호작용을 통해서 생성되는 '관계적 구도relational configuration'라는 맥락에서 이해된다(Nexon and Wright, 2007; Nexon, 2009). 다시 말해 행위자들의 상호작용 과정에서 창출되는 관계적 구도, 즉 네트워크 그 자체를 구조로서 보는 것이다(Wellman and Berkowitz, 1988). 이러한 방식으로 이해된 구조의 개념을 국제정치 분야에 도입하면, 구조의 개념을 단위 수준으로 환원하지 않고도 행위자 간의 동태적 상호작용이 만들어내는 규칙적 패턴으로부터 국제 정치의 구조를 개념화할 수 있다. 다시 말해 구조의 개념을 행위자의 내적 속성으로 환원되는, 상대적으로 고정된 실체로 인식하는 차원을 넘어서 행위자 사이에 존재하거나 이를 가로지르는 사회적 관계의 맥락에서 이해할 수 있게 된다. 신현실주의가 논하는 거시적 구조의 개념에 대비해서 볼 때 일종의 '중범위meso 구조'라고 할 수 있겠다. 이렇게 중범위에서 파악된 구조의 개념은 거시적 구조의 내용을 반영하면서도 행위자의 선택과 상호작용하는 구조의 변화를 탄력성 있게 담아내는 데에 유용하다.

앞서 제1장에서 살펴보았듯이, 소셜 네트워크 이론은 데이터의 수집과 정교한 통계적 기법을 사용해 소시오그램을 그리거나 다양한 개념의 개발을 통해서 네트워크상에서 발생하는 패턴화된 관계, 즉 구조의 실체를 밝히려는 시도를 펼쳐왔다(김용학, 2007). 특히 최근 사회 연결망 분석SNA의 방법론적 발전으로 말미암아서 다양한 네트워크 구조의 실체가 밝혀지고 있다. 국제정치학의 분야만을 사례로 들더라도, 국제기구의 가입망, 국가 간 동맹의 패턴, 무기 이전의 네트워크, 국제무역 네트워크, 각종 산업의 생산 네트워크, 유학생의 교류 네트워크 등에 대한 연구가 진행되었다. 〈그림 8-1〉은 이러한 사회 연결망 분석을 사용한 국제정치 분야의 일례를 보여주는데, 1960년과 2000년에 아시아 25개국 간에 이루어진 무기 이전의 네트워크를 소시오그램으로 그린 것이다. 이러한 소셜 네트워크 이론의 구조 분석은 거시적 구조의 개념에서는 잡히지 않는 중범위 구조의 실체와 그 가변성을 포착하는 데에 도움을 준다.

〈그림 8-1〉는 네트워크상에서 '위치'가 지니는 전략적 의미를 짐작하는 데에도 도움을 준다. 〈그림 8-1〉에서 화살표로 표시된 부분은 각각의 무기 이전 네트워크에서 한국이 차지하는 '위치'이다. 한국이라는 노드 행위자가 네트워크상에서 차지하는 위치가 다르므로 두 개의 네트워크상에서 취할 수 있는 한국의 국제정치적 역할이 달라질 수밖에 없다는 점은 쉽게 짐작할 수 있다. 실제로 1960년 미국과의 링크만 있던 시절과 2000년 미국뿐만 아니라 러시아와

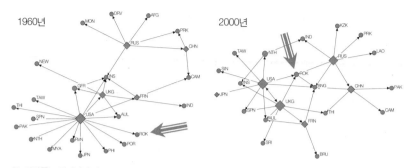

〈그림 8-1〉 아시아의 무기 이전 네트워크

주: 화살표는 필자가 추가.
자료: 김형민(2010: 341~342)에서 응용.

영국과도 링크가 있던 시절에 무기 이전과 관련해 한국이 취할 수 있는 외교
전략의 선택지는 매우 달랐을 것이다. 이렇게 무기 이전 분야에서 나타나는
네트워크의 구조와 행위자의 위치에 대한 논의는 냉전기의 개도국에서 탈냉
전기의 중견국으로 발돋움한 한국의 외교 전략 전반에서 나타나는 변화를 단
적으로 보여준다는 점에서 시사하는 바가 크다.

기존의 중견국 연구는 이상에서 논한 바와 같이 네트워크상에서 행위자가
차지하는 위치를 읽어내는 '구조의 마인드'가 상대적으로 부족했다. 기존의 논
의는 대체로 행위자 차원의 속성이라는 시각에서 중견국을 이해했던 것이 사
실이다. 다시 말해 중견국의 개념을 행위자가 보유하는 군사력이나 경제력과
같은 자원 권력의 객관적 지표를 통해서 파악하거나, 또는 이와 병행해 행위자
들이 내보이는 행태적 속성이나 기질에 의거해 파악했다. 이러한 관점에서 보
면 국제정치 현실에는 강대국도 아니고 약소국도 아닌 그 중간 규모의 능력을
지니거나 이른바 '중견국 스타일middlepowermanship'의 행태를 보이는 동류 집단
의 국가들이 존재하는 것이 사실이다. 이러한 기준은 국제정치에서 중견국의
범주를 논하는 기본 전제가 될 수밖에 없으며, 한국이 최근 중견국으로 인식되
는 것도 기본적으로 이러한 속성론의 잣대를 일정 부분 통과했기 때문이다.[1]

그럼에도 이러한 속성론만으로 중견국을 가늠할 수 없다는 것이 이 책의 문제의식이다. 기존의 속성론은 어느 나라가 중견국인지를 판별하는 데에는 유용하지만 그 나라가 어떠한 역할을 하는지에 대해서는 설명이 부족했다. 다시 말해 속성론은 멤버십의 조건을 제시할 수는 있지만 전략적 행위의 내용을 설명하지는 못한다. 행태적 속성이나 기질에 대한 논의가 부분적으로 이러한 논제들을 탐구할 수는 있겠지만, 이도 역시 행위자 차원의 고정된 속성으로 환원하는 시각을 취한다. 따라서 중견국이 취하는 외교 전략의 내용을 실질적으로 이해하려면 중견국의 개념 자체를 행위자의 속성이 아닌, 시스템상의 구조적 위치로부터 논하는 발상의 변화가 필요하다. 중견국으로 구분되는 국가가 내보이는 특정한 행태는 그 국가가 주위의 다른 국가들과 맺는 관계의 패턴, 즉 네트워크의 구조와 그 구조 아래에서 그 국가가 차지하는 위치와 밀접히 관련이 있기 때문이다.[2]

만약에 중견국이 네트워크상의 구조적 위치로부터 부여되는 개념적 범주라면, 네트워크의 구조로부터 부여되는 중견국의 역할은 구체적으로 무엇인가? 이러한 역할과 관련해서는 여러 가지 종류가 있겠지만, 이 장에서는 특정한 네트워크의 구조에서 중견국이 발휘하는 '중개자'로서 역할에 주목하고자 한다.[3] 국제정치에서 중개자의 역할은 중견국보다는 강대국이 담당해왔던 것

---

1 중견국에 대한 이론적 논의로는 Holbraad(1984), Cooper, Higgott and Nossal(1993), Cooper ed.(1997), Ping(2005), 김치욱(2009) 등을 참조하기 바란다.

2 Goddard(2009)의 문제 제기는 국제정치의 변화에서 혁신가(entrepreneur)의 개념(반드시 중견국이라고 할 수는 없지만)을 이러한 시각에서 설정한다.

3 중견국에 해당하는 'middle power'라는 말에서 'middle'이란 '중간(中間)'을 의미하기도 하지만 '중개(仲介)'라는 뜻도 있다. 이렇게 보면 'middle'은 '속성'이기도 하지만 '위치'와 '역할'을 강하게 의미한다. 다시 말해 위와 아래 그리고 좌와 우의 다른 행위자들이 없다면 중간이고 중개고 없을 것이기 때문이다. 이러한 점에서 'middle'은 태생적으로 상대적이고 관계적인 맥락에서 이해해야 하는 용어이다. 이 장에서 통칭해서 사용한 중견국(中堅國)의 개념에는 속성론으로 본 '중간국(中間國)' 또는 '중진국(中進國)'의 측면

이 사실이다. 예를 들어 근대 국제정치에서는 약소국 사이에서 국제적 분쟁과 갈등이 발생할 경우 중개자의 역할을 자처한 측은 분쟁 당사자들보다는 상대적으로 덩치가 큰 강대국이었다. 흔히 중재자仲裁者, mediator라고 불리는 역할이 그것이었다. 이러한 점에서 국제정치에서 중개는 덩치가 큰 행위자가 작은 행위자들을 중개하는 '강자에 의한 중개(또는 중재)'로서 이해되었다. 그러나 최근 상호 의존이 심화하는 국제정치의 현실은 그 구조가 어떻게 짜이느냐에 따라서 중견국이나 약소국의 입장에서도 일정한 정도로 중개자로서 역할을 발휘할 수 있는 여지를 창출한다.

특히 소셜 네트워크 이론의 렌즈를 통해서 보면, 네트워크상에서 상호작용을 벌이는 행위자들의 사이에서 발견되는 독특한 형태의 균열은 강대국뿐만 아니라 중견국이나 약소국에도 중개자로서 활동할 수 있는 구조적 조건을 제공하는 것으로 파악된다. 여기서 중개자는 전체 네트워크의 구도에서 그냥 놔두면 단절된 채로 남아 있을 행위자들을 이어주는 역할을 담당하는 노드 행위자이다. 이렇게 균열을 메우는 과정에서 중개자는 자신이 차지한 위치의 중요성을 부각하게 되고, 더 나아가 이러한 위치가 제공하는 이점을 바탕으로 특정한 종류의 권력, 즉 네트워크 권력을 행사하게 된다. 이 장에서는 중견국이 이러한 역할을 추구하는 과정에서, 의도적으로 또는 불가피하게 선택하게 되는 국가이익의 재정의 메커니즘을 살펴보고자 네트워크 조직 이론의 논의도 원용했다. 또한 네트워크 권력을 추구하는 중견국 외교 전략의 궤적과 내용을 분석적으로 살펴보고자, 앞서 제1장에서 소개한, 행위자-네트워크 이론의 네트워크 전략에 대한 논의, 즉 ① 프레임 짜기, ② 맺고 끊기, ③ 내 편 모으기, ④ 표준 세우기 등의 네 단계를 원용했다.

외에도 관계 구조론으로 본 '중개국(仲介國)'의 측면이 존재하는 것으로 보아야 한다.

2. 프레임 짜기의 네트워크 전략

중견국의 네트워크 외교 전략의 첫 번째 단계는 프레임 짜기이다. 이는 미셸 칼롱이 말하는 '문제 제기'의 단계에 해당하는 것으로 행위자들의 이해관계를 정의하고 네트워크 전체의 구도를 파악하는 과정의 담론을 주도하는 단계를 의미한다. 이 단계에서 이루어지는 외교 전략의 핵심이 마치 언론이 뉴스의 프레임을 짜는 것을 연상시킨다는 점에서 프레임 짜기라고 명명했다. 이는 행위자들이 놓인 네트워크의 상황을 재구성해 인식하고 이러한 상황에서 자국의 위치를 설정해 그 역할을 정당화하는 방향으로 프레임을 짠다는 의미이다. 이러한 프레임 짜기의 단계에서는 세계정치를 둘러싼 사고와 행동의 플랫폼을 제시하려는 담론의 경쟁이 벌어진다. 중견국의 입장에서 볼 때, 강대국들이 주도하는 세계정치 현실에서 중견국의 입지를 부각하는 방식으로 상황을 인식하게 만들 수 있느냐가 관건이 된다.

1) 상황 지성, 위치 지성, 틈새 지성

프레임 짜기에서 일차적으로 필요한 것은 네트워크의 구도를 파악하고 이에 맞게 적절히 대처하는 능력이다. 이러한 능력은 네트워크상에서 행위자들이 보유하는 권력 자원의 분포, 비인간 행위자의 보급과 활용 현황, 행위자 간의 관계적 맥락에서 발생하는 정보의 흐름, 네트워크의 저변에 흐르는 문화적 맥락의 차이 등을 파악하는 복합적 외교 능력을 의미한다. 예를 들어 현재의 세계질서는 어떠한 성격을 띠며 누가 주도하는지, 무기 체계를 포함한 각종 자원과 기술의 분포는 어떻게 이루어졌는지, 좀 더 구체적으로는 주변 국가들의 세력 판도나 연결망은 어떻게 형성되었는지 등을 파악하는 능력을 말한다. 앞서 제5장에서 살펴본 바와 같이, 이러한 외교 능력을 조지프 나이는 상황을 파악하는 지적인 외교 능력이라는 의미에서 '상황 지성contextual intelligence'이라고 개

넘화했다.

이러한 상황 지성이 네트워크 외교 전략의 출발임은 분명하다. 그러나 중견국으로서 한국의 입장에서 보면, 좀 더 구체적으로 동아시아 세력망의 구조와 빈틈을 읽어내고 그러한 상황에서 자신의 위치를 파악하는 외교지外交知를 좀 더 구비해야 한다. 예를 들어 강대국의 입장이 아닌 한국에는 한반도 주변에 형성된 세계정치의 네트워크가 그저 중립적인 '상황'이나 '환경'이 아니라 외교적 운신의 폭을 제약하는 하나의 '구조'로 작용함을 명심해야 하기 때문이다. 따라서 네트워크의 전체적 상황을 파악하는 상황 지성에서 한 단계 더 나아가 네트워크의 구조적 속성에서 파생되는 중요한 위치를 찾아내는 능력이 요구된다. 이러한 점에서 중견국 한국에 상황 지성은 네트워크의 구조에서 차지하는 '위치'를 파악하는 지성, 즉 '위치 지성positional intelligence'을 의미한다.

위치 지성의 시각에서 볼 때, 전체 네트워크에서 '위치'를 파악하는 것뿐만 아니라 네트워크의 전체 구도에서 무언가를 할 수 있는 '빈틈'을 찾는 것도 중요하다. 쉽게 말해 누울 데를 보고 다리 뻗으라는 말이 있는 것처럼, 중견국이 비집고 들어갈 수 있는 틈새를 찾는 일이다. 이런 점에서 상황 지성과 위치 지성의 연속선상에서 틈새 지성niche intelligence이라는 용어를 생각해볼 수 있다. 네트워크 이론에서 이러한 틈새는 '구조적 공백structural hole'이라는 개념으로 연구되어왔다(Burt, 1992, 2005). 구조적 공백을 파악하는 것이 중요한 것은 이를 메움으로써 새로운 역할과 가치의 창출이 기대되기 때문이다. 틈새를 찾는 것과 더불어 네트워크상에서 상대적으로 밀집되고 중복된 상호작용이 발생하는 부분, 즉 일종의 '배후지'를 파악하는 것도 중요한데, 이는 일찍이 '사회적 자본social capital'이라는 개념으로 알려져 왔다(Putnam, 1993; Lin, 2001). 이러한 구조적 공백이나 사회적 자본을 찾기가 프레임 짜기의 논의와 연결되는 것은 대부분의 경우 이들이 네트워크상에서 이미 '실재'하기보다는 행위자들이 네트워크를 치는 과정에서 '구성'되는 것이기 때문이다(Goddard, 2009).

〈그림 8-2〉는 이상에서 살펴본 상황 지성, 위치 지성, 틈새 지성을 통해서

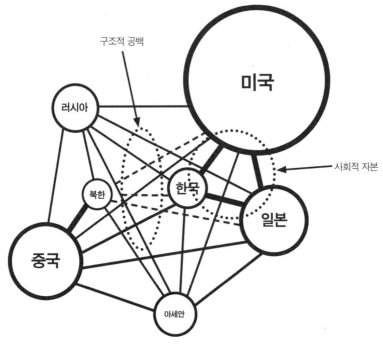

〈그림 8-2〉 동아시아 세력망의 가상도

자료: 하영선·김상배 엮음(2010: 80)에서 응용.

이루어질 프레임 짜기의 논의를 가시화하고자 그려본 동아시아 세력망의 가
상도이다. 사회 연결망 분석, 즉 SNA의 시각을 바탕에 깔고 있는 이 그림은 엄
밀하게 데이터를 넣어서 그린 것이라기보다는 대략의 데이터를 염두에 두고
직관적으로 그린 것이다. 현재 가용한 국력, 즉 행위자가 보유한 자원 권력의
지표로 사용되는 군사비 지출과 국내총생산GDP에 비추어 대략 각 행위자의
크기와 테두리 선의 굵기를 조절했다. 이러한 일곱 행위자의 연결망 그림을
그리는 데에 고려한 지표는 정치군사 동맹의 유무와 강도, 무역 교류의 빈도,
양국 간의 친소親疎 관계 등이다. 마찬가지로 실제 데이터를 사용했다기보다는
직관적으로 평가해 네 단계로 구별해 그렸다(하영선·김상배 엮음, 2010: 80~81).

〈그림 8-2〉는 가상도이지만 단순히 세력균형의 그림을 그리는 것보다 국제적 상호작용의 관계 구조를 보여준다는 차원에서 일정한 의미가 있다.

이러한 세력망의 그림이 갖는 유용성은 동아시아에서 형성되는 네트워크의 구조적 특성, 특히 사회적 자본이나 구조적 공백 등과 연결 지어 중개지의 역할을 좀 더 가시적으로 살펴볼 수 있다는 데에 있다. 〈그림 8-2〉를 보면 가장 먼저 눈에 띄는 것은 그림의 중앙에 점선으로 그려진 세 개의 링크이다. 이것들은 동아시아 세력망에 존재하는 '약한 고리'인데, 모두 북한과 연결되는, 북한과 미국, 북한과 일본, 그리고 남북한의 링크이다. 지난 10여 년간 동아시아 국제정치의 역사를 보면, 이들 약한 고리가 동아시아에서 구조적 공백으로 작용했음을 알 수 있다. 예를 들어 북한의 핵무기 개발 때문에 일어난 북한과 미국의 관계 악화, 일본인 납치 사건 등을 놓고 형성된 북한과 일본 간의 긴장 관계, 천안함 침몰 사건과 연평도 포격 사건 등으로 말미암아 한층 경색된 남북한 관계 등은 동아시아 국제정치의 안정과 평화를 위협하는 요인으로 인식된다. 이러한 구조적 공백을 메우는 문제가 북핵 문제를 해결하고자 열리는 이른바 6자회담의 주요 의제임은 물론이다.

한국의 입장에서 볼 때, 〈그림 8-2〉에서 보는 바와 같은 구조적 공백은 함정인 동시에 기회를 제공한다. 특히 중개자의 역할이라는 관점에서 볼 때, 북한과 주변 국가 사이에 존재하는 구조적 공백은 한국이 나서서 메움으로써 부가가치를 창출할 수 있는 '기회의 창'이다. 즉, 한국은 주변 4개국이 벌이는 '연결의 게임'과 북한이 벌이는 '단절의 게임'의 사이에서 '중개의 게임'을 펼칠 수 있을 것이다. 특히 '개방의 게임'을 펼치는 미국의 네트워킹 전략과 '고립의 게임'을 펼치는 북한의 역逆네트워킹 전략 사이에서 한국은 이른바 관문gateway을 통제하는 역할을 담당할 여지가 있다. 그런데 이렇게 '연결자'로서 위치 권력을 제대로 발휘하려면 최소한 남북한의 링크가 유지되어야 하는데 이명박 정부의 출범 이후 남북한의 링크가 제대로 작동하지 못하는 상황은 중개자로서 한국의 역할을 제약하는 요인으로 작용한다. 이러한 상황에서 한국보다는 오히려 중국이나 러시아의 중개자 역할이 거론되는 실정이다.

〈그림 8-2〉의 동아시아 세력망을 좀 더 큰 구도에서 보면, 전통적 우방인 미국과 최근 급부상하는 중국의 사이에서 한국이 추구할 중개자의 역할을 기대케 한다. 이러한 구도에서 한국은 한편으로는 한·미·일 삼각관계의 지원을 바탕으로 하고, 다른 한편으로는 북·중·러 삼각관계와 대치하는 '중간 지대'에 놓인 것으로 파악된다. 다시 말해 한국의 입장에서 볼 때, 한·미·일 삼각관계가 통합 네트워크를 이루는 사회적 자본으로 기능한다면, 북·중·러 삼각관계는 분절 네트워크를 배경으로 하는 구조적 공백이라고 볼 수 있다. 이러한 구도에서 양대 네트워크의 허브라고 할 수 있는 미국과 중국의 대결 가능성이 커진다면 한국은 어떠한 전략적 선택을 해야 할까? 한국은 한·미·일 삼각관계를 지탱하는 강한 고리의 장점을 계속 유지하면서, 그 반작용으로서 파생될 대중 관계나 북·중·러 삼각관계의 거리감을 어떻게 좁혀나갈 수 있을까? 한국은 '강한 고리'의 약점을 보완하고, '약한 고리'의 장점을 새롭게 활용하는 연결자로서 중개 권력을 발휘할 수 있을까?

요컨대 이렇게 프레임을 짜는 것이 중요한 것은 동아시아 세력망을 어떻게 상상하고 그 안에서 한국이 어느 위치를 차지한다고 정의하느냐에 따라서 앞으로 선택할 외교 전략의 방향이 정해지기 때문이다. 즉, 전체 네트워크가 어떠한 구도로 짜이고 빈틈과 배후지는 어디라고 보느냐에 따라서 행위자의 역할과 추구하는 전략의 내용 및 발휘하는 권력의 범위가 달라진다. 제2장에서 언급한 복합 네트워크 외교 논의의 연속선상에서 볼 때, 프레임 짜기의 내용에 따라서 중견국이 추구할 복합의 행동 지침과 그 내용이 달라진다. 그러나 이러한 과정으로 설정되는 프레임은 고정불변의 것이 아니고 '시간'이 지남에 따라서, 또는 '이슈'에 따라서 가변적이므로 이에 조응하는 실천 전략의 내용도 달라진다는 점을 명심해야 한다.

2) 의무 통과점 설정하기

이러한 프레임 짜기의 과정에서 핵심은 칼롱이 말하는 '의무 통과점'을 설정하는 작업이다. 앞서 설명한 바와 같이, 의무 통과점 설정하기란 네트워크상의 다른 행위자들의 시선을 모아서 내가 짠 프레임 안으로 끌어들이는 것이다. 이는 주어진 상황에서 문제의 본질이 무엇인지를 내가 원하는 방향으로 규정하고 그러한 구도에서 자신의 역할을 필수 불가결한 것으로 설정하는 힘을 의미한다. 다시 말해 이러한 힘은 내가 보는 방식으로 타자도 생각하고 행동하게 만듦으로써 싸우기도 전에 게임의 승패를 미리 결정하는 권력으로 통한다. 이렇게 프레임을 짜는 권력은 국제정치학계에서도 구성적 권력이나 담론 권력 또는 상징 권력 등의 개념으로 탐구되어온 바 있다(Barnet and Duvall eds., 2005; Berenskoetter and Williams eds., 2007).

이러한 맥락에서 보면, 의무 통과점을 세우려는 프레임 짜기의 경쟁이 동아시아 세계정치에서 활발하게 진행되는 것은 당연할 수밖에 없다. 특히 최근 들어 부쩍 미국과 중국의 동아시아 세계정치의 프레임 짜기를 위한 경쟁이 가속화되는 느낌이다. 미국이 글로벌한 개방성의 논리를 앞세워 동아시아 공간에 적극적으로 참여하려는 담론을 생성한다면, 중국은 지난 수십 년간의 대내외적 성장이 안정된 궤도에 오를 때까지 국민국가의 주권과 민족주의의 발상으로 방어의 담론을 생성하는 형국이다. 이러한 와중에 일본은 다소 수동적인 자세로 미국의 프레임 짜기에 편승하는 면모를 보이고, 러시아도 북한을 관통하는 에너지 네트워크 건설 계획 등을 앞세워 동아시아 지역정치로 복귀하고자 타진하고 있다. 또한 핵무기 개발을 포함한 각종 군사 도발 및 평화공세를 마다않는 북한도 나름대로의 프레임 짜기를 시도하는 것으로 볼 수 있다.

최근에는 한국 외교도 미국이나 일본에 편승하던 기존 방식에서 탈피해 좀 더 적극적이고 독자적인 프레임 짜기의 시도를 벌인 바 있다. 예를 들어 앞서 언급한 바와 같이, 노무현 정부 당시 제기되었던 '동북아 균형자론'이나 '동아시아 중심 국가론' 등이 그 대표적 사례이다.[4] 그러나 이들 구상은 19세기 국제정치의 잣대로 21세기 동아시아의 새로운 질서를 재단하는 우를 범하거나, 또는 주변 정세의 구도 속에서 한국의 위상을 제대로 읽어내지 못함으로써 모처럼 밝힌 기회의 불씨를 제대로 살려내지 못했었다. 이러한 맥락에서 볼 때 한국 외교가 어떠한 프레임 짜기를 시도하느냐 하는 문제는 앞으로 큰 과제이다. 특히 급속히 부상하는 중국과 이를 견제하려는 미국이라는 두 강대국 사이에서 끼어서 양자택일의 선택을 강요받는 '타율적 프레임'을 피하기 위해서라도 중견국의 현실을 반영하는 독자적 프레임 짜기의 고민이 시급하게 필요하다.

이러한 프레임 짜기의 경쟁을 펼쳐나갈 때에 중견국으로서 한국은 주변 국가들과 소통하는 소프트 파워에 크게 의지할 수밖에 없다. 실제로 강대국의 경우와는 달리 중견국 외교의 성공은 완력과 금력보다는 매력에 크게 의지하는 경우가 많다. 중견국의 프레임 짜기는 강대국들이 보지 못하는 네트워크상의 틈새를 찾아서 필요한 정보와 지식을 제공하며 관련 이해 당사자들을 설득할 수 있는 상상력을 발휘해야 할 것이다. 특히 이러한 과정에서 중견국이 주변 국가들로부터 신뢰를 획득하고 전 세계 국가들에 대한 모범을 제시하는 것이 매우 중요하다. 이러한 지식과 상상력의 게임에서 전통적 외교 주체인 정부뿐만 아니라 다양한 형태의 민간 행위자가 참여하는 복합 네트워크 외교의 발상이 필요함은 물론이다. 또한 최근에는 이러한 프레임 짜기의 역할을 수행하는 매우 효과적인 방법, 즉 ANT의 용어로 말하자면 비인간 행위자로서 인터넷, 특히 소셜 네트워크 서비스에 대한 관심이 높아지고 있다.

---

4 한국의 외교정책과 동북아 균형자론에 대한 국내 연구로는 김기정(2005), 송백석(2006), 배종윤(2008), 이혜정(2011). 이근(2011) 등을 참조하기 바란다.

3. 맺고 끊기의 네트워크 전략

중견국이 추구할 네트워크 외교 전략의 두 번째 단계는 맺고 끊기이다. 이는 칼롱이 말하는 '관심 끌기' 또는 '끼어들기'의 난세에 해당하는 것으로 기존에 형성된 관계를 해체하고 새로운 관계를 수립하기 위한 기초를 세우는 것을 의미한다. 이 단계의 네트워크 외교 전략은 주로 네트워크상에서 끊어진 선을 잇고 새로운 선을 긋는 방식으로 나타나는데, 이 과정에서 집중과 선택의 비대칭적 관계 조율이 발생한다. 이렇게 선과 선을 연결하는 '연결망 외교networking diplomacy'와 병행해, 면과 면을 메우는 '깁기 외교patchwork diplomacy'도 발생한다. 앞서 언급한 구조적 공백을 메우고 사회적 자본을 활용하는 문제가 바로 그것이다.[5]

1) 맺기의 네트워크 전략

이렇게 기존의 네트워크를 끊고 새로운 네트워크를 맺거나 구조적 공백을 메우려고 사회적 자본을 활용하는 과정은 기회비용이 발생하는 전략적 선택의 영역이다. 따라서 비대칭적 관계 조율을 하는 경우 누구와 어떠한 순서로 관계를 맺고 얼마만큼 촘촘하고 튼튼하게 관계를 유지할 것인가 하는 문제가 일차적인 전략적 고려 사항이 될 수밖에 없다. 다시 말해 주위의 행위자들과 될 수 있는 한 많은 관계를 맺어 모두와 좋은 관계를 유지하는 것이 최선이겠지만, 만약에 이것이 가능하지 않다면 어떠한 기준으로 연결망을 맺어야 할 것인

---

5 앞서 제1장에서 지적했다시피, 구조적 공백을 어떻게 메울 것이냐 하는 문제는 경영학이나 사회학뿐만 아니라 국제정치학의 시각에서 보아도 매우 중요한 연구 주제이다. 이에 대한 조금 더 구체적인 논의로는 Gargiulo and Benassi(2000), Burt(2005)의 제3장, Burt(2010)의 제11장 등을 참조하기 바란다.

가? 네트워크 이론은 중심성centrality을 높이는 방향으로 연결망을 맺으라고 권유한다. 여기서 중심성이란 '공간적 중앙'이 아니라 네트워크상에서 '기능적 중심'을 염두에 두고 연결망을 치라는 의미이다. 비대칭적 연결망의 논의와 관련되는 중심성에 대한 논의로는, 제1장에서 살펴본 것처럼 연결 중심성degree centrality, 근접 중심성closeness centrality, 매개 중심성betweenness centrality 등 세 가지에 주목할 필요가 있다(Freeman, 1977, 1979).

먼저 연결 중심성의 개념을 맺고 끊기의 외교 전략에 도입해보자. 연결 중심성이란 네트워크에서 다른 행위자들과 연결된 관계의 숫자를 될 수 있는 한 많이 늘림으로써 발휘하게 되는 중심성이다. 어떠한 형태로건 관계를 맺어서 끊어진 관계가 없어야 다른 행위자들에 대한 영향력을 행사할 수 있는 조건이 마련된다는 점에서 연결 중심성은 중심성 논의의 기초에 해당한다. 이러한 시각에서 볼 때, 연결 중심성이 높은 행위자는 네트워크상의 행위자들과 가장 많이, 직접 소통함으로써 영향력을 발휘한다. 따라서 네트워크 외교 전략에서는 우선 어떠한 형태로건 관계를 많이 맺어 끊어진 부분이 존재하지 않는 것이 중요하다. 외교를 수행하려면 일단 기본적 필요조건으로서 연결망이 형성되어 있어야 할 것이기 때문이다.

여기서 추가로 발생하는 문제가 관계의 강도와 거리의 문제이다. 관계가 있더라도 그 친소親疏의 정도에는 차이가 있을 수밖에 없다. 또한 이론적으로는 가능하겠지만 네트워크상의 모든 행위자와 관계를 맺는 것도 현실에서는 쉽지 않다. 이러한 상황을 이해하는 데에 근접 중심성의 개념이 도움이 된다. 근접 중심성이란 네트워크상에서 행위자와 행위자 간의 거리를 될 수 있는 한 가깝게 함으로써 발휘하게 되는 중심성이다. 근접 중심성이 높은 행위자는 최소 단계를 거쳐서 가장 많은 행위자와 소통하는 위치에 있는 행위자이다. 앞서 연결 중심성이 관계 맺기의 숫자를 의미한다면 근접 중심성은 관계 맺기의 거리나 강도를 측정하기 위한 개념이다. 이렇게 보면 주위에 많은 행위자를 모아서 근접 중심성이 높은 위치를 차지하는 행위자가 권력을 발휘할 가능성이 크다.

실제로 이러한 두 가지 중심성의 논의를 기준으로 볼 때 네트워크 외교 전략은 관계 맺기의 순서, 강도, 범위, 대상 등에 대한 고민이 필요하다. 똑같은 그룹과 연결망을 맺는 결과를 낳더라도 그 과정에서 어떠한 순서로 관계를 맺느냐 하는 문제는 네트워킹의 성패와 효과성을 달성하는 중요한 문제일 수 있다. 또한 같은 상대와의 연결망을 맺더라도 그 정도를 조절하는 전략적 마인드도 필요하다. 단순한 문화적 친선 관계에서부터 경제적 교류 관계, 그리고 정치적 동맹 관계에 이르기까지 이슈 영역별로 각기 다른 강도의 관계를 맺을 수 있을 것이기 때문이다. 또한 관계 맺기에 관여하는 행위자의 성격에 따라서도 연결망의 강도를 조율할 수 있을 것이다. 정부 관계자들이 주로 관여하는 이른바 '트랙-1 외교'이냐 아니면 민간 행위자들이 주도하는 '트랙-2 외교'이냐를 구별해서 탄력적으로 운영할 수 있을 것이다. 이러한 점을 고려해서 보면, 연결망 외교는 기본적으로 다양한 이슈가 관련되고 여러 행위자가 참여하는 복합 외교를 주요 내용으로 한다.

한편 동아시아 세력망에서 구조적 공백보다 좀 더 복합적인 성격의 문화적 공백이 존재함을 인식해야 한다. 사실 최근 북핵 문제로 말미암아서 형성된 북한과 주변 국가들(특히 미국) 사이의 공백은 단순한 '정보 흐름의 단절'을 넘어서 '의미 흐름의 단절'이라는 성격을 지닌다. 북한의 외교 전략이 딛고 선 합리성의 기준이나 정치체제 및 이데올로기의 성격이 주변 국가들의 그것과 질적으로 다르다는 지적이 제기되는 것은 바로 이러한 이유에서이다. 이러한 점에서 북한과 주변 국가들을 중개하는 문제는 서로 다른 종류의 흐름에 호환성을 제공하는 것으로 인식해야 한다. 바로 이 대목이 북한과 같은 민족이라는 독특한 관계에 있는 한국에 질적 중개자의 역할을 기대케 하는 지점이다. 다시 말해 북한 및 북핵 문제를 주도적으로 풀어나가고자 중개자로서 한국은 단순히 같은 종류의 정보의 흐름을 연결하는 역할뿐만 아니라 다른 종류의 정보의 흐름 또는 의미의 흐름까지도 이어주는 역할을 수행해야 한다. 이러한 과정에서 정보와 지식을 선택적으로 통제하는 편찬자 또는 편집자의 권력을 기대해볼 수 있을 것이다.

더 나아가 한국이 할 수 있는 중개자의 역할은 좀 더 거시적인 차원에서 네트워크상의 흐름을 잇는 사회문화적 번역자의 역할에서도 찾아진다. 예를 들어 2000년대 들어 동아시아에서 각광받는 한국의 대중문화 모델, 즉 이른바 한류韓流 모델은 한국이 단순한 의미 전달의 차원을 넘어서 적극적 번역자로서 성공할 가능성을 보인 모델의 좋은 사례이다. 이른바 할리우드로 대변되는 미국 문화에 동아시아의 독특한 정서적 취향과 한국의 발전된 기술을 가미해 중국이나 동남아시아 등지로 전파한 중개 모델이다. 또한 20세기 후반에 한국이 이룩한 정치경제적 발전 모델(이른바 '서울 컨센서스')도 한국과 비슷한 경로를 추구하는 나라들에 전수할만한 개도국과 선진국의 중개 모델이라고 할 수 있다. 실제로 지난 50여 년의 산업화와 민주화의 역사를 되돌아보면, 한국은 정치적 권위주의를 감내하면서 경제성장을 추구하는 개도국 모델(이른바 '베이징 컨센서스')에서 시작해 시장경제의 성숙을 바탕으로 정치적 민주화를 달성한 선진국 모델(이른바 '워싱턴 컨센서스')로 이르는 발전 모델의 가능성을 보여주었다.

이러한 사회문화 분야와 정치경제 분야의 거시적 중개자 역할과 관련해 한국은 네트워크상의 교차로를 차지함으로써 새로운 부가가치를 창출하는 위치 권력을 발휘하는 것을 기대할 수 있다. 다시 말해 동양과 서양, 개도국과 선진국의 교차로에 놓인 한국은 기존의 네트워크상에 존재하는 의미의 흐름을 새로운 방향으로 변화시키는 영향력을 행사할 수 있을 것이다. 이러한 의미의 전달 또는 번역의 과정에서 중개자가 완전히 새로운 '내용'을 발명할 필요는 없다. 중개자가 전해주는 것들이 새로운 '내용'이면 더할 나위 없이 좋겠지만, 그렇다고 꼭 새로운 '내용'일 필요는 없다. 다만 독창적 방식으로 전달하거나 번역해 주위의 행위자들을 엮어줄 수 있으면 된다. 위치 권력을 행사하는 데에 관건이 되는 것은 '내용' 그 자체가 아니라 기존의 네트워크에 존재하는 '내용'들을 얼마나 잘 엮어내서 네트워크의 공백을 잘 메우느냐에 있기 때문이다.

이상의 논의와는 다른 의미의 공백인 착취혈이 동아시아 세력망 속에서 한국의 위치 권력에 주는 의미도 주목해야 한다. 구조적 공백이나 문화적 공백이 중개사에게 기회를 제공하는 논의라면, 착취혈은 '기회의 창'이 역으로 '블랙홀'이 될 수도 있는 가능성에 대비하는 논의이다. 예를 들어 북한의 급진적 고립 전략이나 무모한 도발 전략 또는 북한 체제의 급변 사태가 동아시아 국제정치에 미칠 부정적 영향에 대비하는 논의이다. 만약에 북한이라는 구조적 공백이 끝내 메워지지 않고 방치되어 주저앉아 버린다면, 이러한 사태가 동아시아 세력망 전체에 미치는 부정적 파급력이 만만치 않을 것이다. 비슷한 맥락에서 최근 국가적 위상이 급상승하는 중국이 일으키는 문제들도 동아시아 네트워크의 원활한 작동에 부정적 영향을 미칠 가능성을 갖고 있다. 예를 들어 중국 외교가 여러 분야에서 내비치는 개도국적 성향이나 민족주의적 반응, 그리고 글로벌 스탠더드에 미치지 못하는 것으로 인식되는 중국의 독특한 사회문화적 관행이나 의식 등은 현재로서는 일종의 '구조적 블랙홀'로 작동할 우려를 자아내는 것이 사실이다.

앞서 살펴본 바와 같이 착취혈은 해커의 공격 대상이 되는 빈틈을 지칭하는 개념이다. 그러나 중견국으로서 한국의 미묘한 위상 때문에 이러한 빈틈을 공격하는 데에 가담하기보다는 오히려 그 빈틈을 보완하고 메워주는, 일종의 '패치 파일 업데이터patch-file updater'와 같은 역할을 요구받는다. 앞서 연결망 외교의 개념이 노드와 노드 사이를 '선(링크)'으로 잇는 전략에 주목한다면, 착취혈에 대응하는 틈새 외교는 네트워크상의 빈틈을 '면(프로그램)'으로 메운다는 차이가 있다. 이러한 과정에서 역시 관건이 되는 것은 한국이 프로그램들의 틈새에 호환성의 요소를 제공하는 이른바 '대안적 중개자alternative broker'가 될 수 있느냐 하는 문제이다. 이러한 대안적 중개자의 역할은 최근 국제기구 외교의 장을 중심으로 선진국과 개도국의 사이에서 중견국으로서 자리매김해가는 한국에 요구되는 역할이기도 하다. 이 밖에도 강대국 표준이 놓치는 부분에서 '틈새 표준'을 모색한다거나, 혹은 강대국 표준의 '규범적 정당성'에 문제를 제기하고 이를 보완하는 역할 등이 사례로 거론된다.

　다시 강조컨대, 이상에서 살펴본 구조적 공백이나 문화적 공백, 착취혈 등은 이미 존재하면서 발견되기를 기다리는 공간이 아니라 오히려 행위자들이 적극적으로 구성하는 공간이다. 다시 말해 〈그림 8-2〉의 동아시아 세력망을 어느 시각에서 어떻게 보느냐에 따라서 보이기도 하고 숨기도 하는 공간이라고 할 수 있다. 이는 네트워크상에서 제기되는 쟁점에 따라서 다르고 쟁점에 관여하는 행위자들과 그들이 추구하는 전략에 따라서 다르게 나타나는 공간이기도 하다. 마찬가지로 중견국 한국이 추구할 중개자로서의 위치 권력도 이미 고정된 것이 아니라 네트워크의 구도가 어떻게 짜이느냐에 따라서 변화하는 성질의 것이며, 그러므로 한국 스스로 적극적으로 발굴하고 모색해야 하는 대상이다.

2) 끊기의 네트워크 전략

이러한 관계의 조율이 쉽지 않은 것은 새로운 관계를 맺는 과정이 기존의 관계를 끊는 과정과 동시에 발생할 수도 있기 때문이다. 특히 곤란한 문제가 발생하는 것은 '맺은 만큼 끊을 필요'가 있을 경우이다. 다시 말해 어느 일방과의 관계 강화는 타방과의 관계 약화를 의미하기도 하고, 새로운 관계 맺기는 기존의 관계 끊기를 불러오기도 한다. 또한 이러한 관계 조율이 단순히 맺고 끊거나 구조적 공백을 메우는 정도에만 그치는 것은 아닐 수도 있다. 중개자의 역할이 네트워크 흐름의 호환성을 통제하는 변환자의 성격을 갖게 될 경우, 네트워크의 구조가 완전히 변화되거나 네트워크 게임에 관여하는 행위자들이 교체되는 일이 발생할 것을 예상할 수 있다.

　마치 남녀 간의 삼각관계가 그러한 것처럼 이러한 관계 조율은 비용이 수반된다. 마찬가지로 국가 차원에서 주변 국가들과의 외교 관계를 형성하거나

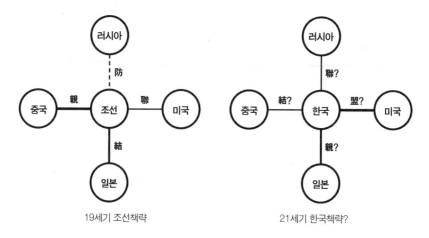

〈그림 8-3〉 21세기 연(聯)-결(結)-친(親)-맹(盟)의 전략?

19세기 조선책략　　　　　　　　21세기 한국책략?

유지하는 데에도 비용이 든다. 예를 들어 한·중 수교가 대만과의 단교에 영향을 미친 것이라든지, 한·중 관계의 강화를 암시하는 듯 했던 노무현 정부의 '동북아 균형자론'이 전통적 우방인 미국과의 동맹에 의문을 제기했던 것이 그 사례이다. 최근에도 새로이 부상하는 중국과 이에 대응하는 미국의 사이에서 적절히 처신하는 문제는 한국 외교의 과제로서 지속되고 있다. 이러한 관계 조율의 과정에서 일반 이론을 세우기란 쉽지 않지만 적어도 한국 외교사에서 교훈은 얻을 수 있다.

19세기 말 일본 주재 청나라 외교관이 조선을 위해서 써주었다는 『조선책략』의 사례를 들어보자. 〈그림 8-3〉에서 보는 바와 같이, 러시아의 남하를 '막기防' 위해서 중국과 '친親'하고 일본과 '결結'하고 미국과 '연聯'하라는 조언이었다. 그런데 여기서 친親-결結-연聯은 모두 다른 수준의 관계를 상정하는 비대칭적 연결망의 구축에 대한 주문이다. 한자의 뜻만을 살펴보더라도, 친할 친親은 '나무木가 포개어진米 것처럼 많은 자식을 부모가 보살피는見 것과도 같은 관계'를 의미한다. 애정이 담길 정도로 친밀한 관계를 뜻한다고 볼 수 있다. 맺을 결結은 '훌륭한 사람士의 말口을 실타래糸로 묶는 것과도 같은 관계'를 의미한다. 기본적으로 신뢰가 깔려 있는 관계를 뜻한다고 볼 수 있다. 연이을 연聯은 마치 중국의 오래된 초상화에 그려진 인물처럼 '귀耳가 뺨에 잇닿아絲 있는 것과도 같은 관계'를 의미한다. 애정이나 신뢰를 전제하지는 않지만 기존에는 없던 관계를 새로이 만든다는 뜻이 담겼다. 이렇듯 19세기 말의 『조선책략』에서 제시된 청나라의 충고에는 상이한 의미의 한자어들에서 드러나는 바처럼, 당시 조선이 주변 국가들과 맺어야 할 차별화된 관계의 성격이 담겨 있었다.

그렇다면 21세기 한국의 외교 전략에 대한 조언으로 『한국책략』을 쓴다면 어떠한 처방이 담길까? 이러한 처방에는 20세기 중반 이래 동맹同盟을 유지해온 미국과의 관계를 재조정하는 것이 가장 중요한 부분으로 포함될 것이다. 사실 동맹에서 맹盟이라는 말은 앞서 언급한 친親-결結-연聯보다는 좀 더 친밀한 관계를 상정한다. 맹세 맹盟은 '그릇皿에 담긴 짐승의 피血를 번갈아 빨고 신에게 맹세해 똑똑히 나타내어明 굳게 약속하는 일'의 뜻을 지닌다. 즉, 피를 나눌 정도로 단단한 관계를 의미한다. 이러한 맥락에서 보면 21세기 연결망 외교의 관점에서 본 한국 외교의 과제는 미국과의 동맹 관계를 어떻게 조율할 것이며, 아울러 새롭게 부상하는 중국과는 어떠한 관계를 설정하고, 이러한 와중에서 일본이나 러시아와의 관계를 어떠한 비중으로 조정할 것인가를 고민하는 문제로 압축된다. 다시 말해 〈그림 8-3〉의 우측 그림에 가설적으로 적어 놓은 것처럼 한반도 주변에 있는 네 나라와의 관계를 조율하는, 21세기 버전의 '연聯-결結-친親-맹盟의 전략'의 내용이 무엇인지를 묻는 작업이 될 것이다.

이상에서 살펴본 맺고 끊기와 병행해 살펴볼 문제는 끊어진 부분의 '다시 메우기'를 연상케 하는 외교 전략이다. 즉, 구멍 난 헝겊을 깁거나 뚫어진 냄비를 땜질하듯이 네트워크상에서 발견되는 공백을 메우는 문제이다. 이는 앞서 언급한 구조적 공백을 어떻게 메우고 사회적 자본을 어떻게 활용하느냐 하는 문제와 관련된다. 이렇게 벌어진 틈새를 다시 메우는 외교 전략은 흐름이 단절된 행위자들 사이에서 '중개하기'의 과제로 나타난다. 중개하기는 앞서 언급한 중심성 논의의 세 번째 차원인 매개 중심성을 극대화하는 문제이다. 매개 중심성이란 네트워크상에서 어느 행위자가 다른 행위자의 사이에 놓일 수 있는 정도를 의미한다. 매개 중심성이 높은 행위자는 자신을 통하지 않으면 소통이 단절될 행위자들을 연결하는 역할을 한다. 이러한 매개 중심성은 행위자 간의 커뮤니케이션을 통제할 수 있는 능력을 반영하는데, 이러한 능력은 행위자들 사이에 다리를 놓는 과정에서 파생되는 '중개 권력brokerage power'으로 통한다.

이러한 중개 권력, 즉 다시 메우기의 권력은 네트워크상에서 발생하는 공백을 메움으로써 유리한 위치를 장악하는 과정에서 발생한다. 이러한 중개 권력이 작동하는 사례로는 지리적으로 교통의 요지를 장악한다든지, 상이한 언어를 번역하는 작업이나 두 개 이상의 화폐가 교환되는 과정 등에서 발견된다. 그런데 이러한 중개 권력을 행사하는 데에 좋은 '자리'를 잡는 것이 중요하다는 의미에서 '위치 권력'이라고 불러도 무방하다. 네트워크의 구도에서 특정한 위치를 장악한 행위자는 자신이 원하는 방향으로 네트워크를 '통通'하고 '흐르게流' 함으로써 이른바 중개자broker로서의 권력을 행사할 수 있기 때문이다. 이러한 중개 권력 또는 위치 권력을 발휘하는 중개자의 유형으로는, 제5장에서 자세히 살펴본 연결자, 변환자, 전달자, 번역자 등을 들 수 있다.

이상에서 살펴본 논의의 연속선상에서 볼 때, 한국의 연결망 외교 또는 중개 외교의 과제는 '맺고 끊고 다시 붙이고!'의 복합 외교로 파악할 수 있다. 예를 들어 미국과 중국의 사이에서 한국은 어떠한 연결망 외교와 중개 외교를 추진할 수 있을까? 최근 동아시아 세력망에서 구조적 공백에 해당하는 북한 문제를 놓고 북한과 주변 4개국 사이에서 한국이 담당할 수 있는 '빈틈 메우기'의 전략은 무엇일까? 한편 동아시아 공간을 넘어서 글로벌 공간이나 국제기구의 장을 염두에 둘 때, 선진국과 개도국의 사이에서 중견국으로서 한국이 담당할 수 있는 연결망 외교와 중개 외교의 전략적 아이템으로는 무엇이 있을까? 좀 더 추상적인 차원에서 최근 한류韓流의 사례에서 보았듯이, 한국은 동양과 서양을 잇는 문화와 문명의 가교적 역할을 담당할 수 있을까? 이렇게 다양한 층위에서 요구되는 중개자의 역할을 한국 외교의 경험적 현실에 구체적으로 연결하는 작업을 펼치는 것은 앞으로 중요한 연구 과제임이 분명하다.

끝으로 한 가지 명심할 점은 한국과 같은 중견국이 중개 외교를 추진하는 데에는 많은 애로점이 있다는 사실이다. 사실 근대 국제정치에서 벌어지는 분쟁과 갈등 과정에서 중개자의 역할을 수행한 측은 강대국이었으며, 이 덩치가 큰 행위자들은 작은 행위자들을 상대로 '강자에 의한 중개', 즉 좀 더 엄밀히 말하면 중재仲裁, mediation를 연출했다. 그러나 최근 상호 의존이 증대되는 21세기 세계정치의 현실은 중견국이나 약소국의 입장에서도 일정한 중개의 역할을 수행할 수 있는 여지를 만들어냈다. 그러나 기본적으로 중견국의 중개 외교는 덩치가 작은 행위자가 큰 행위자들 사이에서 중개 역할을 담당하는 '약자에 의한 중개'라는 한계를 안고 있다. 예를 들어 동아시아의 주변 환경을 돌아보면 한국에 기대되는 중개 외교는 바로 상대적으로 덩치가 큰 강대국들을 상대로 벌여야 하는 제약을 안고 있다. 요컨대 한반도 주변에 형성된 세계정치의 네트워크는 한국에 그저 중립적인 환경이 아니라 외교적 운신의 폭을 제약하는 구조로 작용한다는 사실을 명심해야 할 것이다.

4. 내 편 모으기의 네트워크 전략

네트워크 외교 전략의 세 번째 단계는 내 편 모으기이다. 이는 칼롱이 말하는 등록하기의 단계에 해당하는 것으로, 맺고 끊기를 통해 해체deconstruction되고 재편된 관계를 다시 수습해 자신의 주위에 새로운 네트워크를 건설construction 하는 단계를 의미한다. 이전 단계들의 '번역' 과정을 통해서 불러 모은 '동류 집단like-minded group'의 행위자들에게 새로운 '역할'을 정의하고 부여하며 조정해 여럿이 함께할 수 있는 둥지를 만드는 것이라고 볼 수 있다. 그리고 이러한 둥지 안에 단순히 연결망을 치는 차원을 넘어서, 나를 지지하는 편을 얼마나 많이 끌어모아 세勢를 형성하는 단계에까지 나아갈 것이냐가 관건이다. 따라서 이 단계의 과제는 네트워크상에서 일단 관계를 맺은 상대방을 끌어들이는 방법과 자원을 다각적으로 활용하는 데에 있다. 더 나아가 이 단계의 과제는 단순히 전략적 차원에서 타자를 도구적으로 활용하는 데에만 그치는 것이 아니라, 자타가 함께하는 공동 이익 또는 인류에 봉사하는 보편 이익까지도 염두에 두는 전략을 추구하는 데까지 나아간다.

1) 벌집 짓기의 협업 외교 전략

이 단계를 추진하는 중견국의 네트워크 외교 전략에서 우선 필요한 것은 세勢 모으기의 주체가 지니는 특성을 제대로 이해하는 것이다. 이미 '표준'을 장악한 강대국을 상대해 중견국이 홀로 원하는 바를 주장하고 이를 관철하는 것은 쉽지 않은 일이다. 따라서 국제체제에서 차지하는 위상이나 처지가 비슷한 중견국들이나 이해관계를 같이하는 약소국들과의 연대를 형성하는 것이 중요할 수밖에 없다. 제3장의 〈그림 3-1〉에서 비유한 바와 같이, 강대국의 네트워크 외교 전략이 혼자 활동하는 '거미'의 줄 치기를 연상케 한다면, 중견국의 그것은 여럿이 협업을 하는 '꿀벌'들의 집 짓기를 떠오르게 한다. 이러한 꿀벌들의 협업을 통해서 생성되는 것은, 하나의 중심이 있는 거미줄의 네트워크에 대비해보는, 중심 여러 개를 가진 벌집의 네트워크일 것이다. 이러한 시각에서 보면 과거 주창되었던 '동아시아 중심 국가론'은 혼자서 줄 치기를 할 수 있는 강대국의 연결망 외교를 흉내 내려 했다는 점에서 중견국 외교의 기치로서는 한계가 있었다고 평가할 수 있다.

이러한 시각에서 볼 때 중견국의 네트워크 외교 전략은 혼자서 고군분투하는 차원을 넘어서 동류 집단과 함께 추진하는 협업 외교collective intelligence를 추구해야 할 것이다. 협업 외교는 '끼리끼리 모여서 발휘하는 힘', 즉 '집합 권력'을 기반으로 한다. 집합 권력이란 여럿이 모여서 네트워크를 구성한 행위자들이 그렇지 못한 행위자들을 상대로 행사하는 권력이다. 우리가 흔히 사용하는 '네트워크가 좋아야 성공한다!'라는 말은 바로 이러한 집합 권력을 염두에 둔다. 이러한 집합 권력의 관건은 내 편을 얼마나 많이 모아서 내게 유리한 네트워크를 구성하느냐 하는 문제이다. 이는 새로이 네트워크를 만드는 문제뿐만 아니라 일단 형성된 관계를 튼튼하고 지속성 있는 네트워크로 계속 유지할 수 있느냐 하는 문제와 밀접히 관련된다. 이는 행위자들을 규합해 '규모'를 형성하는 문제인데, 어느 '순간'부터 세 모으기의 힘은 숫자와 규모 그 자체에서 나오기 때문이다.

사실 여럿이 모여서 힘을 합치는 세 모으기는 세계정치의 기본이다. 근대 국제정치에서도 연합이나 동맹 및 제휴 등의 형태로 집합 권력에 대한 관념이 존재했다. 힘과 돈이 있는 곳에 사람이 모이는 것은 생리이다. 또한 힘이 약한 나라들이 힘을 키워서 자신들의 안보를 보장하고자 서로 연합하거나 제휴하고 동맹을 맺는 일은 국제정치에서 상시적으로 발생하는 일이었다. 이러한 과정을 통해서 세를 모으고 내 편을 만드는 외교는 국제체제의 안정을 유지하는 하나의 원리로서 세력균형이라는 개념으로 이해되기도 한다. 이러한 과정에서 군사력과 경제력과 같은 권력 자원을 얼마나 많이 보유하는지가 세를 모으는 국제정치 게임의 잣대가 되었다. 이러한 점에서 보면, 집합 권력의 논의는 근대적 의미에서 본 하드 파워 기반의 자원 권력에 대한 논의와 중첩되는 부분이 많다.

그러나 최근의 집합 권력에 대한 관심은 군사력이나 경제력을 바탕으로 세를 모으는 근대적 발상을 넘어서 형성되는 측면이 강하다. 예를 들어 하드 파워 자원을 기반으로 단순히 위협하고 강제하는 방식을 넘어서 소프트 파워 자원을 바탕으로 보상하고 설득하며 협력하는 방식을 통해 세를 모으는 전략의 중요성이 강조된다. 다시 말해 네트워크의 세를 형성하는 집합 권력이 제대로 작동하려면 밀어붙이는 완력腕力이나 실력實力보다는 끌어당기는 '매력魅力, attractive power'이 중요하다는 인식이 등장했다. 매력의 사전적 의미는 상대방의 마음을 호리거나 상대방의 머리를 납득시켜 내 편으로 만드는 힘이다. 칼롱이 말하는 관심 끌기, 그리고 이에 연이은 등록하기라는 '번역'의 전략과 깊게 연관된 종류의 힘이라고 할 수 있다(Nye, 2004; 평화포럼21 엮음, 2005).

2) 중견국의 매력 외교 전략

이러한 맥락에서 보는 네트워크 외교 전략의 기본 방향은 매력 외교attractive diplomacy로 요약된다. 매력 외교란 네트워크를 형성해 유인하고 설득함으로써 내 편을 많이 끌어모아attract 일종의 표준을 수립하는 외교를 의미한다. 상대적으로 하드 파워 자원에서 약세인 사정을 고려하면, 앞서 언급한 중견국의 중개 외교가 강대국과 같은 물질적 자원보다는 지식과 정보를 생산하고 전파해 주변 국가들로부터 신뢰를 이끌어내는 소통의 능력에 크게 의지할 수밖에 없는 현실은 쉽게 이해된다. 이는 구조적 공백 등을 메우는 과정을 통해서 네트워크의 원활한 작동에 필요한 정보와 지식 등을 생산하고 제공하는 문제이다. 특히 이러한 과정에서 중견국이 주변 국가들로부터 신뢰를 획득하고 전 세계 국가들에 대한 모범을 제시하는 것이 매우 중요하다.

최근 매력 외교의 추진에서 디지털 시대 협업의 도구로서 유무선 인터넷, 특히 소셜 네트워크 서비스의 역할에 관심이 집중되고 있다(Clinton, 2010). 지난 10여 년 동안 디지털 정보 네트워크가 창출한 온라인 공간은 새로운 세계정치의 공간으로 인식되어왔다. 유무선 인터넷과 스마트폰 등의 확산은 단순히 온라인 공간에서 벌어지는 활동이 활성화되는 차원을 넘어서 오프라인 공간의 세계정치에 지대한 영향을 미친다. 예를 들어 최근 페이스북이나 트위터 또는 유튜브와 같은 소셜 네트워크 서비스의 활용은 디지털 매력 외교를 수행하기 위한 새로운 표준을 제시한다. 매력 외교를 추진할 때에 소프트 파워 자원에 더욱 많이 의존할 수밖에 없는 중견국의 입장에서 이러한 소셜 네트워크 서비스의 자원에 좀 더 많은 관심을 기울이는 것은 당연한 일인지도 모른다.

그러나 매력 외교를 추진할 때에는 하드 파워 자체가 여전히 세를 모으는 중요한 '매력 자원'임을 잊지 말아야 한다. 근육질의 남성이 발산하는 매력처럼 정교한 무기 체계를 보유한 국가의 매력도 있다. 풍성한 재력이 매력 자원으로 통하듯이 경제력도 한 국가의 매력을 좌우하는 변수이다. 게다가 매력 외교의 저변에는 하드 파워 자원을 바탕으로 내 편이 안 되면 힘으로 끌어들이고 그래도 남의 편으로 가면 냉대하는 전통적 의미의 권력이 깔려 있음도 명심해야 한다. 궁극적으로 복합 외교의 시각에서 보면, 하드 파워와 소프트 파워 중에 어느 것이 세를 모으는 데에 좋은가, 또는 강제적 방식과 설득적 방식 중에 어느 것이 더 내 편을 모으는 데에 바람직한지 묻는 것은 적절하지 못하다. 오히려 특정한 상황에서 어떠한 권력 자원과 어떠한 방식으로 복합하느냐가 중요한 문제이다.

결국 내 편 모으기의 관점에서 한국 외교를 보면 세계정치의 장에서 한국이 취하는 입장에 동조하고 지지하는 세력을 얼마나 많이 모을 수 있느냐가 관건이다. 예를 들어 최근 북한의 핵무기 개발로 말미암아서 일어나는 문제를 풀어나가는 과정에서 한국을 지지하는 세력을 규합하는 문제를 들 수 있다. 천안함 침몰 사건이나 연평도 포격 사건 등에 대한 한국의 입장을 국제적 논의의 장에서 홍보하고 주변 국가의 이해와 국제적 협조를 끌어내는 문제는 한국이 추구할 내 편 모으기 외교의 중요한 과제이다. 이 밖에도 각종 국제기구나 정부 간 외교의 장(예를 들어 G20)이나 국제 규범의 형성 과정에서 한국의 입장에 동조하는 국가들의 세를 규합하며, 비슷한 처지와 이해관계를 가진 나라들의 연대를 형성하고 이를 중개하는 문제도 내 편 모으기 외교의 중요한 과제이다. 최근 동남아시아나 중앙아시아 국가들을 대상으로 해서 개발 협력의 이슈를 내세워 양자 관계 또는 다자 관계를 설정하는 외교도 동일한 맥락에서 이해할 수 있다.

앞서 제기한 연결망 외교와 중개 외교의 과제를 풀어나가는 데에도 한국의 입장에 동조하는 국가들의 세를 모으는 매력 외교와 협업 외교의 전략은 매우 중요한 점을 시사한다. 앞서 언급한 바와 같이, 최근 동아시아에서 부상하는 중국과 이를 견제하려는 미국이라는 두 강대국의 사이에 끼게 되는 샌드위치의 형세는 중견국 한국의 처지에서는 전혀 바람직하지 않은 구도이다. 그런데 만약에라도 한국이 미국과 중국이라는 두 개 네트워크 사이에 놓일 수밖에 없는 운명이라면, 그 경우에는 한국 혼자가 아니라 비슷한 처지에 놓인 주변 국가들과의 공동보조를 유지하는 것도 매우 유용한 전략적 방편이다. 일차적으로는 일본이나 러시아처럼 지리적으로 인접한 국가들이 대상이 될 것이다. 그러나 지리적으로 멀리 떨어진 국가들이라도 기능적 차원에서 한국과 행동의 보조를 같이할 수 있는 네트워크의 구도를 창출하려는 노력도 필요하다.

이러한 매력 외교와 협업 외교를 추진하는 과정에서는 대외적으로 내 편을 모으는 것만이 능사가 아니다. 성공적인 네트워크 외교 전략을 추진하려면 대내적으로도 민간기업이나 시민사회 행위자들을 참여시키는 협업과 네트워킹의 발상이 필요하다. 국내 시민사회의 지원을 얻는 것이 외교의 중요한 요소임은 이미 미국산 쇠고기 수입 반대를 내세운 촛불집회나 천안함 침몰 사건의 '진실'을 밝히는 과정에서 확인된 바 있다. 국가 행위자뿐만 아니라 비국가 행위자들이 참여하는 복합의 세계정치를 엿볼 수 있게 하는 대목이다. 또한 상대방 국가를 상대로 해서 매력 외교를 효과적으로 추진하려면 상대국 국민을 대상으로 한 공공 외교public diplomacy의 연결망을 구축하는 것도 중요한 사항이다. 이러한 과정에서 동아시아와 세계 도처에 편재하는 한류 팬은 한국이 추구하는 내 편 모으기 외교의 귀중한 자산일 될 가능성이 높을 것으로 기대된다.

3) 국가이익의 전략적 재규정

이렇게 매력 외교와 협업 외교를 통해서 끌어모은 상대방을 오랫동안 내 편으로 붙잡아 놓으려면 어떠한 전략이 필요할까? 상대방의 호감을 얻어 함께 일을 시작할 수는 있을지라도 상대방에게 감동을 주어서 궁극적으로 내 편으로 만들려면 단순한 매력과 협업의 전략을 넘어서는 무언가 실질적인 카드가 필요하다. 다시 말해 진정으로 내 편을 모으려면 도구적 차원에서 그럴듯한 전략을 구사하는 면모를 넘어서 존재론적 차원에서 자기변화와 자기희생을 감수하는 자세가 필요할 수도 있다. 만약에 매력 있는 동반자라고 생각해서 함께 일하게 되었는데, 나중에 알고 보니 제 잇속만 챙긴다고 느꼈다면 진정으로 내 편으로 만들 수 있겠는가? 상대방을 끌어들여 내가 만든 네트워크 안에 머물게 하려면, 때에 따라서는 자신의 이익을 양보하거나 공유하는 자세가 필요할 수도 있다. 이러한 과정에서는 절대적 이익이라는 차원에서 모두가 이익을 보는 것이 중요할 뿐만 아니라, 상대적 이익이라는 측면에서도 지나치게 비대칭적인 구도가 만들어지지 않는 것이 중요하다.

이러한 이익의 공유와 양보의 논리는 네트워크 외교 전략에도 적용할 수 있다. 특히 내 편 모으기를 추구하는 중견국의 국가이익을 재규정하는 문제와 통한다. 네트워크 조직 이론의 관점에서 볼 때, 이러한 국가이익의 재규정 문제는 전략 변환의 문제이기 이전에 존재 변환의 문제이다. 지구화, 정보화, 민주화 시대를 맞이한 오늘날, 국민국가 차원에서 좁은 의미의 국가이익을 규정하던 시대는 지났다. 앞서 제6장과 제7장에서 살펴본 바처럼, 이제는 개별 국가 차원에서 배타적 국가이익을 주장하는 것은 가능하지도 않을 뿐만 아니라 바람직하지도 않다. 안과 밖으로 다양한 행위자가 대외 활동에 관여하게 되면서 국내적으로도 기업 이익이나 사회 이익을 고려하지 않은 좁은 의미의 국가이익(또는 정부 이익이나 정권 이익)을 추구하는 정책은 실패하기에 십상이다. 대외적으로도 상대 국가의 이익을 고려하지 않거나 인류의 보편 이익을 염두에 두지 않은 일방적 국가이익의 추구는 역풍을 맞을 우려가 있다. 국가에서 부과하는 '절대 선'이 아닌, 시민의 합의에 기반을 둔 '공동선共同善, common good'을 추구하고, 이웃 나라뿐만 아니라 전 세계 국가와 함께 어울리고 같이 이익을 나누는 공익共益, 또는 더 나아가 보편적 공익公益을 추구하는 의식이 필요하다. 이러한 국가이익에 대한 재규정은 모든 나라에 해당하겠지만 강대국이 아닌 중견국의 경우에 더욱 필요하다.

예를 들어 최근 한국이 처한 중견국으로서의 입장을 보더라도 이제 더는 과거와 같이 협소하게 정의된 국가이익만을 추구할 수 없게 되었다. 사실 한국은 20세기 후반 근대화와 산업화를 추진하는 과정에서 국내적으로 협소한 국가이익을 추구해왔다. 대외적으로도 개별 국가 단위의 차원에서 본 국가이익의 추구를 우선시할 수밖에 없는 형편이었다. 그러나 최근 개도국의 위상을 넘어서 중견국의 위치로, 그리고 '원조를 받는 나라'에서 '원조를 주는 나라'로 도약하는 한국의 경우, 기존의 국가이익에 대한 인식을 수정할 필요성과 당위성에 직면했다. 다시 말해 다른 국가들과의 관계 속에서 절대 이익 내지는 공동 이익을 규정할 필요성이 제기되고 있으며, 국내정치 차원에서도 위로부터 부과된 '절대 선'으로서 국가이익의 규정을 넘어서 새로이 국가이익을 이해할 당위성이 발생했다. 요컨대 중견국 한국은 종전과는 달리 좀 더 넓은 의미에서 국가이익을 정의하고 이를 기반으로 안팎으로 확장된 외교 전략을 추진해야 할 과제를 안고 있다.

그렇다면 중견국으로서 한국이 새로운 잣대로 삼아야 할 국가이익론의 내용은 무엇인가? 이 책에서 제시하는 중견국의 국가이익 추구 방향은 '네트워크'로 요약된다. 중견국의 국가이익론은 개도국의 협소한 국가이익론과는 구별되어야 한다. 그렇다고 패권국이 추구하는 것과 같은 확장된 국가이익론을 채택할 수도 없다. 이러한 맥락에서 상정해볼 수 있는 것이 '네트워크 국가이익론'이다. 네트워크로 보는 국가이익 개념을 재규정하려는 시도는 중견국의 국가이익론이 안고 있는 고민을 잘 반영할 뿐만 아니라 주로 노드 행위자에 고착된 국가이익론을 펼쳐온 기존 국제정치이론의 한계를 지적하는 효과가 있다. 이러한 시도는 배타적 또는 확장된 국가이익을 추구하는 현실주의 시각, 행위자 간 상호 협력과 공유를 추구하는 자유주의 시각, 국가이익을 구성하는 관념 변수를 강조하는 구성주의 시각을 포괄하는 동시에 초월하는 장점을 지닌다. 이 책에서 제시하는 네트워크 국가이익의 개념은 다음과 같은 세 가지 측면에서 이해할 수 있다.

첫째, 네트워크 국가이익은 국가이익을 추구하는 방법 또는 수단이라는 측면에서 종전보다 좀 더 '부드럽게' 국가이익을 추구하는 것을 의미한다. 이는 하드 파워에 기반을 둔 명령적 방식의 국가이익 추구와 대비해 소프트 파워에 기반을 둔 설득적 방식의 국가이익 추구가 훨씬 더 효과적이라는 인식을 바탕으로 한다. 이는 앞서 설명한 매력 외교의 개념과 통한다. 둘째, 네트워크 국가이익은 국가이익을 추구하는 원칙이라는 측면에서 기본적으로 상대 국가와 중첩되거나 공유할 수 있는 이익을 추구하는 것을 의미한다. 이는 국가이익의 일방적 주장을 넘어서 양방향에서 이루어지는 인식의 공유와 연대의 형성을 전제로 한다. 이는 앞서 언급한 협업 외교의 개념과 통한다. 끝으로, 네트워크 국가이익은 국가이익을 추구하는 목표와 철학이라는 측면에서 규범적이고 도덕적으로 타당한 국가이익을 추구하는 것을 의미한다. 이는 실증적 관점에서 효율적이고 효과적인 국가이익의 추구가 능사가 아니라 관련 당사자들을 초월해 존재하는 상위의 보편적 규범을 고려하는 방식으로 국가이익이 규정되어야 함을 전제로 한다. 이는 다음 절에서 살펴볼 규범 외교의 개념과 통한다.

5. 표준 세우기의 네트워크 전략

네트워크 외교 전략의 마지막 단계는 표준 세우기이다. 이는 칼롱이 말하는 동원하기의 단계에 해당하는 것으로 새로이 만들어진 네트워크에 일반적 보편성을 부여하는 단계를 의미한다. 이 단계에서는 단순히 관계를 연결한 행위자들의 숫자를 늘리고 내 편을 모으는 차원을 넘어서 일단 형성된 관계를 튼튼하고 지속성 있는 네트워크로 계속 유지할 수 있느냐, 그리고 더 나아가 네트워크 전체에서 수용되는 '표준'을 세울 수 있느냐 하는 문제가 관건이다. 다시 말해 이는 특수한 성공사례 몇 개의 샘플을 넘어서 '번역'의 과정을 통해 세계정치의 '게임의 규칙'을 장악하느냐 하는 문제이다. 실제로 성공적으로 '번역'을 수행한 소수 행위자는 자신이 마련한 플랫폼 위에 동원된 다수 행위자들을 '대변'하는 권리를 갖게 됨으로써 세계정치라는 네트워크의 프로그램을 설계하는 권력을 행사하게 된다.

1) 중견국의 설계 외교 전략?

사실 네트워크의 프로그램을 디자인하듯이 세계정치의 '게임의 규칙'에 해당하는 구조와 질서를 설계하는 것은 중견국이 행사하기에는 어려운 외교 전략의 아이템이다. 이러한 '설계 권력'은 강대국의 단골 메뉴로 인식되어왔기 때문이다. 설계 권력은 구체적으로 세계정치의 장에 어젠다를 제기하고, 제도나 규범을 형성하며, 여기서 더 나아가 세계정치가 지향하는 궁극적 목적과 철학적 담론 등을 부여하는 권력으로 나타난다. 제2차 세계대전 이후 미국의 주도로 전후 군사 안보와 정치경제의 세계질서가 유엔 체제나 IMF 체제, GATT 체제 등의 형태로 구상되고 설계된 것을 사례로 들 수 있다. 이러한 설계 권력은 세계정치의 권력 게임이 시작되기 전에 미리 관철되기도 하지만 일단 설계된 세계질서의 틀을 변경하는 과정에서 작동하기도 한다. 2008년 미국발 금융 위기 이후 신자유주의 담론을 바탕으로 설계되었던 기존의 세계 금융질서가 새로운 형태의 글로벌 거버넌스를 모색하는 것이 그 사례이다.

비강대국의 입장에서 이러한 설계 권력에 민감할 수밖에 없는 것은 그것이 어떻게 작동하느냐에 따라서 권력 게임을 벌이기도 전에 승패가 결정되기 때문이다. 이러한 관점에서 볼 때 설계 권력과 관련된 중견국의 외교 전략은 강대국의 경우처럼 '거미줄을 설계하는 전략'이라기보다는 강대국이 이미 쳐놓은 네트워크에서 떨어지지 않고 살아남으려는 '거미줄 타기의 전략'이라고 이해할 수 있을 것이다. 따라서 거미줄에 걸려서 거미의 먹이가 되지 않으려면 거미줄이 설계된 아키텍처와 작동 방식뿐만 아니라 거미줄 자체의 속성을 잘 알아야만 한다. 이러한 맥락에서 중견국도 세계정치의 프로그램을 짜는 과정에 대해 계속해서 고민해야 한다. 다시 말해 일정한 한계가 있기는 하나 중견국의 입장에서도 기성 세계질서가 어떻게 설계되고 그것이 어떻게 변경되는지에 대해서 지속적으로 문제를 제기하는 것은 전략적으로 중요한 의미를 지닌다.

특히 중견국이 거미줄의 전체 설계에 대해 꾸준히 문제를 제기해야 하는 것은 이것이 앞의 세 단계에서 제기되는 네트워크 외교 전략의 효과성을 높이는 문제와 밀접히 연계되기 때문이다. 예를 들어 협업 기반의 중개 외교 전략은 네트워크의 대안적 프로그램 또는 보완적 프로그램을 제시하는 설계 권력의 전략과 병행될 때에 그 효과가 더욱 커질 것이다. 현재의 구도에서 의미 있는 중개자의 역할이 도출되지 않는다면 그 네트워크의 구도를 변경하는 문제제기가 필요하기 때문이다. 더 나아가 가장 효과적인 중개 외교의 전략은 중견국에 가장 유리한 네트워크의 구도를 창출하려는 대안 표준 또는 보완 표준이나 프로그램의 설정 노력과 병행되어야 한다. 이렇게 새로운 대안적 표준 또는 보완적 표준의 가능성을 제시하는 것과 병행해 앞서 논의한 중개 외교나 협업 외교 등의 목표가 더 쉽게 달성될 수 있을 것이기 때문이다(Goddard, 2009).

2) 규범 외교, 틈새 외교, 접맥 외교

이러한 효과를 노릴 수 있는 중견국의 표준 세우기 전략과 관련해 여기서는 컴퓨터 소프트웨어 프로그래밍 분야에서 발견되는 사례에 비유해 다음과 같은 세 가지를 제시해보고자 한다. 첫째, 제일 먼저 떠올릴 수 있는 중견국 복합 외교의 아이템은 기성 세계질서의 프로그램이 결여하는 규범적 정당성에 문제를 제기하는 '규범 외교normative diplomacy'의 전략이다. 이러한 규범 외교의 관념은 마이크로소프트와 같은 소유 소프트웨어proprietary software의 소스 코드 독점에 대해서 개방적 소프트웨어 혁신을 저해한다고 그 규범적 정당성을 문제시했던 오픈 소스open source 소프트웨어 운동에서 차안했다(김상배, 2010a; 제7장). 이러한 맥락에서 볼 때, 규범 외교란 인류 공통의 규범이나 보편적 가치 등을 외교 지침으로 삼아 다른 나라들에 모범을 보이는 외교라고 할 수 있다. 이는 앞서 살펴본 바처럼 중견국이 자국의 이익을 보편적 관점에서 재규정하는 문제와 통한다. 규범 외교는 무엇이 정상적normal인지를 정의해 국가의 행위 패턴을 변환하는 규범의 수립을 지향한다는 점에서 설계 권력의 맥락에서 이해할 수 있다. 예를 들어 법치주의와 민주주의의 증진, 사회적 약자의 보호와 지속 가능한 발전 등의 분야에서 벌인 유럽 국가들의 외교적 관념과 태도를 현대 규범 외교의 대표적 사례로 간주하기도 한다.

상대적으로 군사력이나 경제력에서 약세인 중견국의 처지에서 볼 때 이러한 규범 외교의 추구가 일정한 효과를 얻을 수 있는 것은 사실이다. 특히 규범 외교의 전략은 기성 세계질서를 운영하는 방식에 대한 대안적 비전을 제시함으로써 강자 위주의 논리에 대해 어느 정도 반론을 제기하는 효과가 있다. 다시 말해 물리력보다는 도덕적 힘에 호소하는 규범 외교의 전략은 단순히 물리력의 분포를 위주로 형성된 강대국 주도 질서의 빈틈을 지적하고 여기에서 더 나아가 그 개혁의 필요성을 제기하는 효과를 얻을 수 있다. 중견국이 이러한 규범 외교를 좀 더 효과적으로 구사하려면 앞서 언급한 협업 외교의 전략을 병행함으로써 좀 더 많은 세를 규합할 필요가 있다. 비록 개별 국가 차원에서 파악된 물리력은 약할지라도 규범적 정당성을 지닌 이슈에 동조하는 국가들의 숫자가 일정 수준 이상으로 모인다면, 이는 그 자체가 강대국이 주도하는 질서의 보편성에 충격이 될 수 있기 때문이다(Slagter, 2004; He, 2008; Hurrell, 2000).

둘째, 중견국이 설계 권력의 맥락에서 추구할 수 있는 외교 전략의 아이템으로는 '틈새 외교niche diplomacy'를 생각해볼 수 있다. 틈새 외교라는 용어는 앞서 언급했던 구조적 공백과 같은 빈틈을 메우는 틈새 지성이나 중개 외교와 유사한 맥락에서 고안되었는데, 여기서는 설계 권력의 뉘앙스를 좀 더 풍기는 용어로 이해하면 될 것 같다. 이러한 틈새 외교의 관념은 마이크로소프트처럼 운영 체계 소프트웨어를 생산하는 회사들이 제공하는 플랫폼 위에서 각기 부가가치를 창출하는 응용프로그램 생산자들의 역할에서 착안했다. 마이크로소프트의 운영 체계와 워드프로세서 프로그램의 위세 속에서도 국내 시장을 지키는 아래아 한글 워드프로세서를 떠올리면 될 것 같다(김상배, 2007: 보론). 마찬가지로 중견국의 경우에는 강대국처럼 세계질서 전체를 설계하는 외교를 추구할 수는 없겠지만 강대국의 표준 플랫폼 위에서 기성 세계질서가 포괄하지 못하는 틈새의 프로그램을 메우는 외교 전략을 추구하는 것은 할 수 있고 바람직하다. 예를 들어 2010년 11월 G20 서울 정상회의에서 의장국인 한국은 세계 주요 국가들의 환율을 조정하는 프로그램을 관철할 수는 없었지만 새로운 개발 협력 이슈를 제기하는 역할은 수행할 수 있었다. 이 밖에도 다양한 분야에서 세계정치의 원활한 작동을 위해서 고안되는 일종의 '하위 프로그램'을 설계하는 중견국의 외교 전략이 가능할 것이다.

이러한 맥락에서 볼 때 중견국의 외교 전략은 기성 세계질서를 운영하는 과정에서 강대국이 간과하기 쉬운 틈새의 응용프로그램을 보완하는 데에 주력할 필요가 있다. 다시 말해 중견국은 세계질서에서 차지하는 특별한 위상으로 말미암아 강대국이 주도하는 세계질서의 빈틈을 무조건 공격하기보다는 오히려 그 빈틈을 메워주는 역할을 요구받는다. 이러한 종류의 빈틈 메우기 전략이 가능한 것은 아무리 좋은 프로그램도 네트워크를 100% 장악하는 법은 없기 때문이다. 반복건대, 이러한 틈새 외교를 추진하는 전략은 앞서 언급한 중개 외교와 밀접히 관련될 수밖에 없음을 명확히 인식해야 한다. 중개 외교의 개념이 행위자와 행위자 사이를 '선(연결망)'으로 잇는 전략에 주목한다면, 틈새 외교는 네트워크에서 발견되는 빈틈을 '면(프로그램)'으로 메운다는 차이가 있다.

끝으로, 중견국의 표준 세우기는 이미 존재하는 프로그램들을 융합하거나 복합하는 이른바 '접맥 외교'의 방식을 취할 수도 있다. 여기서 군이 '접맥接脈'이라는 용어를 사용한 것은 흔히 생각하는 난순 연결이나 중개의 경우와는 달리 '호환성'의 문제가 관건이 되는 융복합의 의미를 담아내고 싶었기 때문이다. 다시 말해 접맥 외교란 호환되지 않는 기존의 복수 표준을 중개하고 복합하는 맥락에서 추진되는 외교를 의미한다. 사실 중견국의 설계 권력은 독창적이고 새로운 프로그램을 만드는 것보다는 오히려 이미 존재하는 여러 프로그램을 수용하고 이를 복합적으로 엮어내는 이른바 '메타 프로그램'을 개발하는 과정에서 발휘될 수 있다. 메타 프로그램이란 엄밀하게 살펴보면 '내용' 차원에서 새로운 프로그램이라고 할 수는 없지만 기존의 여러 가지 프로그램을 새로운 발상으로 융합하고 복합했으므로 '형식' 차원에서는 새로운 것으로 인식될 수 있는 프로그램을 의미한다. 이러한 메타 프로그램의 사례로는, 하나의 하드웨어에 마이크로소프트의 윈도 운영 체계와 애플의 매킨토시 운영 체계를 동시에 사용할 수 있도록 소위 '파티션partition'을 만들어 사용자의 필요에 맞춘 기능을 수행하도록 개작된 컴퓨터를 들 수 있다. 이러한 비유를 원용하면 접맥 외교를 '파티션 외교partition diplomacy'라고도 부를 수 있을 것이다.

한국이 20세기 후반에 이룩한 발전 모델은 비슷한 경로를 추구하는 개발도상국들에 전수할만한 '접맥 모델' 또는 '파티션 모델'의 사례라고 할 수 있다. 다시 말해 한국의 산업화와 민주화의 역사는 시장경제와 권위주의가 공존하는 개발도상국 모델에서 시장경제의 성숙을 바탕으로 정치적 민주화를 달성한 선진국 모델로 발전할 가능성을 보여주었다. 최근 학계에서는 전자의 개발도상국 모델을 '베이징 컨센서스Beijing Consensus', 후자의 선진국 모델을 '워싱턴 컨센서스Washington Consensus'라는 개념으로 부른다(손열 엮음, 2007). 이러한 맥락에서 볼 때, 한국의 발전 모델은 '서울 컨센서스Seoul Consensus'로 부를 수 있을 것인데, 이는 개발도상국과 선진국의 입장을 연결해주는 메타 프로그램 또는 접맥 모델을 제시한 의미가 있다. 이러한 한국의 독특한 발전 경험을 원용해보면 중견국 한국의 외교 전략에서도 이에 비견되는 접맥 외교의 프로그램을 모색할 수 있을 것이다.

이렇게 규범 외교, 틈새 외교, 접맥 외교로 대변되는 표준 세우기의 외교는, ANT에서 말하는 것처럼 주위에 모인 다른 행위자들을 중견국의 눈높이에서 '대변'하는 '동원하기'의 의미를 가진다. 그런데 여기서 유념할 것은 이렇게 대변하기 또는 표준 세우기의 과정에서 핵심적으로 제기되는 것은 한국이 주변 국가들을 설득할 매력적인 구상을 지니고 있느냐이다. 이 대목에서 시급하게 필요한 것은 기성 외교 프로그램의 발상을 넘어서는 상상력을 발휘하는 역량이다. 이를 위해서는 전통적 외교 주체인 정부가 혼자만 나설 것이 아니라 다양한 민간 행위자를 참여시켜 광범위한 '중지衆智 모으기'를 펼칠 필요가 있다. 이렇게 중견국 외교가 국내외적으로 중지를 모으는 과정에서 소셜 네트워크 서비스와 같은 비인간 변수를 활용하는 전략이 점점 더 중요해지고 있다.

6. 한국의 네트워크 외교 전략

이 장에서는 네트워크 이론의 시각에서 중견국의 외교 전략을 이해하는 이론적 논의를 펼쳤다. 특히 소셜 네트워크 이론에서 개발된 개념들을 원용해 중견국의 외교 전략에 영향을 미치는 국제정치의 '구조'를 이론적으로 파악하는데에 초점을 맞추었으며, 행위자-네트워크 이론의 논의를 원용해 행위자의 전략과 구조적 환경을 복합적으로 고려하는 네트워크 외교 전략의 이론적 틀을 마련하고자 시도했다. 또한 네트워크 조직 이론의 시각을 원용해서 중견국의 외교 전략이 좀 더 유연하고 보편적인 의미의 국가이익론에 기반을 둘 수밖에 없음을 지적했다. 이 장에서 새로이 시도한 상황 지성, 위치 지성, 틈새 지성, 연결망 외교, 깁기 외교, 중개 외교, 협업 외교, 매력 외교, 규범 외교, 틈새 외교, 접맥 외교 등과 같은 다양한 용어는 바로 이러한 문제의식을 반영한다. 이렇게 다소 난삽하게 보일 수도 있는 외교 전략의 면면을 좀 더 체계적으로 이해하고자 이 장에서는 프레임 짜기, 맺고 끊기, 내 편 모으기, 표준 세우기 등의 틀을 원용했다.

첫째, 한국의 네트워크 외교 전략은 중견국으로서 한국이 처한 동아시아 지역질서와 세계질서의 구조적 상황을 제대로 파악하고 거기서 자신의 위치를 정확히 설정하는 프레임 짜기에서 시작해야 한다. 둘째, 한국의 네트워크 외교 전략은 한반도 주변 국가들과의 관계를 연聯-결結-친親-맹盟의 관점에서 비대칭적으로 조율하는 동시에 그 과정에서 발견되는 동아시아 세력망의 구조적 공백을 메우는 맺고 끊기의 전략을 추구해야 한다. 셋째, 한국의 네트워크 외교 전략은 다층적 연결망을 구축하는 차원을 넘어서 다양한 매력 자원을 활용한 협업 외교의 추진을 통해 동류 집단과 이익을 공유하고 행동을 공조하는 내 편 모으기의 과제를 안고 있다. 끝으로, 한국의 네트워크 외교 전략은 강대국들이 주도하는 세계질서의 운영에서 소외된 세력을 '대변'하는 규범 외교와 틈새 외교 및 접맥 외교의 추진을 통해서 중견국 나름의 표준 세우기를 추진하는 노력도 잊지 말아야 한다.

이상의 논의에서 유의할 점은 이 네 단계가 분리된 것이 아니고 서로 밀접히 연결되어 있을 뿐만 아니라 순차적으로 진행되기보다는 복합적으로 얽힌 과정이라는 사실이다. 예를 들어 동아시아 세력망에 대한 상황 지성과 위치 지성을 구비하는 것은 성공적인 연결망 외교와 중개 외교의 필수조건이다. 중견국의 중개 외교는 협업 외교의 전략과 연계해 진행되어야 효과를 볼 수 있을 뿐만 아니라 될 수 있는 한 많이 내 편을 모으는 매력 외교를 통해서 앞당겨질 것이다. 이러한 협업 외교와 매력 외교에 능한 행위자가 네트워크의 구도를 새롭게 설계하는 적극적 역할을 담당할 가능성이 높다. 특히 이 장에서 규범 외교, 틈새 외교, 접맥 외교 등으로 개념화한 중견국의 표준 세우기는 매력 자원을 바탕으로 한 동류 집단과의 협업과 이익 공유를 전제하지 않고서는 성공하기 어렵다. 궁극적으로 이러한 외교적 노력이 표준으로 수립된다면 이는 중건국이 좀 더 복합적 권력을 발휘하기에 좋은 조건을 마련하게 될 것이다.

요컨대 현재 한국의 외교 전략은 좀 더 구체적인 실천 전략을 모색해야 할 과제를 안고 있다. 이러한 과제를 해결하는 데에는 국제체제에서 한국이 강대국이 아닌 중건국의 위상을 차지함을 인식하는 것이 중요하다. 실제로 중건국의 현실은 단순히 복합적 연결망 외교를 추구하는 차원의 발상을 넘어서 주위에 포진한 세력들이 만들어내는 구조로서의 네트워크 환경에 대한 고민을 병행할 수밖에 없다. 이러한 맥락에 따라 네트워크 이론의 시각에서 한국의 외교 전략을 탐구하려는 시도가 수행해야 할 향후 과제 중 하나는 구조로서의 네트워크에 대한 이론적·경험적 연구를 기존에 진행되었던 행위자 차원의 '네트워킹 전략'에 대한 연구에 적극적으로 포함하는 작업이다. 21세기 세계정치의 복합적 현실은 중건국 한국에 예전보다 좀 더 복합적인 네트워크 외교 전략을 고민할 것을 요구하고 있다.

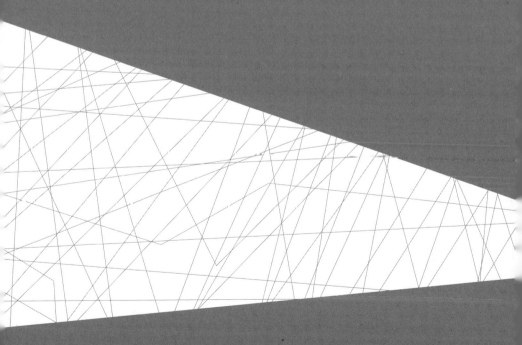

제3부

네트워크 세계정치이론의 적용

제9장

글로벌 패권 경쟁과 표준 경쟁

1. 표준 경쟁으로 보는 글로벌 패권 경쟁

1) 글로벌 패권 경쟁을 보는 새로운 발상

21세기 세계정치의 최대 화두는 중국의 부상이다. 중국의 부상에 주목하는 논의의 이면에는 세계정치에서 벌어지는 '힘의 이동'에 대한 관심이 깔려 있다. 최근 경제적으로 급성장하는 중국이 이에 걸맞은 군사력과 외교력, 소프트 파워soft power까지 갖추고 미국의 세계 패권에 도전할 것이냐가 주요 관건이다. 그런데 이러한 힘의 이동에 대한 논의를 제대로 이해하려면 어느 한 나라가 힘이 더 세어져서 상대를 압도하게 되고 이에 따라 국세질서에서 힘의 균형이 변할 것이라는 통상적 인식의 범위에만 머물러서는 안 된다. 다시 말해 최근 세계 및 동아시아에서 벌어지는 힘의 이동을 제대로 읽어내려면 미국과 중국이 벌이는 국가 간 패권 경쟁이라는 전통적 시각을 넘어서 좀 더 복합적인 시각을 갖추어야 한다.

무엇보다도 앞으로 두 나라 간에 발생할 힘의 이동은 여태까지 우리가 근대 국제정치에서 경험했던 것과는 성격이 다른 권력 게임의 부상을 바탕에 깔고 이루어질 가능성이 크다. 실제로 21세기 세계정치에서는 군사력과 경제력의 게임뿐만 아니라 지식력을 확보하려는 게임이 새로운 세계정치의 양식으로 부상하고 있다(하영선·김상배 엮음, 2006). 이러한 지식력 게임의 승패는 전통적 자원 권력의 개념을 넘어서는 새로운 권력 개념의 잣대에 기대어 판가름 날 가능성이 크다(김상배, 2008b). 게다가 문제를 더욱 복잡하게 만드는 것은 새로운 권력 게임의 장에는 기존의 국가 행위자들뿐만 아니라 초국적으로 활동하는 비非국가 행위자들도 활발하게 참여한다는 사실이다(하영선·김상배 엮음, 2010). 그야말로 중국의 부상으로 대변되는 21세기 세계정치의 힘의 이동은 다양하고 다층적인 모습으로 발생하고 있다.

역사적으로 볼 때 국제정치 분야에서 발생한 패권 경쟁은 이른바 선도 부문leading sector, 특히 첨단 기술 분야에서 벌어지는 주도권 경쟁의 형태로 나타났다. 선도 부문에서 벌어지는 강대국들의 패권 경쟁은 국제정치 구조의 변동을 반영하는 사례라는 점에서 국제정치이론의 오래된 관심사 중 하나이다. 실제로 역사적으로 해당 시기에 선도 부문에서 나타났던 경쟁력의 향배는 세계 패권의 부침과 밀접히 관련된 것으로 알려졌다. 비근한 사례로는 20세기 전반 전기공학이나 내구소비재 산업, 또는 자동차 산업 등을 둘러싸고 벌어진 영국과 미국의 패권 경쟁을 들 수 있다. 좀 더 가까이는 20세기 후반에 가전산업과 컴퓨터 하드웨어 및 소프트웨어 산업에서 벌어진 미국과 일본의 패권 경쟁을 들 수 있다. 21세기 선도 부문인 인터넷 서비스 분야에서 벌어지는 미국과 중국의 패권 경쟁도 이러한 연속선상에서 이해할 수 있다(Gilpin, 1987; Modelski and Thompson, 1996; 김상배, 2007a, 2012f).

이 장에서는 1990년대 미국과 일본, 그리고 최근 2000년대 미국과 중국이 세계 패권을 놓고 벌인 경쟁의 단면을 살펴보았다. 여기서 다룬 사례들은 전통적 의미에서 파악된 국민국가 간의 패권 경쟁으로 인식될 법하지만, 실제로는 21세기 세계정치에서 새롭게 조명되는 두 가지 다른 종류의 권력, 즉 마이크로소프트와 구글이라는 다국적기업을 한편으로 하고, 일본과 중국이라는 국가 행위자를 다른 한편으로 하는 비대칭적 경쟁으로 볼 수 있다. 좀 더 엄밀하게 말하면, 이러한 경쟁은 다국적기업과 국가 간의 갈등에만 그치는 것이 아니라 미국과 일본과 중국의 정부, 여기에 더해 다국적기업과 세계 인권 단체들, 그리고 양국의 네티즌들까지도 참여하는 다양한 '행위자들의 집합체'가 벌이는 경쟁이다. 이렇게 펼쳐진 강대국 간의 패권 경쟁은 종전의 국제정치학에서 주목하던 국가 간의 영토 경쟁이나 단순한 시장점유율의 경쟁과는 그 성격이 사뭇 다르다.

이 장에서는 이러한 패권 경쟁을 컴퓨터와 인터넷 분야에서 기술 표준, 제도 표준, 관념 표준 등을 놓고 벌인 3차원의 표준 경쟁으로 이해했다. 첫째, 미국과 일본, 중국이 벌이는 표준 경쟁은 컴퓨터 소프트웨어 또는 인터넷 서비스 시장에서 민간기업들이 좀 더 유리한 게임의 규칙으로서 기술 표준을 장악하려고 벌이는 경쟁으로 이해해야 한다. 둘째, 이들의 표준 경쟁은 이 분야에 적합한 정책과 제도, 예를 들어 지적 재산권과 불법 복제, 인터넷 콘텐츠에 대한 규제와 검열 등과 관련된 정책과 제도를 둘러싼 표준 경쟁으로 이해해야 한다. 끝으로, 가장 넓은 의미에서 파악된 표준 경쟁은 차세대 정보산업에 대한 기술 담론이나 인터넷과 관련된 이념과 정체성을 둘러싼 포괄적 의미의 관념과 가치의 표준 경쟁이라는 성격도 가진다. 요컨대 미국의 패권에 도전한 일본의 사례나 최근에 도전을 벌이는 중국의 시도는 이익과 제도 및 관념의 세 가지 차원에서 파악된 '3차원 표준 경쟁'으로서 이해해야 한다(김상배, 2007a).

2) 네트워크 권력의 사례로서 표준 경쟁

선도 부문에서 벌어지는 미국과 중국의 경쟁, 그리고 그 역사적 배경으로서 미국과 일본의 경쟁을 표준 경쟁이라는 시각에서 주목한 이유는 최근 이들 국가 간에 나타나는 경쟁의 양상이 제5장에서 살펴본 바와 같이, 네트워크 권력의 주도권을 놓고 벌이는 국제정치학의 시각을 보여주기 때문이다. 사실 정보와 커뮤니케이션의 맥락에서 보는 네트워크 권력의 가장 대표적인 사례는 '표준'이 발휘하는 권력이다.

표준이라는 말은 기준을 제시하고 평균을 재는 행위에서 우러나오는 권력의 의미를 내포한다. 표준은 아무나 세울 수 있는 것이 아니고 권력을 가진 소수나 공인된 다수가 설정하는 것이 상례이다. 기준에 부합하는 것을 선택하고 평균에 미달하는 것을 배제하는 메커니즘 자체가 권력을 의미하기 때문이다. 이러한 점에서 표준은 '게임의 규칙'을 부과하는 권력의 대표적 사례이다. 그렇지만 표준의 권력이 일방적 방식으로만 작동한다고 생각해서는 결코 안 된다. 표준을 수용하는 사람들도 표준의 권력이 작동하는 데에 중요한 역할을 담당한다. 예를 들어 표준은 그 표준을 수용하는 사람의 수가 많을수록, 즉 더 큰 네트워크를 형성할수록 그 가치가 커지는 성격을 지닌다. 표준의 권력은 궁극적으로 그 표준을 인정하는 사람들의 행동과 생각을 움직일 수 있을 때 제대로 발휘되는 네트워크 권력의 대표적 사례이다(김상배, 2007a).

이렇게 권력이 표준을 세우는 것은 오늘날의 일만은 아니다. 널리 알려진 몇 가지 사례를 들어보자. 중국 천하를 통일한 진시황이 벌인 일련의 표준화 작업(문자, 도량형, 화폐 등)은 현실 권력의 위세를 바탕으로 이루어졌다. 미국에서 남북전쟁이 벌어지던 당시에 북군이 행한 선구적인 소총 표준화 작업은 전쟁의 승패를 가르는 요인 중 하나로 작용했다. 이 밖에도 근대 산업화 과정에서 철도 궤간軌間을 둘러싼 표준화나 자동차 산업의 부품 표준화 등을 둘러싼 논란은 정치적·경제적 경쟁의 단면을 보여주었다. IT 분야에서 타자기의 자판 배열이나 VCR 시장을 놓고 벌어진 표준 경쟁도 유명한 사례이다. 컴퓨터와 이동통신 및 디지털 TV 분야의 표준 경쟁은 좀 더 최근에 벌어진, 우리에게 익숙한 사례들이다.

이들 사례에서 보는 바와 같이, 기술 자원의 우위를 바탕으로 우수한 제품을 생산한 측보다는 자신이 제시한 기술 표준을 지지하는 세勢를 모아서 사실상de facto 표준을 세우는 측이 승자가 된다. 그야말로 내 편을 많이 모아서 성공적으로 네트워크를 형성하는 것이 승리의 비결인 셈이다. 기술 표준의 힘은 선설한 메커니즘을 통해 될 수 있는 한 많은 사람들이 그 표준을 채택해 공유할 때에 발생한다. 이러한 이유로 표준은 국가나 공식 협회 및 국제기구들이 나서는 '표준화'의 형태를 통해서 제정되는 경우가 많았다. 그런데 최근 IT 산업 분야에서 기술 표준 자체의 가치가 높아지면서 그 주도권을 놓고 시장에서 경쟁을 벌이는 '표준 경쟁'의 중요성이 증대되었다. 이러한 표준 경쟁을 통해서 기술 표준을 장악하는 측은 해당 시장을 구조적으로 지배하는 승자로 군림하면서 모든 것을 독식할 가능성이 높다(김상배, 2007a).

이렇게 표준을 세우는 권력의 개념은 기술 분야와 정보 분야의 사례에만 국한된 것이 아니다. 넓은 의미에서 보면 표준의 권력은 세계정치 전반에도 적용할 수 있다. 사실 글로벌 스탠더드global standard라는 말은 지난 10여 년 동안 우리 사회에서 가장 많이 회자되던 용어 중 하나이다. 일상생활에서 사용하는 제품의 규격에서부터 기업의 구조 조정이나 정부 정책의 개혁, 문화적 삶이나 생각하는 방식의 변화에 이르기까지 우리 사회 어디에도 파고들지 않은 곳이 없었다. 최근의 정보혁명은 표준의 세계정치, 즉 네트워크 권력정치의 부상에 생동감을 부여한다. 특히 인터넷이 만들어놓은 네트워크 환경을 배경으로 정보와 지식을 전파하고 소통하는 과정에서 표준의 권력을 장악하려는 현상이 그 범위나 강도 면에서 점점 강화되고 있다. 그야말로 지구화 시대의 표준, 즉 '글로벌 스탠더드'를 장악하려는 경쟁이 단순한 제품과 기술의 표준을 넘어서 세계정치의 제도와 규범, 더 나아가 생각과 정체성을 설계하는 영역에까지 퍼져나가고 있다.

이렇듯 국제정치학의 시각에서 볼 때 표준 경쟁은 통상적인 기술 표준 경쟁의 의미를 넘어서 좀 더 넓은 의미에서 이해되어야 한다. 경영학이나 경제학을 중심으로 진행된 표준 경쟁에 대한 기존의 논의는 기술 분야와 시장 분야에만 초점을 맞추었던 것이 사실이다. 따라서 표준 경쟁의 정치사회적·사회문화적 동학을 분석하려는 노력이 부족했다. 한편 (국제)정치학의 시각에서 표준 경쟁을 분석한 기존 논의들은 경제학과 경영학의 논의보다 표준의 작동 방식에 대한 구체적 탐구가 상대적으로 미흡했다. 따라서 표준 경쟁의 논의를 분석적으로 펼치기보다는 다소 은유적으로 원용하는 아쉬움이 있었다. 이러한 맥락에서 이 장에서는 국가 및 비국가 행위자들이 벌이는 다층적 표준 경쟁의 동학을 네트워크 권력의 시각에서 업그레이드하는 노력을 펼쳐보고자한다. 이 장에서 살펴본 세계 패권 경쟁의 사례들은 바로 이러한 표준 경쟁의 세계정치라는 시각에서 이해할 수 있는 현상들이다(김상배, 2012a).

2. 표준으로 보는 미국의 네트워크 권력

미국이 선도하는 부문인 IT 분야에서 정보화 시대의 세계 기술 표준을 장악하고 있다는 증거는 여러 분야에서 발견된다. 예를 들어 IT의 생산이라는 측면에서 볼 때, 미국은 반도체, 컴퓨터, 소프트웨어, 인터넷 등과 같은 IT 산물을 최초로 개발해 지구적으로 전파한 나라이며, 이른바 정보고속도로로 알려진 GII Global Information Infrastructure를 일찍부터 주창한 나라이다. 미국은 이러한 기술력과 인프라를 활용해 IT 산업을 일으키고 디지털 경제의 붐을 일으켰다. 정보화 시대의 선두 주자로 거론되어온 IBM, 마이크로소프트, 구글, 애플 등은 모두 미국 기반의 기업들이다. 이 기업들은 IT 산업과 인터넷 비즈니스를 주도해왔을 뿐만 아니라 이 분야의 표준을 장악해왔다. 여기서 살펴보는 윈텔리즘과 구글아키는 IT 분야에 대한 미국 기업들의 구조적 지배를 상징하는 여러 가지 개념 중에서도 21세기 세계 지식질서에서 미국이 차지하는 패권을 가장 극명하게 보여주는 사례이다.

1) 자원 권력의 잣대로 보는 미국의 지식 패권

자원 권력의 잣대로 본 지식 권력을 근거로 그린 세계질서에서 미국의 힘은 어느 정도인가? 20세기 세계질서의 판세를 논하면서 주로 군사력이니 경제력을 잣대로 보는 군사질서와 경제질서에 주목했다면, 21세기에는 지식 권력을 잣대로 보는 지식질서를 통해서 판세를 읽으려는 노력이 필요하다(김상배 외, 2008). 이러한 지식질서에 대한 논의는 수전 스트레인지가 '지식 구조'라는 개념으로 제시한 바 있다. 지식 구조란 "어떤 지식이 발견되고, 어떻게 저장되며, 누가 어떤 수단을 통해, 어떠한 조건 아래, 누구와 그 지식을 소통하는가를 결정하는 구조"이다(Strange, 1988: 121). 이러한 관점에서 보면, 누가 지식의 창출과 확산 및 공유의 과정에서 주도권을 행사하고 있을까? 다음의 내용을 보면, 미국이 새롭게 짜이는 세계 지식질서에서 사실상 패권을 장악하고 있음을 보여 준다(김상배, 2004a).

IT 인프라의 경우를 보면, 지구 인터넷 트래픽은 미국을 허브로 해서 이루어지고 있다. 〈그림 9-1〉의 왼쪽 그림은 2007년 지구 차원(주요 9개국)의 인터넷 트래픽을 사회 연결망 분석의 기법을 사용해 그린 것이다. 국가 간의 인터넷 트래픽이 많을수록 링크를 굵게 표시하고 노드 간의 거리를 가깝게 표시했다. 또한 트래픽상의 중심성을 노드의 크기와 위치에 반영했는데, 노드의 크기가 클수록, 그리고 그림의 중심에 위치할수록 많은 트래픽을 담당하는 노드이다. 이러한 점을 염두에 두고 보면, 미국을 허브로 해서 영국, 프랑스, 독일 등의 유럽 국가들이 인터넷 트래픽의 중심을 이루고, 일본, 한국, 중국 등 동아시아 국가들은 인터넷 트래픽의 주변 노드를 담당한다. 한편 〈그림 9-1〉의 오른쪽 그림은 2011년 현재 지구 인터넷 트래픽을 총괄해 좀 더 이해하기 쉬운 형태로 그린 것이다. 북미 대륙을 허브로 해서 지구 인터넷 트래픽이 형성되어 있음을 단적으로 보여준다.

지식 자원의 생산을 위한 투입 측면에서 연구 개발R&D 투자의 절대 액수

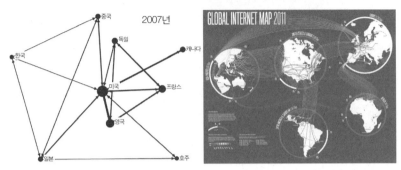

〈그림 9-1〉 지구 인터넷 트래픽 흐름도(2007)와 지도(2011)

자료: Telegeography 제공(http:///www.telegeography.com); 김상배 외(2008)와 김상배(2012a)에서 재인용.

에서 미국은 전 세계 모든 국가를 단연코 압도한다. 2008년 현재 미국은 약 3,982억 달러를 투자함으로써, 약 1,487억 달러를 투자해 2위인 일본의 2배가 넘는 액수를 투자했고, 3위인 중국(약 1,208억 달러), 4위인 독일(약 818억 달러) 보다도 훨씬 앞선다. 지식 자원의 질적 수준을 평가하는 지수로서 가장 많이 언급되는, ≪이코노미스트The Economist≫에서 발표한 IT 산업 경쟁력 지수에서 도 미국은 기업 환경, IT 인프라, 인적 자원, 법률 환경, R&D 환경, IT 산업에 대한 지원 등의 분야에서 전체적으로 2007년의 77.4점에 이어서 2009년에도 78.9점을 얻어 1위를 달렸다. 2007년에 72.7점으로 2위를 차지한 일본은 2009 년에는 65.1점을 기록해 6위로 떨어졌다(김상배, 2012a).

특허 발원 건수도 지식 자원의 생산을 가늠할 수 있는 중요한 지표인데, 미국은 PCTPatent Cooperation Treaty 특허뿐만 아니라 미국 특허에서도 압도적으로 많은 특허를 발원했다. 2008년 현재 발원된 PCT 특허의 수를 보면, 미국은 4만 3,129건으로 1위를 차지해 2위인 일본(2만 6,568건)을 크게 앞섰다. 2008년 현재 발원된 미국 특허의 수를 보더라도, 1위인 미국은 1만 8,037건으로 2위를 차지한 일본의 2,168건을 크게 앞선다. 주요 저널에 게재된 논문의 발표 건수 와 인용 건수에서도 압도적 1위를 차지하고 있다. 인문학, 사회과학, 자연과학 의 지수를 통틀어서 톰슨Thompson사가 발표한 자료에 의하면, 논문 발표 건수에서 1위인 미국은 296만 7,957건으로서 2위인 일본(77만 252건)을 크게 앞섰다. 논문 인용 건수에서도 미국은 4,679만 6,090건을 기록하며 1위를 차지해 2위인 영국(997만 9,737건)을 압도했다(김상배, 2012a).

2) 미국의 네트워크 권력 1: 컴퓨터 시대의 윈텔리즘

윈텔리즘Wintelism은 마이크로소프트의 운영 체계인 윈도Windows와 마이크로프로세서를 생산하는 업체인 인텔Intel의 합성어 윈텔Wintel이라는 말에 기원을 둔다. PCpersonal computer산업의 역사는 마이크로소프트와 인텔의 만남이 단순히 두 기업의 기술협력 차원을 넘어서, '윈텔Wintel'이라는 말에 '-이즘-ism'이라는 접미어를 붙여야 했을 정도로 큰 위력을 발휘했음을 보여준다. 실제로 윈텔리즘은 마이크로소프트와 인텔이 세계 컴퓨터 산업에서 구축한 구조적 지배를 상징한다. 이러한 구조적 지배의 양상을 '윈텔 제국Wintel empire'이라고 빗대어 부르기도 한다. PC 시대에 기원을 두는 윈텔리즘의 주인공이 마이크로소프트와 인텔이라는 두 기업이었다면, 최근에는 하드웨어 기업인 인텔보다는 소프트웨어 기업인 마이크로소프트의 행보에 윈텔리즘과 관련된 논의의 초점이 맞추어진다(김상배, 2007a).

마이크로소프트는 컴퓨터 운영 체계의 표준을 주도할 뿐만 아니라 이와 연계된 다양한 응용프로그램을 선보이며 최근까지 업계 선두를 달려왔다. 현재 마이크로소프트의 윈도 제품군은 전체 운영 체계 시장에서 90% 이상의 압도적 점유율을 차지한다. MS-DOS로 시작한 마이크로소프트는 1990년대 초에 GUIGraphic User Interface를 채택한 윈도 3.0을 도입한 이후, 1995년 발매된 윈도 95를 통해서 큰 성공을 거두었다. 그 이후 윈도 98, 윈도 2000 밀레니엄 버전, 윈도 XP, 윈도 비스타, 윈도 7 등을 거치면서 2012년에는 윈도 8을 출시하는 데까지 이르렀다. 이러한 운영 체계 분야에서의 우위는 MS 오피스나 인터넷 익스플로러와 같은 응용프로그램의 성공으로 확산되었다. 최근 마이크로

소프트는 인터넷 분야와 모바일 분야에도 적극 진출하면서 고분군투하고 있다. 표준 경쟁이라는 시각에서 볼 때 마이크로소프트의 성공은 크게 두 가지로 요약된다.

첫째, 기술 표준 전략이라는 측면에서 마이크로소프트가 컴퓨터 아키텍처의 사실상 표준을 장악할 수 있었던 비결은 '개방 표준open standards'의 전략에 있었다. 이러한 전략은 마이크로소프트가 윈도를 기반으로 해서 응용 소프트웨어를 개발하려는 업체들에 컴퓨터 운영 체계와 응용 소프트웨어 간의 호환성을 결정하는 APIsapplication programming interfaces에 대한 접근을 허용하는 형태로 나타났다. 이러한 개방 표준 전략의 파급 효과는 마이크로소프트의 윈도 운영 체계를 플랫폼으로 삼는 응용 소프트웨어 개발 업체들의 숫자가 계속해서 늘어나는 결과를 낳았다. 그리고 이러한 응용 소프트웨어 업체들의 수적 증가는 궁극적으로 윈도 운영 체계를 탑재한 PC의 판매율 증가로 이어졌다. 이러한 구조적 이점을 활용해 마이크로소프트는 소프트웨어 산업의 방향을 통제하는 영향력을 행사할 수 있었다.

둘째, 개방 표준의 전략과 병행해 마이크로소프트는 윈도 운영 체계의 소스 코드source code를 공개하지 않는 전략을 채택했다. 마이크로소프트는 의도적으로 윈도 운영체제의 소스 코드를 공개하지 않으면서, 응용 소프트웨어 업체들이 그들의 소프트웨어를 만들 수 있는 최소한의 소스 코드만을 공유했다. 이러한 전략은 소스 코드를 지적 재산권의 대상으로 취급하게 만듦으로써 독자적인 상업 소프트웨어 산업이 출현하는 기반을 제공하기도 했다. 그러나 운영 체계를 장악한 마이크로소프트의 소스 코드 비공개는 응용프로그램 개발자들이 필요에 따라서 운영 체계 자체를 수정하거나 개선하는 것을 철저하게 봉쇄하는 효과를 낳았다. 윈도의 소스 코드가 공개되지 않는 상황이다 보니 전 세계의 수많은 소프트웨어 업체는 다른 운영 체계와 호환되지 않고 오로지 윈도에서만 가동되는 소프트웨어들을 지속적으로 생산할 수밖에 없었다.

마이크로소프트의 이러한 두 가지 전략은 '개방과 소유open-but-owned'의 전략'으로 개념화된다(Borrus and Zysman, 1997). 개방을 통한 사실상 표준의 장악과 소스 코드의 소유와 통제의 전략을 교묘하게 연결했다는 뜻이다. 이러한 개방과 소유의 전략은 윈텔리즘의 지배 권력을 가능케 한 핵심적 요소였다. 이러한 관점에서 볼 때, 윈텔리즘이란 PC 산업에 진입하려는 모든 참여자가 지켜야 하는 게임의 규칙이자 이들을 제약하는 구조적 제약이었다. 주기적으로 증대되는 마이크로프로세서의 성능을 바탕으로 새로운 윈도 운영 체계가 출시될 때마다 전 세계의 컴퓨터 업계가 지각변동을 겪었던 것은 바로 이러한 이유에서였다. 이러한 상황에서 응용 소프트웨어 개발자들은 주기적으로 외부에서 주어지는 변경된 게임의 규칙에 적응하려는 노력을 감수해야만 했고, 일반 사용자들은 계속해서 새로운 버전의 운영 체계로 업그레이드하고 이를 익혀야만 했다. 비유컨대 우리가 원치는 않지만 게임의 규칙이 계속 바뀌었고, 또한 새로운 게임의 규칙이 정해질 때까지 모두 동작을 중지하고 기다려야만 하는 상황을 연상케 했다. 이러한 윈텔리즘은 컴퓨터 산업 분야의 글로벌 스탠더드였다.

윈텔리즘이 글로벌 스탠더드라는 의미는 지난 정보산업의 역사에서 단순히 기술 표준의 사례에만 국한되지 않는다. 넓은 의미의 윈텔리즘은 1980년대 이래 정보산업 전반의 구조가 변동하는 와중에 등장한 산업 조직이나 정부 정책 및 기타 제도적 환경 등을 포괄하는 새로운 산업 패러다임을 대변한다. 다시 말해 마이크로소프트나 인텔과 같은 세계 최고의 경쟁력을 자랑하는 첨단 기업을 배양해낸 미국 컴퓨터 산업의 제도 표준을 의미한다. 이러한 점에서 윈텔리즘은 19세기의 영국형 산업 모델이나 20세기 전반의 포디즘Fordism, 그리고 최근의 일본형 산업 모델에 비견된다. 이렇게 부상한 윈텔리즘은 컴퓨터 산업에 관여하는 모든 행위자가 따라잡아야 할 기업과 산업의 모델, 더 나아가서 정책과 제도의 표준이었다. 실제로 세계의 기업들은 컴퓨터 산업의 새로운 표준에 맞추어 자신들의 기업 구조와 비즈니스 관행을 조정하라는 압력을 받아야 했으며, 각국 정부도 이러한 기업의 변화를 뒷받침하는 정책과 제도를 마련할 것을 요구받았다. 이러한 과정에서 글로벌 스탠더드는 단순한 말이 아니라 그 말이 상징하는 바를 통해서 우리의 생각까지도 바꾸어야 하는 관념의 표준이었다(김상배, 2010a).

3) 미국의 네트워크 권력 2: 인터넷 시대의 구글아키

PC 시대에 각광을 받은 주인공이 마이크로소프트였다면, 인터넷 시대의 스타는 단연코 구글이다. 구글은 1998년 가을에 출범한 이래 앞선 기술력과 탁월한 네트워크 전략을 바탕으로 급성장해 상대적으로 짧은 기간 내에 세계적 기업으로 우뚝 섰다. 구글은 공공연하게 인터넷상의 어떠한 기기에서도 작업할 수 있는 소프트웨어를 제공하는 네트워크 컴퓨팅의 플랫폼(표준)이 된다는 목표를 내세웠다. 실제로 구글은 인터넷에서 원하는 정보를 찾을 때 꼭 거쳐야 하는 요지를 차지한 인터페이스이자 관문의 위상을 굳혀왔다. 구글은 인터넷 검색 시장에서 야후나 마이크로소프트를 누르고 압도적 우위를 점하고 있다. 2009년 말 현재 구글은 전 세계 검색 시장의 3분의 2를 장악하고 있으며, 야후와 마이크로소프트의 비중은 둘을 합해도 10% 정도밖에 안 된다. 210억 달러가 넘는 구글의 광고 수입은 이처럼 압도적인 검색 시장 점유율에 기반을 두고 있다.

최근 영어에서 'Google'이라는 말이 '구글하다', 즉 '인터넷으로 정보를 검색하다'라는 의미의 동사로도 널리 사용되고 있음은 구글의 높아진 위상을 실감케 한다. 인터넷 정보검색을 매개로 해서 세상이 지구화globalization되는 현상을 '구글화googlization'되었다는 말로 빗대기도 한다. 오늘날 구글의 위상은 구글에 검색되지 않는 것은 이 세상에 존재하지 않는 것이나 마찬가지라는 말이 회자될 정도로 막강하다. 구글이 인터넷 세상을 지배한다는 표현은 적어도 현시점에서는 엄연한 현실이다. 최근에는 이러한 구글의 영향력을 지칭해서 구글Google이라는 말에 '질서' 또는 '지배'라는 의미의 '-archy'를 합성함으로써 '구글아키googlearchy'라는 용어가 등장하기도 했다(Hindman, 2009: 38~57). 그렇다면 상대적으로 짧은 기간 내에 구글이 이렇게 괄목할만한 성공을 거둔 비결은 무엇일까?

무엇보다도 구글의 성공 비결은 자동 검색의 알고리즘을 개발한 검색 기술에서 발견된다. 현존하는 인터넷 검색 업체 중에서 가장 앞선 기술력을 자랑하는 구글은 그야말로 '검색이 잘되는 서비스'를 제공하는 것으로 유명하다. '의도의 데이터베이스Database of Intention'라는 모토에서 보듯이 구글 검색엔진의 목표는 검색자가 진정으로 의도하는 맥락에서 정보를 찾아주는 것이다. 그런데 여기서 주목할 점은 이러한 구글의 검색 방식의 특징은 웹사이트가 보유한 '정보'가 아니라 웹사이트 간의 '링크', 즉 관계에 주목하는 검색이라는 사실이다. 유명한 학술 논문일수록 더 많이 인용되듯이, 중요한 웹사이트일수록 외부에서 링크가 많이 걸린다는 아이디어에 착안했다. 다른 웹사이트로 연결되는 링크의 숫자를 헤아려 해당 사이트의 인기도를 측정하는 방식이다. 구글은 특정 웹사이트로 이어진 링크의 수와 그 링크를 담은 웹사이트에 연결된 링크의 수 모두를 고려하는 페이지랭크PageRank라는 알고리즘을 개발했다.

기술력은 기업 성공의 필요조건이긴 하지만 충분조건은 아니다. 기업으로서 구글의 성공을 이끈 전략은 이러한 검색 기술을 광고 수입으로 연결하는 중개자로서의 네트워킹 비즈니스에 있었다(올레타, 2010). 구글은 TV 방송이 뉴스와 오락 프로그램을 시청자에게 무료로 제공하듯이 구글 사용자들에게 검색 서비스를 무료로 제공했다. 그 대신 검색 결과가 나타나는 웹페이지의 한쪽에 광고라고 명시한 부분을 설정해 기업에 판매하는 방식을 추구했다. 사용자의 의도와 광고주의 필요를 네트워킹하는 것이다. 이러한 구글의 검색과 광고 시스템에 주목해야 하는 것은 우리가 검색을 하면 할수록 구글의 광고 수입은 계속 늘어나는 구조를 갖기 때문이다. 다시 말해 이렇게 구글이 짜놓은 검색과 광고의 시스템이 유지되는 한, 우리가 인터넷을 통해서 별다른 생각 없이 한 검색 행위는 구글의 수익으로 이어지게 된다. 바로 구글이 인터넷 사용의 구조를 장악하고 있기 때문이다. 이러한 구글의 힘은 앞서 살펴본 바와 같이 마이크로소프트가 컴퓨팅의 플랫폼인 운영 체계를 장악하고 있기 때문에 얻을 수 있었던 구조적 힘과 매우 유사하다.

그러나 다소 폐쇄적인 네트워크를 추구하던 마이크로소프트와는 달리, 구글은 좀 더 개방적인 웹 2.0의 요소를 비즈니스에 효과적으로 활용한 대표적 기업이다. 예를 들어 구글의 광고업, 특히 애드센스는 긴 꼬리long-tail의 법칙에 철저하게 기반을 둔다(Anderson, 2006). 구글은 애드센스를 통해서 광고와 아무런 관계가 없던 부분으로 인식되었던 광고주의 긴 꼬리 부분을 개인과 소기업 웹사이트들의 긴 꼬리 부분과 연결하는 데에 성공했다. 게다가 구글의 정보검색에서는 사용자들의 검색 정보가 역으로 검색엔진의 알고리즘이나 콘텐츠 디렉터리에 피드백을 주어 다른 사용자들에게 영향을 준다. 즉, 우리가 사용자일 뿐 아니라 우리의 사용이 또 다른 검색엔진의 창작에 기여하는 프로듀시지produsage 모델을 보여준다(Bruns, 2008). 전통적으로는 사적 소비 행위로 인식되었던 참여의 형태가 생산의 형태에 밀접히 연결되는 것이다. 이러한 모델에서 우리가 구글에 무엇을 찾아달라고 요청하면 구글은 사람들이 형성한 링크(네트워크) 속에 함축된 집단 선택의 결과를 제시한다(리드비터, 2009: 74).

최근 모바일 인터넷의 시대가 오면서 벌어지는 스마트폰 시장에서의 구글의 비즈니스 모델을 보더라도 개방형 네트워크 전략을 엿볼 수 있다. 흥미로운 것은 스마트폰의 운영 체계 분야에서 보이는 구글의 행보가 PC 시대의 윈텔리즘을 연상케 한다는 점이다. 2007년에 구글 스마트폰의 운영 체계인 안드로이드가 도입되었을 때, 구글은 운영 체계만을 생산하고 종전의 휴대폰 기기 생산 업체들은 하드웨어를 제조케 하는 전략을 채택했다. 이러한 전략은 PC 운용 체계의 생산에만 집중하고 나머지 하드웨어 및 주변기기 업체들과의 파트너십을 유지하던 1980년대 초반 마이크로소프트의 전략과 유사하다. 구글의 입장에서는 한두 개의 기기를 장악하는 것이 중요한 것이 아니라, 수십 또는 수백 개의 기기가 구글이 제공하는 하나의 운영 체계를 플랫폼으로 작동하는 개방형 네트워크를 구상했던 것이다(Burrows, 2010).

인터넷 시대 구글의 영향력은 단순한 기술 표준을 제시하는 데에만 머무르지 않는다. 구글은 인터넷의 영역에서 기술을 기반으로 하는 자유주의를 신봉하는 기업이다. 구글의 창입자들은 기술에 의지하는 깃민이 정보점색 지체와 무관한 외적 요인에서 검색 결과를 자유롭게 한다고 믿었다. '악惡해지지 말자Don't Be Evil'라는 구글의 모토는 바로 이러한 엔지니어들의 마인드를 반영한다. 또한 구글은 지식과 정보를 유통함으로써 개인의 자유가 철저히 보장되는 새로운 문명의 첨병 역할을 추구한다. 이러한 과정에서 기술은 외부의 권위에 대해 저항하려는 개인이 사용할 수 있는 가장 강력한 힘이다. 이러한 구글의 마인드는 국가와 체제의 속박을 혐오하는 자유주의적 이념과 실리콘밸리 스타일의 기술 지상주의가 결합된 산물이다. 다시 말해 개인의 역량을 강화해주는 '개인을 위한 기술'과 구속받지 않으려는 '인터넷의 자유'에 대한 믿음이 미국 사회를 토양으로 삼아 꽃을 피웠다. 이러한 기술엘리트주의에 입각해서 구글이 구상하는 질서, 즉 구글아키는 엔지니어들이 제시하는 '자유주의적 기술제국'을 연상시킨다(우메다, 2008).

3. 미국과 일본의 컴퓨터 산업 표준 경쟁

1) 컴퓨터 산업의 기술 표준 경쟁

선도 부문에서 벌어진 미국과 일본의 표준 경쟁은 컴퓨터 산업의 초창기에 해당하는 1960~1970년대에까지 거슬러 올라간다. 이 당시에는 주로 가정용 전기 제품과 메인 프레임 컴퓨터 및 기타 컴퓨터 하드웨어 등을 놓고 제품 경쟁이 벌어졌다. 선두 주자로서 미국이 산업을 주도했으나 1980년대에 접어들어서는 일본이 미국을 추격하는 데에 성공했다. 특히 TV나 VCR 등의 가전제품,

메모리 반도체, 평판디스플레이, CD-ROM 드라이브 등과 같은 하드웨어 분야에서 일본 산업은 세계적 경쟁력을 갖추게 되었다. 이러한 성적표를 배경으로 PC 산업이 태동하던 1980년대 초반 업계의 전망은, 일본이 컴퓨터 하드웨어의 우위를 바탕으로 PC 분야에서 역전해 미국 대신 세계 컴퓨터 산업을 석권하리라는 것이었다. 실제로 표준화된 대량생산품이라는 PC의 외견상 특징은 일본의 제조 기술력이 발휘될 좋은 기회를 제공하는 듯 보였다. 그러나 1990년대까지도 일본의 산업역전 시나리오는 실현되지 않았고, 오히려 일본은 PC 아키텍처와 소프트웨어 등과 같은 핵심 기술 분야에서 고전을 면치 못했다.

일본의 고전은 PC 표준 경쟁에서 극명히 드러났다. 1980년대와 1990년대에 걸쳐 일본은 세계적으로 통용되던 IBM 호환 표준이나 애플의 매킨토시 표준과는 다른 독자적 PC 표준인 NEC의 PC-98 시리즈를 가지고 있었다(Cottrell, 1996; Boyd, 1997; West and Dedrick, 1999). 그러나 1990년대 초반에 들어서면서 NEC 표준의 독점적 지위는 급격히 침식당하기 시작했다. NEC 표준에 결정타를 날린 것은 1990년대 초반에 일본 IBM이 개발한 DOS/V라는 운영 체계의 도입이었다. DOS/V의 도입은 DOS 환경에서 작동하는 세계시장의 컴퓨터가 일본어를 무리 없이 처리할 수 있게 함으로써 결과적으로 일본 시장의 닫힌 물꼬를 트고 미국의 컴퓨터 기업들이 일본 시장에 진출하는 계기를 만들어 주었다(Boyd, 1997). 특히 1992년 후반에 IBM 호환 기종 생산자인 컴팩이 펼친 IBM 호환 기종의 저가 공세는 일본의 PC 시장에 '컴팩 쇼크' 또는 '제2의 흑선黑船'으로 비유될 정도의 충격을 주었다(*Nikkei Weekly*, 1993년 9월 20일 자). 이후 IBM 호환 기종의 일본 시장 침투는 더욱 거세어졌으며, NEC PC-98 시리즈의 시장점유율도 급격하게 하락해 1997년 9월에 이르러 NEC는 독자 표준을 포기하고 IBM 호환 표준을 수용하기에 이르렀다(Dedrick and Kraemer, 1998: 61).

NEC 표준의 몰락으로 대변되는 일본 표준의 좌절은 일본이 마이크로프로세서와 운영 체계 및 응용 소프트웨어 등으로 대변되는 PC 아키텍처와 소프트웨어의 핵심 부문에서 취약했음을 극명히 반영했다(伊丹敬之 外, 1996). 마이크로프로세서의 경우, 컴퓨터 산업 초창기인 1970년대 초중반에 NEC는 이른바 V-시리즈라는 독자적 마이크로프로세서의 개발을 시도했지만, 1980년대 초반 인텔과의 지적 재산권 소송을 겪게 되고, 그 후 인텔이 386 시리즈의 아웃소싱을 중단하면서 NEC는 독자적 마이크로프로세서 사업을 포기했다(김상배, 2002a). 운영 체계의 경우를 보면, 일본의 기업들은 1980년대 초반부터 마이크로소프트 등의 미국 기업에서 DOS 운영 체계(혹은 소스 코드) 등을 도입해서 사용해야 했다. 1993년에 윈도 3.1 운영 체계의 일본어판이 도입된 이래 일본의 PC는 마이크로소프트의 운영 체계에 전적으로 의존했다. 일본 PC운영 체계의 대미 의존이 불러온 가장 심각한 결과는 기존에는 NEC가 장악했던 APIs가 DOS/V와 윈도 3.1의 도입과 함께 세계시장에 개방되면서 다양한 미국산 응용 소프트웨어 프로그램들이 일본 시장으로 몰려오는 계기를 제공했다는 점이다. 결과적으로 1990년대 말에 이르면 일본의 PC 아키텍처와 소프트웨어의 핵심에 해당하는 모든 부문을 미국 기업들이 지배하는 형국이 되었다.

1990년대 후반 일본 표준의 좌절은, 일본 PC 시장의 주도권을 놓고 윈텔 진영과 벌인 기술 표준 경쟁에서 세계 표준으로서 윈텔 표준이 일본 시장을 성공적으로 공략한 것을 의미했다. 대표적 일본 기업이었던 NEC가 현상적 시장 우위에 안주하는 동안, 윈텔 표준은 일본의 PC 아키텍처로 침투해 들어와 NEC의 독점을 안에서 흔들어놓았던 것이다. NEC의 PC-98표준이 세계시장에서 애플의 틈새시장을 제외하면 유일한 비非윈텔의 토착 PC 표준이었다는 점에서 윈텔 표준의 일본열도 점령은 대단한 파장을 갖는 것이었다. 세계 컴퓨터 산업에서 윈텔, 즉 마이크로소프트의 운영 체계와 인텔의 마이크로프로세서의 연합을 통해서 이루어진 지배력은, 시간과 노력을 들이면 쉽게 추월할 수 있는 종류인 제품상의 우위를 넘어서는 것이었다. 윈텔은 컴퓨터 산업의 모든 행위자가 기본 전제로서 받아들여야 하는 게임의 규칙이자 구조적 권력을 의미하게 되었다.

2) 컴퓨터 산업의 산업 모델 경쟁

미국과 일본의 컴퓨터 산업 경쟁은 기술 표준 경쟁의 의미를 넘어서 PC 산업에 적합한 제도 환경의 우위를 놓고 벌인 산업 모델 경쟁이었다. 기술사회학이나 기술경제학의 전통에서 볼 때, 모든 기술 체계는 그에 적합한 제도 환경을 기술 체제 그 자체의 속성으로서 내재한다. 다시 말해 새로운 기술의 개발이나 이전 및 확산은 기술 그 자체만의 독립적 과정이라기보다는 그 기술을 뒷받침하는 제도 환경이 항상 개재되는 사회적 과정이다. 기술 체계에 맞는 이른바 산업 모델이나 산업 패러다임 등이 바로 이러한 기술과 제도 환경의 동학을 잘 설명해주는 개념이다. 이러한 면에서 볼 때 각국 기업들과 정부가 PC 산업에서 표준 경쟁을 효율적으로 수행하려면 새로운 논리의 경쟁 원칙에 제대로 적응해야 할뿐만 아니라, 더 나아가 PC 아키텍처와 소프트웨어 기술에 적합한 제도 환경이 갖추어져야 한다. 다시 말해 기술 표준 경쟁을 뒷받침하는 산업 모델 또는 일종의 제도 표준의 우위를 겨루는 보이지 않는 경쟁이 동시에 진행되는 것이다(김상배, 2007a).

　이러한 시각에서 볼 때 일본의 제도 환경은 PC 산업의 기술 표준 경쟁에 적합한 관리 구조를 제공하지 못했다. 제2차 세계대전 이후 일본 산업이 거둔 성공은 이른바 일본형 산업 모델이라는 개념의 등장을 가능케 했다. 일본형 산업 모델이란 철강, 조선, 자동차, 전자산업, 반도체산업 등 제조업 분야에서 일본의 경쟁력을 뒷받침했던 일본의 고유한 정책적·제도적·문화적 요인들을 일컫는다. 예를 들어 '계열系列'이라고 불리는 기업 네트워크, 발전국가 모델에 입각한 산업정책, 또는 산업 성공을 뒷받침했던 기타 제도 등이 여기에 포함된다(Johnson, 1982). 컴퓨터 산업에서 이러한 일본형 산업 모델은 메인 프레임 시대에서는 효과적으로 작동해 하드웨어 부문의 성공을 뒷받침하는 제도 환경을 제공한 반면에 PC 아키텍처와 소프트웨어 기술이 중심인 PC 산업에서는 제대로 작동하지 않았다. 요컨대 PC 아키텍처와 소프트웨어 기술의 내재적 속성은 컴퓨터 하드웨어의 경우보다 덜 집중된 형태의 관리 구조를 요구했는데 일본형 산업 모델은 이러한 요구에 적절하게 부응하지 못했던 것이다(김상배, 2007a).

일본형 산업 모델의 실패와는 대조적으로 PC 산업의 등장을 뒷받침한 미국의 제도 환경은 PC 아키텍처와 소프트웨어 기술에 적합한 탈집중 관리 구조의 모델을 보여주었다. 1970년대 말과 1980년대 초 메인 프레임의 생산을 위한 수직적 통합의 형태로부터 PC 생산을 위한 수평적 통합의 형태로 이행한 미국 컴퓨터 산업의 구조는 PC 아키텍처와 소프트웨어 기술의 속성과 맞아떨어졌다. 수평적으로 통합된 가치 사슬로 구성된 산업구조는 PC 기술의 모듈성에 적합한 탈집중의 관리 구조를 제공했으며, 윈텔 표준의 존재는 이렇게 탈집중화된 가치 사슬을 조정하는 메커니즘으로서 적절히 작동했다. 이러한 과정에서 미국형 조절국가도 반독점정책 등을 통해서 컴퓨터 산업에서 탈집중 관리 구조가 등장하는 데에 일정한 역할을 담당했다.

요컨대 PC 산업에 적합한 제도 환경으로서의 윈텔리즘의 등장은 1980년대에 쇠퇴하는 것으로 여겨지던 미국의 경쟁력을 재도약시켰으며, 이러한 맥락에서 윈텔리즘은 새로운 산업 모델이라고 할 수 있다. 이에 비해 새로운 산업 환경에 적응하려는 일본의 노력은 그 한계를 드러냈다. 실제로 1990년대 후반 일본은 PC 아키텍처 표준 경쟁의 실패를 딛고 컴퓨터 산업 분야에서 새로운 제도 환경을 창출하려는 노력을 보였다. 그럼에도 1990년대 말까지 일본이 보여준 제도 조정의 성과는 일본이 산업 경쟁력을 부흥할 정도로 성공적이지는 못했다.

3) 컴퓨터 산업의 기술 비전 경쟁

미국과 일본의 컴퓨터 산업 경쟁은 기술 표준과 제도 표준에 대한 관념의 형성을 통해 기술의 미래를 설계해가는 기술 비전 경쟁의 성격도 가진다. 이러한 기술 비전 경쟁은 단순히 이상적이고 추상적인 관념의 경쟁을 의미하는 것이 아니다. 기술 비전 또는 기술 구상은 현실 세계의 이익과 제도적 제약을 바탕으로 해서 출현하며, 또한 역으로 사회적 실재를 구성해가는 역할을 수행한다. 이러한 측면에서 볼 때 기술 비전은 현실의 이익을 바탕으로 해서 구성된 제도의 비非물질적 측면이라고 할 수 있다.

이러한 기술 비전 경쟁의 시각에서 볼 때, 컴퓨터 산업 이행기의 일본은 새로운 기술 비전을 창출하거나 적어도 제대로 적응하기는커녕 메인 프레임 컴퓨터 생산의 관념에 너무 집착한 나머지 새롭게 등장하는 PC 시대에 제대로 적응하지 못하고, 오히려 메인 프레임의 기술 비전으로 복고하는 경향을 보였다. 실제로 일본의 PC생산자 대부분은 1960년대부터 메인 프레임 컴퓨터를 생산해왔는데, 1980년대 말까지도 메인 프레임을 팔아서 IBM을 따라잡겠다는 발상의 연속선상에서 컴퓨터 산업의 추세를 인식하고 있었다. 다시 말해 일본의 컴퓨터 생산자들은 30년 동안 외곬으로 IBM이 가진 메인 프레임의 주도권을 추격하면서 '타도 IBM'의 메인 프레임 위주 전략에 너무 깊숙이 빠져버렸던 것이다(Fransman, 1995: 182).

또한 일본 통산성이 주도한 1980년대의 R&D 프로젝트들도 모두 그 목표나 실행에서 IBM이 가진 메인 프레임의 주도권을 추월하려는 발상에 빠져 있었다. 성능이나 규모면에서 IBM의 메인 프레임을 넘어서는 슈퍼컴퓨터 또는 제5세대 컴퓨터를 개발하려 하거나 이른바 '소프트웨어 공장software factory' 프로젝트를 시도했다. 이렇게 일본의 기업과 정부가 과거의 비전에 입각해 시간과 자원을 낭비하는 동안 컴퓨팅의 세계는 고성능과 생산성을 중요시하는 컴퓨터의 초대형화가 아닌, 표준화된 제품의 조립을 통해 소형 컴퓨터의 기능성과 네트워크상의 상호연결성을 향상하는 방향으로 전개되어가고 있었다(김상배, 2007a).

일본의 컴퓨터 생산자들이나 통산성의 R&D 프로젝트가 컴퓨터 산업에서 보여준 복고적 기술 비전은 일본 사회 전반에서 나타났던 복고적 경향과 맥을 같이한다. 아마도 이러한 복고적 구상의 등장을 가장 포괄적으로 드러내 주는 사례 중 하나가 바로 1980년대에 접어들어 정보사회의 비전이 쇠퇴하고 제조업의 비전이 전면에 등장한 사례일 것이다. 전후의 경제성장이 정점에 달했던 1960년대 말에 일본은 '정보화 사회론'이라는 새로운 비전을 착상했다. 그러나 1970년대 들어 달러화의 하락과 미·중 국교 정상화, 오일쇼크 등의 사건이 일본을 강타하고 일본 경제의 고도성장에도 제동이 걸리면서, 결국 1980년대에 들어서면 정보화 사회의 추구라는 독자적 구상을 포기하고 지속적 산업화의 추구라는 제조업 비전으로 회귀했다. 이러한 회귀가 한 시절의 큰 성공을 가져다준 것은 사실이었지만, 다른 한편으로 이는 일종의 관념상의 관성으로 작용해 일본이 변화하는 환경에 적응하는 데에 큰 방해물로 작용했다.

컴퓨터 산업 경쟁이 PC 시대로 이행하는 과정에서 일본이 보여준 관념상의 관성과는 대조적으로 미국은 PC를 중심으로 한 새로운 기술 비전을 생성함으로써 세계 컴퓨터 산업의 구조 변동을 주도했다. 다시 말해 초창기부터 컴퓨터 산업의 기술 비전을 주도해왔던 미국은 PC 시대에 이르러서도 윈텔리즘의 비전을 생성하는 데에 성공했던 것이다. 윈텔리즘의 비전이라는 것도 사실 따지고 보면, 미국이 1980년대에 일본의 제조업 비전과의 경쟁에서 좌절을 맛보게 되면서 자신의 제도적 조건에 맞는 기술적 환경을 창출하는 과정에서 알게 모르게 생겨났다고 볼 수 있다. 결과적으로 PC 시대로 가는 전환기에 나타난 미국의 기술 비전은 윈텔리즘이라는 제도적 적응의 출현을 뒷받침했으며, 나아가 PC 시대에 미국 경쟁력의 부활이라는 열매를 일구어내는 배경적 역할을 해냈다.

요컨대 일본의 좌절은 기술 비전 경쟁에서도 일본이 미국에 뒤졌음을 여실히 보여주었다. 그 후 일본은 무선인터넷과 디지털 가전 등을 내세워 새로운 도전의 비전을 제기했다. 만약에 일본의 이러한 기술 비전이 일본의 제도적·문화적 환경에서 성공적으로 현실화되었다면, 이는 미래의 정보산업에서 일본의 이익을 극대화할 수 있는 구조적 환경이 조성되는 것을 의미했을 것이다. 그러나 표준 경쟁을 위한 내부적 환경 구비의 문제와는 별도로 2000년대 이후 정보산업의 축은 컴퓨터 시대로부터 인터넷 시대로 이행했고, 새로운 시대의 앞 무대에서 일본은 점차로 사라지는 느낌이었다. 오히려 일본이 물러간 그 자리에 미국의 패권에 도전하는 새로운 행위자로 무대에 등장한 것은 중국이었다.

4. 미국과 중국의 인터넷 표준 경쟁

1) 컴퓨터 소프트웨어 기술의 표준 경쟁

1990년대 말과 2000년대 전반에 마이크로소프트와 중국 정부가 컴퓨터 운영체계를 놓고 표준 경쟁의 형태를 띠는 경합을 한 차례 벌인 바 있었다. 당시의 경쟁은 마이크로소프트의 지배 표준에 중국이 도전장을 던지면서 발생했다. 중국은 1990년대 후반부터 대항 담론의 차원에서 독자 표준을 모색했는데, 리눅스가 그 사례이다. 오픈 소스 소프트웨어인 리눅스는 1991년에 출현했는데, 소스 코드를 소유하고 공개하지 않는 윈도 운영 체계에 대한 대안을 모색하려는 의도에서 등장했다. 리눅스는 지난 20여 년 동안 서버나 워크스테이션 등과 같은 대용량 컴퓨터를 중심으로 성장해 최근 모바일 컴퓨팅 분야로 확장되었다. 이러한 리눅스는 시장에서 성공했는지를 떠나서 운영 체계 소프트웨어의 대항 표준이라는 관점에서 주목을 받아왔다.

중국 정부도 일찌감치 리눅스의 이러한 대항 표준의 성격에 착안해 다양한 지원을 아끼지 않았다. 1990년대 말과 2000년대 초에는 중국 정부가 리눅스 운영 체계와 애플리케이션 개발 사업에 막대한 예산을 지원했다(Sum, 2003: 381~382). 이러한 과정에서 중국의 리눅스 전문 기업들은 정부의 강력한 지원에 힘입어 리눅스 보급의 선봉장 역할을 담당했는데, 1999년 8월에 중국과학원이 후원해서 설립된 '홍기리눅스'라는 기업이 가장 대표적 사례이다(Kshetri, 2005; Hiner, 2007). 중국 정부가 리눅스 운영 체계를 지원한 정책의 배경에는 경제적 동기 외에도 마이크로소프트의 플랫폼 독점에 대한 민족주의적 관점에서 본 우려도 자리 잡고 있었다(Shen, 2005). 궁극적으로 중국의 리눅스 실험은 마이크로소프트와의 관계에서 기대했던 것만큼 큰 소득을 거두지는 못했다. 중국의 리눅스가 잘못했다기보다는 오히려 중국 시장에서 마이크로소프트가 선전했기 때문이었다.

실제로 마이크로소프트는 2000년대 중후반에 걸쳐서 다양한 사업 전략을 구사해 중국의 소프트웨어 시장에 대한 구조적 지배의 촉수를 서서히 뻗쳐갔다. 특히 소스 코드의 개방과 대폭적 가격 인하 전략이 먹혀들었다. 2003년에는 마이크로소프트는 중국을 포함한 60개국에 윈도의 소스 코드를 개방했을 뿐만 아니라 필요에 따라서 개작할 수 있도록 허용하는 전략을 택했다. 또한 당시 중국 내에 횡행하던 마이크로소프트 제품에 대한 불법 복제와 관련해서도 마이크로소프트는 기존의 발상을 전환하는 전략을 선택했다. 결국 중국에서 불법 복제를 멈출 길이 요원하다면 아예 공개적으로 불법 복제를 인내하는 것이 최선의 전략이라는 결론에 도달했다(Blanchard, 2007a, 2007b).

이와 병행해 마이크로소프트는 미국과 유럽 및 다른 나라들에서는 수백 달러를 받던 윈도와 오피스군의 가격을 중국 시장에서는 단 7~10달러(학생판은 3달러)만 받고 제공하는 전략을 택했다. 이러한 결정의 이면에는 가격을 대폭 인하해서 똑같은 가격으로 정품을 얻을 수 있다면 왜 불법 복제를 하겠느냐는 생각이 자리 잡고 있었다. 실제로 중국의 뒷골목 시장에서 판매되는 복제품은 디스크 값만 쳐도 인하된 가격의 윈도보다 비쌌다. 이렇게 가격의 문턱을 낮춰서 중국의 사용자들이 정품 소프트웨어를 구입하도록 유도함으로써 불법 복제 제품이나 리눅스로부터 분리하는 효과를 보았다.

이러한 마이크로소프트의 전략들은 역설적으로 중국 내에서 정품 소프트웨어의 사용률이 늘어나는 결과를 낳았다. 중국 정부는 점차로 공공기관에서 정품 소프트웨어를 사용하도록 요구했다. 마이크로소프트에 더욱 고무적인 것은 2006년에 중국 정부가 자국 내 민간 PC 제조업자들에게도 정품 소프트웨어를 탑재하도록 요구한 일이었다. 마이크로소프트의 자체 평가에 의하면, 2006년과 2007년에 걸쳐서 정품 소프트웨어를 탑재한 컴퓨터들의 숫자가 1년 6개월 만에 20%에서 40%로 늘어났다(Kirkpatrick, 2007). 그 결과 윈도·오피스 제품의 대폭적 할인에도 2007년 현재 마이크로소프트는 약 7억 달러의 이익을 거두었다. 이는 마이크로소프트가 세계시장에서 거둔 이익의 1.5%에 지나지 않지만, 윈도가 중국 내에서 약 90%의 시장점유율을 차지하게 한 성공이었다(Hiner, 2007).

컴퓨터 소프트웨어 분야에서 벌인 미국과 중국의 경쟁은 언뜻 보기에는 마이크로소프트가 소스 코드를 개방했을 뿐만 아니라 불법 복제를 허용하고 제품 가격을 대폭 인하하면서 중국의 정부와 사용자에게 고개를 숙이고 들어간 것처럼 보였다. 그러나 표준 경쟁의 시각에서 보면 실상은 반대로 해석될 여지가 더 많다. 결과적으로 마이크로소프트의 문턱 낮추기에 이은 개방 표준의 전략으로 말미암아서 중국은 독자 표준을 수립하려는 전략을 포기하고 마이크로소프트의 표준으로 편입되었기 때문이다. 실제로 2000년대 중반 이후 펼쳐진 마이크로소프트의 공세적 가격 정책과 친화적 사업 전략으로 말미암아서 중국은 리눅스를 개발하기보다는 마이크로소프트의 제품을 저렴한 비용으로 수용하는 방향으로 선회했다. 결국 표준이라는 관점에서 보면 중국 표준은 없고 마이크로소프트의 표준만이 남는 상황이 발생한 것이다.

2) 인터넷 정책과 제도의 표준 경쟁

마이크로소프트는 기술 표준 경쟁에서는 승리했을지 몰라도 중국이 제시하는 인터넷과 관련된 정책이나 기타 제도와 관련된, 비非기술적 차원의 표준을 수용해야만 했다. 중국 정부는 정책과 제도의 국가별 차이나 정치사회 체제의 발전 정도라는 인식을 넘어서, 미국의 글로벌 스탠더드에 대항하는 '중국형 정보화 모델'을 추구했다(Hartford, 2000). 이러한 인식을 바탕으로 중국 정부는 중국 내의 외국계 인터넷 서비스 제공자들이 자체 검열을 수행하도록 요구했다. 예를 들어 시스코, 야후, 마이크로소프트 등과 같은 미국의 IT 기업들은 중국 정부가 시장 접근을 위한 조건으로서 제시한 자체 검열의 정책을 수용하고 나서야 중국 시장에 진출할 수 있었다. 구글도 2006년에 중국 시장에 진출할 당시 여타 미국의 IT 기업들과 마찬가지로 정치적으로 민감한 용어들을 자체 검열하라는 중국 정부의 요구를 수용했다. 그만큼 미국 IT 기업들에 거대한 규모의 중국 시장은 더할 나위 없이 매력적인 카드였는데, 중국의 인터넷 사용자라는 규모의 힘에 대해 순응적으로 포섭되었다(Hughes, 2010: 20).

중국 시장에 진출한 이후 구글이 받아든 성적표는 세계시장에서 차지하는 비중에 비해서 그리 인상적이지 않았다. 구글은 중국 검색 시장에서 현지 맞춤형 서비스를 개발하는 등 많은 노력을 기울였는데도 2위에 머물렀다. 2008년 3/4분기 현재 중국 토종 기업 바이두의 시장점유율이 63.3%인 것에 비해, 구글은 27.8%의 시장점유율을 기록했으며, 3위는 야후가 4.7%를 차지했다(So and Westland, 2010: 61). 구글은 중국 정부의 인터넷 검열 방침을 수용한다는 비판과 중국 정부와의 잦은 마찰이 있었는데도 중국 정부가 제시한 표준 내에 잔류하면서 검색 서비스를 제공했다.

그러던 것이 2010년 1월 12일에 이르러 구글은 중국 시장에서 철수할 수도 있다고 발표했다. 그 이유는 크게 두 가지였다. 그 하나는 2009년 12월 중국 해커들이 구글 기반의 이메일 서비스를 사용하는 인권 운동가들의 계정을 해킹했다는 것이었고, 다른 하나는 구글의 지적 재산권에 대한 심각한 침해가 있었다는 것이었다. 이러한 이유로 구글은 중국어판 검색의 결과를 내부 검열하지 않기로 결정했다고 밝혔다. 마침내 2010년 4월에는 중국 본토의 사이트를 폐쇄하고 홍콩에 사이트를 개설해 검색 서비스를 우회적으로 제공하게 되었다. 중국 정부가 구글의 홍콩 우회 서비스를 완전히 차단하지는 않았지만,

새로운 '끊고 맺기'를 시도한 것으로 풀이되는 구글의 철수 결정은 중국과 미국뿐만 아니라 세계사회에서 많은 논란을 불러 일으켰다(배영자, 2011; 김상배, 2012b).

양국의 정부까지 가세한 6개월여간의 논란 끝에 결국 2010년 6월 말 구글은 중국 시장에서의 인터넷 영업면허Internet Content Provider: ICP의 만료를 앞두고 홍콩을 통해서 제공하던 우회 서비스를 중단하고 중국 본토로 복귀하는 결정을 내리게 되었다. 이러한 구글의 결정은 중국 내 검색 사업의 발판을 유지하려는 결정으로 중국 당국을 의식한 유화 제스처로 해석되었다. 구글이 결정을 번복한 이유는 아마도 커져만 가는 거대한 중국 시장의 매력을 떨쳐버릴 수 없었을 것이기 때문일 것이다. 이에 대해 중국 정부는 7월 20일 구글이 제출한 인터넷 영업면허의 갱신을 허용했다고 발표했다. 지메일 해킹 사건으로 촉발된 구글과 중국 정부 사이의 갈등에서 결국 구글이 자존심을 접고 중국 정부에 '준법 서약'을 하는 모양새가 되었다.

이렇듯 표면적으로는 구글이 다시 중국의 방침을 수용하고 굽혀 들어간 것으로 보이지만, 구글 사건의 승자가 누구인지를 판단하기는 쉽지 않다. 앞서 살펴본 마이크로소프트의 사례에 비추어볼 때 단순히 눈에 보이는 현상에만 주목해 판단할 수는 없다. 사실 PC 시대의 패권을 마이크로소프트가 쥐고 있었다면, 현재 전개되는 인터넷 시대의 강자는 단연코 구글이다. 앞으로 벌어질 경쟁에서 구글은 다른 어느 행위자들보다도 IT 분야의 향배를 좌지우지할 영향력을 가지고 있다. 구글은 인터넷의 표준과 규범을 정의할 수 있는 몇 안 되는 행위자 중 하나임이 분명하다. 사실 승패를 판단하는 것을 떠나서 14억에 달하는 인구를 가진 중국을 상대로 일개 다국적기업이 대결을 벌여서 6개월여간 세계의 이목을 집중시켰다는 사실은 그냥 가볍게 볼 일이 아니다.

게다가 구글 사건이 주는 의미는 단순히 미국의 IT 기업과 중국 정부의 갈등이라는 차원을 넘어서, 양국의 정치경제 모델의 차이와도 관련된다. 이 사건에서 나타난 구글의 행보가 미국 실리콘밸리에 기원을 두는 기업-정부 관계를 바탕에 깔고 있다면, 이를 견제한 중국 정부의 태도는 중국의 정치경제 모델에 기반을 둔다. 미국 내에서 IT 기업들이 상대적으로 정부의 간섭을 받지 않고 사실상 표준을 장악하려는 경쟁을 벌인다면, 중국에서는 아무리 잘나가는 기업이라도 정부가 정하는 법률상 표준을 따르지 않을 수 없는 상황이었다. 이러한 점에서 구글 사건은 이른바 워싱턴 컨센서스와 베이징 컨센서스로 알려진 미국과 중국의 정치경제 모델의 경쟁 또는 제도 표준의 경쟁이라는 성격을 바탕에 깔고 있었다.

3) 인터넷 이념과 정체성의 표준 경쟁

2010년의 구글 사건은 양국의 정책과 제도의 차이를 넘어서는 경쟁의 면모를 지니고 있었다. 이 사건의 결말은 구글이 고개를 숙이고 다시 중국 시장으로 돌아감으로써 일단락된 것처럼 보이지만, 이미지의 세계정치라는 시각에서 보면 권위주의적 인터넷 통제정책을 펴는 중국 정부에 대해 일종의 도덕적 십자군으로서 구글의 이미지를 부각한 사례일 수도 있다. 이렇게 보면 중국 정부가 거대한 국내시장을 무기로 구글을 굴복시켰다고 할지라도 실제로 누구의 승리였는지를 묻는 것이 간단하지 않게 된다. 구글 사건은 양국의 정부와 기업(그리고 네티즌)들이 가지는 생각의 표준을 놓고 벌인 경쟁이기도 했기 때문이다.

　가장 포괄적인 의미에서 볼 때, 구글 사건은 자유롭고 개방된 인터넷의 담론과 통제되고 폐쇄된 인터넷의 담론 사이에 벌어진 표준 경쟁으로서 이해된다. 구글로 대변되는 미국의 IT 기업들(그리고 미국 정부)이 중국 정부(또는 중국의 네티즌)를 상대로 해서 반론을 제기한 핵심 문제는 인터넷 자유주의라는 보편적 이념의 전파를 거스르는 중국 정치사회체제의 특성이었다. 이러한 점에서 구글 사건은 '이념의 표준 경쟁'의 일면을 지니고 있었다. 이러한 이념의 표준 경쟁은 앞서 살펴본 제도의 표준 경쟁과 밀접히 연관된다. 그럼에도 미국과 중국이 벌이는 표준 경쟁을 온전히 이해하려면 양자를 나누어 이해하는 것이 유용하다. 특히 양국 간에 이념의 차이가 발생하는 것은 일차적으로는 양국 국내체제의 제도와 정책, 역사문화적 전통과 연관되겠지만, 미국과 중국이 세계체제에서 각각 패권국과 개도국으로서 차지하는 국가적 위상과 밀접히 관련이 있기 때문이다. 이러한 점에서 미·중의 경쟁은 용어 자체에 조금 어폐가 있지만, '정체성의 표준 경쟁'이라고 부를 수 있다.

이념과 정체성의 표준 경쟁이라는 관점에서 볼 때, 미국은 인터넷 자유주의의 확산과 그 지원 체계를 구축하려는 노력을 기울여왔다. 특히 미국의 인권 단체, 정부 관리, 각계 전문가 등을 중심으로 중국에 인터넷 검열 기술을 제공하는 것을 금지하고 더 나아가 인터넷 자유주의 확산을 위한 법적·제도적 지원을 펼치는 것이 필요하다는 문제 제기가 지속적으로 이루어졌다. 이러한 취지에서 중국과 같은 권위주의 국가의 영토 내에는 서버를 설치하거나 이메일 서비스를 제공하고 검열 기술을 판매하는 것을 제한해야 한다는 주장도 제기되었다. 이러한 문제 제기를 반영해 미국은 2000년대 초반부터 중국에서 인터넷 자유주의를 부추기는 차원에서 디지털 공공 외교를 다각도로 펼쳤다. 특히 2010년 상반기의 구글 사건은 인터넷 자유의 확산에 대한 미국 정부의 관심을 높였다(USAID, 2010; 김상배, 2012b).

이에 비해 인터넷 분야의 이념 표준 경쟁에서 중국은 민족주의의 독자 표준을 추구하는 것으로 판단된다. 사실 초국적으로 작동하는 인터넷이 만들어내는 공간에서 국가 단위에 기반을 둔 민족주의의 이념이 득세한다는 것은 다소 역설적일 수 있다. 그러나 IT와 인터넷의 공간이 단순한 기술의 공간이 아니라 사회적으로 구성되는 공간이라는 점을 상기하면 그리 이상할 것도 없다. 실제로 중국에서 인터넷의 공간은 민족주의의 공간으로 구성되는데, 이러한 현상은 인터넷에 대한 중국 정부의 권위주의적 통제나 개도국으로서 중국이 세계체제에서 차지하는 위상 등의 변수와 미묘하게 연결된다. 다시 말해 중국 지도부가 그들의 정통성을 강화하고 대외적 압력에 대항하려는 의도나 급속한 경제적 성장과 함께 형성된 중국인의 국민적 자부심 등이 인터넷상의 민족주의와 결합했다. 이렇게 중국의 특수성을 내세우는 구상은 인터넷에 대한 보편주의를 내세우는 미국의 그것과 충돌할 수밖에 없었다(Chao, 2005; Zakaria, 2010).

이러한 인터넷 이념과 정체성의 충돌이 발견되는 분야 중 하나는 지적 재산권과 불법 복제의 문제이다. 여기서 지적하려는 것은 실제로 중국에서 불법 복제가 행해지는지, 그리고 이 문제가 얼마나 심각한지를 밝히는 '현실'이 아니라 불법 복제와 관련된 이념과 정체성의 표준 경쟁이다. 사실 불법 복제의 문제와 관련해 중국은 국제적으로 성숙한 선진국의 이미지보다는 아직 '문명화되지 않는' 개도국의 이미지를 벗어나지 못하고 있다. 다시 말해 미국이 신자유주의를 전파하는 보편적 규범의 수호자로서 이미지를 유지한다면, 중국은 국제 규범에서 다소 일탈한 이미지를 가지는 것이 사실이다. 소프트웨어나 기타 디지털 콘텐츠의 지적 재산권 문제와 관련해 중국 정부는 '책임 있는 대국'의 이미지를 구현하고자 노력하기보다는 다분히 불법 복제의 관행을 방조하는 정책적 태도를 취해왔다.

이러한 시각에서 보면, 중국은 보편적 원리에 충실한 이미지보다는 자국의 특수성을 주장하는 이미지로 그려진다. 이에 비해 미국은 인터넷 세상의 질서와 규범을 수호하는 이미지이다. 비유컨대 마치 일탈 행위를 하는 '사이버 해적'과 이를 단속하려는 '디지털 보안관'의 경주를 본다고나 할까? 그런데 중국이 좀 더 '책임 있는 대국'으로서 이미지를 구축하고 싶다면, 이러한 불법 복제와 해킹을 지원하는 국가라는 이미지는 큰 부담이다. 사실 이 분야에서 중국의 관련 법규는 명목상으로는 존재하지만 실제로는 집행되지 않는 '그림 속의 호랑이'라는 인식이 강했다. 이러한 상황에서 관건이 되는 것은 중국이 자국의 특수성을 주장하는 독자 표준의 차원을 넘어서 세계시민들까지도 설득하는 보편적 표준을 추구하느냐 하는 문제이다.

5. 3차원 표준 경쟁의 세계정치

이 장에서 제시한 3차원 표준 경쟁의 시각에서 볼 때 1990년대에 벌어진 미국과 일본의 표준 경쟁은 윈텔리즘으로 대변되는 미국의 표준 권력이 일본 컴퓨터 산업을 좌절시키는 과정이었다. 첫째, 미·일 경쟁은 일본 PC의 사실상 표준이었던 NEC의 PC-98 시리즈가 윈텔 표준에 좌절하는 기술 표준 경쟁의 과정이었다. 둘째, 미·일 경쟁은 PC 산업에 적합한 제도 환경을 확보하는 과정에서 일본 모델의 한계가 드러나는 제도 표준 경쟁의 과정이기도 했다. 끝으로, 미·일 경쟁은 일본이 기술 표준과 산업 모델의 영역에서뿐만 아니라 기술의 미래를 구성하는 기술 비전 경쟁에서도 미국에 크게 뒤졌음을 보여주었다.

이러한 표준 경쟁의 과정에서 일차적으로 중요했던 것은 제품 개선이나 기술혁신뿐만 아니라 기술 변화에 따른 산업 경쟁 양식의 변화에 적절하게 대응하는, 넓은 의미의 '기술 경쟁력technological competitiveness'을 확보하는 일이었다. 또한 컴퓨터 기술 체계의 내재적 요구에 부응하는 방향으로 정책과 제도와 문화 등을 정비해 컴퓨터 산업에 적합한 환경을 창출하는 이른바 '기술 적합력technological fitness'의 확보도 빼놓을 수 없다. 더 나아가 기술 비전을 생성함으로써 미래 컴퓨터 산업의 제도화 과정에 자신들의 이익을 효과적으로 반영하는 이른바 '기술 창생력technological genesis'은 지속되는 세계 표준의 경쟁에서 불가결의 요소였다. 컴퓨터 산업의 표준 경쟁에서 가려진 미국과 일본의 승패는 제4장에서 이미 설명한 바 있듯이, 바로 이러한 세 가지 능력의 경쟁 과정이었다(김상배, 2007a).

이러한 연속선상에서 볼 때, 최근 중국이 미국에 대해서 벌이는 패권 경쟁의 양상은 기술과 제도 및 이념의 표준을 놓고 벌인 3차원의 표준 경쟁의 분석틀을 활용해 이해할 수 있다. 첫째, 중국의 리눅스 지원정책과 마이크로소프트의 중국 시장 진출 사례를 통해서 살펴본 미국과 중국의 경쟁은 기술 표준 경쟁의 대표적 사례이다. 둘째, 2010년 상반기에 미국의 인터넷 기업 구글이 중국 시장 철수를 결정한 사건을 통해서 드러난 미국과 중국의 갈등은 양국의 정책과 제도의 표준을 놓고 벌인 복합적 경쟁이었다. 끝으로, 가장 포괄적인 차원에서 보면 미국과 중국이 불법 복제와 해킹의 문제를 놓고 벌인 논란은 정보화 시대의 이념과 정체성의 표준을 놓고 벌인 경쟁으로 해석될 수 있다.

컴퓨터 소프트웨어에서 시작되어 인터넷 비즈니스 분야로 옮겨가면서 벌어졌던 미국과 중국의 표준 경쟁이 궁극적으로 어떠한 결과를 낳을지는 아직 예측할 수 없다. 다만 한 가지 확실해 보이는 것은 그 전에 미국과 일본, 미국과 영국 등이 벌였던 패권 경쟁보다 훨씬 더 복합적인 과정과 결과를 드러낼 것이라는 점이다. 이러한 맥락에서 적어도 승자와 패자를 묻는 것이 무색할 정도로 복합적으로 진행되는 미국과 중국의 표준 경쟁으로부터 다음 세 가지 교훈을 얻을 수 있을 것 같다.

첫째, 소프트웨어 산업에서 벌어진 미·중 경쟁은 표면적으로 드러나는 시장에서의 승패와는 달리 좀 더 구조적인 시각에서 이해되어야 한다. 2000년대 초중반에 중국 시장에서 벌어진 마이크로소프트와 중국 정부(그리고 여타 소프트웨어 관련 기관)의 경쟁은 언뜻 보기에는 마이크로소프트가 고개를 숙이고 들어가는 모습이었지만, 실상은 마이크로소프트가 윈도 운영 체계를 중국에 성공적으로 침투시키는 결과를 낳았다. 2000년대 후반 이후 중국 내에서 마이크로소프트의 윈도 제품군과 오피스 제품군이 차지하는 점유율이 약 90%에 달하게 되면서 사실상 표준을 장악하는 수준에 이르렀다.

둘째, 미국이 사실상 표준에 대항하는 중국의 정책과 제도의 힘도 만만치 않다. 기술 표준 분야의 도전에서는 중국이 마이크로소프트의 벽을 넘기 쉽지 않았던 반면, 제도 표준의 분야에서는 적어도 여태까지는 성공하고 있다. 중국 시장에 진출하려는 기업은 누구라도 중국 정부의 규제 지침을 따라야만 출전권을 얻을 수 있기 때문이다. 이는 기본적으로 중국이 지니는 인구와 시장 규모에서 나오는 힘을 배경으로 한다. 중국에 진출하는 미국 기업들에 중국의 규모 그 자체는 뿌리칠 수 없는 유혹이다. 게다가 이러한 시장 규모에서 비롯되는 힘은 적절한 계기를 만들 경우 단숨에 기술 표준의 주도권으로 연결될 수 있다. 중국이 아직은 역부족이지만 지속적으로 독자적 기술 표준을 모색하는 것은 바로 이러한 이유에서이다.

끝으로, 미·중 경쟁은 정책과 제도의 차원뿐만 아니라 이념과 정체성이라는 차원에서도 표준 경쟁을 벌이는 양상을 보인다. 이러한 양상은 워싱턴 컨센서스와 베이징 컨센서스의 경합으로 요약할 수 있다. 미국이 인터넷 분야의 탈규제를 기치로 내세운다면, 중국의 정책과 제도는 인터넷을 통제와 검열의 대상으로 보고 접근한다. 21세기 세계정치의 패권국으로서 미국이 인터넷 자유주의 이념의 확산을 염두에 두고 말과 행동을 펼친다면, 인터넷이 만드는 공간에서 민족주의적 정서를 방조하는 중국의 접근은 다분히 개도국의 발상에 머문다. 이러한 맥락에서 보면, 가장 포괄적인 의미에서 본 미국과 중국의 표준 경쟁은 자국이 추구하는 정책과 제도 및 이념의 보편적 설득력을 획득하려는 표준 경쟁의 형태로 진행될 것이다.

요컨대 21세기 세계정치에서 미국과 중국이라는 두 강대국이 벌이는 패권 경쟁은 단순히 두 나라의 관계에만 그치는 것이 아니라, 세계정치 구조 전반의 미래를 엿보게 하는 중요한 주제이다. 미국과 중국의 경쟁은 구글의 사례에서 보는 바와 같은 단순한 온라인상의 해프닝으로 끝나는 것이 아니고 오프라인 세계정치와도 밀접한 연관이 있다. 사실 21세기 세계정치에서 자웅을 겨룰 강대국인 두 나라의 관계는 단순한 양자 관계의 의미를 넘어서 한국을 포함한 세계 모든 나라에 영향을 미치는 세계정치 구조의 양대 축을 의미한다. 다시 말해 미국과 중국의 패권 경쟁은 새롭게 부상할 세계질서의 미래를 엿보게 하는 핵심이다. 특히 컴퓨터 분야와 인터넷 분야에서 관찰된 미·중 표준 경쟁은 21세기 패권 경쟁의 향배를 보여주는 시금석임이 분명하다.

제10장
외교 변환과 디지털 공공 외교

1. 정보혁명과 외교 변환

정보혁명이 세계정치에 미치는 영향은 군사, 정치, 경제, 문화 등 여러 분야에 걸쳐서 나타난다. 그중에서도 외교 분야는 대표적 사례 중 하나이다. 전통적 의미에서 이해한 외교의 기축은 정무 외교(또는 안보 외교)이고 외교 행위의 주 인공은 국민국가의 정부이다. 그런데 정보혁명의 진전은 외교가 이루어지는 장의 성격을 다변화하고 있다. 정부의 정책 홍보 활동 외에도 잘 나가는 기업들의 첨단 제품이 만들어내는 이미지나 문화를 전파하는 대중문화 스타의 매력 등이 모두 새로운 외교의 영역으로 인식된다. 또한 정보혁명은 다양한 행위자가 서로 협업하는 외교를 추진하는 새로운 환경을 만들었다. 외교 전담 부처뿐만 아니라 다양한 실무 부처와 민간기업 및 민간단체, 국민 개개인이 모두 외교의 주체로서 참여하는 양상이 나타난다. 이러한 변화의 이면에 정보혁명과 인터넷의 지구적 확산, 그리고 이러한 기술의 네트워크를 바탕으로 해서 활성화되는 소셜 네트워크가 있다.

이러한 맥락에서 네트워크 세계정치이론의 시각을 원용해 최근 발생하는 외교 분야의 변환을 살펴보는 이론적 논의를 펼쳐보자. 정보혁명으로 대변되는 외교 환경의 변화는 단순히 외교 수단을 변화시키는 차원을 넘어서 외교의 영역과 주체까지도 변화시키는 데까지 영향을 미치고 있다. 이러한 의미에서 21세기 외교는 전통적 국제정치이론이 설정하는 이론적 이해의 테두리를 넘어서 논의되어야 한다. 다시 말해 외교의 변환은 세계정치의 주요 권력 자원의 소재와 그 작동 방식의 변화와의 연관 속에서 파악되어야 할 뿐만 아니라 최근 벌어지는 세계정치 행위자들의 다양화와 네트워크 국가의 부상이라는 맥락에서 이해되어야 한다(김상배, 2002b, 2004b; 전재성, 2006).

1) 정보혁명과 외교 과정의 변환

정보혁명에 따른 외교 과정의 변화는 일차적으로 외교 업무 처리의 개선을 목적으로 시행되는 IT 인프라의 구축과 전산 시설의 확충 및 외교 정보 네트워크의 개설 등과 같은 '외교 정보화'의 형태로 나타난다. 정보의 수집과 처리 및 보고의 과정에서 효율적인 커뮤니케이션을 보장하는 IT를 도입한다는 것은 외교 업무의 수행에서 중요한 의미를 가진다. 그렇지만 새로운 IT가 도입되면 이에 걸맞은 형태로 외교의 역할이 재조정되어야 한다는 점에서 기존의 외교관의 업무와 새로운 기술의 도입 사이에는 항상 일종의 긴장 관계가 존재해왔다(Eldon, 1994; Dizard, 2001).

예를 들어 1850년대에 전신과 해저케이블이 설치되면서 외교 훈령을 내리고 보고할 때에 거의 실시간으로 커뮤니케이션을 할 수 있게 되고 재외공관에 주재하는 외교관의 재량권이 상당 부분 잠식되었던 것이 사실이다. 그러나 당시의 전신과 해저케이블은 비용이 많이 들고 짧은 암호 전문을 통해서만 커뮤니케이션을 해야 되었으므로 외교관의 전통적 역할을 근본적으로 위협했다고는 볼 수 없었다. 이에 비해 더욱 편리해진 장거리 항공 여행, 직통전화의 개설, 실시간으로 제공되는 글로벌 미디어의 발달 등이 이루어지면서 IT가 외교관의 역할과 위상에 미친 영향은 점차로 커져가고 있다. 최근에는 인터넷과 휴대폰, 소셜 미디어 등과 같은 정보혁명의 산물들도 고품질의 실시간 커뮤니케이션을 가능케 함으로써 전통적 외교 과정에 큰 변화를 가하고 있다. 특히 지구적 차원에서 실시간으로 제공되는 뉴스는 정보를 수집하고 분석하는 업무를 담당하는 외교의 기능을 바꾸어놓고 있다.

인터넷은 정보 수집의 통로로서뿐만 아니라 외교적 홍보의 통로로서도 활용된다. 자국어뿐만 아니라 다양한 외국어로 제공되는 홈페이지를 구축해 인터넷에 접속되는 곳이라면 어디의 누구에겐 주요 정책을 홍보하고 여론조사나 정책 포럼을 통해 의견을 수렴하는 등의 외교 활동이 이루어지고 있다. 이렇게 인터넷이 강력한 외교적 홍보와 커뮤니케이션의 수단이 될 수 있었던 것은 여타 글로벌 미디어보다 훨씬 개방적이고 쌍방향적이며 비용이 싸게 먹힐 뿐만 아니라 내용의 풍부함에서 타의 추종을 불허하기 때문이다. 국내외의 웹 페이지에 떠 있는 정보에 대한 검색을 통해서 상대국의 정책 의도와 국내외 여론의 향배를 파악하는 작업은 벌써 중요한 외교 업무가 되었으며, 웹페이지를 통해 외교 메시지를 전달하는 사이버 외교도 필수 불가결한 외교 과정의 일부로서 등장하고 있다(Brown and Studemeister, 2001).

새로운 커뮤니케이션 기술이 도입될 때마다 거론되었지만 실제로 실현되지 않았던 해묵은 예측 중 하나가 바로 상주 외교 공관의 소멸에 대한 논의이다. 예를 들어 징기리 항공 여행과 텔레타이프 등과 같은 교통·통신 기술이 도입되면서 상주 공관의 필요성에 대한 의문은 계속해서 제기되었지만 별다른 결론을 이끌어내지는 못했었다. 그런데 인터넷과 외교에 대한 최근의 논의는 동일한 맥락에서이지만 훨씬 높은 강도를 가지고 상주 공관의 역할에 대한 문제를 제기하고 있다. 아직도 많은 논란거리를 안고 있지만 현 단계에서 분명하게 드러나는 것은 본국 정부의 입장에서 볼 때 상주 공관은 더는 독점적 지위를 가지는 유일한 외교 창구 또는 정보원은 아니라는 사실이다. 이러한 맥락에서 디지털 정보 수집을 담당함으로써 원거리 외교를 수행하는 다양한 비정부 기관들의 역할이 주목을 받고 있다.

이러한 변화를 바탕으로 해서 이른바 지식 외교가 새로운 외교의 패러다임으로 등장하고 있다. 지식 외교란 외교의 추진 과정에서 외교관의 경험적 지식이나 해당 분야의 전문적 지식 등이 중요한 역할을 하는 외교이다. 이러한 지식 외교를 추구하는 데에는 IT 인프라의 구축이나 외교 정보의 디지털화 등의 작업도 중요하지만, 실질적으로 외교 경쟁력의 향상에 기여하는 것은 디지털화된 외교 정보를 이용해 생산된 외교 지식을 실제 외교 과정에서 얼마나 활용하느냐에 달렸다. 외교 정보를 디지털화하고 집적해서 관리한다는 것은 외교 과정에서 활용할 외교 지식을 생산하는 조건이 혁명적으로 개선된다는 것을 의미한다. 그러나 디지털 정보의 존재가 자동적으로 외교 지식의 증대를 가져오는 것은 아니다. 따라서 지식 외교를 실질적으로 구현하려면 구축된 외교 정보 관리 시스템이 외교 행위의 내용과 결과에 실제로 영향을 미칠 수 있도록 외교의 양식이 병행해서 바뀌어야 한다. 요컨대 지식 외교는 정보를 집적하고 지식을 가공하는 양식이 IT의 도입에 따라 양적·질적으로 변화하는 것을 의미한다(Bronk, 2010).

2) 정보혁명과 외교 영역의 변환

좀 더 넓은 의미에서 지식 외교란 새로운 외교의 분야로서 기술, 정보, 지식, 커뮤니케이션, 문화, 이념 등(통칭해 지식)의 분야에서 벌어지는 외교의 중요성이 커지는 맥락에서 이해해야 한다. 정보혁명의 진전이 외교에 미치는 영향은 전통적으로 외교의 대상으로 간주해온 안보 외교나 통상 외교의 영역을 넘어서 새로운 분야로 외교의 영역이 확장되는 현상에서 발견된다. 이러한 외교 영역의 확장은 최근 세계정치의 과정에서 비물질적 자원의 중요성이 부각되면서 일어나는 권력 자원의 성격 변화를 바탕으로 한다. 다시 말해 전통적 부국강병의 목표인 군사 분야와 경제 분야의 물질적 권력 자원에 못지않게 기술, 정보, 지식, 문화 등 여러 분야의 권력 자원이 외교에서 차지하는 위상이 증대하는 현상이 그 이면에 있다.

사실 전통 외교에서는 국가 간의 전쟁 문제와 평화 문제를 이른바 상위 정치high politics에 해당하는 핵심적 외교 영역으로서 간주했다. 변화하는 세계정치 환경에서도 이러한 정치적·전략적 이슈들은 여전히 중요하다. 그러나 이들 이슈가 더는 세계정치와 외교의 절대적이고 유일한 지위를 차지하는 것은 아니다. 전통적인 정치군사적 관심사를 넘어서는 새로운 문제들이 급속하게 21세기 세계정치의 전면으로 부상하고 있기 때문이다. 다시 말해 정보혁명이 진전되면서 기존에는 이른바 하위 정치low politics의 영역에 속하는 것으로 간주했던 세계정치의 영역들이 국가 간의 관계에서뿐만 아니라 비국가 행위자를 포함하는 복합적 대외 관계의 중요한 외교 이슈로서 부상하고 있다.

정보혁명의 구체적 성과와 관련된 분야만을 보더라도, 몇몇 IT 분야에서 나타나는 국제적 경쟁과 국제적 협력이 정치군사적 현안에 못지않게 중요한 외교의 대상으로 떠올랐다. 예를 들어 반도체, 소프트웨어, 기술 표준 분야의 기술협력과 기술이전, 지적 재산권이나 디지털 콘텐츠와 같은 분야의 국제 협상, 인터넷 거버넌스나 사이버 안보 및 전자 상거래 분야의 새로운 규범 수립 등의 문제가 최근 들어 부쩍 국가 차원의 외교적 대응을 요구하는 지식 외교의 대상으로 등장했다. 특히 이들 지식 외교의 분야는 정보화 시대 글로벌 지식질서의 새로운 '게임의 규칙'의 설정을 놓고 벌이는 첨예한 경쟁(또는 협력을 통한 경쟁)의 한 단면을 보여준다는 점에서 그 의미가 크다. 더 나아가 정보혁명의 진전은 앞서 언급한 바와 같이, 새로운 세계질서의 부상을 엿보게 하는 새로운 환경을 창출한다.

이러한 맥락에서 지식 분야 국제기구의 장에서 벌어지는 외교에 적극적으로 대응할 필요성이 제기된다. 특히 IT 분야, 좀 더 구체적으로는 인터넷 분야의 국제기구에서 활동할 전문가들을 충원하는 것이 정부 부처의 시급한 과제로서 인식된다. 예를 들어 인터넷 관련 기술 표준이나 국제 규범의 형성을 놓고 벌이는 회의에 참가할 인력이라든지 글로벌 정보격차 해소를 위한 지원 사업 및 홍보 사업에 종사할 인력의 양성에 대한 관심이 커지고 있다. 이러한 활동들은 국제기구의 장에서 자국의 이익을 옹호할 뿐만 아니라 국가 간 정보격차 해소 사업을 통해서 개발도상국을 지원하는 동시에 자국 기업들의 해외 시장 진출을 도모하려는 목적을 가진다. 그러나 좀 더 포괄적인 의미에서 보면 이들 활동은 실리 외교의 차원을 넘어서 자국의 이미지를 대외적으로 홍보하고 외교적 지위를 격상시키려는 공공 외교의 목적과 연결된다.

실제로 정보화 시대를 맞이해 부상하는 새로운 외교 영역의 대표적 사례는 공공 외교public diplomacy이다. 공공 외교는 일반적으로 상대국의 정부가 아니라 상대국의 국민들을 대상으로 해서 벌이는 외교이다. 이전에도 우리가 지금 공공 외교라고 부르는 현상이 없었던 것은 아니다. 그럼에도 지구화, 정보화, 민주화의 급속한 확산과 함께 공공 외교에 대한 관심이 국내외에서 높아지고 있다. 미국이나 중국과 같은 강대국들이 다양한 방식으로 공공 외교에 열을 올리고 있고, 한국 정부도 외교적 홍보나 국제개발협력 등의 수단을 통해서 국가 브랜드 가치를 높이려는 노력을 벌이고 있다. 군사 안보나 정치경제와는 달리 공공 외교는 비제로섬 게임의 분야로 알려졌지만, 최근의 양상을 보면 이 분야에서도 치열한 경쟁이 벌어지는 모습이다(Sohn, 2011).

3) 정보혁명과 외교 주체의 변환

정보혁명은 디지털 외교, 지식 외교, 공공 외교의 부상으로 대변되는 외교 양식의 변화뿐만 아니라 외교 조직의 변환을 일으킨다. 예를 들어 IT의 도입은 전통적 외교 조직의 위계질서와 통제 구조에 변화의 바람을 불어넣고 있다. 수평적 커뮤니케이션을 특징으로 하는 인터넷 환경 아래에서 기존의 위계적이고 공식화된 외교 조직이 일정한 정도로 새로운 발상의 관리 구조를 도입할 수밖에 없게 되었다. IT가 작동하는 네트워크적인 속성을 감당하려면 조직의 거버넌스 구조도 이러한 네트워크의 형태를 닮아갈 수밖에 없기 때문이다. 결국 IT의 도입으로 말미암아 외교 부처의 내부 조직도 국가마다 정도의 차이는 있을지언정, 위계적인 피라미드형의 집중 구조에서 수평적 네트워크형의 조직으로 변하게 될 것이 예상된다. 여기서 더 나아가 조직 구성원의 의식이나 조직 문화의 형태도 이러한 네트워크화의 추세를 뒷받침하는 방향으로 혁신될 것이 예견된다.

이렇게 외교 부처 조직 자체가 네트워크의 모습을 닮아가는 것과 함께 정부 조직 전체(또는 국가 전체)에 걸쳐서 외교의 주체가 다원화되는 현상에도 주목해야 한다. 다시 말해 정보화 시대의 외교 주체 변화에서 중요한 축의 하나는 해당 국제 업무의 전담 부처들과의 관계에서 전통적으로 외교를 전담해온 부처의 위상을 다시 설정하는 문제이다. 정보화 시대 외교의 이슈는 직업 외교관이 모두 감당하기에는 벅찰 정도로 전문화·세분화되고 있다. 더군다나 해당 외교정책에 실질적 이해관계를 가지는 정부 부처들이나 기타 해당 기관들의 숫자와 영향력이 늘어나면서, 외교정책 결정의 주요 과정으로서 이 당사자들의 의견을 수렴해 정책 방향을 설정하고 차후 정책 수행에 대한 지원을 얻어내는 일이 중요하게 부각되고 있다.

이러한 상황에서 직업 외교관들이 해당 국제 업무와 관련된 창구로서의 독점력을 잃게 되는 것은 당연하다. 다시 말해 비전통적 외교 이슈들이 부상하는 상황에서 직업 외교관들은 정부 내의 정보 흐름을 통제함으로써 국가의 공식적 대표로서 유일한 목소리를 내는 존재일 수가 없게 된다. 실제로 재외 공관에는 국방, 재정, 무역, 농업 등 여러 분야의 정부 부처로부터 파견된 주재관attache들이 상주하면서 본국의 해당 부처와 직접적인 커뮤니케이션 라인을 개설하는 동시에 해당 국가의 카운터파트들과도 직접 협상을 벌이고 있다. 앞서 언급한 바와 같이 정보 통신망과 전산 시설의 도입 등과 같은 외교 정보화의 성과가 이러한 복합적 외교 채널의 구성과 운영에 긍정적 작용을 했음은 물론이다(Ryan, 1998; Dizard, 2001).

이러한 맥락에서 정보화 시대 외교의 또 다른 하나의 축인 '네트워크 외교'의 등장을 이해할 수 있다. 다시 말해 지식 외교에 효과적으로 대응하려면 국가 영역의 테두리를 넘어서 시민사회 영역의 사회단체, 민간기업, 학계 등에 있는 전문가들의 네트워크를 엮어내는 외교 거버넌스의 역할이 매우 중요하다. 때에 따라서는 국내적 차원의 네트워크 구성과 운영을 넘어 전 세계적 차원에서 국제기구, 정부 부처, 기업, 시민사회단체 등을 모두 참여시켜서 만들어내는 '공공정책 네트워크'도 필요하다. 네트워크 외교의 등장이 비국가 행위자들에게 주는 일차적 의미는 국가 영역에서만 이루어지던 기존의 외교 과정에 시민사회 영역의 주장과 이익이 효과적으로 반영되는 통로가 개설되었다는 데에 있다.

이러한 네트워크 외교의 등장에서 IT의 확산은 중요한 역할을 담당한다. 특히 다른 어떠한 IT보다도 인터넷의 활용이 민간 전문가와 비국가 행위자들의 위상을 높이는 데에 크게 기여했다. 인터넷을 통해서 이들은 기존에는 국가만이 독점하던 고급 기술 정보들에 접근하고 민간의 정보 및 전문 지식을 습득하는, 전보다 확대된 기회를 얻었을 뿐만 아니라 지역과 국가의 경계를 넘어서 초국가적 차원의 청중들을 상대로 온라인상의 출판과 방송 등을 통해 자신들의 주장을 펼치는 효과적 수단을 확보했다. 또한 때로는 국가 영역을 우회해서 자신들만의 글로벌 네트워크를 형성할 수 있게 되었다. 이러한 글로벌 네트워크를 통해서 연결된 세계 도처의 시민사회단체들이 사이버공간에서 정보 수집의 독자적 연결망을 구성하고 '국가 지식'에 대비되는 '사회 지식'을 생산, 확산, 공유할 수 있게 된 것이다. 최근의 양상을 보면, 특정 정책을 정당화하는 정부 또는 정부 간 국제기구들의 공식적 견해에 대항하고자 시민사회 그룹들이 인터넷을 통해 지식을 교환하고 반대의 담론을 형성하는 일들이 자주 관찰된다.

이러한 상황에서 기존의 외교 조직 또는 직업 외교관의 역할과 위상 자체가 다시 조정될 수밖에 없다. 전문 지식이라는 측면에서는 아무래도 해당 전문가들에게 의지하지 않을 수 없는 것이 현실이겠지만, 해당 부처 중심의 관심사에서 자유로우면서 사안 자체에 대해 전체적 조망을 하고 부처 간의 공통점을 추려내는 식으로 정보를 분석하며 조성하는 업무가 앞으로 외교 전담 부처의 기능에 부가가치를 부여할 것으로 예상된다. 다시 말해 앞으로 요구되는 외교의 기능은 단순한 양자 관계에서 해당 국가와의 이익을 조정하는 정도에 그치는 것이 아니라 본국 정부의 정책과 구상을 대내외적으로 거시적 맥락에서 파악하고 이를 바탕으로 해당 국가와의 관계를 재해석하는 종류의 종합적 업무가 될 것이다. 요컨대 외교 전담 부처는 특정한 이익만을 대변하는 부처와 기관들의 다양한 시각을 국가 전체의 보편적 이해관계로 걸러내서 '중심성'을 부여하는 네트워크 외교의 조정 기능을 담당해야 할 것이다.

요컨대 정보혁명은 다차원적으로 외교의 변환에 영향을 미치고 있다. 특히 인터넷과 소셜 미디어의 도입도 기존의 외교 양식에 변화를 일으키고 있다. 예를 들어 외교 과정에서 다루어야 할 정보의 양이 급속히 늘어나면서 직업 외교관이 전권을 가지고 국가 간 관계를 조정하는 것이 불가능하게 되었다. 또한 미디어를 통해 외교의 내용이 대중에게 널리 알려지면서 비국가 행위자들이 외교에 미치는 영향력도 커졌다. 이러한 맥락에서 자국은 물론 타국의 국민들을 상대로 하는 공공 외교와 이를 추진하는 과정에서 다양한 외교 주체가 참여하는 네트워크 외교에 대한 관심이 크게 늘어났다. 이러한 정보혁명과 외교 분야의 변환을 가장 극명하게 보여주는 사례로는 최근 새롭게 주목받는 공공 외교를 들 수 있다.

2. 외교 변환의 사례로서 공공 외교

최근 지구화, 정보화, 민주화 등의 추세와 함께 국제정치학에서는 기술, 정보,

지식, 커뮤니케이션, 문화 등의 문제에 대한 관심이 날로 늘어나고 있다. 21세기 세계정치의 장에서는 '힘'과 '돈' 뿐만 아니라 '서로 소통하고 공감하는 문제'가 중요하다는 인식이 늘어났기 때문이다. 이러한 맥락에서 이른바 커뮤니케이션의 세계정치에 좀 더 적극적으로 눈을 돌리게 되고, 이러한 변화의 일례로서 공공 외교의 필요성이 강조되고 있다. 공공 외교라는 용어는 일반적으로 상대국의 정부가 아니라 상대국의 국민들을 대상으로 해서 벌이는 외교의 의미로 사용된다. 물론 이전에도 우리가 지금 공공 외교라고 부르는 현상이 없었던 것은 아니다. 사실 외교와 국제정치의 과정에서 상대방의 정부나 국민들과 소통해 설득하는 일이 중요하지 않았던 적은 없다. 그럼에도 오늘날에는 예전보다 남다른 관심이 커뮤니케이션의 세계정치와 공공 외교에 쏟아지고 있다. 이러한 공공 외교의 새로운 면모를 강조하려고 신新공공 외교나 공공 외교 2.0 등과 같은 용어가 쓰이기도 한다(김상배, 2012c).

1) 공공 외교의 개념적 이해

공공 외교公共外交라고 부르는 말은 1960년대 중반 미국에서 처음으로 사용되기 시작한 'public diplomacy'를 우리말로 번역한 것이다. 공공 외교라는 용어가 새로이 출현한 것은 당시 국제정치 현실의 변화를 반영한다. 특히 공공 외교라는 말에서 '공公'은 '숨김없이 드러내 놓다'라는 뜻, 즉 공개公開의 의미가 담겨 있다. 이러한 점에서 보면, 공공 외교는 공개 외교로 이해된다. 17~19세기 서구에 기원을 두는 근대 외교는 베일에 가린 비밀 영역에서 진행된 특징을 지니고 있었다. 그러나 제1차 세계대전을 거치면서 이러한 비밀외교의 문제점들이 불거지자 현대 외교는 공개 영역에서 이루어져야 한다는 인식이 확산되었다. 이러한 맥락에서 볼 때 21세기 공공 외교의 화두는 비밀과 폐쇄보다는 개방과 참여에 있다(Melissen ed., 2005).

공개 외교로서 공공 외교의 내용적 핵심은 국내외 대중과 커뮤니케이션하는 외교, 즉 소통 외교에 있다. 이는 공공 외교에서 대내외적 차원의 홍보가 강조되는 이유와도 통한다. 대정부 홍보뿐만 아니라 대민 홍보가 소통 외교의 기본을 이룬다. 공공 외교를 가장 좁은 의미로 이해하면 대민 홍보나 대민 관계로 보는 것은 바로 이러한 이유에서이다. 그러나 이러한 과정에서 소통이란 그리 쉽지만은 않다. 소통의 목적은 지적 교감과 감정적 공감을 통한 설득과 동의에 있다. 여기에 권력이라는 안경을 쓰고 보면 소통, 교감, 공감, 설득, 동의 등은 상대방의 마음을 끌어 내가 얻고자 하는 바를 싸우지 않고도 얻는 권력, 즉 소프트 파워soft power의 개념으로 통한다. 이러한 점에서 소통 외교로서 공공 외교는 중립적 의미가 아닌 새로운 권력정치의 일례로서 이해된다(Nye, 2004, 2008b).

공공 외교는 그 속성상 활용되는 커뮤니케이션 미디어의 영향이 클 수밖에 없는 분야이다. 공공 외교의 관건은 미디어를 통해서 시의적절한 정보와 내용적으로 설득력 있는 지식을 전달하는 데에 있다. 전통적으로 인쇄 활자 미디어뿐만 아니라 라디오나 TV 방송 등과 같은 매스미디어가 중요한 의미를 가졌다. 마찬가지로 현대 공공 외교의 수행에서 쌍방향 미디어로서 인터넷의 영향이 중요할 수밖에 없다. 특히 인터넷은 단순한 정책 홍보의 차원을 넘어서 정책 논리를 뒷받침하는 고급 콘텐츠들을 제공하고 상대국의 정부나 국민과 소통하는 통로의 의미를 가진다. 여기서 더 나아가 인터넷은 외교 지식의 생성을 위한 수단의 의미도 크다. 예를 들어 국내외의 웹페이지에 떠 있는 정보에 대한 검색을 통해서 국내의 '사회 지식'에 담긴 여론과 민심의 향배를 파악하고, 전 세계의 웹사이트에 널린 '지구 지식'을 활용해 외교정책을 수립하는 것은 공공 외교로서 사이버 외교의 근간이다. 다시 말해 인터넷을 통해서 얻을 수 있게 된 정보와 지식이 생산, 분배, 소비되는 새로운 방식은 공공 외교의 방식과 내용에도 큰 변화를 준다.

이러한 공공 외교가 지닌 세계정치적 의미는 상대방의 생각과 정체성, 가치관에 영향을 미치는 외교 활동이라는 데에 있다. 예를 들어 공공 외교에서 제공되는 정보와 지식은 궁극적으로 국내외의 여론 주도층이나 일반 대중의 가치나 관념의 체계에 변화를 줌으로써 우리의 의도에 부합하는 방향으로 그들의 사고에 영향을 미치고 재구성하는 소프트 파워의 원천이다. 이렇게 소프트 파워의 중요성이 커지면서 외교의 대상과 영역이 전통적 의미의 여론 주도층으로부터 좀 더 넓은 의미의 상대국(또는 경우에 따라서는 자국의) 국민 일반에까지 확대되고 있다. 다시 말해 전통적으로 국가 안보를 담당했던 정부 관계자의 범주를 넘어서 광범위한 비정부 행위자들을 대상으로 해서 자국의 이해를 대변하고 홍보하며 설득하는 활동이 활발해지고 있다.

그런데 소프트 파워의 수단으로서의 공공 외교가 실질적으로 상대방을 설득하려면 단순한 정보의 제공이나 커뮤니케이션의 확대만으로는 부족하다. 더욱더 가공된 형태의 지식을 제공하는 지식 외교로서의 공공 외교를 추진해야 한다. 예를 들어 각종 현안 문제와 관련해 현재 외교부의 웹페이지로 자국 외교에 관심이 있는 국내외의 청중을 불러들여 자국의 입장을 설득하는 콘텐츠의 연구와 개발이 필요하다. 이렇게 실질적 소프트 파워를 행사하는 사이버 전략에서 성공의 관건은 고급 콘텐츠를 얼마나 확보하느냐 하는 문제에 달렸다. 각종 외교 쟁점에 대한 지식과 자료를 제공하려면 외교 전담 부처의 인력만으로는 부족하며, 각계의 전문가들과 연계를 통한 네트워크의 구성이 필수적이다. 궁극적으로 정보화 시대를 맞이해 인터넷 미디어를 통해서 벌어지는 공공 외교는 내용적으로 문화 외교와 연결될 수밖에 없을 것이다.

더 나아가 공공 외교는 정부 간의 관계를 넘어서 국민들이 함께하는 외교, 즉 다양한 외교 주체들이 참여하는 네트워크 외교를 그 핵심 내용으로 한다. 사실 공공 외교의 공공公共이라는 말에서 '공共'은 여럿이 함께 한다는 '집합'의 의미를 담고 있다. 이러한 점에서 보면, 공공 외교는 공동共同 외교의 뜻을 담고 있다. 사실 상대국 정부의 외교 담당자가 아니라 상대국 국민 전반, 그리고 경우에 따라서는 자국의 국민까지도 포함하는 세계시민을 대상으로 벌이는 외교에 소수의 외교관만이 주체로 나선다는 것은 상상하기 어렵다. 다양한 층위에서 다양한 부류의 주체들이 함께 참여하는 방식으로 이루어져야 하는 것이 공공 외교의 특징이기 때문이다. 이러한 맥락에서 보면 공공 외교에는 외교 전담 부처뿐만 아니라 다양한 정부 실무 부처나 다양한 민간 행위자의 참여라는 뜻이 담긴 셈이다.

이러한 네트워크 외교로서 공공 외교의 활성화에는 인터넷이 창출하는 사이버공간이 큰 영향을 미쳤다. 사이버공간에서의 비국가 행위자들의 글로벌 네트워크는 새로운 형태의 소프트 파워가 행사되는 원천이다. 이러한 점에서 정보화 시대 공공 외교의 부상은 앞서 언급한 바와 같은 새로운 외교 영역의 출현이라는 관점과 함께 새로운 외교 주체의 등장이라는 관점에서 이해해야 한다. 주로 해당 국가의 국민을 상대로 한 대외 선전이라는 형태로 이루어지는, 정부의 주도에 따른 공공 외교의 개념을 넘어서 정보 공유와 정보 투명성의 개념들을 기반으로 해서 시민사회의 주체들이 모두 참여해 이루어지는 새로운 공공 외교의 중요성이 새롭게 인식되어야 할 것이다.

그러나 중구난방으로 참여해서는 외교라는 소기의 목적을 달성하기 어렵다. 이러한 점에서 '공共', 즉 여럿이 함께하는 집합은 조율되어야 한다. 다시 말해 공공 외교는 단순한 공동외교가 아니라 다양한 주체들을 엮는 네트워크 외교의 모습을 취해야 한다. 여기서 네트워크 외교라는 말은 다소 다의적多義的이다. 외교 전담 부처가 실무 부처나 다양한 민간 행위자를 공공 외교의 과정에 참여시킨다는 의미에서 '네트워킹'의 외교를 의미한다. 또한 외교 공관들의 네트워크나 초국적으로 활동하는 민간 행위자들의 네트워크가 새로운 공공 외교의 주체로서 등장한다는 의미로 이해될 수도 있다. 여하튼 21세기 공공 외교는 여럿이 참여해서 공동으로 보조를 맞추어가는 외교를 특징으로 한다.

이런 점에서 공공 외교라는 말의 '공公'은 '어느 한쪽으로 치우치지 않고 공평하다'는 뜻도 담고 있음에 주목할 필요가 있다. 공공 외교는 특수한 사익私益의 추구가 아니라 보편적 공익公益을 추구하는 외교 활동을 지향한다. 공공 외교라는 말에서 '외교'라는 용어가 뜻하는 바도 이러한 공익성과 통하는 바가 크다. 외교란 기본적으로 국가 간의 관계를 전제로 해서 자국의 보편적 이익을 대표하는 활동이다. 그런데 여기서 민간 행위자들이 주를 이루는 분야의 활동에 외교라는 용어를 사용하는 이유를 음미해볼 필요가 있다. 다시 말해 이 분야에서도 여전히 국가 차원의 보편적 이익을 위해서 정부가 담당할 역할의 여지가 있다는 것을 암시한다. 이는 네트워크 시대를 맞이해 정부의 역할을 되새기게 하는 대목이다.

그런데 여기서 관건이 되는 것은 정부가 어떻게 주도할 것이냐 하는 문제이다. 사실 공공 외교는 민간 행위자들의 자율적 활동이 활발한 분야이다. 따라서 획일적 계획의 틀에 갇히지 않는 것이 장점이다. 그러나 역으로 사익으로 흐르거나 애국주의적 감정을 너무 앞세울 우려도 있다. 따라서 공공 외교를 성공적으로 추진하려면 일종의 '중심성'을 부여하는 누군가의 역할이 필요하다. 이러한 역할을 하는 주체는 다양한 각도에서 모색될 수 있겠지만, 일반적으로는 공익의 담지자로서, 일종의 허브hub 역할을 하는 정부를 떠올려볼 수 있다. 이러한 네트워크 외교와 공공 외교의 등장은 좀 더 넓은 의미에서 제6장에서 살펴본 네트워크 국가의 부상이라는 관점에서 이해해야 한다. 요컨대 네트워크 외교는 지구화와 정보화가 제기하는 다양한 도전에 직면해 네트워크 형태로 변환을 겪는 새로운 국가의 외교라는 관점에서 이해해야 한다.

요컨대 21세기 공공 외교는 공개 외교의 관념을 바탕으로 대내외적 커뮤니케이션을 강조하는 소통 외교에 대한 강조, 외교 전담 부처의 전통적 역할론을 넘어서 정부 내뿐만 아니라 민간 부문까지도 포함하는 네트워크 외교의 부상, 그리고 다양한 형태로 공개되는 쟁점들을 조율하고 각자의 이익을 주장할 가능성이 있는 다양한 행위자의 활동에 중심성을 제공하는 공익외교, 이 세 가지를 주요 내용으로 한다. 국제정치학의 시각에서 볼 때 이러한 공공 외교는 단순히 중립적인 상호 소통과 문화 교류의 의미를 넘어서 상대적으로 비대칭적인 관계를 염두에 두고 벌어지는 권력 게임이다. 앞서 언급한 바와 같이, 최근 공공 외교의 연구가 소프트 파워의 개념에서 그 출발점을 설정하는 것은 바로 이러한 맥락에서이다.

2) 매력론, 공공 외교의 숨은 공식?

2000년대 초중반부터 국내 학계에서 제기된 매력魅力에 대한 논의는 소프트 파워에 대한 논의를 바탕으로 한 공공 외교의 숨은 공식에 대한 단서를 밝히고자 했다는 점에 그 연구사적 의미가 있다(평화포럼21 엮음, 2005; 손열 엮음, 2007). 앞서 제5장에서 살펴본 바와 같이 조지프 나이도 소프트 파워 개념의 핵심으로서 당기는 힘attractive power의 요소를 지적한다. 그러나 이 장에서 주목하는 매력은 이러한 소프트 파워의 측면을 번역한 것은 아니다. 매력은 소프트 파워의 개념적 충분조건이 아니다. 역으로 소프트 파워가 매력의 개념을 모두 포괄하지도 못한다. 오히려 매력은 중견국 한국이 처한 새로운 권력정치와 공공 외교의 현실을 담아내려고 새로이 제안한 개념으로 보아야 한다. 그렇다면 매력의 본질은 무엇이며, 그 매력은 어떻게 발휘되는가?

매력의 '홀릴 매魅' 자에서 연상되는 이미지는 소프트 파워라기보다는 차밍 파워charming power에 가깝다. 사실 매력의 사전적 의미는 '마음을 호리어 끄는 힘'이다. 매력의 개념은 그 정체가 무엇인가 하는 질문에서 출발해서 이러한 매력을 어떻게 가공하고, 그 매력을 효과적으로 발산하려면 무엇을 어떻게 할 것이냐 하는 문제로 구성된다. 그러한 과정에서 매력에 대한 개념 정의를 단번에 내릴 수는 없겠지만 매력 개념의 몇 가지 핵심적 요소를 추출해 공공 외교의 방향을 모색하는 데에 힌트를 얻을 수 있다. 이 글에서는 매력 개념의 뼈대를 이루는 요소로서 머리의 힘, 기예의 힘, 마음의 힘, 제도의 힘, 규범의 힘, 지혜의 힘 등을 제시하고자 한다(평화포럼21 엮음, 2005).

첫째, 매력은 상대의 머리mind를 사로잡는 지식의 힘, 즉 지력知力을 바탕으로 한다. 이렇게 이성理性에 호소해 상대를 홀리게 하는 힘은 우리가 기술, 과학, 지식(통칭해 지식)이라고 지칭하는 것에서 비롯된다. 이러한 지식은 기본적으로 실력實力 자원으로 이해될 수 있지만 동시에 매력의 구성 요소이기도 하다. 사실 어느 사람이 남들보다 똑똑하다는 것은 그의 매력이 된다. 내가 어렴풋이 알고 있는 생각을 명쾌하게 정리해 언어화해주는 친구는 매력적이지 않을 수 없다. 마찬가지로 국가의 경우에도 뛰어난 지적 자산을 바탕으로 경제발전이나 부국강병을 이룩한 나라는 이웃 나라의 선망의 대상이다. 이는 가장 넓은 의미에서 본 '보편적 지적 능력'이다.

둘째, 매력은 이를 가공하는 기예技藝에도 크게 의존한다. 사실 아무리 심금을 울리는 고급문화라도 그것이 촌스러운 용기에 담기면 매력이 없다. 아무리 빼어난 자연 미인이라도 떡칠하듯이 화장하면 흉물스럽게 보일 뿐이다. 간혹 화장술이 미인을 새로 태어나게도 한다. 최근에 국가 브랜드나 이미지를 강조하는 것은 바로 이러한 맥락이다. 이러한 과정에서 지식은 도구적 맥락에서 매력을 가꾸는 데에 활용된다. 최근 공공 외교에 대한 논의에서 과학기술이 중요한 매력 자원으로 강조되는 것도 이러한 지식들이 매력의 구체적 조건들을 향상할 수 있는 직접적 수단이기 때문이다. 최근에 한국이 IT 산업 분야에서 거둔 성공이 기업과 국가의 이미지를 높이는 것도 같은 맥락에서 이해할 수 있다. 이러한 점에서 지식은 국가의 매력을 가공하는 매력의 '도구론적 측면'이라고 할 수 있다.

셋째, 매력은 상대의 가슴heart을 품어내는 마음의 힘, 즉 심력心力을 바탕으로 한다. 이렇게 가슴으로 품어서 상대를 홀리게 만드는 힘은 우리가 문화라고 지칭하는 것에서 비롯되는데, 이는 매력의 '존재론적 측면'이라고 할 수 있다. 이는 상대방의 이성보다는 감성에 호소하는 힘이다. 어떤 나라가 다른 나라 사람들의 관심과 선망의 대상이 되는 가장 큰 이유 중 하나는 그 나라의 문화가 주는 특수한 매력인 경우가 많다. 최근 문화 외교에 대한 논의는 매력적인 대중문화와 그에 담기는 가치를 강조한다. 20세기 후반의 미국 대중문화의 성공이나 1980~1990년대 동아시아 대중문화의 전파, 그리고 이러한 연속선상에서 본 최근 한류韓流의 성공도 이러한 맥락에서 이해할 수 있다. 이 밖에도 한국의 전통문화, 음식 문화, 한국어 등도 중요한 매력 자원이다.

넷째, 매력은 일하는 방식이나 이를 뒷받침하는 제도의 힘에서도 비롯된다. 매력적인 첨단 제품과 대중문화를 생산하는 기업 모델과 정부 정책, 기타 사회제도 등은 그 나라를 배우고 싶게 만드는 매력의 요소이다. 최근 한국의 제품이나 대중문화에 대한 관심의 이면에는 사회경제적 삶의 영역에서 한국이 이룩한 지난 50여 년 동안의 성과가 자리 잡고 있다. 한국전쟁 이후 원조를 받았던 나라가 21세기에 이르러서는 원조를 주는 나라로 우뚝 섰다는 이야기가 있다. 이러한 성공을 일궈낸 한국의 기업 모델과 기타 제도들은 비슷한 발전 경로를 밟아가려는 국가들에는 닮고 싶은 대상이다. 최근 워싱턴 컨센서스나 베이징 컨센서스의 모델을 아우르는 서울 컨센서스의 모델에 대한 관심이 높아지는 것도 이러한 맥락에서 이해할 수 있다.

다섯째, 매력은 보편적 규범을 제시하는 힘, 즉 덕력德力으로 통한다. 현실적으로 어떤 나라가 다른 나라 사람들의 존경과 부러움의 대상이 되는 것은 그 나라 특유의 문화나 효율적 제도 때문일 수도 있겠지만, 그 나라가 대내외적으로 행하는 바가 당시 국제사회 전체에 구현되는 보편적 이념이나 규범에 부합하기 때문이기도 하다. 이는 매력의 '규범론적 측면'이라고 할 수 있다. 이러한 맥락에서 볼 때 모범적으로 행함으로써 도덕적 우위를 확보하는 규범의 힘은 매력을 발산하는 매우 중요한 요소이다. 이러한 힘은 국내적으로는 민주주의의 이념과 제도를 통해서 나타나고, 대외적으로는 국제사회의 발전에 참하하는 기여 외교나 봉사 외교 등의 형태로 나타난다.

끝으로, 매력은 앞서 언급한 요소들을 슬기롭게 활용하는 지혜의 힘이다. 이는 매력 자원의 보유 자체를 넘어서 교묘하게 행行함이 상대의 마음心을 홀리게 하는 힘이다. 이는 상황에 맞추어 문제를 해결하는 매력의 '전략론적 측면'이다. 전략으로서 매력의 요체는 상대방의 존경과 사랑을 받고자 자신의 매력을 은연중에 교묘하게 발산해야 한다는 점에 있다. 상대방의 존경과 사랑을 너무 노골적으로 요구하다가는 오히려 빈축과 경멸을 자초하기 일쑤이다. 이는 야구 경기에서 아무리 만루 홈런을 칠 역량이 있는 타자라도 풀 스윙만을 하다가 스트라이크 아웃을 당하느니, 그라운드의 상황에 따라서는 단타나 2루타 혹은 3루타를 노리거나 때에 따라서는 번트를 대는 유연성을 보일 필요가 있는 것과 같은 이치이다.

이상에서 살펴본 매력에 대한 논의는 앞서 제5장에서 검토한 바와 같이, 베일에 싸인 소프트 파워의 생성 공식을 엿볼 수 있게 한다. 그러나 그 생성의 비법을 알아냈다고 해도 쉽게 베낄 수 없는 것이 또한 소프트 파워라는 힘이 갖는 아이러니이다. 사실 약자의 처지에서는 하드 파워를 베끼는 것보다 소프트 파워를 베끼는 것이 더 어려울 수도 있다. 아무리 열심히 해도 강대국에 버금가는 소프트 파워나 매력의 자원을 창출하기는 쉽지 않을지도 모른다. 사정이 이렇다 보니 공공 외교를 추구하는 중견국의 처지에서도 소프트 파워 또는 매력의 개념만을 잣대로 삼아 마냥 고민하는 것만이 능사가 아닐 수도 있다. 특히 강대국 미국의 세계 전략이라는 문제의식에서 출발한 소프트 파워의 개념을 중견국 공공 외교의 사례에 그대로 적용하는 일은 엉뚱한 방향으로 길을 인도할 우려마저도 있다. 이러한 문제점에 대해서는 제4절에서 자세히 논하도록 하겠다.

3. 디지털 공공 외교와 외교 변환의 한계

1) 미국의 디지털 공공 외교

최근 공공 외교 분야에서 가장 발 빠른 대응을 보이는 국가는 미국이다. 특히 최근 들어 미국에서는 공공 외교의 과정에 트위터, 페이스북, 유튜브 등과 같은 소셜 미디어를 도입하려는 노력을 활발하게 펼치고 있다. 소셜 미디어가 국내적으로 정치사회적 각광을 받게 되면서, 공공 외교의 관점에서도 이를 적극적으로 활용해야 한다는 논의가 활발하게 제기된다. 그러나 최근 소셜 미디어를 공공 외교에 활용하려는 시도는 IT를 단순히 도구적으로 활용하는 차원을 넘어서 정부가 주도해온 공공 외교 자체의 성격 변환을 엿보게 한다는 점에서 남다르다. 이른바 웹 2.0로 알려진 소셜 미디어의 활용이 기존의 공공 외교와는 질적으로 다른 '공공 외교 2.0'의 출현을 부추기는 모습이다.[1]

사실 미디어를 공공 외교에 활용하는 것은 어제오늘의 일이 아니다. 1990년대 중반 이전 미국의 공공 외교는 주로 미국의 소리Voice of America와 같은 매스미디어를 통해 정보와 의견을 주로 일방향으로 전송하는 형태로 이루어졌다. 대부분이 냉전 시대와 겹치는 매스미디어의 시기에 공공 외교는 주로 이데올로기적 선전을 주요 내용으로 했다. 네트워크의 시각에서 이러한 미국의 공공 외교 전략을 묘사해보면, 불특정 다수인 익명의 대상들을 향해서 메시지를 쏘는 모델이라고 할 수 있다. 마치 중심의 허브로부터 주변의 스포크를 향해서 메시지가 방사선으로 퍼져나가는 모양의 단■허브형 네트워크를 연상할 수 있다.

2000년대로 들어서면서 미국의 공공 외교가 쌍방향의 소통 모델로 이동해야 한다는 지적들이 다방면에서 제기되었다. 특히 9·11 테러 사태를 거치면서 일방향으로 정보를 전달하는 매스미디어 모델은 시대에 뒤떨어져서 더는 세계인들, 특히 중동 지역 대중을 설득할 수 없다는 인식이 커져갔다. 타국에 대해 미국의 가치와 이념이 지니는 우월성을 일방적으로 홍보하는 방식에서 서로 소통하고 공감하는 플랫폼으로 전환해야 한다는 지적들이 이어졌다. 새로운 변화를 위해서는 정보의 생산과 전달을 독점하는 전통적 방법을 탈피해서 새로운 패러다임을 마련해야만 했다. 당시 급속히 보급되던 인터넷을 공공

---

[1] 공공 외교 2.0에 대한 논의는 아직 학술적 분석의 차원에까지 나아가지 못하고 여전히 단편적인 문제 제기의 수준에 머물러 있다. 몇 가지 눈에 띄는 작업으로는 Dale(2009), Graffy(2009), Arsenault(2009), Khatib et al.(2011) 등을 참조하기 바란다.

외교의 미디어로 활용해야 한다는 논의는 이러한 배경에서 출현했다(Khatib et al., 2011).

공공 외교의 개혁이라는 차원에서 본 인터넷에 대한 관심은 일찌감치 인터넷이 상업적으로 보급되기 시작한 1990년대 초중반부터 제기되어왔다(US State Department of Archive, 1995). 지구적 차원에서 IT 인프라를 구축해 미국의 정보를 널리 확산할 수 있는 기반을 마련하는 정책이 추진되었다. 이른바 정보고속도로로 알려진 지구적 인프라 구축 사업이 대표적 사례이다. 이를 바탕으로 정부 차원에서 IT의 활용도를 높이고 공공 외교의 콘텐츠를 담을 웹사이트를 개설해, 기존의 정부 홍보물들을 인터넷을 통해 배포하는 체계를 마련했다. 특히 빌 클린턴Bill Clinton 행정부에서 값비싼 인쇄물 제작에 드는 비용을 절약하려고 공공 외교 활동의 플랫폼을 오프라인에서 온라인으로 이동하려는 노력을 펼치기도 했다. 이 밖에도 이메일, 전자게시판, 디지털 비디오, 화상회의 등과 같은 다양한 통로를 활용해 외교정책 관련 정보를 제공하려는 시도들이 벌어졌다.

그러나 본격적 변화는 1999년 USIAUnited States Information Agency가 공공 외교의 관리 기능을 담당하던 독립 기구에서 국무부 내 조직으로 편입되고 난 이후에 발생했다. 특히 9·11 테러를 겪으면서 미국 내에서는 공공 외교의 변화가 필요하다는 고민이 본격적으로 시작되었다. 사실 9·11 테러는 국민 일반뿐만 아니라 외교정책 담당자들에게도 큰 충격을 주었다. 이러한 고민과 충격은 이슬람권을 중심으로 확산되는 반미 정서와 미국 주도의 지구화에 대한 대항의 움직임을 이전과는 다른 눈으로 보게 했다. 이는 미국이 추구하는 세계 질서의 운영 방식이나 그 기저에 깔린 미국의 이미지나 가치, 그리고 이를 홍보하는 방식을 전반적으로 재고하는 노력으로 연결되었다(Staar, 1986; Dizard, 2004; Seib ed., 2009)

부시 행정부 1기의 공공 외교는 컴퓨터와 네트워크 하드웨어를 보급하는 IT 인프라 확충에 초점이 맞추어졌다. 콜린 파월Colin Powell 국무 장관은 외교 업무가 디지털화되어야 한다는 인식을 바탕으로 국무부뿐만 아니라 전 세계 공관들을 잇는 인프라의 구축에 역점을 두었다. 좀 더 가시적인 성과는 부시 행정부 2기에 나타났는데, 콘돌리자 라이스Condoleezza Rice 국무 장관의 주도로 국무부 조직의 개편이 이루어졌다. 아프가니스탄과 이라크에서 벌인 전쟁의 교훈을 바탕으로 압도적 군사력만을 기반으로 해서는 미국의 리더십을 효과적으로 확보하기 어렵다는 현실 인식이 작용했다. 2006년에 라이스 미 국무 장관이 제시한 미국 외교의 전면적 개혁, 즉 변환 외교transformational diplomacy는 이러한 맥락에서 이해할 수 있다(Rice, 2006; 전재성, 2006).

변환 외교는 자유를 전파하고자 전 세계에 배치된 외교 인력을 21세기적 수요에 따라 다시 배치하는 네트워크 외교를 본격적으로 추진하겠다는 것으로 요약된다. 인구가 8,000만 명인 독일과 10억 명이 넘는 인도에 같은 수의 외교관이 배치된 유럽 우선주의를 과감하게 다시 조정하고, 동시에 외교관들을 각국 수도에 중점적으로 배치하는 대신 여러 국가를 동시에 포함하는 지역 중심 외교 센터를 본격적으로 확충하며, 지방 및 1인 포스트 외교를 활용하겠다는 것이다. 그리고 이러한 네트워크 외교를 추진하는 과정에서 급속히 확산되는 IT의 도움을 얻어서 본격적으로 공공 외교를 추진하겠다는 의지를 표명했다.

웹 1.0 단계에 머물렀던 IT의 도입이 본격적으로 웹 2.0의 단계로 이행한 것은 오바마 행정부가 2008년 디지털 외교와 공공 외교에 우선순위를 부여하면서부터이다. 사실 오바마 행정부는 선거 캠페인의 과정에서부터 소셜 미디어의 힘을 효과적으로 활용하면서 출범했다. 특히 버락 오바마Barack Obama 대통령을 비롯한 정부의 고위 정책 결정자들은 IT의 역할에 대해서 진지한 관심을 표명한 바 있다. IT 인프라 구축 자체가 주요 과제였던 10여 년 전의 디지털 외교와는 달리 오바마 행정부의 새로운 디지털 외교는 웹 2.0을 기반으로 펼쳐졌다. 모바일 및 클라우드 컴퓨팅, 브라우저 기반의 애플리케이션, 개인 블로그, 다양한 소셜 미디어의 활용은 외교관들의 작업 방식을 민화시켰고 국무부의 조직과 문화가 변화하는 계기를 마련했다.

사실 부시 행정부가 추진했던 테러와의 전쟁과는 다른 기조의 외교정책을 선보이면서 출범한 오바마 행정부는 초기부터 스마트 파워를 기치로 한 공공 외교를 강조했다. 이러한 정책 선회의 기저에는 미국에 대한 국제사회의 부정적 여론이 미국의 리더십을 위협하는 수준에 이르렀다는 인식이 깔렸었다. 오바마 대통령은 자신의 당선이 확정되고 난 직후 행한 연설에서 "미국의 진정한 힘은 우리가 지닌 무기의 위력이나 부의 규모에서 나오는 것이 아니라 항구적인 우리의 이상, 즉 민주주의, 자유, 기회, 불굴의 희망으로부터 나오는 것"이라고 역설하면서 외교정책 기조의 변화를 암시한 바 있다(Obama, 2008). 게다가 2008년 후반기에 밀어닥친 미국발 세계 금융 위기의 충격은 오바마 행정부에 자국의 힘이 지닌 한계를 절감케 했는데, 이는 종전에 펼쳐왔던 외교 정책의 패턴에서 변화할 것을 한층 더 부추겼다.

이러한 문제의식을 바탕으로 한 미국 공공 외교 전략의 변환은 중동을 중심으로 나타났다. 예를 들어 미국의 공공 외교는 방송과 인쇄물을 통한 일방적 소통에서 정부가 대화에 참여하는 상호 소통 모델로 변화했다. 2009년 6월 4일에 행한 오바마 대통령의 카이로 연설은 미국과 이슬람 세계의 관계를 새로이 설정하려는 시도를 보여주었다. 그 연설에서 오바마 대통령은 의심과 불화가 악순환되는 고리를 끊고서 상호 간의 이익과 존중 위에 정의와 진보, 관용과 인간 존엄성의 공동 원칙을 세워나가자고 역설했다(Obama, 2009). 이러한 오바마 연설의 내용을 될 수 있는 한 많은 청중에게 전달하고자 텍스트 메시지 외에도 소셜 네트워킹 사이트, 팟캐스트, 웹캐스트 등과 같은 다양한 인터넷 애플리케이션이 활용되었다. 또한 텍스트 형태와 비디오 형태로 된 연설의 번역본이 유튜브나 페이스북, 마이스페이스 등에 제공되었으며, 페이스북에서는 이와 관련된 국제적 토론이 벌어지기도 했다(Dale, 2009).

이러한 공공 외교 전략의 변화는 힐러리 클린턴 미 국무 장관의 행보에서도 나타났는데, 클린턴의 혁신 보좌관인 알렉 로스Alec Ross가 불을 지폈다. 예를 들어 2010년에 국무부가 발간한 "Leading Through Civilian Power"라는 제목의 QDDRQuadrennial Diplomacy and Development Review은 시민의 힘에 대한 강조와 함께 IT를 적극적으로 활용해 정부 간 상호작용을 넘어서는 비국가 행위자들과의 네트워킹 필요성을 강조한다(USAID, 2010; Clinton, 2010). QDDR은 여론과 비국가 행위자들의 역할이 증대되는 작금의 현실에 대응하려면 미국의 외교가 전통적 외교관의 경계를 넘어서 비즈니스와 시민 그룹을 활용하는 시민 외교에 나서야 한다고 주장한다. 시민의 힘을 강조하는 미국 외교의 이면에는 정치사회 변동에 미치는 역할이 입증된 소셜 미디어를 공공 외교에 활용해보려는 의도가 있다. 사실 소셜 미디어가 지니는 분산 네트워크로서의 특징은 미국 공공 외교가 내거는 자유 이념과 민주주의 이념의 전파와 일맥상통하는 바가 있다.

이러한 시민 외교 또는 '소셜 외교social diplomacy'를 추진해나가는 과정에서 QDDR이 내린 구체적 처방은 2000년대 초반부터 추진되어온 디지털 외교의 연속선상에 있다. 다만 조금 진일보한 부분이 있다면, 외교 분야의 정보화와 재외공관의 정보망을 강조하던 패턴에서, 다양한 사회적 소통의 채널을 활용하라는 적극적 주문이 쇄도하는 패턴으로 바뀌었다는 점이다. QDDR은 지역 미디어 허브의 확장, 타운홀 미팅, 미디어 인터뷰, 소규모 공동체에서 벌이는 이벤트, 학생 교류 프로그램, 버추얼 관계 형성 등을 활용해서 상대방 국민들의 종심을 관통하라고 주문한다. 한편 외교관들에게는 디지털 IT 기기를 활용할 수 있는 역량을 배양할 것을 명시적으로 언급한다. 그리고 실시간 정보를 얻고자 인터넷, 단문 메시지, 이메일, 트위터, 페이스북, 플리커 등과 같은 소셜 미디어를 활용함으로써 "대사관의 벽과 수도의 경계를 넘어서라"라고 수문한다.

QDDR이 드는 성공적 사례는 2010년 1월의 아이티 지진 사태에 대한 구호 사업에서 휴대폰을 활용했던 일이다. 당시 지진 피해자들의 위치를 파악하고 구조하는 데에 텍스트 문자를 활용하기도 했으며, 3,500만 미국인에게 아이티 구호를 위해서 각자 10달러씩 기부하도록 이끌어낸 채널도 바로 휴대폰이었다는 것이다. 그 외에도 미국의 디지털 공공 외교가 거둔 성공 사례는 여러 가지가 거론된다. 2009년에 시작된 VSFS Virtual Student Foreign Service가 중요한 역할을 한 것을 예로 들 수 있는데, 터프츠Tufts 대학 학생들을 중심으로 크레올 언어 텍스트 메시지 번역 서비스를 제공했다. 이 밖에 시민사회 2.0 이니셔티브의 사례도 들 수 있다. 이러한 사례를 소개하는 과정에서 미 국무부가 강조하는 것은 이른바 IT를 활용해 어느 장소이든 어느 때이든 공공 토론에 참여해 대민 관계를 확장하는 '커뮤니티 외교'의 구축이다. 이러한 외교적 노력을 통해 글로벌 대중이나 잠재적 극단 세력과의 소통을 강화함으로써 폭력적 극단주의의 출현을 미연에 방지할 수 있다는 것이었다.[2]

2) 소셜 미디어의 활용과 공공 외교의 변환

전신과 전화에서 라디오와 TV, 인터넷 등에 이르기까지 새로운 미디어의 도입은 공공 외교의 양식을 변화시켜왔다. 물론 새로운 미디어가 공공 외교의 내용을 완전히 바꿔버리는 것은 아니다. 그렇지만 적어도 기술 변화는 공공 외교가 수행되는 방식과 이를 둘러싼 외교 조직의 변화를 수반해왔다. 이러한 맥락에서 보면 인터넷 미디어, 좀 더 구체적으로 말하면 소셜 미디어가 활용되면서 공공 외교의 변환이 논의되는 것은 당연하다. 인터넷과 휴대폰, 기타 다양한 웹 2.0 애플리케이션의 활용은 공공 외교의 과정에서 정보가 생산되고 배포되고 소통되는 방식에 대한 새로운 발상을 요구한다. 그리고 여기서 더 나아가 새로운 미디어의 활용은 공공 외교를 수행하는 조직과 제도 자체가 변화하는 데까지 영향을 미친다(김상배, 2012b).

---

2 미국과 중국의 패권 경쟁이라는 맥락에서 본 공공 외교의 필요성에 대한 문제 제기로는 Committee on Foreign Relations U.S. Senate(2011)을 참조하기 바란다.

그렇다면 소셜 미디어의 활용은 미국의 공공 외교에 어떠한 영향을 미쳤는가? 기본적으로 미국 정부가 얼마만큼, 그리고 어떠한 방식으로 소셜 미디어를 활용하느냐에 따라서 그 변환 내용이 결정될 것이다. 그러나 행위자-네트워크 이론ANT의 이론적 시사를 원용하면, 소셜 미디어라는 비인간 행위자는 단순한 중립적 도구가 아니라 미국 정부라는 인간 행위자의 네트워킹 전략에 영향을 미치는 행위능력을 발휘한다. 앞서 살펴보았듯이, 소셜 미디어는 그 속성상 광범위하고 분산적인 네트워크를 통해서 이루어지는 함축적이고 포괄적인 쌍방향의 소통과 친화성을 가진다. 이러한 소셜 미디어를 활용함으로써 미국의 공공 외교는 어느 일정한 방향으로 추진되는 동력을 얻기도 했지만, 다른 방향으로 나아가는 데는 제약을 받기도 했다. 1990년대 중후반부터 인터넷이 미국의 공공 외교에 도입된 역사는 이러한 변환의 과정을 잘 보여준다.

1990년대 중후반 미국은 컴퓨터와 네트워크 하드웨어를 보급해 국무부뿐만 아니라 전 세계 공관들을 잇는 IT 인프라를 구축하는 데에 역점을 두었다. 여러 분야에서 IT의 활용도를 높이고 효율적인 정보 전달 체계를 확립하는 노력이 이어졌다. 이러한 인프라의 구축과 외교 정보화의 목적은 미국의 정보를 세계적으로 확산하는 기반과 채널을 마련하는 데에 있었다. 그런데 아무리 새로운 기술을 도입한다고 할지라도 당시 인터넷을 활용해 정보를 전파하는 양상은 매스미디어 시대의 공공 외교의 형태와 크게 다르지 않았다. 예를 들어 단일한 창구로서 국가정보포털(예를 들어 America.gov)을 만들어 광범위한 대중에게 더 많이 정책 활동을 알리거나 기존의 인쇄 미디어를 보완 혹은 대체하는 정도로 웹사이트의 콘텐츠를 활용하는 만큼 웹의 위상이 설정되었다. 요컨대 이 당시 미국 공공 외교는 웹 1.0 기술에 조응하는 일방향의 단순 네트워크의 모습을 띠었다고 할 수 있다.

2000년대 초중반에 웹 2.0 애플리케이션이 도입되면서, 미국이 추진한 공공 외교는 인터넷 미디어가 지닌 분산적 속성을 좀 더 활용하는 방향으로 변화했다. 특히 트위터, 페이스북, 유튜브 등과 같은 소셜 미디어를 활용하게 되면서 미국은 상대방 국가의 대중 또는 자국의 국민에게 더욱 가까이 침투하는 수단을 얻었다. ANT의 용어를 빌리면, 미국 정부는 소셜 미디어라는 비인간 행위자를 활용해 상대국의 '블랙박스'를 여는 네트워크 전략을 좀 더 효율적으로 추구할 수 있게 되었다. 이러한 사례는 세계 각지에서 나타난다. 특히 중국, 이란 등과 같은 권위주의 국가에 대해서 미국의 가치와 이념을 전파하려는 시도들이 벌어지고 있다(Calingaert, 2010). 이렇게 쌍방향의 소셜 미디어를 적극적으로 활용해 상대국의 종심을 파고드는 미국의 전략은 마치 중심에서 주변으로 방사선 모양을 띠며 뻗어나가 주변의 곳곳으로 스며드는 21세기형 제국의 네트워크를 연상케 한다.[3]

미국이 비인간 행위자를 활용하는 방식은 공공 외교의 네트워크에서 '인간 행위자'를 동원하는 방식과도 연결된다. 사실 소셜 미디어를 활용하는 공공 외교의 한 축이 IT 변수를 활용하는 디지털 외교라면, 다른 한 축은 다양한 행위자가 참여하는 네트워크 외교이다(Pigman, 2008). 기본적으로 공공 외교라는 것은 정부가 벌이는 게임이어서 정부의 전략적 입장에 따라서 어떠한 행위자들을 추가로 포함할 것인지, 그리고 어떠한 행위자들을 대상으로 공공 외교를 펼쳐나갈 것인지가 달라진다. 그런데 소셜 미디어의 활용은 정부에 예전의 어떤 미디어를 사용하는 경우보다 더 많은 민간 행위자를 참여시켜야만 하는 상황을 창출했다. 예를 들어 2010년 QDDR에서 드러난 바와 같이 미국의 공공 외교는 아직은 충분히 쌍방향의 소통 외교를 구현하지는 못하지만, 적어도 명목상으로는 시민의 힘을 활용하는 전략을 강조한다. 그리고 공공 외교에 담기는 콘텐츠라는 차원에서도 시민사회의 협력 모델을 지향한다.

공공 외교에서 소셜 미디어를 활용하는 것은 예전보다 많은 청중을 대상

---

3 이러한 과정에서 소셜 미디어를 통해 발휘되는 미국의 힘은 미셸 푸코가 말하는 거버먼탤리티(governmentality) 또는 사목(司牧, pastorship)의 권력을 연상케 한다(Foucault, 1980, 1991; Larner and Walters eds., 2004).

으로 좀 더 많은 정책 어젠다를 자세히 알리는 데에 효용성이 있다. 그러나 소셜 미디어의 효용성을 예전의 라디오나 TV 등과 같은 매스미디어와 같은 연속선상에서만 이해하면 오산이다. 앞서 살펴본 바와 같은 인터넷과 소셜 미디어의 속성은 이를 활용하는 조직의 변환을 요구한다. 따라서 미국의 공공 외교가 이들 미디어를 제대로 활용하려면 국무부 조직뿐만 아니라 공공 외교 업무를 담당하는 정부 기관들, 그리고 이와 관련된 외곽 조직에 대한 변화를 감수해야 한다. 사실 부시 행정부 2기에 수행된 변환 외교는 정보화 시대를 맞이해 요구되는 이러한 조직 변환의 노력이 반영된 사례이다. 변환 외교는 IT의 도움을 얻어 전 세계에 배치된 외교 인력을 21세기적 수요에 따라 다시 배치하는 네트워크 외교를 추진하려는 시도를 벌였다.

이렇게 미국 정부가 주도해 벌여온 변환의 노력들은 웹 2.0 시대의 소셜 미디어를 본격적으로 도입하는 오바마 행정부 시대에 이르러 앞서 살펴본 바와 같은 결실을 얻는 것으로 보인다. 그렇지만 다른 각도에서 보면 이러한 변환의 노력이 자기 한계를 드러낼 가능성도 있다. 이러한 한계는 정부가 도구적으로 소셜 미디어를 활용하는 차원을 넘어서 소셜 미디어가 내재하는 새로운 소통의 양식을 얼마나 포용할 수 있느냐 하는 문제와 관련된다. 소셜 미디어가 좀 더 본격적으로 활용되면 외교관들은 좀 더 자유롭게 의견을 개진하는 통로로서 이를 사용할 것이다. 그렇지만 일반적으로 외교라는 분야와 외교 조직 자체의 속성은 외교관들이 개인적으로 자유롭게 소셜 미디어를 사용하는 것을 허용할 정도로 유연하지 못하다. 실제로 2009년 11월 미 정부는 소셜 미디어의 사용에 대한 규제 지침을 만들어 공무원들이 외부의 소셜 미디어 사이트에 중요한 글을 게재하거나 대중과 의견을 교환하기 전에 감독 기관의 승인을 얻으라고 요구했다(Federal Chief Information Officers Council, 2009).

역사적으로 새로운 미디어의 도입과 이에 대응하는 과정에는 쉽게 판단하기 어려운 문제들이 있었다. 사용자들의 자유로운 참여로 작동하는 소셜 미디어의 경우에는 더욱 어려운 문제가 발생한다. 사실 외교관 개개인이 소셜 미디어를 자유롭게 사용하도록 허용하는 것은 정부의 입장에서는 부담스러운 일이다. 외교관들에게 시민사회의 행위자들과 같은 소통의 행태와 규범을 따르라고 할 수는 없기 때문이다. 상대국의 정부와 대중을 상대로 하는 외교에서는 내적으로 조율된 목소리를 유지하는 것이 필요한데, 소셜 미디어의 분산적 속성은 이러한 목적을 달성하는 데에 방해가 될 수 있다. 이러한 점에서 보면 소셜 미디어의 활용과 외교 조직의 속성 간에는 태생적 모순의 요소가 존재한다(Gregory, 2011). 소셜 미디어의 장점을 훼손하지 않는 범위 내에서 정부의 규제 지침을 마련할 방도가 별로 없기 때문이다.

소셜 미디어가 지니는 장점을 염두에 둔다면, 통제된 소통의 틀 안에 가두어놓겠다는 발상 자체가 문제이다. 소셜 미디어의 매력은 비공식 공간에서 친근한 사람들과 개인적 소통을 한다는 데에 있다. 광범위하게 포괄적인 쌍방향의 소통을 하는 것도 강점이다. 게다가 소셜 미디어에 담기는 내용은 격식을 차리지 않고 솔직해야만 재미가 있다. 무거운 외교의 주제보다는 교육, 연예, 취미, 신변잡기 등과 같이 가벼운 비정치적 주제가 다루어지는 것은 바로 이러한 이유에서이다. 만약에 정부가 나서서 소셜 미디어 내의 소통을 규제하려고 한다면 이러한 장점들은 감소하거나 파괴될 가능성이 크다. 그렇다고 이러한 손해를 감수하면서도 소셜 미디어를 전통적 미디어처럼 활용한다면, 그 본연의 효과를 제대로 누릴 수 없다는 역설이 발생한다(Gregory, 2011: 370).

이러한 시각에서 보면 소셜 미디어는 정부가 주도하는 공공 외교의 목적에 딱 들어맞는 비인간 행위자는 아니다. 그냥 도구적 차원에서는 활용할 수 있을지 모르지만, 소셜 미디어가 지니는 '구성적 변수'로서의 성격을 모두 용인하자면 공공 외교라는 행위의 정체성 자체가 흔들릴 수도 있다. 오히려 소셜 미디어라는 비인간 행위자와 궁합이 맞는 인간 행위자는 다양한 형태로 활동하는 비국가 행위자들이다. 사실 1990년대 중후반부터 인터넷을 공공 외교에 활용하려는 시도는 미국 정부가 먼저 벌였지만 시간이 지남에 따라 민간 행위자들이 기술혁신을 주도했으며 인터넷을 더욱 활발하게 활용해왔다. 이러한 민간 행위자들의 우세는 인터넷이 이메일이나 웹사이트로 특징되는 웹 1.0의 플랫폼으로부터 복합 네트워크적인 소통과 사용자 주도의 콘텐츠로 대변되는 웹 2.0으로 이행하면서 더욱 두드러지게 되었다.

이러한 현상이 나타난 요인으로는 여러 가지를 지적할 수 있겠지만, 이 책에서 주목한 것은 미디어의 활용과 소통의 양식에서 나타나는 차이이다. 사실 정부와 민간 행위자들은 미디어 활용과 거기에서 파생되는 소통의 양식이라는 점에서 큰 차이를 보인다(Zaharna, 2007). 전통적으로 미국의 공공 외교는 매스미디어에 의존하는 소통의 방식에 의존해왔다. 다시 말해 일반적으로 알려진 공공 외교의 소통 양식은 일대다 대응의 일방향 네트워크를 활용해 정부의 정책을 홍보하고, 여기에 부분적으로 문화 분야와 교육 분야의 쌍방향 국제 교류를 가미하는 방식이었다. 이러한 맥락에서 볼 때, 아무리 적극적으로 소셜 미디어를 도입한다고 하더라도 공공 외교의 일방향 네트워크 모델은 본질적으로는 변하지 않고, 다만 그 형태가 좀 더 촘촘하고 좀 더 멀리 메시지를 전달할 수 있는 '변형된 매스미디어' 모델에 그칠 가능성이 있다.

이에 비해 민간 분야의 비국가 행위자들은 태생적으로 탈집중적인 네트워크 형태의 소통 양식에 의지하는 경향이 강하다. 경제적 또는 정치적 이유로 말미암아서 어느 특정 미디어를 장악할 능력을 결여한 비국가 행위자들의 경우에 사용자들이 직접 참여해 만들어가는 웹 2.0 기반의 소셜 미디어는 하늘에서 내려온 동아줄과도 같은 의미가 있다. 특히 일반적으로 소통의 양식 자체가 특정한 권위에 의거하지 않고 수평적 네트워크의 형태를 띠는 비국가 행위자들의 경우에 쌍방향 소통을 특징으로 하는 인터넷과 소셜 미디어는 편하게 사용할 수 있는 도구임이 분명하다.[4] 이러한 사정을 고려할 때, 만약에 공

---

4 최근에는 인터넷과 소셜 미디어가 미국의 패권에 대항하는 세력들에게 매우 유용한 도구로 인식되고 있다. 중동에서 전통적 매스미디어와 새로운 소셜 미디어가 복합되어 대항의 미디어로 사용된 사례로 이른바 알 자지라 효과(Al Jazeera Effect)를 눈여겨볼 필

공 외교의 목적으로 소셜 미디어의 장점을 충분히 활용하려 한다면, 정부가 주도하는 기존 '공식 외교'의 트랙을 넘어서 비국가 행위자들이 자생적으로 추진하는 '비공식 외교'의 트랙을 활용하는 발상의 전환이 필요하다.

요컨대 비인간 행위자로서 인터넷 미디어의 속성은 최근 미국이 추진하는 공공 외교의 변환에 영향을 미치는 변수 중 하나이다. 웹 1.0에서 웹 2.0으로 진화하는 과정에서 미국의 공공 외교 전략은 좀 더 네트워크 형태로 변환되는 계기를 마련했다. 이러한 변환은 외교 조직 내의 변환뿐만 아니라 조직 바깥에서도 민간 행위자들을 품는 방향으로 전개되었다. 그럼에도 소셜 미디어가 갖는 속성은 정부가 이를 활용하려는 시도에 일정한 정도의 제약을 주는 것도 사실이다. 최근 미국이 나서서 벌이는, 공공 외교에 소셜 미디어를 활용하려는 노력은 21세기 세계정치의 새로운 실험임이 분명하다. 그리고 현재까지는 전 세계인의 주목을 끄는 데에 일단 성공했다. 그렇지만 이러한 실험의 궁극적 성공은 소셜 미디어를 활용하는 과정에서 미국 정부가 어느 정도까지 기존의 조직과 문화를 혁신하려는 진지한 노력을 펼칠 것이냐에 달렸다.

4. 네트워크로 보는 중견국의 공공 외교

1) 네트워크 시각의 도입

중견국 공공 외교의 새로운 잣대를 고민하기 전에 먼저 필요한 것은 제8장에서 길게 논한 바와 같이, '중견국middle power'이라는 존재적 위상에 대한 인식이다. 기존의 중견국 연구는 중견국의 개념을 행위자가 보유하는 군사력이나 경제력과 같은 자원 권력의 객관적 지표를 통해서 파악하거나, 또는 이와 병행해

요가 있다(Seib, 2010; 세이브, 2011).

행위자들이 내보이는 행태적 속성이나 기질에 의거해 파악했다. 그러나 이러한 속성론만으로 중견국의 소프트 파워나 매력 또는 공공 외교의 본질을 제대로 가늠할 수는 없다. 기존의 속성론은 상대적으로 객관적 지표로 파악되는 하드 파워를 측정해 중견국을 규정할 수 있지만, 기본적으로 주관적이고 관계적인 맥락에서 감지되는 소프트 파워의 분야에는 적용하기 쉽지 않다. 사실 속성론의 관점에서는 아무리 소프트 파워를 충분히 보유하더라도, 실제 세계정치 과정에서 이를 활용해 상대방을 설득할 수 있느냐는 별개 문제이다. 게다가 기존의 속성론은 어느 나라가 중견국인지를 판별하는 데에는 유용하지만 그 나라가 어떠한 역할을 하는지에 대해서는 설명이 부족했다. 다시 말해 속성론은 멤버십의 조건을 제시할 수는 있지만 전략적 행위의 내용을 설명하지는 못한다. 행태적 속성이나 기질에 대한 논의가 부분적으로 이러한 논제들을 탐구할 수는 있겠지만 이도 역시 행위자 차원의 고정된 속성으로 환원하는 시각을 취한다(김상배, 2011a: 58).

따라서 중견국이 취하는 매력 전략이나 공공 외교의 내용을 제대로 이해하려면 중견국의 개념 자체를 행위자의 속성이 아닌, 시스템상의 구조적 위치에서 논하는 발상의 변화가 필요하다. 중견국으로 구분되는 국가가 내보이는 특정한 행태는 그 국가가 주위의 다른 국가들과 맺는 관계의 패턴, 즉 네트워크의 구조와 그 구조 아래에서 그 국가가 차지하는 위치와 밀접히 관련이 있기 때문이다. 특히 소프트 파워나 매력이라는 변수는 국가 간에 형성되는 관계적 맥락이나 어느 국가가 시스템 전체에서 차지하는 위상 등을 고려해 이해해야 하는 성질의 것이다. 다시 말해 어느 나라가 매력적이라고 느끼는 것은 그 나라의 고유한 속성 때문이기도 하겠지만, 많은 경우에 예전부터 있어왔던 그 나라와의 관계나 국제사회에서 그 나라가 맡는 역할에서도 기인한다. 그야말로 소프트 파워와 매력은 네트워크의 시각에서 이해해야 하는 개념이다.

여기서 네트워크의 시각이 의미하는 바는, 중견국인 어느 나라가 보유한 자원이나 속성보다는 주변의 다른 나라들과 맺는 관계적 맥락에 주목하라는 것이다. 강대국이 아닌 중견국의 입장에서는 자국이 어떻게 하느냐보다는 주위 네트워크의 구도가 어떻게 짜이느냐가 더 중요할 수도 있기 때문이다. 이러한 네트워크의 시각은 상호 연결된 노드node들이 모여서 형성한 네트워크가 개별 노드들의 행위를 제약하거나 촉진하는 구조를 만든다는 점에 착안한다. 다시 말해 여러 노드들이 서로 연결되어 교류하면서 네트워크를 형성하려면 나름대로의 규칙 또는 패턴이 있어야 하는데, 이러한 규칙과 패턴은 노드들의 행위로 생성되지만, 역으로 노드들의 행위와 노드 간의 흐름에 영향을 미치는 일종의 구조로서 작동한다는 것이다. 이러한 네트워크의 시각은 최근 학계에서 관심을 끄는 네트워크 이론 중에서도 특히 소셜 네트워크 이론social network theory의 시각을 원용했다(김상배 엮음, 2011).

이러한 시각에서 볼 때, 소프트 파워의 개념을 원용해 진행되는 국내외의 공공 외교 연구는 관계적 맥락에서 작동하는 커뮤니케이션의 세계정치를 지나치게 단순화해서 파악하는 아쉬움을 남긴다. 무엇보다도 기존의 소프트 파워와 공공 외교 연구는 각 (국가) 행위자들이 지니는 자원이나 속성의 분석에 치중하는 경향이 있다. 간혹 흐름의 관점에서 접근하는 연구도 있지만, 이들은 기본적으로 양자 관계의 구도에서 발생하는 '발신자-수신자 모델'에 머문다. 이들 연구가 관심을 갖는 것은 행태주의적 차원에서 이해된 상호작용의 관계이다. 이들 연구가 주로 단위 차원에서 본 행위자의 전략을 연구 대상으로 삼기 때문에 생긴 결과이다. 그러나 커뮤니케이션의 세계정치, 좀 더 구체적으로 공공 외교의 세계정치는 단위 차원의 발상을 넘어서 행위자들이 구성하는 복합적 관계, 즉 네트워크의 맥락에서 이해되어야 한다. 이러한 시각에서 보면 공공 외교의 본질은 소프트 파워의 논의가 암시하는 것처럼 일방적으로 우월한 이념과 가치를 전파하는 데에 있기보다는, 많은 사람과 쌍방향으로 소통하는 관계 맺기를 통해서 공감을 얻어내는 데에 있다.

소프트 파워 개념이 지니는 이러한 한계는 나이의 개념화 자체가 안고 있는 '행위자 기반의 개념화'라는 특성에 그 원인이 있다. 다시 말해 소프트 파워의 개념은 행위자 간의 밀고 당기는 작용과 반작용의 인과관계를 염두에 둔 인식론을 바탕으로 한다. 이러한 개념 인식은 소프트 파워의 메커니즘을 행태주의적 차원에서 너무 단순화해서 이해한다는 비판을 면하기 어렵게 한다. 실제로 이러한 개념화는 행위자 차원을 넘어서 '구조' 차원에서 자용하는 권력의 존재를 파악하는 데에 둔감하다. 예를 들어 소프트 파워의 개념은 설득되고 매혹되어 자발적으로 따르는 권력의 메커니즘은 설명할 수 있지만, 구조 안에서 차지하는 위상에서 비롯되는 권력이나 싫으면서도 어쩔 수 없이 받아들여야 하는 권력의 메커니즘을 설명하지 못한다. 인간관계처럼 국가 간의 관계에도 매력을 느끼고 호감이 가는 것이 선택 사항으로 다가오는 것이 아니라 오히려 선택의 여지가 없는 운명으로 주어지는 경우, 또는 내가 잘나서 그런 것이 아니라 내 주위에 펼쳐진 상황이 유리하게 작동해서 그러한 경우도 있다(김상배 엮음, 2009).

이러한 비판은 행위자 기반의 권력 개념만으로는 최근에 벌어지는 권력 변환을 제대로 포착할 수 없다는 21세기 권력론의 문제의식과 통한다. 특히 네트워크 이론의 성과를 원용한 최근 국제정치학 분야의 권력론은 단순한 행위자(노드) 차원을 넘어서 행위자들이 구성하는 관계적 맥락에서 작동하는 권력에 관심을 기울인다. 이는 네트워크에서 비롯되는 권력이라는 의미에서 네트워크 권력이다(김상배, 2008b). 제5장에서 자세히 살펴본 바와 같이, 네트워크 권력은 노드의 속성이나 보유 자원 차원으로 환원되는 권력이 아니라 노드들이 구성하는 네트워크 그 자체의 차원에서 발생하는 권력이다. 그러나 엄밀하게 말하면 네트워크라는 것이 노드와 링크 전체를 포괄하는 개념이라는 점에서 생각하면, 노드 차원에서 발생하는 권력을 완전히 배제하는 것은 아니고 노드라는 행위자와 네트워크라는 구조를 모두 품는 개념으로 보아야 할 것이다. 이러한 시각을 반영한 네트워크 권력의 개념은 집합 권력, 위치 권력, 설계 권력의 세 가지 차원에서 파악된다. 이렇게 파악된 네트워크 권력의 개념은 기존의 이느 권력 개념보다도 중건국의 외교 전략, 특히 공공 외교 전략의 방향을 제시하는 데에 도움을 준다.

2) 중견국의 네트워크 매력 외교

이상에서 소개한 시각에서 볼 때, 네트워크 권력에 기반을 둔 중견국의 매력 외교는 어떻게 가능할까? 사실 기존의 자원 권력의 국제정치가 그랬듯이 새로운 네트워크 권력의 세계정치도 강대국들이 주도한다. 그럼에도 네트워크 권력의 게임은 자원 권력의 게임에 비해서 강대국이 아닌 국가들이 운신할 수 있는 폭을 넓혀주는 것도 사실이다. 무엇보다도 네트워크 권력의 개념은 강자의 힘뿐만 아니라 약자의 힘도 상상해볼 수 있는 여지를 준다. 미국과 같은 강대국이 행사하는 권력에 비해서 한국과 같은 중견국이 추구하는 권력은 주변 행위자들과의 관계, 즉 네트워크 환경을 좀 더 적극적으로 고려할 수밖에 없기 때문이다. 이러한 맥락에서 볼 때, 중견국의 네트워크 매력 외교는 앞서 제5장에서 제시한 바와 같은 집합 권력, 위치 권력, 설계 권력의 발상을 공공 외교 분야에 적절히 적용하는 데에서 터득해야 한다. 이에 대해서는 제8장에서 이미 언급한 바 있지만, 여기서는 그 중요성을 강조하는 의미로 공공 외교의 시각에서 다시 한 번 살펴보자(김상배·이승주·배영자 엮음, 2013).

첫째, 중견국이 추구할 네트워크 매력 외교의 바탕에는 세勢를 모으는 힘이 있다. 이는 할 수 있는 만큼 많이 내 편을 모으는 능력이다. 나이의 소프트 파워에 대한 논의는 기본적으로 개별 국가 차원에서 발휘되는 머리의 힘이나 기예의 힘, 또는 마음의 힘을 다룬다. 그런데 대부분의 경우 중견국은 개별 국가 차원에서는 강대국에 버금가는 머리와 기예와 마음의 힘을 갖추기 어렵다. 따라서 중견국의 경우에는 개별 국가의 발상을 넘어서 자국의 주위에 비슷한 세력들을 모아서 집합적으로 힘을 발휘하는 전략을 취하는 것이 유리하다. 이렇게 해서 자국과 함께 네트워크를 구성하는 노드의 숫자가 많으면 많을수록 그렇게 형성된 네트워크 행위자가 발휘하는 힘은 더 커진다.

이렇게 세를 모으는 방식으로는 폭력과 금력을 기반으로 두는 하드 파워가 여전히 중요하다. 그러나 21세기 세계정치에서는 소프트 파워를 활용해 세를 모으는 전략의 중요성이 강조된다. 사실 나이의 소프트 파워 개념도 비록 초보적이지만 이렇게 네트워크의 세를 모으는 집합 권력에 대한 논의를 담고 있다. 나이의 논의에서 주목할 점은 세를 모으는 과정에서 하드 파워처럼 '밀어붙이는 완력'보다는, 소프트 파워처럼 '끌어당기는 매력'의 중요성을 강조했다는 사실이다. 그렇지만 중견국의 매력은 강대국처럼 혼자서 발산하는 방식으로는 얻어내기 어렵다. 중견국의 매력 외교는 비슷한 세력들이 함께 힘을 합치는 구도에서 강대국의 그것을 앞설 가능성이 있다. 비유컨대 강대국의 매력 외교가 혼자서 네트워크를 치는 '거미줄 치기'을 연상하게 한다면, 중견국의 매력 외교는 꿀벌 여러 마리가 만드는 '벌집 짓기'를 떠올리게 한다(김상배 엮음, 2011).

집합 권력을 기반으로 한 중견국 매력 외교의 사례는 최근 한국 외교의 곳곳에서 발견된다. 최근에 한국이 2011년과 2012년에 걸쳐서 G20 정상회의나 핵안보정상회의, 세계개발원조총회 등을 개최해 여러 나라의 대표들을 불러 모아 성공적으로 회의를 치른 일은 한국이 국제사회의 책임 있는 구성원으로 자리매김하는 효과를 보았다. 이러한 여세를 몰아 2013년과 2014년에도 굵직굵직한 국제회의들이 한국에서 열리게 되었는데, 한국이 이러한 기회를 잘 살린다면 국제사회에 좋은 이미지를 발신할 수 있을 것이다. 최근에는 SNS Social Network Service로 대변되는 온라인상의 네트워크를 활용한 디지털 매력 외교도 한창 진행되고 있다. 이렇게 SNS가 매력 외교에서 차지하는 역할은 민간 차원의 대중문화 교류에서 더욱 두드러지게 나타나는데, 글로벌 한류 열풍의 와중에 한몫을 담당하는 현지 팬들의 소셜 네트워크에 주목할 필요가 있다. 이 밖에도 여러 나라에 흩어진 한민족을 엮는 디아스포라 외교도 집합 권력을 기반으로 한 매력 외교의 일환으로 이해할 수 있다.

둘째, 중견국의 네트워크 매력 외교에서는 네트워크에서 형성되는 관계적 구도를 활용하는 능력이 중요하다. 이러한 능력은 네트워크에서 자신의 위치를 파악하는 능력에서 시작된다. 사실 중견국의 입장에서 보면 자국의 주위에 형성된 네트워크는 강대국의 경우처럼 전략적으로 활용하는 단순한 환경을 의미하는 것만은 아니다. 중견국으로서는 오히려 그러한 네트워크가 자국의 행위를 제약하는 구조로 작동할 수도 있기 때문이다. 따라서 중견국이 이러한 구조 아래에서 매력을 발산하려면 우선 네트워크 전체의 형세를 파악하고 그러한 네트워크의 구조에서 차지하는 자국의 위치를 파악하는 지혜가 필요하다. 나이가 강대국의 '상황 지성contextual intelligence'을 강조했다면(Nye, 2008a), 이 책에서 말하고자 하는 바는 일종의 '위치 지성positional intelligence'이라고 부를 수 있다.

비유컨대 중견국이 네트워크의 관계적 구도를 활용하는 능력은 자신의 주위에 네트워크를 치는 거미의 능력이라기보다는, 이미 쳐진 거미줄에서 떨어지지 않고 살아남는 종류의 능력이다. 이러한 점에서 중견국의 위치 지성은 '거미줄 치기'의 발상을 넘어서, '거미줄 타기'에 비유된다. 거미줄 타기의 위치 지성은 전체 네트워크상에서, 또는 두 개 이상의 네트워크 사이에서 어느 특정 노드가 차지하는 위치나 기능 또는 링크의 형태와 숫자, 통칭해 네트워크의 구도로부터 발생하는 위치 권력을 추구한다. 더 나아가 네트워크에 숨은 틈새나 공백을 찾아서 이를 잇거나 메워주는 중개자의 전략도 중견국의 주요 관심사이다. 이러한 과정에서 다른 행위자들을 기존의 네트워크에서 형성된 관계로부터 분리해 자신의 편으로 편입시키는 세 모으기의 전략도 병행된다.

이러한 중견국의 위치 권력이나 중개 권력이 공공 외교 차원에서 발휘된 사례는 최근 한국의 외교에서 많이 발견된다. 아마도 가장 많은 관심의 대상이 되는 것은 미국과 중국의 사이에서 한국이 지혜로운 중개자의 이미지를 만들어낼 수 있느냐 하는 문제일 것이다. 최근 한국에서 주관했던 여러 차례의 다자간 정상회의에서 중견국 한국은 선진국 그룹과 개도국 그룹의 사이에서 양 그룹이 모두 받아들일 수 있는 합리적 중재안을 내는 이미지를 이룩해왔다. 이 밖에도 최근 환경 분야의 세계질서 형성 과정에서 한국은 선진국과 개도국의 입장을 중개하는 새로운 국제 규범을 마련하는 데에 일정한 역할을 담당했다. 앞으로 이러한 중개자의 역할이 성공하려면 글로벌 매력망의 구도에서 중견국으로서 한국의 위상을 적절히 설정하는 것이 무엇보다도 중요하다.

끝으로, 중견국의 네트워크 매력 외교는 네트워크의 아키텍처나 작동 방식에 대한 새로운 발상을 제시하는 힘을 바탕으로 한다. 이러한 힘은 행위자들의 상호작용이 이루어지는 네트워크의 기본 구도를 설계하는 권력과 동일한 맥락에서 이해할 수 있다. 사실 국제정치의 역사에서 설계 권력이란 주로 강대국이 독점해왔다. 국제정치에서 이러한 설계 권력이 중요한 것은 만약에 어느 네트워크가 특정한 방식으로 작동하도록 미리 설계될 수만 있다면, 그 네트워크 자체가 실행되기도 전에 이미 승부가 결정 날 가능성이 있기 때문이다. 국제정치 영역에서 이러한 설계 권력은 명시적 제도와 암묵적 규범을 설계하는 힘을 의미하며, 더 나아가 그러한 제도와 규범에 설득력 있는 이념과 존재론적 보편성을 담아내는 능력에도 연결된다.

그렇다면 강대국의 전유물이라고 할 수 있는 설계 권력의 영역에서 중견국이 할 수 있는 역할은 무엇일까? 강대국의 경우와 마찬가지로 중견국 공공 외교의 목표도 자국에 유리한 프레임을 짜고 이를 일종의 표준으로 세우는 것일 수밖에 없다. 그렇다고 중견국이 강대국을 능가하는 설계자가 될 수 있는 것은 아니다. 그러나 중견국이 전체 프로그램을 설계할 수는 없더라도 적어도 주어진 플랫폼 위에서 응용프로그램을 개발하거나 틈새를 메우는 정도의 설계는 할 수 있을 것이다. 최근 서울 컨센서스나 한류의 모델에서 발견되는 것처럼 기존에 존재하는 두세 개의 모델을 엮어내는 '메타 설계'의 발상이 좋은 사례가 될 수 있다.

한편 중견국의 설계 권력이 효과를 볼 수 있는 또 하나의 전략은 강대국이 설계한 프로그램의 규범적 타당성에 도전하는 것이다. 이러한 맥락에서 최근 중견국 공공 외교의 단골 메뉴로 등장하는 것은 규범 외교이다. 중견국은 지배 네트워크와는 상이한 대안적 채널의 비전을 제시함으로써 어느 정도의 반론을 제기하는 효과를 노릴 수도 있다. 지배 네트워크가 운영하는 프로그램의 구조적 편향을 지적하거나 이러한 행보에 힘을 싣고자 세를 규합하는 전략이 동원될 수 있다. 사실 강대국의 일방적 권력을 비판하고 약소국의 동조를 끌어낼 수 있는 규범의 힘은 여럿이 나서서 네트워크를 형성할 때에 더 쉽게 만들어진다. 이러한 과정에서 중견국이 얻게 되는 공공 외교의 효과는 약자의 표준을 세우는 모범국가로서의 이미지이다.

요컨대 한국과 같은 중견국이 네트워크 매력 외교를 효과적으로 추진하려면 노드 차원의 전략을 넘어서는 네트워크의 발상이 필요하다. 네트워크의 발상에 입각한 중견국의 공공 외교는 개별 매력을 발산하는 차원을 넘어서 주위의 세를 모으는 집합의 매력 전략을 고민해야 한다. 또한 중견국의 네트워크 권력은 네트워크의 구조에서 자국이 차지하는 위상과 역할을 적절히 활용하는 위치 잡기의 매력 전략을 추구해야 한다. 아울러 중견국의 네트워크 권력은 주어진 네트워크 프로그램의 판세를 정확히 읽고 그 안에서 새로운 디자인을 제시하는 발상도 포기하지 말아야 할 것이다. 이러한 점들을 고려해서 볼때, 한국과 같은 중견국이 추구할 수 있는 네트워크 매력 외교로서의 공공 외교는 미국과 같은 강대국이 추구하는 그것과는 내용과 형태가 다를 수밖에 없다. 공공 외교가 중요하다고 강조되는 국내외의 분위기 속에서 이렇게 강대국의 공공 외교와 중견국의 공공 외교가 어떻게 다를 수 있는지를 분별하는 작업이 필요하다.

5. 한국의 공공 외교 전략

매력과 네트워크로 요약되는 공공 외교가 지니는 중요성과 필요성에 대한 인식은 이미 한국에서도 체감된다. 전통적 하드 파워의 기준으로 보면, 한국은 세계적으로는 대략 10~15위권을 차지하지만 이른바 4강強에 둘러싸인 동북아시아에서는 북한을 예외로 치면 꼴찌를 면할 수 없다. 그렇지만 소프트 파워를 기준으로 한 세계정치 무대에서는 막연하게나마 한국에 희망이 보인다. 인터넷의 확산과 활용이라는 측면에서 보면 한국은 이미 세계적 선진국이다. 이러한 IT 인프라를 바탕으로 해서 네티즌들은 국내외 정치 과정에 다양한 방식으로 참여한다. 여기에 담기는 콘텐츠의 생산이라는 차원에서도 한국은 두각을 드러내고 있다. 한류韓流로 대변되는 한국의 대중문화와 예술 활동 등이 대표적 사례이다. 이러한 맥락에서 보면 외교부의 젊은 신세대 외교관들이 자신들이 선호하는 부서로서 (전통적으로 인기 부서인 북미국이나 한반도 안보 담당 부서가 아닌) 문화 외교나 공공 외교 또는 국제개발협력 등을 담당하는 부서가 거론되는 현상도 이해함 직하다.

최근에 들려오는 소식은 한국의 공공 외교에 희망을 준다. 시장조사 기관인 GfK가 발표한 2011년 한국의 국가 브랜드 지수NBI는 세계 27위를 차지해 2008년의 33위, 2010년의 30위에서 꾸준히 상승 중이라고 한다. 이러한 수치가 절대적 의미를 지닌 것은 아니겠지만, 그래도 일정한 정도로 고무적인 것은 사실이다. 사실 소통과 공감을 논하는 소프트 파워의 세계정치 영역에서는 '협력'이 아니라 '경쟁'의 잣대를 들이댈 수밖에 없는 현실의 비애가 있다. 실제로 공공 외교의 영역은 결과로 얻어지는 것을 목적으로 내걸었을 경우 오히려 낭패를 볼 수도 있는 분야이다. 그럼에도 매력 경쟁의 틈바구니에서 한국은 한가로이 머무를 수만은 없는 중견국의 처지에 있다. 단순히 선진국의 모델을 따라가는 차원을 넘어서 중견국인 한국의 실정에 맞는 공공 외교의 전략을 모색할 필요성이 제기되는 것은 바로 이러한 대목이다.

이러한 관심을 반영하듯이, 이명박 정부에서는 국가브랜드위원회나 한국공공외교포럼과 같은 기구와 제도가 발족되기도 했다. 또한 외교통상부도 '총력·복합 외교'라는 구호 아래 소셜 미디어를 활용해 주요국 정부나 국민들과 소통을 강화하려는 행보를 보였다. 이러한 맥락에서 볼 때, 이 장에서 살펴본 소셜 미디어와 미국의 공공 외교 전략에 대한 분석은 한국의 공공 외교 전략을 모색하는 데에도 큰 시사점을 준다. 최근 서울에서 행한 미국 오바마 대통령의 연설에서도 지적되었다시피, 한국은 트위터, 미투데이, 카카오톡과 같은 소셜 미디어의 사용이 매우 활성화된 좋은 환경을 갖추고 있다(Obama, 2012). 그렇지만 단순히 세계적으로 앞서 나가는 소셜 미디어 환경에 대해서 자족하고 있을 때만은 아니다. 오히려 지금 우리에게 필요한 것은, 앞서 가는 소셜 미디어를 상대적으로 부진한 공공 외교 분야에 어떻게 하면 성공적으로 도입할 수 있을지 고민하는 진지한 노력이다.

그렇다면 국내 네트워크의 구축이라는 관점에서 볼 때 한국의 공공 외교는 어떻게 추진되어야 하는가? 공공 외교를 효과적으로 추진하려면 어떠한 제도적 장치를 마련해야 하는가? 최근에는 공공 외교의 추진 체계 정비와 제도적 여건의 구비를 놓고 토론이 벌어지고 있다. 커뮤니케이션과 네트워크 세계 정치의 부상으로 대변되는 바깥세상의 변화에 대한 대응책의 마련이라는 차원에서 이러한 토론 자체는 매우 고무적이다. 게다가 기존에 진행되어온 공공 외교나 문화 외교 또는 국제 문화 교류의 새로운 방향을 모색한다는 차원에서도 의미가 크다. 그리고 무엇보다도 예산과 인력의 확보라는 점에서 새로운 전기가 마련될 것이다. 이렇게 공공 외교의 추진 체계를 정비하려는 노력이 결실을 이루려면 몇 가지 고려해야 할 점들이 있다(김상배, 2012d).

우선 외교 전담 부처 내에서 현재 각 지역국이나 기능국에 분산된 공공 외교의 업무를 좀 더 체계적으로 조율하는 체계 정비가 필요하다. 최근 외교부는 공공 외교에 대해 전례 없이 진지한 접근을 펼치고 있다. 예를 들어 새로이 공공 외교 대사직을 신설해 예전에는 문화외교국 차원에서 진행되어온 공공 외교의 도약을 모색하고 있다. 게다가 세계의 변화는 정무 외교와 통상 외교를 양대 축으로 하는 현재의 구도를 넘어서는 새로운 발상을 요구한다. 이러한 맥락에서 한국 외교의 '제3의 축'으로서 공공 외교를 추진하는 새로운 체계를 고민해야 할 것이다. 어떠한 형태이건 외교 현안에 너무 바쁘게 쫓기는 현실을 넘어서 느긋하게 장기적 구상을 가지고서 '24시간' 공공 외교를 고민하는 조직지組織知가 필요하다.

더불어 실무 부처 차원에서 진행되는 국제 교류를 넓은 의미의 공공 외교라는 구도에서 이해하려는 노력도 필요하다. 사실 국제 교류나 공공 외교의 추진은 외교 전담 부처만이 아니라 범정부 차원에서 여러 실무 부처가 나서는 업무이다. 예를 들어 문화관광부가 추진하는 국제문화교류사업이나 교육부의 학술·지식·언어 분야의 국제 교류, 정보 통신과 과학기술 담당 부처의 IT 분야 국제교류협력사업, 기획재정부와 수출입은행이 관여하는 국제개발협력사업 등을 들 수 있다. 따라서 공공 외교를 이 중의 어느 한 실무 부처가 담당하는 국제교류정책의 차원에서만 이해해서는 곤란하다. 예를 들어 최근 문화관광부를 중심으로 좁은 의미의 '문화 외교'로서 공공 외교를 이해하려는 경향이 나타나는데, 이는 '문화 외교'의 개념이 다른 부처에서 수행하는 업무를 모두 포괄하지 못한다는 점에서 한계가 있다. 궁극적으로 넓은 의미의 공공 외교는 문화 외교뿐만 아니라 과학기술 외교, 기여 외교, 교육 외교, 지식 외교 등을 모두 아우르는 한국 외교의 새로운 밑그림을 그리는 작업과 연결되어야 한다.

이러한 맥락에서 파악된 공공 외교는 네트워크 외교로서의 특성상 어느 한 주체가 독점하는 것이 아님을 명심해야 한다. 이러한 맥락에서 단일한 '조직'이 아니더라도 국가적 차원에서 공공 외교를 전체적으로 네트워킹하는 존재가 필요하다. 물론 네트워킹을 통한 조율의 기능이라는 것은 말은 쉽지만 실제로는 어려운 경우가 많다. 특히 각기 이권이 달린 정부 부처 사이에서 공조의 네트워크를 만든다는 것은 생각처럼 쉽지 않다. 그렇지만 범정부적 차원에서 공공 외교 분야의 '메타 거버넌스meta-governance' 기능을 담당하는 추진 체계를 만드는 일은 효용성이 매우 클 것이다. 이러한 연속선상에서 청와대나 국무총리실에 공공 외교를 조율하는 기구의 신설에 대한 논의가 최근 피어나고 있음을 되새겨볼 필요가 있다.

그렇다면 이러한 범정무석 소율 기구는 무슨 억말을 해야 하나? 우신은 기존에 한국의 경제발전을 이끌었던 '발전국가'의 경우처럼 모든 것을 통제하려는 발상을 넘어서야 할 것이다. 이는 중장기 기본 계획을 세우는 기존의 '독獨마인드'에서 여럿이 함께하는 '공共 마인드'로 이행하는 것을 의미한다. 이러한 과정에서 한국의 네트워크를 상대국의 네트워크로 연결해주는 중개자의 역할이나 현장에서 토론과 소통의 장을 만들어주는 플랫폼 제공자로서 역할을 떠올려볼 수 있다. 어떠한 형태가 되건 간에 새로이 마련되는 범정부적 공공 외교 추진 체계에는 일사불란一絲不亂과 중구난방衆口難防, 또는 집중과 분산의 이분법적 발상을 넘어서는 조율의 기능을 마련하는 지혜가 필요하다.

제**11**장

사이버 안보의 비대칭 망제정치

1. 네트워크로 보는 사이버 안보

주로 해커들이 벌이는 핵티비즘hactivism이나 사이버 테러로 인식되던 사이버 안보 문제가 최근 들어 국가 간에 벌어지는 사이버 공격의 문제로 그 성격이 바뀌는 양상을 보이고 있다. 미국 정보기관 관계자들에 의하면, 미국과 이란이 사이버공간에서 공격과 반격을 주고받는 '그림자 전쟁'을 이미 진행 중이라고 한다(*New York Times*, 2012년 10월 13일 자). 이에 관해서 리언 패네타Leon Panetta 미 국방 장관은 2012년 10월 11일에 이란을 직접 거론하지는 않은 채, 적대적 국가나 집단이 미국의 핵심 전산망을 장악할 때 대규모 손실을 볼 수 있으며, 미국이 '사이버 진주만' 공격을 받을 위험에 처했다고 지적했다. 이러한 발언은 중동 지역에서 벌어진 최근의 해킹 공격이 이란인들의 소행이고, 이란인 해커들은 이란 정부의 지원을 받았을 가능성이 매우 높다는 미 당국자들의 인식을 반영하는 것이었다.

　실제로 2012년 들어 이란은 여러 차례에 걸쳐서 미국과 걸프만 국가들에 대해 사이버 공격을 감행한 것으로 알려졌다. 2012년 8월에 벌어진 사우디의 석유 기업 아람코Aramco와 카타르의 가스 기업인 라스가스RasGas에 대한 사이버 공격의 배후에 이란이 있다는 것이다. 그러나 이러한 이란의 사이버 공격이 2010년에 이루어진 미국과 이스라엘의 대이란 사이버 공격에 대응하는 차원이었다는 지적에 주목해야 한다. 미국과 이스라엘은 이란의 핵 시설에 스턱스넷Stuxnet이라는 컴퓨터 바이러스를 침투시켜 전체 원심분리기의 5분의 1가량을 파괴한 것으로 알려졌다. 이렇듯 미국-이스라엘과 이란 사이에서 오고간 사이버 공격은 사이버 안보를 국가 간의 안보 문제라는 새로운 지평으로 올려놓았다(연합뉴스, 2012년 10월 12일 자).

국가 간 분쟁으로서 사이버 공격은 지구 반대편 중동에서 벌어지는 미국과 이란의 문제만이 아니라 동아시아와 한반도 지역에서도 벌어지는 현재 진행형의 사건이다. 예를 들어 2009년 7월 7일의 디도스Distributed Denial of Service: DDoS 공격 이래 북한은 한국에 대해 사이버 공격을 했다고 의심받아왔다. 그중에서도 가장 큰 사회적 관심을 끈 것은 2011년 4월 농협 인터넷 전산망에 대한 사이버 공격이었다. 이 사건은 디도스 공격으로 말미암아 농협 전산망에 있는 자료가 대규모로 손상되어 수일에 걸쳐 전체 또는 일부 서비스 이용이 마비된 사건이었다. 검찰은 이 사건이 북한 체신청 소유의 중국 내 IPInternet Protocol 주소에서 발원된 북한의 소행으로 결론지었다. 북한의 정찰총국이 7개월 전부터 치밀하게 준비한 사건이라는 것이었다(연합뉴스, 2011년 5월 3일 자).

2013년 3월 20일에 벌어진 사이버 테러의 파장은 더욱 컸다. 국내 주요 방송사와 금융사 6곳의 전산망이 일제히 마비되는 사고가 발생했다. 6개 회사가 보유한 약 3만 2,000대의 PC는 일시에 오작동을 일으켰고, 그 안에 저장된 데이터도 파괴되었다. 3·20 사이버 테러는 이전에 벌어진 디도스 공격과는 달리 APTAdvanced Persistent Threat 공격으로 알려졌다. 좀비 PC 등을 동원해 단기간에 유해 트래픽을 대량으로 특정 시스템에 전송해 네트워크에 과부하를 유발하는 디도스 방식과는 달리, APT 공격은 특정 표적을 겨냥해 명확한 목표를 두고 알려지지 않은 해킹 기법을 사용해 장기간에 걸쳐서 지속적으로 은밀하게 기밀 정보를 유출하거나 시스템의 파괴를 노리는 방식이다. 민·관·군 합동 대응팀이 조사한 결과 3·20 사이버 테러는 북한의 소행으로 추정된다고 발표되었는데, 2009년과 2011년의 디도스 공격, 2011년의 농협 전산망 파괴 당시의 북한 해킹 수법과 일치한다는 것이다(연합뉴스, 2013년 4월 10일 자).

이렇게 세계 및 한반도 차원에서 벌어지는 사이버 테러와 공격의 문제를 어떻게 볼 것인가? 사이버 테러와 공격은 다양한 행위자가 복합적 네트워크 환경을 배경으로 해서 참여하는 '비대칭 전쟁'의 대표적 사례이다. 비대칭 전쟁이란 힘과 규모의 면에서 비대칭적인 행위자들이 비대칭적 수단을 동원해 서로 다른 비대칭적 목적을 수행하려고 이루어지는 전쟁을 의미한다. 기본적으로 사이버 테러와 공격은 국가 행위자들이 아니라 체계적으로 조직되지 않은 네트워크 형태의 행위자들이 벌이는 게임이다. 따라서 그 게임의 방식과 구조의 성격상 누가 주범인지를 밝혀내기 어려운 복합적 게임이다. '피해자는 있는데 가해자가 없다'는 말을 방불케 하는 현상이다. 실제로 범인을 색출하는 게임이라기보다는 때에 따라서 누가 범인인지에 대한 이야기를 잘 구성하는 것이 중요한 일종의 '범죄의 재구성 게임'으로 인식되기도 한다. 사실 사이버 안보와 관련된 문제의 많은 부분이 인터넷이라는 독특한 시스템, 즉 복합 네트워크 환경을 배경으로 해서 발생한다. 이런 점에서 사이버 안보의 문제는 국가들의 정치를 넘어서는 문제이다(김상배, 2011c).

그렇다면 국가는 사이버 안보의 세계정치에서 완전히 사라져버렸는가? 최근의 사례를 보면 사이버 공격을 감행하는 비국가 행위자들의 배후에 국가 행위자가 숨어 있음을 알 수 있다. 후술하는 바와 같이, 2007년 봄 에스토니아에 대한 사이버 공격 사건, 2008년 8월 조지아에 대한 사이버 공격 사건, 2010년 이란 핵발전소와 우라늄 농축 시설에 대한 사이버 공격, 2011년 북한의 소행으로 추정되는 농협 인터넷 전산망에 대한 사이버 공격, 앞서 언급한 2012년 미국과 사우디 및 카타르에 대한 이란의 사이버 공격 등의 뒤에는 국가 행위자가 있다. 그러나 사이버 안보의 특성상 전통적 국가 안보의 시각에서만 문제를 보아서는 안 된다. 그렇다면 새로이 부상하는 비국가 행위자들과 여전히 그림자를 드리우는 국가 행위자를 어떻게 엮어서 보아야 할까?

아쉽게도 기존의 국제정치이론은 비국가 및 국가 행위자가 얽힌 사이버 안보 분야의 복합성을 제대로 드러낼 이론적 자원을 가지고 있지 않다. 일견 사이버 안보의 주제는 비국가 행위자의 역할을 강조하는 자유주의 국제정치 이론의 입맛에 맞는 것처럼 보인다(Nye, 2010). 사이버 안보의 분야는 해커들과 테러리스트와 같은 비국가 행위자들의 주 무대이며, 최근 모색되는 사이버 안보 분야 글로벌 거버넌스의 논의도 국가뿐만 아니라 행위자들이 적극적으로 참여해 해법의 마련에 기여할 가능성이 높다. 그럼에도 자유주의 시각은 사이버 공격 자체나 사이버 위협을 해소하는 문제에 적극적으로 개입하기 시작한 국가의 영향력을 과소평가할 우려가 있다(Rattray and Healey, 2011).

국가 안보에 주목하는 현실주의 국제정치이론도 사이버공간에서 발생하는 새로운 안보의 복합성을 포착하기에 부족하기는 마찬가지이다.[1] 현실주의 시각은 국가 행위자의 군사 안보라는 근대 국제정치의 맥락에서 접근함으로써 사이버 안보가 지니는 탈근대 안보의 면모를 간과할 우려가 높다. 예를 들어 냉전 시대의 핵무기가 불러온 안보 문제를 분석하려고 개발된 개념과 이론을 사이버 안보에 그대로 적용하려는 시도는 적절하지 않다. 사이버 안보에서도 상대방에 대한 억지가 매우 중요하지만 핵무기를 보유한 국가 간의 대칭적 관계에서 기원한 핵 억지의 개념을 비대칭 전쟁을 핵심으로 하는 사이버 안보에 끌어오기에는 무리가 따른다(Singer and Shachtman, 2011).

---

1 국제정치학의 시각에서 본 정보화 시대 사이버공간의 안보 문제에 대해서는 Eriksson and Giacomello eds.(2007), Manjikian(2010), Klimburg(2011), 특히 네트워크 전쟁론의 시각에서 사이버 안보 문제를 보는 이론적 실마리를 제시한 연구로는 Arquilla and Ronfeldt(1996, 2001), Libicki(2009) 등을 참조하기 바란다.

사이버 안보 분야에서 구성주의 국제정치이론의 시각은 이른바 코펜하겐 학파의 안보화securitization의 적용이라는 맥락에서 발견된다. 사이버 안보의 세계정치에서는 사이버 테러와 공격의 진원지일 가능성이 큰 집단이나 국가를 상대로 불법과 일탈의 이미지를 부가하는 구성의 과정이 벌어지곤 한다. 사실 사이버 안보의 문제는 실제로 큰 재앙의 형태로 발생한, 실재하는 위협이라기보다는 전문가나 정치가들이 구성한 현실 속에서 존재하는 위협이다. 일각에서 사이버 위협에 대한 회의론이 지속해서 제기되는 것도 바로 이러한 이유에서이다. 그러나 최근 드러난 변화의 양상을 보면 사이버 테러와 공격은 실재하는 위협으로서 부각되고 있다. 이런 점에서 볼 때, 실제 현실을 보면 사이버 안보의 세계정치는 구성주의 시각이 상정하는 모습보다도 훨씬 더 복합적인 양상으로 진행되고 있다. 그럼에도 구성주의 시각이 가지는 유용성은 사이버 테러와 공격의 현실과는 별도로 진행되는 사이버 안보의 개념과 그 이미지 또는 상징적 차원을 보여줄 수 있다는 데에 있다.[2] 사실 안보security의 개념은 앞서 제7장에서 살펴본 세 가지 차원의 국가 개념(government, state, nation)과 만나서 다르게 구성될 가능성이 크다. 정부government와 만나면 다소 중립적인 안전safety이나 보호protection의 의미로, 사회society와 대립되는 의미의 국가state와 만나면 보안保安이나 공안公安의 의미로, 대외적 차원의 국가nation과 만나면 안보安保의 의미로 구성되곤 한다.

한편 이들 국제정치이론이 모두 결여하는 것은 사이버 테러와 공격이 발생하는 네트워크 환경 또는 인터넷의 구조에 대한 이해이다. 인터넷이라는 네트워크의 구조적 복합성에 대한 연구는 주로 컴퓨터 공학의 시각에서 이루어

---

2 국제정치이론에서 말하는 구성주의나 코펜하겐 학파와는 다소 다른 맥락이기는 하지만 예외적으로 로널드 디버트 등이 수행한 일련의 연구인 Deibert et al.(2008, 2010, 2011) 등을 참조할 수 있다. 또한 공간 구성주의의 시각에서 사이버 안보의 국제정치적 이슈들을 다룬 Steinberg and McDowell(2003)도 있다.

졌다. 이들 연구는 이슈 자체가 지닌 기술적 복합성이나 네트워크로서의 성격에 대한 이해를 바탕으로 논의를 펼친다(Galloway, 2004; Galloway and Thacker, 2007). 이들은 소프트웨어 엔지니어링이나 시스템 디자인 등의 분야에서 얻은 컴퓨터 안보, 네트워크 안보, 정보 안보 등의 개념을 원용해 세계정치 현상으로서 사이버 안보 문제를 보는 시각을 제공한다(Matusitz, 2006). 그러나 이들 연구가 지니는 한계는 비인간 행위자(또는 환경)로서 기술 체계가 구동되는 이면에 존재하는 인간 행위자들의 의도적 전략과 그 과정에서 작동하는 권력정치의 동학을 간과한다는 점이다. 따라서 간혹 기술 체계 자체에서 발생하는 가능성에만 주목해 사이버 공격과 테러가 낳을 위험성을 과장하는 경향이 있다고 지적된다.

최근 사이버 안보의 문제는 기술과 공학의 분야에만 더는 국한되지 않고 21세기 세계정치 연구의 주요 주제로서 부상했다.[3] 특히 국가 행위자가 사이버 공격의 주요 주체로서 부상한 현상은 사이버 안보의 세계정치라는 차원에서 중요한 주목거리임이 분명하다. 초창기의 사이버 테러와 공격은 국가 행위자들이 아니라 초국적 핵티비스트나 테러리스트들과 같은 체계적으로 조직되지 않은 네트워크 형태의 비국가 행위자들이 벌이는 게임이었다. 또한 사이버 안보의 국내외 거버넌스 체계의 마련에서도 민간 전문가들의 역할이 중요했다. 그러나 2000년대 말엽 이후로 종전에는 비국가 행위자들의 배후에서 조연 배우의 역할을 담당하던 국가 행위자들이 사건의 전면에 나서고 있다. 또한 이러한 국가 행위자들이 국내외 차원에서 사이버공간의 안보를 보장하는 방어자의 역할도 떠맡고 있다. 다시 말해 요컨대 사이버 안보의 세계정치는 전

---

3 국제정치학의 시각에서 본 사이버 안보 연구로는 Eriksson and Giacomello eds.(2007), Cavelty(2007), Manjikian(2010), Klimburg(2011) 등을 들 수 있다. 특히 네트워크 전쟁론의 시각을 통해 사이버 안보의 문제를 보는 이론적 단초를 제시한 연구로는 Arquilla and Ronfeldt(1996, 2001), Libicki(2009) 등을 들 수 있다. 국내의 국제정치학적 시도로는 이상현(2008), 최인호(2011), 조현석(2012) 등을 들 수 있다.

통적 안보 행위자로서 국가 행위자 외에 초국적으로 활동하는 비국가 행위자들의 존재감이 두드러진 분야일 뿐만 아니라, 사이버공간의 네트워크 구조, 즉 이 책에서 '비인간 행위자non-human actor'로 개념화한 변수가 독립변수로 작동하는 게임이다.

결국 사이버 안보의 세계정치를 탐구하는 이론적 과제는 사이버 안보와 관련된 국가 및 비국가 행위자들의 복합성에 대한 인식과 함께 이들 행위자가 놓인 구조적 환경의 역할을 밝히는 문제로 요약된다. 이러한 맥락에서 이 책은 사이버 안보의 세계정치를 이해하는 분석틀로서 앞서 제2부에서 제시한 네트워크 세계정치이론을 원용하고자 한다. 특히 이 글은 네트워크 세계정치의 주요 행위자로서 네트워크 국가들이 벌이는 망제정치에 초점을 맞추고자 한다. 분석 이론의 측면뿐만 아니라 실천 이론의 모색이라는 점에서도 네트워크 국가론이 주는 의미는 크다. 복합적 양상으로 나타나고 있는 사이버 테러와 공격의 위협은 단순히 일국 차원에서 대응책을 마련하거나 법제도를 정비하는 문제를 넘어 좀 더 포괄적인 차원에서 네트워크 국가들의 국제협력을 통해서 풀어나가야 하는 문제이기 때문이다.

2. 네트워크로 보는 사이버 안보의 위협

1) 네트워크 구조 속의 사이버 안보 문제

사이버 안보의 문제는 국제정치의 전통적 안보보다 독특한 특성을 가진다. 앞서 언급한 바처럼 사이버 테러와 공격은 다양한 행위자가 복합적 네트워크 환경을 배경으로 해서 참여하는 '비대칭 전쟁'의 대표적 사례이다. 사이버 테러와 공격의 수법으로는 해킹hacking, 악성 코드malware, 디도스DDoS, 치핑chipping, 나노 기계nano machine, 전자 교란electronic jamming, 전자기펄스Electromagnetic Pulse:

EMP, APT 등이 사용된다. 공격자와 공격의 진원지를 식별하는 것이 곤란할 뿐만 아니라 피해가 발생하더라도 그것이 사이버 테러와 공격의 결과를 낳은 사이버 범죄인지, 아니면 단순한 사고인지 분간하는 것이 쉽지 않다. 사이버 공격은 신속하고도 은밀하게 이루어지는 경향이 있는 데에 비해, 이를 막기 위한 대응은 매우 어렵다.

네트워크의 시각에서 볼 때 아이러니한 점은 인터넷이라는 네트워크 자체가 이러한 사이버 테러와 공격의 힘이 먹혀들어가는 빌미를 제공한다는 사실이다. 무엇보다도 인터넷이 우리의 삶에서 차지하는 비중이 커지면서 총알이나 포탄이 날아와 우리의 생명을 위협하지 않더라도, 인터넷 자체가 다운되는 것이 공동체 차원의 위협이 된다는 사실을 지적하지 않을 수 없다. 사이버 테러와 공격은 사전 예측이 곤란하고 사후 식별이 어려운 문제임에 비해서 일단 발생하면, 인명 피해는 상대적으로 적더라도 사회경제적 피해는 대단하다. 여기서 더 나아가 이러한 비국가 행위자들이 개별적으로는 미미한 존재이면서도 인터넷 세상에 큰 위협을 가할 수 있는 계기가 인터넷이라는 정보시스템이 지니는 네트워크로서의 구조적 속성에서 비롯됨을 인식할 필요가 있다.[4]

아무리 잘 설계된 정보시스템이라도 기술적으로 복잡하다 보면 그 부산물로서 버그bugs를 완전히 없앨 수는 없다. 그런데 이러한 빈틈은 해커들이 외부에서 침투해 시스템의 변경이나 훼손을 시도하는 목표가 된다. 제1장에서 지적한 바와 같이, 이러한 프로그램상의 빈틈을 '착취혈exploit'이라고 한다. 이러한 빈틈이 시스템 전체에 영향을 미치는 아킬레스건이 되는 이유는 바로 복합 네트워크라는 구조적 특성에서 비롯된다. 빈틈이 몇 개 있더라도 네트워크가 다운되지는 않지만, 그 빈틈이 치명적 공격을 받게 된다면 그것이 전체 네트워크에 미치는 영향도 통제하기 쉽지 않다. 특히 해커들의 공격은 어느 한 부분의 하드웨어를 파괴하려고 노리는 것이 아니라 소프트웨어 프로그램을 교란

---

4 네트워크의 구조적 특성에 대한 논의로는 Koch and Greg(2010)를 참조하기 바란다.

하려고 노리기 때문이다. 컴퓨터 바이러스나 각종 악성 코드는 이러한 빈틈으로 침투해서 시스템의 정상적 기능을 착취하는 대표적 사례들이다(Galloway, 2004; Galloway and Thacker 2007; 김상배, 2010a).

이러한 착취혈의 존재는 우리가 지속해서 패지 파일의 형태로 김퓨디 소프트웨어를 업데이트해야 하는 이유이기도 하다. 착취혈은 고정되어 있지 않고 유동적이며, 기술적 의미를 넘어서 정치사회적으로도 다층적으로 존재한다. 착취혈은 네트워크상의 다양한 부분이 상이한 속도와 형태로 진화하므로 발생한다. 특히 소셜 네트워크의 규범이 기술 분야의 물리적 네트워크의 발전을 쫓아가지 못해서 발생한 빈틈을 착취해 컴퓨터 바이러스의 공격이 이루어진다. 다시 말해 이들 컴퓨터 바이러스는 소셜 네트워크와 인터넷의 물리망이 만나는 지점에서 기존에는 생각지 못했던 방식으로 네트워크를 착취함으로써 대규모의 불안정성과 혼란을 초래하는 것이다. 이렇게 착취혈을 공격하는 컴퓨터 바이러스에는 다양한 종류가 있다.

최근에는 앞서 언급한 바 있는 스틱스넷이 논란의 중심이 되었다(Farwell and Rohozinski, 2011; Shakarian, 2011). 스틱스넷은 원래 이란 나탄즈Natanz 우라늄 농축 시설에서 사용되는 독일 지멘스Simens제 산업제어시스템ICS을 공격하려고 미국과 이스라엘이 사용한 웜 바이러스이다. 스틱스넷은 치밀한 정보 수집과 실험을 걸쳐 탄생한 정교하고 정밀한 프로그램이다. 해커들이 만드는 일반적 웜 바이러스보다 50배 정도 크며, 기존 방식으로는 탐지되지 않을 뿐만 아니라 만약 탐지되어 코드를 분서해보아도 누가 만들었는지 알 수 없다. 2010년의 스틱스넷 공격은 이란이 가진 원심분리기 5,000개 중 약 1,000개 정도를 피괴했고, 이란의 우라늄 농축 프로그램을 약 18개월에서 2년 정도 지연한 것으로 미국 정부 내에서 평가된다. 그럼에도 컴퓨터 보안 전문가들이 그 존재를 확인하기 전까지 이란은 자국의 컴퓨터가 스틱스넷 공격을 받은 사실을 몰랐던 것으로 보이며, 처음에는 스틱스넷의 공격을 받았다는 사실 자체를 부인했었다.

그 외에도 2102년 5월에는 플레임Flame이라는 악성 코드가 새로이 발견되었다. 플레임의 출현은 스턱스넷 공격 이후 이란에 대한 사이버 공격이 시행된 추가적 증거로 간주된다. 컴퓨터 네트워크와 USB 메모리를 통해 전파되는 플레임은 소리, 화면, 키보드 동작, 네트워크 활동 등을 엿보는 첩보 프로그램이다. 하물며 블루투스가 설치된 컴퓨터의 경우 그 주변에 있는 블루투스 기기의 활동과 데이터까지도 탐지하는 종합적 기능을 지닌다. 예를 들어 블루투스를 통해서 컴퓨터 주변에 있는 스마트폰의 전화번호부에도 접근할 수 있다. 플레임은 스턱스넷보다 약 20배 정도 더 크고 더 복잡한 프로그램인데, 그 코드 분석에 10년은 걸릴 것이라는 것이 전문가들의 평가이다. 게다가 발각되는 것을 피하려고 프로그램의 흔적을 스스로 지워버리는 기능도 탑재하고 있다.

2012년에는 이란이 사우디의 아람코에 대해서 사용한 것으로 알려진 악성 코드 샤문Shamoon이 있다. 샤문은 아람코를 공격해 아람코 전체 컴퓨터의 4분의 3인 컴퓨터 약 3만 대의 데이터를 지워버리는 사태를 일으켰다. 샤문은 감염된 컴퓨터의 파일을 지우고 마스터 부팅 레코드를 파괴해 컴퓨터가 부트하지 못하게 만들었다. 아울러 공격당한 컴퓨터에 있는 패스워드 등의 정보를 추출해 인터넷에 올리는 기능도 있는 것으로 알려졌다. 해커 집단이 정치적 동기를 가지고 특정 기관이나 웹사이트를 마비시킨 사례는 다수이나 사우디의 아람코에 대한 공격처럼 컴퓨터 시스템을 파괴하는 경우는 흔하지 않았다. 일부 전문가에 의하면 사우디 아람코에 대한 공격은 해커 집단이 디도스 대신 악성 코드 프로그램을 사용한 최초의 사이버 공격 사례라고 한다.

이상의 사이버 공격의 수단이 되는 컴퓨터 바이러스 프로그램들은 그 특성상 특정 지역에 제한되지 않고 세계 도처에서 사용될 수 있고 손쉽게 이전될 수 있다. 따라서 중동에서 발생하는 사이버 공격이 다른 지역과 다른 행위자에게로 확산될 가능성이 존재한다. 예를 들어 2010년 이란을 공격한 스턱스넷은 잘 밝혀지지 않은 경로로 유출되어 이란 밖에 있는 컴퓨터들을 감염시켜서 한때 155개국의 컴퓨터 약 10만 대가 스턱스넷에 감염된 것으로 알려졌다.

이러한 맥락에서 볼 때, 사이버 공격이 원래 의도했던 특정한 지역 범위를 넘어서 상승작용을 일으키면서 확대되지 않도록 방지하는 것이 관건이 된다.

이렇듯 착취혈을 공격하려는 시도가 발생하는 것처럼 이를 메우려는 시도도 필요하다. 착취혈이 사이버 공격의 루트라면 이는 외부 세력의 침투를 막는 관문이기도 하다. 네트워크의 구조를 보는 기술적 시각에서 볼 때 사이버 안보의 문제는 일종의 네거티브한 공백으로서 착취혈을 고리로 한 위협과 방어의 망제정치의 문제이다. 그런데 점점 더 복잡해지는 웹 기반 서비스의 발달은 복잡한 응용프로그램을 사이버 공격에서 보호하려는 기술적 조치, 그리고 법제도적 기반을 준비하는 조치를 어렵게 만든다. 문화적 차원에서 본 착취혈도 사이버 안보의 시각에서 본 빈틈이다. 예를 들어 최근 벌어진 사이버 테러의 사건에 임하는 한국인의 인식과 태도를 보면 이러한 빈틈이 드러난다. 다시 말해 한국에서는 인터넷 인프라의 기술적 발전에 비해 사이버 안보에 대한 사회적 인식은 상대적으로 낮은 수준에 머물러 층위 간 격차의 원인이 된다. 이러한 빈틈은 용의주도하게 사이버 공격을 벌이려는 해커 집단의 목표가 되기에 십상이다.

2) 비국가 네트워크 행위자의 위협

사이버 테러와 공격의 문제는 단순히 컴퓨터나 인터넷, 물리적 네트워크의 속성과 관련된 기술적 문제로만 보기는 어렵다. 그야말로 다양한 행위자가 네트워크의 형태로 복합적으로 관여하는 정치사회적 네트워크의 새로운 면모를 극명하게 보여준다. 기본적으로 사이버 테러와 공격은 국가 행위자 간의 게임이 아니라 체계적으로 조직되지 않은 네트워크 형태의 행위자들이 벌이는 게임이다. 사이버 공격을 벌이는 행위자들은 수직적 조직의 형태를 따르지 않고 수평적이고 분산적인 네트워크 형태로 존재하고 작동한다. 그러나 필요시에는 효과적 타격을 가하는 세력으로 결집된다. 따라서 그 게임의 방식과 구조의 성격상 누가 주범인지를 밝혀내기 어려운 복합적 게임이다.

최근에 국내 뉴스 미디어를 뜨겁게 달구었던 디도스DDoS 공격의 사례를 떠올려보자. 분산 서비스 거부 공격이라고 알려진 디도스 공격은 서버가 처리할 수 있는 용량을 초과하는 정보를 한꺼번에 보내 과부하로 서버를 다운시키는 공격 방식이다. 디도스 공격은 수많은 개인 컴퓨터에 악성 코드나 해킹 도구와 같은 것들을 유포해 이들 컴퓨터를 이른바 '좀비 컴퓨터'로 만들고, 이렇게 좀비화된 컴퓨터를 통해 특정 서버를 목표로 해서 대량의 트래픽을 동시에 유발함으로써 그 기능을 마비시키는 수법을 쓴다. 이러한 좀비 컴퓨터들이 공격을 시작하는 시점은 일종의 프로그램화된 예약 공격의 형태를 띨 뿐만 아니라 개별 좀비 컴퓨터는 의도하지 않은, 경우에 따라서는 의식하지도 못하는 사이에 공격에 가담하게 된다. 2011년 4월 농협 해킹 사건의 발원처로 지목된 컴퓨터도 IBM 소속 직원의 노트북이었는데, 7개월 동안이나 잠복해 있었다고 한다.

이러한 과정에서 각 좀비 컴퓨터 또는 물리적 네트워크 전체는 행위자-네트워크 이론ANT에서 말하는 비인간 행위자non-human actor로서 작동한다. 이렇게 복합 네트워크 형태로 활동하는 인간 행위자와 컴퓨터라는 비인간 행위자가 매개체로서 복합적으로 관여하는 비선형적 방식으로 수행되므로 누가 사이버 공격을 벌인 범인인지를 발견내기란 쉽지가 않다. 더 나아가서 아예 누가 공격을 했는지 파악하기 어려운 경우가 태반이다. 이처럼 정체불명의 행위자들이 국가 등을 상대로 디도스 공격을 펼칠 수 있었던 것도 수많은 인간 및 비인간 노드가 인터넷이라는 물적 네트워크를 토대로 손쉽게 연결되었기 때문이다. 그야말로 네트워크 그 자체가 범인이라고 할 수 있다.

여기서 말하는 네트워크란 노드node와 노드들이 링크link로 연결되어 만들어지는 일반적 의미의 네트워크는 아니다. 비유하자면 마치 원생동물인 '아메바'와 같이 유연한 외연을 갖고, 마치 아이들의 장난감인 '레고 블록'처럼 쌓고 허물면서 그 모양을 쉽게 바꿀 수 있으며, 마치 '도마뱀의 꼬리'처럼 어느 부분이 손상되더라도 금세 복구되는 특징을 지닌, 그야말로 '복합 네트워크complex network'이다. 최근 인터넷의 확산으로 말미암아서 네트워킹에 드는 비용이 급속히 하락함에 따라 이러한 복합 네트워크의 메커니즘에 의지하는 비국가 행위자들이 역사의 전면에 그 모습을 드러내면서 예전에는 상상할 수도 없었던 독특한 종류의 '힘'을 발휘하고 있다.

2012년 8월 사우디 아람코에 대해 악성 코드를 침투시킨 사이버 공격의 경우, '정의의 검Cutting Sword of Justice'이라는 잘 알려지지 않은 해커 집단이 자신들의 소행이라고 주장했다. 그들이 악성 코드에 감염시켰다고 주장하는 컴퓨터의 수(3만 대)가 사우디 아람코에서 발표한 피해 컴퓨터 수와 일치하는 것으로 보아서 그들의 주장은 나름대로 신빙성을 얻었다. '정의의 검'은 아랍의 봄을 탄압하는 사우디의 알 사우드 체제를 징벌하고자 알 사우드 체제의 자금원인 사우디 아람코를 공격했다고 주장했다. 해커 집단이 정치적 동기를 가지고 특정 기관이나 웹사이트를 마비시킨 사례는 다수이나 사우디 아람코에 대한 공격처럼 컴퓨터 시스템을 파괴하는 경우는 흔하지 않다. 따라서 공격한 컴퓨터의 데이터를 파기하고 부트를 할 수 없게 만든다는 점에서 '정의의 검'은 단순한 해커 집단이 아니라 국가의 후원을 받는 해커 집단이라는 견해가 설득력을 얻고 있다.

최근 들어서는 미국의 금융기관이나 인터넷 기업인 구글에 대한 중동발 사이버 공격도 증가하고 있다. 또한 뱅크 오브 아메리카, J.P. 모건체이스, 웰스 파고 등의 같은 미국의 유수 금융기관이 사이버 공격을 받아 고객들이 온라인 계정에 접근할 수 없게 되는 사태가 발생했다. 그 외에 공개되지 않은 사이버 공격의 사례나 인지하지 못하는 사이버 공격의 사례가 존재할 것으로 추측되는 실정이다. 이러한 정황으로 미루어보아 중동 내, 그리고 중동발 사이버 공격의 배후에는 정부나 정부의 지원을 받는 해커 집단이 존재한다는 것이 다수의 견해이다.

한편 시간을 거슬러 올라가서 살펴보면, 한국도 2003년에 이른바 '1·25

인터넷 대란'으로 알려진 네트워크 공격을 받은 바 있다. 2003년 벽두부터 전국적인 인터넷 마비 사태를 몰고 온 사상 초유의 1·25 인터넷 대란은 그 원인이 고도로 훈련된 해커의 고의적 공격이 아니라 정보사회를 맞아 수시로 출몰하는 신종 웜 바이러스로 밝혀지자 그 충격과 허탈감은 더욱 컸다. 인터넷 마비가 지속된 1월 25일 오후 2시께부터 9시간여 동안 국민들은 극도의 혼란에 빠져들었고 일부 네티즌들은 일종의 패닉 현상까지 경험한 것으로 전해진다. 당시 정보통신부가 수사기관, 주요 ISP(인터넷 접속 서비스 업체), 정보 보호 업체, 연구 기관의 보안 전문가 12명으로 합동 조사단을 구성, 인터넷 대란의 원인을 조사한 결과, 1·25 인터넷 대란은 마이크로소프트의 SQL 서버의 취약점을 공략한 '슬래머' 웜 바이러스가 대량의 네트워크 트래픽을 유발, 인터넷 접속 장애를 일으켜 발생한 것으로 밝혀졌다(이상헌, 2008: 311).

그러나 이렇게 사이버 공격을 벌이는 이들은 악의없는 해커일 수도 있지만 사회시스템의 전복을 노리는 테러리스트들의 조직일 경우 문제의 심각성은 더해진다. 사이버 테러와 공격에서는 행위자들이 수행하는 역할의 스펙트럼이 매우 넓다. 일반 사용자가 공격자가 될 수 있고, 악의적 공격의 대상이 되기도 하며, 디도스 공격에 이용되는 것처럼 자신도 알지 못하는 사이에 봇넷에 동원되는 소스가 되기도 한다. 애국주의 해커 집단은 국민국가와 암암리에 연대해 다른 국가의 주요 정보 인프라를 공격하기도 한다. 심지어 조직적인 범죄 집단도 단독으로 산업스파이, 해적 행위, 금융자산의 절도 등을 행하지만 애국주의 해커 집단과 함께 다른 국가의 정부 사이트를 공격하는 데에 가담하기도 한다. 게다가 이들은 국가기관에서 아무리 적발해도 끊임없이 새로운 형태로 진화를 거듭해나간다. 분산 네트워크로서의 특성 때문에 특정 대상을 선정해 미리 억지하기도 어렵고 대비해서 방어하기에도 매우 까다로운 안보 문제를 제기한다(조현석, 2012: 158~159).

흥미로운 점은 이러한 네트워크 행위자의 이면에는 새로운 대항 담론이 존재한다는 사실이다. 이러한 대항 담론의 부상은 관념 차원에서 본 세계정치의 구조 변환을 엿보게 한다는 점에서 새롭다. 컴퓨터 시대와 인터넷 시대의 초기에 등장했던 해커들의 문화와 담론은 이러한 대항 담론의 원형을 담고 있다. 21세기 세계정치의 맥락에서 볼 때 이들의 대항 담론은 기성세력들의 신자유주의 경제 담론에 대항한다. 해커들의 네트워크는 기존 자본주의 행위자들의 기술 독점에 반대해 자유로운 기술 개발과 공유를 주장한다. 오픈 소스 소프트웨어 운동이 그 대표적 사례이다. 사실 이러한 관념은 다양한 분야의 글로벌 시민사회 운동이나 인권운동과 환경운동 및 여성운동 등에서도 나타났다. 이러한 관념을 바탕으로 사이버 테러는 안보의 개념 자체도 그 기저에서부터 뒤흔들어놓고 있다. 그런데 여기서 주목할 점은 이전에는 단순히 운동의 형태로 나타나던 대항 담론의 표출이 사이버 공격을 무기로 삼아 무장하면서 새로운 형태의 탈근대적 폭력으로 거듭난다는 점이다.

3. 사이버 공격과 국가 행위자의 역할

1) 사이버 공격에 드리운 국가의 그림자

최근 들어 발생한 사이버 공격의 배후에는 국가 행위자가 숨어서 일정한 역할을 담당했다. 비국가 행위자들의 게임이었던 사이버 공격과 사이버 테러의 문제가 국가 행위자 간의 사이버 전쟁으로 비화될 가능성은 상존한다. 사이버 전쟁은 정보 인프라와 전략적 데이터 자체를 공격함으로써 물리적 전쟁의 수행 능력이나 사회경제 시스템의 기능을 마비시키는 새로운 수단으로 거론된다. 실제로 물리적 전쟁의 개시를 전후해 이와 병행하는 방법으로 국가 간의 사이버 공격이 감행될 가능성은 매우 크다. 2007년에 발생한 에스토니아에 대한 사이버 공격이나 2008년에 일어난 조지아에 대한 러시아의 대규모 공격 이전에 감행된 디도스 공격 사건의 배후에 러시아 정부가 있었다는 의혹이 제기된 것을 최근 사례로서 들 수 있다. 이들 사건과 관련해 러시아 정부는 사이버 공격에 직접적으로 개입했다는 사실을 부정하는데도 러시아 정부가 이들 공격을 주도한 해커 집단들과 연루되었다는 의혹은 가시지 않고 있다.

2007년 봄에 에스토니아 의회의 결정에 따라 소련군 동상의 이전 움직임이 본격화되자 에스토니아 정부 각 부처 네트워크에 대해 대대적으로 사이버 공격이 시작되었다. 4월 27일에는 에스토니아 공화국의 주요 웹사이트가 전면 공격을 받은 중대한 사태가 발발해, 한 달 넘게 공방전이 전개되었다. 공격의 강도로 보건대 해커나 특수 집단의 능력을 훨씬 뛰어넘는 것이었다. 국가수준의 지원 없이는 할 수 없는 대규모 사이버 공격이었다. 처음에는 러시아정부에 연결된 컴퓨터가 공격에 개입한 듯했지만 곧 전 세계의 컴퓨터 수천대가 일제히 공격에 가담했다. 특히 봇넷botnet이 위력적이었다. 러시아 정부가 조직적으로 가담했느냐는 점에 대해서 논란이 계속되었지만, 일부 사이버 공격은 러시아 정부에 할당된 IP 주소에서 왔다고 알려졌다(Evron, 2008; 이상현, 2008: 295~298).

에스토니아 사이버 공격 사태가 일어난 다음 해인 2008년 8월에 러시아의 주민들과 그룹이 조지아에 대해 사이버 공격을 가했다. 러시아 군대가 조지아로 진군해 들어가면서 러시아 민족주의 해커들은 디도스 공격에 참여했다. '스톱 조지아Stop Georgia'라는 웹사이트가 조지아 정부 기관, 영국 대사관과 미국대사관의 웹사이트를 공격했다. 에스토니아에 대한 사이버 공격과는 달리 러시아 탱크 부대의 진격과 함께 사이버 공격이 일어났지만 인터넷의 불통 등과 같은 물리적 피해는 에스토니아의 경우보다 크지 않았다. 조지아 사태의 경우 실제 피해가 크지 않았다는 사실은 조지아의 인터넷 보급이 에스토니아보다 아주 낮은 수준이었다는 점이 영향을 미쳤다(조현석, 2012: 174~177).

앞서 언급한, 2010년에 일어난 미국과 이스라엘의 대이란 사이버 공격은 국가가 직접 나서서 사이버 공격을 주도한 것이 언론을 통해서 알려진 첫 사례라고 할 수 있다. 이란의 우라늄 농축 시설에 큰 피해를 준 것으로 알려진 스턱스넷의 공격은 상당한 수준의 기술적 능력이 요구되고 재정력이 필요하다는 것이 일반적 평가이다. 스턱스넷처럼 정교하고 정밀한 사이버 무기를 개발해 철저한 보안을 뚫고 투입하는 것은 막대한 시간과 자원, 지식이 필요하므로 국가가 아닌 다른 행위자의 능력을 벗어나는 작업이라는 평가이다. 다른 컴퓨터들과 분리된 폐쇄된 컴퓨터 네트워크를 감염시키는 동시에, 탐지되지 않으면서 중대한 피해를 준 점으로 보아 스턱스넷 공격은 단순히 해커 집단의 행위는 아닌 것으로 추정되어왔었는데, 스턱스넷이 미국과 이스라엘 정부의 공동 작품이라는 사실이 최근 언론에 보도됨으로써 그러한 추정이 사실이었음이 확인되었다. 스턱스넷의 개발은 부시 행정부가 집권 중이던 2006년 '올림픽 게임'이라는 이름의 작전으로 시작된 후 오바마 행정부에서도 계속되었고, 스턱스넷 공격은 버락 오바마 대통령이 직접 지휘한 것으로 알려졌다.

이란의 핵 개발을 저지하겠다는 일반적 동기 외에 미국이 스턱스넷 개발에 관심을 두게 된 구체적 이유는 이스라엘이 고려하는 이란 우라늄 농축 시설에 대한 공습이 그 효과는 불확실하지만 그에 대한 반발과 여파는 상당할 것으로 예상했기 때문으로 알려졌다. 따라서 공습 대신 이란의 핵 개발 프로그램을 지연 내지 좌절시킬 수 있는 방안으로 전에는 시도해본 적이 없는 사이버 공격을 했다는 것이다. 사실 사이버 공격은 물리적 공격보다 효과적이고 은밀한 공격이라는 장점을 가진다.

그러나 미국과 이스라엘의 사이버 공격의 경우 그 타격이 단순한 첩보나 다른 컴퓨터에 대한 피해에 그치지 않고 원심분리기를 파괴해 사이버공간과 현실 공간 사이의 벽을 뛰어넘었다는 사실에 주목할 필요가 있다. 국가 개입에 이어서 사이버공간에서 현실 공간으로의 도약은 사이버 공격의 위력을 증대하는 직접적 효과는 물론, 그동안 사이버공간 내의 공격은 사이버공간 내로 제한해온 암묵적 합의를 파기함으로써 앞으로 사이버 공격이 물리적 피해를 동반하게 될 가능성을 증대했다.

국가가 직접 사이버 공격에 개입함에 따라 사이버 공격에 따르는 피해가 더 커질 수 있게 되었을 뿐만 아니라 국가와 국가 간 직접적 분쟁의 소지가 증가했다. 특히 국가 주도의 사이버 공격이 훨씬 더 파괴적일 수 있다는 점을 고려하면 국가 간 분쟁 가능성은 더욱 심각해졌다고 볼 수 있다. 게다가 일부에서는 미국이 국가 주도 사이버 공격을 시작함으로써 이제 다른 나라들도 주저하지 않고 사이버 공격에 개입할 수 있는 전례를 만들었다는 우려와 비판이 제기된다. 아이러니하게 다른 나라들이 국가 주도의 사이버 공격을 할 경우 가장 취약할 수 있는 국가가 바로 미국이다.

이렇듯 사이버공간의 안보 문제는 새로운 국가 분쟁의 이슈가 되었으며 국가 안보의 핵심적 문제로 부상했다. 만약에 사이버 공격으로 말미암아서 전신, 전화, 전기, 원자력 시설 등과 같은 국가 기간 시설에 대한 교란과 파괴가 일어날 경우 이는 국가 안보 자체에 큰 침해가 될 수밖에 없는 상황이 발생한 것이다. 이러한 상황은 강대국 간의 관계뿐만 아니라 강대국과 약소국의 관계에 새로운 변화를 가져올 가능성이 크다. 다시 말해 통상적으로 재래식 무기로는 강대국과 경쟁할 수 없는 약소국들이 자국의 이익을 위해 사이버 전쟁을 국방 전략으로 채택할 가능성이 크고, 이러한 전쟁 양상은 이른바 '비대칭 전쟁' 전략의 일환으로서 상대방에 대한 위협이 될 수 있을 것이기 때문이다. 이러한 상황에서 사이버 전쟁에 대한 대비는 개별 국가 차원에서는 중요한 안건으로서 부각되었다.

이러한 맥락에서 사이버 공격을 억지하는 문제가 앞으로 관심사가 될 수밖에 없을 것이다. 사이버 안보 분야에도 전통 국제정치에서 논하던 세력균형이나 안보 딜레마 등과 유사한 현상이 발생할 것으로 예상할 수도 있다. 이러한 맥락에서 볼 때 핵 억지를 둘러싸고 진행된 이론적 논의들을 사이버 안보 분야에 원용하는 것은 큰 유혹이다. 그렇지만 냉전 시대의 핵무기가 낳은 안보 문제를 분석하려고 개발된 개념과 이론을 사이버 안보에 그대로 적용하려는 시도는 적절하지 않다. 사이버 안보에서도 상대방에 대한 억지가 매우 중요하지만 핵무기를 보유한 국가 간의 대칭적 관계에서 기원한 핵 억지의 개념을 비대칭 전쟁을 핵심으로 하는 사이버 안보에 끌어오기에는 무리가 따른다. 특히 공격이 식별되고 공격자는 발각되며 확실하고 철저한 보복이 따라야 한다는 핵 억지 전략의 성공 조건을 적과 아군, 공격자와 공격에 활용된 환경의 구분이 쉽게 되지는 않는 사이버 안보 분야에 적용하기는 어렵나.

2) 중국의 버추얼 창

앞서 언급한 바와 같이 해커들이 사이버 공격에 나서고 그 이면에서 국가가 관여하는 사례는 동아시아에서도 비슷하게 발생하고 있다. 중국은 비밀리에 해커 부대를 양성하는 것으로 알려진 대표적 나라이다. 중국은 2003년에 군 첨단, 현대화 계획의 일환으로 베이징에 최초의 정보화 부대를 창설한 것으로 알려졌다. 또 서부 지역 청두成都의 한 방공부대에서는 청군과 홍군으로 부대를 나눠 컴퓨터 바이러스로 상대의 전자전 장비를 공격하거나 방어하는 해커 전쟁 훈련을 시행했다는 이야기가 외신을 타기도 했다. 중국 해커 부대가 다른 나라의 관심을 끄는 것은 중국 해커들이 상당한 실력을 가졌기 때문이다. 예를 들어 2003년에 전 세계를 휩쓴 웰치아 바이러스는 미국 정부 전산망을 공격, 비자 발급 업무를 일시 중단시키는 괴력을 발휘했는데, 전문가들은 웰치아가 중국산일 것으로 추정한다(이상현, 2008: 312~313).

　중국은 인터넷에 대한 정부의 통제와 감시로 유명하다. 그러나 대외적으로는 중국의 해커들이 사이버 공격을 벌이는 것에 대해서 상당히 관대한 태도를 보인다. 중국 해커들의 행태와 이에 대한 중국 내의 인식이 그 사례이다. 중국 언론이나 네티즌 사이에서는 이들 해커를 범죄자로 비난하기보다는 오히려 애국자로 칭송하는 분위기마저 존재한다. 이러한 인식은 해커를 부르는 용어에 반영되어 있다. 중국어로 해커는 흑객黑客이지만 많은 경우 홍객紅客이라고도 불린다. 말 그대로 '붉은 손님'이라는 뜻인데 한자어에서 '객客'이 도둑을 의미한다면 여기서 주목할 것은 '홍紅'이라는 형용어이다. 이러한 형용어를 쓰는 이유는 10대의 해커들을 일종의 충성스러운 애국자로 여기는 인식을 반영한다. 중국 공산당이 붉은색을 숭상해 당과 국가를 대표하는 색깔로 삼은 것과 같은 맥락이다. 중국의 국가이익을 지킨다는 명분으로 외세에 대항해서 해킹 공격을 한다는 식으로 정치적 의미를 부여해 해석한 것이다. 실제로 통상적인 해커들이 보복을 두려워해 자신들이 한 일을 공표하지 않는 것에 비해 중국의 해커들은 동료들의 칭송을 노리고 외세에 대한 자신들의 승리를 과시하는 경향이 있다(Chao, 2005: 8~9; 김상배, 2012b).

실제로 이 중국 해커들은 1998년과 2002년 사이에 미 공군이나 미 해군, 나토NATO, 일본 정부, 인도네시아 정부, 대만 정부 등을 목표로 활발한 '애국주의적' 활동을 펼친 바 있다(클루버·퀴우, 2005: 72~73). 예를 들어 1999년 유고슬라비아 벨그라드의 중국 대사관 폭파사건 이후 중국 해커들은 민족주의적 정서에서 미국과 나토의 기구들을 사이버 공격했다(Dahong, 2005: 16). 2001년 4월과 5월에 미국의 스파이 정찰기 사건 당시에도 비슷한 일이 벌어졌다. 중국 전투기가 스파이 비행을 하던 미국의 정찰기와 충돌해 추락하고 중국 조종사들이 사망하자 미국 비행기를 중국에 강제로 착륙시켰다. 이 사건이 발생하자 인터넷은 네티즌들의 정보 수집과 담론 교환 활동의 허브가 되었다. 게다가 당시 발생했던 해킹은 미국과 중국 간에 사이버 전쟁이 발생한 것을 방불케 할 정도였다. 당시 이 사건에 대한 미국 내의 여론도 악화되었다. 미국의 스파이 비행기 사건 직후 퓨연구소Pew Research Center for the People and the Press가 시행한 설문 조사에 의하면, 중국을 부정적으로 인식하는 미국인들의 숫자가 사건이 터지기 전인 2000년 3월의 61%에 비해서 사건이 터진 이후에는 70%로 나타나 9%나 증가했다고 한다(Kluver, 2001: 5~7; 김상배, 2012b).

미국 정부도 중국 해커들이 중국 정부의 지원을 받아서 미국 정부와 기업들의 컴퓨터 네트워크를 공격한다고 믿는다. 예를 들어 미국 정부가 이른바 '오로라 공격Aurora attack'이라고 명명한 2009년의 해킹 사건은 구글뿐만 아니라 어도비나 시스코 등과 같은 미국의 IT 기업을 목표로 해서 중국 해커들이 벌인 일이라는 것이다(Clark, 2011). 2010년 구글 사건 당시에도 중국의 해커들이 적극적 역할을 한 것으로 알려졌다. 예를 들어 중국의 어느 젊은 해커는 ≪뉴욕타임스The New York Times≫ 기자와의 비밀 인터뷰에서 구글 공격의 구체적 부분을 밝혔는데, 구글에 대한 해킹 공격에 투입된 트로이 목마 바이러스는 외국 해커가 개발했지만 중국 해커들이 그 바이러스를 변형해 사용했다고 주장했다(Barboza, 2010; Manson, 2011).

이러한 중국의 해킹은 미국의 기업뿐만 아니라 심지어는 미국 고위 관리의 계정까지도 목표로 해서 미국의 근간을 뒤흔드는 위협으로 인식된다(US-China Economic and Security Review Commission, 2009). 이러한 위협 인식은 중국 정부와 군이 미국에 대한 비대칭 전쟁을 수행할 목적으로 '애국주의적' 해커 부대를 조직적으로 양성한다는 사실이 확인되면서 더욱 증폭되고 있다(T. Thomas, 2009; Hvistendahl, 2010; Barboza, 2010). 물론 중국 정부는 이러한 미국의 인식과 주장에 부정하는 태도로 대응하고 있다. 해커의 공격은 중국 정부와는 관련이 없으며, 다른 나라의 해커들이 중국 사람으로 행세하며 벌인 일일 수도 있다는 것이다(Clark, 2011).

3) 북한의 버추얼 창

북한의 사이버 테러전 수행 능력이 최근 동아시아와 한국에서 관건이 되고 있다(북한민주화네트워크 엮음, 2011). 최근 북한의 소행으로 추정되는 대남 사이버 공격의 횟수가 늘어나고 있기 때문이다. 그중에서 널리 알려진 주요 사건은 〈표 11-1〉에 요약한 바처럼 '7·7 디도스 공격', '3·4 디도스 공격', '농협 전산망 해킹 사건', '중앙일보 해킹 사건', '3·20 방송·금융사 침입 사건', '6·25 디도스 공격' 등 여섯 가지를 들 수 있다. 이들 사이버 공격은 한국의 공공기관이나 금융사, 언론사, 방송사 등의 전산망에 있는 빈틈을 노리고 수십만 대의 좀비 PC를 동원해 디도스 공격을 벌이거나 좀 더 교묘하게 이루어지는 APT

	피해 내용	추정 근거	공격 방법
7·7 디도스 공격 (2009년 7월 7일)	청와대와 국회, 네이버, 미국 재무부와 국토안보부 등 23개 사이트 마비	"테러에 동원된 IP 추적 결과, 북 체신성이 사용해온 것으로 확인"(국정원 국정감사, 2009년 10월 29일)	디도스 공격, 61개국 435개 서버 활용, 좀비 PC 27만여 대 동원
3·4 디도스 공격 (2011년 3월 4일)	청와대, 국가정보원 등 국가기관과 국민은행 등 금융기관의 주요 웹사이트 마비	"사건 분석 결과 공격 방식이 2009년 7월 발생한 디도스 공격과 일치"(경찰청 발표, 2011년 4월 6일)	디도스 공격, 70개국 746개 서버 활용, 좀비 PC 10만여 대 동원
농협 전산망 해킹 (2011년 4월 12일)	농협 전산망 악성 코드 감염으로 장애 발생, 인터넷 뱅킹 등 서비스 중단	"공격 진원지인 노트북에서 발견된 IP가 과거 정찰총국에서 사용된 것"(검찰청 발표, 2011년 5월 3일)	디도스 공격, 13개국 27개 서버 활용
중앙일보 해킹 (2012년 6월 9일)	내부 관리자 PC를 경유해 중앙일보 전산망 침입으로 홈페이지 변조 및 일부 데이터 삭제	"조선체신회사(체신청 산하)가 중국 회사에서 임대한 IP 대역을 통해 접속"(경찰청 발표, 2013년 1월 16일)	APT 공격, 국내 서버 (2대)와 해외 10개국 17개 서버 동원
3·20 방송· 금융사 침입 (2013년 3월 20일)	KBS, MBC, YTN 등 언론사와 신한은행, 농협 등 금융기관 전산망 마비, 내부망 백신 업데이트 서버 및 업무 PC 감염	"공격에 사용된 IP 주소 및 해킹 수법 분석 결과 7·7 디도스처럼 북한 소행으로 추정되는 증거 상당량 확보"(민관군 합동대응팀, 2013년 4월 10일)	APT 공격, 국내외 경유지 49개 동원, 악성 코드 76종 사용
6·25 디도스 공격 (2013년 6월 25일)	청와대, 국무조정실 홈페이지 해킹, 11개 언론사, 5개 정부기관 및 정당 등 16개 기관 해킹	"북한이 사용한 IP 발견, 공격 방법이 3·20 사이버 테러와 동일"(민관군 합동대응팀, 2013년 7월 16일)	변종 디도스 공격, 악성 코드 82종, 좀비 PC 활용

공격을 가하는 방식으로 진행된 것으로 알려졌다. 이러한 북한의 사이버 공격으로 비롯된 국내 피해액은 상당한 것으로 보도되었다. 2009년에서 2013년까지 디도스 공격이나 해킹 등으로 약 8,600억 원의 피해가 발생한 것으로 나타났다. 이는 사이버 사령부가 주요 공격 중 집계할 수 있는 피해 금액만 추산한 것으로, 국가 기반 시설 정보 등 기타 자료 유출을 포함하면 실제 피해액은 이를 웃돌 것으로 보인다(연합뉴스, 2013년 10월 15일 자).

　인터넷이나 휴대폰, 기타 정보기기의 보급률이 매우 낮은 것으로 알려진 북한의 상황을 고려할 때 북한은 여전히 '아날로그 국가'로 분류할 수 있겠지만, 최근 감행되는 사이버 공격의 수준만 놓고 보면 정보화 선진국인 미국에 버금가는 능력을 갖춘 것으로 평가된다. 그러나 최근에 한국을 목표로 행해진 사이버 공격들은 북한의 소행이라는 것을 실증적으로 입증할 수 있는 문제라기보다는 여러 가지 정황 증거를 통해서 추정하는 문제라는 특성을 가진다.

실제로 이들 사이버 공격을 북한의 소행으로 추정하는 이유는, 〈표 11-1〉에서 정리한 바처럼 사이버 공격에 동원된 IP 주소가 종전에 북한 체신성 또는 정찰총국이 사용하던 것이라든지, 아니면 사이버 공격의 흔적으로 남은 해킹 수법이나 악성 코드들이 주로 북한이 사용하던 것이라는 정황 증거에 근거한다. 사이버 공격을 받아 피해를 본 것은 실재real한데 그 공격의 진원지와 경로를 객관적으로 밝히기는 쉽지 않은 버추얼virtual 현상이 벌어지고 있다.

최근의 증언들에 의하면, 북한은 사이버 공격의 이러한 특성을 잘 이해하고 이를 적극적으로 활용하려는 시도를 벌이고 있다고 한다. 예를 들어 탈북하기 전에는 북한의 컴퓨터공학과 교수이기도 했던 'NK지식인연대'의 김흥광 대표에 의하면, 북한은 첨단 IT의 급속한 발전을 따라잡지 못하고서는 나라의 발전은커녕 체제 유지도 사실상 어려움을 깨닫고 1990년 초부터 북한 지도부가 직접 나서서 IT 발전의 필요성을 역설하기도 하며 중국과 인도의 IT 기술을 벤치마킹하기 시작했다고 한다. 북한은 1995년경부터 사이버 전력을 확보하기 위한 전략 수립과 부대 창설, 사이버 공격 기술 연마, 지휘 체계 구축에 집중하기 시작하면서 매년 해커 요원을 양성해왔다고 한다(김흥광, 2011).

이렇듯 북한군이 정보전과 사이버 전력 증강에 매달리는 중요한 이유는 미군이나 한국군에 대한 전력 열세를 보강하고 평상시에도 한국군에 대한 정보적 우위를 선점하려는 것이라고 한다. 특히 북한은 주변국인 중국과 러시아가 일찍이 사이버 부대를 창설해 대규모 사이버 군사 활동을 전개하는 것에서 큰 영향을 받았다고 한다. 북한은 사이버 부대의 조직을 정비하고 사이버전 병력을 기존의 500명에서 3,000명 수준으로 늘렸다. 이렇게 북한이 사이버 전력을 증강한 이유는 구축하고 유지하는 비용이 여타 전력보다 적게 들고, 평상시에도 효과적으로 활용할 수 있으며, 공격 행위를 쉽게 은닉할 수 있어서라고 한다. 따라서 사이버 전력은 북한의 대남 전략을 실현하는 데에 더없이 안성맞춤의 전력이자 강력한 비대칭성을 구사할 수 있다는 것이다. 북한의 인식에는 한국의 사이버공간이 보안에 취약하며 공권력이 덜 미치는 '해방 공간'으로 비치고 있다(김홍광, 2011).

이러한 북한의 사이버 전력을 구축하는 과정에서 중점을 두는 요소는 두뇌 풀, 장비, 시스템 등 세 가지라고 한다. 첫째, 두뇌 풀은 "전산과 네트워크 이론을 마스터하고 사이버 테러나 공격 기술로 무장한 정보 전사들"을 의미한다. 김 대표에 의하면, 세 가지 요소 중에서 북한이 가장 공을 들인 것은 사이버 인간 병기인 정보 전사(해커) 양성이라고 한다. "정보 전사 양성을 위해 북한은 1995년경 중앙과 도 소재지들에만 설치되어 있던 1중학교(영재 학교)를 시, 군, 구역마다 하나씩 세우고 중앙에는 평양 1중학교 외에 금성 1중학교와 2중학교에 컴퓨터 영재반을 새로 조직했다"고 한다. 또한 "북한은 이들을 김일성종합대학, 김책공업종합대학, 평양컴퓨터대학과 이과대학, 미림대학에 우선 입학시켜 전문 기술을 배워주고 대학 졸업 후 전원 외국 유학을 보내며, 귀국 후 대부분 해킹 전문 부대들에 배치되기 때문에 전투원들의 평균 나이는 20대"라고 한다. 이뿐만 아니라 북한은 "수시로 리더급 컴퓨터 영재들을 장교로 선발해 해킹 공격에 대한 작전 조직 지휘 능력을 향상시켜오고 있다"는 것이다(김홍광, 2011).

둘째, 장비는 "최고 사양의 각종 컴퓨터와 메인 프레임과 주변 설비, 인터넷 훈련망" 등을 의미한다. 북한은 정보 전사들에게 첨단 장비 시설들을 구비해주는 데에 돈을 아끼지 않았다고 한다. 바세나르 협약이나 미국 상무성 규제에 의하면 북한에 반입될 수 있는 컴퓨터는 IBM PC XT급 정도이다. 그러나 이러한 성능의 컴퓨터로는 효과적으로 해킹을 할 수 없다는 판단 아래 북한은 "정보 전사들이 사용할 고성능 컴퓨터를 비롯한 첨단 장비들을 중국과 해외에서 대량 입하하고 있다"고 한다. 특히 "중앙당 9국은 김정일과 일가족, 중앙당 특수 부서들에서 필요되는 첨단 전자 제품들을 수입해오는 업무를 전담하는 부서인데, 1995년 이후 사이버 부대가 해킹 공격 능력 함양에 필요되는 일체 설비들을 구입해주고 있다"라고 한다. 중앙당 9국이 바세나르 협약에 가입하지 않은 국가에서 활동하는 해외공관과 무역 회사들을 활용해 사이버 전력 증강을 위한 모든 장비와 설비들을 가장 최신 것으로 구입한다는 것이다(김홍광, 2011).

끝으로, 시스템은 "정보 전사들을 사이버 공격에로 조직하고 동원하기 위한 명령 지휘 및 관리 체계"를 의미한다. 김 대표에 의하면, 북한은 사이버전 작전과 전투 실행, 명령 지휘 체계를 일체화하기 위한 사이버 공격 시스템을 완성하는 데에 주력하고 있다. 2007년부터는 독립적인 해킹 공격 능력을 갖춘 복수의 공격조를 운영해오던 종전 시스템을 효율성을 높이고자 대폭 개편했다고 한다. 구체적으로 "시스템분석팀, 공격작전팀, 코드처리팀, 개발팀, 검사팀, 네트워크분석팀, 전투기획팀 등 다수의 직능팀들이 일사불란하게 명령 체계에 따라 작동한다"고 한다. 특히 "사이버전에 대한 성과가 속출함에 따라 사이버 전력 증강과 공격에 대한 일체화된 지휘를 위해 2010년에 인민무력성 정찰국 예하로 있던 사이버 부대 121소를 정찰총국에 직속시키고 별도의 사이버 전국(121국)을 만들어 남한의 전략적 기관들에 대한 사이버 테러와 공격, 민간 기관과 단체들에 대한 해킹 및 인터넷 대란을 일으키는 작전들을 총괄하는 총본산으로 기능하게 되었다"고 한다(김홍광, 2011).

이상에서 살펴본 바와 같이 국가 행위자들이 행사하는 사이버 테러와 공격의 능력은 엄청난 자원과 기술력을 바탕으로 해서 형성되는 특징을 지닌다. 그야말로 사이버 공격은 자원집약적·기술집약적 작전이다. 이러한 점에서 사이버 전쟁에 엄청난 자원을 투자해온 미국과 사이버 부대를 육성해온 이스라엘의 합작을 통해 최초로 국가가 본격적으로 개입한 사이버 공격인, 2010년에 시행된 이란에 대한 스턱스넷 공격을 이해할 수 있다. 사이버 공격이 자원집약적·기술집약적인 만큼 사이버 공격에 대비한 준비도 자원집약적·기술집약적일 수밖에 없다. 특히 사이버 공격으로 발생한 문제가 실제 공격인지 아니면 우연한 사고인지 또는 범죄인지 판단하고, 공격일 경우 공격 방법과 공격자를 파악하려면 지식과 경험의 축적이 필수적이다. 따라서 비국가 행위자의 사이버 위협을 과대평가하거나 과잉 반응하는 대신에 국가 행위자가 가하는 사이버 공격의 위협을 정확히 이해하고 정보 통신 기술에 대한 개발과 투자를 포함하는 대응 태세를 갖추는 것이 필요하다.

4. 사이버 안보와 네트워크 국가의 대응

1) 미국의 그물망 방패 구축 노력

국가 행위자는 사이버 공격의 주체가 될 수도 있겠지만, 여전히 '버추얼 창'을 막는 '그물망 방패'의 역할을 자임하고 있다. 그물망 방패의 역할을 수행하는 대표적 나라는 미국이다. 사이버 공격을 감행할 수 있는 자원과 기술을 보유하는 나라이지만, 만약에 사이버 공격을 받을 경우 가장 많은 피해를 볼 수밖에 없는 나라이다. 다시 말해 미국은 세계 어느 나라보다도 발달된 정보 인프라를 구비하고 있는데, 국가 발전과 운영에서 이러한 인프라에 대한 의존도가 높은데다가 사이버공간이 개방적이므로 사이버 공격에 대한 취약성이 지극히 높은 국가이다. 따라서 전통적 군사력에서 열세인 국가들이 미국을 상대로 해서 사이버공간에서 비대칭적 공격을 감행할 유인과 여건이 높은 것이 사실이다. 이러한 미국이 사이버 테러와 공격에 어떻게 대응하는지를 살펴보는 데에는 또 다른 의미도 있다. 사실 21세기 세계 패권국으로서 미국의 대응은 단순한 일국 차원의 사례를 비교의 시각에서 본다는 의미를 넘어서 앞으로 사이버 안보 대응 체제의 기본 틀을 제시하는 선행지표를 살펴보는 의미를 가진다.

미국에서 사이버 테러나 사이버 공격에 대응하려는 전략을 고민한 역사는 1990년대에서부터 시작되었다. 클린턴 행정부에서 사이버 안보의 문제는 사이버 테러에 대한 대응의 논의가 중심이 되었다. 이른바 불량 국가가 행하는 테러가 정책 이슈였는데, 해커 집단이나 테러리스트 집단과 같은 비국가 행위자가 행하는 테러도 여기에 포함되었다. 위협 대상은 주로 핵심 정보 인프라로 가정되었고 1990년대 말 전문가 공동체 내에서 국토 안보homeland security에 관한 논의가 시작되었다. 그러나 당시는 인터넷이 본격적으로 확산되기 전이었고 국제정치 차원에서도 2000년대에 보는 바와 같은 글로벌 차원의 테러 위협이 현재화되지 않은 상황이었으므로, 사이버 안보는 잠재적 위협에 대해 준비하는 차원에서 논의되었던 것이 사실이다.

미국에서 사이버 안보에 대한 논의가 본격화된 것은 9·11 테러 이후이다. 2003년에 부시 행정부는 본격적인 사이버 안보 전략을 담은 문서인 "National Strategy to Secure Cyberspace"를 발표했다. 국가안보회의NSC, 국방부, 정보 기관 등 전통적 안보 기구가 정책 형성에 주로 참여했고, 국토안보부가 사이버 안보를 집행하는 기구로 참여해 CERTComputer Emergency Response Team를 운영했다. CERT는 컴퓨터 전문가로 구성된 비상 대응팀을 말하는데, 원래는 미국에서 시작되었으나 현재는 여타 국가들에도 설치되어 있다. 중앙정부뿐만 아니라 지방정부 수준에도 설치되어 있으며, 대학과 기업 등 민간기관에도 설치되어 있다. 그러나 부시 행정부 시기에는 사이버 안보의 문제를 다루는 조직은 갖추었으나 그 운영에서는 여러 문제점을 보였다고 평가된다. 그럼에도 부시 행정부 2기로 옮겨가면서 체계적 노력들이 이루어졌다. 예를 들어 2005년 미 국방부에서는 사이버 작전의 개념을 담은 보고서를 펴내기도 했으며, 부시 행정부에서는 2008년에 좀 더 체계적인 전략 문서인 "Comprehensive National Cybersecurity Initiative, CNCI"를 발표했다(조현석, 2012: 166~167). 2008년에는 국토안선부 장관 직속으로 국가사이버안전센터national cybersecurity center를 설치하기도 했다.

오바마 행정부는 부시 행정부의 기본 정책인 CNCI를 기본적으로 계승했다. 그러나 2009년에 "Cyberspace Policy Review"를 통해 사이버 안보 전략의 변화를 모색했다. 이 문서는 사이버공간에서 타 국가와 기업들에서 시도하는 조직적인 경제적 스파이 행위와 사이버 범죄로 일어나는 지적 재산권의 절도 행위가 가장 중대한 위험이며 미국의 경제 안보에 대한 위험을 초래한다고 언명했다. 사이버 안보 영역에서는 군사 안보보다 경제 안보가 더 강조되었다. 이러한 문제의식을 바탕으로 해서 사이버 안보 대응 체계의 중심이 기존의 국토안보부로부터 백악관으로 옮겨왔다. 백악관에서 국방 관련 기관, 비국방 연방정부 기관, 정보기관 등이 참여하는 사이버 안보 거버넌스를 주관했고, 사이버 안보 보좌관이 국가안전보장회의의 멤버가 되면서 그 역할이 커졌다. 한편 정부-민간 파트너십과 국제협력이 강조되었으며, 의회는 각종 사이버 안보 관련법을 입안하려는 노력을 통해 사이버 안보 전략을 형성하는 데에 적극적으로 참여하게 되었다(조현석, 2012: 167~168). 한편 오바마 정부는 2011년 5월에 "International Strategy for Cyberspace"를 발표해 사이버 안보에서 국제협력의 필요성을 강조했다. 이런 맥락에서 사이버 안보 전략에 관한 국제적 논의가 시작되었는데, 2011년 47차 뮌헨 안보회의에서 사이버 안보에 관한 특별 세션이 개최되었다. 군대와 동맹에 관한 논의 대신 컴퓨터 바이러스와 사이버 공격에 관한 의제가 제기되었다(조현석, 2012: 167~168). 2011년에는 사이버 보안 교육을 추진하는 이른바 NICENational Initiative for Cybersecurity Education Strategic Plan: Building a Digital Nation 전략이 발표되기도 했다.

군사적 차원에서도 오바마 정부는 2009년에 전략사령부 아래에 사이버 사령부cyber command를 창설했다. 사이버 사령부는 기간 네트워크를 방어하고 사이버공간의 보안 역량을 강화하려는 업무를 수행했는데, 기존의 공군과 해군의 사이버 사령부 및 해병과 육군, 해안경비대에 신설된 사이버 사령부도 새롭게 창설된 사이버 사령부 산하로 이관되었다. 이러한 사이버 안보 전략의 변화는 미국이 상정하는 사이버 안보 위험에 대한 인식이 군사 안보 영역으로 이동하고 있음을 보여주었다. 이러한 전략 변화를 반영해 2010년에는 미국 국방성 QDRQuadrennial Defense Review에도 사이버 안보 관련 내용이 포함되었다. 2011년 7월에는 미 국방부에서 사이버공간 작전 수행을 위한 전략Department of Defense Strategy for Operating in Cyberspace을 발표했다. 2012년 5월에는 미 국방부가 'Plan X' 프로젝트를 발표했는데, 이 프로젝트의 내용은 미 국방부의 사이버 전략 증강 계획을 위한 일환으로 2017년까지 1조 8,000억 원의 예산을 투입해 사이버전 실전에 활용할 수 있는 사이버 무기 개발을 추진하고, 전 세계 컴퓨터 도메인과 서버를 표시할 수 있는 디지털 전장 지도를 개발하는 것이었다. 2012년 10월에는 미 국토안보부가 사이버 예비군reserve cadre of cyber experts 창설을 발표했다. 2013년의 국방수권법national defense authorization act에서는 사이버공간에서 군의 위상과 역할, 권한을 강화했다. 2013년 2월에 오바마 대통령은 국정연설을 통해서 사이버 공격에 대한 국가 안보를 강화하겠다는 방침을 천명했으며, 2014년에는 사이버 안보 관련 예산이 크게 확충될 것으로 알려졌다.

이러한 일련의 전개 과정에서 한 가지 주목할 것은 최근에 와서 사이버 안보에 대한 미국의 태도가 방어 개념에서 공격 개념으로 변화했다는 사실이다. 방어를 위해서라면 선제공격의 개념을 도입할 수 있다는 미국 정부의 결연한 의지를 보여주는 사례는, 사이버 공격에 대해서는 미사일을 발사해서라도 강력히 대응하겠다는 2012년 5월의 미 국방부 발표이다. 그런데 이 발표가 다소 역설적으로 들린 것은 도대체 '누구'를 향해서 미사일 공격을 가하겠다는 것인지 의문이 들기 때문이다. 앞서 살펴본 바와 같이, 사이버 안보라는 분야의 속성상 사이버 공격을 가할 위험이 있는 특정 대상을 선정해 미리 억지하거나 대비한다는 것이 이 발표문의 내용처럼 쉬운 일은 아니라는 데에 깊은 고민이 있다.

이에 앞서 2012년 6월 당시 미 국방 장관 지명자였던 패네타는 상원군사위원회 청문회에서노 미국에 대한 제2의 진주만 공격은 미국의 정부, 전력, 금융 등 기간 시설에 대한 사이버 공격이 될 수 있다고 증언한 바 있다. 패네타 미 국방 장관 지명자의 발언은 일각에서 비판하듯이 공화당의 반대로 의회 통과가 무산된 사이버 보안 관련법에 대한 경제계의 지지를 획득하려는 계산만으로 설명할 수는 없었다. 이는 사이버 안보에 대한 실제 위협이 존재함을 미 당국의 입을 통해서 암시하는 것이었다.

2) 한국의 그물망 방패 구축 노력

한국이 벌이는 사이버 안보에 대한 다각적 노력에도 주목할 필요가 있다. 한국의 사이버 안보 대책은 크게 세 가지 차원으로 나누어 진행되고 있다. 첫째, 국가정보원이 주도하는 공공 부문의 사이버 안보 대책이다. 2005년 2월에 발표된 '국가사이버안전관리규정'을 기초로 국가정보원장 소속 아래 국가사이버안전전략회의를 설치했으며, 실무는 국가사이버안전센터National Cyber Security Center: NCSC에서 담당했다. 2005년 3월에는 '국가위기관리기본지침'에 의거, NSCNational Security Council에서 발간한 『사이버 안전 분야 위기관리 표준 매뉴얼』과 국가정보원에서 제정한 '국가사이버안전관리규정'에 따라 사이버 위기 경보 체계를 재정비했다. 변경 전에는 예보-주의-경고-위험 등 네 단계였던 것을 변경 후에는 정상-관심-주의-경계-심각 등 다섯 단계로 조정했다. 그러나 이러한 '국가사이버안전관리규정'은 국가 및 공공기관만 관장한다는 한계를 안고 있다.

둘째, 민간 부문의 사이버 안보의 실무를 담당하는 기관으로는 한국인터넷진흥원Korea Internet and Security Agency: KISA을 들 수 있다. 1996년 4월에 「정보화촉진기본법」에 따라 설립된 한국정보보호센터가 2001년 7월에 한국정보보호진흥원Korea Information Security Agency로 승격되었다. 한국정보보호진흥원 주도로 한국정보통신망침해사고대응팀협의회CONCERT가 발족했고, 1998년 1월에는 국제침해사고대응팀협의회(후술할 FIRST)에 가입했다. 한국정보보호진흥원의 주요 임무는 정보 보호를 위한 정책 및 제도의 조사와 연구, 정보 보호 기술 개발, 정보 보호 시스템의 연구와 개발 및 시험과 평가, 정보 보호에 관련된 표준 및 기준 연구, 정보화 역기능 분석 및 대책 연구 등 정보 보호에 관한 다양한 활동 등이다. 이러한 업무는 2009년 7월에 한국정보보호진흥원, 한국인터넷진흥원, 정보통신국제협력진흥원 등이 통합되어 출범한 한국인터넷진흥원의 업무로 이어져 내려오고 있다.

끝으로, 군, 경찰, 검찰 차원의 사이버 안보 대응 체계를 들 수 있다. 2009년 7월 7일의 디도스 공격을 계기로 군 차원의 사이버 안보의 필요성이 대두함으로써 국군사이버사령부가 창설되었는데, 이는 사이버전의 기획, 계획, 시행, 연구, 개발 및 부대 훈련에 관한 사항을 관장한다. 경찰 차원에서는 2000년 7월에 창설된 경찰청 사이버테러대응센터 또는 사이버 수사대, 이른바 네탄NETAN=Network + 安·眼이 해킹, 바이러스 제작 및 유포 등 각종 컴퓨터 범죄의 포착과 수사를 담당한다. 검찰 차원에서는 2009년 7월에 대검찰청에 인터넷 범죄수사센터가 설치되어, 해킹과 바이러스 유포, 전자 상거래 사기, 개인 명예 및 신용 훼손, 음란과 폭력과 자살 조장 등 컴퓨터 범죄 전반에 대한 동향과 수사를 펼치고 있다.

이러한 분산적 노력을 종합하려는 사이버 안보 대책으로는 2011년 8월에 마련된 '국가 사이버안보 마스터플랜'을 사례로 들 수 있다. 이 계획은 국가정보원, 방송통신위원회, 금융위원회를 비롯해 15개 정부 관계 부처가 합동으로 마련한, 국가적 차원에서 제기된 사이버 안보의 마스터플랜이다. 2011년 상반기의 디도스 공격에 이어 현대캐피탈 고객 정보 유출 사고와 사상 초유의 농협 전산망 마비 사태를 겪으면서 국가 차원에서 총체적으로 사이버 위협에 대응하는 체계를 재정립하고 세부 시행 계획을 세우고자 2011년 5월에 범부처 차원에서 마스터플랜을 마련했다. 그러나 이렇게 발표된 사이버 안보 마스터플랜은 사이버공간을 영토, 영공, 영해에 이어 국가가 수호해야 할 중요한 영역이라는 점에서 '사이버 위협에 총력 대응하자'는 중요성을 강조한 상징적 수준에 그친 것으로 평가되었다.

이후 2013년 3·20 사이비 테러를 거치면서 국내 사이버 안보 대응 체계의 정비 문제가 제기되었다. 이러한 맥락에서 논의된 것이 청와대에서 국내 사이버 안보 업무를 총괄하는 CSOCyber Security Officer의 설치 문제이다. 아울러 사이버 안보 대응 체계를 체계화하고자 법률을 정비해야 할 필요성도 지속적으로 제기되는데, 이른바 '국가사이버위기관리법'의 제정 문제가 그것이나. 또한 외부로부터의 사이버 테러나 사이버 공격에 대응해 사고를 분석하고 해결할 고급 인력으로서 화이트 해커를 양성하는 문제나, 이 분야의 예산을 확충하는 문제도 거론되었다. 이 밖에도 유사시에 대비한 위기 대응 매뉴얼이나 사이버 방어를 위한 모의 훈련, 민간 차원의 사이버 민방위 훈련 등의 구상이 등장하기도 했다.

효과적인 사이버 안보의 대응 체계를 마련하려면 정부와 민간 부문의 협력이 과제로 남는다. 다양한 경로를 통해 침투해 들어오는 사이버 공격을 정부 홀로 대응할 수는 없기 때문이다. 비근한 사례로 2011년의 농협 해킹 사건도 민간금융기관인 농협의 부주의한 관리가 사건을 초래한 한 원인으로 지적되었다. 미국은 국방부조차 미군의 정보 자원을 보호하려고 이러한 민간 영역과의 협력이 절대적으로 중요함을 인정한다. 이미 세계 주요 25개국이 사이버 안보 관련 법안과 정부기구를 완비했으며, 민간 영역을 포함한 다양한 수준에서 CERT를 운영하는 것으로 나타났다. 또한 정부와 기업체를 연결하는 회의체를 만들어 사이버 방어를 위한 공사 파트너십을 강화하는 것으로 드러났다.

이러한 맥락에서 볼 때 사이버 안보 분야의 대책은 정부 차원을 넘어서 군, 경찰, 검찰까지도 포함하는 공공 부문과 민간 부문의 유기적 네트워크 구축을 통해서 마련되어야 할 성질의 것임을 알 수 있다. 다시 말해 최근 북한의 소행으로 추정되는 사이버 공격에 대한 효과적 대응 체계를 만들려면 국가 행위자 혼자서는 안 되고 여러 행위자가 나서서 그물망을 짜서 방패를 구축하려는 노력이 필요하다. 물론 그물망을 아무리 촘촘하게 짜더라도 빈틈이 없는 것은 아니다. 앞서 언급한 바처럼 사이버공간의 네트워크 구조는 디지털의 논리에 맞추어 0과 1을 모아서 씨줄과 날줄을 삼아 아무리 촘촘하게 짜더라도 착취혈을 없앨 수 없기 때문이다. 그럼에도 그물망 방패를 만들려는 노력을 멈출 수는 없다. 앞서 언급한 네트워크 국가의 역할을 기대케 하는 대목이다. 그렇다면 한국의 네트워크 국가는 앞으로 사이버 안보 분야에서 효과적인 그물망 방패를 구축하려면 무엇을 해야 할 것인가?

사이버 위협에 대처하기 위한 보안 인프라의 구축과 보안 인력의 양성이 시급하게 필요하다. 예를 들어 일견 완벽해 보이는 '방패'를 구축하면 해커들이 선불리 '창'을 들 수 없게 하는 효과를 낳을 수 있다. 아무리 예리한 창으로 공격해도 뚫을 수 없는 방패라는 인식을 심어주어서 사이버 공격 자체를 아예 단념시키는 억지 효과를 노릴 수 있기 때문이다. 또한 사이버 안보에 관련된 기술과 지식을 두루 갖춘 고급 전문가들을 양성하는 것도 사이버 테러와 공격에 대한 효과적인 사전 예방 및 사후 대응이라는 차원에서 매우 중요하다. 한편 사이버 안보 인프라의 구축과 관련해 마이크로소프트의 컴퓨터 운영 체계에 대한 지나친 의존에서 벗어나야 한다는 지적의 목소리에도 귀를 기울일 필요가 있다. 사실 현재 한국의 운영 체계는 윈도가 지배하고 있고 인터넷 브라우저는 익스플로러가 독점하고 있다. 상황이 이렇다 보니 윈도와 익스플로러만 해킹되면 국가 전산망 전체가 위험에 처하는 상황이 발생할지도 모른다는 우려가 생기는 것은 당연하다.

아울러 사이버 테러와 공격에 대응하기 위한 국내외 정보 공유 네트워크를 구축할 필요가 있다. 해커들의 동향이나 악성 코드에 대한 정보, 특히 빅 데이터를 공유하는 환경을 구축하는 것이다. 이는 민간 부문과 정부가 나서 위키피디아 방식의 협업 체계를 만드는 구상으로 통한다. 사전 대비가 쉽지 않은 사이버 위협의 특성상 체계적인 사후 대응을 통해 피해를 최소화하고 신속하게 공격 원인을 분석해 근원지를 역추적하는 대책이 거론된다. 예를 들어 국가 사이버 안보 강화를 위한 포렌식 준비도forensic readiness의 도입이 그 일례이다. 포렌식 준비도란 사후 대응 시에 디지털 포렌식 증거 수집 및 분석의 역량을 극대화하고 비용을 최소화하기 위한 환경을 사전에 준비하는 것이다. 국가, 기업, 소규모 단체 등 다양한 수준에서 네트워크를 형성하고, 침해 사고의 이상 징후를 감지하며, 이에 대한 효과적이고 신속한 대응 체계를 구축하려는 노력을 벌이는 CERT의 네트워크를 이러한 종류의 노력을 보여주는 대표적 사례로서 들 수 있다.

국내 차원의 노력과 더불어 사이버 안보의 글로벌 거버넌스를 구축하는 과정에 적극적으로 참여할 필요가 있다. 현재는 사이버 테러와 공격이 발생하고 그 공격 주체를 색출하더라도 국제적으로 호소하거나 공격 행위에 대한 처벌과 제재에 대해 논의할 수 있는 외교 공간이 마련되어 있지 않다. 예를 들어 천안함 침몰 사건이나 연평도 포격 사건이 발생했을 때에는 유엔 안보리에 호소할 통로가 있었으나, 북한 소행으로 추정되는 사이버 공격은 발생해도 마땅히 호소할 통로(예컨대 사이버 안보리)가 없는 실정이다. 보이지 않는 공격이 이루어지는 사이버 안보는 기술 논리로만 풀어갈 문제가 아니라 정치의 논리와 외교의 논리가 가세해야 하는 문제일 수 있다. 이러한 맥락에서 다양한 경로를 통해 진행되는 사이버 안보 분야의 국제 규범 형성이나 글로벌 거버넌스를 모색하는 과정에 한국은 적극적으로 참여할 필요가 있다.

3) 사이버 안보의 글로벌 거버넌스

사이버 안보에 대해서는 일국 차원에서 대응하는 것만으로는 부족하고, 좀 더 포괄적인 국제협력이 필요하다는 인식이 최근 들어서 부쩍 널리 확산되고 있다(Hathaway, 2010; Hughes, 2010). 그물망 방패를 마련하려는 국제협력의 모색도 버추얼 창의 시도와 마찬가지로 인터넷의 복합 네트워크 환경을 바탕으로 한다. 정보기술의 급격한 발달로 사이버공간의 변화 속도가 빨라지고 예상할 수 없는 곳에서 위협이 등장하는 만큼 국가와 기업들은 서로가 가진 지식과 기술을 다양한 상황에서 손쉽게 공유할 수 있는 제도와 기구가 필요하다. 초국적으로 발생하는 사이버 위협에 대응하려면 어느 한 국가의 노력만으로는 부족하기 때문이다. 그러나 기존의 정치군사동맹이 국가 행위자 간 연대의 합을 의미하는 것이었다면, 디지털 시대의 국제적 협력은 국가 행위자 외에도 민간기업이나 시민사회 등과 같은 비국가 네트워크 행위자가 참여하는 것이 특징이다. 앞서 언급한 미 백악관의 2011년 보고서도 사이버 안보의 국제협력을 강조한다.

지난 10여 년 동안 사이버 범죄나 테러에 대한 국제협력의 노력은 꾸준히 진행되어왔다. 21세기 그물망 방패의 복합 네트워크를 대표하는 사례로 전 지구적으로 형성된 컴퓨터 비상 대응팀인 CERT의 네트워크를 들 수 있다. 그중 미국에서 CERT/CCComputer Emergency Response Team/Coordination Center가 결성된 후 침해 사고 공동 대응이라는 과제를 가지고 1989년에 결성된 FIRSTForum of Incident Response and Security Team의 사례에 주목할 필요가 있다. FIRST는 미주, 유럽 및 아태 지역 등 아프리카를 제외한 전 세계 CERT를 회원으로 가진 비영리 국제기구로 성장했다. 2005년 말 현재 177개 기관이 가입되어 있으며, 대학, 정부기관, 대규모 네트워크 보유 기업 등의 CERT들과 정보시스템 개발 업체, 사법기관, 정보 보호 전문가들로 구성되어 있다. KrCERT/CC(인터넷침해사고대응지원센터)는 한국을 대표해 1996년부터 FIRST 회의에 지속적으로 참가하는데, 1998년에 아시아 지역에서는 처음으로 정회원으로 가입해 활동하고 있다. 2006년에는 KrCERT/CC의 스폰서로 국가사이버안전센터NCSC가 FIRST에 정회원으로 가입했다. 이를 통해 한국의 FIRST 회원 기관은 KrCERT/CC, 안철수연구소, SK인포섹, NCSC 등 4개 기관이 되었다(이상현, 2008: 324).

2001년에 발효된 유럽사이버범죄협약European Convention on Cybercrime, 이른바 부다페스트협약은 사이버 범죄에 대응해 국가들이 나서서 상호 간의 법제도를 조율하는 정부 간 네트워크를 구성한 초기 사례이다. 유럽사이버범죄협약은 2001년에 국가 간에 관련 법규를 조율함으로써 한 국가가 사이버 범죄의 온상으로 전락하는 일을 방지하고자 조인되었다. 2012년 4월 현재 47개국이 가입되어 있고, 33개국이 비준했는데, 한국은 아직 가입하지 않고 있다. 이는 여러 나라의 사이버 범죄 조목을 일관되게 함으로써, 사이버 범죄와 관련해 공격당한 국가에서 범죄자가 있는 국가에 이를 고발하면 해당 국가에서 처벌할 수 있도록 한 협약이다. 또한 절차적으로 어떤 사이버 범죄이든 이와 연루된 개인들로부터 협력을 강제할 수 있는 권한을 협약국에 부여했다(Brenner, 2007;

최인호, 2011: 308~309). 그러나 유럽사이버범죄협약의 노력은 국가가 중심이 되다보니 민간 행위자들을 네트워크로 끌어들이는 데에 한계가 있다는 지적이 있었다. 또한 유럽 중심의 사이버 안보 분야 규범 설정이라는 지역적 한계를 드러냄으로써 보편적 국제 규범으로 발전하지 못하고 있다. 이에 대해서 러시아나 중국 등이 미온적 반응을 보이는 것이 대표적 사례이다.

유럽연합European Union: EU 차원의 사이버 안보 관련 기구인 ENISAEuropean Network and Information Security Agency도 주목할 필요가 있다. ENISA는 EU 차원의 네트워크 및 정보 안보를 개선하는 목적으로 2005년 9월에 설립되었는데, 사이버 안보에 대한 인식 제고, 정보 보안에 대한 자문, 사이버 사고에 대한 데이터 수집과 분석, 위기관리 능력 증진, 다양한 행위자 간의 인식 제고 및 민관 협력 등을 담당한다. ENISA는 범유럽 차원에서 최초로 시행된 사이버 안보 훈련인 'Cyber Europe 2010'을 지원했다. 2010년 11월에 시행된 모의 훈련에는 70여 개 기관에서 전문가 150명이 참여해 320개 사례를 놓고 공격과 방어 훈련을 벌였다. 이는 유럽의 사이버 방어를 강화하려는 첫 번째 시도로 평가된다. 이를 통해서 ENISA에서는 유럽 각국 차원의 CIIPCritical Information Infrastructure Protection를 개선하고자 국가 훈련의 필요성을 제기했다.

한편으로 북대서양조약기구NATO의 CCDCOECooperative Cyber Defence Centre of Excellence에서 2013년 3월에 발표한 '탈린 매뉴얼Tallinn Manual'에도 주목할 필요가 있다. NATO의 CCDCOE에서 총 95개 조항의 교전 수칙을 담아 발표한 탈린 매뉴얼은 에스토니아 수도 탈린에서 발생한 사이버 테러를 계기로 국제사회가 교전 수칙 논의를 시작해 붙여진 이름이다. NATO는 이 매뉴얼에서 사이버 공격을 '무력 분쟁'의 하나로 규정했다. 사이버 테러로 말미암아 인명과 재산 피해가 발생하면 군사력을 사용할 수도 있게 했다. 그 주요 내용을 보면 사이버 공격을 받았을 경우 주변 피해를 최소화할 것을 요구하며, 해킹을 당했을 때에는 디지털 공격으로 보복할 수 있으나 실제 공격은 사이버 공격으로 말미암아 사망자나 부상자가 있을 경우에만 허용한다. 이 매뉴얼은 구속력이 없으며 지침서의 형식을 취한다. 그렇지만 탈린 매뉴얼은 전쟁 때 민간인과 포로에 대한 보호를 규정한 '제네바협약'처럼 사이버 전쟁에도 국제법적 교전 수칙을 만들려는 의도에서 추진되었다는 점에서 의미가 있다. 그러나 NATO 회원국의 선문가들이 참여해 만듦으로서 균형 잡힌 시각보다는 중국이나 러시아 등이 배제된 채 미국 중심의 시각이 반영된 결과라는 비판이 제기된다.

선진국 정부들이 중심이 되어 사이버 안보를 논의하는 국제적 틀로는 최근에 영국의 주도로 2011년에 런던에서 제1차 회의가 열린 세계사이버공간총회Conference on Cyberspace를 들 수 있다. 런던 회의에서는 60개국 70여 명의 정부 관계자, 비정부기구 대표 등이 모여 글로벌 인터넷 거버넌스의 쟁점을 다루었는데, 특히 '사이버공간에서 수용할만한 행태를 위한 규범Norms for Acceptable Behavior in Cyberspace'를 주제로 해서 경제성장과 개발, 사회적 혜택, 사이버 범죄, 안전하고 신뢰할 수 있는 접속, 국제 안보 등의 5개 세부 의제를 논의했다. 이후 2012년에 부다페스트에서 제2차 세계사이버공간총회가 열렸으며, 2013년 10월에는 서울에서 제3차 세계사이버공간총회가 열렸는데, 2015년에는 네덜란드에서 제4차 세계사이버공간총회가 열릴 예정이다. 이 밖에도 선진국 간협의 기구인 OECDOrganization for Economic Cooperation and Development 차원에서도 사이버 안보에 대한 논의가 이루어져 왔는데, 최근 사이버 안보에 대한 국가별 전략을 비교하는 작업과 2002년에 만들어진 정보 보호 가이드라인에 대한 검토 작업이 진행 중이다.

이러한 사이버 안보의 국제적 논의 과정에서 주목할 것은 주로 선진국의 시각에서 민간 중심의 접근을 펼치는 유럽 국가들과 미국의 입장과 이에 반론을 제기하는 러시아나 중국 등의 국가 중심 접근법 간에 발견되는 미묘한 대립 구도이다. 이러한 맥락에서 2011년 9월에 러시아 예카테린부르크에서 개최된 '제2차 고위급 안보회의'에서 러시아가 제안한 ICISInternational Convention on Information Security에 주목할 필요가 있다. ICIS에서는 가입국의 정보 보안을 확보하고 평화와 협력, 조화가 실현되는 정보공간을 조성하고자 가입국 간 협력의 법적·조직적 근거를 확보하는 것을 목적으로 했다. 또한 인터넷에 대한 회원 국의 주권을 보장하고 안정된 글로벌 사이버 안보 문화를 형성해야 한다고 강조하면서 기존의 정치적·역사적·문화적 특수성에 대한 존중의 입장을 표명했는데, 이는 사이버 안보의 문제에 대한 러시아와 중국 등의 입장을 반영하는 것으로 평가된다.

이 밖에도 기존 국제기구나 새로운 글로벌 거버넌스의 틀을 빌려 사이버 안보에 대한 논의가 진행되었다. 예를 들어 ITUInternational Telecommunication Union 차원에서 최근 들어 정보와 네트워크 및 사이버 안보에 대한 논의가 진행되고 있다. 특히 ITU가 주관해 2000년대 초반에 두 차례에 걸쳐서 열린 정보사회세계정상회의World Summit on the Information Society: WSIS에서도 주로 인터넷 거버넌스와 글로벌 정보격차 해소가 의제였지만, 사이버 안보의 대책을 마련하려는 국제적 노력의 실마리가 보였다. 주로 네트워크 보안의 신뢰성 강화, 프라이버시 및 고객 보호, 범죄와 테러 목적의 사용 예방, 스팸 대응 등이 포함되었다. 이후에는 사이버 안보를 포함한 제반 문제에 대해 국가들을 중심으로 초국적 기업 및 시민사회단체가 참여하는 국제적 포럼인 인터넷 거버넌스 포럼Internet Governance Forum: IGF이 구성되어 진행되고 있다. 그 외에도 인터넷 주소의 관리 기구인 ICANNInternet Corporation for Assigned Names and Numbers 차원에서도 사이버 안보 문제는 단골 주제이다.

아시아 지역에서도 ASEAN+3이나 APEC의 틀을 빌려 사이버 안보를 위한 국제협력을 논의해온 경험이 축적되어 있다. 사이버 공격에 대한 대응으로서 아세안 국가들과 한국, 중국, 일본의 국가들은 정보 통신 장관 회의를 통해서 2005년까지 CERT를 모든 국가에 세우는 목표를 상정했고, 현재 대부분 아시아 국가에서 CERT가 활동하고 있다. 2007년에는 한국의 주최 아래 ASEAN 지역안보포럼ARF 사이버 테러 세미나를 서울에서 개최했다. 구체적 방안으로는 2007년에 ASEAN 경찰ASEAN Police Chief이 ASEAN의 범죄 데이터베이스를 인터폴의 데이터베이스와 연계함으로써 ASEAN 국가들의 사이버 위협에 대한 국제적 공조를 용이하게 했다.

APEC에서도 ASEAN이나 OECD 등과의 협력을 통해서 아태 지역 사이버 안보의 문제를 해결하고자 모색하고 있다. APEC은 9·11 이후 사이버 안보에 대한 대응을 본격적으로 논의해왔고 이것이 2003년에 사이버 안보 전략의 채택으로 구체화했다. 이 전략에서 APEC 국가들은 ASEAN과 마찬가지로 각국에서 CERT를 창설하고 조율하는 것을 목표로 하며, 특히 이를 아시아와 태평양을 아우르는 지역 간 사이버공간의 안보 문제로 인식한다. 아태 지역의 컴퓨터 비상 대응팀인 APCERT는 아태 지역 CERT 상호 간의 협력을 장려하고 지원하려는 목적으로 설립되었는데, 현재 14개국 19개 CERT팀(정회원 14개 팀, 일반회원 5개 팀)으로 구성되어 있다(최인호, 2011).

한편 동북아에서 한·중·일 3국은 IT 장관회의를 통해 이 분야의 협력을 모색하고 있다. IT 장관회의는 2002년에 모로코에서 제1차 회의가 개최된 이후 2003년에 제주에서 제2차 회의와 2004년에 일본 삿포로에서 제3차 회의가 개최되었고, 2006년 3월에 중국 샤먼에서 제4차 회의가 개최된 바 있다. 그러나 이 밖에 정부 차원에서 사이버 안보를 위한 국제적 협력은 아직 미흡한 상태이다. 사이버 안보 분야의 민간 협력을 모두 포함하더라도 아직 본격적인 사이버 안보의 국제협력 또는 지역 협력 체계는 갖춰지지 않는 실정이다. 그럼에도 사이버 안보 분야의 협력이 필요하다는 점에 대해서는 모두가 공감하는 상황이다.[5]

---

5 동아시아 차원에서 진행되는 사이버 안보의 논의로는 Ortis(2007), N. Thomas(2009), Debert et al.(2011) 등을 참조하기 바란다.

5. 사이버 안보의 비대칭 망제정치

최근 사이버 테러와 공격의 위협이 단순히 잠재적으로 존재하는 위협이 아니라 현실화될 가능성이 매우 큰 위협으로서 인식되기 시작했다. 특히 최근 미국-이스라엘과 이란 간에 벌어진 사이버 전쟁은 해커들의 장난이나 도발적인 비국가 행위자들의 테러 정도로만 인식되었던 사이버 안보의 문제를 국가 안보의 차원에서 고민케 하는 계기를 마련했다. 동아시아와 한반도도 이러한 사이버 공격의 위협에서 자유롭지 않다. 북한은 이미 한국을 향해 사이버 공격을 몇 차례 감행한 것으로 추정된다. 실제로 북한은 미국이 수행한 테러와의 전쟁으로 말미암아 정권의 안위를 걱정하게 되면서 재래식 전력의 약점을 보완하기 위한 수단으로서 핵무기와 함께 사이버 전력을 전략적으로 육성해온 것으로 알려졌다.

이러한 사이버 테러와 공격의 문제는 다층적 네트워크 구조 속에서 이해해야 한다. 사이버 안보 분야는 영토성을 기반으로 해서 국가가 독점해온 안보 유지 능력의 토대가 잠식되는 현상을 보여주는 좋은 사례이다. 사이버공간에서 등장한 새로운 위협은 국가에서 독점해온 군사력의 개념뿐만 아니라 군사전략과 안보의 개념 자체도 그 기저에서부터 뒤흔들어놓고 있다. 인터넷 환경은 테러 네트워크나 범죄자 집단들이 도발할 이른바 비대칭 전쟁의 효과성을 크게 높여놓았다. 이러한 비대칭 전쟁이 가장 첨예하게 드러나는 분야가 바로 사이버 테러와 공격이다. 최근 국내에서 논란이 되었던 해커들의 디도스 공격은 웹서버나 웹사이트에 대한 공격이 우리 삶에 위협이 될 수 있음을 여실히 보여주었다.

이러한 변화에 직면해 기존의 국제정치이론은 시원스러운 해답을 제시하지 못한다. 국가 단위에 주목하는 안보 이론으로는 복합적 사이버 안보를 제대로 이해할 수 없다. 특히 냉전 시대에 개발된 국가 안보나 핵 안보의 개념과 이론으로 사이버 안보를 보아서는 안 된다. 기존의 국제정치 연구는 주요 행위자로서 국민국가 간의 양자 관계 또는 다자 관계라는 맥락에서 세계정치의 안보 문제를 탐구해왔다. 그러나 사이버 안보의 문제는 이러한 군사 안보와 국가 안보의 단순 시각으로는 제대로 파악되지 않는 고유한 성격을 가진다. 여기서 필요한 것은 다양한 네트워크 간에 벌어지는 정치, 즉 망제정치의 시각이다. 특히 네트워크 국가를 주인공으로 해서 벌어지는 다섯 가지 차원의 '비대칭 망제정치asymmetric inter-network politics'의 동학을 이해해야 한다.

첫째, 비인간 행위자와 인간 행위자 간에 형성되는 망제정치이다. 이는 물리적 네트워크와 소셜 네트워크 사이에서 벌어지는 동학이다. 행위자-네트워크 이론의 틀에서 보면, 사이버 안보 문제는 '네트워크들의 네트워크'라는 별명을 가진 인터넷이라는 비인간 행위자/네트워크와 해커와 국가라는 인간 행위자들이 형성하는 네트워크의 게임이다. 이러한 네트워크 게임은 소셜 네트워크 이론에서 말하는 네트워크상의 구조적 공백, 특히 착취혈이라고 불리는 취약점을 해커들이 공략하거나, 반대로 국가 행위자가 나서서 그 공백을 메우는 망제정치의 게임이다. 이러한 기술 시스템의 독자성에 대한 부분은 기존의 국제정치이론들이 상대적으로 인식을 결여하는 부분이다.

둘째, 초국적 테러 네트워크와 국가 행위자들이 벌이는 망제정치이다. 다시 말해 버추얼 창을 들고 공격하는 비국가 행위자들의 초국적 네트워크와 이를 막으려고 그물망 방패를 든 국가 행위자들의 정부 간 네트워크 사이에서 벌어지는 망제정치이다. 날로 그 숫자가 늘어나는 컴퓨터 해커들은 자신들이 뚫을 수 없는 방화벽이란 없다고 뽐낸다. 해킹 기술은 점점 더 교묘해지고 하루가 멀다 하고 새로운 컴퓨터 바이러스가 출현한다. 그리고 이에 대응해 새로운 방화벽 기술과 백신 프로그램이 개발되고 해커들의 은신처를 찾아내는 기법도 점점 더 발달한다. 이러한 기술 변화의 와중에 '어나니머스Anonymous'나 '정의의 검' 등과 같은 초국적 비국가 행위자와 국가 행위자가 펼치는 망제정치가 진행된다.

셋째, 국가 간에 벌어지는 버추얼 창과 그물망 방패의 망제정치이나. 최근에 사이버 안보에서 두드러지게 나타나는 현상은 비국가 행위자들이 시도하는 사이버 테러와 공격의 이면에 국가 행위자들이 깊숙이 관여한다는 사실이다. 최근 러시아, 중국, 북한 등에서 보고되는 사이버 테러 부대의 존재는 이러한 국가의 그림자를 엿보게 하는 증거이다. 이에 대해서 미국처럼 상대적으로 발달한 정보시스템을 보유하는 나라들은 이러한 사이버 공격을 방어하려는 법제도적 차원의 방책들을 모색하고 있다. 최근 한국도 북한의 사이버 공격에 대비하는 계획을 수립한 바 있다. 여기에 상황을 더욱 복잡하게 만드는 것은 사이버 공격과 관련해 가장 많은 자원력과 기술력을 지닌 미국이 새로운 사이버 공격의 주체로 등장했다는 사실이다. 이러한 와중에 사이버 군비경쟁과 이를 상쇄하려는 사이버 군축의 발상들이 피어나고 있다.

넷째, 일국 차원에서 벌어지는 사이버 안보의 대응책과 여러 나라가 협의하는 국제협력의 메커니즘의 형태를 띠는 사이버 안보의 대응책 사이에서 나타나는 망제정치의 모습이다. 복합 네트워크의 메커니즘을 빌려 발생하는 사이버 테러와 공격은 단순히 일국 차원의 대응책 마련과 법제도의 정비 등으로 해결될 문제가 아니다. 기본적으로 국민국가의 국경을 초월해 발생하는 문제이니만큼 긴밀한 국제협력을 통해서 그 해법을 모색하는 것이 필요하다. 2001년 유럽사이버범죄협약을 시작으로 해서 2011년의 런던 세계사이버공간총회와 2012년의 부다페스트 총회, 2013년 서울 총회에 이르기까지 사이버 안보 문제를 풀어가려는 국가 간 협력이 펼쳐지고 있다. 이러한 사이버 안보의 국제협력은 동아시아 지역에서도 그 움직임이 진행되고 있다. 사이버 공격을 불법행위로 규정하거나 이를 징벌하기 위한 국제 규범을 형성하는 것, 사이버 반격에 대한 정당방위의 합법적 근거를 마련하는 것 등이 쟁점이 될 것이다.

끝으로, 전통적 국가 간 관계의 틀을 기반으로 한 정부 간 협력의 틀과 민간 행위자들도 참여하는 글로벌 거버넌스의 틀 사이에서 형성되는 망제정치이다. 최근의 양상은 초국적 위협으로 제기된 사이버 테러와 공격의 문제에 대해서 국제협력이나 국가 간 협약과 같은 메커니즘으로 해결하려는 움직임이 등장하고 있다. 유럽사이버범죄협약이나 세계사이버공간총회 등이 대표적 사례이다. 그러나 초국적으로 발생하는 사이버 안보 문제를 해결하려면 '국가 행위자 간의 정치'를 의미하는 '국제정치'의 발상을 넘어설 필요가 있다. 사이버 안보 분야는 전문 기술 영역의 성격상 정부 관료만이 아니라 다양한 참여자들이 만나서 의견을 교환하고 대책을 마련하는 노력이 중요하다. 이에 따라 WSIS를 개최하거나 그 이후 IGF의 틀을 빌려 사이버 안보의 문제가 논의되어 왔다. 이러한 과정에서 국제 레짐의 메커니즘과 민간 행위자가 참여하는 글로벌 거버넌스 모델이 경합하고 있다.

이상에서 살펴본 본 사이버 안보의 세계정치는 전통적 의미의 국민국가들이 벌이는 게임은 아니다. 새로운 주인공으로서 네트워크 국가들이 벌이는 게임으로 이해해야 할 것이다. 이러한 과정에서 네트워크 국가는 사이버 공격이라는 위협 요인을 제공하는 주체인 동시에 초국적으로 또는 국가 간에 발생하는 사이버 위협을 방지하려는 메커니즘을 만드는 주체이기도 하다. 다시 말해 사이버 안보의 문제를 둘러싸고 벌어지는 망제정치의 과정에서 중심성centrality을 제공하는 주체이다. 이러한 지적은 21세기 네트워크 세계정치가 급속히 진전하는 와중에도 국가는 그 역할을 자기 조정하면서 새로운 역할과 형태를 찾아간다는 논의로 통한다. 최근 국내에서 일고 있는 사이버 안보에 대한 국가적 관심이나 북한의 사이버 공격에 대한 우려도 이러한 세계정치의 변환에 대한 이해를 바탕으로 방향을 잡아야 할 것이다.

요컨대 사이버 안보의 세계정치는 다층적 망제정치이다. 창과 방패를 파는 두 상인의 이야기를 다룬 모순矛盾이라는 중국의 고사성어에서 창과 방패의 대결이 어떤 결과를 낳았는지 전하지 않듯이, 디지털 시대를 사는 우리가 관전하는 버추얼 창과 그물망 방패의 결투도 쉽사리 결말을 논할 수는 없다. 다만 현재 우리에게 필요한 것은 문제를 너무 단순하게 보지 않는 신중함이다. 아날로그 시대의 '모순'이 한 개의 창으로 한 개의 방패를 찌르는 이야기였다면, 디지털 시대의 '모순'은 창 여러 개로 찌르는 공격을 방패 여러 개로 막아내는 야야기이기 때문이다. 이러한 맥락에서 최근 화두가 되는 사이버 안보의 세계정치를 이해해야 한다. 이 장에서 디지털 시대의 모순 이야기를 전통적 국제정치이론의 음성이 아닌, 새로운 '네트워크 세계정치이론'의 음성으로 번역해서 들려준 것은 바로 이러한 이유에서이다.

제12장

글로벌 문화 산업과 디지털 한류

1. 네트워크로 보는 글로벌 문화 산업

1) 한류를 어떻게 볼 것인가?

2000년대 이후 한국의 드라마, 영화, 대중음악 등이 아시아 지역뿐만 아니라 세계 각지로 활발하게 진출하는 현상, 즉 한류韓流가 확산되고 있다. 초창기의 한류가 드라마와 영화 콘텐츠를 내세워 주로 동아시아 시장을 겨냥해 성공했다면, 2000년대 후반 이후의 한류는 한국의 대중음악, 즉 K-팝을 내세워 아시아 전역을 넘어서 글로벌 대중문화의 본산인 미국과 유럽, 그리고 저 멀리 남미에까지도 진출하고 있다. 한류는 대중문화 콘텐츠를 주로 수입에 의존하던 시대로부터 이제는 대외적으로 수출하는 시대로 이행했음을 알리는 신호탄이라는 점에서 큰 의의를 지닌다. 그야말로 한국의 대중문화가 글로벌 문화 산업에서 입지를 트는 기회를 마련하고 있다.

　　네트워크 세계정치이론의 시각에서 이러한 한류를 어떻게 볼 것인가? 최근 한류에 대한 논의들은 학술 연구라기보다는 신문 기사나 정책 보고서 등을 바탕으로 한 사실 소개의 수준에 머물고 있어서 아쉽다. 이에 비해 사회과학의 시각에서 체계적 분석과 이론적 해석을 시도한 연구는 매우 제한적으로만 발견된다(조한혜정 외, 2003; 장수현 외, 2004; 신윤환·이하우 외, 2006; 김수이 엮음, 2006; 김상배, 2007b). 게다가 최근 동아시아 국가 사이에서 '혐嫌한류'나 '항抗한류'의 분위기가 생겨나면서 수년 전보다 한류 연구 자체에 대한 열기도 점차 식어가는 느낌이 든다. 1980년대의 홍콩영화가 일종의 '홍콩류香港流'를 이루었고 1990년대 일본의 대중문화가 '일류日流'를 이루었다가 수그러들었듯이, 한류도 원래 이러한 성쇠의 운명을 타고났는지도 모른다.

그럼에도 한류 연구는 단편적인 성공과 실패의 사례에 대한 소개와 비판의 차원을 넘어서 그 현상의 저변에 흐르는 문화세계정치의 탐구라는 차원에서 다루어야 할 중요한 주제이다. 한류 연구는 자연스럽게 문화 분야에서 작동하는 세계정치의 권력과 국가의 역할 및 세계질서의 변환에 대한 논의로 연결될 수밖에 없다. 이러한 연속선상에서 한류가 지닌 가능성과 한계, 그리고 한류를 매개로 해서 엮어지는 동아시아 및 글로벌 문화 산업의 미래를 좀 더 입체적인 시각에서 탐구할 수 있다. 이러한 문제의식을 바탕으로 이 장에서는 1990년대 후반 이후 이루어지는 글로벌 문화 산업의 변환이라는 맥락 아래에서 한류가 갖는 의미를 짚어보고자 한다.

돌이켜보건대 여태까지 한류 연구에서 나타난 경향을 요약해보자면, 기존 연구들은 대중문화의 생산이나 수용의 어느 한 과정에만 주목함으로써 한류 현상이 담고 있는 '관계적 맥락'을 다소 소홀하게 취급한 점이 있었다. 예를 들어 언론정보학 분야에서 이루어진 기존의 한류 연구는 영화나 TV와 같은 전통적 미디어 플랫폼을 둘러싸고 나타나는 동아시아 지역 수용자들의 문화적 유사성 또는 문화적 혼종성에 주목해 한류를 설명하려는 경향이 강했다. 그런데 이러한 시각은 K-팝과 같은 장르가 아시아 지역을 넘어 전 세계로 확산되는 현상이 발생하기 전에 이루어져서 최근 관건이 되는 한류 현상 전반을 포괄적으로 설명하기에는 부족하다(문상현, 2013).

한편 국제정치학의 시각에서 이루어진 기존의 한류 연구는 주로 발신자가 지닌 자원이나 속성으로서 소프트 파워의 잣대를 가지고 한류 현상을 설명하는 부류가 주를 이루었다(평화포럼21 엮음, 2005). 한류는 지난 시절 쌓아온 한국 문화의 소프트 파워가 발산된 사례라는 것이다. 이들 논의는 기본적으로 양자 관계의 일방향 커뮤니케이션이라는 구도에서 발생하는 '발신자-수신자 모델'에 기반을 둔다. 이러한 시각을 원용해서 보면 한류는 한국의 우수한 문화적 역량을 대상 국가에 펼친 사례이다. 일종의 '연성 국가주의soft statism'가 구현된 사례라고 할 수 있다(이와부치 고이치, 2004; 원용진·김지만, 2011). 이러한 시각은 기본적으로 양방향의 비非제로섬 게임의 성격을 갖는 문화세계정치의 문제를 비대칭 권력론에 기반을 둔 제로섬 게임의 잣대로 본다는 비판으로부터 자유로울 수 없다.

이러한 맥락에서 볼 때, 한류로 대변되는 문화세계정치 현상을 제대로 설명하려면 발신자와 수신자 또는 생산자와 수용자의 상호 과정을 좀 더 복합적으로 고려하는 시각이 필요하다. 한류는 이 양자가 구성하는 복합적 관계, 즉 네트워크의 맥락에서 이해해야 하는 논제이기 때문이다. 네트워크의 시각에서 보면 한류 성공의 비결은 소프트 파워의 논의가 암시하는 것처럼 일방적으로 우월한 지식과 문화를 전파한 데에 있기보다는, 대상 국가의 사람들, 그리고 더 나아가 글로벌 차원의 수용자들과 양방향으로 소통하고 공감을 얻어낸 데에 있다. 다시 말해 한류의 성공은 글로벌 차원에서 발생하는 문화 산업의 변환을 배경으로 한류 콘텐츠 생산자들의 능력(실력과 매력)과 동아시아 및 글로벌 수용자들의 문화적 취향이 적절하게 맞아떨어진 결과로 보아야 한다.

네트워크의 시각에서 볼 때, 한류는 21세기 세계정치의 장에서 국가 행위자가 아닌 민간 행위자들의 역할이 크게 증대되었음을 보여주는 대표적인 복합 네트워크 현상이다. 예를 들어 최근 K-팝의 성공을 주도한 한류 엔터테인먼트 기획사들은 정부의 큰 도움을 받지 않고도 아시아와 세계 시장을 효과적으로 공략해왔다. 특히 이들 기업은 문화와 IT가 복합된 CTculture technology 분야에서 디지털 역량을 보여주었으며, 새로운 발상의 네트워크 전략을 구사했고, 새로운 미디어 환경을 적극적으로 활용해 괄목할만한 성과를 거두어냈다. 후술하겠지만 한류의 네트워크 게임에서 국가 행위자가 아무런 역할도 못하고 물러나는 것은 물론 아니다. 한류 분야에서도 네트워크 지식국가의 논지를 펼칠 여지는 있다. 그럼에도 복합 네트워크의 양상으로 전개되는 한류의 성과가 주로 창의적 발상을 갖춘 민간 행위자들의 참여로 이루어졌다는 사실은 인정하지 않을 수 없다.

네트워크의 시각에서 주목할 또 하나의 새로운 행위자는 국내외에서 영향력을 늘려가는 문화 수용자들이다. 한류를 수용하는 국내외 팬들은 이제 더는 수동적 객체가 아니라 대중문화의 트렌트를 이끌어가는 능동적 주체로서 자리매김했다. 특히 이들은 한류 기업들이 형성하는 네트워크와는 다른 모습의 자생적이고 수평적인 소셜 네트워크의 형태로 움직인다. 실제로 한류의 이면에는 인터넷상의 카페와 커뮤니티를 기반으로 하고 유튜브나 페이스북과 같은 소셜 미디어를 활용해 문화 콘텐츠를 나누고 즐기는 신세대들의 팬클럽 네트워크가 있다. K-팝 스타 싸이가 「강남스타일」을 통해서 거둔 성공의 숨은 공신으로서 유튜브와 페이스북, 트위터를 드는 것은 바로 이러한 맥락이다.

요컨대 네트워크의 시각에서 볼 때, 한류의 성공은 발신자로서 한류 기업들의 현지 차별화된 네트워크 전략과 수신자로서 현지 팬클럽의 소셜 네트워크가 접목되면서 판매와 소비의 네트워크뿐만 아니라 소통과 공감의 네트워크가 구성된 데에 그 비결이 있다고 할 수 있다. 물론 이렇게 형성된 커뮤니케이션의 네트워크에 담기는 한류 문화 콘텐츠의 우수성과 매력도 무시할 수 없는 성공의 요인이다. 또한 이러한 네트워크의 원활한 작동을 지원하는 국가의 역할도 간과할 수 없다. 궁극적으로는 한류는 이러한 요소들을 복합적으로 고려해서 보아야 할 21세기 네트워크 세계정치의 사례이다.

2) 글로벌 문화 산업의 변환과 동아시아

한류에 대한 본격적 논의에 앞서 먼저 21세기 글로벌 문화 산업의 변환과 그 와중에서 입지를 구축하는 동아시아 대중문화에 대해서 개괄적으로 살펴보자. 최근 글로벌 문화 산업에서는 상호 모순적으로 보이는 두 가지 현상이 동시에 나타나고 있다. 그 하나는 지구화 시대와 정보화 시대를 맞이하면서 미국이 기존의 문화 패권을 확대재생산하는 현상이다. 1980년대 미국의 패권 쇠퇴에 대한 논란에도 글로벌 문화의 확산이나 미디어의 지구화라는 메가트렌드 속에서 미국의 문화 패권은 오히려 강화되고 있다. 예를 들어 할리우드의 스튜디오들이 실리콘밸리의 첨단 기업들과 제휴하면서 나타난 이른바 실리우드Siliwood 현상은 1990년대 이후 영화 산업 분야에서 미국의 문화 패권이 부활하는 초석을 마련했다(김상배, 2006b, 2007; 문상현, 2012).

이에 비해 21세기 글로벌 문화 산업에서는 지구화와 정보화를 기반으로 한 탈집중의 역학이 미국의 문화 패권을 잠식해 들어가는 모습도 발견된다. 미국이 여전히 유일한 미디어와 문화의 초강대국인 것은 사실이지만 지구화와 정보화의 확산은 미국의 문화 패권에 대응하는 비서구 국가들의 역량을 높인 것도 사실이다. 예를 들어 1990년대 이후 미국이 만든 TV 프로그램 형식이 세계 각지에 확산되고 지역화되면서, 현지에서 많은 프로그램이 독자적으로 제작되어 미국 프로그램을 능가하는 인기를 얻고 있다. 이러한 이중적 양상은 미국 문화가 세계를 지배한다는 단순 논리를 넘어서 글로벌 문화 산업 질서가 변환되는 과정에서 나타나는 집중과 탈집중의 복합 현상을 잘 보여준다.

이러한 글로벌 문화 산업의 변화을 염두에 두고 1990년대에 나타난 동아시아 대중문화, 특히 일본 대중문화의 해외 진출 현상을 이해할 필요가 있다. 1990년대에 접어들면서 글로벌 시장과 동아시아 시장에서 TV 드라마, 대중음악, 만화, 애니메이션, 캐릭터, 패션 등과 같은 일본 문화 상품들의 수출이 크게 늘어났다. 종전에는 제조업 상품을 팔던 경제대국 일본이 문화 상품을 팔기 시작한 것이다. 그런데 1990년대를 주름잡은 일본의 문화 상품은 독특한 특성을 지녔었다. 이들 문화 상품은 '일본다운 일본 문화'를 강요하기보다는 오히려 일본색을 탈색시킨 이른바 '문화적 무취성'의 전략으로 포장되었다(이 와부치 고이치, 2004).

그 대표적 사례가 바로 가전제품consumer electronics, 만화comics/cartoons, 컴퓨터 게임computer games 등으로 대변되는 이른바 3C 제품들이다. 예를 들어 소니의 워크맨과 같은 가전제품, 저패니메이션japanimation으로 알려진 일본 애니메이션, 닌텐도의 슈퍼 마리오에서 비롯되는 컴퓨터 게임 등이 여기에 해당한다. 엄밀하게 말하면 이들 제품은 순수한 문화 상품이라기보다는 제조업과 문화 산업이 복합된 형태로 만들어진 '일본형 실리우드'의 산물이라고 할 수 있다(남장근, 1999; 닛케이BP사 기술연구부 엮음, 1999, 2000; 한창완, 2001; 김윤아, 2005; Aoyama and Izushi, 2003; Asakura, 2000).

이러한 일본 애니메이션과 게임의 약진이 미국의 문화 패권에 대한 심각한 도전이었다고 볼 수는 없다. 실제로 1990년대 당시 일본의 영향력은 문화 권력의 이미지보다는 경제 권력의 이미지로 각인된 감이 있다. 다시 말해 일본의 영향력은 경제 분야에 제한된 것이며 일본 상품이 아무리 많이 팔린다고 해도 이것이 특정한 문화적 가치관을 전파하는 것은 아니라는 것이었다. 1980년대 말 이래 미국을 중심으로 한 서구 선진국에서 등장한 이른바 '기술 오리엔탈리즘technological orientalism'은 바로 이러한 반일反日 담론을 대변한다(Morley and Robins, 1995).

기술 오리엔탈리즘의 담론은 기술과 경제의 발전으로 말미암아서 이제는 더는 일본을 서구 근대의 열악한 모방이라고 무시할 수 없게 되었다는 점은 인정한다. 그러나 일본은 오로지 기술력 향상에만 몰두해 비인간적 사회를 만들어버리고 말았다고 비판한다. 즉, 일본 기술 문화는 타자와 물리적이고 개인적으로 접촉하지 않고 가상현실에서 사는 '오타구'를 만들었다는 것이다. 결국 일본은 자본주의 발전이 가져온 디스토피아로 상징되고, 역으로 서구는 여전히 문화적이나 윤리적인 측면에서는 우수하다는 논리이다(이와부치 고이치, 2004: 103).

그런데 1989년에 소니가 컬럼비아 영화사를 인수하고, 1990년에 마쓰시타가 MCA의 유니버설 스튜디오를 인수하면서, 일본이 글로벌 문화 시장에 미친 영향력을 다른 차원에서 이해하는 계기가 발생했다. 일본 제조업체가 미국 문화의 상징이라고 할 수 있는 할리우드에 진출하면서 '일본은 하드웨어(기술), 미국은 소프트웨어(문화)'라는 종래의 역할 구도가 깨지고 말았던 것이다. 그렇지만 우려했던 문화 역전은 그리 쉽게 발생하지는 않았다. 마쓰시타는 투자했던 영화에서 큰 손실을 보았으며, 결국 일본의 경제 불황이 심해지면서 추가로 투자할 여력을 잃게 되자 할리우드에서 철수했다. 소니도 컬럼비아 영화사를 소유하고 있었지만, 그것은 경제인 소유만을 의미했을 뿐 할리우드 메이저의 문화적 지향을 좌우할 수는 없었다. 이러한 와중에서 1990년대 일본 경제가 이른바 '잃어버린 10년'의 위기를 맞게 되면서 글로벌 패권으로서 미국은 부활했다. 이제는 '일본의 경제력과 미국의 문화력'으로 구분되었던 선마저도 무너지고 미국의 패권이 양쪽 모두를 휩쓸게 되었다(Wayne, 2003: 89).

어하튼 1990년대 들어 일본은 증대된 경제력을 바탕으로 대중문화를 해외로 전파함으로써 미국의 문화 패권에 도전했던 것은 사실이다. 적어도 지구적 차원은 아니더라도 동아시아에서는 그러한 현상이 발생했다. 실제로 애니메이션이나 만화에서 캐릭터, 패션, 대중음악, TV 드라마에 이르기까지 일본의 대중문화는 동아시아와 동남아시아에서 널리 받아들여졌다. 예를 들어 일본의 TV 프로그램 수출량은 1980년대의 4,585시간에서 1992년에는 2만 2,324시간이 되어 비약적으로 늘어났는데, 1995년의 TV 프로그램 수출량의 반 정도가 동아시아 지역에 집중되었다(이와부치 고이치, 2004: 61).

이러한 현상은 제조업 상품이 주는 매력을 넘어서 일본의 대중문화도 동아시아 시장에서 일정한 매력을 발산함을 의미한다. 과거에 식민지를 지배한 나라로서 일본은 오랫동안 동아시아, 특히 동남아시아에서 간접적 자원의 눈화적 영향력을 행사해왔다고 볼 수 있다. 이러한 일본의 문화적 영향력이 1990년대에 들어서 좀 더 직접적인 형태로 두드러지기 시작했던 것이다. 이러한 현상은 동아시아 국가 간의 경제적 격차가 축소되고 각종 교류가 증대하면서 남들보다 앞서 자본주의 발전을 이룩한 일본에 대한 긍정적 평가가 작동한 것으로 볼 수 있다. 다시 말해 일본의 대중문화는 서구 상품을 동아시아 소비자들의 기호와 물질적 조건에 맞추어 교묘하게 변화시키는 '문명 변전소'로서 인식되었다(이와부치 고이치, 2003).

그렇지만 1990년대 일본 대중문화의 동아시아 진출에 대한 비판적 해석도 만만치 않다. 즉, 1980년대까지 일본에서 등장했던 하드웨어 주도의 기술 국가주의가 1990년대에는 소프트웨어와 미디어 콘텐츠를 지향하는 연성 국가주의로 서서히 변화되었다는 지적이 그중 하나이다(이와부치 고이치, 2004). 실제로 1990년대 들어 미국에서 일본으로 문화 권력이 이동했다는 인식과 함께 '동아시아가 일본을 동경하고 있다'는 식의 국가주의적 기대가 부상하기도 했다. 이러한 경향은 일본이 추구하는 '동아시아 회귀'의 목적이, 다른 동아시아 나라들과의 대화를 추진하는 것이 아니라 여전히 자기도취적인 국가정체성을 모색하는 데에 있다는 비판을 일으켰다.

그러나 일본의 대중문화 진출에 대한 더욱 신랄한 비판은 이러한 일본 대중문화의 동아시아 진출이 여전히 미국이 짜놓은 틀 안에서 이루어졌다는 지적이다. 결국 일본이라는 '문명 변전소'를 거쳐서 전파되는 글로벌 문화의 기원은 미국의 대중문화에 있고, 일본의 힘을 빌려 확산되는 것은 다름 아닌 글로벌 문화 패권을 확대재생산하는 미국발 자본주의의 메커니즘이기 때문이라는 것이다. 여하튼 2000년대 들어 일본 대중문화가 동아시아로 전파되는 현상은 다양한 기대와 비판을 뒤로 하고 무대의 뒷전으로 물러난 것처럼 보인다. 그 대신 그 빈자리에 한국의 대중문화가 한류라는 기치를 들고 진입하고 있다. 그렇다면 한류는 '일류'와는 다른 운명을 개척할 수 있을까? 아니면 '일류'와 마찬가지로 글로벌 문화 산업 질서의 구조 안에서 생겨나는 작은 파장에 지나지 않는 것일까?

2. 매력과 네트워크로 보는 한류

1) 한류의 매력, 그 가능성과 한계

글로벌 문화 산업의 변환과 동아시아 대중문화의 부상이라는 맥락에서 2000년대에 들어서 발생하는 한국 대중문화의 동아시아 진출도 이해할 수 있다. 한류韓流는 1999년에 중국의 ≪베이징청년보北京靑年報≫에서 한국의 대중문화와 연예인들에 빠진 젊은이들의 유행을 경계하는 뜻으로 처음 사용한 말이었다. 그래서 한류는 그와 음이 같은 '한류寒流'에 함유된 부정적 의미를 담았던 말이다. 이미 대만에는 '하한주哈韓族'라는 말이 있었는데, 그 의미 역시 '한韓'은 '한寒'과 통하는 말로서 말라리아에 걸려 추워서 떠는 열병 환자라는 뜻을 지닌다. 일본의 '일日'을 태양과 관련시킨 '하르주哈日族'라는 말이 열사병에 걸린 환자를 가리키는 것과 같은 맥락에서 생겨난 말이다(유상철 외, 2005).

초창기 TV 드라마와 영화를 중심으로 이루어진 한류의 성공 요인에 대해서 기존의 평가는 대체로 실력론, 매력론, 비판론 등의 셋으로 나뉜다. 먼저 실력론을 보면, 한류 현상은 20세기 후반 한국이 빠른 산업화를 바탕으로 이룩한 경제적 성공을 바탕으로 한다. 이러한 시각에서 보면, 한류는 좀 더 나은 문화 상품을 만들 수 있게 된 한국 경제력의 상징이며 이른바 CT로 알려진 기술력의 상징이다. 실제로 문화 비즈니스 차원의 한류는 한국 기업들의 마케팅 전략이나 현지 합작 등의 형태를 통해서 동아시아 차원에서 형성되는 문화 산업 분야 네트워크의 덕을 보았다. 후술하는 바와 같이, 이수만의 SM, 양현석의 YG, 박진영의 JYP 등과 같은 한류 엔터테인먼트 기획사들의 전략이 대표적 사례이다. 이러한 시각에서 보면, 한류의 성공은 문화 현상이라기보다는 비즈니스 현상이다. 따라서 지금 주어진 기회를 틈타 한국 문화 상품이 소비 시장을 확대해 경제적 실리를 추구하는 향후의 전략적 목표가 도출된다. 게다가 이러한 논리는 단지 한류 상품뿐만 아니라, 한국산 제조 상품의 판매에까지도 연결된다.

이에 비해 상품으로서의 한류를 넘어서 한류의 문화적 측면을 강조하는 측은 한류에 담기는 한국 대중문화의 매력을 논한다. 한류의 문화 상품에 담기는 콘텐츠는 무엇인가? 권위주의를 거쳐서 경제발전을 했지만 결국 민주화를 달성한 한국형 발전 모델이야말로 문화 콘텐츠에 담는 매력 상품 중 하나이다. 다시 말해 한류 영화나 드라마의 저변에 깔리는 내용은 경제적으로 발전하고 민주주의를 이룩했으며, 그러면서도 시민사회의 역동성을 잃지 않는 '다이내믹 코리아Dynamic Korea'의 모델이다. 한국 문화 고유의 가치관도 한류에 담기는 콘텐츠이다. 초창기 한류 상품들과는 달리 TV 드라마 〈대장금〉이 주목받았던 이유는 바로 이러한 한국적 가치의 문제와 연관된다. 한국의 대중문화가 그 이전에는 서구 문화를 베낀다고 생각했는데, 〈대장금〉은 한국이 동아시아의 전통적인 유교적 가치관을 한국적 시각에서 소화해내고 있었기 때문이다. 이러한 시각에서 보면 한류는 단순한 상품이 아니라 문화적 가치의 전도사이다.

그러나 한류의 성공에 대한 긍정론만 있는 것은 아니다. 한류란 동아시아에서 부상하는 '자본주의적 욕망'들을 세속적으로 포장한 것에 지나지 않는다고 보는 비판적 입장도 만만치 않다. 다시 말해 한류는 한국 대중문화의 질적 우수성이나 문화적 고유성으로 생겨난 것이라기보다는 "급격한 산업자본주의적 발전을 겪은 (동)아시아 지역에서 새롭게 부상하는 욕망과 다양한 갈등을 가장 세속적인 욕망으로 포장해내는 능력의 산물"일 뿐이라는 것이다(김현미, 2003: 155~156). 따라서 한류를 글로벌 문화 산업 질서를 선도할 대박 비즈니스로서 육성하고자 하는 기대를 실현하는 일이 쉽지 않을 것이라고 한다. 이러한 비판론에 선다면 결국 쟁점이 되는 것은 과연 한류가 앞으로도 얼마나 지속될 수 있느냐 하는 문제이다. 이러한 전망이 밝지 않은 이유는 한류가 미국 중심의 글로벌 문화 산업 질서에서 단지 동아시아의 틈새시장을 공략한 것에 지나지 않는다는 인식에서 기인한다. 실제로 대부분의 한류는 미국적 문화 상품의 형식에 한국적 터치를 가미한 정도이며, 게다가 체계적 준비를 바탕으로 이룩한 성공이라기보다는 우연히 거두어 올린 성공의 성격이 강하다. 이렇게 보면 1980~1990년대의 홍콩과 일본의 대중문화를 대체해서 한류가 등장했듯이 언젠가는 한류를 대체하는 다른 문화 세력이 등장할 것이기 때문이다.

이러한 비판에도 인정해야 할 것은, 여하튼 한류의 부상이 동아시아인들에게 일정한 정도로 네트워킹의 요소를 제공했다는 점이다. 한류는 한국의 대중문화가 국경을 넘어 새로운 문화 상품으로 소비되었다는 점에서는 새로운 현상이다. 그렇지만 이미 동아시아 국가 간에는 다양하고 이질적인 문화를 교류하는 흐름이 형성되고 있었다. 실제로 1990년대 이후 동아시아의 젊은 층에서 소비되는 대중문화는 자국 문화와 서구 문화, 또는 여타 동아시아 문화가 복합된 형태였다. 이렇게 각 지역의 근대화 과정 속에서 뒤섞이고 엇갈리면서 한류가 수용된 것이다. 다시 말해 동아시아 지역의 시청자들은 유사한 산업화의 경로를 밟아가는 여타 동아시아 지역의 영화나 TV 드라마를 보면서 일종의 연대 의식을 갖게 되었다고 볼 수 있다. 나름대로 '즐길만한 시차'로 산업화를 경험하는 동아시아 국가 사이에서 문화적으로 이질적인 서구 국가들보다는 이웃의 동아시아 국가들을 준거집단으로 삼고자 하는 막연한 유대감이 형성되었던 것이다(조한혜정 외, 2003). 따라서 한류의 성공은 한국인의 손을 거친 서구 문화에 대한 동아시아인들의 심정적 동의에서 비롯된 것이라고 해석할 수 있다. 이것이 비로 한류 현상을 동아시아 문화 네트워크의 맥락에서 보아야 하는 이유이다.

이러한 맥락에서 보면, 한류는 동아시아인들의 네트워킹을 통해서 문화적 상호 교류와 공존을 가능케 하는 차원을 넘어서 서구 중심의 글로벌 문화 산업 질서에 대항하는 담론의 요소도 품고 있다. 글로벌 문화 산업 질서에 개별적으로 편입할 수밖에 없었던 동아시아 국가의 기성세대들과는 달리 오늘날의 젊은 세대들은 동아시아 대중문화의 연대를 통해서 공동의 문화 담론을 생성할 수 있게 되었다. 결국 쟁점이 되는 것은 과연 한류를 매개로 한 동아시아의 문화 네트워크가 궁극적으로 미국이 주도하는 글로벌 문화 산업 질서에 대한 대안적 비전을 제공할 수 있느냐 하는 문제이다. 다시 말해 한류 역시 미국이 짜놓은 틀 안에서 선전善戰하는 차원으로 그칠 것인지, 아니면 그것을 넘어서는 진정한 매력을 발산할 것인지의 문제라고 하겠다. 그런데 이상에서 살펴본 초창기 한류에 대한 진단과 전망과는 달리 최근에 펼쳐지는 한류 현상은 공간적으로 단순히 동아시아에만 국한된 현상이 아니고, 내용적으로도 동아시아만의 담론을 추구하는 것도 아닌, 명실상부한 글로벌 현상으로서 가능성을 타진하고 있어 매우 흥미롭다.

2) 매력과 네트워크로 보는 한류 2.0

실제로 2010년대에 들어서면서 한류의 기조가 크게 바뀌고 있다. 2000년대 초엽 일본과 중국, 대만 등에서 시작된 한류는 점차로 동남아시아와 중앙아시아로 확산되더니 2010년대에 들어서면서는 유럽과 미주 지역에까지 그 범위를 넓혔다. 초창기 한류가 TV 드라마를 위주로 동아시아에 진출한 것이었다면, 새로운 기조의 핵심에는 글로벌 전역으로 확산된 K-팝이 있다. 특히 2012년에 싸이의 「강남스타일」이 거둔 성공은 한류의 기조가 질적 변화를 맞이하는 계기를 마련했다. 드라마와 영화에서 K-팝으로의 이동은 비디오에서 오디오로, 또는 언어 콘텐츠에서 탈脫언어 콘텐츠로 무게중심이 이동한 것으로 비유된다. 혹자들은 이러한 이동을 웹 1.0 현상과 웹 2.0 현상의 구별에 빗대어 한류 1.0을 넘어서는 한류 2.0의 출현이라고 부르기도 한다. 사실 이렇게 구분하는 것은 다소 인위적이기는 하지만 2010년대에 들어서 발생하는 한류 현상의 내용적 변환을 살펴보면 그 나름대로 의미가 있다.

특히 개방과 참여와 공유라는 웹 2.0의 취지에 입각해서 볼 때, 최근의 한류 현상에는 그야말로 한류 2.0이라고 부를만한 질적 변화들이 감지된다. 무엇보다도 한류의 확산과 수용 과정에서 활용되는 미디어의 종류가 다르다. 초창기의 한류는 주로 TV와 같은 매스미디어와 현지 쇼케이스, 콘서트 등을 통해서 전파되어 해외 현지 팬들이 이를 수용하는 방식이었다. 네트워크의 유형에 비유하자면, 중심에서 주변으로 전파되는 단허브형 네트워크의 모습이었다. 이에 비해 K-팝을 필두로 하는 최근의 한류는 기존 방식에 더해 유튜브, 페이스북 등과 같은 소셜 미디어가 중요한 역할을 한다. 소셜 미디어를 통해 현지 팬들이 자생적이고 능동적으로 참여하면서 한류 콘텐츠를 유통해서 즐긴다. 앞서 제1부에서 제시했던 네트워크의 유형으로 보자면, 수평적이고 탈집중적인 방식으로 작동하는 탈허브형 네트워크를 보는 것 같다. 한류의 확산과 수용 과정에서 나타나는 이러한 변화는 한류 엔터테인먼트 기획사들이 기획 초기 단계부터 소셜 미디어의 활용을 적극적으로 고려하지 않을 수 없게 만들었다.

최근 한류의 기조 변화를 돌이켜보면, 한류 2.0의 핵심에는 K-팝 분야 연예 기획사들의 노력이 있다. 무엇보다도 매력적인 콘텐츠를 생산하고 가공해 전파하는 능력이 있다. 서구의 팝이나 일본의 J-팝과도 구별되는 K-팝의 차별화된 경쟁력은 대중음악에 필수적인 여러 요소를 복합한 이들 기업의 콘텐츠 생산능력에서 나왔다. 이들은 서구의 팝 스타일에 동양적 정서에 맞는 감각적 리듬과 쉬운 멜로디를 융합힘으로써 지역을 초월해 인기를 얻을 수 있는 노래를 만들었다. K-팝 아이돌 그룹은 뛰어난 가창력을 바탕으로 일사불란한 군무와 포인트 춤을 삽입해 화려한 볼거리를 제공했다. 게다가 이들은 신곡을 발표할 때마다 감각적 패션과 스타일 연출로 끊임없이 변신했다. 이러한 과정에서 이들 기업은 빌보드 차트에도 자리를 마련한 K-팝이라는 새로운 장르를 개척했다.

한류 엔터테인먼트 기획사들이 한류 2.0의 주역이라는 점은 콘텐츠의 생산과 가공 능력에만 있지 않다. 좀 더 중요하게는 제작 프로세스를 시스템화하고 치밀하게 해외시장에 진출한 노력이 있다.[1] 이들은 기획 단계부터 해외시장을 겨냥해 아이돌 그룹의 캐스팅부터 트레이닝, 프로듀싱, 매니지먼트, 계약과 파이낸싱, 음반 제작, 국내 및 글로벌 홍보와 프로모션에 이르는 전 제작프로세스를 시스템화했다. 또한 해외시장 진출을 염두에 두고 현지 유력 기획사, 음반사 등과 파트너십을 구축해 해외 진출의 불확실성과 리스크를 최소화하려 했다. 전반적 콘텐츠는 국내 기획사가 디자인하고 구체적인 현지 프로모션과 유통망 확보 등은 파트너가 현지 시장을 고려해 추진하는 방식이다. 이리하여 현지 시장에 특화된 앨범을 발매해 단기간에 문화 장벽을 극복했다. 그 외에도 글로벌 소싱을 통해서 해외 작곡가의 곡을 구매하거나 공동 작곡해 한류 콘텐츠의 생산 단계에서부터 글로벌 수용자들의 취향을 반영하려 했다. 기존의 일방적 콘텐츠 수출 방식에서 그야말로 양방향의 콘텐츠 생산과 전파 및 수용의 전략이 도입되었다.

이러한 전략을 잘 보여주는 사례는 SM, YG, JYP로 대변되는 한류 엔터테인먼트 기획사들이다. 이들의 해외 진출 전략은 제1장에서 소개한 행위자-네트워크 이론ANT에서 말하는 네트워크 전략을 떠올리게 한다. 이들은 '인간 행위자'의 활용 차원에서 스타를 브랜드화하고 현지 기업들을 활용하며 현지 팬들을 관리하는 전략을 썼다. 또한 '비인간 행위자'를 활용하는 차원에서 매스미디어와 인터넷, 소셜 미디어들을 활용하고 현지 순회 콘서트와 오디션 프로그램 등과 같은 방식을 연계했다. 그러나 이들 기획사들의 해외 전략은 기본

---

1 드라마 중심의 초기 한류의 경우 국내 시장이 주가 되고 해외 시장은 부가적이었던 데에 반해, K-팝의 경우 해외시장이 주가 되었다. 이러한 차이는 국내시장의 어려움을 타개하려는 적극적인 시장 개척 전략의 결과이다. 사실 이들 기업은 태생적으로 해외로 나가지 않으면 안 되는 상황이었다. 일본의 J-팝은 자국 시장 자체가 워낙 커서 해외 진출의 필요성이 크지 않지만, 한국의 K-팝은 시장의 규모가 작아 해외 진출을 하지 않고는 생존 자체가 어려운 상황이었다(매일경제 한류본색 프로젝트 팀, 2012: 80)

적으로 현지 시장에 접근하는 프레임이 다르고, 국내외 팬들과 현지 파트너들과의 관계 설정 방식이 다르며, 궁극적으로 각기 지향하는 비즈니스 모델이 다르다.

사실 이들 기획사들의 전략은 문화 산업 전략이나 문화 분야의 국가 전략 일반의 논의라기보다는 K-팝 분야 연예 기획사들의 전략일 뿐이다. 게다가 이들 기획사의 네트워크 전략을 탐구하는 작업은 국제정치학보다는 경영학 분야의 논제에 가깝다. 그럼에도 이들의 전략이 특별히 국제정치학자의 관심을 끄는 것은 이들의 비즈니스 모델이 국가적 차원에서 추구되는 한국의 네트워크 전략에 상당히 큰 시사점을 주기 때문이다. 특히 이들의 사례는 시계열적으로 한국이 추구하는 국가 전략의 과거와 현재, 미래 모델을 연상케 한다. 여기서는 ANT의 네 단계 네트워크 전략, 즉 ① 프레임 짜기, ② 맺고 끊기, ③ 내편 모으기, ④ 표준 세우기라는 분석틀을 적용해 2010년대 초엽까지 드러난, 이들 기획사들의 네트워크 전략의 차이를 살펴보고자 한다.

3) 한류 기획사들의 네트워크 전략[2]

JYP는 규모나 성과 면에서 다른 두 회사에 뒤지지만, 그 비즈니스 전략의 형태가 상대적으로 과거 한국의 경제성장기를 연상시킨다는 점에서 제일 먼저 살펴보아야 할 것 같다. '프레임 짜기'라는 관점에서 본 JYP의 해외 진출 전략은 조기에 현지를 공략하는 모델이다. 대중문화의 본토인 미국에서 인정받고 싶어 했던 JYP의 박진영은 소속 가수들을 일찌감치 미국에 진출시켰다(매일경제 한류본색 프로젝트 팀, 2012: 76). 이들 가수의 미국 진출을 학생들의 해외 유학에 비유해서 보면, JYP의 해외 진출 프레임은 일종의 '학부 중 유학 모델'이다.

---

2 SM, YG, JYP 등의 비즈니스 전략에 관한 내용은 2012년 11월 7일에 진행된, 웹진 ≪텐아시아≫의 강명석 편집장(당시)과의 인터뷰에서 많은 아이디어를 얻었다.

'맺고 끊기'의 관점에서 본 JYP의 전략은 이미 짜인 네트워크의 판을 공략하고자 현지 유명 프로듀서나 음반사와 같은 생산자 진영을 비집고 들어가는 모델이다. 이는 수신자인 팬들보다는 발신자를 쫓는 모델이라고 할 수 있다. 이러한 방식으로 JYP의 박진영은 여러 차례 미국 시장을 노크했는데 몇 번 실패를 거듭한 후, 원더걸스를 미국에 데뷔시켜 마침내 원더걸스는 한국 가수로서는 최초로 빌보드 핫 100 차트에 진입해 대표곡 「노바디」를 76위에 랭크시키기도 했다.

'내 편 모으기'의 관점에서 본 JYP의 전략은 일일이 팬들을 찾아가는 모델이다. 원더걸스가 나름대로 거둔 성공은 미국의 인기 아이돌 밴드 조나스 브라더스의 공연에 오프닝 가수로 참여해 수십 개 도시를 순회하고, 라디오를 통해서 음반을 홍보하고, 인기 아동 매장에서 1달러에 CD를 판매해서 얻은 결과였다. 이러한 원더걸스의 활동 방식은 미국 시장에서 대부분 가수가 따르는 고전적이고 전형적인 방법이었다. 그러나 빌보드 차트 76위의 위업에도 이러한 시도가 얼마나 성공적이었는지에 대해서는 논란의 여지가 있다.

'표준 세우기'의 관점에서 본 JYP의 전략은 자신의 표준을 세우기보다는 남의 표준, 즉 '아메리칸 스탠더드'를 쫓아가는 양상을 보인다. 이러한 표준에 따르려고 '하면 된다'는 정신으로 한 점씩 한 점씩 이어가는 '점 조직'과도 같은 모델이다. 이러한 결과로 생성되는 네트워크의 아키텍처는 끝말잇기를 연상시키는 사슬의 모양이다. 사실 이는 아날로그 시대의 대중문화 분야에서나 먹혔을 것 같은 모델이다. JYP의 미국 진출이 성공이 아니라는 평가를 받는 것은 바로 이러한 이유에서이다.

JYP의 네트워크 전략이 과거 한국의 모델에 가깝다면, SM의 전략은 좀 더 현재 한국의 모델에 가깝다. '프레임 짜기'의 관점에서 본 SM의 해외 진출 전략은 국내와 아시아의 기반을 다진 후에 세계 시장에 진출하는 모델이다. 특히 실제로 돈을 벌 수 있는 동아시아 시장, 특히 일본 시장에 집중했다. 초창기에 SM은 보아나 동방신기의 사례에서 보듯이 현지화 전략을 통해 인기를 얻어 해외에 진출하는 전략을 추구했다. 그러나 점차로 성공을 거듭하면서 소녀시대의 진출 방식에서 보는 것처럼 현지화를 하지 않고 콘텐츠의 핵심을 국내 기반에 두는 전략을 취했다. 해외 유학 모델에 비유하면, 일종의 '석사 과정 중 유학 모델'이다.

'맺고 끊기'의 관점에서 본 SM의 전략은 자신의 스타일을 유지해 유선 인프라를 깔듯이 고정 팬들을 묶어두는 일종의 '마니아 공략 모델'이다. 네트워크 이론으로 보면 이는 기존 관계를 더 강하게 묶어 '근접 중심성'을 늘리는 전략이다. SM 가수들의 공연을 기다리는 고정 팬을 잡아 100명의 중 1명이 100명만큼 돈을 쓰게 하는 선택과 집중의 전략이다. 실제로 SM 소속 그룹인 동방신기의 경우, 콘서트가 있으면 무조건 모이는 일정 숫자의 고정 팬을 겨냥해 이들을 만족시키는 조직적인 무대 구성을 하는 것으로 알려졌다.

그런데 이러한 마니아층의 동심원 밖으로 나가면 SM은 소녀시대나 슈퍼주니어와 같은 좀 더 대중적인 콘텐츠로 '내 편 모으기'를 한다. SM은 1년 내내 운영할 수 있을 정도로 많은 아이돌 그룹을 보유하고 있다. 또한 아이돌 그룹의 노래나 멤버 구성 자체도 대중성을 유지할 수 있는 다양성을 갖추고 있다. 다양한 팬을 만족하게 하려고 곡 아이디어 발굴 단계에서부터 외부 아이디어를 다양하게 수집한다. 최근에는 이러한 콘텐츠를 실어 나르려고 소셜 미디어를 적극적으로 활용한다. 이렇게 해서 SM은 최신의 트렌드를 따라갈 수 없을지라도 다른 회사들보다 더 많은 돈을 벌 수 있다.

'표준 세우기'의 관점에서 본 SM의 전략은 자신의 시스템, 즉 일종의 '코리안 스탠더드'를 구축하는 모델이다. SM이 지향하는 모델의 아키텍처는 중심이 있는 동심원형 네트워크에다가 경계가 있는 영토 국가 모델이 겹쳐지는 모양이다. SM의 시스템을 'SM 타운'이나 '가상 국가virtual state'라는 말로 부르는 것은 바로 이러한 맥락이다. SM의 '가상 국가'에서는 팬들을 위해서 시민증도 발급하고 음악 비즈니스 외에도 여행사나 요식업과 연계해 방문 관광사업도 운영한다.

이상의 두 회사에 비해서, YG의 전략은 한국이 지향하려고 하는 미래 모델에 가깝다. '프레임 짜기'의 관점에서 본 YG의 해외 진출 전략은 현지화보다는 국내에 기반을 두는 매력 발산 모델이다. 사실 YG는 다른 두 회사보다 해외 진출에 상대적으로 관심이 적었다. 3사 중 제일 늦게 해외에 진출했으며, 소속 가수인 싸이도 원래부터 해외 진출을 의도하지는 않았다. 이는 국내에 좀 더 기반을 두어 자국 콘텐츠로 승부를 보고, 필요에 따라서 해외에 진출하는 모델이다. 해외 유학 모델에 비유하면, 일종의 '박사 과정 중 해외 훈련 모델'이다.

'맺고 끊기'의 관점에서 본 YG의 전략은 대중화보다는 소량의 명품 모델을 추구한다. 양현석이 가장 존경하는 인물이 애플의 스티브 잡스라는 말에서 드러나듯이, YG의 관계 맺기 모델은 애플의 그것과 비슷하다. 애플이 소량의 우수한 제품을 내놓고 가격을 높게 매기는 것처럼 YG에서 빅뱅이나 투애니원 같은 아이돌 그룹은 일종의 아이폰이나 아이패드와도 같다. 게다가 YG는 특정 브랜드의 업체나 방송사와만 거래하는 것으로도 유명하다. 이는 문화 산업의 가치 사슬에서 콘텐츠를 만드는 회사가 주도권을 쥐는 변화의 실마리를 엿보게 한다.

'내 편 모으기'의 관점에서 본 YG의 전략은 사람을 쫓는 것이 아니라 '음악을 뿌리는 모델'이다. '전 세계의 한가운데에서 YG를 외치다'라는 말처럼, YG에는 그 순간 사람들이 좋아하는 글로벌 트렌드가 중요하고 이에 맞는 음악을 만들어 반포하는 것이 중요하다. 사실 YG의 음악은 동아시아를 넘어서 서구 팬들의 감각에도 잘 맞는다는 평을 듣는다. 최근에 이러한 반포 모델은 소셜 미디어를 활용하는 유포 모델과 만났다. SM보다 상대적으로 느린 행보를 보인 YG는 의도치 않게, 싸이의 성공에서 보는 바와 같이, 글로벌 팬들이 소셜 미디어로 싸이의 음악을 실어 나르는 유포 모델의 덕을 톡톡히 보았다.

'표준 세우기'의 관점에서 본 YG의 전략은 콘텐츠의 '글로벌 스탠더드'를 추구하는 모델이다. SM처럼 영토 국가 모델을 추구하기보다는 탈영토적으로

〈표 12-1〉 한류 기획사들의 네트워크 전략

	프레임 짜기	맺고 끊기	내 편 모으기	표준세우기
JYP	학부 중 유학 모델	현지 생산자와 관계 맺기	팬들을 일일이 찾아가기	'아메리칸 스탠더드'를 쫓는 점조직 모델
SM	식사과정 중 유학 모델	마니아 공략과 기존 팬 관리	대중 팬의 동심원적 확산	'코리안 스탠더드'를 세우는 영토 국가 모델
YG	박사과정 중 해외 훈련 모델	소량의 명품 생산을 추구	팬들이 좋아하는 음악의 반포	'글로벌 스탠더드'를 여는 등댓불 모델

〈그림 12-1〉 네트워크로 보는 한류 기획사들의 전략

JYP의 사슬형   SM의 동심원형   YG의 전방위형

'글로벌 스타일'을 제시한다. 마치 '등댓불'이 빛을 발산해 길을 인도하는 것처럼 음악적 감각을 공유하는 팬들을 향해 무선으로 메시지를 쏘아주는 모델이다. 이러한 YG 스타일의 아키텍처는 중심은 있지만 그 중심이 절대적 역할을 하는 것은 아닌 전방위형 네트워크의 모양이다. 이러한 YG모델의 단점은 글로벌 트렌드를 제대로 읽으면 대박을 내지만, 항상 히트작만을 낼 수는 없다는 데에 있다.

〈표 12-1〉은 ANT의 네 단계 네트워크 전략의 관점에서 본 세 회사의 네트워크 전략을 요약한 것이다. 이 책에서 시도한 네트워크 유형에 대한 논의를 세 기획사의 네트워크 전략에 적용해보는 것도 매우 유용하다. 〈그림 12-1〉에 제시한 세 가지 유형의 네트워크는 앞서 제1장의 〈그림 1-3〉과 제7장의 〈그림 7-2〉를 한류의 맥락에 맞추어서 약간 변형한 것이다. 이러한 유형 구분에 의하면, 세 기획사의 전략에서 나타나는 네트워크 아키텍처는 각각 〈그림 12-1〉에서 제시한 세 가지 유형, 즉 사슬형과 동심원형 및 전방위형에 해당하는 것

으로 해석할 수 있다. 첫째, 조기에 미국 시장에 진출해 현지 프로듀서나 음반사 및 팬들을 하나씩 하나씩 공략해가는 JYP의 '점 조직' 모델은 사슬형 네트워크를 연상시킨다. 둘째, 자기의 시스템을 만들고 고정 팬을 시민으로 확보해 경계가 있는 공간을 구축하는 SM의 '가상 국가 모델'은 동심원형 네트워크를 연상시킨다. 셋째, 당시의 글로벌 트렌드를 읽고 이에 맞는 명품 음악 콘텐츠를 생산해서 반포하면, 이것을 팬들이 유포하는 YG의 '등댓불 모델'은 전방위형 네트워크를 연상시킨다.

이상에서 살펴본 개별 기업의 네트워크 전략에 대한 논의로부터 '한국형 한류 비즈니스 전략'에 대한 일반론을 끌어낼 수 있을까? 사실 세 회사의 모델 중에서 어느 하나를 앞으로 한국이 기업 또는 국가 차원에서 추구해야 할 한류의 일반 모델로 볼 수는 없다. 오늘날 한류 현상의 이면에는 이들 기획사가 추구했던 전략의 성공과 실패의 이야기들이 깔려 있고 앞으로도 부단한 부침이 발생할 것이다. 따라서 어느 하나의 모델을 절대적인 것으로 치켜세우기보다는 앞으로 시대적 상황이나 현지의 시장 환경 등에 따라서 세 가지 유형의 네트워크 전략을 선택적으로 수용할 뿐만 아니라 적절히 복합해야 할 것이다. 특히 최근의 트렌드가 한류 산업이 드라마나 음악 산업에만 그치는 것이 아니라 미용 산업, 화장품 산업, 성형 의료 산업, 관광산업 등으로 확장되어 '엔터테인먼트 콤플렉스' 또는 '문화 산업 콤플렉스'로 발전하는 양상을 볼 때, 이상에서 살펴본 한류 기업들의 네트워크 전략은 앞으로 좀 더 확장된 형태로 복합되어 나타날 가능성이 크다. 이러한 한류의 복합화에 직면해 한류의 연구에서도 이들 복합 현상을 전체적으로 엮어서 이해하는 메타 모델을 개발할 필요가 있다.

3. 디지털 한류와 사이버공간의 네트워크

1) 디지털 한류와 소셜 미디어

흔히 한류라 하면 K-팝이나 드라마를 떠올리지만 정말 실속 있는 한류 콘텐츠는 게임이다. K-팝이나 드라마와 같은 방송물의 인기에도 전체 한류 상품 수출액에서는 게임이 압도적 비중을 차지한다. 한국의 2011년 콘텐츠 산업 수출 규모는 43억 200만 달러로 추정된다. 이 중에서 게임의 비중은 55.3%를 차지하는 23억 7,800만 달러에 이른다. 현재 한류의 핵심은 방송과 음악인데, 방송은 5.2%를 차지해 2억 2,237만 달러, 음악은 4.6%를 차지해 1억 9,611만 달러에 지나지 않는다(한국콘텐츠진흥원, 2013). 전통적 매스미디어에 담기는 한류 콘텐츠와 구분해 이른바 디지털 한류의 가능성에 기대를 거는 것은 바로 이러한 맥락이다.

디지털 한류 중에서도 최근 주목의 대상이 된 것은 온라인 게임이다. 온라인 게임은 PC와 인터넷을 이용해서 사용자들끼리 온라인으로 접속해 동시에 같은 게임을 즐기는 컴퓨터 게임의 한 형태이다. 이러한 온라인 게임이 기존의 컴퓨터 게임과는 달리 주목을 받는 것은 게임의 과정에서 익명의 참여자들이 다자간 정체성을 공유하게 되는 네트워크 형태의 게임이어서 다른 게임 콘텐츠보다도 몰입 정도가 크기 때문이다. 이른바 MMORPG Massively Multiple Online Role Playing Game로 알려진 온라인 게임은 게임 공간 속의 세계가 구성되는 과정에 사용자들이 참여하고 사용자들이 자신의 캐릭터를 통해 이 세계를 끊임없이 성장시켜가는 구조를 가진다. 따라서 이 게임에 참여하는 사람은 캐릭터의 발전과 세계의 변화를 동시에 경험하면서 마치 현실 세계와 유사한 하나의 삶을 경험하게 된다.

국내 온라인 게임 산업은 온라인 게임의 제작 및 인프라라는 측면에서 세계적 수준을 자랑한다. 특히 서버 운영 능력과 개발 인력 등에서 세계 일류급으로 평가받는다. 그리고 이러한 능력을 바탕으로 온라인 게임은 디지털 한류의 개척자 역할을 담당한다. 온라인 게임 개발사들은 아시아 국가 대부분에 진출했으며, 특히 중국 게임 시장에서 큰 성과를 거두어왔다. '리니지', '카트라이더', '미르의 전설' 등과 같은 온라인 게임 시리즈를 앞세워 2003년까지 무려 70%에 육박하는 점유율을 보이며 중국 게임 시장을 거의 독점하다시피 했었다. 그러나 중국 정부의 견제와 중국 게임 개발 업체들의 약진으로 말미암아 2009년에는 시장 점유율이 20%까지 후퇴했다가, 2010년에는 수출액 기준으로 한국산 게임이 중국 전체 게임 수입액의 37.1%를 차지했다. 최근 중국 내에서는 '크로스파이어', '던전앤파이터' 등과 같은 한국산 온라인 게임의 인기가 매우 높다. 그 외에도 한국의 온라인 게임은 북미와 유럽은 물론이고 남미에까지도 수출되고 있다.

한국 온라인 게임의 해외 진출이 갖는 의미는 무엇인가? 온라인 게임이 동아시아에서 확산되는 것은 국내의 온라인 게임 산업이 외국보다 앞서가는 데에 원인이 있다. 그러나 다른 문화 콘텐츠에 비해서 게임이 '소리 없이' 번져 나가는 현상을 설명하려면 다른 요인에도 눈을 돌려야 할 것이다. 네트워크의 시각에서 볼 때, 온라인 게임의 성공 요인을 찾으려면 동아시아에서 부상하는 디지털 세대들의 네트워크에 주목해야 한다. 사실 온라인 게임이 창출하는 문화, 특히 사이버 문화의 성격이 이제 막 생성기에 접어든 동아시아 청소년의 디지털 코드와 부합되었기 때문이다. DVD, 인터넷, 위성방송, 소셜 미디어 등이 없었다면 일본의 욘사마 열풍이나 동남아시아의 아이돌 열풍이 가능했겠는가? 실제로 한류는 근본적으로 디지털의 위력에서 비롯되었다. MP3 화일의 공유 네트워크가 댄스 뮤직의 선봉장이 되고, TV 드라마 동영상의 공유 사이트나 유튜브, 페이스북과 같은 SNS의 존재가 오프라인 한류 열풍의 이면에 존재한다. 한류 열풍의 밑바탕에는 디지털 문화가 자리를 잡고 있는 셈이다. 이러한 점에서 디지털 한류는 동아시아를 문화 네트워크로 엮는 '대중문화의 코드'와 사이버공간 속에서 독특한 행동 방식과 심리를 드러내는 '디지털 신세대의 코드'를 모두 반영한다.

여기서 주목할 점은 디지털 한류의 속성이 되는 것은 한국 문화의 매력을 보여주려는 특수성보다는 동아시아의 신세대들이 공유하는 디지털 문화 코드의 보편성이라는 사실이다. 특히 온라인 게임의 니치털 한류가 지니는 특징은 한국적 가치를 넘어서는 탈근대 가치의 추구에 있다고 할 수 있다. 다시 말해 한국의 온라인 게임이 사이버공간에서 디지털 한류를 만들어낼 수 있으려면 온라인 게임의 기술적 특성, 즉 네트워크의 속성을 활용해 참여자 사이에서 이미 존재하는 문화적 속성을 공유하게 만들 수 있어야 한다. 이러한 과정에서 가장 중요한 것은 물론 디지털 한류의 스토리 자체를 재미있고 설득력 있게 구성하는 일이다. 디지털 한류에 담기는 콘텐츠가 얼마나 사람들의 마음을 사로잡는가 하는 문제가 궁극적으로 중요할 수밖에 없다. 결국 디지털 한류, 더 넓게는 한류 일반이 성공하는 관건은 문화 영역에서 공유될 수 있는 공통의 인자因子, gene를 찾는 작업으로 귀결된다(민병원, 2006b: 442~479).

이러한 맥락에서 보면 디지털 한류에 대한 논의는 온라인 게임과 같은 디지털 콘텐츠의 영역을 넘어선다. 요즘 TV 드라마나 대중음악과 같은 문화 콘텐츠도 더는 아날로그 방식으로 제작되지 않는다는 점에서 모두 디지털 한류이다. 더군다나 그 생산과 유통과 소비의 과정이 컴퓨터와 인터넷, 모바일 등으로 대변되는 디지털 환경의 출현과 밀접히 연관된다는 점에서 최근의 한류는 모두 넓은 의미에서는 디지털 한류라고 할 수 있다. 특히 동아시아뿐만 아니라 글로벌 차원에서 확산되는 K-팝의 경우, 그 제작 방식이 디지털화되는 차원을 넘어서 그 유통과 소비의 과정에서 유튜브, 페이스북, 트위터 등과 같은 소셜 미디어는 매우 중요한 역할을 담당하게 되었다.

소셜 미디어의 잠재력에 주목한 기업들은 이를 마케팅의 채널로 적극 활용하고 있다(문상현, 2014). 기획 단계에서부터 소셜 미디어에 적합한 콘텐츠를 제작하는 데에 주력한다. 앨범 발매 전 뮤직비디오의 티저 영상을 소셜 미디어를 통해서 미리 공개해 팬들의 관심을 유도하기도 한다. 유튜브의 파급력이 증대하면서 음악 못지않게 화려하고 세련된 뮤직비디오를 제작하는 데에도 심혈을 기울인다. 음악을 발표한 이후에도 소셜 미디어를 통해 해당 가수들의 공연 소식과 근황을 전달하는 등 해외 팬들과 직접 소통하면서 감성적 교류를 확대한다. 이러한 소셜 미디어의 활용은 막대한 자본력을 가진 미국과 일본 기업들보다 상대적으로 자본력이 미약한 한류 기업들에 좋은 기회를 제공한다. 해외 현지에서 높은 비용이 드는 대규모 홍보 활동 없이도 효과적 마케팅을 할 수 있기 때문이다.

사실 2012년 7월에 뮤직비디오가 공개된 지 1년 만에 조회 수 17억 건을 넘어서는 성적을 거둔 「강남스타일」도 소셜 미디어가 없었더라면 성공할 수 없었을 것이다. 「강남스타일」의 성공을 보면, 그 인기가 유튜브와 같은 소셜 미디어에서 먼저 시작되어 이후 유명 인사들의 트위터 등을 타고 번지고, 여기에 기성 미디어들이 가세하면서 파급력을 키워나갔다. 유튜브에 올라온 「강남스타일」의 뮤직비디오가 '재미있다'고 입소문을 타면서 화제를 모은 것이 시발점이 된 것이다. 이어 글로벌 음악 팬들에게 큰 영향력이 있고 수많은 팔로워를 보유한 세계적 팝스타들의 트위터에 언급되면서 날개를 달았고, CNN, ≪타임Time≫, ≪월스트리트 저널The Wall Street Journal≫, ABC, 블룸버그Bloomberg 통신 등 세계 유력 언론의 보도가 열기를 돋웠다. 소셜 미디어의 파급력이 「강남스타일」의 글로벌 열풍에 막강한 동력이 된 것이다.

이러한 소셜 미디어의 위력 뒤에는 현지 팬클럽들이 구성한 소셜 네트워크가 있다. IT에 친숙하면서 적극적으로 문화를 향유하고 자유롭게 의사를 표현하는 젊은 세대들의 자생적 네트워크이다. 한국 드라마를 애호하는 한류 팬이 주로 중년 여성 중심이었다면, K-팝의 주요 수용자는 10~20대의 젊은 여성층이다. 젊은 세대는 주로 음반보다는 인터넷과 모바일을 통해 K-팝과 관련된 음악과 영상 서비스를 향유한다. K-팝에 열광하는 팬들은 적극적으로 문화를 향유하고 자유롭게 자신의 의사를 표현하는 능동적 수용자이다. 단순히 K-팝을 듣고 수용하는 데에 그치지 않고 스스로 K-팝을 소재로 즐길 수 있는 새로운 놀이 문화를 창출한다.

이러한 수용자들의 자생적 네트워크가 각국별로 어떻게 나타나는지를 살펴보는 것은 네트워크의 시각에서 본 향후 한류 연구의 중요한 주제이다. 현지 팬클럽의 네트워크는 중국과 일본, 대만 등에서뿐만 아니라 동남아시아의 타이, 베트남, 필리핀 등에서도 활발히 형성되었다. 별도의 프로모션이나 현지 진출이 없었던 유럽 지역에서도 이러한 팬들의 네트워크가 형성된 것은 흥미로운 일이다. 프랑스를 중심으로 한 유럽 국가들을 배경으로 한 '코리아 커넥션'이 그 사례이다. 이 밖에도 서아시아 국가나 중앙아시아와 중남미의 일부 국가에서도 자생적으로 온라인 팬클럽이 결성되어 있다. 지역마다 한류를 수용하는 취향이 다른 것만큼이나 이들 소셜 네트워크가 형성되고 전개되는 양상도 모두 다르게 나타난다(서울대학교 정치외교학부 대학원 한류연구팀, 2012; 한국국제교류재단, 2012).

2) 사이버공간의 탈허브형 네트워크

인터넷과 소셜 미디어를 통한 문화 콘텐츠의 유통은 실리우드로 대변되는 기존 문화 패권을 재생산하는 과정과는 다른 방식이 사이버공간, 좀 더 구체적으로는 사이버 문화 공간을 중심으로 이루어짐을 의미한다. 사이버 문화 공간에서는 전 세계 음악가들과 팬들이 서로 소통하고 의견을 나누고 정체성을 공유한다. 이러한 과정에서 신세대들을 중심으로 한 사이버공간의 문화 생산과 소비의 행태는 기존의 전통적 모델과는 다른 모델을 창출한다. 기존의 글로벌 문화 산업 질서의 틀 안에서 틈새시장을 노리는 아날로그 한류와는 달리 디지털 한류가 기존 질서에 대항하는 담론의 성격을 지닌다고 지적되는 것은 바로 이러한 이유에서이다. 다시 말해 사이버 문화 공간에서 발견되는 네트워크 모델은 실리우드로 대변되는 기존 글로벌 문화 패권의 '단허브형 네트워크'의 모델과는 그 아키텍처나 작동 방식이 다르다. 사이버공간에서 부상하는 디지털 한류의 네트워크는 수평적이고 자생적이며 탈집중적인 '탈허브형 네트워크'의 모습을 하고 있다(김상배, 2006b, 2007a).

사실 '반포형 커뮤니케이션'을 특징으로 하는 매스미디어와 달리 인터넷과 소셜 미디어는 양방향으로 메시지를 교환하고 생산자와 수용자의 경계가 무너지는 '유포형 커뮤니케이션'과 친화적이다. 사실 이러한 변화는 기존 학자들이 제시한 개념적 시도 안에 이미 담겨 있다. 앨빈 토플러Alvin Toffler의 프로슈머prosumer, 액셀 브룬스Axel Bruns의 프로듀저produser, 헨리 젠킨스Henry Jenkins의 참여 문화participatory culture, 요차이 벤클러Yochai Benkler의 소셜 생산social production 등이 그 사례들이다(Toffler, 1980; Bruns, 2008; Jenkins, 2006; Benkler, 2006). 이들은 인터넷상의 카페나 커뮤니티, 그리고 소셜 미디어가 확산된 이후에는 유튜브나 페이스북, 트위터 등을 활용해 문화 콘텐츠를 소비하는 수동적 존재에서 생산과 재생산의 과정에 적극적으로 참여하는 능동적 존재로 거듭났다(김상배, 2010a: 290~303).

사실 인터넷의 등장과 소셜 미디어의 확산은 문화 콘텐츠를 소비하는 일상생활을 바꾸어놓았다(문상현, 2014). 온라인 게임을 즐기고 뮤직비디오와 애니메이션 동영상을 서로 돌려보고 친구들과 채팅하는 신세대들은 이제 더는 과거와 같은 수동적 존재가 아니다. 그들은 뮤직비디오나 동영상을 보고 난 후 자신의 페이스북이나 트위터에 평을 올리고 이를 친구들과 공유한다. 이들은 자신이 좋아하는 가수에 대한 글이나 음악에 관한 글을 팬클럽 사이트에 올리기도 한다. 또한 자신이 좋아하는 음악의 패러디 비디오나 리액션 비디오 등을 제작해 유튜브에 게시하기도 한다. 이러한 과정에서 신세대 수용자들은 단순한 아마추어가 아니다. 때에 따라서는 프로를 뺨치는 실력자가 등장하기도 한다. 젠킨스가 말하는 프로급 아마추어인 '프로암pro-am'들이 많아지고 있다(Jenkins, 2006). 앞서 언급한 싸이의 「강남스타일」의 성공도 팬들의 이러한 활동에 큰 도움을 받았다.

이렇게 해서 구성되는 사이버 문화 공간의 탈허브형 네트워크는 실제현실과 가상현실을 넘나드는 신세대의 감수성과 절묘하게 맞아떨어진다. 이러한 과정에서 생성되는 문화 정체성은 지금까지의 국가 단위 정체성, 즉 국민 정체성nationality을 넘어서는 새로운 정체성의 출현 가능성을 엿보게 한다. 네트워크 환경을 전제로 형성되는 노드 정체성nodality 또는 네트워크 정체성network Identity 이라고 부를 수 있는 새로운 현상의 조짐이 보인다. 이러한 네트워크에서 공유되는 디지털 콘텐츠에 담기는 내용도 저기 바다 건너 할리우드에서 생산해서 전파되는 거시적 판타지가 아니다. 007 제임스 본드나 람보가 등장해 공산주의와 대결하고 테러리스트를 물리치는 이데올로기물도 아니다. 오히려 자신들의 주변에서 벌어지는 미시적 일상의 잡담이거나 미리 각본이 정해지지 않은 이야기일 가능성이 크다. 예를 들어 온라인 게임은 그 자체의 논리가 제대로 게임 매뉴얼을 만들 수 없게 하는 면이 있다. 게임 활동과 관련된 몇 가지 기본 내용을 제외하고는 게임 내용 대부분을 사용자가 만들기 때문이다(라도삼, 2000; 황상민, 2003). 마찬가지로 유튜브에 담기는 동영상이나 페이스북에 올리는 콘텐츠도 '남이 만든 그들의 이야기'가 아니라 '우리가 만든 주변의 이야기'로 채워진다.

사이버공간의 문화 생산과 소비 양식이 기득권 세력에 대항하는 담론을 형성할 가능성은 탈허브형 네트워크에서 생성되는 '정보 공유copyleft'의 정신에서도 찾을 수 있다. 이는 단순한 콘텐츠의 내용을 넘어서 이들 사이버공간의 네트워크가 조직되는 독특한 방식에서 기인한다. 예를 들어 사이버공간에서 생산되고 활용되는 디지털 콘텐츠나 온라인 게임 등은 거대한 자본을 등에 업지 않고도 자동하는 새로운 모델을 실험한다. 사이버공간에서 정보와 지식은 배타적 권리를 주장하는 대상이기보다는 널리 나누어지는 공유의 대상으로 인식된다. 사이버공간에서 지식과 문화는 생산과정 자체에서 가치가 창출될 뿐만 아니라 그것을 소비하는 과정에서도 가치가 재생산되는 복합적인 양상을 띤다(Prahalad and Ramaswamy, 2004). 최근 사이버공간을 중심으로 정보 공유 담론이 확산되는 것도 바로 이러한 논리를 바탕으로 한다.

인터넷과 소셜 미디어가 문화 패권의 권력에 근본적인 대항 담론을 제기할 가능성은 이른바 '탈계몽주의'로 개념화되는 그들만의 독특한 가치관에서도 발견된다. 예를 들어 리니지의 초기 개발에 참여했던 어느 개발자에게 온라인 세계는 바로 "누가 누구를 끊임없이 가르치려 드는 사회로부터의 탈출구였고 도피처였다. 그는 어느 누구의 간섭이나 가르침도 없는, 자기가 하고 싶은 대로 마음대로 놀 수 있는 공간을 만들고자 했다. 이것이 리니지 게임 세계의 철학, 혹은 비전"이라는 것이다. 리니지 세계를 만들었던 사람들은 사이버공간에 리니지와 같은 세상을 만든 것은 현실 세계의 삶에 대해 우리 사회가 끊임없이 요구하는 계몽주의에 대한 환멸 때문이라고 표현했다. 현실의 계몽주의적 힘에 대항하는 새로운 세대의 탈계몽주의 사회를 구체화한 것이 바로 리니지 세계라는 것이다. 논자들은 사고와 행동이 기성세대와 구분되는 새로운 행동 방식과 라이프 스타일을 가졌다는 뜻으로 이들을 가리켜 '사이버 신인류'라고 부르기도 한다(황상민, 2004).

이러한 과정에서 문화의 수용자인 사이버 신세대들은 문화의 생산과정에 관여하는 힘을 얻게 되었다. 예전 같았으면 자본력을 바탕으로 한 거대 기업들만이 할 수 있었을 일들을 여기저기 뿔뿔이 흩어져 있던 소수자들이 모여서 저력을 발휘하며 해내게 되었다. 이는 문화 분야 '지식질서'의 변환을 의미한다(김상배 외, 2008). 여전히 기존의 글로벌 문화 산업의 패권은 좀 더 교묘한 방식으로 계속 작동하고 있다. 그러나 사이버공간에서 네트워크의 부상이 일어남에 따라 이들 간의 역관계에서 나타나는 비대칭성이 일정 부분 완화될 조짐을 보이는 것도 사실이다. 특히 기존의 문화 생산자들이 새롭게 부상하는 사이버공간의 문화 세력들과 어떠한 형태로건 연대를 맺지 않고서는 성공할 수 없다는 인식을 낳고 있다. 앞서 살펴본 소셜 미디어 환경의 출현과 이를 적극적으로 활용하려는 음악 기획사들의 전략은 이러한 현실을 반영한다(김상배, 2010a).

4. 문화 분야의 네트워크 지식국가?

이상에서 살펴본 바와 같이 한류는 기업들이 구사하는 네트워크 전략과 국내외 수용자들이 형성하는 소셜 네트워크가 복합적으로 상호작용하는 양상을 보이면서 전개되고 있다. 이러한 네트워크 현상으로서 한류의 전개 과정에서 국가가 할 일은 무엇일까? 국가의 역할에 대한 논의는 주로 경영학이나 사회학 분야에서 이루어지는 한류 연구와 차별화되는, (국제)정치학의 고유 논제이기도 하다. 그렇다면 이 책에서 제시하는 네트워크 지식국가의 잣대로 볼 때, 문화 산업 분야에서 국가에 요구되는 역할은 무엇일까? 이 절에서는 문화 분야에서 요구되는 국가의 역할을 문화 산업 영역에서 '팔리는 한류'를 지원하는 정책과 문화 외교 영역에서 '알리는 한류'를 지원하는 정책, 이렇게 두 분야로 나누어 살펴보고자 한다.[3]

1) '문화 산업으로서 한류'와 지식국가

문화 산업으로서 한류의 지원 전략과 관련해 먼저 생각할 것은 종전의 산업화 시대에 취했던 바와 같이 국내 산업의 보호와 육성으로 대변되는 이른바 발전국가의 문화 콘텐츠 산업정책을 넘어서야 한다는 사실이다. 또한 경제성장기의 발전국가 발상이나 냉전기의 닫힌 민족주의 발상으로 지구화와 정보화의 시대를 맞는 글로벌 문화 산업 질서의 변환에 대처하는 잘못을 경계해야 할 것이다. 제6장에서 살펴본 국가 변환에 대한 이론적 논의의 연속선상에서 볼 때, 21세기 문화 산업 분야에서 발전국가형 정책 모델은 한계가 있을 수밖에 없다. 예를 들어 스크린쿼터제는 한국 영화 산업의 숨을 돌리기 위한 임시방

---

3 '팔리는 한류'와 '알리는 한류'라는 용어는 한국문화관광연구원 채지영 박사와의 인터뷰로부터 아이디어를 얻었다.

편의 방패막이 노릇은 할지언정, 비슷한 종류의 보호주의정책이 새로운 문화 산업의 생산 및 소비 양식에 대한 근본적 대응책일 수는 없다. 또한 제조업 분야의 산업정책을 연상시키는 정부의 각종 문화 산업 지원정책은 변화하는 산업 환경을 제대로 따라잡을 수 없다. 이러한 맥락에서 보면, 현 단계에서 시급하게 필요한 것은 보호와 지원의 평면적 발상을 넘어서는 입체적 국가 전략의 창출이다.

사실 문화 산업은 제조업과는 다른 방식으로 경쟁하는 분야이다. 어느 분야보다도 기업가 정신이 중요하고 개인의 창의성이 성패를 좌우하는 분야이다. 따라서 국가의 역할은 경쟁과 혁신이 좀 더 자유롭게 이루어질 수 있는 환경을 조성하는 방향으로 설정되어야 한다. 한류의 전선에서 바쁘게 뛰는 기업들의 의견을 들어보면, 어설픈 지원정책을 펴서 민간 부문의 창의성을 훼손하느니 오히려 여러 가지 불필요한 규제나 풀라는 식의 반응을 접하게 된다(SM 및 엔씨소프트 관계자 인터뷰). 다시 말해 민간 부문이 잘하는 것은 간섭하지 말고 필요한 부분을 도와달라는 것이다. 그렇다면 문화 산업을 지원하는 정책으로서 국가적 차원에서 도와줄 일들은 구체적으로 어떠한 것들이 있을까?

이와 관련해 2012년 4월에 문화체육관광부가 발표한 「콘텐츠 글로벌 경쟁력 강화 방안: 한류가 열어가는 새로운 대한민국」이라는 문건은 앞으로 문화 산업으로서 한류를 지원하는 실천 전략의 모색이라는 점에서 의미하는 바가 크다. 그 사업 내용을 구체적으로 살펴보면, 콘텐츠 경쟁력의 원천인 스토리 창조 역량 강화, 콘텐츠 펀드 추가 조성 등 금융 투자 활성화, K-팝 공연장 건립, 글로벌 영화제작 스튜디오 건립, 콘텐츠 공정거래 환경 조성, 기초 장르 지원을 통한 콘텐츠 다양성 확대, 콘텐츠종합정보지원센터 설립, 원스톱 해외 진출 지원, 한류 콘텐츠의 해외 유통을 촉진하기 위한 플랫폼 지원 구축, 아시아 뮤직 마켓 구축, 한류 체험 확대로 한국 관광의 품격 제고 등을 제시했다. 이들 방안은 주로 '팔리는 한류' 분야에서 국가의 역할에 대한 논의인데, 현재까지 거론되는 한류 지원 방안에 대한 내용을 거의 모두 취합해서 담았다고 할 수 있다. 앞서 제6장에서 제시한 지식국가의 세 가지 기능, 즉 '도구적 지식국가'의 진흥 기능, '조절적 지식국가'의 규제 기능, '구성적 지식국가'의 조정 기능의 분석틀을 적용해서 이 분야에서 요구되는 국가의 역할을 정리해서 살펴보자.

먼저, 도구적 지식국가의 시각에서 본 팔리는 한류의 지원정책이다. 이는 상업적 목적으로 생산되는 대중문화를 육성하고 문화 산업을 진흥하는 정책인데, 직접 개입하기보다는 민간 영역의 경쟁력을 증대할 수 있는 인프라의 확충이나 공공재의 제공 및 콘텐츠 경쟁력 확보를 위한 지원 사업 등을 들 수 있다. 예를 들어 K-팝 공연장과 글로벌 영화제작 스튜디오 건립 등과 같은 인프라의 확충 정책이나 한류의 해외 진출을 지원하는 종합정보지원센터의 설립, 한류 메타 정보의 매뉴얼 사업 등도 여기에 해당한다. 더 나아가 콘텐츠 경쟁력의 원천인 스토리 창조 역량 강화를 위한 교육 부문과의 연계 강화, 콘텐츠 펀드 조성을 위한 금융 투자 활성화 대책 등도 들 수 있다. 그 외에도 재외공관 망을 활용해 한류 관련 해외 공연이나 K-팝 경연 대회 개최 지원, 현지 실정에 적합한 맞춤형 한류 확산을 위한 네트워크의 형성 등도 있다.

둘째, 조절적 지식국가의 시각에서 본 팔리는 한류의 지원정책이다. 이는 비유적으로 말해 공익을 위해서 필요한 경우 특정한 행위를 못하게 '말리는 한류'와 관련된 정책으로서, 법과 제도 및 시장 질서를 수립하기 위한 국가의 규제와 관련된 부분이다. 이러한 규제 기능에서 관건이 되는 것은 반독점의 옹호와 지적 재산권의 보호 및 문화 콘텐츠의 내용 규제를 위한 법제도를 정비하고 부과하는 문제이다. 사실 한국의 대중문화 시장은 불법 다운로드 등으로 비롯된 저작권의 침해로 척박한 환경에 처해 있다. 역설적으로 이러한 척박한 시장 사정 때문에 한류 기업들이 해외로 나갈 수밖에 없었던 것이 한류 성공의 원인이라는 지적까지도 나온다. 이러한 맥락에서 볼 때, 국내 시장의 활성화를 위한 법제도의 정비와 콘텐츠 공정거래 환경 조성과 관련된 정책적 노력이 필요하다.

그런데 이렇게 공공성의 명분을 내걸고 이루어지는 시장에 대한 국가의 개입이 민간 부문에서는 여전히 별로 환영받지 못하는 것은 국가가 공정한 심판의 역할을 하기보다는 뒤늦게 밥상에 숟가락을 얹는 시어머니 역할을 하기 때문이다. 다시 말해 시장이 제대로 작동하지 않는 부분을 도와주어야 하는데, 그러지 않고 잘 굴러가는 시장에 뒤늦게 개입하는 상황이 발생한다. 더 나아가서 차려진 밥상에 숟가락만 얹는 것이 아니라 때에 따라서는 먹기 싫은 밥상을 차리라는 상황마저 발생하기도 한다. 예를 들어 여전히 논란이 되는 것은 문화 콘텐츠에 대한 지나친 내용 규제나 뮤직비디오 사전 등급 심사제 등이다. 게임 산업의 경우에도 청소년 보호 등의 이유로 해외에서 선전하는데도 불구하고 국내에서는 특별한 정책적 지원을 받지 못하는 현실이 자주 지적된다.

끝으로, '구성적 지식국가'의 시각에서 본 팔리는 한류의 지원정책이다. 이는 당사자 간의 이해와 갈등을 조정하는 지식국가의 메타 거버넌스의 기능과 관련된다. 한류의 규모가 작을 경우에는 주로 사업에 대한 진흥이나 시장의 규제가 관건이 되지만, 그 규모가 커지면서 기획사나 지상파, 케이블 사업자 간의 갈등이 커지고 있다. 이러한 맥락에서 사업자 간의 갈등을 조정하고 중지衆智를 이끌어내는 국가의 조정 능력이 중요해질 수밖에 없다. 또한 급성장한 한류를 둘러싸고 정부의 관련 부처 간 갈등도 조정할 필요성이 발생한다. 그 외에도 한류 사업을 기획하고 추진하는 과정에서 중앙정부와 지자체 간의 갈등도 만만치 않다. 최근 한류 사업의 추진 체계를 둘러싼 메타 거버넌스의 문제가 제기되는 것은 바로 이러한 맥락이다. 즉, 여럿이 함께하는 '공共 마인드'를 지닌 지식국가의 모델이 필요한 대목이다.

2) '문화 외교로서 한류'와 네트워크 국가

이상에서 살펴본 팔리는 한류의 성공은 한국인, 그리고 한국이라는 나라에 대한 호감으로 연결될 가능성이 크다. 예를 들어 한류의 인기 상승은 한국 문화에 대한 관심 증가로 연결되고 이러한 과정에서 문화원의 역할이 증가하는데, 이는 문화원 방문객 및 행사 참가자의 증가와 문화 교류 요청 증가로 연결되며 더 나아가 한국 문화와 한국의 관광 정보를 요청하는 일이 증가하는 것으로 이어질 수 있다. 이러한 과정에서 개인이나 개별 기업은 한국이라는 정체성을 비즈니스에 활용한다. 한류 기업들이 한류라는 말이 담은 '네이션nation'의 색채를 부담스러워하면서도, 실상은 그러한 국가 브랜드의 덕을 보는 것이다. 이렇게 보면 한류는 국가적 차원의 공공재이다. 이러한 과정에서 '팔리는 한류'는 역으로 '알리는 한류'의 덕을 볼 수도 있다. 알리는 한류로 말미암아서 회사와 상품의 이미지가 높아지고 상품 판매도 증가한다. 또한 한류로 말미암아 현지의 우수한 인력을 좀 더 많이 확보하게 되고 한류를 통해 현지인들과의 관계도 향상된다. 알리는 한류가 음악, 방송, 영화 등과 같은 문화 산업의 범위를 넘어서 관광, 의류, 액세서리, 화장품, 서적, 가전, 자동차, 식음료, 성형 의료 등과 같이 한류와 연관된 여타 산업에 미치는 영향도 크다.

그렇다면 이러한 '알리는 한류'의 분야, 좀 더 구체적으로 말하면 문화 외교로서의 한류와 관련해 국가가 담당할 역할은 무엇인가? 네트워크 이론의 용어를 원용해서 볼 때, 국가가 한류 기업들과 현지의 팬클럽 네트워크의 사이에서 일종의 중개자broker로서 담당할 일이 있을까? 한류 상품의 수용은 처음에는 특정 기업이 생산한 콘텐츠를 접하는 과정이지만, 그것이 문화 콘텐츠인 이상 일개 기업의 콘텐츠를 넘어 한국 자체에 대한 관심을 두게 하기 마련이다. 현지의 수요가 이 정도에 이르면 개별 민간기업들이 채워줄 수 없는 한국어나 한국 문화에 대한 수요가 발생한다. 사실 프랑스의 '코리아 커넥션'이나 터키의 '코리아 팬즈'와 같은 한류 팬클럽들은 한국의 대중문화 콘텐츠뿐만이 아니라, 한국의 역사, 전통문화, 언어, 음식, 관광 등과 같은 한국 문화 전반에 걸쳐 관심을 두고 있다. 그런데 민간기업 차원에서 이들 팬클럽이 갖게 되는 한국에 대한 관심을 충족하고 체계적인 교육을 제공하기란 쉽지 않다. 실제로 한류에 대한 관심이 늘어나면서 한류 기업이 채워줄 수 없는 한국의 문화나 언어 교육을 받고자 정부 기관인 한국문화원을 찾는 한류 팬들이 많아졌다. 물론 인터넷상에서 원하는 정보 일부를 얻을 수는 있지만, 개별적인 정보 습득 활동에만 맡겨놓기보다는 국가 차원에서 이러한 수요를 맞추기 위한 제도적 장치를 마련하는 것이 필요하다.

이러한 맥락에서 '알리는 한류'를 지원하는 정책의 당위성이 발생한다. 팔리는 한류가 판매와 전파였다면, 알리는 한류는 교류라는 차원에서 접근해야 한다. 투입 차원에서 정부가 역할을 하는 것보다는 결과 차원에서 네이션nation의 이미지를 높이는 방향으로 작동해야 한다. 이러한 과정에서 알리는 한류의 지원정책은 네이션의 '정체성'을 제공하는 일과 관련된다. 이러한 알리는 한류도 그 발전 단계에 맞는 전략이 필요하다. 예를 들어 한류 초기 진입 단계에는 한류 상품의 대중적 확산을 목표로 그 자체를 알리는 전략이 필요하다. 그러나 한류 정착 단계에는 한류 상품의 차원을 넘어서 한국을 알리는 중장기적 공공 외교의 전략이 필요하다. 이러한 한류의 지속과 확산을 위한 구체적 전략으로는 최근에 여러 가지가 거론된다. 예를 들면 해외에 있는 문화원의 강화와 코리아센터로의 재편, 현지 한국 대사관과 문화원과 기타 민간기관들의 네트워크 구축, 한국과 현지 정부와의 네트워크 등을 들 수 있다. 이 밖에도 민간 영역에서 할 수 없는 한류 동호회 활동 지원, 전 세계 한류 동호회에 대한 지원, 한국 문화 홍보 행사 간접 지원, 재외공관을 통한 한류 현황 파악과 책자 발간 및 배포 지원, 한류 콘텐츠의 해외 진출 지원 및 공공 외교 사업, 한국 관련 콘테스트 개최, '한류 아카데미'의 설립과 운영 등을 들 수 있다.

그러나 궁극적으로 한류에 대한 정부와 민간 부문의 대응은 중상주의적 담론에 입각한 민족주의적 대응을 넘어서 동아시아 및 글로벌 문화 네트워크를 지향해야 한다. 지나친 애국심에 근거해 민족주의적으로 접근하는 것은 오히려 한류를 망칠 수도 있다. 사실 문화는 향유자가 자연스럽게 선택해야 지속성을 확보할 수 있다. 인위성이 가미된 문화는 거부감이 생긴다. 정서적 침략으로 해석되기 때문이다. 한류가 정부 주도로 이루어졌다는 인상은 수용국에 반감을 살 수 있다. 동아시아를 거대한 시장으로 탈바꿈시키고 이웃을 산업적 공략의 대상으로 간주하는 한 한류는 '아류 제국주의'의 범주를 넘어서기 어려울 뿐만 아니라, 1990년대에 일본이 주구했던 '연성 국가주의'의 전철을 밟게 될 것이다. 한류가 한국의 매력을 동아시아에 발산할 중요한 출발점인 것은 사실이지만, 한류를 비즈니스의 호기로만 생각하고 자국의 이익 극대화를 좇는 모습은 모순일 수밖에 없다.

이러한 과정에서도 필요한 이미지는 문화 외교의 차원에서 본 네트워크 국가이다. 한류가 일방향적 문화 침투라는 부정적 인식을 주지 않도록 하려면 민간이 자율성을 갖고 한류 확산의 전면에 나서도록 하고 정부는 간접적 방식으로 측면에서 지원하는 것이 중요하다. 현지의 문화적·종교적·사회적 특성을 배려하면서 현지 사회에 넓게 한국 문화를 소개할 수 있도록 재외공관의 네트워크를 활용하는 것도 중요하다.

이렇듯 한류가 성공하려면 자국 중심의 발상을 넘어서 동아시아 및 글로벌 문화 네트워크의 구축을 고려해야 한다. 동아시아와 세계를 엮는 코드로서 한류를 활용해야 한류도 살고 동아시아도 산다. 이를 위해서는 단순히 한류와 같은 문화 상품의 경쟁력을 높이는 차원을 넘어서 한류 상품에 담기는 문화 내용의 보편성과 포용력을 배양해야 할 것이다. 결국 초점은 한류에 담기는 문화적 삶의 풍요로움에 두어질 수밖에 없으며, 이를 바탕으로 동시에 남에게도 권하고 싶은 한류의 내용을 확보해야 한다. 이러한 관점에서 보면 결국 중요한 것은 동아시아의 문화 네트워크를 엮어낼 공통 요소를 어떻게 찾아낼 것인가 하는 문제이다. 다시 말해 디지털 한류의 매력정치를 펼치려면 일국 차원을 넘어서 동아시아를 함께 묶어낼 공통의 문화적 '인자因子, gene'를 발굴해야 한다.

아울러 생각해보아야 할 것은 한류를 통해서 구축하고자 하는 동아시아 네트워크의 성격에 대한 것이다. 최근의 한류나 동아시아 담론을 늘여나보면,

이 기회를 동아시아에서 서구나 미국의 문화를 막을 수 있는 문화 블록 형성의 기회로 활용하고 싶어 한다. 이는 글로벌 문화 공간과 경쟁하는 지역 차원의 문화 공간을 하나 더 잡아야 함을 의미한다. 실제로 한류는 동아시아 문화 블록을 형성하는 좋은 계기가 될 수 있다. 한류는 그런 점에서 동아시아의 문화 사건이고 지역공동체를 마련할 절호의 기회인 셈이다. 이렇게 동아시아가 만드는 네트워크는 미국의 할리우드가 주도하는 글로벌 문화 네트워크에 대항하는 담론의 의미를 가진다. 동아시아인의 수요와 정서에 맞는 문화 콘텐츠의 생산과 전파 및 소비는 미국의 대중문화에 대항하는 동아시아 지역 차원의 매력을 증대하는 일이다.

이렇듯 한류가 동아시아 지역공동체를 향한 계기를 마련할 수 있다는 것은 사실이지만, 이러한 닫힌 동아시아 네트워크의 모색이 성공하기란 쉽지 않다. 궁극적으로 동아시아 네트워크는 글로벌 문화 네트워크와 호환되는 열린 네트워크를 지향할 수밖에 없다. 이를 극복하는 길은 동아시아를 엮는 '밖의 네트워킹 전략'을 추구하는 길밖에 없다. 한국 문화를 세계적으로 진출시키는 여정에 우리 혼자만 나서서는 특별한 실효를 거두기 어렵다. 동아시아 국가들과의 연대를 통해서 지역 차원의 네트워크 정체성을 활용하고, 이를 바탕으로 문화 분야에서 '동아시아 스탠더드'를 수립해 전파함으로써 '글로벌 스탠더드'와 어깨를 맞대고 경쟁하는 지역 차원의 네트워크를 구축하는 전략이 마련되어야 한다. 이러한 맥락에서 실리우드가 주도해 글로벌하게 짜는 문화 산업의 글로벌 네트워크에서 한국의 역량에 걸맞은 역할을 찾는 것이 중요하다.

5. 문화 산업의 네트워크 세계정치

이 장의 주장은 한류와 같은 문화 산업의 부상은 비국가 기업 행위자들의 네트워크 전략을 활성화할 뿐만 아니라 소셜 네트워크의 의미를 부각하고, 이러한 환경의 변화는 기존의 노드형 국가의 정책을 넘어서는 네트워크 국가의 부상을 부추긴다는 것이다. 기업과 네티즌과 같은 비국가 행위자들을 중심으로 네트워크 권력 게임이 벌어지고 있고, 이를 뒷받침하는 차원에서 네트워크 국가의 지원정책들이 모색되고 있다. 이 장에서는 이러한 문화 분야 네트워크 세계정치의 논의를 좀 더 구조적인 맥락에서 이해하고자 최근 글로벌 문화 산업 질서에서 나타나는 변환에 주목했다.

사실 한류의 부상은 글로벌 문화 산업 질서 속에서 동아시아 문화 산업의 위상이 높아졌음을 보여주는 극명한 사례이다. 이러한 점에서 한류는 문화 지구화의 현상과 함께 미국 일변도의 문화 생산이 탈중심화되는 와중에서 틈새시장을 노리는 문화 변환 전략의 성공적 사례로 볼 수 있다. 그러나 한류는 이전의 홍콩이나 일본의 대중문화와 같은 운명을 맞이할 한계를 안고 있는 것도 사실이다. 그럼에도 한류는 기존의 글로벌 문화 산업 질서의 틀 내에서 증대되는 한국의 실력 및 매력 역량과 이를 수용하는 동아시아 차원의 네트워크 확산을 고려해서 이해할 사건이며, 일정한 한계 내에서도 앞으로 계속해서 추진되어야 할 문화 분야 네트워크 국가 전략의 한 분야이다.

이 장의 문제의식은 한류의 단편적인 성공과 실패의 사례를 소개하는 차원을 넘어서 한류를 통해 드러나는 21세기 매력정치와 네트워크 권력정치와 네트워크 지식국가의 부상을 인식해야 한다는 것이었다. 따라서 한류 연구는 자연스럽게 21세기 세계정치의 변환이라는 맥락에서 본 문화 변환의 논의로 연결되어야 한다고 지적했다. 이러한 시각은 기존의 아날로그 한류 현상에 대한 분석뿐만 아니라 새로이 주목받는 디지털 한류의 잠재력, 그리고 동아시아 문화 네트워크를 구축하는 과정에서 차지하는 국가의 역할을 살펴보는 데에도 매우 유용한 것으로 판단된다. 한류를 중심으로 본 글로벌 문화 산업의 네트워크 세계정치에는 세 가지 유형의 네트워크가 경합하고 있다.

첫째, 행위자-네트워크 이론ANT의 시각에서 본 한류 엔터테인먼트 3사의 전략은 각각의 네트워크 전략이 내보이는 아키텍처와 작동 방식의 차이는 있지만, 기본적으로 중심에서 주변으로 뻗어 가는 발신자-수신자 모델의 네트워크를 기반으로 한다. 둘째, 최근 한류의 성공을 뒷받침하는 현지 팬클럽들의 네트워크는 수평적이고 탈집중적인 아키텍처와 작동 방식을 지닌 탈허브형 네트워크로 개념화할 수 있다. 이러한 소셜 네트워크에 의지하는 문화 수용자들이 기존 문화 생산자들의 힘에 도전하는 양상을 보이기도 한다. 흥미로운 것은 이러한 두 가지 유형의 네트워크가 서로 경합하기도 하지만 서로 활용하기도 한다는 사실이다. 한류 기업들이 현지의 팬클럽 네트워크나 글로벌 차원에서 유명해진 유튜브를 콘텐츠 기획 단계에서부터 고려하는 것은 바로 이러한 이유에서이다. 끝으로 지적할 네트워크의 유형은 국가 행위자의 참여를 통해서 생성되는 거버넌스 모델과 관련된다. 한류 분야에서 국가가 의미 있는 역할을 수행하려면 예전과 같은 발전국가의 노드 모델에만 집착해서는 안 된다. 제대로 된 네트워크 국가의 모델이 한류 분야에서 요청되는 것은 이러한 이유에서이다.

앞으로 한류의 국가 전략은 한국의 매력을 발산하고, 이와 병행해 동아시아의 문화 네트워크를 구축하는 차원에서 진행되어야 한다. 이러한 시도는 궁극적으로 21세기 문화세계정치에서 한국이 코리안 스탠더드를 동아시아 스탠더드로 승화하는 과정을 의미한다. 그러나 이러한 과정에서 반드시 염두에 두어야 할 점은 한류의 매력정치와 동아시아 문화 네트워크가 미국이 주도하는 글로벌 스탠더드와 제대로 경쟁하려면 변화하는 바깥세상의 코드를 정확히 읽고 대응할 필요성이 있다는 것이다. 글로벌 스탠더드와의 호환성을 확보하지 못한 동아시아 차원의 대항 담론은 궁극적으로 현실화되지 못하고 고립의 길을 걸을 수밖에 없을 것이기 때문이다.

그렇다면 미국 주도의 글로벌 네트워크와 새롭게 구축되는 동아시아 문화 네트워크의 사이에서 한국의 위상을 어떻게 설정할 것인가? 구체적으로 말하면, 미국에 대항하고자 구축한 동아시아 문화 네트워크에서 새로운 패권으로 군림할 잠재력을 지닌 중국과의 관계를 어떻게 설정할 것인가? 이는 21세기 망제정치에서 발생하는 권력정치의 문제인데, 이러한 상황에서 한국의 네트워크 국가 전략이 취할 길은 조야한 2차원적 '균형자balancer'의 발상을 넘어서 신·구 네트워크 사이에서 '두 개의 언어'를 구사하는 '중개자broker'의 전략일 수밖에 없다. 특히 한국이 새로운 네트워크를 주도하는 '설계자programmer'의 권력을 행사할 수 없는 현실에서 동아시아 문화 네트워크에만 모든 것을 걸 수는 없기 때문이다.

제13장

사이버공간의 글로벌 지식질서

1. 네트워크로 보는 사이버공간

사이버공간이라는 말은 1980년대 초반에 처음으로 등장했다. 인터넷이 한창 보급되었던 10여 년 전까지만 해도 생소한 용어였지만, 이제는 널리 알려져서 대중적으로 사용하는 말이 되었다. 국제정치학의 시각에서 볼 때, 사이버공간의 의미가 널리 인식되는 계기는 여러 차례 있었다. 그러나 2013년 6월에 열린 미국과 중국의 정상회담은 국제정치학계에 사이버공간의 세계정치적 중요성을 본격적으로 각인하는 사건이 되었다. 무엇보다도 세계 최강을 겨루는 두 나라의 정상이 양국 간의 현안인 북한의 핵무기 문제와 더불어 사이버공간의 인보 문제를 양대 쟁점으로 선정하고 긴 시간을 할애해서 의견을 나누었다. 그야말로 사이버공간의 안보 문제가 20세기 국제정치의 최대 쟁점인 핵 안보 문제와 어깨를 겨루게 된 것이다.

사이버공간의 세계정치가 주목받게 된 또 하나의 계기는 2013년 10월 서울에서 열리는 '세계사이버공간총회'에서 마련되었다. 사이버공간의 안보 문제와 기타 관련 의제들을 논의하고자 2011년에 런던에서 첫 총회가 열린 이후 2012년의 부다페스트 총회를 거쳐서 2013년에는 한국이 회의를 주재했다. 사실 지난 10여 년 동안 인터넷과 사이버공간의 세부 주제들을 다루는 여러 가지 트랙의 국제적 논의의 장이 열렸는데, 이제는 사이버공간이라는 포괄적 어젠다를 명시적으로 내건 논의의 장이 출현하기에 이르렀다. 이러한 변화에 대응해 한국에서도 인터넷과 사이버공간의 실무를 담당하는 정부 부처들 외에 전통적인 외교 전담 부처인 외교부가 사이버공간의 논의에 적극 참여하기 시작했다.

이러한 일련의 변화에서 주목할 것은 사이버공간이 새로운 세계정치의 공간으로 부상했다는 사실이다. 사실 컴퓨터의 네트워크가 만들어내는 사이버공간은 단순한 기술 공간만을 의미하지는 않는다. 사이버공간은 정보와 문화의 공간인 동시에 비즈니스와 경제의 공간이고 정치와 안보의 공간이다. 게다가 사이버공간은 단순히 네티즌들이 구성하는 온라인 공간만을 의미하는 것이 아니라 오프라인 공간에서 벌어지는 모든 사람의 삶에도 영향을 미치는 복합적인 사회 공간이기도 하다. 이러한 사이버공간은 지난 10여 년 동안의 성장을 통해서 최근 우리의 세계정치적 삶에 큰 영향을 미치는, 그야말로 '독립변수'로서 자리매김했다. 앞서 언급한 미·중 정상회담이나 세계사이버공간총회의 추진은 바로 이렇게 사이버공간의 세계정치적 비중이 급속히 커졌음을 보여주는 사례라고 할 수 있다.

세계정치 공간으로서 사이버공간의 부상은 한국에 새로운 국가 전략을 준비하도록 요구한다. 미·중 정상회담에서 주요 어젠다로 제기된 사이버 테러와 공격의 위협은 이미 남의 나라 일이 아니다. 세계사이버공간총회의 개최도 단순한 국제회의 참여 전략을 넘어서는 포괄적 대응책을 강구해야 할 사안이다. 이들은 모두 21세기 글로벌 질서의 변환이라는 거시적 맥락에서 이해하고 국가 차원에서 대응하는 전략을 마련해야 할 문제들이다. 마치 19세기 중후반에 서구에 기원을 두는 근대 국제정치 공간을 새로이 접하면서 당시 조선을 비롯한 동아시아 국가들이 큰 충격을 받았던 일에 비견할 만하다. 이러한 문제의식을 바탕으로 이 장에서는 사이버공간에서 형성되는 글로벌 질서의 구조와 동학을 탐구함으로써 이에 대응하는 미래 국가 전략의 방향을 모색하기 위한 이론적 기초로 삼고자 한다.

최근 사이버공간의 글로벌 질서는 근대국민국가들을 중심으로 부국강병의 게임이 벌어졌던 종전의 국제질서보다는 좀 더 복합적인 모습을 띤다. 무엇보다도 사이버공간에서 형성되는 글로벌 질서는 군사력이나 경제력과 같은 물질적 권력 자원을 기반으로 한 전통적 국제질서의 개념보다는 기술, 정보, 지식, 문화, 커뮤니케이션(통칭해 지식) 등과 같은 비물질적 권력 변수로 파악되는 새로운 양식의 질서이다. 사이버공간의 글로벌 질서는 지식력을 기반으로 해서 작동하는 지식질서로 개념화할 수 있다. 이러한 지식질서는 역사적으로 존재해왔지만 최근 지구화, 정보화, 민주화 등의 추세에 힘입어 독자적인 권력질서로서의 형체를 좀 더 명시적으로 드러내고 있다(Strange, 1988; Agnew, 2007; 김상배 외, 2008).

국제정치학 분야에서 사이버공간의 글로벌 지식질서를 분석한 연구는 그다지 많지 않다. 그나마 꾸준하게 연구가 이루어져 온 분야로는 엄밀한 의미에서는 국제정치학 분야라고 할 수는 없지만, 인터넷 거버넌스에 대한 연구들을 들 수 있다(Franda, 2001; Mueller, 2002, 2010; Thierer and Crews Jr. eds., 2003; Maclean ed., 2004; Goldsmith and Wu, 2006; Mathiason, 2009). 그리고 국제정치학의 시각에서 사이버공간(또는 정보혁명과 인터넷)과 관련된 글로벌 질서를 탐구한 연구가 간간이 있었다(Deibert, 1997; Steinberg and McDowell, 2003; Herrera, 2006; Hanson, 2008). 그러나 주로 노드node 기반의 단순계 발상에 머무는 기존의 주류 국제정치이론가들에게 복잡계 현상을 기반으로 하는 사이버공간의 글로벌 지식질서의 구조와 동학에 대한 연구는 관심 영역의 밖에 존재하는 과제였던 것이 사실이다. 간혹 이루어진 연구들도 사이버공간의 글로벌 지식질서를 단편적으로 또는 개괄적으로만 파악하는 한계를 안고 있었다(Manjikian,

2010; Betz and Stevens, 2012; Choucri, 2012).

　사실 사이버공간의 글로벌 지식질서는 여러 층위에 걸쳐서 복합적으로 일어나는 세계정치의 양상을 보인다. 이러한 지식질서의 복합적 성격을 이해하는 데에는 적어도 다음과 같은 세 가지 문제가 쟁점이 된다. 첫째, 사이버공간은 신자유주의적 지구화를 표방하는 세력들이 주도하는 '지식 패권'의 공간이냐, 아니면 여전히 국가 단위의 권위를 주장하는 '지식 주권'의 공간이냐 하는 문제이다. 둘째, 사이버공간은 네티즌과 민간사업자들이 주도하는 '글로벌 거버넌스'의 공간이냐, 아니면 전통적인 정부 간 국제기구들의 관할권이 인정되는 '국제 레짐'의 공간이냐 하는 문제이다. 셋째, 사이버공간은 탈영토적 정체성을 바탕으로 한 '초국적 공론장'이냐, 아니면 여전히 국민국가 단위의 정체성이 득세하는 '민족주의'의 공간이냐 하는 문제이다(김상배, 2013).

　이렇게 세 가지 층위에서 복합적으로 진행되는 사이버공간의 세계정치에서는 '국가'로 대변되는 세력과 '탈脫국가'로 대변되는 세력이 경합하는 양상이 나타난다. 다시 말해 사이버공간은 국가 주권으로 대변되는 기성의 권력질서가 약화되는 공간이지만, 그럼에도 사이버공간을 완전한 탈脫국가 주권의 공간으로 볼 수는 없다. 오히려 사이버공간은 국가 주권과 탈국가 주권이 중첩되는 복합 질서의 공간이다. 이 장에서 살펴본 바와 같이 세 가지 차원에서 파악된 주권의 개념, 즉 사실상의 통제 능력, 법정치적 권위, 집합적으로 공유된 관념이라는 잣대에 기대어볼 때, 사이버공간의 글로벌 지식질서에서는 '복합 주권'의 현상이 출현하고 있다. 그렇다면 국제정치학의 시각에서 이러한 복합 질서의 내용을 어떻게 이론적으로 이해해야 할까?

　이 장에서는 사이버공간의 글로벌 지식질서를 이론적으로 이해하기 위해서 앞서 제7장에서 제시된 네트워크 질서의 시각을 원용했다. 네트워크 세계정치이론은 다소 복잡하게 혼재된 것처럼 보이는 글로벌 지식질서의 실체를 밝혀내는 분석틀을 제공한다. 이렇게 파악하는 글로벌 지식질서를 구성하는 원리는 단순계 발상의 무정부 질서anarchy나 위계질서hierarchy가 아니다. 네트워크 세계정치이론의 시각에서 볼 때, 국가 주권의 변환이 발생하는 사이버공간의 글로벌 지식질서는 무정부 질서도 아니고 위계질서도 아닌 '네트워크 질서networkarchy'로 개념화된다. 이렇게 글로벌 지식질서의 구조와 동학을 밝히는 것이 중요한 이유는, 바로 이러한 이론적 논의를 바탕으로 사이버공간의 부상에 대응하는 국가 전략의 방향을 제대로 가늠할 수 있기 때문이다.

2. 글로벌 지식질서의 분석틀

1) 지식질서 변환의 역사적 맥락

최근 인터넷의 사용이 많아지고 일국 단위를 넘어서는 글로벌 문제들이 늘어나면서 그 속성상 초국적으로 펼쳐지는 사이버공간을 어떻게 다스릴 것이냐에 대한 논의가 한창이다. 국제정치학의 시각에서 볼 때, 이러한 논의는 국내 차원을 넘어서는 새로운 글로벌 질서를 모색하려는 시도로 이어질 것으로 예견된다. 즉, 제2차 세계대전 이후 유엔을 중심으로 정치군사질서가 모색되고, 20세기 후반에는 IMFInternational Monetary Fund나 WTOWorld Trade Organization를 중심으로 경제무역질서가 형성되었다면, 최근 인터넷과 사이버공간을 둘러싸고 나타나는 글로벌 질서의 모색은 '제3의 질서'의 태동을 방불케 한다.

이러한 제3의 질서를 무엇이라 부를 것인지에 대해서는 아직은 적절한 명칭이 정착되지 않았다. 그러나 21세기 세계정치에서 새로운 권력 자원으로서 주목받는 기술, 정보, 지식, 문화, 커뮤니케이션(통칭해 지식) 등의 변수를 중심으로 형성되는 질서라는 의미에서 통칭해 '지식질서'라고 부르는 데에는 큰 무리가 없을 것 같다. 지식질서는 '지식'의 생산과 유통과 사용이 일정하게 조직화된 방식으로 이루어지는 규칙화된 패턴이다. 지식질서의 개념은 지식과 권력의 문제를 사회과학적 의제의 가시적 구도 안으로 편입시킬 뿐만 아니라 지식을 둘러싸고 벌어지는 동학을 살펴보는 준거의 틀을 제공한다(Strange, 1988; 김상배 외, 2008).

이러한 시각에서 파악된 지식질서는 유사 이래 동서고금을 막론하고 존재했다(Innis, 1950; Briggs and Burke, 2009). 가장 비근한 예를 들자면, 국민국가를 주요 단위로 하고 각 국가들이 보유하는 지식 자원의 분포를 잣대로 해서 파악되는 근대 지식질서를 들 수 있다(Burke, 2000; Headrick, 1991; Misa, 2004). 그런데 이 장에서 논하는 21세기 글로벌 지식질서의 가장 큰 특징은 이러한 국가 단위의 발상을 넘어선다는 데에 있다. 지구화와 정보화의 진전이 초국적으로 활동하는 비국가 행위자들을 활성화하면서, 국가 행위자에만 시각을 고정해서는 변화하는 지식질서의 모습을 제대로 포착할 수 없게 되었다. 특히 지식이라는 분야의 속성 자체가 국가가 나서서 영토주권을 주장하는 발상과는 잘 맞지 않는다. 오히려 이 분야에서는 다국적기업이나 글로벌 시민 단체와 같은 비국가 행위자들이 더 많은 영향력을 행사하기도 한다.

제2차 세계대전 이후의 역사를 보면, 이러한 글로벌 지식질서는 크게 세 단계에 걸쳐 진화하는 것으로 그려볼 수 있다(Thussu, 2006; 김상배·황주성 엮음, 2014). 글로벌 지식질서의 제1라운드는 1970년대와 1980년대 초 NWICONew World Information and Communication Order 운동의 대두라는 맥락에서 형성되었다. 새로운 질서의 모색은 1982년 맥브라이드 보고서의 채택으로 귀결되었다. 당시 쟁점이 된 것은 위성방송의 확산에 따른 초국적 정보 흐름이 개도국의 정보 커뮤니케이션 주권(또는 지식 주권)을 얼마나 침해하느냐 하는 문제였다. 특히 국경을 넘는 정보 흐름의 활성화로 말미암아 널리 보급된 초국적 시청각 미디어, 특히 TV 콘텐츠가 개도국의 이미지를 왜곡한다는 문제가 제기되었다. 이러한 문제 제기와 새로운 정보 커뮤니케이션 질서(또는 지식질서)를 구축하려는 노력은 역으로 미국의 유네스코 탈퇴라는 결과를 낳으면서 지지부진해졌다(Padovani, 2005; Pickard, 2007).

글로벌 지식질서의 제2라운드는 1990년대에 들어 초국적 정보 흐름의 문제가 세계 무역의 쟁점과 결합되면서 벌어졌다. 우루과이라운드의 협상 과정과 WTO의 성립 과정에서 서비스 무역의 개방 문제가 대두되었다. 이 과정에서 쟁점은 물질 상품과 마찬가지로 문화 상품도 자유무역의 관념과 제도를 따르자는 것이었다. 이는 미국이 주도하는 세계 경제무역질서의 틀 안에 지식질서(또는 지식문화질서)를 담으려는 발상으로 이해되었다. 다시 말해 지식질서가 경제무역질서에 셋방살이하는 모습이었다. 이러한 경제무역질서와 지식질서의 포괄적 접근은 유럽 국가들의 반론에 직면했는데, 문화 산업의 개방과 관련해 유럽의 국가들은 스크린쿼터제 등을 내세워 보호주의적 반응을 보였다. 이에 대해 미국은 스크린쿼터 문제와 양자 간 투자 협정BIT을 연계하는 우회 전략을 펴기도 했다.

이러한 연속선상에서 본 글로벌 지식질서의 제3라운드는 2000년대에 들어 이루어진 정보혁명의 진전과 인터넷 환경의 창출에 대응하는 형태로 나타났다. 특히 새로운 지식질서를 모색하려는 노력에 획을 그은 것은 2003년과 2005년 두 차례에 걸쳐 열린 정보사회세계정상회의World Summit on the Information Society: WSIS였다. 이러한 과정에서 새로운 쟁점으로 부상한 것은 환경으로서의 ITinformation technology에 대한 인식, 인프라에 대한 접근성, 협의와 광의의 인터넷 거버넌스, 글로벌 정보격차 해소 등을 비롯해 문화 및 언어 다양성, 문화 콘텐츠의 생산과 유통 및 소비 등의 문제였다. 제3라운드의 특징은 선진국과 개도국의 대표라는 국가 행위자들의 참여 외에도 민간 전문가 그룹과 글로벌 시민사회 그룹이 적극적으로 참여해 명실상부한 글로벌 거버넌스의 실험대를 만들었다는 데에 있다(Kleinwächter, 2001; Mastrini and Charras, 2005; Padovani, 2005; Pickard, 2007; 유현석, 2005).

글로벌 지식질서의 제3라운드는 유엔의 정치군사질서나 WTO의 경제무역질서에서 보는 바와 같은, 전체 이슈를 아우르는 메타 질서의 메커니즘을 아직은 형성하지 못하고 있다. 오히려 각 분야에서 쟁점별로 각기 다른 양상을 보이면서 그 분야에 맞는 규범과 질서를 형성하려는 노력들이 이루어지고 있다. 예를 들어 초기에는 주로 좁은 의미의 인터넷 거버넌스 문제가 다루어졌다면, 최근 전통 국제기구들이 가세하면서 글로벌 정보격차 해소와 국제개발협력이 쟁점으로 추가되었다. 이와 병행해 넓은 의미의 인터넷 거버넌스를 다루는 민간 포럼도 운영되고 있고, 선진국들의 정부 협의체를 통해서 전자 상거래와 디지털 경제 및 사이버 안보에 대한 논의가 진행되고 있다. 이러한 과정에서 온라인 공간의 문제로 이해되었던 초기 관심사가 오프라인 공간에서도 그 중요성을 설파하면서 커져가는 양상을 보인다.

2) 지식질서를 보는 이론적 시각

이렇게 변환을 겪는 글로벌 지식질서를 어떻게 이해할 것인가? 가장 쉽게 원용할 수 있는 이론적 자원은 현실주의, 자유주의, 구성주의 등으로 대변되는 기존 국제정치이론의 논의에서 찾을 수 있다. 물론 기존의 국제정치이론에서는 아직은 본격적으로 사이버공간의 글로벌 지식질서에 관심을 기울이지 않았다. 그렇지만 이들 주류 국제정치이론의 기본적 시각을 지구화와 정보화의 맥락에서 변환을 겪는 글로벌 지식질서의 구조와 동학을 이해하는 데에 유추해서 적용해볼 수는 있을 것이다. 이러한 맥락에서 이 장에서는 다음과 같은 세 가지 측면에서 글로벌 지식질서의 변환을 이해하는 이론적 시각을 검토해보고자 한다(김상배 외, 2008).

첫째, 지식력을 추구하는 국제정치 행위자들의 세력 관계 변화라는 시각을 통해 이해하는 지식질서의 변환이다. 이러한 변환은 신현실주의 국제정치이론이 말하는 능력의 분포로서 '구조'의 변화를 의미한다(Waltz, 1979; Gilpin, 1987). 이러한 지식질서의 구조, 즉 '지식 구조'의 변화는 지식 자원을 둘러싼 경쟁 과정에서 발생하는데, 특히 선진국들이 벌이는 글로벌 지식 패권 경쟁은 이러한 변화의 한 단면을 극명하게 보여준다. 이렇게 파악되는 '지식 구조'의 변환은 지식질서에서 가장 가시적인 형태로 드러나는 사실상de facto 메커니즘을 대변한다. 이러한 시각에서 보면 사이버공간의 글로벌 지식질서에는 미국의 지식 패권이 관철되어 있다. 그러나 정보화 시대의 글로벌 지식질서가 갖는 특징은 후술하는 바와 같이, 지식 패권의 주체가 전통적 의미의 국민국가 행위자가 아니라는 데에 있다.

둘째, 지식 분야의 제도 형성과 변화라는 차원에서 이해하는 지식질서의 변환이다. 이는 지식질서 변환의 법률상de jure 메커니즘에 해당하는데, 자유주의 전통의 국제정치이론으로부터 유추할 수 있는 변화의 이미지이다(Cowhey, 1990; Keohane and Nye, 1998; Drake, 2000; Braman ed., 2004). 이러한 변환은 새로운 국제 레짐이 출현하거나 기존 국제기구가 새로운 분야로 관할권을 확장하려는 과정에서 발생한다. 기존에는 정부 간 레짐이었던 분야에 다양한 비국가 행위자가 참여하면서 글로벌 거버넌스의 가능성이 탐색되기도 한다(Sinclair, 2012). 이 장에서 다루는 사이버공간의 제도화는 이러한 지식질서의 변환이 관찰되는 대표적 사례이다. 특히 지구화와 정보화의 진전이 초국적으로 활동하는 비국가 행위자들에게 유리한 환경을 제공하면서, 국가 단위를 넘어서는 지식질서의 변환이 주목을 받고 있다.

셋째, 글로벌 질서의 기반이 되는 (넓은 의미의 지식으로서) 관념이나 정체성의 변화라는 차원에서 이해하는 지식질서의 변환이다. 이는 구성주의 국제정치이론에서 상정하는 질서 개념의 연속선상에서 이해할 수 있는 변환의 개념이다(Palan, 1997; Deibert, 1997). 최근 지구화와 정보화 시대를 맞이해 근대적 의미의 국가 주권 관념이나 국가 단위의 정체성이 변화하고 있다. 예를 들어 최근 인터넷의 확산에 따라 그 가능성이 예견되는 초국적 공론장의 부상은 국가의 경계를 넘어서 관념을 공유하고 때에 따라서는 행동을 함께할 수도 있는 정체성을 출현시키고 있다. 또한 정보와 지식을 초국적으로 생산하고 전파하며 사용하는 과정은 국민국가 단위의 주권 관념의 변환을 일으키며, 더 나아가 국민국가 단위의 국민 정체성이 네트워크 환경을 배경으로 한 새로운 정체성으로 변모할 가능성을 예견케 하기도 한다.

이상에서 현실주의, 자유주의, 구성주의 국제정치이론의 연속선상에서 유추한 분석틀에 입각해서 볼 때, 사이버공간의 글로벌 지식질서에서는 어떠한 일들이 발생할까? 사이버공간에서 형성되는 글로벌 지식질서의 주도권을 장악하려는 구도는 미국의 지식 패권에 대항하는 유럽과 중국, 개도국들의 도전이기도 하고, 민간사업자와 민간기구의 주도권을 견제하려는 국가 세력과 정부 간 국제기구의 반격이기도 하며, 글로벌 지식질서의 사실상 메커니즘과 제도적 메커니즘의 대립이기도 하고, 일국 단위로 형성된 관념과 정체성이 좀 더 복합적인 형태로 변화하는 과정이기도 하다. 다음 장에서는 이렇게 복합적 양상으로 전개되는 사이버공간의 새로운 지식질서의 내용을 살펴보자.

3. 사이버공간의 글로벌 지식질서

1) 지식 패권이냐, 지식 주권이냐?

지식력의 분포라는 시각에서 이해한, 제2차 세계대전 이후의 글로벌 지식 구조는 미국이 주도하고 있다. 앞서 제9장에서 살펴본 바처럼 정보혁명의 초기부터 미국은 반도체, 컴퓨터, 소프트웨어, 인터넷 등과 같은 IT 산물을 최초로 개발해 지구적으로 전파하고, 이러한 지식력과 인프라를 활용해 IT 산업을 일으키고 디지털 경제의 붐을 일으켰으며, 이러한 능력을 전자 정부와 전자민주주의, 군사 혁신 등의 분야에 선도적으로 적용한 나라이다. 특히 미국의 다국적 IT 기업들은 해당 분야의 기술혁신과 비즈니스를 주도하고 있다. 정보화시대를 선도해온 IBM, 마이크로소프트, 시스코, 구글, 애플, 아마존 등은 모두 미국 기업이다. 대표적 SNSSocial Network Service인 트위터, 페이스북, 유튜브 등도 모두 미국에 기반을 둔 서비스인데, 미국 외의 대부분 나라에서도 시장을 주도한다. 그야말로 미국은 지식력의 잣대로 본 글로벌 지식 구조에서 패권을 장악하고 있다(문상현, 2013).

오늘날 사이버공간에서 군림하는 미국의 지식 패권을 논할 경우 제일 먼저 떠오르는 기업은 인터넷 검색 업체 구글이다. 제9장에서 살펴본 바처럼 뛰어난 검색 기술과 지구적으로 깔린 분산 네트워크를 바탕으로 구글은 인터넷 검색 시장을 지배하고 있다. 구글은 사이버공간에서 이루어지는 엄청난 양의 정보가 생산되고 유통되며 소비되는 과정을 좌지우지하는 존재가 되었다. '구글이 지배하는 질서'라는 의미의 '구글아키googlearchy'라는 말이 무색하지 않을 정도이다. 흥미로운 것은 위로부터의 지배를 의미하는 구글아키의 성공은 웹 2.0로 대변되는 분산 네트워크를 기반으로 한다는 점이다. 사실 구글은 인터넷과 사이버공간에서 발생하는 웹 2.0 현상을 가장 잘 파악하고 비즈니스에 활용한 기업이다. 이러한 구글은 자사 서비스가 세계 모든 나라에서 동일한 형태로 구현되도록 기술과 비즈니스를 조율할 뿐만 아니라 진출하는 국가의 법과 규제에도 부합하는 서비스를 제공한다. 때에 따라서는 개별 국가의 정부가 구글이 원활한 서비스를 제공할 수 있도록 규제정책을 조정해야 하는 일마저도 발생한다(김상배, 2010a; 올레타, 2010).

구글아키의 지구적 구축은 개별 기업으로서 구글의 관심사만은 아니다. 미국 정부의 입장에서도 구글과 같은 미국 기업을 지원하려면 정보의 자유로운 초국적 흐름을 보장하는 국제 규범을 확립하는 일은 중요하다. 사실 인터넷 초창기부터 미국은 인터넷 서비스 분야를 시장의 자율 규제에 맡기는 정책을 견지했다. 그리고 이러한 정책 기조를 국제적으로도 투영하고자 노력했는데, 그 이면에는 미국의 국가이익에 대한 계산이 깔려 있었다. 예를 들어 민간 사업사들의 자유로운 활동을 보장하는 내용을 담은, 미국과 EU European Union 간의 인터넷 서비스 교역 원칙이 그 대표적 사례이다. 이는 구글과 같은 미국 기업의 유럽 진출을 뒷받침하는 국제 규범의 성격을 가진다. 이러한 미국 정부의 국제 규범화 노력은 다자 무역의 장인 WTO 협상 과정에서도 발견된다. 최근 미국이 진행하는 다자간 서비스 협정의 협상에서도 자유로운 인터넷 서비스 교역의 원칙이 적극적으로 도입되고 있다(강하연, 2013).

이러한 미국의 움직임에 대해서 유럽 국가들은 개인 정보 보호의 논리를 내세워 반론을 제기했다. 예를 들어 자유로운 정보의 흐름을 강조하는 미국과는 달리 유럽에서는 EU 개인정보보호지침에 의거해, 적절한 법제도적 수준의 개인 정보 보호를 보장하지 않는 국가에는 유럽 시민들의 개인 정보를 이전하는 것을 금지한다. 2000년에 미국과 EU 간에 체결된 세이프하버원칙Safe Harbor Principles이 그 사례인데, 여기에는 유럽 시민들의 개인 정보를 받아서 사용하는 미국 기업들이 EU 지침에서 규정한 개인 정보 취급의 요건을 적절히 갖추었는지를 판단하기 위한 기준을 담고 있다. 최근 구글에 대한 EU의 반독점 규제도 이러한 지침의 취지를 부과하려는 시도의 일환으로 이해할 수 있다(Farrell, 2003; 조화순, 2006).

한편 중국의 대응은 단순한 개인 정보 보호나 반독점 규제의 차원을 넘어서는 양상을 보여준다. 중국 정부는 일종의 지식 주권의 담론을 원용하는데, 국내외적으로 유통되는 인터넷상의 불건전하고 유해한 정보를 차단하고 검열하는 것은 주권 국가의 정부가 취할 수 있는 정당한 권한이라고 주장한다. 게다가 이러한 규제와 검열은 미국과 서구 국가들이 사이버공간을 통해 자신들의 정치 모델과 가치관 및 생활양식을 중국에 쏟아붓는 데에 대한 정당한 대응이라고 반박한다. 세계적 차원에서 인터넷 자유의 논리를 내세워 중국의 정책과 제도를 비판하는 것은 주권국가에 대한 내정간섭이라는 것이다(정의철, 2008). 이러한 맥락에서 중국 정부는 국내법에 의거해 중국 내의 인터넷 서비스 제공자들이 자체적으로 검열하도록 요구했다. 시스코, 야후, 마이크로소프트, 구글 등과 같은 미국의 IT 기업들은 중국 시장에 접근을 허가하는 조건으로서 중국 정부가 제시한 자체 검열의 정책을 수용하고 나서야 중국 시장에 진출할 수 있었다(Hughes, 2010; 배영자, 2011).

개인 정보의 자율 규제와 관련한 여타 개도국들의 주장도 국가 주권의 담론에 입각해 있다. 개도국들의 반격은 2012년 12월의 WCITWorld Conference on

International Telecommunication에서 시도된 ITRInternational Telecommunications Regulation의 개정 과정에서 드러났다. ITR은 전기통신 업무의 일반 원칙과 규정을 담고 있었는데, 그 내용이 너무 포괄적이고 모호해서 오랫동안 유명무실한 문서로만 남아 있었다. 게다가 ITR은 회원국들이 자국의 사정에 맞추어 규제정책을 추진할 재량권을 너무 많이 부여했으므로 급변하는 기술 환경을 따라잡기에는 미흡하다는 지적이 선진국들을 중심으로 제기되었다. 이러한 맥락에서 2012년 WCIT에서 ITR의 폐기를 주장하는 선진국들의 입장과 ITR의 개정과 강화를 주장하는 개도국들의 입장이 대립하는 양상이 나타났다. 이러한 과정에서 개도국들은 ITR을 통해 개별 국가 차원의 규제정책의 기조를 유지하려 했는데, 특히 인터넷에 대한 규제 권한을 확보하려 했다(강하연, 2013: 102~105).

요컨대 사실상의 지식 패권이라는 시각에서 이해한 글로벌 지식질서의 구조는 미국, 엄밀하게 말하면 미국의 다국적 IT 기업들이 주도하는 가운데 EU나 중국, 개도국들이 지식 주권의 논리를 내세워 방어하고 도전하는 양상이 나타난다. 이러한 양상은 일차적으로 구글과 같은 민간기업의 공세에 대해서 국가 단위의 법제도적 방어막을 내세우는 모습으로 나타난다. 그 이면에는 21세기 글로벌 질서를 운영하는 규범을 세우려는 패권국으로서 미국의 이해관계와 이에 대해서 국가 주권의 원칙을 앞세워 반론을 제기하는 여타 국가들의 명분이 충돌하는 모습이 있다.

2) 글로벌 거버넌스냐, 국제 레짐이냐?

제도적 메커니즘이라는 시각에서 본 글로벌 지식질서는 사이버공간의 초국적 어젠다를 둘러싸고 정부 간 국제기구와 글로벌 거버넌스의 메커니즘이 경합하는 양상이다. 전통적으로 국제정치학의 시각에서 보면, 새로운 국제적 쟁점의 출현은 이를 다루는 국제 레짐이 새로이 출현하거나 기존의 국제 레짐이 새로운 분야로 관할권을 확장하려 하는 신·구 국제 레짐 간의 갈등을 일으켰다. 그러나 최근 사이버공간을 둘러싸고 벌어지는 글로벌 지식질서의 변환은 국가 행위자를 중심으로 이루어지던 기존의 제도화 방식을 넘어서 비국가 행위자들이 적극적으로 참여하는 글로벌 거버넌스의 메커니즘이 부상하는 양상을 보인다.

실제로 미국을 중심으로 시작된 초기 인터넷 분야의 제도 형성 과정에는 자율적 거버넌스를 옹호하는 비국가 행위자들이 중요한 역할을 담당했다. 예를 들어 현재 우리가 사용하는 인터넷 주소 체계와 도메인 이름 체계의 기본 골격은 국제기구의 장에서 정부 대표들이 합의해서 이루어진 것이 아니다. 오히려 주로 미국을 기반으로 해서 활동하는 인터넷 전문가들과 민간사업자들이 자율적으로 거버넌스의 체계를 구축했다. 이러한 면모를 잘 보여주는 사례가 초창기부터 인터넷을 관리해온, 미국의 민간기관인 ICANNInternet Corporation for Assigned Names and Numbers이다. 여러모로 보아 ICANN은 개인, 전문가 그룹, 민간기업, 시민사회 등이 다양하게 참여하는 거버넌스의 실험대라고 할 수 있다. 특히 ICANN에 영향력을 행사하며 인터넷과 관련된 어젠다의 설정을 주도한 세력은 미국의 전문가 그룹과 인터넷 기업, 지적 재산권 옹호 세력, 미국 정부 등의 집합체이다. 이러한 집합체가 작동하는 과정을 보면, 인터넷 전문가나 민간 행위자들이 전면에 나서고 미국 정부는 ICANN의 이면에서 보이지 않게 영향력을 행사한다. 다시 말해 ICANN에서 주도하는 인터넷 거버넌스 모델의 이면에는 '미국'이라는 행위자 집합체의 사실상 패권이 작동한다고 해도 과언이 아니다(김상배, 2010a: 155~170).

최근 이러한 미국 주도의 인터넷 거버넌스 체계에 대해서 유럽과 개도국들이 반론을 제기하고 있다(Paré, 2003). 미국은 인터넷의 관리와 관련해 민간 행위자들을 포함한 모든 행위자가 참여하는 사실상의 거버넌스 메커니즘을 주창했다. 이에 비해 유럽과 개도국들은 인터넷 분야에서 전통적인 국제기구의 틀을 활용하려는 제도적 접근을 펼치고 있다. 이러한 취지로 글로벌 정보 격차 해소와 기타 문화적·규범적 차원의 문제를 개도국과 비국가 행위자들이 제기했다. 사이버 안보 분야의 국제 규범 형성 문제를 유럽 국가들이 주도하는 현상도 유사한 맥락에서 이해할 수 있다.

최근 가장 큰 쟁점이 되는 것은 ICANN을 개혁하는 문제이다. 유럽과 개도국들은 초창기부터 인터넷 거버넌스를 담당하는 민간 기구인 ICANN이 너무 미국 중심으로 움직인다는 비판을 제기해왔다. 예를 들어 EU, 중국, 브라질, 이란, 사우디아라비아 등은 인터넷 거버넌스 분야에 새로운 정부 간 국제기구가 필요하다고 주장하고 있다. 이들 주장의 핵심은 미국 정부의 관리와 감독을 받을 수밖에 없는 현행 ICANN 체제의 개혁을 요구하는 데에 있다. 인터넷 발전의 초기에는 선발 주자로서 미국의 영향력을 인정할 수밖에 없었지만, 인터넷이 지구적으로 확산되고 다양한 이해관계의 대립이 첨예해지는 상황에서는 여태까지 용인되었던 관리 방식의 정당성을 문제 삼을 수밖에 없다는 것이다(Mueller, 2010).

특히 이러한 움직임은 인터넷 초창기에는 상대적으로 뒤로 물러서 있던 전통적인 국가 행위자들이 인터넷 거버넌스의 전면으로 나서려는 문제의식을 바탕에 깔고 있다. 다시 말해 앞으로 인터넷 거버넌스의 진행 과정에 국가 행위자들이 영토적 주권을 좀 더 적극적으로 주장해야 한다는 것이다. 이러한 맥락에서 유럽, 일본, 호주, 캐나다 등과 같은 국가들이 ICANN에 적극 참여해 각종 하부조직의 활동을 통해 인터넷 거버넌스를 주도하려는 경쟁을 벌이고 있다. 예를 들어 최근 각국 대표들을 중심으로 ICANN 내에 별도 조직을 구성해 미국 외 국가들의 힘을 모으려는 움직임이 활발하게 일고 있다(김의영·이영음, 2008; Cowhey and Mueller, 2009).

이렇게 ICANN의 대안을 모색하는 움직임은 유사 분야를 관할하던 기존의 국제기구들이 최근에 인터넷 거버넌스 분야에 진출하면서 새로운 국면을 맞았다. 특히 전통적으로 전기통신 분야의 국제기구로 활동해온, 유엔 산하의 ITUInternational Telecommunication Union가 민첩하게 움직이고 있다. ITU의 주도 아래 2003년에는 제네바, 2005년에는 튀니스에서 두 차례에 걸쳐서 열린 바 있는 WSIS가 그 대표적 사례이다. WSIS의 준비 과정과 본 회의에서는 다양한 이슈가 제기되었는데, 그중에서도 앞으로 인터넷을 누가 어떻게 관리할 것이냐 하는 문제와 함께 미국의 영향력 아래 놓여 있는 ICANN의 개혁이 가장 큰 쟁점이었다. 그러나 WSIS는 ICANN의 개혁에 대한 방안을 마련하는 데까지는 이르지 못하고 폐회되었는데, 그 이후 인터넷과 관련된 정책에 대해 지속적으로 토론하기 위한 장으로서 인터넷 거버넌스 포럼IGF을 마련한 바 있다.

한편 ICANN 중심의 지식질서와 궤를 달리하는 움직임으로는 선진국들의 정부 간 협의체인 OECDOrganization for Economic Cooperation and Development에서 진행된 인터넷 거버넌스 논의를 빼놓을 수 없다. 31개국을 회원국으로 하는 OECD는 지속 가능한 경제발전과 실업 및 세계무역 문제를 다루는 관점에서 IT가 전자 상거래와 인터넷 경제의 미래에 미치는 영향에 대해 관심을 보여왔다. '인터넷 경제의 미래'에 관한 OECD 장관회의는 캐나다 오타와에서 1998년에 글로벌 전자 상거래의 실현 가능성을 주제로 개최된 바 있었다. 그 후 10년이 지난 2008년 OECD 장관회의는 한국 서울에서 두 번째로 정보 통신 기술과 세계경제 문제를 다루는 회의를 개최했다. 서울 회의에서는 「인터넷 경제의 미래에 대한 서울선언문」을 채택함으로써 OECD 회원국 차원에서 협력 방향을 설정했다.

앞서 언급한 세계사이버공간총회도 이러한 선진국들의 포맷이다. 사이버 테러나 공격을 받아서 피해를 볼 정도의 IT 인프라를 갖춘 선진국들이 주요 참여국이다. 세계사이버공간총회는 사이버공간의 안보 문제와 기타 관련 의제들을 논의하고자 2011년에 영국의 런던에서 첫 총회가 열렸다. 2012년에는 헝가리의 부다페스트에서 총회를 열었고, 2013년 10월에는 서울에서 제3차 총회를 열었다. 세계사이버공간총회가 지닌 의미는 사이버공간이라는 포괄적 어젠다를 명시적으로 내건 본격적인 논의의 장이 출현했다는 데에 있으며, 참여국들의 구체적 이익이 걸린 사이버 안보라는 문제를 가지고 관련 당사국들인 선진국들 중심으로 구성되어 실효성 있는 방안을 도출할 가능성이 크다는 데에 있다.

요컨대 제도의 형성이라는 시각에서 본 글로벌 지식질서는 미국을 배경으로 한 ICANN이 실질적으로 주도하는 가운데 국가 단위로 대표를 내는 전통적인 국제기구의 제도적 메커니즘이 도전하는 모습으로 그려진다. 이런 섬에서 보면 현재 사이버공간의 글로벌 지식질서는 여전히 국가 행위자들이 주도하는 '국가 공간'의 성격과 네티즌들이나 민간사업자들이 구성하는 '탈국가 공간'의 성격이 경합하고 있다. 이러한 경합의 양상은 전통적인 국제기구 관할권이 인정되는 '주권 공간'과 '미국'의 패권이 바탕에 깔린 글로벌 거버넌스의 메커니즘이 벌이는 경합과 맥을 같이한다.

3) 초국적 공론장이냐, 사이버 민족주의냐?

집합적 정체성이라는 시각에서 이해한 글로벌 지식질서에서는 지구화 시대를 맞아 새로이 등장하는 초국적 정체성과 기존의 국민국가 단위의 정체성이 경합하고 있다. 이러한 변환은 국민국가 단위로 구성된 국제질서의 관념과 행위자의 정체성에 도전하는 초국적 네트워크 행위자들의 부상을 배경으로 한다. 다시 말해 주로 사이버공간을 매개로 해서 발생하는 정보와 지식을 초국적으로 생산하고 전파하며 사용하는 과정은 국민국가 단위의 주권 관념에 변환을 불러온다. 그러나 최근의 양상은 오히려 국민국가 단위의 국민 정체성이 사이버공간으로 옮겨 오면서 응집되는 가능성을 엿보게도 한다.

탈국민 정체성이 등장하는 계기 중 하나는 초국적으로 활동하는 지식과 행동의 네트워크가 부상하는 과정에서 마련되었다. 다양한 국제적 사회 연결망의 부상, 전문가나 시민사회 활동가들이 구성하는 인식 공동체나 정책 엘리트들의 싱크탱크 네트워크의 활성화 등이 발생하고 있다. 이 같은 과정에서 예견되는 것은 사이버공간에서 '초국적 공론장'이 형성될 가능성이다(Dahlgren, 2005; Crack, 2008). 이러한 초국적 공론장을 통해서 인류 공동의 문제를 놓고 보편적 가치를 추구하는 글로벌 시민사회의 출현도 전망된다. 그리고 초국적 공론장 또는 글로벌 시민사회의 전망은 탈근대적 관념과 탈국민적 정체성의 형성을 그 배경에 깔고 있다(임현진, 2012).

최근 사이버공간과 관련해 글로벌 시민사회가 추구하는 보편적 가치의 가장 대표적인 사례는 인권과 자유이다. 최근 개도국들의 인터넷에 대한 규제와 검열 및 통제 체제에 대해서 글로벌 시민 단체들은 인권과 자유에 대한 보편적 가치를 내세워 비판하고 있다. 최근 전 세계적으로 논란이 되었던 사례는 1989년 천안문 사태 이후의 중국에서 인권을 탄압하는 문제와 인터넷을 검열하고 통제하는 문제이다. 글로벌 시민 단체들은 국경을 초월하는 보편적 인권의 정당성을 근거로 중국에 대해서 비판을 각을 세워왔다. 이에 대해서 중국은 이러한 인권 담론이 시대와 공간을 관통하는 보편성을 가진다기보다는 주로 서구에 기원을 두는 민주주의와 자유의 담론을 배경으로 한다고 대응하고 있다.

이상에서 언급한 초국적 정체성의 출현 가능성에도 국가 단위의 정체성은 엄연히 잔존하는데, 최근 사이버공간에서는 오프라인 공간을 능가하는 민족주의 담론이 표출되고 있다. 사실 초국적으로 작동하는 인터넷이 만들어내는 공간에서 국가 단위에 기반을 둔 민족주의 관념이 득세한다는 것은 다소 역설적일 수 있다. 그럼에도 민족주의적 감정과 생각은 온라인 공간으로서 사이버공간의 특성으로 말미암아 더욱 증폭될 가능성이 크다. 사이버공간은 신세대들에게 개인의 자유와 즐거움을 찾는 사적 공간으로서만 기능하는 것이 아니라, 국가적 사건에 대해서는 오프라인 공간에서는 볼 수 없는 애국주의적 반응이 결집되는 공간으로 기능하기도 한다. 다시 말해 사이버공간의 신세대들은 개인적 차원에서는 탈근대적 가치를 추구하는 성향을 보이지만, 국가와 민족이 관련된 쟁점에 대해서는 여전히 근대적 가치에 몰입하는 경향이 있다(류석진·조희정, 2008; 다타하라 모토야키, 2007).

최근 동아시아에서는 오프라인의 영토 분쟁 못지않게 사이버공간에서 나타나는 민족주의적 열기가 뜨겁다. 예를 들어 한국과 중국 및 일본의 네티즌들이 독도, 동해 표기, 조어도 등의 문제를 놓고 벌인 논쟁은 사이버 민족주의의 좋은 사례이다. 한국, 중국, 일본의 사이버공간에서 유통되는 민족주의적 언사는 과격하며 동시에 매우 선동적이기까지 하다. 특히 중국과 일본, 한국과 일본 간의 영토 논란을 둘러싸고 제기되는 네티즌들의 주장은 상호 배타적인 감정을 담고 있기도 하다. 사이버공간이 그 속성상 아무리 초국적 공간이라고 하더라도 네티즌은 주로 자국 언어를 중심으로 활동하므로 이러한 민족주의적 감정과 담론이 상승해 강화되는 계기를 제공한다(서이종·탕레이, 2013: 242~243).

동아시아뿐만 아니라 글로벌 차원에서 큰 관심을 끄는 것은 역시 중국의 사례이다. 최근 중국의 네티즌들이 내보이는 행보는 여전히 개도국 수준의 민족주의적 색채를 강하게 지니는 것이 사실이다(Wu, 2007). 예를 들어 동북공정이나 고구려사 문제와 관련된 한·중 관계의 처리, 베이징 올림픽을 준비하는 과정에서 나타난 중화민족주의적 성향, 일본과의 영토 분쟁 등이 그 사례들이다. 이렇게 중국의 사이버공간에서 발견되는 민족주의적 성향은 인터넷에 대한 중국 정부의 권위주의적 통제나 개도국으로서 중국이 글로벌 질서에서 차지하는 위상 등의 변수와 미묘하게 연결된다. 중국 지도부가 그들의 정통성을 강화하고 대외적 압력에 대항하려는 의도나 급속한 경제적 성장과 함께 형성된 중국인들의 국민적 자부심 등이 인터넷상에서 나타나는 민족주의 정체성과 결합했다. 이러한 중국의 행보는 단순히 중국 내 네티즌들의 동향이라는 차원을 넘어서 앞으로 중국이 동아시아와 글로벌 질서에서 담당하게 될 '대국'으로서의 역할과 관련해 국제정치학적 관심의 대상일 수밖에 없다.

요컨대 집합적 정체성과 관념의 시각에서 본 글로벌 지식질서의 전개 양상은 사이버공간이 기존 국가 단위의 정체성을 반영하는 '영토 공간의 부속물'이냐, 아니면 새로운 초국적 또는 탈영토적 정체성의 공간이냐 하는 질문을 던지게 한다. 현재 나타나는 양상을 지켜보면, 사이버공간은 이성적 커뮤니케이선이라는 측면에서 초국적 관념과 정체성을 생성하는 공간인 동시에 감성적 커뮤니케이션이라는 측면에서는 오히려 국가 단위의 정체성과 관념이 응집하는 계기를 제공하는 공간으로 파악된다. 이렇듯 사이버공간의 글로벌 지식질서는 매우 복합적인 양상으로 창발하고 있다.

4. 네트워크로 보는 글로벌 지식질서

1) 국가 주권 변환의 복합 질서

이상에서 세 층위로 나누어 살펴본, 사이버공간에서 나타나는 글로벌 지식질서의 상像은 여태까지 주류 국제정치이론(현실주의 전통)에서 상정하던 상, 즉 근대국민국가를 중심으로 개념화하던 국제질서의 이미지에 잘 맞지 않는 모습이다. 근대 국제정치의 대표적인 구성 원리인 주권의 개념에 의거해서 보면, 사이버공간에서는 예전처럼 국가 주권을 특권화하거나 그 통제력을 과대평가할 수 없다. 여타 비국가 행위자들의 영향력과 권위가 점증하기 때문이다. 또한 국가/국민nation이라는 집합적 이미지 안에 사이버공간에서 활동하는 행위자들의 정체성을 가두어놓을 수도 없다. 그러나 아무리 비국가 행위자들의 도전이 거세더라도 국가 주권의 현상이 사이버공간에서 완전히 사라져버리는 것은 아니다. 그렇다면 국가 중심의 질서상도 아니고 탈국가의 새로운 질서상도 아니라면, 사이버공간에서 창발하는 질서를 어떻게 이해해야 할 것인가? 본격적 논의에 앞서 먼저 사이버공간에서 나타나는 변환의 특성을 세 가지 차원의 주권 개념, 즉 사실상의 통제력, 법정치적 권위, 공유된 집합 정체성에 비추어 살펴보자(Krasner, 1999; 전재성, 2004).

첫째, 사실상 통제력으로서 주권의 시각에서 볼 때, 지구화와 정보화의 시대를 맞이한 오늘날 정부의 직접적 통제 아래 놓이지 않은 비국가 행위자들의 국내외 활동들이 늘어나고 있다. 이러한 과정에서 영토주권의 경계는 점차로 구멍이 뚫리고 지구화의 흐름에 의해서 종종 초월된다. 국가 대 국가의 관계, 또는 국가 대 비국가 행위자의 관계에서 국가가 행사하는 통제력은 약해졌다. 예를 들어 다국적 자본의 흐름에 대한 통제가 약해지거나 기술 경제적 교환이 초국경화하는 것이 대표적 사례이다(Price, 2002). 그러나 사이버공간에서 국가는 예전처럼 절대적이지는 않더라도, 여전히 다른 행위자들에 비해서 가장 많은 능력을 갖춘 행위자이다. 인터넷 서비스를 제공하는 다국적기업들도 해당 국가의 규제정책을 무시할 수는 없다. 인터넷 거버넌스 분야에서도 국가 행위자는 초창기에는 제 역할을 찾지 못하다가 최근에는 그 목소리를 높이고 있다. 이러한 맥락에서 볼 때, 사이버공간은 국가의 사실상 통제력에 대한 도전과 응전이 경합하는 공간이다.

둘째, 법정치적 권위로서 주권의 시각에서 볼 때, 사이버공간에서는 근대 국제정치에서 국가 행위자가 당연한 것으로 누려왔던 독립적인 지위와 권위가 침식된다. 다시 말해 오늘날 사이버공간은 법정치적 권위를 행사하려는 국가의 주권적 시도가 항상 성공하는 공간은 아니다. 오히려 관련 당사자들이 각자의 영역에서 독자적 권위를 행사하는 현상들이 늘어나고 있다. 예를 들어 인터넷 거버넌스 분야에서는 기술 전문가들이나 민간사업자들의 역할과 권위가 주권국가의 관할권 안에서뿐만 아니라 이를 가로질러서, 그리고 이를 초월해서 발휘된다. 앞서 언급한 ICANN이나 그 하위에 있는 기술위원회들의 권위가 대표적 사례이다. 그러나 인터넷이 글로벌하게 확산되면서 이 분야에서도 국가의 주권적 권위를 주장하는 움직임들이 나타나고 있다. 예를 들어 국가 차원의 대표성이 인정되는 국제기구의 관할권을 강화하려는 개도국들의 수장이 이러한 변화를 보여준다. 이러한 맥락에서 볼 때, 사이버공간은 국가가 발휘하던 법정치적 권위가 복합적 양상으로 가는 변화를 겪는 공간이다.

끝으로, 공유된 집합적 정체성으로서 주권의 시각에서 볼 때, 사이버공간에서 국가 주권으로 대변되는 집합적 정체성은 더는 사람 간의 어떤 심층적

일체감을 절대적으로 대변하지 못한다. 지구화와 정보화의 시대를 맞이해 국민국가 단위는 정체성과 충성심의 유일한 원천이 아니다. 특히 초국적 네트워크 행위자들이 새로운 탈국민 정체성을 모색하고 있다. 예를 들어 사이버공간을 매개로 해서 활성화되는 초국적 공론장의 출현이나 이들이 주장하는 보편적 인권의 가치 등은 초국적으로 형성되는 정체성의 출현을 예견케 한다. 그러나 최근 사이버공간에서 벌어지는 양상은 오프라인의 민족주의 감정이 온라인에도 투영되는 사이버 민족주의의 모습을 띠고 있다. 지구화와 정보화의 시대를 맞이해 여러 가지 종류의 정체성들이 발흥하더라도 이들을 관통해 중심을 잡는 것이 여전히 국민 정체성이라는 평가가 나오는 것은 바로 이러한 이유에서이다. 이러한 맥락에서 볼 때, 사이버공간은 초국적 정체성과 국민 정체성이 경합을 벌이는 공간이다.

요컨대 사이버공간에서 발견되는 글로벌 지식질서는 국가 주권의 변환이 발견되는 복합 질서, 달리 말하면 복합 주권complex sovereignty의 질서로 이해할 수 있다(Grande and Pauly eds., 2005). 복합 주권은 사실상 통제 능력, 법정치적 권위, 공유된 집합 정체성의 세 차원에서 전통적 국가 주권이 비국가 행위자들과의 관계를 새롭게 설정하는 면모를 잡아내려는 개념이다. 이러한 시각에서 볼 때, 사이버공간은 이러한 복합 주권의 현상이 발생하는 대표적 공간이라고 할 수 있다. 그렇다면 만약에 국가 주권의 질서와 탈국가 주권의 질서가 서로 복합적으로 얽힌다면, 그 '복합'의 내용은 무엇인가? 복합 주권의 질서는 어떠한 아키텍처와 작동 방식을 지니는가? 그리고 이러한 복합 질서는 무정부 질서로 개념화되는 근대 국제질서와는 어떻게 다른가? 국제정치학에서 진행되어온 이론적 논의의 연속선상에서 볼 때, 사이버공간에서 형성되는 글로벌 지식질서를 어떻게 개념화해야 할까?

2) 네트워크로 보는 복합 질서의 아키텍처

이 장은 네트워크 세계정치이론의 시각을 원용해 앞에서 제기된 질문에 답하는 실마리를 마련하고자 한다. 특히 복합 질서의 아키텍처를 좀 더 쉽게 그려보기 위해서, 앞서 제7장의 〈그림 7-2〉에 제시한, 네트워크의 유형에 대한 논의를 사이버공간의 글로벌 지식질서의 아키텍처를 이해하는 데에 적용하고자 한다. 여기서 네트워크를 개념적으로 구별하고자 제시한 세 가지 유형, 즉 단허브형, 다허브형, 탈허브형 네트워크 등은 네트워크의 기본 아키텍처를 이해하려고 제시된 기본형이자 이념형의 네트워크이다. 이러한 유형 구분은 사이버공간에서 형성하는 글로벌 지식질서의 내용을 좀 더 구체적으로 이해하는 데에 도움이 된다(Baran, 1964; 김상배, 2005).

첫째, 단허브형 네트워크의 아키텍처이다. 이러한 단허브형 네트워크는 사이버공간에서 발견되는 지배의 네트워크, 좀 더 구체적인 사례를 들면 인터넷 검색 분야의 구글아키, 인터넷 거버넌스 분야에서 나타나는 ICANN의 주도권, 신자유주의적 지구화의 담론 등에서 발견된다. 이러한 단허브형 네트워크는 '제국 모델'을 연상케 한다. 특히 역사적으로 존재했던 로마제국, 중화제국, 이슬람제국, 대영제국 등은 모두 중심에서 주변으로 네트워크를 쳐나갔다는 점에서 이러한 단허브형 네트워크의 아키텍처를 갖는 제국 모델로 이해할 수 있다. 오늘날 사이버공간의 글로벌 지식질서에서 국가-비국가 행위자의 집합체로서 '미국'이 행사하는 지식 패권이 이러한 제국적 네트워크의 아키텍처를 바탕으로 작동한다고 볼 수 있다.

둘째, 다허브형 네트워크의 아키텍처이다. 이러한 다허브형 네트워크는 원칙적으로 동등한 단위체 간의 게임을 상정하는 국민국가 체제 또는 국제질서의 아키텍처를 잘 보여준다. 엄밀하게 말하면 국민국가는 각 허브와 그 주위의 노드들에 그룹핑을 위한 테두리 선(점선 또는 실선)을 그어놓은 노드군의 형태라고 할 수 있다. 상대적으로 비슷한 규모를 갖는 노드군群들의 상위에 또 다른 권위체가 없는 상태에서 작동하는 질서 모델이라는 점에서 주권국가들이 구성하는 국제질서 모델로 볼 수 있다. 이러한 다허브형 네트워크는 사이버공간의 질서 형성 과정에서 나타나는 중국이나 개도국들의 지식 주권 주장, 기존 국제기구들의 약진, 사이버공간의 민족주의 등에서 발견된다.

끝으로, 탈허브형 네트워크의 아키텍처이다. 이러한 탈허브형 네트워크는 사이버공간에서 발견되는 글로벌 거버넌스의 모색이나 초국적 공론장과 글로벌 시민사회의 활동 등에서 나타나는 네트워크에 비유할 수 있다. 탈허브형 네트워크는 다허브형 네트워크에서 허브를 경유하지 않는 노드 간의 교류가 점차로 증대되는 형태이다. 다국적기업이나 글로벌 시민사회와 같은 비국가 행위자들의 활동이 활발해지면서 네트워크상에서 허브의 의미가 무색해지는, 그래서 전방위형 네트워크로 근접해가는 형태라고 할 수 있다. 글로벌 지식질서에서 나타나는, 웹 2.0의 구상에 기반을 둔 양방향 네트워크와 소셜 네트워크의 활성화는 이러한 탈허브형 네트워크의 아키텍처를 보여주는 대표적 사례이다.

이상의 네트워크 유형에 대한 논의를 앞서 제시한 지식질서의 세 가지 층위, 즉 사실상 세력분포, 제도적 메커니즘, 집합적 정체성의 시각에서 살펴본 사이버공간의 글로벌 지식질서에 적용해보자. 〈표 13-1〉에서 다소 도식적으로 요약한 바와 같이, 세 가지 층위에서 개념화된 사이버공간의 글로벌 지식질서에서는 세 가지 유형의 네트워크, 즉 단허브형, 다허브형, 탈허브형 네트워크들이 서로 중첩되고 경합하는 양상이 나타난다.

첫째, 사실상 세력분포의 시각에서 본 사이버공간의 글로벌 지식질서에서는 제국 모델을 유추할 수 있는 단허브형 네트워크를 찾아볼 수 있는데, 이는 사이버공간의 비공식 제국 질서에 유추되는 구글아키에 대칭할 수 있다. 그런데 지식 패권(또는 지식제국)으로서 구글아키는 그 바탕에 웹 2.0 현상으로 대변되는 탈허브형 네트워크를 깔고 있다는 점이 특징이다. 한편 미국의 글로벌 지식 패권을 견제해 국가 차원의 규제와 검열을 강조하는 유럽, 중국, 개도국

〈표 13-1〉 네트워크로 보는 지식질서의 아키텍처

	단허브형 네트워크	다허브형 네트워크	탈허브형 네트워크
형태			
지식질서의 사실상 구조	구글아키 지식 패권	규제와 검열 지식 주권	웹 2.0 현상 분산 네트워크
지식질서의 제도적 측면	미국의 사실상 지배 ICANN	국제 레짐 ITU	글로벌 거버넌스 WSIS
지식질서의 관념적 측면	지구화의 보편적 담론과 정체성	사이버 민족주의 국민 정체성	초국적 공론장 글로벌 시민사회

등의 행보는 다허브형 네트워크에 비유할 수 있는데, 이들의 주장이 국가 주권을 기본 원칙으로 하는 국제질서의 작동 방식에 의거하기 때문이다. 이러한 시각에서 보면, 글로벌 지식질서의 사실상 메커니즘은 단허브형인 동시에 탈허브형 네트워크의 부상을 한편으로 하고, 다른 한편에서는 다허브형 네트워크를 닮은 국가 네트워크의 견제가 이루어지는 복합 질서가 부상한다.

둘째, 제도적 메커니즘의 시각에서 볼 때, ICANN으로 대변되는 인터넷 거버넌스 모델은 단허브형인 동시에 탈허브형 네트워크의 아키텍처를 갖는 것으로 개념화된다. 미국의 사실상 지배가 배경에 깔려 있다는 점에서 ICANN은 기본적으로 단허브형 네트워크의 아키텍처를 가진다. 그러나 그 운영 방식은 WSIS에서 나타난 바와 같이, 다양한 민간 행위자가 탈허브형 네트워크를 방불케 하는 글로벌 거버넌스의 메커니즘을 따른다. 이에 대해 유럽, 중국, 개도국들이 국가 단위의 대표성을 주장하거나 ITU와 같은 전통 국제기구가 그 관할권을 옹호하는 움직임을 보이는 것은 기존의 국제질서를 연상시키는 다허브형 네트워크 모델로 유추할 수 있다. 이러한 시각에서 보면 글로벌 지식실서의 제도적 메커니즘은 단허브형인 동시에 탈허브형 네트워크의 미국 주도 글로벌 거버넌스 모델과 국가 행위자들을 주요 단위로 하는 다허브형 네트워크 모델이 경합하는 모습을 보인다.

끝으로, 관념과 정체성으로서 지식질서라는 시각에서 볼 때, 신자유주의적 글로벌리즘을 바탕에 깔고 있는 보편적 담론의 확산 네트워크는 지구화 시대의 제국을 연상케 하는 단허브형 네트워크를 떠올리게 한다. 그러나 초국적 커뮤니케이션 네트워크를 기반으로 활동하는 글로벌 시민사회나 이러한 과정에서 부상하는 초국적 공론장의 작동 방식은 탈허브형 네트워크에 가깝다. 사실 지구화의 과정은 엘리트와 대중 수준에서 발견되는 이러한 두 가지 네트워크가 서로 긴장된 관계를 유지하면서도 복합되는 모습으로 나타난다. 이에 비해 사이버공간에서 나타나는 국민 정체성의 결집과 민족주의적 담론은 국가 행위자를 노드로 하는 다허브형 네트워크를 떠올리게 한다. 이러한 시각에서 보면, 글로벌 지식질서의 관념적 메커니즘은 단허브형인 동시에 탈허브형 네트워크의 아키텍처를 지닌 초국적 정체성의 모델과 다허브형 네트워크를 닮은 사이버 민족주의 모델이 경합하는 모습으로 그려진다.

이상의 논의를 종합해서 보면, 사이버공간에서 발견되는 글로벌 지식질서의 복합 질서는 다허브형 네트워크로 개념화되는 근대국가체제가 변환을 겪는 와중에 단허브형 네트워크의 제국 질서와 탈허브형 네트워크의 글로벌 거버넌스 질서가 중첩되면서 경합하는, 그야말로 '복합적인 아키텍처'를 가진다. 다시 말해 기존의 국민국가 중심의 질서가 변화를 겪는 것은 사실이지만, 그렇다고 새로운 행위자들이 득세하는 전면적인 탈허브형 네트워크만 관찰되는 것은 아니고, 그 반대로 어느 특정 국가(또는 기업)의 세력이 전체 네트워크를 압도하는 단허브형 네트워크가 부상하는 것도 아니다. 오히려 글로벌 지식질서의 현실은 세 가지 네트워크가 교차하는 지점에서 교묘하게 얽히면서 운영되는 복합 질서가 부상하는 것으로 보아야 할 것이다.

3) 메타 질서로서 네트워크 질서?

사이버공간의 글로벌 지식질서의 세 가지 층위에서 서로 경합하면서 작동하는 세 가지 유형의 네트워크가 만들어가는 복합 질서를 어떻게 개념화할 것인가? 〈표 13-1〉에서 다소 도식적으로 요약한 9개 범주를 따로따로 구분해 나열만 할 것이 아니라 이들 네트워크 전체를 통틀어 관통하는 글로벌 질서의 내용을 개념화할 수 있을까? 이러한 문제의식을 가지고 보면 사이버공간의 복합질서는 근대 국제체제의 무정부 질서나 그 반대편의 스펙트럼에 위치하는 위계질서 또는 제국 질서 등과 같이 하나의 개념적 층위에서 파악할 수 있는 '실체적 질서substantial order' 모델로 이해할 성질의 것이 아닐 수도 있다. 다시 말해 사이버공간에서 나타나는 글로벌 지식질서의 구성 원리는 단일한 행위자, 예를 들면 노드형의 국민국가들이 구성하는 단순계simple system의 그것이 아니다. 오히려 다양한 행위자가 다층적으로 구성하는 이른바 복잡계complex system의 구성 원리를 따른다고 보아야 한다(민병원, 2005). 그렇다면 사이버공간에서 구성되는 '복잡계의 질서'로서 글로벌 지식질서를 어떻게 개념화해야 할까?

이러한 '복잡계로서의 질서'에 굳이 이름을 붙이자면, 무정부 질서anarchy와 위계질서hierarchy의 중간에 설정되는 '네트워크 질서networkarchy' 정도로 부를 수 있을 것이다. 이러한 네트워크 질서의 내용이 무엇인지를 밝히는 것은 앞으로 네트워크 세계정치이론이 풀어야 할 가장 큰 과제 중 하나임이 분명하다. 그중에서도 가장 도전적인 과제는 네트워크 질서가 지닌 특성을 '실체적 질서'가 아닌, 일종의 '메타 질서meta-order'로서 개념화하는 일이다. 이 장에서 염두에 두는 네트워크 질서의 개념은 무정부 질서나 위계질서와 동일한 차원에서 이들 개념을 대체하는 또 하나의 질서 개념이 아니다. 오히려 복잡계로서 네트워크 질서는 '질서들의 질서an archy of archies'나 '네트워크들의 네트워크a network of networks'라는 차원에서 이해되는 망중망網重網의 메타 질서이다. 이러한 점에서 네트워크 질서란 상이한 구성 원리를 가지는 몇 가지 유형의 질서가 복합된, 그야말로 '복합 질서'이다.

　이러한 세 가지 유형이 복합된 아키텍처를 지니는 네트워크 질서의 작동 방식을 보면, 한편으로는 구심력을 지닌 중심성의 요소가 조정의 메커니즘으로 작동하는 가운데, 다른 한편으로는 자발적이고 자기조직화의 형태를 띠는 개방적 참여가 원심력을 발휘하는 방식이 될 것이다. 좀 더 구체적으로 말하면, 미래의 세계질서는 위계의 단순 모델에서 위계-수평의 복합 모델로 변환하는 망중망網重網의 복합 아키텍처와 작동 방식을 내보일 것이다. 여기서 관건이 되는 것은 기존의 질서와 새로운 질서 모델이 어느 지점에서 복합될 것이냐 하는 문제이다. 그 복합 지점의 위치에 따라서 앞으로 글로벌 질서의 아키텍처나 작동 방식은 다소 다른 모습으로 발현될 수도 있기 때문이다. 이러한 이유로 쟁점 분야와 지역에 따라서 다른 모습의 네트워크 질서가 존재할 가능성이 있다. 결국 이러한 문제는, 앞서 제7장의 〈그림 7-3〉에서 묘사한 바와 같이, 글로벌 질서에서 부상하는 복합 질서(들)의 구성 원리를 포괄하는 일종의 '메타 구성 원리'를 발견하는 작업으로 귀결된다.

5. 사이버공간의 망제정치

이 장에서는 네트워크 세계정치이론의 시각에서 사이버공간에서 형성되는 글로벌 지식질서의 구조와 동학을 탐구함으로써 미래 국가 전략의 방향을 모색하기 위한 이론적 기초로 삼고자 했다. 최근의 양상을 보면 사이버공간이 본격적인 의미의 세계정치 공간으로 인식되는 계기를 맞고 있다. 그러나 사이버공간은 근대국민국가들이 부국강병의 게임을 벌이는 전통적 의미의 국제정치 공간은 아니다. 사이버공간의 글로벌 질서는 지식력의 잣대로 이해한 글로벌 질서, 즉 지식질서의 개념을 통해서 좀 더 쉽게 파악된다. 이러한 사이버공간의 글로벌 지식질서는 예전의 국제질서보다 좀 더 복합적인 방식으로 작동한다. 이러한 글로벌 지식질서는 역사적으로 계속 존재해왔지만 최근 지구화, 정보화, 민주화의 추세에 힘입어 독자적인 권력질서로서의 성격을 좀 더 명시적으로 드러내고 있다.

현재 사이버공간의 글로벌 지식질서에서는 세 가지 차원의 복합적 경합이 벌어지고 있다. 첫째, 현재 사이버공간에서는 여전히 전통적인 국가 행위자 간의 경합이 발견된다. 미국과 유럽으로 대변되는 선진국들이 주도하는 '패권 공간'과 중국과 여타 개도국들이 주도하는 '대항 공간'이 경합한다. 둘째, 여전히 국가 행위자들이 주도하는 '국가 공간'과 네티즌들이나 민간사업자 및 글로벌 시민 단체들이 구성하는 '탈국가 공간'이 경합한다. 이는 전통적인 국제기구 관할권이 인정되는 '주권 공간'과 새로이 부상하는 '글로벌 거버넌스 공간'의 경합이기도 하다. 끝으로, 사이버공간의 글로벌 지식질서는 기존 정체성을 반영하는 '영토 공간의 부속물'인 동시에 새로운 '초국적 또는 탈영토적 정체성의 공간'으로서 지닌 성격을 동시에 보여준다. 이 현상들은 매우 복합적으로 얽혀서 노드node 기반 이론의 발상에 발목이 잡힌 기존 국제정치이론의 시각에는 쉽게 포착되지 않는다.

이러한 맥락에서 이 장에서는 네트워크 세계정치이론의 시각을 원용해 사이버공간에서 창발하는 글로벌 지식질서의 구조와 동학을 밝히는 작업을 펼쳤다. 사이버공간의 글로벌 지식질서는 주류 국제정치학이 상정하는 국제체제, 즉 무정부 질서의 개념으로 파악할 수 없다. 그렇다고 새로운 위계질서나 세국 질서의 출현도 아니다. 이 장의 주장은 사이버공간에서 발견되는 글로벌 지식질서는 단순계의 질서가 아닌 복잡계의 질서이며, 더 나아가 여러 가지 속성을 갖는 질서들이 병존하면서 진화하는 복합적인 메타 질서라는 데에 있다. 이 장에서는 이러한 복합 질서를 '네트워크 질서' 또는 '망중망의 질서'로서 개념화했다. 이러한 사이버공간의 글로벌 질서는 21세기 질서의 미래를 선행적으로 보여준다는 점에서 큰 의미가 있다.

그렇다면 이러한 복합 질서이자 네트워크 질서의 성격을 갖는 사이버공간의 부상에 대응하는 미래 국가 전략은 어떠한 방향으로 추진되어야 할까? 이러한 질문에 대한 답은 지면을 달리해 좀 더 본격적으로 탐구해야 할 것이다. 그러나 이 장에서는 네트워크 세계정치이론의 시각에서 도출되는 네트워크 외교 전략에 대한 논의의 연속선상에서 몇 가지 생각해볼 수 있는 사이버 국가 전략의 기본 방향을 간략히 제시하며 마무리하고자 한다. 이러한 전략 방향에 대한 고민은 최근 중견국으로서 21세기 세계정치에서 적극적 역할이 기대되는 한국의 위상 변화와 밀접한 관련이 있다(김상배, 2011a, 2011b).

사이버 국가 전략을 모색하는 작업은 이 장에서 살펴본 글로벌 지식질서가 네트워크 질서로서 지닌 성격을 정확히 파악하는 데에서부터 출발해야 한다. 특히 다양한 행위자가 경합하는 과정에서 발생하는 이해관계의 구도를 파악하는 것이 중요하다. 앞서 지적했듯이, 미국이나 유럽의 선진국들뿐만 아니라 중국과 여타 개도국들은 사이버공간의 질서 형성에 대해서 진지한 대응을 보이고 있다. 미래 지식질서의 형성을 놓고 벌이는 담론과 명분 경쟁의 이면에 나름대로 이익에 대한 계산이 깔렸을 수밖에 없다. 이러한 상황에서 중견국으로서 한국은 상황을 어떻게 이해하고 대처할 것인가에 대해 고민할 필요가 있다.

이러한 상황 인식을 바탕으로 새롭게 짜이는 글로벌 지식질서의 구도 안에서 중견국 한국의 위상을 적절히 설정하는 지혜가 필요하다. 최근 가장 논란이 되는 것은 현재 경합하는 두 세력, 즉 단허브형과 탈허브형이 복합된 네트워크 세력과 다허브형 네트워크로 대변되는 기존의 국가 세력 사이에서 한국이 어느 편에 설 것이냐 하는 문제이다. 사실 중견국이라는 처지가 매우 애매할 수밖에 없어서 많은 경우에 선택의 딜레마 상황에 처하기도 한다. 실제로 최근 인터넷 거버넌스 분야에서 벌어지는 글로벌 질서의 형성 과정에서 한국이 수행하는 외교적 역할을 보면 한국이 '인터넷 강국'이라고 자부하는 상황을 무색케 한다.

실제로 앞서 언급한 2012년 12월의 WCIT에서 ITR의 개정을 논의하는 과정을 보면 한국은 ITR의 폐기를 주장하는 선진국의 입장에 적극적으로 동조하지도 못하고, 그렇다고 ITR의 강화를 주장하는 개도국 편을 들지도 못하는 애매한 처지였다. 결국 한국은 ITR의 개정에 서명했지만, 이러한 전략적 결정이 앞으로 어떠한 영향을 미칠지는 알 수 없다. 이러한 종류의 딜레마는 앞으로 다른 회의에서도 반복될 가능성이 크다. 실제로 한국은 글로벌 인터넷 거버넌스의 제반 정책에 대한 정부의 태도가 뚜렷하지 않기 때문이다. 중견국으로서 처한 존재론적 어려움을 고려하면, 한국이 글로벌 거버넌스 논의에 적극적으로 참여하지 못하는 사정을 충분히 이해할 수 있다. 그럼에도 정보화의 미래 전략 방향에 대한 좀 더 진지한 성찰이 필요하다는 점은 지적하지 않을 수 없다(강하연, 2013: 105~107).

이러한 상황에서 시급히 필요한 것은 글로벌 지식질서의 네트워크 구도를 정확히 파악하고 한국이 취할 전략의 방향을 고민하는 지식 외교의 발상이다. 이는 단순히 각종 회의나 포럼에 참여하는 미시적인 의제 창출 전략을 넘어서 지식 한국이 나아갈 방향을 모색하려는 좀 더 거시적인 국가 전략과 연결된다. 그야말로 한국의 정보화 수준이나 국제사회에서 지니는 위상 및 기여도 등을 객관적으로 고려해 글로벌 정보사회의 의제를 개발하는 능력을 갖출 필요가 있다. 또한 앞서 언급한 ITU, IGF, ICANN, 세계사이버공간총회 등의 국제정치적 역학에 대한 엄밀한 분석이 필요하며, 인터넷 거버넌스의 세부 영역별로 한국의 지식전략적 위상 설정이 필요하다. 이러한 과정에서 분명한 것은 이러한 지식 외교의 추신이 지연되면 될수록 새로운 글로벌 지식질서는 한국의 이익과 무관하게 짜일 가능성이 크다는 것이다.

네트워크 세계정치이론을 찾아서

이 책은 국제정치학의 시각에서 네트워크 이론을 원용해 21세기 세계정치의 변환을 보는 '네트워크 세계정치이론'의 개발을 모색했다. 말뜻으로만 보면 네트워크 세계정치이론은 네트워크로 대변되는 변화를 탐구하지만, 내용적으로는 변화와 연속성을 복합적으로 담아내려는 이론적 시도이다. 이 책에서 네트워크의 렌즈를 통해서 담고자 한 현실은 근대 국제정치가 사라지는 것도 아니고 탈근대 세계정치가 완전히 득세하는 것도 아닌, 그야말로 복합적 상황에서 변환을 겪는 모습이다. 엄밀하게 말하면, 국민국가라는 노드 행위자 간의 정치, 즉 국제정치國際政治, international politics를 넘어서 다양한 형태로 네트워크화되는 행위자 간의 정치라는 의미로서 망제정치網際政治, internetwork politics라고 부르는 것이 좀 더 정확할 것이다. 그러나 프롤로그에서 밝힌 이유로 이 책에서는 주로 네트워크 세계정치라는 용어를 사용했다.

오늘날의 네트워크 세계정치에서는 '거미줄 치기'로 비유한 국가 행위자들의 국제 네트워크 현상과 '벌집 짓기'로 비유한 비국가 행위자들의 초국적 네트워크 현상이 동시에 발생하고 있다. 프롤로그의 비유를 원용하면, 아테나의 국제정치와 아라크네(들)의 세계정치가 경합을 벌이는 모습이다. 이러한 네트워크 세계정치는 두 가지 이상인 상이한 유형의 네트워크들, 즉 단허브형 네트워크와 허브가 여럿이거나 혹은 허브가 없는 분산적 네트워크 간의 경합으로 개념화할 수 있다. 게다가 이러한 경합의 이면에는 인간 행위자들과 비인간 행위자들이 상호작용하면서 네트워크를 구성하고, 국제질서의 이미지와 탈국제질서의 이미지가 서로 겹치는 현상도 벌어진다.

이러한 네트워크 현상을 '복합'이라는 수식어를 통해서 이해하려 한 것은 참여하는 행위자의 성격이나 네트워크의 구성 원리와 작동 방식 등의 측면에서 각기 다른, 때에 따라서는 상호 모순될 수도 있는 '여러 가지' 종류의 네트워크들이 얽혀서 나타나기 때문이다. 특히 21세기 네트워크 짜기의 경합은 단일 종목이 아니라 여러 분야에서 여러 가지 종류의 '네트워크 치기'를 동시에 하는 혼합 종목이다. 그러므로 때에 따라서는 경쟁과 협력을 분별하기 어렵고, 승자와 패자를 가리기 어려운 현상이 발생하기도 한다. 그야말로 21세기 세계정치에서는 여러 층위에 걸쳐서 다양한 행위자가 네트워크의 게임을 벌이는 이른바 '비대칭 망제정치'의 양상이 나타나고 있다.

이러한 맥락에서 이 책은 국제정치이론을 넘어서 네트워크 세계정치이론, 즉 망제정치이론을 모색하려는 새로운 시도를 펼쳤다. 그러나 이 책의 시도는 새로운 이론을 추구하려는 노력의 참신성 못지않게 앞으로 해결해야 할 논제들을 안고 있다. 현재 제기되는 논제들은 다음과 같은 여섯 가지 질문으로 요약해볼 수 있다. 첫째, 네트워크 세계정치이론이 연구 대상으로 삼고 있는 현실, 즉 통칭해 '네트워크'는 얼마나 새로운 현상인가? 둘째, 기존의 현실주의, 자유주의, 구성주의 국제정치이론에 대비해서 네트워크 세계정치이론으로 보면 무엇이 새로운가? 셋째, 기존의 주류 국제정치이론에 견주려면 네트워크 세계정치이론의 이론적 골격을 어떻게 세울 것인가? 넷째, 네트워크 세계정치이론이 벌이는 시도는 어떠한 이론적 위상을 갖는가? 다섯째, 글로벌 차원의 보편성을 품으면서도 동아시아의 특수성을 반영하는 네트워크 세계정치이론을 세울 수 있는가? 끝으로, 네트워크 세계정치이론의 시도가 최근 중견국으로서 부상한 한국의 미래 전략에 제시하는 실천적 처방은 무엇인가?

21세기 세계정치에서 '네트워크'는 얼마나 새로운 현상인가? 네트워크 세계정치이론은 그 연구 대상으로서 '네트워크'의 부상으로 대변되는 21세기 세계정치의 변화를 탐구하려는 새로운 이론적 시도이다. 새로운 이론적 시도를 벌인다고 하면 당연하게 나오는 질문은 무엇이 새롭냐는 것이다. 보통 무엇이 새롭냐는 질문의 기저에는 변화를 대하는 부정적 반응이 깔린 경우가 많다. 사실 변화라는 것은 미묘한 것이어서 보는 잣대에 따라서 있기도 하고 없을 수도 있다. 그도 그럴 것이 많은 경우 변화라는 것이 객관적 현실에 대한 분석적 이성의 문제인 동시에, 이론가들의 주관적 인식, 또는 심한 경우에는 직관적 감성이나 기질의 문제이기도 하기 때문이다. 따라서 변화를 객관적으로 보려면 제일 먼저 필요한 것은 어떤 잣대로 변화를 보느냐에 대한 합의를 도출하는 것이다. 이러한 맥락에서 이 책이 제안하는 '변화를 보는 잣대'는 '네트워크'이다.

네트워크의 잣대에 주목하는 것은 이 책의 전반에 걸쳐서 밝혔다시피, 21세기 세계정치의 현실 자체가 다층적이고 다양한 네트워크들로 구성되기 때문이다. 근대 국제정치를 주도해온 국가 행위자들의 다양하고 다층적인 네트워킹이 활성화되고 있으며, 국가의 경계를 넘어서 활동하는 초국적 네트워크 형태의 행위자들이 새로이 세계정치의 전면에 나서고 있다. 이러한 과정에서 이들 국가 및 비국가 행위자가 벌이는 권력정치의 메커니즘은 전통적으로 우리가 알던 군사력과 경제력의 게임을 넘어서, 행위자들이 구성하는 다양하고 다층적인 네트워크를 배경으로 해서 발생하는 복합적 형태의 권력을 추구한다. 그리고 이러한 와중에 근대 국제체제와 같은 노드 기반의 단순계의 시각에서는 제대로 이해할 수 없는 새로운 세계질서의 출현이 예견된다.

그렇다면 이러한 '네트워크'는 얼마나 새로운 현상인가? 넓은 의미에서 파악한 보통명사로서의 네트워크(단순 네트워크)로 이해하면, 지금의 네트워크도 존재론의 관점에서는 새로운 현상이 아닐 수도 있다. 동서고금을 막론하고 네트워크라는 것이 존재하지 않았던 때는 없기 때문이다. 다만 그것이 이 책에서 강조하는 '복합 네트워크'가 아니었을 뿐이다. 어쩌면 그전에도 복합 네트워크에 해당하는 것이 존재했지만, 단지 우리가 인식하지 못했을 수도 있고, 쉽게 인식할 정도로 두드러진 현상이 아니었을지도 모른다. 이러한 유보를 인정하더라도 최근 우리가 복합 네트워크라고 부르는 것은 예전에는 쉽게 볼 수 없었던 현상이다. 적어도 네트워크의 아키텍처나 작동 방식에 대한 이론적 논의에 따라서 볼 때, 최근의 네트워크 현상은 '단순하지 않고 복합적인', 그야말로 '새로운' 면모를 지닌다. 이러한 변화를 통해서 복합 네트워크는 우리 인식의 경계 안으로 들어왔다.

이렇게 우리의 인식 경계가 넓어진 데에는 최근 들어 이루어진 이론적 발전이 큰 몫을 담당했다. 예를 들어 최근에 이루어진 방법론적 기법의 발전, 특히 사회 연결망 분석SNA의 개발로 말미암아 예전에는 인식하지 못했던 네트워크의 존재를 좀 더 가시적으로 알게 되는 길이 열렸다. SNA라는 기술적 도구를 통해서 인터넷상에 존재하는 다양한 네트워크가 그 모습을 드러냈다. 물리학과 사회학 분야를 중심으로 경험적으로 밝혀내기 어려운 네트워크의 실체를 엿보기 위한 개념과 이론도 개발되고 있다. 이에 비해 국제정치학의 분야에서 네트워크를 원용하는 이론적 시도는 상대적으로 더디다. 특히 20세기 국제정치 현실을 배경으로 출현한 기존의 노드 기반 국제정치이론들은 21세기 세계정치의 탈노드적 변화에 기민하게 대응하지 못하고 있다. 이러한 맥락에서 볼 때, 네트워크 세계정치이론은 '네트워크'의 부상으로 대변되는 새로운 변화를 좀 더 분석적이고도 쉽게 풀어서 설명하려는 시도이다.

네트워크 세계정치이론으로 보면 무엇이 새로운가? 네트워크 세계정치이론은 21세기 세계정치의 변환에 대해서 현실주의, 자유주의, 구성주의 등으로 대변되는 기존 국제정치이론과 차별화된 설명이나 해석을 내놓을 수 있을까? 현실주의는 국가 행위자 사이에서 나타나는 물질적 권력의 분포나 그 동학을 중심으로 국제정치를 설명한다. 자유주의는 국제제도나 규범 등을 기반으로 국가 간 관계에서 선의의 협력이 가능하다고 믿는다. 구성주의는 국제정치의 현실이 일방적으로 주어졌거나 영속적인 것이 아니라 역사적으로 구성되었고 다시 구성될 것이라고 본다. 그렇지만 현실이 복잡해지면서 이러한 기존의 국제정치이론들은 '네트워크'로 대변되는 새로운 변화의 포착에 무디게 반응하고 있다. 이에 비해 소셜 네트워크 이론, 행위자-네트워크 이론ANT, 네트워크 조직 이론 등을 복합적으로 원용한 네트워크 세계정치이론은 다음과 같은 네 가지 측면에서 새로운 변화를 설명하는 가능성을 제시한다.

첫째, 네트워크 이론을 원용하는 작업의 유용성은 다양한 행위자가 만들어내는 '보이지 않는 구조'를 드러내는 데에 있다. 사실 우리가 구조라고 부르는 것은 추상 개념이어서 눈으로 보거나 손을 잡을 수 있는 실체가 아니다. 그런데 네트워크 이론에서 상정하는 바와 같이 구조를 행위자들이 상호작용을 통해서 형성하는 관계의 구도로 이해하면 이를 가시화하는 것이 불가능하지 않다. 실제로 소셜 네트워크 이론에서 사용하는 사회 연결망 분석, 즉 SNA는 광범위한 데이터를 수집하고 정교한 통계적 기법을 사용해 소시오그램을 그림으로써 네트워크상에서 발생하는 패턴화된 관계의 구도를 보여준다. 물론 SNA는 데이터의 가용성이라는 제약 요인으로 말미암아 현실의 네트워크 전체보다는 어느 일부분만을 그려내는 데에 만족해야 하는 경우가 많다. 그럼에도 SNA는 다른 어떠한 연구 방법보다도 복잡한 현실의 단면을 극적으로 보여주는 장점을 가진다. 다시 말해 국제정치학에서 추상적으로만 상상하던 보이지 않는 관계의 패턴을 직접 보여주는 힘이 있다.

둘째, 네트워크 이론을 국제정치학에 원용하는 작업의 장점 중 하나는 행위자들이 관계 맺기를 하는 구체적인 네트워킹의 과정을 보여준다는 데에 있다. 특히 네트워크의 논리를 따라서 발생하는 권력 게임에서 어떤 행위자는 성공적으로 네트워크를 치고, 어떤 행위자는 그렇게 하지 못하는 차이를 이해하는 분석틀을 제공한다. 좀 더 구체적으로 말해, 인간 행위자들이 주위의 인간 및 비인간 행위자들을 활용해 네트워크를 형성해가는 과정에 대한 일반론적 지침을 세우는 데에 도움을 준다. 이러한 문제와 관련해 제2장에서 소개한 바와 같이, ANT의 이론가인 미셸 칼롱의 논의는 막연하게만 떠올렸던 네트워크 전략에 대한 논의를 구체화하는 데에 유용하다. 칼롱이 제시하고, 이 책에서 외교 전략 분야의 특성을 반영해 개작한 네 단계 네트워크 전략은 프레임 짜기, 맺고 끊기, 내 편 모으기, 표준 세우기 등으로 요약된다. 제8장에서는 이러한 칼롱의 네 단계 전략을 국제정치학의 분야로 끌어들여서 중견국 한국이 추진하는 네트워크 외교 전략의 사례에 적용했다.

셋째, 네트워크 이론의 논의가 국제정치이론의 작업 과정에서 발생하는 빈 곳(구조적 공백)을 메워주는 사례는 세계정치의 변환이 발생하는 물적·지적 조건의 역할에 대한 이론적 이해를 돕는다는 데에서 발견된다. 좀 더 구체적으로 말해, 이는 21세기 세계정치의 분석에서 정보혁명이라는 변수를 독립변수의 위치로 끌어올리는 문제와 관련된다. 사실 최근 우리 주변에서 발생하는 국내외 정치 변환의 기저에는 IT 변수, 즉 인터넷이나 소셜 미디어가 창출하는 디지털 정보 커뮤니케이션의 네트워크가 핵심적 요소로서 자리 잡고 있다. 그러나 여태까지 국제정치이론은 이러한 IT 변수를 외재적으로 주어진 것으로 보고 적극적으로 이론화의 일부에 포함하지 않았다. 네트워크 조직 이론의 정보주의에 대한 논의, ANT의 비인간 행위자에 대한 논의, 제4장에서 살펴본 미디어 이론의 논의 등은 세계정치의 변환 과정에서 발생하는 두 가지 층위, 즉 세계정치라는 '상부구조'에서 나타나는 사람들의 네트워크와 그 '물적 토대'에 해당하는 정보혁명의 물리적 인프라의 층위를 엮어서 보는 이론적 자원을 제공한다.

끝으로, 네트워크 이론을 원용하는 시도에 대한 가장 큰 기대는 네트워크 이론의 내재적 장점을 충분히 살려서 행위자와 구조, 과정을 아우르는 이론을 개발하는 데에 두어지고 있다. 사실 행위자와 구조를 아우르는 이론화의 문제는 기존 국제정치이론 진영에서 오랫동안 제기되어왔던 과제였다. 20세기 말엽에 주목을 받았던 알렉산더 웬트의 구성주의에 대한 논의도 행위자-구조에 대한 문제 제기에 바탕으로 두는 것으로 유명하다. 이러한 맥락에서 볼 때 제1장에서 살펴본 바와 같이, 소셜 네트워크 이론에서 다루는 '위치 권력'에 대한 논의나 ANT에서 상정하는 '행위자인 동시에 네트워크'에 대한 논의 등은 오랫동안 국제정치학에서 이론과 경험 연구의 난제로 지적되었던 것을 해결하는 데에 중요한 실마리를 제공한다. 특히 네트워크를 행위자인 동시에 구조와 과정으로 보는 이 책의 접근은 한편으로는 구조의 속성에서 행위자의 역할이 추출되고, 다른 한편으로는 행위자의 전략에서 구조의 패턴이 형성되는, 21세기 세계정치의 동태적 과정에 대한 분석 방향을 보여준다.

요컨대 네트워크 세계정치이론은 네트워크 이론을 원용해 기존 이론에서 난제로 여겨졌던 문제들을 푸는 작업의 실마리를 열었다. 그런데 이러한 작업을 펼치는 과정에서 잊지 말아야 할 것은, 네트워크 이론을 수용하면서도 국제정치 분야의 고유한 특수성을 놓치지 않으려는 문제의식이다. 물리학이나 사회학과 달리 국제정치학에서는 행위자들이 형성하는 네트워크만큼이나 국가라는 행위자들이 보유한 속성과 자원이 여전히 중요하게 여겨진다. 이러한 맥락에서 이 책은 네트워크의 개념을 권력이나 국가, 국제체제와 같은 기존 국제정치학의 개념들과 접맥하려는 시도를 펼쳤다. 이러한 시도는 또 하나의 외래 이론으로서 네트워크 이론을 단순히 수입하는 차원을 넘어서 국제정치학 분야에 적합한, 그리고 동아시아의 현실에 적실성이 있는 이론으로 개발하려는, 이 책의 문제의식을 감상하는 또 다른 포인트이다.

네트워크 세계정치이론을 어떻게 세울 것인가? 네트워크 세계정치이론의 시도는 기존의 주류 국제정치이론에서 주로 다루는 권력론, 국가론, 질서론의 세 영역을 염두에 두고 자체적 논리를 개발하는 데에 집중했다. 반복건대 이러한 세 영역에 주목하는 것은 다양한 네트워크들이 다층적으로 벌이는 망제정치를 분석하는 이론적 시각을 개발하려는 데에 기존 국제정치이론 진영과의 대화와 토론을 위한 공동의 플랫폼이 필요하다는 인식 때문이었다. 이러한 목표를 좀 더 구체적으로 추진하고자 이 책은 현실주의 국제정치이론의 세 가지 기본 가정, 즉 권력 추구의 가정, 국가 중심의 가정, 무정부 질서의 가정 등에 대한 비판의 작업에서부터 시작했다. 그러나 이러한 비판을 통해서 현실주의의 세 가지 기본 가정을 폐기하기보다는 네트워크 시대의 세계정치 변화에 걸맞게 수정하고 보완해 네트워크 권력, 네트워크 국가, 네트워크 질서의 세 가지 가정을 새로이 제시하는 방법을 취했다.

첫째, 네트워크 권력의 가정이다. 네트워크의 시각에서 새로이 개념화된 세계정치의 권력 게임은 전통적으로 우리가 아는 그것이 아니다. 다시 말해 국가의 속성(지정학적 위치나 영토의 크기 등)이나 보유 자원(예를 들어 군사력이나 경제력 또는 각종 부존자원 등)을 기반으로 해서 행사되는 물질적 권력 게임은 아니다. 오히려 새로운 권력 게임은 세계정치 행위자들이 자신들의 주위에 네트워크를 쳐나가며 영향력을 행사한다. 이런 게임에서는 무엇보다도 네트워크 전체를 설계하는 발상과 능력이 중요하다. 게임의 규칙이 정해지고 나면 싸우지 않고도 얻는 경우가 많기 때문이다. 이미 짜인 네트워크 구도 안에서 유리한 위치를 차지해 자신의 역할을 발휘하고 위상을 높이는 것도 중요하다. 네트워크 권력 게임에서 권력 자원을 많이 보유하는 것만큼이나 유리한 '위치'를 잡는 것이 중요시되는 이유는 바로 여기에 있다. 이러한 구도에서 네트워크 권력 게임의 핵심은 내 편이 될 수 있는 행위자들과 관계를 맺고, 될 수 있는 한 많은 수를 자신의 주위로 모아서 네트워크상에서 통용되는 '표준'을 세우는 것이다. 이 책에서 이러한 네트워크 권력의 가정을 원용해 살펴본 사례는 미국과 일본, 미국과 중국, 그리고 그 사이에서 한국이 추구한, 다차원 표준 경쟁의 세계정치였다.

둘째, 네트워크 국가의 가정이다. 네트워크 권력 게임의 주요 행위자는 여전히 국가이다. 그러나 예전과 같은 국민국가가 아니라 거미처럼 자신의 주위에 네트워크를 치는 새로운 국가이다. 최근 미국을 비롯한 주요 선진국들이 추구하는 새로운 권력 게임은 네트워크 국가의 새로운 전략을 엿보게 한다. 네트워크 국가의 전략은 세계정치의 관계적 맥락과 구조적 환경을 적극적으로 인식하고 이를 입체적으로 활용한다. 이러한 거미줄 치기의 전략은 권력 게임의 변환뿐만 아니라 행위자 자체의 변환도 일으킨다. 오비디우스의 『변신이야기』에 나오는, 그리스 신화 속의 아라크네가 거미로 변신할 수밖에 없었듯이, 21세기 세계정치의 주요 행위자는 국민국가에서 네트워크 국가로 변신을 겪고 있다. 이 책의 여러 사례에서 살펴본 바와 같이, 21세기 국가는 그 기능적 성격과 존재적 형태 및 권력 메커니즘을 변환하고 있다. 이러한 변환의 이면에는 국가의 경계를 넘나들며 초국적으로 활동하는 비국가 행위자들의 약진이 있다. 비국가 행위자들의 네트워크는 거미줄보다는 꿀벌들의 집 짓기를 연상시킨다. 강대국이 아닌 국가들의 네트워크 권력 게임도 거미보다는 꿀벌의 이야기에 친화적이다. 이러한 맥락에서 보면, 오늘날 새로운 주체로서 네트워크 국가들이 벌이는 세계정치에서는 거미줄 치기와 벌집 짓기가 복합적으로 얽혀서 나타난다.

끝으로, 네트워크 질서의 가정이다. 네트워크 국가들이 네트워크 권력 게임을 벌이는 과정에서 출현하는 세계질서를 어떻게 이해해야 할까? 행위자와 구조 및 과정을 아우르는 네트워크 이론의 취지를 살리려면, 기존 주류 이론처럼 세계질서에 대한 논의를 행위자 차원으로 환원해서는 안 된다. 다시 말해 네트워크 국가들이 벌이는 네트워크 권력 게임이라는 행위자 차원의 분석이 자동적으로 구조(또는 체제) 차원의 세계질서 분석을 보장하는 것은 아니다. 이러한 맥락에서 볼 때, 네트워크 세계정치이론의 또 하나의 과제는 행위자 수준에서 시작된 네트워크 국가론을 행위자와 구조 수준을 모두 포괄하는 개념으로 확장하는 데에 있다. 이러한 방식으로 개념화된 네트워크 질서의 모습은 노드형의 국민국가들이 만드는 단순계와 구별되는 일종의 복잡계이다. 이러한 복잡계의 질서는 무정부 질서도 아니고 위계질서도 아닌 그 중간 지대에서 설정되는 네트워크 질서이다. 또한 네트워크 질서는 여러 유형의 네트워크들이 모두 합쳐지는 복합 질서인 동시에, 서로 상이한 네트워크들이 중첩해 새로운 구성 원리를 생성하는 이른바 망중망網重網, a network of networks의 질서이다. 이와 같은 네트워크 질서의 성격을 밝힐 때 유의할 것은 서로 상이한 형태로 나타나는 네트워크들 각각의 구성 원리를 밝히는 동시에 이러한 다수의 네트워크가 작동하는 과정을 관통해서 엮어내는 일종의 '메타 구성 원리'를 밝히는 데에 있다.

네트워크 세계정치이론은 어떠한 이론적 위상을 갖는가? 네트워크 세계정치이론은 단지 새로운 분석틀인가? 아니면 독자적 체계를 갖춘 새로운 이론인가? 그리고 여기서 더 나아가 독자적인 사상적 기반까지도 갖춘 새로운 패러다임인가? 가령 현실주의, 자유주의, 구성주의 등과 대칭되는 의미로 '네트워크주의networkism'라는 말을 쓸 수 있을까? 이러한 질문에 대한 대답은 이론을 무엇이라고 정의하느냐에 따라서 달라진다.

만약에 이론을 중요한 사건들에 대한 원인과 결과를 탐구하는 설명 체계, 즉 단선적 인과관계를 밝히는 좁은 의미의 단순계적 이론으로 정의한다면, 네트워크 세계정치이론의 묘미는 오히려 이러한 이론의 정의를 극복하려는 데에 있다. 만약에 이론의 의미를 독자적인 인간관과 세계관과 철학을 구비한 넓은 의미의 사상 체계에까지 확장한다면, 네트워크 세계정치이론은 기존의 현실주의나 자유주의 또는 구성주의 패러다임에 도전해서 이를 대체하려는 거창한 사상 체계를 제시하려는 것은 아니다. 네트워크 세계정치이론이 오랫동안 국제정치 분야에서 패러다임의 위치를 차지했던 주류 이론에 도전하는 것은 사실이지만, 인간 본성론에서부터 이들을 완전히 다른 방식으로 대체하려는 시도는 아니기 때문이다.

네트워크 세계정치이론의 지향점은 단순한 분석틀의 개발을 넘어서, 좁은 의미의 이론과 넓은 의미에서 본 사상 체계로서의 이론의 중간 지대에 있다. 다시 말해 네트워크 세계정치이론은 인과관계를 탐구하는 엄격한 실증주의 사회과학 외에도 이해와 해석을 중시하는 탈실증주의 사회과학을 추구한다. 그러나 네트워크 세계정치이론은 기본적으로 이론적 탐구를 경험적 작업으로 이해한다는 점에서 포스트모더니즘이나 몇몇 비판 이론처럼 인식론적 상대주의로 흐르는 것은 아니다. 객관적 현실은 '저기' 있지만, 불충분한 정보나 인간 인식의 한계로 말미암아 그것을 객관적으로 분석하기는 어렵다는 입장도 수용한다.

이러한 취지에서 네트워크 세계정치이론은 복잡계 이론complexity theory의 인식론을 원용함으로써, 단순계 패러다임에 기반을 두는 기존 국제정치이론의 인식론을 넘어서고자 시도한다. 이러한 복잡계 패러다임을 바탕으로 네트워크 세계정치이론은 세계정치의 동학, 행위자, 정체성, 관련 이슈 등에 대한 이론적 주장을 펼친다. 그 과정에서 네트워크 세계정치이론은 이미 제3장에서 제시한 바처럼 기존 국제정치이론들이 지닌 개별 이론적 장점을 인정하면서도 이들을 아우르는 '복합 인식론'과 '메타 인식론'의 발상을 추구한다. 이러한 맥락에서 보면 네트워크 세계정치이론을 '이론'이라고 부를 수 있을지라도, 이는 현실주의나 자유주의, 또는 구성주의와 같은 층위의 이론이 아니다. 오히려 이들 이론을 메타이론의 시각에서 보완하는 '이론'이다.

특히 네트워크 세계정치이론은 제3장에서 밝힌 것처럼, 기존의 현실주의 패러다임을 메타이론적으로 수정하고 보완하는 '현실주의 네트워크 세계정치이론'을 지향한다. 구성주의 이론가인 웬트는 신현실주의 이론가인 케네스 월츠가 저서에서 제목으로 제시했던 국제정치의 이론Theory of International Politics: TIP을 넘어서 '국제정치의 사회 이론Social Theory of International Politics: STIP'을 제안했다. 이와 비슷한 맥락에서 이 책은 네트워크의 시각을 원용해 '국제정치의 이론'과 '국제정치의 사회 이론'을 넘어서 '세계정치의 네트워크 이론Network Theory of World Politics: NTWP'을 제시한다. 앞서 밝혔듯이 여기서 월츠나 웬트가 채택했던 '국제정치'라는 말이 아니라, 새로이 '세계정치'라는 말을 쓴 이유는 국가뿐만 아니라 비국가 행위자들도 참여해서 벌이는 복합적인 권력정치의 뉘앙스를 담고자 함이었다. 이러한 점에서 이 책이 현실주의 국제정치이론의 기본 가정을 수정하고 보완하며 발전시키는 시도를 펼쳤더라도, 이는 단순 네트워크의 발상에 머무는 전통적 버전의 현실주의보다는 복합 네트워크의 발상에 기반을 두는 새로운 버전의 '현실주의'이다.

동아시아 네트워크 세계정치이론은 가능한가? 네트워크 세계정치이론의 모색을 통해서 세계정치의 변환을 살펴본 이 책의 작업은 보편 이론의 개발이라는 차원에서 일차적 의미가 있다. 사실 국내 학계에서는 물론이고 해외 학계에서도 이러한 문제의식을 제기하고 본격적으로 진행한 연구는 많지 않기 때문이다. 그러나 이 책에서 의도한 것은 동아시아 세계정치이론의 개발이라는 차원에서 21세기 세계정치의 변화를 '남의 렌즈'가 아닌 '우리의 렌즈'로 읽어내려는 데에 있다. 사실 여태까지 동아시아 국제정치학자들은 동아시아의 경험을 설명할 개념과 가설이 없는 상태에서 현실주의, 자유주의, 구성주의 등과 같은 외래 이론을 도입해 적용하는 데에 주로 머물렀다. 서구와 동아시아 지역의 국제정치가 얼마나 같고 얼마나 다른지를 구별하지 않고 서구의 경험에서 기원한 보편 이론을 동아시아의 특수 현실에 적용했던 것이다.

따라서 이 책에서 제기된 문제의식이 좀 더 '현실적인' 논의의 형태로 발전하려면 앞으로 동아시아 현실과 이론적 관심사를 반영하는 특수 이론으로 치환하는 작업이 필요할 것이다. 혹시라도 보편 이론이라는 명목 아래 동아시아의 상황과는 거리가 있는 경험적 현실에서 추상된 이론을 동아시아의 현실에 무조건 적용할 수는 없기 때문이다. 실제로 강대국 차원에서는 '객관적 현실'로서 인식되는 네트워크 세계정치일지라도 동아시아에서 감지하는 '주관적 현실'로서의 네트워크 세계정치와는 편차를 보일 가능성이 있다. 마찬가지로 동아시아의 현실에서 볼 때는 중심적 문제이지만 보편 이론의 틀 안에서는 주변적 문제로 경시될 가능성도 있다.

이러한 문제의식의 연속선상에서 주류 국제정치이론의 정확한 유용성을 파악하고, 이론 간의 관계 구도 속에서 동아시아 이론의 위치를 적절히 설정하는 것이 필요하다. 현 단계에서 동아시아 이론 진영 내의 가장 큰 문제로 제기되는 것은, 동아시아 이론이 기존 서구 이론을 다양하게 비판해왔는데도 여태까지는 현실을 새롭게 설명하는 자체적인 분석 이론을 제시하지는 못했다는 점이다. 이러한 지적을 수용하고 동아시아 이론의 문제의식을 좀 더 구체화하고자 이 책은 행위자와 구조 및 과정의 차원을 동시에 포괄하는 연구 주제들의 개발 필요성을 네트워크 권력과 네트워크 국가, 네트워크 질서 가정의 연속선상에서 제안했다.

첫째, 자원 권력을 추구하는 전통적인 전략의 맥락에서 이해하던 세력균형을 넘어서 위치 권력 또는 네트워크 권력을 추구하는 전략의 연속선상에서 파악되는 동아시아 세력망의 작동 메커니즘에 대한 연구가 필요하다. 둘째, 국민국가 행위자들이 주도하는 '국제정치'의 메커니즘뿐만 아니라 비국가 행위자들이 부상하는 '탈국제정치'의 메커니즘까지도 포괄하는 동아시아 네트워크 국가의 복합 거버넌스에 대한 연구가 필요하다. 끝으로, 근대 주권의 원칙에 기반을 둔 근대 국제질서의 비전을 넘어서 전통-근대-탈근대를 거치면서 복합적 형태로 '변형된 주권'에 기반을 둔 동아시아 네트워크 질서의 구성 원리에 대한 연구가 필요하다. 이상의 세 가지 연구 주제는 상호 분리된 개별 주제가 아니라 세 가지 측면에서 본 단일한 주제로 이해되어야 할 것이다.

동아시아 세계정치의 현실은 네트워크 세계정치 일반의 추세와 크게 다르지 않다. 동아시아의 국가 행위자들은 다른 어느 국가들보다도 좀 더 많이, 그리고 좀 더 촘촘히 네트워크를 치려는 '네트워크 전략의 경쟁'을 벌이고 있다. 21세기 동아시아에서는 기존의 국가 행위자들이 추구하는 네트워크와 새롭게 부상하는 비국가 행위자들의 네트워크 간에 벌어지는 '네트워크 간의 경합'도 관찰된다. 지역질서의 차원에서도 동아시아에서는 근대적 주권 원칙을 기반으로 한 무정부 질서의 요소가 존속되는 가운데, 지구화와 정보화로 비롯된 탈근대 질서의 부상과 미국과 중국이 경쟁적으로 주도하는 패권적 질서의 전망이 겹쳐지는 양상이 나타나고 있다. 요컨대 동아시아에서 발견되는 네트워크 간의 경합은 전통적 의미에서 이해되는 '노드의 국제정치'와 이를 넘어서려는 '탈노드의 세계정치'가 경합하는 망제정치의 양상을 보인다.

그러나 네트워크 세계정치의 보편적 측면을 탐구하려는 노력과 함께 동아시아 네트워크 세계정치의 사례가 지닌 특수성에도 주목하지 않을 수 없다. 무엇보다도 동아시아 네트워크 세계정치에서는 '협력의 게임'보다는 여전히 '경쟁의 게임'을 우선시하는 현실주의 국제정치이론의 비전이 유럽이나 북미의 경우보다 득세하고 있다. 특히 최근 동아시아 세계정치를 보면 비국가 행위자들의 네트워크로 대변되는 탈근대 현실이 기존 국제정치의 근대적 현실을 대체한다고 보기는 어렵다. 오히려 새로이 부상하는 초국적 네트워크들의 활동을 견제하려는 국가 행위자들의 힘이 건재한 모습을 보게 된다. 마찬가지로 북한 핵 문제나 동아시아 국가들의 영토 분쟁 등의 사례를 보더라도 여전히 냉전 질서나 근대 국제질서의 이미지에 사로잡혀 있음을 엿볼 수 있다.

이러한 동아시아의 현실은 이 책이 현실주의 버전의 네트워크 세계정치이론의 개발에 관심을 두게 하는 계기가 된다. 예를 들어 이 책에서 '네트워크'라는 용어와 '권력'이라는 용어를 조합해, 네트워크상의 비대칭적 관계에 포착하는 '네트워크 권력'이라는 개념을 고안한 배경에는 동아시아에서 나타나는 특수성을 포착하려는 의도가 은연중에 작용했다. 게다가 행위자의 주도권이라는 측면에서 볼 때, 유럽이나 북미에 비해서 동아시아에서는 여타 세계정치 행위자들보다는 국가의 역할이 큰 비중을 차지한다. 이도 역시 현실주의 국제정치이론과 맥을 같이하는 대목으로서 이 책이 '네트워크 국가'라는 '변환된 국가 행위자'에 주목한 이유이기도 하다. 이러한 맥락에서 보면, 변환을 겪는 주권 원칙이나 여기서 비롯되는 복합 질서의 형태도 모두 상대적으로 국가의 그림자가 짙게 드리운 상태에서 동아시아 세계정치가 전개된다고 볼 수 있다. 강조컨대 이러한 점에서 이 책이 네트워크 세계정치이론에 따라 동아시아의 사례를 인식하는 기본적 시각은 '현실주의적'이다.

네트워크 세계정치이론의 실천적 함의는 무엇인가? 분석 이론의 자원에서 제기한 네트워크 세계정치이론의 논의들은 자연스럽게 네트워크 세계정치의 현실을 헤쳐나가는 실천론의 문제로 연결된다. 기존의 국제정치이론과 비교했을 때, 네트워크 세계정치이론은 얼마나 새로운 실천적 처방을 제시하는가? 현실주의자들은 군사력과 경제력을 기르든지 동맹을 맺으라는 처방을 내릴 것이다. 자유주의적 제도주의자들은 국제기구나 국제 레짐을 강화하자고 주장할 것이다. 구성주의가 제시하는 처방은 관념과 정체성의 공유를 강조할 것이다. 이에 비해 네트워크 세계정치이론이 제시하는 처방은 '네트워크'를 치라는 것이다. 그리고 상황에 따라서는 새로이 네트워크를 치지 못하면 기존의 '네트워크'를 활용하라는 것이고, 더 나아가 행위자 자신의 모습이 '네트워크'를 닮으라는 것이다.

여기서 '네트워크'라고 말하는 것은 이 책 전체에 걸쳐서 설명했다시피 다양하고 다층적이다. 여러 가지 복합적 처방이 네트워크라는 한 마디 용어에 응축되었다고 보아야 할 것이다. '네트워크'를 추구할 때 무엇보다도 먼저 필요한 것은 기존의 주류 국제정치이론이 딛고 선 행위자 기반의 발상에서 벗어나는 것이다. 이 책에서 강조했듯이 시각을 노드 단위에 고착하는 것과 그 노드들이 형성하는 관계, 즉 네트워크에 주목하는 것은 매우 중요한 차이를 낳는다. 이러한 발상의 변환을 바탕으로 자신의 주위에 네트워크를 치는 새로운 권력 게임을 벌여야 한다. 좀 더 구체적으로 말해 프레임을 짜고, 맺고 끊으며, 내 편을 모음으로써 표준을 세울 수 있다는 것이다. 이러한 전략을 좀 더 효율적으로 추구하려면 그 자신부터 네트워크의 형태로 변신해야 함은 물론이다.

이러한 실천 전략의 방도를 모색하는 이 책의 목적은 강대국이 아닌 중견국의 관점을 투영하는 데에 있다. 사실 기존의 주류 국제정치이론은 지금까지 강대국 중심으로 벌어지는 국제정치를 분석의 대상으로 삼아왔다. 이러한 시각에서 보면 강대국 대 약소국, 혹은 약소국 대 약소국의 관계는 제대로 다루어지기 어렵다. 그렇지만 네트워크의 시각에서 보면 크고 작은 행위자들의 설자리가 넓어진다. 거미줄이 복잡해지면 작은 행위자들도 거미줄 구조의 영향을 상대적으로 덜 받으면서 동시에 거미줄을 복합적으로 칠 수 있게 된다. 비록 행위자 자체의 규모와 능력은 크지 않더라도 주위의 네트워크가 어떻게 짜이느냐에 따라서 약소국이나 중견국일지도 나름대로 담당할 역할이 발생하게 된다.

새롭게 벌어지는 네트워크 권력의 게임도 역시 기존 강대국들이 주도하기는 마찬가지이다. 실제로 네트워크 권력 게임 자체가 전통적인 자원 권력의 게임에서 한계를 느낀 강대국(특히 미국)이 주도하는 게임 규칙의 변경과 이를 기반으로 한 기성 권력의 정교화 과정을 의미한다고 볼 수 있다. 그럼에도 네트워크라는 렌즈를 통해서 보면 자원 권력이 풍부한 강대국뿐만 아니라 자원 권력 면에서는 빈약한 비강대국들도 일정한 기회를 얻을 수 있다는 기대하게 되는 것 또한 사실이다. 특히 네트워크 환경이 지니는 비제로섬 게임의 성격으로 말미암아 아무리 패권 세력이라도 모든 것을 석권할 수는 없다. 이러한 점에서 네트워크는 기존에 권력을 장악하던 세력뿐만 아니라 이에 도전하는 세력 모두에게 권력을 행사할 기회를 제공한다.

사실 한국 같은 중견국의 시각에서 접근하면 똑같은 네트워크 전략이라도 강대국의 사례와 다를 수밖에 없다. 실천 전략의 차원에서 볼 때 한국이 추구할 네트워크 전략의 핵심은 네트워크 외교 전략, 네트워크 통일 전략, 네트워크 지역 전략의 삼중 구도로 요약된다. 한반도 주변 국가들에 대한 다층적 연결망을 구축하고 이를 바탕으로 한 소수자 연대를 모색하는 전략은 중견국 한국의 네트워크 외교가 추구할 일차적 방향이다. 또한 네트워크 전략을 추구하는 과정에서 한반도가 처한 남북한 분단 상황과 통일의 과제는 무시할 수 없는 변수이다. 동아시아 지역질서에서 중견국으로서 한국이 처한 구조적 위상을 정확히 파악하는 것도 마찬가지로 중요하다.

이러한 상황에서 중견국 한국은 한반도 주변의 4망網, 즉 주위에 형성된 미국, 중국, 일본, 러시아 등이 형성하는 네트워크 사이에서 의미 있는 역할을 찾아야 할 것이다. 한국의 네트워크 외교에서 상대국들이 주도하는 세계질서의 빈틈을 파고드는 발상과 전략을 익히는 것은 매우 중요하다. 상대방을 물질적 힘으로 압도할 수 없는 중견국의 처지에서는 '실리 외교'를 넘어서는 '규범 외교'에도 눈을 돌려야 한다. 중견국 외교를 제대로 추진하려면 국가이익을 협소하게 정의하는 기존의 행태를 넘어서야 하기 때문이다. 게다가 21세기 세계정치의 복합적 현실은 중견국 한국에 예전보다 좀 더 입체적인 중개의 전략을 고민할 것을 요구한다. 21세기 네트워크 세계정치에 대해서 독자적 인식론을 가지고 고유한 존재론의 문제를 탐구해야 하는 것은 바로 이러한 실천론의 특수성 때문이라고 할 수 있다.

궁극적으로 향후 네트워크 세계정치이론의 작업은 보편성과 특수성의 요구를 동시에 만족하는 방향으로 진행되어야 할 것이다. 그런데 이러한 맥락에서 제기되는 가장 중요한 과제는 세계정치를 구체적으로 파악하기 위한 경험적 작업이 병행되어야 한다는 점이다. 다시 말해 세계정치에 대한 생산적 결론을 도출하는 길은 추상적 이론을 정교화하는 작업만으로는 부족하고, 다양하고 구체적인 사례 연구를 통해서 이론적·경험적 지평을 계속 넓혀나가는 작업을 통해서만 가능하다. 이 책에서 제시된 네트워크 세계정치이론에 대한 이론적 논의를 검증하고자 동원되는 사례들이 앞서 언급한 보편성과 특수성의 요구를 모두 만족하는 것이어야 함을 잊지 말아야 할 것이다. 이렇게 보면 네트워크 세계정치의 이론적·경험적 연구를 통해서 21세기 국제정치학계의 세계 표준을 만들어가는 '또 하나의 세계정치'가 지금 벌어지는지도 모르겠다.

참고문헌

강하연. 2013. 「ICT교역의 글로벌 거버넌스」. 서울대학교 국제문제연구소 엮음. ≪세계정
　　치≫, 33(2), 73~109쪽.

글래드웰, 말콤(Malcolm Gladwell). 2004. 『티핑 포인트』. 임옥희 옮김. 21세기북스.

김기정. 2005. 「21세기 한국 외교의 좌표와 과제: 동북아 균형자론의 국제정치학적 의미를
　　중심으로」. ≪국가전략≫, 11(4), 149~174쪽.

김상배. 2001. 「정보화시대의 거버넌스: 탈집중 관리양식과 국가의 재조정」. ≪한국정치
　　학회보≫, 35(4), 359~376쪽.

_____. 2002a. 「지적재산권의 세계정치경제: 미·일 마이크로프로세서 분쟁을 중심으로」.
　　≪국제정치논총≫, 42(2), 111~130쪽.

_____. 2002b. 「정보화시대의 외교: 개념화의 모색」. ≪한국정치학회보≫, 36(3), 269~
　　288쪽.

_____. 2003. 「정보기술과 국제정치이론: 구성적 기술론과 정보세계정치론의 모색」. ≪국
　　제정치논총≫, 43(4), 33~58쪽.

_____. 2004a. 「정보화시대의 지식구조: 수잔 스트레인지의 개념화를 넘어서」. ≪한국정
　　치학회보≫, 38(3), 255~276쪽.

_____. 2004b. 「지식/네트워크의 국가전략: 외교 분야를 중심으로」. ≪국가전략≫, 10(1),
　　167~194쪽.

_____. 2005. 「정보화시대의 제국: 지식/네트워크 세계정치론의 시각」. ≪세계정치≫,
　　26(1), 93~120쪽.

_____. 2006a. 「네트워크 지식국가론: 정보화시대 국가변환의 개념화」. ≪국제정치논총≫,
　　46(3), 7~29쪽.

_____. 2006b. 「실리우드(Siliwood)의 세계정치: 정보화시대 문화제국과 그 국가전략적
　　함의」. ≪국가전략≫, 12(2), 5~34쪽.

_____. 2007a. 『정보화시대의 표준경쟁: 윈텔리즘과 일본의 컴퓨터산업』. 한울.

_____. 2007b. 「한류의 매력과 동아시아 문화 네트워크」. ≪세계정치≫, 28(1), 190~233쪽.

_____. 2008a. 「네트워크 세계정치이론의 모색: 현실주의 국제정치이론의 세 가지 가정을
　　넘어서」. ≪국제정치논총≫, 48(4), 35~61쪽.

_____. 2008b. 「네트워크 권력의 세계정치: 전통적인 국제정치 권력이론을 넘어서」. ≪한국정치학회보≫, 42(4), 397~408쪽.

_____. 2008c. 「지식네트워크의 세계정치」. 서울대학교 국제문제연구소 엮음. ≪세계정치≫, 29(1), 7~47쪽.

_____. 2009. 「스마트 파워의 개념적 이해와 비판적 검토: 중견국 네트워크 권력론의 시각」. ≪국제정치논총≫, 49(4), 7~33쪽.

_____. 2010a. 『정보혁명과 권력변환: 네트워크 정치학의 시각』. 한울.

_____. 2010b. 「집합지성보다는 커뮤니티?: 한국사의 맥락에서 본 인터넷 문화의 특징」. ≪사이버커뮤니케이션학보≫, 27(4), 45~92쪽.

_____. 2011a. 「네트워크로 보는 중견국 외교전략: 구조적 공백과 위치권력 이론의 원용」. ≪국제정치논총≫, 51(3), 51~77쪽.

_____. 2011b. 「한국의 네트워크 외교전략: 행위자-네트워크 이론의 원용」. ≪국가전략≫, 17(3), 5~40쪽.

_____. 2011c. 「사이버 안보의 국제협력: 버추얼 창과 디지털 방패」. JPI PeaceNet, No. 2011-10.

_____. 2012a. 「정보세계정치의 변환과 한국의 전략」. 하영선·남궁곤 엮음. 『변환의 세계정치』(제2판). 을유문화사, 제12장, 375~404쪽.

_____. 2012b. 「정보화시대의 미·중 표준경쟁: 네트워크 세계정치이론의 시각」. ≪한국정치학회보≫, 46(1), 383~410쪽.

_____. 2012c. 「소셜 미디어와 공공외교: 행위자-네트워크 이론으로 보는 미국의 전략」. ≪국제정치논총≫, 52(2), 117~142쪽.

_____. 2012d. 「21세기 공공외교의 도전과 과제」. ≪한일협력≫, 봄호, 70~78쪽.

_____. 2012e. 「SNS의 위력과 정치변동, 그리고 민주주의의 미래」. 중앙SUNDAY·한국사회과학협의회 엮음. 『한국사회 대논쟁』. 메디치, 268~278쪽.

_____. 2012f. 「표준경쟁으로 보는 세계패권경쟁: 미국의 패권, 일본의 좌절, 중국의 도전」. ≪아시아리뷰≫, 2(2), 95~125쪽.

_____. 2013. 「사이버 공간의 글로벌 지식질서: 네트워크 이론으로 보는 구조와 동학의 이해」. ≪국가전략≫, 19(3), 79~109쪽.

김상배 외. 2008. 『지식질서와 동아시아: 정보화시대 세계정치의 변환』. 한울.

김상배 엮음. 2008. 『인터넷 권력의 해부』. 한울.

_____. 2009. 『소프트 파워와 21세기 권력: 네트워크 권력론의 모색』. 한울.

_____. 2011. 『거미줄 치기와 벌집 짓기: 네트워크이론으로 보는 세계정치의 변환』. 한울.

_____. 2013. 『정보세계정치의 이해: 역사와 쟁점의 탐색』. 한울.

김상배·이승주·배영자 엮음. 2013. 『중견국의 공공외교: 이론과 전략』. 사회평론.

김상배·황주성 엮음. 2014. 『소셜 미디어의 시대를 읽다: 인터넷 권력의 해부 2.0』. 한울.

김수이 엮음. 2006. 『한류와 21세기 문화비전』. 청동거울.

김용구. 1997. 『세계관 충돌의 국제정치학: 동양 예와 서양 공법』. 나남.

김용학. 2007. 『사회 연결망 이론』(개정판). 박영사.

김용학·하재경. 2009. 『네트워크 사회의 빛과 그늘』. 박영사.

김윤아. 2005. 『미야자키 하야오』. 살림.

김의영·이영음. 2008. 「인터넷과 거버넌스: ICANN의 ccNSO 형성과정에서 ccTLDs 세력의 역할을 중심으로」. ≪국제정치논총≫, 48(2), 173~196쪽.

김치욱. 2009. 「국제정치의 분석단위로서 중견국가(Middle Power): 그 개념화와 시사점」. ≪국제정치논총≫, 49(1), 7~36쪽.

김한규. 2005. 『천하국가: 전통시대 동아시아 세계질서』. 소나무.

김현미. 2003. 「대만 속의 한국 대중문화: 문화 '번역'과 '혼성화'의 문제를 중심으로」. 조한혜정 외. 『한류'와 아시아의 대중문화』. 연세대학교출판부, 155~156쪽.

김형민. 2010. 「무기이전 네트워크의 사회연결망 분석」. 하영선·김상배 엮음. 『네트워크 세계정치: 은유에서 분석으로』. 서울대학교출판문화원, 327~351쪽.

김환석. 2011. 「행위자-연결망 이론에서 보는 과학기술과 민주주의」. ≪동향과 전망≫, 83, 11~46쪽.

김흥광. 2011. 「북한의 사이버 테러능력」. 사단법인 북한민주화네트워크 주최 긴급 세미나, "북한의 사이버 테러 현황과 우리의 대응방안" 자료집.

남장근. 1998. 『일본 애니메이션산업의 성공요인과 시사점』. 산업연구소.

노재봉. 1982. 「〈안〉과 〈밖〉: 國際政治學의 方法論 研究」. 서울大學校 附設 國際問題研究所 엮음. ≪論文集≫, 7호, 339~349쪽.

닛케이BP사 기술연구부 엮음. 2001. 『변화하는 일본의 애니메이션 산업』. 성하묵 옮김. 한울.

_____. 2001. 『일본 애니메이션의 비즈니스 전략』. 성하묵 옮김. 한울.

다나카 아키히코(田中明彦). 2000. 『(타나까 아끼히꼬의) 새로운 中世: 21세기의 세계시스템』. 이웅현 옮김. 지정.

다카하라 모토야키(高原基彰). 2007. 『한중일 인터넷 세대가 서로 미워하는 진짜 이유: 불안형 내셔널리즘의 시대, 한중일 젊은이들의 갈등 읽기』. 정호석 옮김. 삼인.

라도삼. 2000. 「가상공간의 전경과 삶의 단편들: '리니지'를 중심으로」. ≪한국언론정보학보≫, 14, 115~149쪽.

레비, 피에르(Pierre Lévy). 2002. 『집단지성: 사이버 공간의 인류학을 위하여』. 권수경 옮김. 문학과지성사.

류석진·조희정. 2008. 「온라인 공간의 민족주의적 갈등에 대한 연구: 게시판과 동영상 UCC를 중심으로」. ≪사이버커뮤니케이션학보≫, 25(4), 83~119쪽.

리드비터, 찰스(Charles Webster Leadbeater). 2009. 『집단지성이란 무엇인가: 우리는 나보다 똑똑하다』. 이순희 옮김. 21세기북스.

매일경제 한류본색 프로젝트 팀. 2012. 『한류본색: 아시아를 넘어 세계로, 문화강국 코리아 프로젝트』. 매일경제신문사.

문상현. 2012. 「문화, 경제와 공간: 미디어산업의 지구화에 대한 이론적 검토」. ≪문화경제연구≫, 15(3), 3~27쪽.

_____. 2013. 「국제정치경제의 변화와 미디어 지구화론」. 서울대학교 국제문제연구소 엮음. ≪세계정치≫, 33(2), 189~234쪽.

_____. 2014. 「소셜 미디어와 문화생산/소비의 변화」. 김상배·황주성 엮음. 『소셜 미디어의 시대를 읽다: 인터넷 권력의 해부 2.0』. 한울, 104~132쪽.

민병원. 2005. 『복잡계로 풀어내는 국제정치』. 삼성경제연구소.

_____. 2006a. 「불확실성 속의 질서: 복잡계이론과 국제정치학」. ≪한국정치학회보≫, 40(1), 201~221쪽.

_____. 2006b. 「네트워크시대의 문화세계정치」. 하영선·김상배 엮음. 『네트워크 지식국가: 21세기 세계정치의 변환』. 을유문화사, 442~479쪽.

_____. 2009. 「[쟁점주제논평] 네트워크의 국제관계: 이론과 방법론, 그리고 한계」. ≪국제정치논총≫, 49(5), 391~405쪽.

박상섭. 1996. 『근대국가와 전쟁: 근대국가의 군사적 기초, 1500-1900』. 나남.

_____. 2008. 『국가·주권』. 소화.

박상섭·하영선. 1995. 「미국 국제정치학의 추세와 한국 국제정치학의 상황」. ≪국제정치논총≫, 35(1).

배영자. 2011. 「미국과 중국의 IT 협력과 갈등: 반도체 산업과 인터넷 규제 사례」. ≪사이버커뮤니케이션학보≫, 28(1), 53~88쪽.

배종윤. 2008. 「동북아시아 지역질서의 변화와 한국의 전략적 선택: '동북아 균형자론'을 둘러싼 논쟁의 한계와 세력균형론의 이론적 대안」. ≪국제정치논총≫, 48(3), 93~118쪽.

백영서 엮음. 2005. 『동아시아의 지역질서: 제국을 넘어 공동체로』. 창작과 비평사.

볼프, 노르베르트(Norbert Wolf). 2007. 『디에고 벨라스케스』. 전예완 옮김. 마로니에북스.

북한민주화네트워크 엮음. 2011. 『2011 북한의 사이버 테러 관련 긴급 세미나 자료집』. 2011년 6월 1일.

뷰캐넌, 마크(Mark Buchanan). 2003. 『넥서스: 여섯 개의 고리로 읽는 세상』. 강수정 옮김. 세종연구원.

서울대학교 국제문제연구소 엮음. 2008. ≪세계정치≫ 29(1), 기획 특집: "지식네트워크의 세계정치".

_____. 2014. ≪세계정치≫, 20, 기획 특집: "방법론의 다양성".

서울대학교 정치외교학부 대학원 한류연구팀. 2012. 『신한류의 세계정치: 네트워크 세계정치의 시각』. 미발간 자료집.

서이종·탕레이. 2013. 「중국과 한국의 사이버 민족주의 비교연구」. 서울대학교 국제문제연구소 엮음. ≪세계정치≫, 33(2), 235~262쪽.

세이브, 필립(Philip Seib). 2011. 『알자지라 효과: 뉴글로벌 미디어와 세계정치 그리고 중동의 대변혁』. 서정민 옮김. 명인문화사.

손열. 2006. 「소프트 파워를 다시 생각한다: 조지프 나이와의 대담」. Retrieved November 30, 2008, from http://www.kifs.org/contents/sub3/life.php?method=info&searchKey =&searchWord=&offset=&sId=1901

손열 엮음. 2007. 『매력으로 엮는 동아시아: 지역성의 창조와 서울 컨센서스』. 지식마당.

송백석. 2006. 「동북아체제구조 측면에서 본 한국의 '동북아중재자' 역할」. ≪한국과 국제정치≫, 22(2), 153~183쪽.

송태은. 2011. 「천안함 사건의 망제정치: 신실세임, 신뢰게임, 집합게임」. 김상배 엮음. 『거미줄 치기와 벌집 짓기: 네트워크 이론으로 보는 세계정치의 변환』. 한울, 375~412쪽.

신욱희. 2008. 「동아시아 국제이론의 모색: 국제사회론과 변형된 주권 논의를 중심으로」. ≪세계정치≫, 29(2), 63~88쪽.

신윤환 외. 2006. 『(동아시아의) 한류(韓流)』. 전예원.

신일철·이용희. 1972. 「事大主義(上): 그 現代的 解釋을 중심으로」. ≪知性≫, 2(2).

오비디우스(Ovidius). 2005. 『원전으로 읽는 변신이야기』. 천병희 옮김. 숲.

올레타, 켄(Ken Auletta). 2010. 『구글드: 우리가 알던 세상의 종말』. 김우열 옮김. 타임비즈.

와츠, 던컨(Duncan J. Watts). 2004. 『Small World: 여섯 다리만 건너면 누구와도 연결된 다』. 강수정 옮김. 세종연구원.

우메다 모치오(梅田望夫). 2008. 『웹 진화론 2: 대변혁의 시대, 새로운 삶의 방식이 태어난 다』. 이우광 옮김. 재인.

원용진·김지만. 2011. 「연성국가주의에 편승한 연예기획사와 한류의 미래」. 한국언론학 회 주최 세미나, "한류 2.0 시대의 진단과 분석" 발표 자료집, 27~51쪽.

유상철 외. 2005. 『한류 DNA의 비밀: 소프트 파워, 소프트 코리아의 현장을 찾아서』. 생각 의 나무.

유현석. 2005. 「글로벌 거버넌스에서 국가와 지구시민사회: WSIS사례를 통해서 본 글로벌 거버넌스의 가능성과 한계」. ≪한국정치학회보≫, 39(3), 331~352쪽.

이근. 2011. 「동북아 외교·안보 정책: 동북아 균형자론을 중심으로」. 서울대학교 사회과 학연구원 학술회의, "노무현 정부의 실험: 미완의 개혁" 발표 논문.

이상현. 2008. 「정보보안 분야의 지식질서와 동아시아」. 김상배 외. 『지식질서와 동아시 아: 정보화시대 세계정치의 변환』. 한울, 295~330쪽.

이와부치 고이치(岩淵功一). 2003. 「일본 대중 문화의 이용 가치: 초국가주의와 아시아에 대한 탈식민적 욕망」. 조한혜정 외. 『한류와 아시아의 대중문화』. 연세대학교출판 부, 87~123쪽.

_____. 2004. 『아시아를 잇는 대중문화』. 히라타 유키에(平田由紀江)·전오경 옮김. 또 하 나의 문화.

이용희. 1962. 『一般國際政治學』(上). 박영사.

_____. 1994. 『미래의 세계정치: 국가연합론 강의』. 민음사.

이용희·신일철. 1972. 「事大主義: 그 現代的 解釋을 중심으로: 韓國認識의 方法論〈對 談〉」. ≪知性≫, 2(3).

이혜정. 2011. 「(자주의) 운명인가? 노무현 정부의 대미외교」. 서울대학교 사회과학연구 원 학술회의, "노무현 정부의 실험: 미완의 개혁" 발표 논문.

임현진. 2012. 『지구시민사회의 구조와 역학: 이론과 실제』. 나남.

자오팅양(趙汀陽). 2010. 『천하체계: 21세기 중국의 세계 인식』. 노승현 옮김. 길.

장덕진. 2009. 「정치권력의 사회학적 분해: 자원 권력과 네트워크 권력」. 김상배 엮음. 『소 프트 파워와 21세기 권력: 네트워크 권력론의 모색』. 한울. 197~241쪽.

장수현 외. 2004. 『중국은 왜 한류를 수용하나』. 학고방.

장인성. 2008. 「동아시아 국제사회론을 찾아서: 방법론적 성찰」. ≪세계정치≫, 29(2),

7~33쪽.

전재성. 2004. 「국가주권의 재성찰」. ≪세계정치≫, 25(1), 5~17쪽.

_____. 2006. 「21세기 미국의 변환외교」. 하영선·김상배 엮음. 『네트워크 지식국가: 21 세기 세계정치의 변환』. 을유문화사, 207~243쪽.

_____. 2007. 「전통시대 동아시아 지역질서와 21세기 동아시아 지역주의」. 손열 엮음. 『매 력으로 엮는 동아시아: 지역성의 창조와 서울 컨센서스』. 지식마당, 43~96쪽.

_____. 2011. 『동아시아 국제정치: 역사에서 이론으로』. 동아시아연구원.

_____. 2012. 「동아시아의 복합네트워크 규범론과 한국 전략의 규범적 기초」. 하영선·김 상배 엮음. 2012. 『복합세계정치론: 전략과 원리, 그리고 새로운 질서』. 한울. 310~ 340쪽.

전재성·박건영. 2002. 「국제관계이론의 한국적 수용과 대안적 접근」. ≪국제정치논총≫, 42(4), 7~26쪽.

정은경. 2012. 『벨라스케스, 프로이트를 만나다: ‘시녀들’ 속 감춰진 이야기, 정신분석으로 풀어내다』. 한길사.

정의철. 2008. 「인터넷 규제와 정치 공론장: 구글의 중국 진출 케이스를 중심으로」. ≪정 치커뮤니케이션 연구≫, 9, 209~245쪽.

조영남. 2007. 「중국의 소프트파워의 외교적 함의」. 손열 엮음. 『매력으로 엮는 동아시아: 지역성의 창조와 서울 컨센서스』. 지식마당, 99~146쪽.

조한혜정 외. 2003. 『‘한류’와 아시아의 대중문화』. 연세대학교출판부.

조현석. 2012. 「사이버 안보의 복합세계정치」. 하영선·김상배 엮음. 『복합세계정치론: 전 략과 원리, 그리고 새로운 질서』. 한울, 147~189쪽.

조화순. 2006. 「사이버 공간의 글로벌 거버넌스: 개인정보 국외이전과 관련한 미국-EU의 갈등」. ≪국제정치논총≫, 46(1), 165~181쪽.

최인호. 2011. 「사이버 안보의 망제정치: 사이버 칭이냐? 디지털 방패냐? 김상배 엮음. 『거 미줄 치기와 벌집 짓기: 네트워크 이론으로 보는 세계정치의 변환』. 한울, 285~325쪽.

최장운. 1992. 『지식국가론: 영국, 프랑스, 미국에서의 노동통계 발달의 정치적 의미』. 삼 성출판사.

_____. 2005. 「매력의 세계정치」. 평화포럼21 엮음. 『매력국가 만들기: 소프트 파워의 미 래전략』. 21세기평화재단 평화연구소.

큰루버, 래돌프(Randolph Kluver)·잭 린추안 퀴우 (Jack Linchuan Qiu). 2005. 「중국, 인 터넷 그리고 민주주의」. 인드라짓 바네지(Indrajit Banerjee) 엮음. 『아시아의 인터

넷, 정치, 커뮤니케이션』. 황용석 옮김. 커뮤니케이션북스, 35~86쪽.

평화포럼21 엮음. 2005. 『매력국가 만들기: 소프트 파워의 미래전략』. 21세기평화재단·평화연구소.

하영선. 1986. 「한국 국제정치학의 새로운 방향모색」. 김경동·안청시 엮음. 『한국사회과학방법론의 모색』. 서울대학교출판부.

_____. 2006. 「네트워크 지식국가: 늑대거미의 다보탑 쌓기」. 하영선·김상배 엮음. 『네트워크 지식국가: 21세기 세계정치의 변환』. 을유문화사, 13~61쪽.

_____. 2007. 「세계정치의 변환과 한반도」. 하영선·남궁곤 엮음. 『변환의 세계정치』. 을유문화사, 12~31쪽.

_____. 2011. 『역사 속의 젊은 그들: 18세기 북학파에서 21세기 복합파까지』. 을유문화사.

_____. 2012a. 「서장: 변환의 세계정치와 한반도」. 하영선·남궁곤 엮음. 『변환의 세계정치』(제2판). 을유문화사, 15~35쪽.

_____. 2012b. 「동아시아질서 개념의 역사적 변환: 천하에서 복합까지」. 하영선·손열 엮음. 『근대한국의 사회과학 개념 형성사 2』. 창비, 19~44쪽.

하영선 엮음. 1993. 『탈근대지구정치학』. 나남.

_____. 2001. 『사이버공간의 세계정치: 베스트 사이트 1000해제』. 이슈투데이.

_____. 2004. 『21세기 한반도 백년대계: 부강국가를 넘어서 지식국가로』. 풀빛.

_____. 2006. 『21세기 한국외교 대전략: 그물망국가 건설』. 동아시아연구원.

_____. 2008. 『동아시아 공동체: 신화와 현실』. 동아시아연구원.

_____. 2010. 『21세기 신동맹: 냉전에서 복합으로』. 동아시아연구원.

_____. 2011. 『위기와 복합: 경제위기 이후 세계질서』. 동아시아연구원.

하영선·김상배 엮음. 2006. 『네트워크 지식국가: 21세기 세계정치의 변환』. 을유문화사.

_____. 2010. 『네트워크 세계정치: 은유에서 분석으로』. 서울대학교출판문화원.

_____. 2012. 『복합세계정치론: 전략과 원리, 그리고 새로운 질서』. 한울.

하영선·남궁곤 엮음. 2007. 『변환의 세계정치』. 을유문화사.

_____. 2012. 『변환의 세계정치』. 제2판. 을유문화사.

하영선·조동호 엮음. 2010. 『북한 2032: 선진화로 가는 공진전략』. 동아시아연구원.

한국국제교류재단. 2012. 『지구촌 한류현황』. 한국국제교류재단.

한국콘텐츠진흥원. 2013. 「2012 콘텐츠산업통계(2011년 기준)」. from http://www.kocca. kr/knowledge/internal/deep/__icsFiles/afieldfile/2013/10/14/NjWEpud234r2.pdf

한창완. 2001. 『저패니메이션과 디즈니메이션의 영상전략』. 한울.

홍성욱 엮음. 2010. 『인간·사물·동맹: 행위자네트워크 이론과 테크노사이언스』. 이음.

홍승현. 2009. 『중국과 주변: 중국의 확대와 고대 중국인의 세계인식』. 혜안.

황상민. 2003. 「'한류'의 대중문화의 심리: 온라인 게임을 통한 아시아 문화 연구 방향」. 조한혜정 외. 『'한류'와 아시아의 대중문화』. 연세대학교출판부.

_____. 2004. 『대한민국 사이버 신인류: 폐인, 그들이 세상을 바꾼다』. 21세기북스.

野中郁次郎 外 編. 2003. 『知識國家論序說: 新たな政策過程のパラダイム』. 東洋經濟新報社.

伊丹敬之 外. 1996. 『日本のコンピュータ産業: なぜ伸びなやんでいるのか』. NTT出版.

土屋大洋. 2001. 『情報とグローバル·ガバナンス: インターネットから見た國家』. 慶應義塾大學出版會.

Acharya, Amitav and Barry Buzan(eds.). 2010. *Non - Western International Relations Theory: Perspectives On and Beyond Asia*. London: Routledge.

Adler, Emanuel. 2005. *Communitarian International Relations: The Epistemic Foundations of International Relations*. London and New York: Routledge.

Adler, Emanuel and Steven Bernstein. 2005. "Knowledge in Power: The Epistemic Construction of Global Governance." in Michael Barnett and Raymond Duvall(eds.). *Power in Global Governance*. Cambridge: Cambridge University Press, pp. 294~318.

Agnew, John. 2005. *Hegemony: The New Shape of Global Power*. Philadelphia, PA: Temple University Press.

_____. 2007. "Know-Where: Geographies of Knowledge of World Politics." *International Political Sociology*, 1, pp. 138~148.

_____. 2009. *Globalization and Sovereignty*. Lanham, ML: Rowman & Littlefield.

Alic, John A. et al. 1992. *Beyond Spinoff: Military and Commercial Technologies in a Changing World*. Boston, MA: Harvard Business School Press.

Anderson, Benedict. 1983. *Imagined Communities: Reflections on the Origin and Spread of Nationalism*. London: Verso.

Anderson, Chris. 2006. *The Long Tail: Why the Future of Business is Selling Less of More*. Hyperion.

Ansell, Christopher K. 2000. "The Networked Polity: Regional Development in Western

Europe." *Governance*, 13(3), pp. 303~333.

Ansell, Christopher K. and Steven Weber. 1999. "Organizing International Politics: Sovereignty and Open Systems." *International Political Science Review*, 20(1), pp. 73~93.

Aoyama, Yuko and Hiro Izushi. 2003. "Hardware Gimmick or Culture Innovation? Technological, Cultural, and Social Foundations of the Japanese Video Game Industry." *Research Policy*, 32, pp. 423~444.

Arquilla, John and David Ronfeldt. 1996. *The Advent of Netwar*. Santa Monica, CA: RAND Corporation.

_____. 2001. "The Advent of Netwar (Revisited)." in John Arquilla and David Ronfeldt(eds.). *Networks and Netwars: The Future of Terror, Crime and the Militancy*. Santa Monica, CA: RAND Corporation.

Arquilla, John and David Ronfeldt(eds.). 2001. *Networks and Netwars: The Future of Terror, Crime, and Militancy*. Santa Monica, CA: RAND.

Arsenault, Amelia. 2009. "Public Diplomacy 2.0." in Philip Seib(ed.). *Toward a New Public Diplomacy: Redirecting U.S. Foreign Policy*. New York: Palgrave Macmillan, pp. 135~153.

Asakura, Reiji. 2000. *Revolutionaries at Sony: The Making of the Sony PlayStation and the Visionaries who Conquered the World of Video Games*. New York: McGraw-Hill.

Ashley, Richard K. 1983. "Three Modes of Economism." *International Studies Quarterly*, 27, pp. 463~496.

Bacon, Francis. 1624. *New Atlantis*. in Susan Bruce(ed.). 1999. *Utopia, New Atlantis and The Isle of Pines: Three Early Modern Utopia*. Oxford and New York: Oxford University Press, pp. 149~186.

Barabási, Albert-László, 2002. *Linked: The New Science of Networks*. Cambridge, MA: Perseus Publishing.

Baran, Paul. 1964. "On Distributed Communications: Introduction to Distributed Communications Network." *RAND Memorandum*. RM-3420-PR. Retrieved September 24, 2012 from http://www.rand.org/publications/RM/RM3420/

Barboza, David. 2010.2.2. "Hacking for Fun and Profit in China's Underworld." ≪New

York Times≫.

Barnett, Michael and Martha Finnemore. 2004. *Rules for the World: International Organizations in Global Politics.* Ithaca: Cornell University Press.

Barnet, Michael and Raymond Duvall(eds.). 2005. *Power in Global Governance.* Cambridge and New York: Cambridge University Press.

Barney, Darin. 2004. *The Network Society.* Cambridge and Malden: Polity.

Barry, Andrew. 2013. "The Translation Zone: Between Actor-Network Theory and International Relations." *Millennium.* 41(3), pp. 413~429.

Beck, Ulrich. 2005. *Power in the Global Age: A New Global Political Economy.* Cambridge, UK: Polity.

Beeson, Mark. 2009. "Hegemonic transition in East Asia? The Dynamics of Chinese and American Power." *Review of International Studies*, 35, pp. 95~112.

Benkler, Yochai. 2006. *The Wealth of Networks: How Social Production Transforms Markets and Freedom.* New Heaven and London: Yale University Press.

Bennett, Andrew. 2013. "The Mother of All isms: Causal Mechanisms and Structured Pluralism in International Relations Theory." in Colin Wright, Lene Hansen and Tim Dunne(eds.). *European Journal of International Relations*, 19(3), Special Issue: The End of International Relations Theory? pp. 459~481.

Berenskoetter, Felix and M. J. Williams(eds.). 2007. *Power in World Politics.* London and New York: Routledge.

Betz, David J. and Timothy C. Stevens. 2012. *Cyberspace and the State: Towards a Strategy for Cyberpower.* London and New York: Routledge.

Bhavnani, Ravi. 2006. "Agent-Based Models in the Study of Ethic Norms and Violence." in Neil E. Harrison(ed.). *Complexity in World Politics: Concepts and Methods of a New Paradigm.* Albany, NY: State University of New York Press, pp. 121~141.

Bijker, Wiebe E., Thomas P. Hughes and Trevor Pinch(eds.). 1997. *The Social Construction of Technological Systems: New Directions in the Sociology and History of Technology.* Cambridge, MA: MIT Press.

Blanchard, Jean-Marc F. 2007a. "China, Multinational Corporations, and Globalization: Beijing and Microsoft Battle over the Opening of China's." *Asian Perspective*, 31(3), pp. 67~102.

_____. 2007b. "Multinational Versus State Power in an Era of Globalization: The Case of Microsoft in China, 1987-2004." *International Financial Review*, 7, pp. 497~534.

Borrus, Michael and John Zysman. 1997. "Globalization with Borders: The Rise of Wintelism as the Future of Global Competition." *Industry and Innovation*, 4(2), pp. 141~166.

Borrus, Michael, Dieter Ernst and Stephan Haggard(eds.). 2000. *International Production Networks in Asia: Rivalry or Riches?* London and New York: Routledge.

Boyd, John. 1997. "From Chaos to Competition: Japan's PC Industry in Transformation." *Computing Japan*, April.

Boyer, Robert. 1990. *The Regulation School: A Critical Introduction*. New York: Columbia University Press.

Braman, Sandra. 1994. "The Autopoietic State: Communication and Democratic Potential in the Net." *Journal of the American Society for Information Science*, 45(6), pp. 358~368.

_____. 1995. "Horizons of the State: Information Policy and Power." *Journal of Communication*, 45(4), pp. 4~24.

_____. 2006. *Change of State: Information, Policy, and Power*. Cambridge, MA: The MIT Press.

Braman, Sandra(ed.). 2004. *The Emergent Global Information Policy Regime*. New York: Palgrave Macmillan.

Breiger, Ronald. 1981. "Structures of Economic Interdependence Among Nations." in Peter M. Blaue and Robert K. Merton(eds.). *Continuities in Structural Inquiry*. London: Sage Press, pp. 353~379.

Brenner, Susan W. 2007. "Council of Europe's Convention on Cybercrime." in J. M. Balkin et al.(eds.). *Cybercrime: Digital Cops in a Networked Environment*. New York: New York University Press, pp. 207~220.

Briggs, Asa and Peter Burke. 2009. *A Social History of the Media*(Third Edition). Cambridge and Malden: Polity.

Bronk, Chris. 2010. "Diplomacy Rebooted: Making Digital Statecraft a Reality." *Foreign Service Journal*, March, pp. 43~47.

624

Brown, Sheryl J. and Margarita S. Studemeister. 2001. "Virtual Diplomacy: Rethinking Foreign Policy Practice in the Information Age." *Information and Security*, 7.

Bruns, Axel. 2008. *Blogs, Wikipedia, Second Life, and Beyond: From Production to Produsage.* New York: Peter Lang.

Bull, Hedley. 1977. *The Anarchical Society: A Study of Order in World Politics.* New York: Columbia University Press.

Burchell, Graham, Colin Gordon and Peter Miller(eds.). 1991. *The Foucault Effect: Studies in Governmentality.* Chicago, IL: The University of Chicago Press.

Burke, Peter. 2000. *A Social History of Knowledge: From Gutenberg to Diderot.* Cambridge: Polity.

Burrows, Peter. 2010. "Apple vs. Google." *BusinessWeek.* January 25, pp. 28~34. Retrieved June 4, 2010, from http://www.businessweek.com/magazine/content/10_04/b4164028483414.htm

Burt, Ronald S. 1992. *Structural Holes: The Social Structure of Competition.* Cambridge, MA: Harvard University Press.

_____. 2001. "Structural Holes versus Network Closure as Social Capital." in Nan Lin, Karen S. Cook and Ronald S. Burt(eds.). *Social Capital: Theory and Research.* New Brunswick, London: Aldine Transaction.

_____. 2005. *Brokerage and Closure: An Introduction to Social Capital.* New York: Oxford University Press.

_____. 2010. *Neighbor Networks: Competitive Advantages Local and Personal.* Oxford: Oxford University Press.

Buzan, Barry. 2004. *From International to World Society? English School Theory and the Social Structure of Globalization.* Cambridge: Cambridge University Press.

Buzan, Barry and Richard Little. 1996. "Reconceptualizing Anarchy: Structural Realism Meets World History." *European Journal of International Relations*, 2(4), pp. 403~438.

_____. 2000. *International Systems in World History: Remaking the Study of International Relations.* Oxford: Oxford University Press.

Buzan, Barry, Richard Little and Charles Jones. 1993. *The Logic of Anarchy: Neorealism to Structural Realism.* New York: Columbia University Press.

Buzan, Barry and R. J. Barry Jones(eds.). 1981. *Change and the Study of International Relations: The Evaded Dimension.* London: Frances.

Calingaert, Daniel. 2010. "Authoritarianism vs. the Internet: The Race between Freedom and Repression." *Policy Review*, 160. April 1. Retrieved March 18, 2012, http://www.hoover.org/publications/policy-review/article/5269

Callahan, William A. 2008, "Chinese Visions of World Order: Post-hegemonic or a New Hegemony?" *International Studies Review*, 10, pp. 749~761.

Callahan, William A. and Elena Barabantseva(eds.). 2011. *China Orders the World: Normative Soft Power and Foreign Policy.* Washington, D.C.: Woodrow Wilson Center Press.

Callon, Michel. 1986. "Some Elements of a Sociology of Translation: Domestication of the Scallops and the Fishermen of St. Brieuc Bay." in John Law(ed.). *Power, Action and Belief: A New Sociology of Knowledge.* London: Routledge and Kegan Paul, pp. 196~233.

_____. 1986a. "Some Elements of a Sociology of Translation: Domestication of the Scallops and the Fishermen of St. Brieuc Bay." in John Law(ed.). *Power, Action and Belief: A New Sociology of Knowledge.* London: Routledge and Kegan Paul, pp. 196~233[칼롱, 미셸. 「번역의 사회학의 몇 가지 요소들: 가리비와 생브리외 만(灣)의 어부들 길들이기」. 홍성욱 엮음. 『인간·사물·동맹: 행위자네트워크 이론과 테크노사이언스』. 이음, 2010. pp. 57~94.].

_____. 1986b. "The Sociology of an Actor-network: the Case of the Electric Vehicle." in Michel Callon, John Law and Arie Rip(eds.). *Mapping the Dynamics of Science and Technology: Sociology of Science in the Real World.* London: Macmillan, pp. 19~34.

_____. 1987. "Society in the Making: the Study of Technology as a Tool for Sociological Analysis." in W. E. Bijker, T. P. Hughes and T. Pinch(eds.). *The Social Construction of Technological Systems.* London: The MIT Press.

Camilleri, Joseph A. and Jim Falk. 1992. *The End of Sovereignty?: The Politics of a Shrinking and Fragmenting World.* Hans: Edward Elgar.

Carnoy, Martin and Manuel Castells. 2001. "Globalization, the Knowledge Society, and the Network State: Poulantzas at the Millennium." *Global Networks*, 1(1), pp.

1~18.

Carr, Jeffrey. 2010. *Inside Cyber Warfare*. Sebastopol, CA: O'Reilly.

Castells, Manuel. 1996. *The Rise of the Network Society*. Oxford: Blackwell.

_____. 1997. *The Power of Identity*. Oxford: Blackwell.

_____. 1998. *End of Millennium*. Oxford: Blackwell.

_____. 2001. *The Internet Galaxy: Reflections on the Internet, Business, and Society*. Oxford: Oxford University Press.

_____. 2004. "Informationalism, Networks, and the Network Society: A Theoretical Blueprint." in Manuel Castells. (ed.). *The Network Society: A Cross-cultural Perspective*. Cheltenham, UK: Edward Elgar, pp. 3~48.

_____. 2009. *Communication Power*. Oxford and New York: Oxford University Press.

Cavelty, Myriam Dunn. 2007. *Cyber-security and Threat Politics: US efforts to Secure the Information Age*. New York: Routledge.

Cerny, Philip G. 1990. *The Changing Architecture of Politics: Structure, Agency, and the Future of the State*. London: Sage.

_____. 2009. "Multi-nodal Politics: Globalisation is What Actors Make of it." *Review of International Studies*, 35, pp. 421~449.

Chai, Sun-Ki and Mooweon Rhee. 2009. "Confucian Capitalism and the Paradox of Closure and Structural Holes in East Asian Firms." *Management and Organization Review*, 6(1), pp. 5~29.

Chao, Leon. 2005. "The Red Hackers: Chinese Youth Infused with Nationalism." *Chinascope*, May, pp. 8~13.

Chesters, Graeme and Ian Welsh. 2006. *Complexity and Social Movements: Multitudes at the Edge of Chaos*. London and New York: Routledge.

Choucri, Mazli. 2012. *Cyberpolitics in International Relations*. Cambridge and London: MIT Press.

Clark, Ian, 1999. *Globalization and International Relations Theory*. Oxford: Oxford University Press.

Clark, Richard. 2011.6.15. "China's Cyberassault on America." *Wall Street Journal*.

Clinton, Hillary Rodham. 2009a. "Statement of Senator Hillary Clinton Nominee for Secretary of State." Senate Foreign Relations Committee, January 13, 2009.

Retrieved April 27, 2009, from http://foreign.senate.gov/testimony/2009/Clinton Testimony090113a.pdf

_____. 2009b. "U.S.-Asia Relations: Indispensable to Our Future." Remarks at the Asia Society, February 13, 2009. Retrieved April 27, 2009, from http://www.state.gov/secretary/20092013clinton/rm/2009a/02/117333.htm

_____. 2010. "Leading Through Civilian Power: Redefining American Diplomacy and Development." *Foreign Affairs,* 89(6), pp. 13~24.

Coleman, James S. 1990. *Foundations of Social Theory.* Cambridge, MA: Harvard University Press.

Committee on Foreign Relations U.S. Senate. 2011. "Another U.S. Deficit-China and America-Public Diplomacy in the Age of the Internet."

Cooper, Andrew F., Richard A. Higgott and Kim Richard Nossal. 1993. *Relocating Middle Powers: Australia and Canada in a Changing World Order.* Vancouver: UBC Press.

Cooper, Andrew F(ed.). 1997. *Niche Diplomacy: Middle Powers After the Cold War.* London: Macmillan.

Cottrell, Thomas. 1996. "Standards and the Arrested Development of Japans Microcomputer Software Industry." in David C. Mowery(ed.). *The International Computer Software Industry: A Comparative Study of Industry Evolution and Structure.* New York: Oxford University Press, pp. 131~164.

Cowhey, Peter. 1990. "The International Telecommunications Regimes: The Political Roots of Regimes for High Technology." *International Organization,* 44(2), pp. 169~199.

Cowhey, Peter and Milton Mueller. 2009. "Delegation, Networks, and Internet Governance." in Miles Kahler(ed.). *Networked Politics: Agency, Power, and Governance.* Ithaca and London: Cornell University Press.

Cox, Michael, Tim Dunne and Ken Booth(eds.). 2001. *Empires, Systems and States: Great Transformations in International Politics.* Cambridge: Cambridge University Press.

Cox, Robert W. 1981. "Social Forces, and World Orders: Beyond International Relations Theory." *Millennium,* 10(2), pp. 126~155.

_____. 1987. *Production, Power and World Order: Social Forces in the Making of History.* New York: Columbia University Press.

_____. 2007. "'The International' in Evolution." *Millennium*, 35(3), pp. 513~528.

Crack, Angela M. 2008. *Global Communication and Transnational Public Spheres.* New York: Palgrave Macmillan.

Czempiel, Ernst-Otto and James N. Rosenau(eds.). 1989. *Global Changes and Theoretical Challenges: Approaches to World Politics for the 1990s.* Lexington, MA: Lexington Books.

Dahlgren, Peter. 2005. "The Internet, Public Spheres, and Political Communication: Dispersion and Deliberation." *Political Communication*, 22, pp. 147~162.

Dahong, Min. 2005. "The Passionate Time of Chinese Hackers." *Chinascope*, May, pp. 14~25.

Dale, Helle C. 2009. "Public Diplomacy 2.0: Where the U.S. Government Meets New Media." *Backgrounder*, No. 2346, December 8, pp. 1~11

Dean, Jodi, Jon W. Anderson and Geert Lovink(eds.). 2006. *Reformatting Politics: Information Technology and Global Civil Society.* New York and London: Routledge.

Dedrick, Jason and Kenneth L. Kraemer. 1998. *Asia's Computer Challenge: Threat or Opportunity for the United States & the World?* New York: Oxford University Press.

Deibert, Ronald J. 1997. *Parchment, Printing, and Hypermedia: Communication in World Order Transformation.* New York: Columbia University Press.

Deibert, Ronald et al. 2008. *Access Denied: The Practice and Policy of Global Internet Filtering.* Cambridge, MA: The MIT Press.

_____. 2010. *Access Controlled: The Shaping of Power, Rights, and Rule in Cyberspace.* Cambridge, MA: The MIT Press.

_____. 2011. *Access Contested: Security, Identity, and Resistance in Asian Cyberspace Information Revolution and Global Politics.* Cambridge, MA: The MIT Press.

Deleuze, Gilles and Felix Guattari. 1987. *A Thousand Plateaus: Capitalism and Schizophrenia.* Minneapolis and London: University of Minnesota Press.

Der Derian, James. 2000. "Virtuous War/Virtual Theory." *International Affairs*, 76(4), pp. 771~788.

     . 2001. *Virtuous War: Mapping the Military-Industrial-Media- Entertainment in Network.* Boulder, CO: Westview Press.

Dezaley, Yves and Briant G. Garth. 1996. *Dealing in Virtue: International Commercial Arbitration and the Construction of a Transnational Legal Order.* Chicago, IL: Chicago University Press.

     . 2002. *The Internationalization of Palace Wars: Lawyers, Economists, and the Contest to Transform Latin American States.* Chicago, IL: Chicago University Press.

Di Cosmo, Nicola. 2002. *Ancient China and Its Enemies: The Rise of Nomadic Power in East Asian History.* Cambridge: Cambridge University Press.

Diani, Mario and Doug McAdam(eds.). 2003. *Social Movements and Networks: Relational Approaches to Collective Action.* Oxford and New York: Oxford University Press.

Dizard Jr. Wilson P. 2001. *Digital Diplomacy: U.S. Foreign Policy in the Information Age.* Wesport, CT: Praeger.

     . 2004. *Inventing Public Diplomacy: The Story of the U.S. Information Agency.* Boulder and London: Lynne Rienner.

Donnelly, Jack. 2006. "Sovereign Inequalities and Hierarchy in Anarchy: American Power and International Society." *European Journal of International Relations,* 12(2), pp. 139~170.

Drake, William J. 2000. "The Rise and Decline of the International Telecommunications Regime." in Christopher T. Marsden(ed.). *Regulating the Global Information Society.* London: Routledge, pp. 124~177.

Drake, William J. and Ernest J. Wilson III(eds.). 2008. *Governing Global Electronic Networks: International Perspectives on Policy and Power.* Cambridge, MA: The MIT Press.

Drezner, Daniel W. 2004. "The Global Governance of the Internet: Bringing the Great Powers Back In." *Political Science Quarterly,* 119(3), pp. 477~498.

Dunne, Tim. 2005. "System, State and Society: How Does It All Hang Together?" *Millennium,* 34(1), pp. 157~170.

Dunne, Tim, Lene Hansen and Colin Wight. 2013. "The End of International Relations Theory?" in Colin Wright, Lene Hansen and Tim Dunne(eds.). *European Journal of International Relations*, 19(3), Special Issue: The End of International Relations Theory? pp. 405~425.

Earnest, David C. 2008. "Coordination in Large Numbers: An Agent-Based Model of International Negotiations." *International Studies Quarterly*, 52, pp. 363~382.

Eldon, S. 1994. *From Quill Pen to Satellite: Foreign Ministries in the Information Age.* London: Royal Institute of International Affairs.

Elliott, John E. 1980. "Marx and Schumpeter on Capitalism's Creative Destruction: A Comparative Restatement." *The Quarterly Journal of Economics*, XCV(1), pp. 45~68.

Engeström, Yrjö. 1996. "Interobjectivity, Identity, and Dialectics." *Mind, Culture, and Activity*, 3(4), pp. 259~265.

Eriksson, Johan and Giampiero Giacomello(eds.). 2007. *International Relations and Security in the Digital Age.* London and New York: Routledge.

Everard, Jerry. 2000. *Virtual States: The Internet and the Boundaries of the Nation-State.* London and New York: Routledge.

Evron, Gadi. 2008. "Battling Botnets and Online Mobs: Estonia's Defense Efforts during the Internet War." *Georgetown Journal of International Affairs*, 9(1), pp. 121~126.

Fairbank, John K(ed.). 1968. *The Chinese World Order: Traditional China's Foreign Relations.* Cambridge, MA: Harvard University Press.

Farrell, Henry. 2003. "Constructing the International Foundations of E-commerce in the EU-U.S. Safe Harbor Arrangement." *International Organization,* 57(2), pp. 277~306

Farwell, James P. and Rafal Rohozinski. 2011. "Stuxnet and the Future of Cyber War." *Survival*, 53(1), pp. 23~40.

Faubion, James(ed.). 2000. *Michel Foucault: Power.* New York: New Press.

Federal Chief Information Officers Council. 2009. "Guidelines for Secure Use of Social Media by Federal Departments and Agencies, v1.0." Retrieved March 25, 2012, from https://cio.gov/wp-content/uploads/downloads/2012/09/Guidelines_for

Secure_Use_Social_Media_v01-0.pdf

Ferguson, Yale H. and Richard W. Mansbach. 2007. "Post-internationalism and IR Theory." *Millennium*, 35(3), pp. 529~549.

Foster, John B. 1983. "Theories of Capitalist Transformation: Critical Notes on the Comparison of Marx and Schumpeter(Comment on Elliott)." *The Quarterly Journal of Economics*, XCVIII(2), pp. 327~336.

Foucault, Michel. 1980. *Power/Knowledge: Selected Interviews and Other Writings, 1972-1977*. New York: Pantheon Books.

_____. 1991. "Governmentality." in Graham Burchell, Colin Gordon and Peter Miller(eds.). *The Foucault Effect: Studies in Governmentality*. Chicago, IL: The University of Chicago Press, pp. 87~104.

_____. 2007. *Michel Foucault: Security, Territory, Population*. New York: Palgrave.

Fountain, Jane E., 2001. *Building the Virtual State: Information Technology and Institutional Change*. Washington, D.C.: Brookings Institution Press.

Franda, Marcus. 2001. *Governing the Internet: The Emergence of an International Regime*. Boulder and London: Lynne Rienner.

Fransman, Martin. 1995. *Japans Computer and Communications Industry: The Evolution of Industrial Giants and Global Competitiveness*. Oxford: Oxford University Press.

Freeman, Linton C. 1977. "A Set of Measure of Centrality based on Betweenness." *Sociometry*, 40, pp. 35~40.

_____. 1979. "Centrality in Social Networks: Conceptual Clarification." *Social Networks*, 1, pp. 215~239.

Frissen, Paul, 1997. "The Virtual State: Postmodernisation, Informatisation and Public Administration." in Brian D. Loader(ed.). *The Governance of Cyberspace: Politics, Technology, and Global Restructuring*. London and New York: Routledge, pp. 111~125.

Fukuyama, Francis. 1992. *The End of History and the Last Man*. London: Penguin.

Gabriela, Cañas. 1985.4.28. "Descubrir las Pinceladas de Velazquez(Discovering Velazquez Brush-stroker)." *El País Newspaper*. Retrieved January 21, 2013 from http://elpais.com/diario/1985/04/28/cultura/483487207_850215.html

Gallemore, Caleb, 2005. "Of Lords and (Cyber)Serfs: eGovernment and Poststructuralism in a Neomedieval Europe." *Millennium*, 34(1), pp. 27~55.

Galloway, Alexander R. 2004. *Protocol: How Control Exists after Decentralization.* Cambridge, MA: MIT Press.

_____. 2010. "Networks." in W. J. T. Mitchell and Mark B. N. Hansen(eds.). *Critical Terms for Media Studies*, Chicago, IL: University Of Chicago Press, pp. 280~296.

Galloway, Alexander R. and Eugene Thacker. 2007. *The Exploit: A Theory of Networks.* Minneapolis and London: University of Minnesota Press.

Gargiulo, Martin and Mario Benassi. 2000. "Trapped in Your Own Net? Network Cohesion, Structural Holes, and the Adaptation of Social Capital." *Organization Science*, 11(2), pp. 183~196.

Gates, Robert. 2009. "A Balanced Strategy: Reprogramming the Pentagon for a New Age." *Foreign Affairs*, 88(1), pp. 28~40.

Georgievska-Shine, Aneta. 2010. "'I Repair My Work That Was Left …': Velázquez and the Unfinished Story of Arachne." in Alexander Nagel and Lorenzo Pericolo(ed.). *Subject as Aporia in Early Modern Art.* Hants and Vermont: Ashgate, pp. 179~193.

Gibson, William. 1984. *Neuromancer.* New York: Ace Books.

Giddens, Anthony. 1990. *The Consequences of Modernity.* Stanford, CA: Stanford University Press.

_____. 1995. *The Nation-State and Violence.* Berkeley: University of California Press.

Gill, Stephen. 1993. *Gramsci, Historical Materialism and International Relations.* Cambridge: Cambridge University Press.

_____. 2003. *Power and Resistance in the New World Order.* New York: Palgrave.

Gilpin, Robert. 1981. *War and Change in World Politics.* Cambridge: Cambridge University Press.

_____. 1987. *The Political Economy of International Relations.* Princeton, NJ: Princeton University Press.

_____. 2000. *The Challenge of Global Capitalism: The World Economy in the 21st Century.* Princeton, NJ: Princeton University Press.

Goddard, Stacie E. 2009. "Brokering Change: Networks and Entrepreneurs in

International Politics." *International Theory*, 1(2), pp. 249~281.

Goldsmith, Jack and Tim Wu. 2006. *Who Controls the Internet? Illusions of a Borderless World.* Oxford: Oxford University Press.

Gould, Roger V. 2003. "Uses of Network Tools in Comparative Historical Research." in James Mahoney and Dietrich Rueshemeyer(eds.). *Comparative Historical Analysis in Social Sciences.* Cambridge, UK: Cambridge University Press, pp. 241~269.

Gould, Roger V. and Roberto M. Fernandez. 1989. "Structures of Mediation: A Formal Approach to Brokerage in Transaction Networks." *Sociological Methodology*, 19, pp. 89~126.

Graffy, Colleen. 2009. "The Rise of Public Diplomacy 2.0." *The Journal of International Security Affairs*, 17. Retrieved October 6, 2011 from http://www.securityaffairs. org/issues/2009/17/graffy.php

Grande, Edgar and Louis W. Pauly(eds.). 2005. *Complex Sovereignty: Reconstituting Political Authority in the Twenty-first Century.* Toronto: University of Toronto Press.

Granovetter, Mark S. 1973. "The Strength of Weak Ties." *American Journal of Sociology*, 78, pp. 1360~1380.

Graves, Robert. 1955. *The Greek Myths: Volume One.* Edinburgh, UK: Penguin.

Gregory, Bruce. 2011. "American Public Diplomacy: Enduring Characteristics, Elusive Transformation." *The Hague Journal of Diplomacy*, 6, pp. 351~372.

Grewal, David Singh. 2008. *Network Power: The Social Dynamics of Globalization.* New Haven & London: Yale University Press.

Guzzini, Stefano and Anna Leander(eds.). 2006. *Constructivism and International Relations: Alexander Wendt and his Critics.* London and New York: Routledge.

Haas, Ernst B. 1990. *When Knowledge is Power: Three Models of Change in International Organizations.* Berkeley, CA: University of California Press.

Haas, Peter M. 1992. "Introduction: Epistemic Communities and International Policy Coordination." *International Organization*, 46(1), pp. 1~35.

Haas, Peter M(ed.). 2002. *Knowledge, Power, and International Policy Coordination.* A Special Issues of *International Organization*, 46(1).

Hafner-Burton et al. 2009. "Network Analysis for International Relations." *International*

Organization, 63, pp. 559~592.

Hafner-Burton, Emilie M. and Alexander H. Montgomery. 2006. "Power Positions: International Organizations, Social Networks, and Conflict." *Journal of Conflict Resolution*, 50(1), pp. 3~27.

Hansen, Lene and Helen Nissenbaum. 2009. "Digital Disaster, Cyber Security, and the Copenhagen School." *International Studies Quarterly*, 53(4), pp. 1155~1175.

Hanson, Elizabeth C. 2008. *The Information Revolution and World Politics*. Lanham, ML: Rowman & Littlefield.

Hardt, Michael and Antonio Negri. 2000. *Empire*. Cambridge MA: Harvard University Press.

_____. 2004. *Multitude: War and Democracy in the Age of Empire*. New York: Penguin Press.

Harman, Graham. 2009. *Prince of Networks: Bruno Latour and Metaphysics*. Melbourne: re.press.

Harrison, Neil E(ed.). 2007. *Complexity in World Politics: Concepts and Methods of a New Paradigm*. Albany, NY: State University of New York Press.

Hart, Jeffrey A. 1992. *Rival Capitalist: International Competitiveness in the United States, Japan, and Western Europe*. Ithaca, NY: Cornell University Press.

Hart, Jeffrey A. and Sangbae Kim. 2000. "Power in the Information Age." in Jose V. Ciprut(ed.). *Of Fears and Foes: Security and Insecurity in an Evolving Global Political Economy*. Westport, Conn.: Praeger, pp. 35~58.

Hartford, Kathleen. 2000. "Cyberspace with Characteristics." *Current History*, 99(638), pp. 255~262.

Hassdorf, Wolf. 2007. "Contested Credibility: The Use of Symbolic Power in British Exchange-rate Politics." in Felix Berenskoetter and M. J. Williams(eds.). *Power in World Politics*, London and New York: Routledge, pp. 141~161.

Hathaway, Melissa. 2010. "Toward a Closer Digital Alliance." *SAIS Review*, 30(2), pp. 21~31.

He, Kai. 2008. "Institutional Balancing and International Relations Theory: Economic Interdependence and Balance of Power Strategies in Southeast Asia." *European Consortium for Political Research*, 14(3), pp. 489~518.

Headrick, Daniel R. 1991. *The Invisible Weapon: Telecommunications and International Politics, 1851-1945.* Oxford University Press.

_____. 2000. *When Information came of Age: Technologies of Knowledge in the Age of Reason and revolution, 1700 - 1850.* Oxford and New York: Oxford University Press.

Herrera, Geoffrey L. 2002. "The Politics of Bandwidth: International Politics Implications of a Global Digital Information Network." *Review of International Political Economy*, 28, pp. 93~122

_____. 2006. *Technology and International Transformation: The Railroad, the Atom Bomb, and the Politics of Technological Change.* Albany, NY: SUNY Press.

Hevia, James L. 1995. *Cherishing Men From Afar: Qing Guest Ritual and the Macartney Embassy of 1793.* Durham: Duke University Press.

Hewson, Martin and Sinclair, Timothy J(eds.). 1999. *Approaches to Global Governance Theory.* Albany, NY: State University of New York Press.

Hindman, Matthew. 2009. *The Myth of Digital Democracy.* Princeton and Oxford: Princeton University Press.

Hiner, Jason. 2007.7.27. "Sanity Check: How Microsoft beat Linux in China and What It Means for Freedom, Justice, and the Price of Software." *TechRepublic.*

Hobden, Stephen. 1998. *International Relations and Historical Sociology: Breaking Down Boundaries.* New York: Routledge.

Hobson, John M. and J. C. Sharman. 2005. "The Enduring Place of Hierarchy in World Politics: Tracing the Social Logics of Hierarchy and Political Change." *European Journal of International Relations*, 11(1), pp. 63~98.

Holbraad, Carten. 1984. *Middle Powers in International Politics.* New York: St. Martin's Press.

Holton, Robert. 2005. "The Inclusion of the Non-European World in International Society, 1870s-1920s: Evidence from Global Networks." *Global Networks*, 5(3), pp. 239~259.

_____. 2008. *Global Networks.* New York: Palgrave Macmillan.

Hozic, Aida A. 1999. "Uncle Sam goes to Siliwood: Of Landscapes, Spielberg and Hegemony." *Review of International Political Economy*, 6(3), pp. 289~312.

Hughes, Christopher R. 2010. "Google and the Great Firewall." *Survival*, 52(2), pp. 19~26.

Hughes, Rex. 2010. "A Treaty for Cyberspace." *International Affairs*, 86(2), pp. 523~541.

Hurrell, Andrew. 2000. "Some Reflections on the Role of Intermediate Powers in International Institutions." in Andrew Hurrell et al(eds.). *Paths to Power: Foreign Policy Strategies of Intermediate States*. Latin American Program, Woodrow Wilson International Center for Scholars.

_____. 2007. On *Global Order: Power, Value, and the Constitution of International Society*. Oxford University Press.

Hvistendahl, Mara. 2010.3.3. "China's Hacker Army." *Foreign Policy*.

Ikenberry, G. John and Michael Mastanduno(eds.). 2003. *International Relations Theory and the Asia-Pacific*. New York: Columbia University Press.

Innis, Harold A. 1950. *Empire and Communications*. Oxford: Oxford University Press.

_____. 1951. *The Bias of Communication*. Toronto: University of Toronto Press.

Isaac, Jeffrey C. 1987. "Beyond the Three Faces of Power: A Realist Critique." *Polity*, 20(1), pp. 4~31.

Jackson, Patrick Thaddeus. 2011. *The Conduct of Inquiry in International Relations: Philosophy of Science and its Implications for the Study of World Politics*. New York: Routledge.

Jackson, Robert(ed.). 1999. *Sovereignty at the Millennium*. Malden and Oxford: Blackwell.

Jenkins, Henry. 2006. *Convergence Culture: Where Old and New Media Collide*. New York: New York University Press.

Jervis, Robert. 1997. *System Effects: Complexity in Politics and Social Life*. Princeton, NJ: Princeton University Press.

Jessop, Bob. 2003. *The Future of the Capitalist State*. Cambridge: Polity Press.

Johnson, Chalmers. 1982. *MITI and the Japanese Miracle: The Growth of Industrial Policy, 1925-1975*. Stanford, CA: Stanford University Press.

Joseph, Jonathan. 2010. "The Limits of Governmentality: Social Theory and the International." *European Journal of International Relations*, 16(2), pp. 223~246.

Jullien, François. 2004. *A Treatise on Efficiency: Between Western and Chinese Thinking*. Honolulu: University Press of Hawaii.

Kahler, Miles(ed.). 2009. *Networked Politics: Agency, Power, and Governance*. Ithaca and London: Cornell University Press.

Katzenstein, Peter J(ed.). 2010. *Civilizations in World Politics: Plural and Pluralist Perspectives*. New York: Routledge.

_____. 2012a. *Sinicization and the Rise of China: Civilization Processes beyond East and West*. London and New York: Routledge.

_____. 2012b. *Anglo-America and Its Discontents: Civilization Identities beyond West and East*. London and New York: Routledge.

Katzenstein, Peter J. and Takashi Shiraishi(eds.). 1997. *Network Power: Japan and Asia*. Ithaca and London: Cornell University Press.

Keck, Margaret E. and Kathryn Sikkink. 1998. *Activists Beyond Borders: Advocacy Networks in International Politics*. Ithaca NY: Cornell University Press.

Keen, Edward. 2002. *Beyond the Anarchical Society: Grotius, Colonialism and Order in World Politics*. Cambridge: Cambridge University Press.

Kendall, Gavin. 2004. "Global Networks, International Networks, Actor Networks." in Wendy Larner and William Walters(eds.). *Global Governmentality: Governing International Spaces*. New York: Routledge, pp. 59~75.

Kennedy, Paul. 1993. *Preparing for the Twenty-first Century*. New York: Random House.

Keohane, Robert O. 1984. *After Hegemony: Cooperation and Discord in the World Political Economy*. Princeton: Princeton University Press.

_____. 2002. *Power and Governance in a Partially Globalized World*. London and New York: Routledge.

Keohane, Robert O. and Joseph S. Nye. 1977. *Power and Interdependence: World Politics in Transition*. Boston: Little, Brown.

_____. 1998. "Power and Interdependence in the Information Age." *Foreign Affairs*, 77(5), pp. 81~94.

Keohane, Robert O(ed.). 1986. *Neorealism and Its Critics*. New York: Columbia University Press.

Khagram, Sanjeev, James V. Riker and Lathryn Sikkink(eds.). 2002. *Restructuring World Politics: Transnational Social Movements, Networks, and Norms*. Minneapolis and London: University of Minnesota Press.

638

Khatib, Lina et al. 2011. "Public Diplomacy 2.0: An Exploratory Case Study of the US Digital Outreach Team." Prepared as a joint working paper of the Oxford Internet Institute at the University of Oxford and the Center on Democracy, Development, and the Rule of Law at Stanford University.

Kick, Edward L. and Byron L. Davis. 2001. "World-System Structure and Change: An Analysis of Global Networks and Economic Growth Across Two Time-Periods." *American Behavioral Scientist*, 44(10), pp. 1567~1578.

Kien, Grant. 2009. "An Actor Network Theory Translation of the Bush Legacy and the Obama Collectif." *Cultural Studies↔Critical Methodologies*, 9(6), pp. 796~802.

Kim, Sangbae and Jeffrey A. Hart. 2001. "Technological Capacity as Fitness: An Evolutionary Model of Change in the International Political Economy." in William R. Thompson(ed.). *Evolutionary Interpretations of World Politics*. New York: Routledge, pp. 285~314.

Kirkpatrick, David. 2007.7.17. "How Microsoft conquered China or Is It the Other Way Around?" *Fortune*.

Kitschelt, Herbert. 1991. "Industrial Governance Structures, Innovation Strategies and the Case of Japan: Sectoral or Cross-National Comparative Analysis." *International Organization*, 45(4). pp. 453~493.

Kleinwächter, Wolfgang. 2001. "The Silent Subversive: ICANN and the New Global Governance." *info*, 3(4), pp. 259~278.

Klimburg, Alexander. 2011. "Mobilizing Cyber Power." *Survival*, 53(1), pp. 41~60.

Kluver, Alan. R. 2001. "New Media and the End of Nationalism: China and the US in a War of Words." *Mots Pluriels*, 18. Retrieved September 26, 2011, from http://motspluriels.arts.uwa.edu. au/MP1801ak.html

Kobrin, Stephen J. 1998. "Back to the Future: Neomedievalism and the Postmodern Digital World Economy." *Journal of International Affairs*, 51(2), pp. 361~386.

Koch, Richard and Lockwood Greg. 2010. *Superconnect: Harnessing the Power of Networks and the Strength of Weak Links*. New York: W.W. Norton & Co.

Krasner, Stephen D. 1999. *Sovereignty: Organized Hypocrisy*. Princeton, NJ: Princeton University Press.

_____. 2009. *Power, the State, and Sovereignty: Essays on International Relations*. New

York: Routledge.

Kratochwil, Friedrich V. 1989. *Rules, Norms, and Decisions: On the Conditions of Practical and Legal Reasoning in International Relations and Domestic Affairs.* Cambridge: Cambridge University Press.

_____. 2007. "Re-thinking the "inter" in International Politics." *Millennium*, 35(3), pp. 495~512.

Kruger, Kathryn Sullivan. 2002. *Weaving The Word: The Metaphorics of Weaving and Female Textual Production.* Susquehanna University Press.

Kshetri, Nir. 2005. "Structural Shifts in the Chinese Software Industry." *IEEE Software Country Report,* pp. 86~93.

Kubálková, Vendulka, Nicholas Onuf and Paul Kowert. 1998. *International Relations in a Constructed World.* Armonk, NY, M. E. Sharpe.

Lacy, Mark J. and Peter Wilkin(eds.). 2005. *Global Politics in the Information Age.* Manchester and New York: Manchester University Press.

Lake, David A. 1996. "Anarchy, Hierarchy, and the Variety of International Relations." *International Organization,* 50(1), pp. 1~33.

_____. 2009. *Hierarchy in International Relations.* Ithaca and London: Cornell University Press.

Larner, Wendy and William Walters(eds.). 2004. *Global Governmentality: Governing International Spaces.* New York: Routledge.

Latour, Bruno. 1987. *Science in Action: How to Follow Scientists and Engineers through Society.* Milton Keynes: Open University Press.

_____. 1993. *We Have Never Been Modern.* Cambridge, MA: Harvard University Press.

_____. 2005. *Reassessing the Social: An Introduction to Actor-network Theory.* Oxford and New York: Oxford University Press.

Law, John. 1992. "Notes on the Theory of the Actor Network: Ordering, Strategy and Heterogeneity." *Systems Practice,* 5(4), pp. 379~393[로, 존. 「ANT에 대한 노트: 질서 짓기, 전략, 이질성에 대하여」. 홍성욱 엮음. 『인간·사물·동맹: 행위자네트워크 이론과 테크노사이언스』. 이음, 2010. pp. 37~56].

Law, John and Annemarie Mol(eds.). 2002. *Complexities: Social Studies of Knowledge Practices.* Duke University Press.

Law, John and J. Hassard(eds.). 1999. *Actor Network Theory and After*. Oxford: Blackwell.

Leander, Anna, 2005. "The Power to Construct International Security: On the Significance of Private Military Companies." *Millennium*, 33(3), pp. 803~825.

Lebow, Richard Ned. 2007. "The Power of Persuasion." in Felix Berenskoetter and M. J. Williams(eds.). *Power in World Politics*. London and New York: Routledge, pp. 120~140.

Lee, Heejin and Sangjo Oh, 2006. "A Standards War Waged by a Developing Country: Understanding International Standard Setting from the Actor-Network Perspective." *Journal of Strategic Information Systems*, 15, pp. 177~195.

Lee, Kwang-suk. 2007. "Surveillant Institutional Eyes in Korea: From Discipline to a Digital Grid of Control." *The Information Society*, 23, pp. 119~124.

Libicki, Martin C. 2009. *Cyber Deterrence and Cyber War*. Santa Monica, CA: RAND Corporation.

Lin, Nan. 2001. *Social Capital: A Theory of Social Structure and Action*. Cambridge: Cambridge University Press.

Linklater, Andrew and Hidemi Suganami. 2006. *The English School of International Relations: A Contemporary Reassessment*. Cambridge and New York: Cambridge University Press.

Lloyd, Paulette, Matthew C. Mahutga and Jan De Leeuw. 2009. "Looking Back and Forging Ahead: Thirty Years of Social Network Research on the World-System." *Journal of World-Systems Research*, 15(1), pp. 48~85.

Løvseth, Toini. 2009. "The State and Social Networks." *Scandinavian Political Studies*, 32(3), pp. 272~295.

Luke, Timothy W. 1998. "From Nationality to Nodality: How the Politics of Being Digital Transforms Globalization." The Annual Meeting of the American Political Science Association, September, 3-6.

Lukes, Steven. 2007. "Power and the Battle for Hearts and Minds: On the Bluntness of Soft Power." in Felix Berenskoetter and M. J. Williams(eds.). *Power in World Politics*. London and New York: Routledge, pp. 83~97.

MacDonald, Paul K. and Joseph M. Parent. 2011. "Graceful Decline?" *International*

Security, 35(4), pp. 7~44.

Mackenzie, Donald and Judy Wajcman(eds.). 1985. *The Social Shaping of Technology*. Buckingham: Open University. Press.

Maclean, Don(ed.). 2004. *Internet Governance: The Grand Collaboration*. United Nations Information and Communications Task Force.

Mahutga, Matthew C. 2006. "The Persistence of Structural Inequality? A Network Analysis of International Trade, 1965-2000." *Social Forces*, 84(4), pp. 1863~1889.

Manjikian, Mary McEvoy. 2010. "From Global Village to Virtual Battlespace: The Colonizing of the Internet and the Extension of Realpolitik." *International Studies Quarterly*, 54(2), pp. 381~401.

Mann, Michael. 1986. *The Sources of Social Power: A History of Power from the Beginning to A.D. 1760*. New York: Cambridge University Press.

Manson, George Patterson, 2011. "Cyberwar: The United States and China Prepare For the Next Generation of Conflict." *Comparative Strategy*, 30(2), pp. 121~133.

Maoz, Zeev. 2010. *Networks of Nations: The Evolution and Structure and Impact of International Networks, 1816-2001*. Cambridge and New York: Cambridge University Press.

Marías, Fernando. 2003. "Don Pedro de Arce: ¿Coleccionista o Regaton? y Las Hilanderas de Velázquez(Don Pedro de Arce: Collector or Haggler? and the The Spinners of Velazquez)." *Archivo Español de Arte*, 76(304), pp. 418~425.

Mastrini, Guillermo and Diego de Charras. 2005. "'Twenty Years Mean Nothing'." *Global Media and Communication*, 1(3), pp. 273~288.

Mathiason, John. 2009. *Internet Governance: The New Frontier of Global Institutions*. London and New York: Routledge.

Mattern, Janice Bailly. 2004. *Ordering International Politics: Identity, Crisis, and Representational Force*. New York: Routledge.

_____. 2007. "Why 'Soft Power' isn't so Soft: Representational Force and Attraction in World Politics." in Felix Berenskoetter and M. J. Williams(eds.). *Power in World Politics*. London and New York: Routledge, pp. 98~119.

Matusitz, Jonathan A. 2006. *Cyberterrorism: A Postmodern View of Networks of Terror and How Computer Security Experts and Law Enforcement Officials Fight Them*.

Ph.D. Dissertation, University of Oklahoma.

May, Christopher and Susan K. Sell. 2006. *Intellectual Property Rights: A Critical History.* Boulder & London: Lynne Rienner.

McCormick, Glenn. 2002. "Stateless Nations: 'I Pledge Allegiance To...?'" in Michael J. Mazarr(ed.). *Information Technology and World Politics,* New York: Palgrave, pp. 11~23.

Mckelvey, Maureen. 2001. "The Economic Dynamics of Software: Three Competing Business Models Exemplified through Microsoft, Netscape and Linux." *Economics of Innovation and New Technologies,* 10, pp. 199~236.

McLuhan, Marschall. 1962. *The Gutenberg Galaxy: The Making of Typographic Man.* Toronto: University of Toronto Press.

_____. 1964. *Understanding Media: The Extensions of Man.* New York: McGraw-Hill.

McLuhan, Marschall and Quentin Fiore. Co-ordinated by Jerome Agel. 1967. *The Medium is the Massage: An Inventory of Effects.* New York: Bantam Books.

Mead, Walter Russell. 2004. "America's Sticky Power." *Foreign Policy,* 141, March/April, pp. 46~53.

Melissen, Jan(ed.). 2005. *The New Public Diplomacy: Soft Power in International Relations.* New York: Palgrave Macmillan.

Milgram, Stanley. 1974. *Obedience to Authority: An Experimental View.* Harper & Row.

Milner, Helen V. and Andrew Moravcsik(eds.). 2009. *Power, Interdependence, and Nonstate Actors in World Politics.* Princeton and Oxford: Princeton University Press.

Misa, Thomas J. 2004. *Leonardo to the Internet: Technology and Culture from the Renaissance to the Present.* Baltimore and London: Johns Hopkins University Press.

Modelski, George and William R. Thompson. 1996. *Leading Sectors and World Powers: The Coevolution of Global Politics and Economics.* Columbia: University of South Carolina Press.

Morgenthau, Hans J. 1948. *Politics among Nations: The Struggle for Power and Peace.* New York: Alfred A. Knopf.

Morley, David and Kevin Robins. 1995. *Spaces of Identity: Global Media, Electronic*

Landscapes and Cultural Boundaries. London and New York: Routledge.

Mueller, Milton L. 2002. *Ruling the Root: Internet Governance and the Taming of Cyberspace*. Cambridge, MA: The MIT Press.

_____. 2010. *Networks and States: The Global Politics of Internet Governance*. Cambridge and London: MIT Press.

Nemeth, Roger J. and David A. Smith. 1985. "International Trade and World System Structure: A Multiple Network Analysis." *Review*, 8(4).

Newman, Mark, Albert-László Barabási and Duncan J. Watts(eds.). 2006. *The Structure and Dynamics of Networks*. Princeton and Oxford: Princeton University Press.

Nexon, Daniel, 2009. *The Struggle for Power in Early Modern Europe: Religious Conflict, Dynamic Empires, and International Change*. Princeton, NJ: Princeton University Press.

Nexon, Daniel and Thomas Wright. 2007. "What's at Stake in the American Empire Debate?" *American Political Science Review*, 101(2), pp. 253~271.

Nye, Joseph S. 1991. *Bound to Lead: The Changing Nature of American Power*. Basic Books.

_____. 2004. *Soft Power: The Means to Success in World Politics*. New York: Public Affairs.

_____. 2008a. *The Powers to Lead*. Oxford and New York: Oxford University Press.

_____. 2008b. "Public Diplomacy and Soft Power." *The ANNALS of the American Academy of Political and Social Science*, 616(1), pp. 94~109.

_____. 2010. "Cyber Power." Belfer Center for Science and International Affairs, Harvard Kennedy School.

Ó Riain, Seán, 2004. *The Politics of High-Tech Growth: Developmental Network States in the Global Economy*. Cambridge: Cambridge University Press.

_____. 2006. "Dominance and Change in the Global Computer Industry: Military, Bureaucratic, and Network State Developmentalisms." *Studies in Comparative International Development*, 41(1), pp. 76~98.

Obama, Barack. 2008.11.5. "Obama Victory Speech." *New York Times*. Retrieved March 20, 2012 from http://elections.nytimes.com/2008/results/president/speeches/obama-victory-speech.html#

_____. 2009. "Remarks by the President on a New Beginning." Speech Transcript, June 4. The White House. Retrieved March 28, 2012 from http://www.whitehouse.gov/the-press-office/remarks-president-cairo-university-6-04-09

_____. 2012. "Obama's Speech at Hankuk University of Foreign Studies in Seoul." March 26. Retrieved March 29, 2012 from http://iipdigital.usembassy.gov/st/english/texttrans/2012/03/201203262737.html#axzz1qWJRvnZv

Ortis, Cameron J. 2007. *Bowing to Quirinus: Compromised Nodes and Cyber Security in East Asia*. Ph.D. Dissertation, University of British Columbia.

Osiander, Andreas. 1994. *The States System of Europe, 1640-1990: Peacemaking and the Conditions of International Stability*. New York: Oxford University Press.

Ougaard, Morten and Richard Higgott(eds.). 2002. *Towards a Global Polity*. London and New York; Routledge.

Pachucki, Mark A. and Ronald L. Breiger. 2010. "Cultural Holes: Beyond Relationality in Social Networks and Culture." *The Annual Review of Sociology*, 36, pp. 205~224.

Padovani, Claudia. 2005. "Debating Communication Imbalances from the MacBride Report to the World Summit on the Information Society: An Analysis of a Changing Discourse." *Global Media and Communication*, 1(3), pp. 316~338.

Palan, Ronen. 1997. "Technological Metaphors and Theories of International Relations." in Michael Talalay, Chris Farrands and Roger Tooze(eds.). *Technology, Culture and Competitiveness: Change and the World Political Economy*. London: Routledge, pp. 13~26.

_____. 2007. "Transnational Theories of Order and Change: Heterodoxy in International Relations Scholarship." *Review of International Studies*, 33, pp. 47~69.

Paré, Daniel J. 2003. *Internet Governance in Transition: Who is the Master of this Domain*. Lanham, ML: Rowman & Littlefield.

Passoth, Jan-Hendrik and Nicholas J. Rowland. 2010. "Actor-Network State: Integrating Actor-Network Theory and State Theory." *International Sociology*, 25(6), pp. 818~841.

Pearton, Maurice, 1982. *The Knowledgeable State: Diplomacy, War and Technology since 1830*. London: Burnett Books.

Pickard, Victor. 2007. "Neoliberal Visions and Revisions in Global Communications

Policy From NWICO to WSIS." *Journal of Communication Inquiry*, 31(2), pp. 118~139.

Pigman, Geoffrey Allen. 2008. "Consuls for Hire: Private Actors, Public Diplomacy." *Place Branding and Public Diplomacy*, 4(1), pp. 85~96.

Ping, Jonathan H. 2005. *Middle Power Statecraft: Indonesia, Malaysia and the Asia-Pacific.* Hampshire and Burlington: Ashgate.

Porter, Michael E. 1990. *The Competitive Advantage of Nations.* New York: Free Press.

Poulantzas, Nicos. 1978. *State, Power, Socialism.* London and New York: Verso.

Powell, W. W. 1990. "Neither Markets nor Hierarchy; Network Forms of Organization." *Research in Organizational Behaviour*, 12, pp. 295~336.

Prahalad, C. K. and Venkat Ramaswamy. 2004. *The Future of Competition: Co-creating Unique Value with Customers.* Cambridge: Harvard Business School Press.

Price, Monroe E. 2002. *Media and Sovereignty: The Global Information Revolution and its Challenge to State Power.* Cambridge and London: MIT Press.

Putnam, Robert D. 1993. *Making Democracy Work: Civic Traditions in Modern Italy.* Princeton: Princeton University Press.

Qin, Yaqing. 2007. "Why is There No Chinese International Relations Theory?" *International Relations of the Asia-Pacific*, 7(3), pp. 313~340.

_____. 2011. "Rule, Rules, and Relations: Towards a Synthetic Approach to Governance." *The Chinese Journal of International Politics*, 4(2), pp. 117~145.

Rattray, Gregory J. and Jason Healey. 2011. "Non-State Actors and Cyber Conflict," in Kristin M. Lord and Travis Sharp(eds.). *America's Cyber Future: Security and Prosperity in the Information Age*, Vol.2. Washington, D.C.: Center for A New American Security.

Ray, Aswini K. 2004. *Western Realism and International Relations: A Non-Western View.* New Deli: Cambridge University Press India.

Raymond, Eric S. 2001. *The Cathedral and the Bazaar: Musings on Linux and Open Source by an Accidental Revolutionary*, revised edition. Sebastopol, CA: O'Reilly.

Reus-Smit, Christian. 1999. *The Moral Purpose of the State: Culture, Social Identity, and Institutional Rationality in International Relations.* Princeton, NJ: Princeton University Press.

Rice, Condoleezza. 2006.2.15. "Realizing the Goals of Transformational Diplomacy: Testimony before the Senate Foreign Relations Committee." from http://2001-2009.state.gov/secretary/rm/2006/61209.htm

Ringmar, Erik. 2012 "Performing International Systems: Two East-Asian Alternatives to the Westphalian Order." *International Organization*, 66, pp. 1~25.

Robins, Kevin and Frank Webster, 1999. *Times of Technoculture*. London and New York: Routledge.

Rorty, Richard. 1981. *Philosophy and the Mirror of Nature*. Princeton: Princeton University Press.

_____. 1989. *Contingency, Irony, and Solidarity*. Cambridge: Cambridge University Press.

Rosecrance, Richard. 1999. *The Rise of the Virtual State: Wealth and Power in the Coming Century*. New York: Basic Books.

Rosenau, James N. 1969. *Linkage Politics: Essays on Convergence of National and International Systems*. New York: Free Press.

_____. 1990. *Turbulence in World Politics: A Theory of Change and Continuity*. Princeton, NJ: Princeton University Press.

_____. 1995. "Governance in the Twenty-First Century." *Global Governance*, 1, pp. 13~43.

_____. 1997. *Domestic-Foreign Frontier: Exploring Governance in a Turbulent World*. Cambridge: Cambridge University Press.

_____. 2003. *Distant Proximities: Dynamics beyond Globalization*. Princeton, NJ: Princeton University Press.

Rosenau, James N. and Ernst-Otto Czempiel. 1992. *Governance Without Government: Order and Change in World Politics*. Cambridge: Cambridge University Press.

Rosenau, James N. and J. P. Singh(eds.). 2002. *Information Technologies and Global Politics: The Changing Scope of Power and Governance*. Albany, NY: State University of New York Press.

Rosenberg, Justin. 1994. *The Empire of Civil Society: A Critique of the Realist Theory of International Relations*. London: Verso.

Rothkopf, David. 1998. "Cyberpolitik: The Changing Nature of Power in the

Information Age." *Journal of International Affairs*, pp. 325~359.

Ruggie, John Gerard. 1993. "Territoriality and Beyond: Problematizing Modernity in International Relations." *International Organization*, 47, pp. 139~174.

_____. 1998. *Constructing the World Polity: Essays on International Institutionalization*. London and New York: Routledge.

Rupert, Mark and Hazel Smith(eds.). 2002. *Historical Materialism and Globalization*. London and New York: Routledge.

Ryan, Michael P. 1998. *Knowledge Diplomacy: Global Competition and the Politics of Intellectual Property*. Washington, D.C.: Brookings Institution Press.

Sandholtz, Wayne et al. 1992. *The Highest Stakes: The Economic Foundations of the Next Security System*. New York: Oxford University Press.

Schelling, Thomas. 2006. *Micromotives and Macrobehavior*, Revised edition. New York: W. W. Norton.

Schweller, Randall L. and Xiaoyu Pu. 2011. "After Unipolarity: China's Visions of International Order in an Era of U.S. Decline." *International Security*, 36(1), pp. 41~72.

Seib, Philip. 2010. "Transnational Journalism, Public Diplomacy, and Virtual States." *Journalism Studies*, 11(5), pp. 734~744.

Seib, Philip(ed.). 2009. *Toward a New Public Diplomacy: Redirecting U.S. Foreign Policy*. New York: Palgrave Macmillan.

Sell, Susan. 2003. *Private Power, Public Law: The Globalization of Intellectual Property Rights*. Cambridge: Cambridge University Press.

Sending, Jacob Ole and Iver B. Neuman. 2006. "Governance to Governmentality: Analyzing NGOs, States, and Power." *International Studies Quarterly*, 50(3), pp. 651~672.

Shakarian, Paulo. 2011. "Stuxnet: Cyberwar Revolution in Military Affairs." *Small Wars Journal*, April.

Shaw, Martin, 2000. *Theory of the Global State: Globality as an Unfinished Revolution*. Cambridge: Cambridge University Press.

Shen, Xiaobai. 2005. "Developing Country Perspectives on Software: Intellectual Property and Open Source: A Case Study of Microsoft and Linux in China."

International Journal of IT Standards & Standardization Research, 3(1), pp. 21~43.

Shirky, Clay. 2008. *Here Comes Everybody: The Power of Organizing Without Organization.* New York: Penguin.

_____. 2011. "The Political Power of Social Media." *Foreign Affairs,* 90(1), pp. 28~41.

Sikkink, Kathryn. 2009. "The Power of Networks in International Politics." in Miles Kahler(ed.). *Networked Politics: Agency, Power, and Governance.* Ithaca and London: Cornell University Press, pp. 235~237.

Sinclair, Timothy J. 2005. *The New Masters of Capital: American Bond Rating Agencies and the Politics of Creditworthiness.* Ithaca, NY: Cornell University Press.

_____. 2012. *Global Governance.* Cambridge, UK: Polity.

Singer, Peter W. and Noah Shachtman. 2011. "The Wrong War: The Insistence on Applying Cold War Metaphors to Cybersecurity Is Misplaced and Counterproductive." August, 15, The Brookings Institution.

Skocpol, Theda. 1979. *States and Social Revolutions: A Comparative Analysis of France, Russia, and China.* Cambridge: Cambridge University Press.

Skolnikoff, Eugene B. 1993. *The Elusive Transformation: Science, Technology, and the Evolution of International Politics.* Princeton, NJ: Princeton University Press.

Slagter, Tracy Hoffmann. 2004. "International 'Norm Entrepreneurs': A Role for Middle Powers." Prepared for presentation at the Annual Meeting of the International Studies Association, March 17-20.

Slaughter, Anne-Marie, 2004. *A New World Order.* Princeton and Oxford: Princeton University Press.

Smith, David A and Douglas R. White. 1992. "Structure and Dynamics of the Global Economy: Network Analysis of International Trade 1965-1980." *Social Forces,* 70(4), pp. 857~893.

Smith, Steve. 2001. "Reflectivist and Constructivist Approaches to International Theory." in John Baylis and Steve Smith(eds.). *The Globalization of World Politics: An Introduction to International Relations,* Second Edition. Oxford: Oxford University Press, pp. 224~249.

Snyder, David and Edward L. Kick. 1979. "Structural Position in the World System and

Economic Growth, 1955-1970: A Multiple-Network Analysis of Transnational Interactions." *American Journal of Sociology*, 84(5), pp. 1096~1126.

So, Sherman and J. Christopher Westland. 2010. *Red Wired: China's Internet Revolution*. London and Singapore: Marshall Cavendish.

Sohn, Yul. 2011. "Attracting Neighbors: Soft Power Competition in East Asia." *The Korean Journal of Policy Studies*, 26(11), pp. 77~96.

Spinuzzi, Clay. 2008. *Network: Theorizing Knowledge Work in Telecommunications*. New York: Cambridge University Press.

Staar, Richard F. 1986. *Public Diplomacy: USA Versus USSR*. Stanford, CA: Stanford University Press.

Stalder, Felix. 2006. *Manuel Castells*. Cambridge, UK: Polity.

Steinberg, Philip E. and Stephen D. McDowell. 2003. "Global Communication and the Post-Statism of Cyberspace: A Spatial Constructivist View." *Review of International Political Economy*, 10(2), pp. 196~221.

Stewart, Angus. 2001. *Theories of Power and Domination*. London: SAGE.

Stewart, Julianne. 2000. "Is The Network State Reflected in Australian e-Health Project Evaluation?" Paper submitted to Communications Research Forum 2000, Retrieved from February 14, 2006 from http://www.crf.dcita.gov.au/papers2000/stewart.pdf

Stone, Diane and Simon Maxwell(eds.). 2005. *Global Knowledge Networks And International Development: Bridges Across Boundaries*. Oxford: Routledge.

Strange, Susan. 1988. *States and Markets*. London and New York: Pinter.

_____. 1994. *States and Markets*, Second Edition. London and New York: Pinter.

_____. 1996. *The Retreat of the State: The Diffusion of Power in the World Economy*. Cambridge: Cambridge University Press.

Sum, Ngai-Ling. 2003. "Informational Capitalism and U.S. Economic Hegemony: Resistance and Adaptations in East Asia." *Critical Asian Studies*, 35(3), pp. 373~398.

Suzuki, Shogo. 2005. "Japan' Socialization into Janus-Faced European International Society." *European Journal of International Relations*, 11(1). pp. 137~164.

Talalay, Michael, Chris Farrands and Roger Tooze(eds.). 1997. *Technology, Culture and*

Competitiveness: Change and the World Political Economy. London: Routledge.

Thierer, Adam and Clyde Wayne Crews Jr(eds.). 2003. *Who Rules the Net? Internet Governance and Jurisdiction.* Washington, D.C.: CATO Institute.

Thomas, Nicholas. 2009. "Cyber Security in East Asia: Governing Anarchy." *Asian Security,* 5(1), pp. 3~23.

Thomas, Timothy L. 2009. "Nation-state Cyber Strategies: Examples from China and Russia." in Franklin D. Kramer, Stuart H. Starr and Larry K. Wentz(eds.). *Cyberpower and National Security.* Washington, D.C.: Center for Technology and National Security Policy, National Defense University. pp. 465~488.

Thompson, Grahame F. 2003. *Between Hierarchies and Markets: The Logic and Limits of Networks Forms of Organization.* Oxford and New York: Oxford University Press.

Thompson, William R. 1990. "Long Waves, Technological Innovation and Relative Decline." *International Organization,* 44(2), pp. 201~233.

Thussu, Daya Kishan. 2006. *International Communication: Continuity and Change,* Second Edition. London: Arnold[쑤쑤, 다야 키샨. 2009. 『국제 커뮤니케이션(개정판): 연속성과 변화』. 배현석 옮김. 한울].

Tickner, Arlene B. and David L. Blaney(eds.). 2012. *Thinking International Relations Differently.* London and New York: Routledge.

Tilly, Charles. 1990. *Coercion, Capital, and European States, AD 990-1990.* New York: B. Blackwell.

Toffler, Alvin. 1980. *The Third Wave: The Classic Study of Tomorrow.* New York, NY: Bantam.

Tyson, Laura D. 1992. *Who's Bashing Whom?: Trade Conflict in High-Technology Industries.* Washington, D.C.: Institute for International Economics.

Urry, John. 2003. *Global Complexity.* Cambridge: Polity.

US-China Economic and Security Review Commission. 2009. *Capability of the People's Republic of China to Conduct Cyber Warfare and Computer Network Exploitation.* McLean, VA: Northrop Grumman Corporation Information Systems Sector.

US Department of State and US Agency of International Development(USAID). 2010.

Leading Through Civilian Power The First Quadrennial Diplomacy and Development Review.

US State Department of Archive. 1995. "Public Diplomacy for the 21st Century." Annual Report.

Van Rossem, Ronan. 1996. "The World-System Paradigm as General Theory of Development: A Cross-National Test." *American Sociological Review*, 61(3), pp. 508~527.

Wallerstein, Immanuel. 1980. *The Modern World-System I: Capitalist Agriculture and the Origins of the European World-Economy in the Sixteenth Century.* New York: Academic Press.

_____. 1995. *Historical Capitalism with Capitalist Civilization.* London: Verso.

Walsham, G. 1997. "Actor-network Theory and IS Research: Current Status and Future Prospects." in A. S. Lee, J. Libenau and J. I. DeGross(eds.). *Information Systems and Qualitative Research.* London: Chapman & Hall.

Waltz, Kenneth N. 1979. *Theory of International Politics.* New York: Random House.

_____. 2008. *Realism and International Politics.* New York: Routledge.

Wayne, Mike. 2003. "Post-Fordism, Monopoly Capitalism, and Hollywood's Media Industrial Complex." *International Journal of Cultural Studies*, 6(1), pp. 82~103.

Wellman, Barry and S. D. Berkowitz, 1988. *Social Structures: A Network Approach.* Cambridge: Cambridge University Press.

Wendt, Alexander. 1987. "The Agent-Structure Problem in International Relations Theory." *International Organization*, 41, pp. 335~370.

_____. 1992. "Anarchy is What States Make of It: the Social Construction of Power Politics." *International Organization*, 46(2), pp. 391~425.

_____. 1999. *Social Theory of International Politics.* Cambridge: Cambridge University Press.

_____. 2003. "Why a World State is Inevitable." *European Journal of International Relations*, 9(4), pp. 491~542.

West, Jeol and Jason Dedrick. 2000. "Innovation and Control in Standards Architectures: The Rise and Fall of Japans PC-98." *Information Systems Research archive*, Vol. 11, Issue 2, pp. 197~216

White, Harrison C. 2008. *Identity and Control: How Social Formations Emerge*, Second Edition. Princeton: Princeton University Press.

Williamson, Oliver E. 1975. *Markets and Hierarchies: Analysis and Antitrust Implications*. New York: Free Press.

_____. 1985. *The Economic Institutions of Capitalism*. New York: Free Press.

Wong, Joseph. 2004. "From Learning to Creating: Biotechnology and the Postindustrial Development State in Korea." *Journal of East Asian Studies*, 4(3), pp. 491~517.

Wright, Colin, Lene Hansen and Tim Dunne(eds.). 2013. *European Journal of International Relations*, 19(3). Special Issue: The End of International Relations Theory?

Wu, Xu. 2007. *Chinese Cyber Nationalism: Evolution, Characteristics, and Implications*. Lanham: Lexington Books.

Youngs, Gillian. 2006. *Global Political Economy in the Information Age: Power and Inequality*. London and New York: Routledge.

_____. 2007. "Culture and the Technological Imperative: Missing Dimensions." in Michael Talalay, Chris Farrands and Roger Tooze(eds.). *Technology, Culture and Competitiveness: Change and the World Political Economy*. London: Routledge, pp. 27~40.

Zacher, Mark W. and Brent A. Sutton. 1996. *Governing Global Networks: International Regimes for Transportation and Communication*. Cambridge: Cambridge University Press.

Zaharna, R. S. 2007. "The Soft Power Differential: Network Communication and Mass Communication in Public Diplomacy." *The Hague Journal of Diplomacy*, 2(3), pp. 213~228.

Zakaria, Fareed. 2010.1.25. "Clash of the Titans." *Newsweek*, pp. 34~36

Zhang, Feng, 2011. "Rethinking the 'Tribute System': Broadening the Conceptual Horizon of Historical East Asian Politics." *The Chinese Journal of International Politics*, 4(2), pp. 545~574. Retrieved september 24, 2012 from http://cjip. oxfordjournals.org/ content/2/4/545.full

Zhang, Yongjin, 2001. "System, Empire and State in Chinese International Relations." *Review of International Studies*, 27(5), pp. 43~63.

Zhao, Tingyang. 2006. "Rethinking Empire from a Chinese Concept 'All-under-Heaven'(Tian-xia, 天下)." *Social Identities*, 12(1), pp. 29~41.

찾아보기

658

지은이

김상배(金湘培)

서울대학교 사회과학대학 외교학과를 졸업하고, 동 대학원에서 정치학 석사학위를, 미국 인디애나 대학교에서 국제정치학 박사학위를 받았다. 정보통신정책연구원(KISDI) 책임연구원, 일본 GLOCOM(Center for Global Communications) 객원연구원 등을 역임했고, 현재 서울대학교 사회과학대학 정치외교학부(외교학 전공) 교수로 재직하면서 정보혁명과 네트워크 세계정치를 연구 및 강의하고 있다.

저서로는 『정보혁명과 권력변환: 네트워크 정치학의 시각』(2010)과 『정보화시대의 표준 경쟁: 윈텔리즘과 일본의 컴퓨터 산업』(2007)이 있으며, 편저로는 『소셜 미디어 시대를 읽다』(공편, 2014), 『정보세계정치의 이해』(2013), 『중견국의 공공외교』(공편, 2013), 『복합 세계정치론』(공편, 2012), 『거미줄 치기와 벌집 짓기』(2011), 『네트워크 세계정치』(공편, 2010), 『소프트 파워와 21세기 권력』(2009), 『지식질서와 동아시아』(2008), 『인터넷 권력의 해부』(2008), 『네트워크 지식국가』(공편 2006) 등이 있다.

한울아카데미 1668

아라크네의 국제정치학
네트워크 세계정치이론의 도전

ⓒ 김상배, 2014

지은이 **김상배** ┃ 펴낸이 **김종수** ┃ 펴낸곳 **한울엠플러스(주)**

초판 1쇄 발행 **2014년 3월 10일** ┃ 초판 2쇄 발행 **2019년 9월 30일**

주소 **10881 경기도 파주시 광인사길 153 한울시소빌딩 3층**
전화 **031-955-0655** ┃ 팩스 **031-955-0656**
홈페이지 **www.hanulbooks.co.kr** ┃ 등록번호 **제406-2015-000143호**

Printed in Korea.
ISBN **978-89-460-6813-1 93340**(무선)